John Badham
Blick und Bewegung

FENOMENA
FILMBÜCHER

Directors 1

Michael Flintrop (Hg.)

John Badham

Blick und Bewegung

Für Aynur

mediaworld

AGENTUR FÜR MARKETING & VERLAG

Danksagung:

Zugegeben, es hat lange gedauert bis zum endgültigen Erscheinen dieser bisher weltweit einzigen Studie über das Werk des erfolgreichen Hollywood-Regisseurs John Badham. Insoweit möchte ich mich an dieser Stelle bei allen Autoren bedanken, die so still und geduldig der Dinge geharrt, aber nie den Glauben daran verloren haben, eines Tages dieses schöne Buch in den Händen zu halten.

Sicherlich hilfreich war dabei, in John Badham eine Person gefunden zu haben, mit der man über seine Filme diskutieren, debattieren, ja nachgerade philosophieren konnte, wobei dabei auch für Badham neue und überraschende Aspekte seines Werkes ans Tageslicht gelangten. Bis heute verbindet mich mit Badham und seiner bezaubernden Ehefrau Julia eine enge Freundschaft, gefestigt durch häufigen E-Mail-Verkehr sowie Zoom-Meetings. Badham, der auf dem damals noch so benannten Cinestrange-Filmfestival 2014 in Braunschweig den Ehrenpreis für sein Lebenswerk erhielt und sich vor Ort als grandioser Geschichtenerzähler verstand, hat den intellektuellen Austausch mit dem Publikum sehr genossen. Das, so Julia Badham, sei nicht unbedingt der Normalfall gewesen. Allein, dass das Buch in deutscher Sprache erscheint, ist ein kleiner Wermutstropfen, den Badham jedoch schnell verschmerzen kann. Dann lerne er halt eben ein bisschen deutsch, so seine pragmatische Einstellung.

Freuen wir uns also heute, wenn wir das Buch in Händen halten, auf eine anregende Lektüre, die einen großen und erfolgreichen Hollywood-Regisseur aus verschiedenen Blickwinkeln betrachtet. Und hoffen wir, dass noch viele solcher Studien erscheinen. Denn da draußen lauern immer noch eine Menge Filmemacher, die nur auf ihre Entdeckung warten.

Braunschweig, den 16. April 2022

Michael Flintrop

Bibliografische Information der Deutschen Nationalbibliothek
Die Deutsche Nationalbibliothek verzeichnet diese Publikation in der
Deutschen Nationalbibliografie; detaillierte bibliografische Daten
sind im Internet über <http://dnb.dnb.de> abrufbar

Ein herzliches Dankeschön des Verlages geht an:
Monique Dobrzelak, Joey Mertinke und Sabrina Klenner

Fotonachweise:

Umschlag vorne: Screenshots aus SATURDAY NIGHT FEVER, STAKEOUT
Umschlag hinten: Screenshots aus AMERICAN FLYERS, DRACULA,
WARGAMES, BIRD ON A WIRE

Innenteil: 9: Archiv Michael Flintrop. – 12: John Badham. – 19: Markus Haage. – 24: Da Capo Press. – 25: United Artists. – 26: Joe Lederer/Michael Wiese Productions. – 28: Metro-Goldwyn-Mayer. – 94: Holiday Production, Columbia Pictures. – 96: Faber & Faber. – 124: Paramount Pictures; Universal International Pictures. – Alliance Atlantis Communications, Robert Lantos; Warner Bros. – 129: Marvel Studios; Columbia Pictures. - 137, 138, 139, 140, 143, 146, 148: Archiv Michael Flintrop. – 195: Archiv Ingo Knott.

Alle anderen Abbildungen sind Screenshots oder Pressestills. Zu den Produktionsfirmen/ Copyright-Inhabern siehe die Filmografie im Anhang.

Alle Rechte vorbehalten
© 2022 Michael Flintrop, Braunschweig
Bankplatz 8, 38100 Braunschweig
Books on Demand
ISBN 978-3-00-068235-3

Essays

TV-Filme

John Badham

Index

The Director's Cut

Foreword by John Badham

I'm pleased to introduce you to this book about my films and television shows. I must confess, however, that I have grave misgivings about writing to you on this subject. I think it is my English upbringing that demands modesty at all costs. Even English people with giant egos and great arrogance are culturally tamped down and restrained. Deep inside, however, they are still insufferable. It is difficult for me to refer to myself in the first person even after several decades of life in the United States.

For at least thirty years now I have made a conscious decision to avoid reading reviews of my work. Whereas I'm happy to take ideas and criticism from people before the film is finished I learned that critics' opinions after the film is finished cannot be addressed and can only feed my ego if they like it, or depress me deeply if they don't. When SATURDAY NIGHT FEVER was reviewed by one major critic, he called the direction »awkward«. That may have been true, but there was nothing I could do about it at the time except fret over that one nasty word. And this in spite of terrific reviews from critics like Pauline Kael who had much more standing and reputation than the never to be named ›major critic‹. This was what made my decision to never read another review, good or bad.

I knew it would be self-deception to only read the positive reviews and avoid the negative ones. Just stay away from them all and continue to try to do the best work possible became my modus operandi. There's no way of knowing if this Ostrich ›head in the sand‹ approach to criticism was effective or just stupid.

Let's put that aside for the moment. It is with pleasure I am able to read about my work written by very smart people who are objective stand and have an intelligent cinephile's point of view. When I spoke at length with many of the writers of this book I knew that I was going to hear a lot of things about my work that either I had never thought of, heard of or imagined. A director is frequently credited or blamed for ideas, themes, or incidents that appear on screen that he or she had nothing to do with. At least I am subject to this torture by audience and critics. Taking a film to preview with an audience always creates anxiety. The good part though is that there is still time to address their comments, at least the ones that make sense, before the film is finished. Here, the Director has a great responsibility both to the film and the audience. You want to reach them as best as you can, but you don't want to damage your creation, the film in order to do that.

The films discussed in this book are far enough in the past that I may be brave enough to sneak a look at what these clever writers have to say. Except…the book is written in German, which I don't speak. So I could either start a serious study of German in order to get upset at my dumb mistakes and shortcomings or hide behind my ignorance of the language.

I hope you enjoy the book and I thank all the writers who worked so hard to illuminate and dissect whatever they found.

John Badham, February 2022

Die Schönheit der Perfektion

Eine Würdigung des Filmemachers John Badham

Von Marcus Stiglegger

Bewegung – Prozess – Überwachung
1977 war John Badhams Großstadtmelodram SATURDAY NIGHT FEVER (Nur Samstag Nacht) der Film der Stunde. Wie kein anderer fing er den Zeitgeist und die Stimmung einer Jugend ein, die in der Tristesse des Alltags eine eigene Welt erschaffen hatte: eine Welt der ewigen Nacht und neonglitzernder Partys, die der Protagonist mit eleganten Schritten durchtanzte. Bald stand der Film nicht nur synonym für eine Ära, er wurde auch parodiert, plagiiert und schließlich zur (auch ironisch) eingesetzten Ikone. Betrachtet man SATURDAY NIGHT FEVER aus heutiger Perspektive, fällt auf, dass es sich um einen anderen Film handelt, als ihn die populäre Kultur interpretiert hat. Badham hat ein melancholisches Großstadtdrama über eine Zeit geschaffen, in der New York noch eine harte und dreckige Stadt war, in der Lebenswille und Todessehnsucht koexistierten. Seine Liebesgeschichte war von Beginn an aufgrund unüberwindbarer Milieukonflikte zum Scheitern verurteilt. Im Gegensatz zu den Tanzfilmen, die folgen sollten, besitzt SATURDAY NIGHT FEVER nichts von einem leichten Musical, nichts von buntem Eskapismus. Was Badham zeigt, ist der Wille zur Perfektion in einer parallelen Welt, was er zeigt, sind sehnsuchtsvolle und begehrliche Blicke, die an den Grenzen der Milieus abprallen; eine Großstadtwelt am Rande einer ewigen Nacht. SATURDAY NIGHT FEVER ist heute nicht nur ein anderer Film, er ist gewachsen und erscheint mehr denn je als eindrucks-

voller Epilog zum New Yorker Zweig des New Hollywood, irgendwo zwischen Martin Scorseses urbaner Apokalyptik und Woody Allens Stadtneurotikern.

SATURDAY NIGHT FEVER – **Wille zur Perfektion**

In SATURDAY NIGHT FEVER löste ein unermüdlicher Protagonist seine Alltagssorgen in energetischen Choreographien auf, ein Interesse, das Badham in den folgenden Jahren beibehalten sollte, wenn auch mit einer anderen Ausrichtung: In dem futuristischen Thriller BLUE THUNDER (Das fliegende Auge; 1983) existiert eine Szene, in der sich zwei Polizisten im Helikopter eine Auszeit gönnen, während sie eine junge Frau beim Nackt-Yoga beobachten. Bereits in diesem ebenso sinnlichen wie amüsanten Moment kulminiert ein weiterer Urmoment Badhams: die Schamlosigkeit der grenzenlosen Überwachung, der amerikanische Wahn der Beobachtung, der jede Intimität zerstört und eine Welt der Verunsicherung und Paranoia zurücklässt. Sein *Buddy*-Movie STAKEOUT (Die Nacht hat viele Augen; 1987) wird eine solche Szene zum Ausgangspunkt nehmen und dann konsequent *ad absurdum* führen.

STAKEOUT – Überwachung

Jahre später erregte Badham mit der Inszenierung eines Remakes von Luc Bessons LA FEMME NIKITA (Nikita; 1990) Aufsehen, indem er die Handlung in die USA verlegte. Nah am Original und doch atmosphärisch und im Lokalkolorit völlig eigenständig, zeigt er in POINT OF NO RETURN (Codename: Nina; 1993) die Entwicklung einer zum Tode verurteilten drogenabhängigen Polizistenmörderin zur erwachsenen, aber ebenso tödlichen Auftragskillerin im Dienst der Regierung. Zum Ende ihrer Ausbildung wird sie (Bridget Fonda) von ihrem Ausbilder (Gabriel Byrne) zum Essen ausgeführt, doch statt eines romantischen Abends zu zweit bekommt die neu ausgebildete Killerin eine Automatikwaffe überreicht, mit der sie umgehend ihren ersten Mord begehen soll. Kaltblütig entfesselt sie ein Massaker, an dessen Ende ein blockierter Fluchtweg steht. Badham entwickelt diese Handlung an eher selten präsenten Schauplätzen in Washington und New Orleans, gleitet vom Obdachlosenmilieu mühelos in die Chefetagen des Geheimdienstes – und schafft auch visuelle Verknüpfungen der scheinbar unvereinbaren Welten. Dabei bleiben seine Protagonisten Marionetten eines undurchschaubaren Systems, kontrolliert und überwacht, erpresst und doch ruhig gehalten in einer Atmosphäre ständiger Gewaltbereitschaft.

Immer wieder gelangen die Protagonistinnen und Protagonisten in Badhams Filmen in Grenzsituationen, die sie an den Rand des Erträglichen bringen, um sie zu motivieren, über sich selbst hinauszuwachsen. Diese Prozesse von Lernen, Aneignung und Perfektionierung interessieren Badham. Waren die Grenzen des Milieus bereits in SATURDAY NIGHT FEVER thematisiert worden, kulminieren diese Konflikte in der Michael Kohlhaas-Adaption THE JACK BULL (1999) für HBO im generischen Gewand eines Rachewestern. Hier geht es um die Auseinandersetzung zwischen dem jungen Pferdezüchter Myrl Redding (John Cusack), der beim Übertritt der Landesgrenze von seinem reichen Nachbarn Ballard (L.Q. Jones) erpresst wird, seine besten Pferde und seinen indianischen Helfer Billy als Pfand zurückzulassen. Als er zurückkommt, sind die Pferde gequält und geschunden und Billy misshandelt. Der Ruf nach Gerechtigkeit wird nicht erhört, denn Ballard zieht die Fäden der lokalen Politik. Erst als Redding das Gesetz des Grenzlandes selbst ausruft und Ballard mit Gewalt verfolgt, wird ein aufrechter Anwalt (John Goodman) auf ihn aufmerksam und zieht gegen die Ungerechtigkeit des Systems vor Gericht – ohne jedoch Reddings Verurteilung verhindern zu können. Mit diesem kinotauglichen Fernsehspiel brachte Badham seine stärksten Themen zusammen – von der Auslieferung des Individuums an ein undurchschaubares System bis zur dynamischen Revolte eines seine Möglichkeiten auslotenden Unterdrückten – und erinnerte auch zwei Jahrzehnte später noch einmal daran, dass das Hollywoodkino immer schon etwas war, was es langsam zu vergessen drohte: ein Bollwerk antitotalitärer Kritik. Und so war auch THE JACK BULL nicht weniger als ›a John Badham Movie‹.

THE JACK BULL – Kampf um Gerechtigkeit

A John Badham Movie

Beachtet man die Abspänne von John Badhams Filmen, dann enden sie meist mit einer signifikanten Wendung: ›A John Badham Movie‹ steht da geschrieben. Gerade im Produzentensystem Hollywoods ist eine solch explizite Signatur seitens des Regisseurs eher ungewöhnlich. Sie erinnert in ihrer rigiden Verdichtung an jene tatsächlich handgeschriebene Einblendung ›A Siegel Film‹ in einigen Werken des Mavericks Don Siegel. Doch gemessen an den idealtypischen Forderungen einer ›politique des auteurs‹, wie sie den Kreisen der *Cahiers du cinéma* in den 1950er Jahren entstammten und 1962 von Andrew Sarris im englischen Sprachraum popularisiert wurden,[1] ist Badham ein Filmemacher von geradezu frappierender Wandelbarkeit. Angesichts seiner Arbeit in völlig unterschiedlichen Genres, mit unterschiedlichen Teams und für wechselnde Studios lässt sich eine gemeinsame Handschrift und eine übergreifende Weltsicht und Thematik schwer bestimmen. Doch so einfach ist es nicht, denn Badhams Ambitionen liegen weniger in seiner artistischen Egozentrik, als vielmehr in einer konsequenten ›Hollywood-Professionalität‹, die von Beginn an das Fundament seiner auf den zweiten Blick dann doch oft zutiefst persönlichen Inszenierungen bilden.

John Badham weist den Weg

John Badham stammt aus einem amerikanischen Haushalt in England, wo er auch geboren wurde:[2] als Sohn der Schauspielerin Mary Hewitt und eines amerikanischen Generals, der nach einigen Jahren mit seiner Familie nach Alabama zurück versetzt wurde. Nicht nur Badhams Mutter, sondern auch seine Schwester Mary schaffte früh einen Einstieg ins Filmgeschäft: 1962 erhielt sie im Alter von zehn Jahren eine Academy Award Nominierung für ihre Rolle in TO KILL A MOCKINBIRD (Wer die Nachtigall stört; R: Robert Mulligan). Badham selbst studierte zunächst Philosophie in Yale, wo er auch den Master der Yale School of Drama erwarb. Motiviert durch den Erfolg seiner Schwester zog es ihn ebenfalls nach Los Angeles, wo er in der Poststelle der Universal Studios eine Tätigkeit aufnahm. Über die Jahre gelang es ihm, sich in den Bereichen Casting, Trailerschnitt, Montage und durch die Regie von Fernsehepisoden emporzuarbeiten – eine beispielhafte amerikanische Erfolgsgeschichte, die zugleich prototypisch für den Professionalismus des Classical Hollywood der 1930er bis 1960er Jahre stehen mag, denn so gelang zahlreichen Filmemachern der Aufstieg: William Friedkin, Sam Peckinpah, John Frankenheimer u.a. Anders als die *movie brats* um den Exploitation-Produzenten Roger Corman, von Francis Ford Coppola bis Joe Dante, war John Badham von Beginn an im Herz der Industrie präsent und lernte das große post-klassische Studiosystem von innen kennen. Das mag auch erklären, warum er bereits seine ersten Filme nahezu im Blockbuster-Kontext inszenierte, selbst wenn seine Filme nach Studiomaßstäben eher als mittlere Produktionen galten.

Was John Badhams Œuvre für eine autorentheoretische Analyse eher problematisch erscheinen lässt, ist zugleich eine Qualität, die ihm früh höchstes Lob seitens der Hollywood-affinen Kritik einbrachte: Seine thematische und stilistische Variabilität, seine frühe Fähigkeit, mit Starbesetzungen umzugehen und den Erwartungen des Hollywoodsystems formal umfassend zu entsprechen. Er blieb stets am Puls der Zeit, indem er die Sehnsüchte und Ängste des zeitgenössischen Publikums erahnte und in noch heute frappierender Form verdichtete: in SATURDAY NIGHT FEVER, in BLUE THUNDER und in WARGAMES (Kriegsspiele;

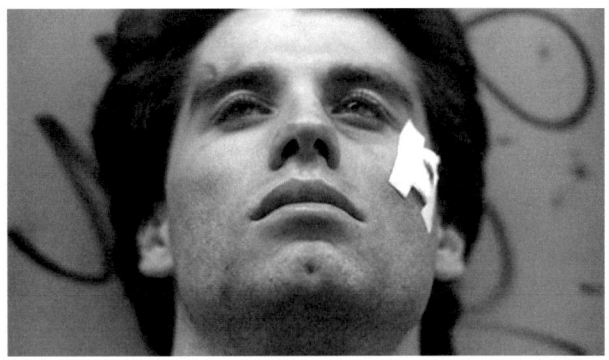

SATURDAY NIGHT FEVER – **Urbane Verletzlichkeit**

1983), Filmen, die eine ganze Kinogeneration definierten und aus teilweise bescheidenen Budgets internationale Blockbuster werden ließen.

Für Badhams Karriere elementar ist zugleich einer seiner selten gesehenen Filme. Während viele SATURDAY NIGHT FEVER für sein Kinodebüt halten – und ihn damit noch zu den ›Wunderkindern‹ des New Hollywood der 1970er Jahre rechnen, debütierte er tatsächlich mit einem kleinen, aber atmosphärisch ungewöhnlich dichten *period picture*, dem amüsanten Sportlerdrama THE BINGO LONG TRAVELING ALL-STARS AND MOTOR KINGS (1976), in dem er die späteren Prominenten der afroamerikanischen Schauspielerriege zusammenbrachte: James Earl Jones, Billy Dee Williams und Richard Pryor. Doch statt an die B-Film-Tendenz der zeitgleich populären Blaxploitationfilme anzuknüpfen, wählte er dieses spezifische Thema, um auf amüsante Weise den latenten Rassismus der amerikanischen Kultur zu dekonstruieren und die geheimen Stars der farbigen Off-Liga des Baseball zu feiern. So ist THE BINGO LONG TRAVELING ALL-STARS AND MOTOR KINGS ein betörend leichter und doch intelligent und ironisch inszenierter Underdog-Film mit den Mitteln des Genrekinos. Obwohl er aus einer anderen Richtung kam, war Badham nie näher an den Corman-induzierten Debüts seiner Kollegen (von Joe Dante bis Francis Ford Coppola).

SATURDAY NIGHT FEVER sicherte nicht nur Badham, sondern auch John Travolta und den Musikern der Bee Gees einen ewigen Platz in der Filmgeschichte. 1976 zog Badham mit einem hochmotivierten und oft schlecht ausgestatteten Team nach Brooklyn, das damals noch als ›hartes Pflaster‹ galt – ein Eindruck, den der Film treffend dokumentiert, und der heute angesichts der neuen ›Hip-Town‹ Brooklyn nur schwer nachvollziehbar ist. So stolziert John Travoltas Tony Manero durch die Straßen des Arbeiterviertels wie zuvor nur Robert de Niro und Harvey Keitel in MEAN STREETS (Hexenkessel; 1973; R: Martin Scorsese) durch Little Italy. Doch bewaffnet war er nicht mit einer kleinkalibrigen Kanone, sondern seinem figurbetonten Polyesteranzug und Tanzschuhen. Was für Scorsese die rauchigen Kneipen von Manhattans Gangsterviertel waren, sind in SATURDAY NIGHT FEVER die glitzernden Großraumdiscos mit pulsierendem Bodenlicht, das so hypnotisch von der Flucht in einer Welt der puren Leidenschaft kündete. Badhams Inszenierung jedoch versäumt es nicht, seinen Helden regelmäßig auf den brutalen Boden der Realität zurückzuholen. Was Philip Kaufman für die Vergangenheit der Bronx in THE WANDERERS (1978) geleistet hat, schuf Badham für die Jugend von Brooklyns Gegenwart. Er kreierte den ultimativen Zeitgeistfilm, der einer desorientierten Generation nach 1968 einen eigenen EASY RIDER (1969) schenkte. Man erkannte sich in Tony Manero wieder, teilte seine existenziellen Sorgen, seine familiären Konflikte und seinen Traum von Erfolg und Sex. Noch heute ist SATURDAY NIGHT FEVER eine ferne Erinnerung an eine Naivität angesichts der existenziellen Not, und an ein Stadtbild von New York, das längst verloren ist im egalitären Dschungel von Starbucks und Urban Outfitters.

Dracula posiert

Angesichts Badhams erstaunlichen Box-office-Erfolgs mutet es ungewöhnlich an, dass seine nächsten beiden Filme auf Broadway-Stücken basierten. Doch mit DRACU-LA (1979) bewies er erneut, dass er ein Talent für die ästhetische Transformation melodramatischer Stoffe besaß. Er löste die Kammerspielhaftigkeit der Bühnenvorlage an einem einzigen Schauplatz kunstvoll in monochrome Table-aus auf, in denen Frank Langella in Erinnerung an Béla Lugosi den gefährlichen Latin Lover verkörpert. Mit der Besetzung von Sir Laurence Olivier bewahrte er das Charisma der großen Geste auch schauspielerisch. Während DRA-CULA in seiner expressiven und zutiefst artifiziellen Bildgestaltung heute neu gewürdigt wird, zeigte die zweite Theateradaption WHOSE LIFE IS IT ANYWAY? (Ist

das nicht mein Leben?; 1981) mit Richard Dreyfuss und John Cassavetes Badhams Vielseitigkeit. Hier inszenierte er das Melodrama eines Todgeweihten (ein Thema, das später noch auftauchen wird), das er in oft tragikomischen Sequenzen auflöst und die radikal eingeschränkte Dynamik des völlig gelähmten Protagonisten zu einem Netzwerk der Beziehungen umschreibt. Die Kehrseite dieses Kammerspiels stellt ein in monumentalen Außenaufnahmen gefilmtes Brüderdrama dar: Auch die beiden männlichen Protagonisten des Sportdramas AMERICAN FLYERS (Die Sieger; 1985), der erfolgreiche Marcus (Kevin Costner) und der jüngere Drifter David (David Grant), werden als erbbedingt Todgeweihte etabliert, auch wenn die Dramaturgie in einem geschickten Zug das Schicksal der Brüder auf dem Höhepunkt des Films umkehrt – am Ende ist es Kevin Costner, dessen Virilität sich als Trugbild erweist. Wie zuvor sucht Badham nach einer gelungenen Balance aus dramatisierter und zweifellos spektakulärer Sport-Action und melancholischer Melodramatik, denn die Männer finden ihre Bestimmung in einem extremen Radrennen durch die eindrucksvolle amerikanische Landschaft der Rocky Mountains.

AMERICAN FLYERS – **Trügerischer Etappensieg**

Vom Jugendstreich zu den WARGAMES

Es blieb dagegen einer Reihe von futuristischen Blockbustern überlassen, John Badhams Ruf als verlässlicher Hollywood Professional weltweit zu etablieren: 1982 drehte er dicht hintereinander den Verschwörungsthriller BLUE THUNDER mit Roy Scheider und WARGAMES (1983) mit Matthew Broderick und Ally Sheedy.

Beide Filme lassen sich als Kriegsfilme rezipieren: In BLUE THUNDER herrscht der Bürgerkrieg in den Straßen von Los Angeles, in WARGAMES holt ihn ein hochbegabter Hacker aus der virtuellen Welt auf die Bühne der Weltpolitik. Beide Filme reflektierten so eine Atmosphäre tiefer Verunsicherung, eines kalten Krieges innerhalb und außerhalb der amerikanischen Gesellschaft. Und so dynamisch und packend beide Filme erscheinen, so sind sie doch grundverschieden: Die Hubschrauberpiloten aus BLUE THUNDER entfesseln ihren Krieg über den Dächern der Großstadt, während wir die WARGAMES am Ende als bunte Computersimulation auf den Bildschirmen des ›War Rooms‹ erleben dürfen. Badham nimmt hier die in Hochhäuser einschlagenden Projektile (in diesem Fall Raketen) ebenso vorweg wie die mögliche und befürchtete Es-

kalation eines atomaren Krieges. Und es grenzt an Ironie, dass seine anschließende Komödie SHORT CIRCUIT (1985) ausgerechnet mit dem ›Ultimate Soldier‹, einem Kampfroboter, seinen Anfang nimmt. Nachdem wir den Herstellungsprozess der denkenden Maschine zu Beginn verfolgt haben und ihre tödliche Effektivität bezeugen können, nimmt der Film die generische Wendung zur Komödie erst mit der Verlegung des mechanischen Deserteurs in zivile Gefilde, wo er die Welt einer jungen Frau (Ally Sheedy) ins Chaos stürzt.

Ein neues, ebenso erfolgreiches Kapitel seiner Karriere etablierte Badham mit dem ironischen Polizeifilm STAKEOUT (Die Nacht hat viele Augen; 1987), der nicht nur eine ähnliche Fortsetzung ANOTHER STAKEOUT (Die Abservierer; 1993) erfuhr, sondern das Genre des unterhaltsamen Big-Screen-Thrillers für über ein Jahrzehnt zu Badhams bevorzugter Spielwiese erkor. STAKEOUT griff Motive des ungleichen *Buddy*-Paares von *Professional* und *Rookie* aus BLUE THUNDER wieder auf, und versetzte dieses in immer neue Varianten von Verfolgungs- und Beobachtungssituationen, in denen die klassischen Genrestandards parodiert und mediale Mechanismen exponiert werden. In STAKEOUT erhalten zwei Polizisten, der erfahrene Chris (Richard Dreyfuss) und der Neuling Bill (Emilio Estevez), den Auftrag, die Ex-Geliebte eines entflohenen Polizistenmörders zu observieren. Die Überwachungsroutine wird zum existenziellen Spiel, als der Ausbrecher ihnen nach dem Leben trachtet und berufliche und emotionale Interessen kollidieren.

BIRD ON A WIRE – **Buddies**

Es ist nicht zuletzt dieses Konzept der situationskomischen Paarung von Gegensätzen, das auch den 1989 gedrehten BIRD ON A WIRE (Ein Vogel auf dem Drahtseil; 1990) mit Mel Gibson und Goldie Hawn zum kommerziellen Erfolg machte. Mit seiner Aussage gegen zwei Rauschgiftdealer erschafft sich der Kronzeuge Rick Jarmin zwei unermüdliche Feinde, die ihn trotz ständig wechselnder Identität immer wieder aufspüren und quer durch die USA jagen, wobei große Teile des Films wie schon STAKEOUT in Vancouver, British Columbia, inszeniert wurden. Zugleich wird Rick von seiner ehemaligen Geliebten wiedererkannt, die er scheinbar ohne Grund verlassen hatte. Gejagt von den Killern, kommt sich das entfremdete Paar wieder näher. Badham interessieren erneut die Verflechtungen von Liebesinteresse und existenzieller Grenzsituation. Mit Gewalt geht er hier zunehmend spielerisch um, nutzt sie als filmischen Ausdruck von Dynamik und als

dramaturgischen Motor. In THE HARD WAY (Auf die harte Tour; 1991) geht er diesbezüglich einen entscheidenden Schritt weiter, denn hier wird die Thriller-Handlung ganz explizit zur medialen Metareflexion: Im Stil der exponierten Schauspielerarbeit eines Robert de Niro beschließt ein junger Schauspieler (Michael J. Fox) in Vorbereitung auf seine nächste Rolle, einen hartgesottenen Cop (James Woods) im Einsatz zu begleiten. Das ungleiche ›Ermittlerpaar‹ – die homoerotische Doppeldeutigkeit dieses Begriffes wird bereits in STAKEOUT explizit thematisiert – gerät in absurde wie lebensbedrohliche Situationen, in denen sich gerade das Potential ihrer Beziehung als Vorteil erweist.

Die folgenden Werke setzen den Weg einer zunehmenden Dynamisierung fort, wobei gerade POINT OF NO RETURN noch einmal die Themen der gesellschaftlichen Paranoia aus einer neuen Perspektive spürbar macht. Der Actionthriller DROP ZONE (1994) überzeugt mit spektakulären Action-Set-Pieces, leidet jedoch ebenso wie der Echtzeitthriller NICK OF TIME (Gegen die Zeit; 1995) eher unter etwas gewagten Handlungsdispositionen. In NICK OF TIME etwa erpresst eine dubiose Organisation den Durchschnittsangestellten Watson (Johnny Depp) durch die Entführung seiner Tochter, eine Politikerin zu erschießen, wogegen er sich 80 Minuten erfolgreich zur Wehr setzt. Viele offene Fragen überdeckt Badham mit einer rasanten Actiondramaturgie, die in Echtzeit und zu hämmernden Elektrobeats das ausbrechende Chaos zelebriert. Erst mit dem thematisch ungewöhnlichen Kunstfälscherdrama INCOGNITO (1997) kehrt der Regisseur zu einer anderen Qualität zurück: zur intensiven Beobachtung von Prozessen. In langen Close-Ups und goldschimmerndem Kerzenlicht sehen wir hier die Entstehung eines

Kunstwerkes auf der Leinwand – in einem doppelten Sinne.

Nach INCOGNITO arbeitete Badham fast ausschließlich für das Privatfernsehen. Er drehte das Alkoholikerdrama FLOATING AWAY (1998) mit Paul Hogan und Roseanna Arquette, den Rachewestern THE JACK BULL sowie THE LAST DEBATE (Gnadenloses Duell; 2000) mit James Garner und Peter Gallagher; Fernsehspiele, für die er durchweg Kritikerlob erhielt. Es folgten mit ähnlicher Resonanz BROTHER'S KEEPER (Spuren in den Tod; 2001) mit Jeanne Tripplehorn, OBSESSED (Besessen; 2002) mit Jenna Elfman und FOOTSTEPS (Footsteps – Die Nacht kennt den Mörder; 2003) mit Candice Bergen. Erst 2004 kehrte er für die TNT-Produktion des Bio-pics EVEL KNIEVEL (2004) zum Spielfilmformat zurück, in dem George Eads den waghalsigen Stuntman verkörpert, dessen lebensmüde Kunststücke hier spektakulär nachgestellt werden. Seit 2005 arbeitet Badham teilweise als Executive Producer der ABC-Serie BLIND JUSTICE und unterrichtet daneben Regie an der Chapman University. Jüngst drehte er einzelne Episoden populärer TV-Serien wie THE SHIELD (2003), STANDOFF (2006) und JUST LEGAL (2005), die zahlreiche seiner zuvor etablierten Motive wieder aufgreifen.

Schönheit, Bewegung und Präzision

Untersucht man das Œuvre John Badhams, erscheint es ungleich komplexer und schwieriger als bei einigen seiner Maverick-Kollegen, wiederkehrende Elemente, Motive und Stilmittel zu isolieren. Es entspricht Badhams Sinn für Professionalität, sich zunächst jedem der mitunter völlig unterschiedlichen Stoffe mit einem Gestus der Präzision zu nähern. Dabei interessiert er sich vor allem für die deutliche Dynamisierung seiner oft generischen Dramaturgien. Bewegung und Choreographie markieren eine Handschrift, die als Inspiration für das spätere, rein performativ überhöhte Actionkino Michael Bays gedient haben könnte. Badham strebt nach originellen Actionszenen und vermeidet das Vorhersehbare. Als Beispiel mag man an die Hubschrauberjagd über L.A. in BLUE THUNDER denken, die darin gipfelt, dass eine asiatische Hähnchenbraterei von einer Wärmesensorrakete getroffen wird. Mit einer verheerenden Explosion verteilen sich Tausende gebratener Hähnchen über das Stadtviertel und werden – so betont es Badham im Audiokommentar der DVD – von Obdachlosen fleißig eingesammelt. Auch in den Sportszenen aus AMERICAN FLYERS leistet Badham Pionierarbeit, indem er die dramatischsten Radrennabfahrten aus subjektiver Perspektive filmt und so das Publikum in die Szene direkt involviert. John Milius hat ähnliches 1978 in seinem Surferepos BIG WEDNESDAY (Tag der Entscheidung) geleistet, als er die Kamera auf das Surfboard montierte. Diese radikale Subjektivierung wurde bald vom Fernsehen bei Liveübertragungen übernommen, doch in diesen Kinofilmen sah man das

BLUE THUNDER – Prophetische Vorwegnahme des Anschlags vom 11. September 2001

dynamische Geschehen zudem in epischen Breitwandkompositionen.

Auch der Herausforderung potentiell statischer Stoffe stellt sich Badham, als er etwa den Überwachungsthriller STAKEOUT drehte, der erst nach einem Viertel seiner Laufzeit zur eigentlichen Szenerie kommt. Davor sehen wir einen brutalen Gefängnisausbruch sowie eine spektakuläre Verfolgungsjagd durch eine Fischfabrik, die Badhams Ambition des ›originellen Actionsettings‹ entgegenkommt. Richard Dreyfuss gerät unversehens in einen riesigen Trichter und wird im Gefolge Tausender glitschiger Fische auf das Fließband befördert, wo ihn die erstaunten Sortiererinnen empfangen. Diese Auflösung in purer physischer Dynamik – der performative Anteil der Thrillerhandlung – erscheint relativ früh im Film, klingt aber lange nach – ein Prinzip, das durchaus von Alfred Hitchcock inspiriert sein könnte. Dieser Bezug zu Hitchcock wird noch deutlicher im Echtzeitnarrativ von NICK OF TIME, einem Thriller, der uns suggestiv in die Situation eines Durchschnittsmannes versetzt, welcher in eine existenzielle Grenzsituation gezwungen wird, indem man seine Tochter entführt und so kaum eine Wahl lässt, als sich den drastischen Forderungen zu fügen. Hier steigert die Übereinstimmung von Erzählzeit und erzählter Zeit ebenso die Identifikation mit dem leidgeprüften Vater.

Neben diesen Strategien der Dynamisierung interessiert Badham sich für die intensive Beobachtung von Prozessen: Wachstum, Produktion, Kreativität. So bringt er uns nah, wie ein unbedarfter Drifter in AMERICAN FLYERS über seine Grenzen hinauswächst und sich zu einem leistungsstarken Marathonradler entwickelt, als er miterleben muss, wie sein älterer Bruder gesundheitlich in eine Krise gerät. Dieser Wachstumsprozess wird zum Puls des Films.

Auch NICK OF TIME zeigt einen solchen Prozess: wie ein ahnungsloser Bürokaufmann zum waffenschwenkenden Actionhelden wird – diese Aspekte interessieren Badham. Er entdeckt den uramerikanischen Frontierhelden auch im modernen Großstädter. Der Zwang zur Gewalt weckt den Pionier und lässt ihn am Ende triumphieren – in der ›Gunfighter Nation‹.[3]

War Games im War Room

Ähnliche Dokumentationen finden sich auch bei einem kreativen Prozess wie der Kunstfälschung in INCOGNITO – dem Höhepunkt eines ungewöhnlichen Spielfilms, der Einblicke in eine unbekannte Welt gewährt, ohne auf melodramatische Elemente zu verzichten. Badham belegt hier prototypisch, dass das moderne Hollywood-Kino *per se* als Melodrama gelten kann. Und nicht zuletzt in WARGAMES gelingt es Badham, eine unspektakuläre Grundidee (der jugendliche Hacker sitzt vor seinem Computerbildschirm) in einen dramatischen Spionagethriller mit *Coming of Age*-Motiven zu transformieren. Auch wenn der finale Atomkrieg zum Glück der Protagonisten nur als Computersimulation abläuft, holt Badham erstaunlich viel aus diesen statischen Grunddispositiven heraus.

Neben der Dynamisierung und den Wachstumsprozessen existiert ein dritter Themenkomplex in Badhams Œuvre: Überwachung und Paranoia. Badhams amerikanisches Kino ist in einer letzten Konsequenz ein kritisch-politisches. Das kann sich in ganz kurzen Momenten und Impressionen zeigen, etwa wenn zu Beginn von STAKEOUT während des Gefängnisausbruchs die Häftlinge ihre Rasierspiegel aus den Zellen halten, um zu sehen, was vor sich geht – hier wird für Sekunden die Isolation der Häftlinge spürbar. Wichtig wird es aber vor allem in Momenten, in denen die Ordnungskräfte rücksichtslos in die Intimsphäre amerikanischer Bürger eindringen: In der Beobachtung der ahnungslosen Frau in STAKEOUT , die von zwei Polizisten rund um die Uhr überwacht wird – und so zum Objekt der Begierde avanciert. Hier wie an anderer Stelle reflektiert Badham zugleich unsere Position als Filmzuschauer und Voyeure: Ebenso explizit ist jene frühe Szene in BLUE THUNDER, als die Hubschrauber-Cops eine nackte Frau beim Yoga beobachten. Hier wird die Überschneidung von Überwachungsparanoia und Amtsmiss-

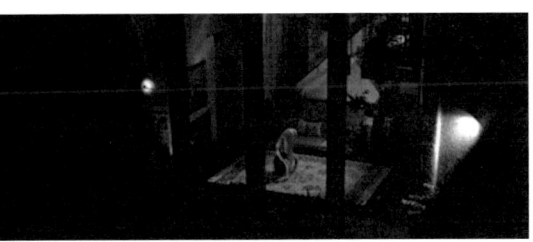

BLUE THUNDER – **Eindringen in die Privatsphäre**

brauch ambivalent und für das Publikum durchaus peinlich auf die Spitze getrieben.

Am Ende von Badhams prototypischem wie originellem Hollywoodkino steht die Schönheit der Perfektion. Er führt in seinen intensivsten Momenten vor, wie die angestrebten Prozesse zum ungeahnten Erfolg führen: zum Sieg im Tanzwettbewerb, dem Triumph im Radrennen oder der Aufdeckung einer rassistisch motivierten Staatsverschwörung. Ambivalent wird diese Feier der Perfektion, wenn wir mitbekommen, wie Nina in POINT OF NO RETURN zur immer perfekteren Killerin wird, die zugleich ihre Auftragsmorde vor dem misstrauischen Freund verbirgt (in der New Orleans-Sequenz).

John Badham ist ein Regisseur der Dynamik, der Varianz – und ein Schauspielerregisseur. Er hat mit Größen wie Laurence Olivier, Kevin Costner, Goldie Hawn, Richard Dreyfuss, Mel Gibson, Johnny Depp oder James Garner gearbeitet, und zugleich jungem Nachwuchs eine Chance geboten: Ally Sheedy, Matthew Broderick – und nicht zuletzt dem jungen John Travolta. Wie kaum ein Kollege seiner Generation verdichtet[4] Badham die Ambitionen und Möglichkeiten des kommerziellen Hollywoodkinos zu einem performativen, unterhaltsamen wie herausfordernden Ereignis. Es ist zu hoffen, dass John Badham nach langer Abstinenz endgültig zur großen Leinwand zurückkehrt, um als Hollywood-Professional noch einmal zu zeigen, welche Schönheit in der Perfektion liegt – der Perfektion des Inszenierten, aber vor allem: der Inszenierung selbst.

Anmerkungen

[1] Dokumentiert in: Emanuel Levy (Hg.): Citizen Sarris: American Film Critic – Essays in Honor of Andrew Sarris. Lanham 2001.

[2] Zahlreiche Informationen dieses Artikel entstammen dem Buch John Badham: On Directing. Studio City 2013.

[3] Richard Slotkin: Gunfighter Nation. The Myth of the Frontier in Twentieth-Century America. Norman, Oklahoma 1998.

[4] Siehe zum Begriff der Verdichtung: Marcus Stiglegger: Verdichtungen. Zur Ikonologie und Mythologie populärer Kultur. Hagen-Berchum 2014.

Marcus Stiglegger überreicht John Badham den Cinestrange-Award in Braunschweig (2014), Foto von Markus Haage

Im Innern

Spuren des Handwerkers im Mainstream oder: John Badham, Auteur

Von Sascha Westphal

Eine erste Spur

Eine Stand-, vielleicht auch eine Wanduhr für Kinder. Das Ziffernblatt stellt den Bauch eines niedlichen Pandabären dar. Die altertümlichen Zeiger stehen auf Punkt 12. Die riesigen Augen liegen tief im Gesicht und bewegen sich in ihren Höhlen von rechts nach links, dann wieder von links nach rechts, und immer so fort.

Ahnung von Paranoia

Das rhythmische Hin und Her im Sekundentakt wirkt, als ob die stetig unheimlicher blickenden Augen den Zuschauer emotionslos beobachten. Nichts entgeht ihnen, und sie lassen einen nicht mehr los. Dazu erklingt Arthur B. Rubinsteins Score, in den sich ein leises, unaufhörliches Ticken mischt. Die Augen und das Ticken: ein Gefühl von Paranoia, fest verknüpft mit der Ahnung, dass die Zeit abläuft.

Währenddessen bewegt sich die Kamera nach rechts, als wolle sie die Uhr umrunden. Eine gleitende Bewegung, die in eine sanfte Überblendung mündet. Der Weg führt von außen nach innen, hinein ins Uhrwerk mit seinen surrenden Zahnrädern. Schließ-

lich eine weitere Überblendung: Die Nahaufnahme eines Revolvers mit ausgeschwenkter Trommel verdrängt die Uhr. Auch sie wird von der Kamera langsam umkreist. Die Bewegungen sind eins; sie ketten die Uhr und die Waffe aneinander. Fortan wird die Titelsequenz von John Badhams Echtzeit-Thriller NICK OF TIME (Gegen die Zeit; 1995) immer wieder zwischen dem Inneren der Uhr und dem Revolver hin und her gleiten. Die Zahnräder und die Trommel, die Stangen und die Trommelachse, überall existieren Verbindungen. Die Bauteile ähneln sich. Ein Teil der Uhr gleicht sogar den Patronen, mit denen der Revolver schließlich geladen wird.

Eine kühle Sachlichkeit liegt in diesen Bildern, die den Erfindungsgeist der Menschen sowie ihre Begabung zur Abstraktion wie zur Konstruktion komplexer Geräte dokumentieren und dabei den Blick auf das Wesentliche lenken. Letztlich hängt alles zusammen – und das eben nicht nur auf der metaphorischen Ebene, auf der Zeit und Tod sowieso schon eins sind,

Mechanisch-kühle Sachlichkeit

sondern auch auf einer mechanischen Stufe. Die von Greenberg/Schluter gestaltete Titelsequenz verweist zunächst nur auf die menschliche Handwerkskunst; die Uhr wie die Waffe sind auf ihre Art Meisterstücke, perfekt in Design und Zweckmäßigkeit.

Natürlich werden diese objektiven Betrachtungen von einer zweiten, symbolischen Sicht nach und nach überlagert. Die Titelsequenz greift die zentralen Elemente der nachfolgenden Erzählung auf: die Zeit, die abläuft, und der Revolver, mit dem geschossen werden muss. So baut sich eine Spannung auf, die der Film bis zum Ende halten wird. Aber trotz allem bleiben die Bilder von der fast abstrakten Mechanik der Zeit wie des Tötens in Erinnerung. Sie nehmen den Film vorweg und stehen doch für sich selbst. Es lohnt sich, sie wie eine Spur zu lesen und zu sehen, wohin sie führt.

Auf der Fährte

Es mag seltsam erscheinen, sich dem Werk John Badhams ausgerechnet über eine Credit-Sequenz zu nähern, bei der unklar ist, wie viel Einfluss er überhaupt auf sie besaß. Auf den ersten Blick ist sie vor allem eine schöne filmische Spielerei, die Mitte der 1990er Jahre einfach den Geist der Zeit traf. Wie schon einmal in den späten 1950er und frühen 1960er Jahren, als beispielsweise ein Saul Bass immer wieder atemberaubende Vorspanne zu den Filmen von Alfred Hitchcock und Otto Preminger gestaltete und mit seinen Mitteln deren Geschichten interpretierte, wurden sie in den 1990ern Titelsequenzen wieder zu eigenständigen Kunstwerken. Eine überraschende Renaissance, die allerdings nicht sonderlich lange anhielt. Die Titelsequenz von NICK OF TIME erlangte zwar nicht eine solche Berühmtheit wie Kyle Coopers Anfangstitel für David Finchers SE7EN (Sieben; 1995), aber sie kann sich durchaus mit ihr messen. In etwa drei Minuten etablieren Greenberg/Schluter weit mehr als nur die zentralen Motive des Films. Ihr ei-

genwilliger, extrem konkreter und dabei doch abstrakter Vorspann lässt sich zugleich als Meditation über das Kino John Badhams lesen. Auch diese These klingt zunächst vielleicht weit hergeholt, das eine lässt sich schließlich kaum mit dem anderen verbinden. Doch um einige überraschende Zusammenhänge zu offenbaren, genügt es schon, ein wenig über den Rand dieses einen Films hinauszublicken.

Die Mechanik der Dinge und damit auch all jene technischen Maschinerien, die einmal Teil der Alltagswelt waren oder es immer noch sind, faszinieren John Badham zweifellos. Man denke nur an seine geradezu akribische Inszenierung all der Vorrichtungen, mit denen das Schiff beladen wird, auf dem der untote Graf in DRACULA (Dracula '79; 1979) aus England fliehen will. Natürlich ist diese Detailgenauigkeit fest mit dem finalen Moment des Films verbunden, in dem Dracula gerade mittels dieser mechanischen Vorrichtungen besiegt wird. Aber die Mühe, die Badham auf ihre Darstellung verwendet, reicht über das rein Pragmatische hinaus. So auch während des Showdowns von THE HARD WAY (Auf die harte Tour; 1991) in und auf der Leuchtreklame zu Nick Langs neuestem Film *Smoking Gunn II*. Wie schon in DRACULA entwickelt der Schauplatz der Ereignisse ein Eigenleben, man kann sich gar nicht satt sehen an all den Details, die Teil dieser aufwendigen Reklame sind. Die komplizierte Technik, die in diese Werbung eingeflossen ist und ihr Innerstes ausmacht, ist letztlich ähnlich spannend wie der Kampf auf Leben und Tod, der dort gerade ausgetragen wird.

John Badhams Filme führen immer wieder im wörtlichen Sinne ins Innere oder umkreisen es zumindest, wie den monolithischen Computer, der in WARGAMES (WarGames – Kriegsspiele; 1983) über das Schicksal der Menschheit entscheiden kann. Räume und Apparate werden so sichtbar, deren Funktionsweisen in der Wirklichkeit nur Eingeweihten vertraut sind. Man erhält

Spektakulärer Showdown: Im Sägewerk...

...und im Zoo

ten Chris Lecce und dem Killer Richard ›Stick‹ Montgomery, und in BIRD ON A WIRE (Ein Vogel auf dem Drahtseil; 1990) findet der Showdown im Tropen- und Savannenhaus eines Zoos statt. Spektakuläre Orte, die natürlich den Konventionen und der Dramaturgie des Actiongenres geschuldet sind. Doch das ist eben nur die eine Seite der Medaille. Die Szenerien, in denen gekämpft wird, sind an sich gar nicht so außergewöhnlich. Aber die Aufmerksamkeit, die John Badham ihnen widmet, unterscheidet seine Arbeiten von denen anderer Filmemacher.

Wenn sich der Polizist John Moss und sein *buddy*, der Schauspieler Nick Lang, in THE HARD WAY auf Langs überlebensgroßem Konterfei gegen den ›Party Crasher‹ genannten Serienkiller zur Wehr setzen, ist dies natürlich eine ironische Hommage an die legendäre Mount Rushmore-Sequenz in Alfred Hitchcocks Klassiker NORTH BY NORTHWEST (Der unsichtbare Dritte; 1959). Nur entwickelt sich dieses moderne Monument mit all den Verstrebungen und Maschinenteilen in seinem Inneren zugleich

einen Einblick, aber nicht nur in den Lagerraum eines Segelschiffes aus dem 19. Jahrhundert oder hinter die Fassade einer großen Werbetafel. Es sind vielmehr mechanische oder auch elektronisch gesteuerte Systeme, in deren komplexen Mechanismen sich noch viel größere und weitaus grundsätzlichere Systeme spiegeln. Oder anders gesagt: Die Reklametafel als Modell der Welt.

Nicht durch Zufall ereignen sich in John Badhams Filmen die großen, die finalen Konfrontationen wiederholt hinter den ›Kulissen‹. DRACULA und THE HARD WAY sind dafür nur zwei Beispiele. In STAKEOUT (Die Nacht hat viele Augen; 1987) dient ein Sägewerk als Schauplatz für das Duell zwischen dem Polizis-

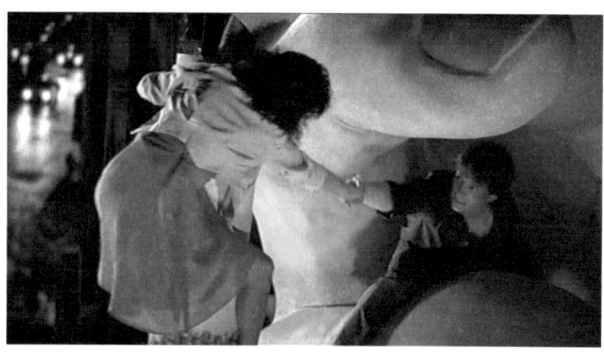

Ironische Hommage an NORTH BY NORTHWEST

zu einem Bild für das Hollywood-Kino, von dessen erfolgreichen Irrwegen und bizarren Triumphen Badham auf überaus amüsante Weise erzählt. THE HARD WAY ist ein in das Gewand eines typischen Buddy-Actionfilms gekleidetes Dokument über die Arbeitsweisen der Traumfabrik, die sich alles einverleibt – auch postmoderne Appropriationstechniken.

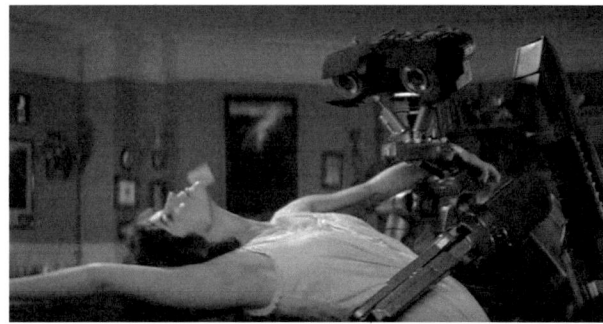

Inspirierte Tanzszene

Daniel Pynes und Lem Dobbs Drehbuch ist ein Paradebeispiel für das postmoderne, immer mit einem wissenden Augenzwinkern dargebotene Hollywood-Genrekino der späten 1980er und frühen 1990er Jahre. Aber Badham, der durchaus eine Vorliebe für kleine postmoderne Querverweise besitzt, wie die von SATURDAY NIGHT FEVER (Nur Samstag Nacht; 1977) inspirierte Tanzszene in SHORT CIRCUIT (Nummer 5 lebt!; 1986) auf eindrucksvolle Weise bezeugt, erdet Pynes und Dobbs In-Jokes. Mit dem Innenleben der Werbetafel verbeugt er sich vor den Handwerkern und Technikern, die diese Monumente des Marketings entwerfen und anfertigen. Zugleich ist dieser aufwendige, auf mehreren Ebenen operierende Showdown selbst wieder ein kleines Meisterstück filmischen Handwerks, das allerdings eher von einem Auteur als von einem Regiehandwerker erschaffen wurde.

Regisseure und Richtungen des amerikanischen Kinos

In den 1950er Jahren, als François Truffaut in seinen Essays und Polemiken für seine *Cahiers du cinéma la politique des auteurs* formulierte, und in den 1960ern, als der Filmkritiker und -historiker Andrew Sarris die französischen Ideen über das amerikanische Kino mit seiner *auteur theory* in die Vereinigten Staaten importierte, war es selbstverständlich, auf die Filme aus Hollywood herabzublicken. All die Western

und Actionfilme, die SciFi- und Horrorfantasien, die Musicals und *films noir* waren Fabrikware, gefertigt, um Profit zu generieren. Wer in diesen Genres arbeitete, musste sich den Vorstellungen der Studios unterwerfen und einfach nur seinen Job wie ein Arbeiter am Fließband in Detroit machen. Kunst konnte unter diesen Voraussetzungen, dem Diktat des Kommerzes, nicht entstehen.

Gegen diese restriktive Sicht auf das Kino, die Kunst und Kommerz als zwei sich feindlich gegenüberstehende Lager verstand, schrieben in den 1950er Jahren die Autoren der *Cahiers du cinéma* und späteren Filmemacher der *nouvelle vague* an. Kunst war in ihren Augen eben keine Frage der Produktionsbedingungen, sondern eine der Haltung des Regisseurs. Natürlich gibt das Studio den Rahmen vor, in dem sich das Filmteam bewegen kann. Filme werden nun einmal nicht wie Autos gefertigt. Sie werden erschaffen, aber eben von Handwerkern und nicht von Fließbandarbeitern, die nur die immer gleichen Handgriffe ausführen müssen. Diese Kino-Handwerker können und sind letztlich sogar gezwungen, ständig eigenverantwortlich Entscheidungen zu treffen, die am Ende den Film prägen.

Diese Eigenverantwortung würdigten die Kritiker der *Cahiers du cinéma* und ihre Nachfolger in Amerika und England erstmals als zentralen Aspekt des kommerziellen Kinos. Zur *politique des auteurs* gehör-

Hollywood-Kino auf Augenhöhe

gegnen. Die von Vorurteilen belasteten Unterscheidungen zwischen *high art* und *low art*, zwischen *A* und *B movies*, zwischen den Arbeiten von Individualisten wie Erich Stroheim, Josef von Sternheim oder Orson Welles und den Filmen von Studio-Regisseuren wie John Ford, Howard Hawks oder Vincente Minnelli erlangten im Kontext der *politique des auteurs* erst einmal keine Bedeutung mehr. Nun ging es einzig und allein um die Betrachtung des Œuvres eines Filmemachers und die Frage, ob sich dabei eine individuelle Handschrift offenbart.

Diese Idee war nie unumstritten. Aber sie prägte in den späten 1960er und 1970er Jahren die Filmgeschichtsschreibung wie auch die Filmkritik nachhaltig, wobei es sicher kein Zufall war, dass in diese Zeit auch der Siegeszug des New Hollywood fiel. Plötzlich drängte eine ganze Reihe von Regisseuren ins amerikanische Filmgeschäft, die sich nicht nur ausgiebig mit der Geschichte des Hollywood-Kinos beschäftigt hatten – sie griffen auch den von Sarris und den französischen Autoren geprägten *auteur*-Gedanken begierig für sich selbst auf. Filmemacher wie Brian de Palma und Robert Altman, Peter Bogdanovich und Martin Scorsese, Francis Ford Coppola und Michael Cimino sahen sich von vornherein als eigenständige Künstler. Die Auseinandersetzung mit dem Erbe des klassischen amerikanischen Genre-Kinos hat sich tief in ihre Filme eingeschrieben.

Doch diese Phase eines ›Auteur-Kinos‹, die neben den großen Produktionen des New Hollywood auch weite Teile der B-Film-Produktionen der 1970er Jahre prägte, endete spätestens mit dem PR-Desaster rund um Michael Ciminos grandioses Opus Magnum HEAVEN'S GATE (Das Tor zur Hölle) im Jahr 1980. Die in der zweiten Hälfte der 1970er Jahre beginnende Götterdämmerung des New Hollywood und das nahezu gleichzeitig einsetzende Morgengrauen des Blockbuster-Kinos à la JAWS (Der weiße Hai; 1975;

te zweifellos auch ein Großteil Polemik. Die Feindlinien waren schließlich klar definiert. Zum einen schrieben die Autoren der *Cahiers* gegen das französische Qualitätskino an, zum anderen gegen all die Kritiker, die das Kino eher nach ideologischen als nach formalen und künstlerischen Maßstäben beurteilten. Aber diese verbalen Scharmützel, die in den Vereinigten Staaten dann vor allem von der anderen Seite provoziert wurden, waren ungeheuer befreiend. Andrew Sarris' *auteur theory*, die er zunächst in einem Essay *Notes on the Auteur Theory in 1962* und 1968 in dem Buch *The American Cinema. Directors und Directions 1929 – 1968* formulierte, stellt ein Instrumentarium dar, das ermöglicht, dem Hollywood-Kino quasi auf Augenhöhe zu be-

R: Steven Spielberg) und STAR WARS (Krieg der Sterne; 1977; R: George Lucas) führte schließlich zu einem *backlash*. Die Errungenschaften der *politique des auteurs* scheinen mittlerweile einen großen Teil ihrer Bedeutung verloren zu haben.

Das Hollywood-Kino mit seinen Blockbustern und seinen Genreproduktionen, die sich nicht selten an ein jugendliches Publikum richten, hat heute in etwa den Ruf, den die Filme der Traumfabrik auch schon in den 1950er Jahren besaßen. Die Abneigung gegen den Kommerz schließt bei zahlreichen Kritikern und Kommentatoren des zeitgenössischen Kinos wieder einmal jeglichen Gedanken an Kunst aus. Was für Sarris einst selbstverständlich war, nämlich das Werk eines Regisseurs immer als Ganzes zu betrachten und den Blick als Historiker und Kritiker nicht nur auf den einzelnen Film zu richten, scheint eine mehr oder weniger vergessene Tugend zu sein. Natürlich wird Martin Scorsese weiterhin als *auteur* gefeiert. Und auch einige jüngere Filmemacher wie Christopher Nolan oder David Fincher werden trotz ihrer großen Studiofilme als Künstler verehrt. Sie bilden die Ausnahmen, fast ein Alibi für alle, die den sogenannten Mainstream ansonsten kaum beachten oder gar verächtlich auf ihn herabblicken. Insofern scheint die Zeit für einen zweiten Band gekommen, der an Sarris' epochale Filmgeschichte anschließt und sie für die vergangenen 50 Jahre fortschreibt: ›The American Cinema. Directors and Directions 1969–2015‹. Ob dieser zweite Teil die Filmemacher nun auch wieder in unterschiedliche Kategorien gruppieren und damit zugleich ihr Schaffen bewerten sollte, ist eine Frage, die jeder für sich beantworten muss. Was aber außer Frage steht, ist, dass ein solcher Band ohne ein Essay zum Werk John Badhams kaum vorstellbar ist.

Unnötig und doch unerlässlich

Die Rolle des Regisseurs im Mainstream-Kino lässt sich tatsächlich nur sehr

Das Ende des New Hollywood

schwer fassen. Die französischen Kritiker der *Cahiers du cinéma* haben seinerzeit den Begriff der *mise en scène*, der ›Inneren Montage‹, geprägt, um die Leistung eines Regisseurs zu skizzieren. Nur beschreibt selbst dieser eher auf das Formale zielende Begriff letztlich eine zutiefst subjektive Wahrnehmung. Jeder der *Cahiers*-Autoren besaß sehr eigene Vorstellungen von ihm, die sich eben nicht einfach objektivieren ließen. Noch schwieriger wird es allerdings, sobald man den Blick noch einmal erweitert und die Arbeit des Regisseurs innerhalb des größeren Kontextes eines augenfällig kommerziell ausgerichteten Systems betrachtet, dann nehmen die Widersprüche überhand. Andrew Sarris beschrieb die extremen Gegensätze, mit denen ein Regisseur Tag für Tag konfrontiert wird, einmal auf diese fast poetische Weise:

John Badham on Directing

Neugieriger Blick

Badham die vermeintliche oder auch tatsächliche Passivität des Regisseurs, der vor allem als Beobachter agiert. Zugleich lässt er aber keinen Zweifel daran, dass ein Film ohne den Blick und vor allem die Vermittlungskünste eines Regisseurs wohl nicht denkbar wäre. Nach diesem sublimen Ausdruck, der für Sarris die Beschäftigung mit einem Regisseur erst lohnenswert macht, muss dann der Betrachter suchen. Er liegt wie auch die *mise en scène* im Auge des Einzelnen. Und wie die Arbeit des Regisseurs an sich sind vielleicht auch diese erhabenen Momente, diese wundersamen Augenblicke einer Kunst, die ihr rein auf den Profit ausgerichtetes Umfeld transzendiert, unnötig und doch unerlässlich.

Zu Beginn von NICK OF TIME sitzen der von Johnny Depp gespielte Buchhalter Gene Watson und seine kleine Tochter Lynn (Courtney Chase) in einem Zug nach Los Angeles. Ein Teil der Bahnstrecke verläuft parallel zu dem betonierten und weitgehend ausgetrockneten Flussbett des Los Angeles River. Dafür leben hier nun Obdachlose, von denen einige ihre Kleidung in dem dünnen Rinnsal waschen, andere kämpfen miteinander. Lynn kann die Augen kaum von dem traurigen Geschehen abwenden. Ihr Blick ist erfüllt von Neugier und Unverständnis, Schrecken und Fragen, die sie aber nicht stellt. Auch ihr Vater sagt nichts, denn jeder Versuch, die Situation der Menschen im Flussbett seinem kleinen Mädchen zu erklären, müsste scheitern.

»The director is both the least necessary and most important component of film-making. He ist the most modern and most decadent of all artists in his relative passivity toward everything that passes before him. He would not be worth bothering with if he were not capable now and then of a sublimity of expression almost miraculously extracted from his money-oriented environment.«[1]

Beide Bücher, in denen John Badham seine eigene Sicht auf die Arbeit eines Regisseurs darlegt,[2] erinnern an Sarris' aphoristische Beschreibungen. Auch wenn Badham sich selbst keinesfalls als *auteur* bezeichnet und den Leistungen der Schauspieler weitaus mehr Gewicht einräumt als der Begründer der amerikanischen *auteur theory*, spiegeln seine Anekdoten und Ratschläge genau die Widersprüche, von denen Sarris spricht. Immer wieder schildert

Auf den ersten Blick könnte man meinen, diese beinahe dokumentarischen Aufnahmen vom Elend der Obdachlosen in Los Angeles seien unnötig, schließlich kommt Badham nie wieder auf sie zurück. Doch diese Blicke voller Entsetzen und Trauer, die sich konsequent der ansonsten extrem ökonomischen Dramaturgie dieses Echtzeit-Thrillers entziehen, erden das Verschwörungsszenario, das Patrick Sheane Duncan in seinem Drehbuch entwirft. Der Fluss und die Obdachlosen spiegeln eine Seite des amerikanischen Systems wider. Die korrupten Sicherheitskräfte, die im Auftrag eines undurchsichtigen Wirtschaftsmagnaten die Ermordung der Gouverneurin von Kalifornien planen, eine andere.

Gleich zweimal zeigt John Badham in THE JACK BULL (Reiter auf verbrannter Erde/Wyoming; 1999), seiner freien Western-Adaption von Heinrich von Kleists Novelle *Michael Kohlhaas*, wie der Galgen funktioniert, der für die Hinrichtung des Pferdehändlers Myrl Redding erbaut wurde. Das erste Mal ist ein Testlauf: Ein schwerer Sack ersetzt das Gewicht des Delinquenten. Schon in diesem Moment schenkt Badham selbst den kleinsten mechanischen Details enorme Aufmerksamkeit. In diesem Augenblick weiß der Betrachter genau, was wenig später mit Redding geschehen wird. Als es dann soweit ist, schneidet Badham nicht vom Galgen weg, ganz im Gegenteil. Die Bilder wiederholen sich. Der Blick bleibt auf dem Schafott haften und seziert erneut dessen Funktionsmechanismen. Nur hängt diesmal ein Mensch am Strick und stirbt.

Testlauf für die Hinrichtung

Diese Doppelung ist selbst angesichts von John Badhams Vorliebe für technische wie mechanische Konstruktionen und Vorgänge überraschend. Auch scheint sie nicht wirklich nötig zu sein. Aber in der Präzision der Bilder und der Kälte, die sie vor allem in ihrer Wiederholung ausstrahlen, liegt der Schüssel zu Badhams Kleist-Interpretation. Während in seiner Vorlage noch okkulte Ereignisse in das Geschehen hineinspielen und Kohlhaas mit seinem Hinrichtungstod (dem er durchaus hätte entgehen können) über die staatliche Obrigkeit triumphiert und lieber stirbt, als ihr die geringste Genugtuung zu gestatten, herrscht in Badhams für den Pay-TV-Sender HBO produzierter Verfilmung nichts als die kalte, aber eben auch unbestechliche Logik des Gesetzes. Redding opfert sein Leben nicht seinen Prinzipien. Er erkennt einfach die Prinzipien des Rechts und des Staates an, der zu diesem Zeitpunkt gerade im Entstehen begriffen ist. Der Rest ist Mechanik, ein System, in dem der Einzelne tatsächlich kaum mehr ist als ein Sack voller Korn.

Gefangen in der Maschine

Der Berufsverbrecher Walker weiß ganz genau, was er will. Man hat ihn betrogen und ihm Geld gestohlen. Das will er zurückhaben, um jeden Preis. Dafür nimmt er es auch mit einer ganzen Organisation auf. Schritt für Schritt arbeitet er sich im Lauf seines Rachefeldzugs immer weiter zur Spitze des Syndikats vor. Mit einer Verbissenheit, die sich rational nicht erfassen lässt, erklimmt er Stufe um Stufe, bis er schließlich viel mehr Geld bekommen könnte, als ihm ursprünglich gestohlen wurde. Doch das kommt für einen Mann mit eisernen Prinzipien genauso wenig in Frage, wie aufzugeben. John Boormans 1967 entstandener Gangsterfilm POINT BLANK hat etwas

Absurdes an sich. Nicht nur der von Lee Marvin verkörperte Killer Walker geht für seine Vorstellungen von Recht und Rache bis zum Äußersten. Auch Boorman treibt einen uramerikanischen Mythos auf die Spitze: Der stoische Einzelgänger, der es für seine Überzeugungen mit jedem aufnimmt, mutiert zur menschlichen Maschine, die ohne jede Gefühlsregung ihr Ziel verfolgt

nen, weiter Geschichten von Außenseitern und Anarchisten erzählen, die ihren Weg verfolgen und dabei das bestehende System aus den Angeln heben.

John Badham hat einen anderen Weg als Romero und Carpenter beschritten. Er wandte sich im Lauf seiner Regiekarriere zwar auch immer wieder den klassischen amerikanischen Genres zu und schuf mit dem Fernsehfilm THE JACK BULL auch noch einen bemerkenswerten Spät-Western. Aber seine Protagonisten sind weder Anarchisten noch die Erben der klassischen Westernhelden. Die meisten von ihnen – der von John Cusack gespielte Myrl Redding bildet in dieser Hinsicht die Ausnahme – besitzen im Endeffekt nicht einmal eine echte Überzeugung. Und genau das rückt Badhams Kino schließlich in die Nähe von Boormans Grenzüberschreitung. Auch er betreibt eine Form von Dekonstruktion,

There are two kinds of people in his up-tight world: his victims and his women. And sometimes you can't tell them apart.

Metro-Goldwyn-Mayer presents
A Judd Bernard-Irwin Winkler Production
LEE MARVIN
"POINT BLANK"

co-starring
ANGIE DICKINSON KEENAN WYNN · CARROLL O'CONNOR · LLOYD BOCHNER · MICHAEL STRONG
Screenplay by Alexander Jacobs and David Newhouse & Rafe Newhouse Based on the Novel "The Hunter" by Richard Stark Directed by John Boorman Produced by Judd Bernard and Robert Chartoff In Panavision® and Metrocolor MGM

Amerikanischer Mythos

und dabei eine Spur von Toten hinter sich lässt. Boormans Film ist zugleich die Essenz des amerikanischen Genrekinos und dessen eisigste Dekonstruktion. Eigentlich hätte mit POINT BLANK diese Linie des *American way of killing* enden müssen. Aber natürlich war der Mythos stärker und überstand auch diese fast schon blasphemisch zu nennende Attacke – es geht Boorman schließlich um das Heiligste, den ewigen Glauben an das absolute Recht des Westerner. Und so konnten George A. Romero und John Carpenter, um nur zwei ikonische Genreregisseure der vergangenen 45 Jahre zu nen-

die am Ende sogar tiefer reicht als Boormans Exzess. Trotz aller Übertreibungen und Zuspitzungen bleibt Walker ein klassischer amerikanischer Held. Er nimmt das System Schraube für Schraube auseinander und weiß dabei immer ganz genau, wer sein Gegner ist. Wäre da nicht dieses ständige Zuviel, könnte POINT BLANK durchaus in einer Linie mit den harten B-Gangsterfilmen der 1950er Jahre stehen.

John Badham verweigert seinen Protagonisten dagegen genau diesen Überblick und damit die Möglichkeit, gezielt zu handeln. Sie wissen, dass sie nicht mehr als winzige Teile eines sehr großen Systems sind. Aber sie besitzen keine Vorstellung von den wahren Ausmaßen des Systems. Sie können nicht wie Walker Schritt für Schritt vorgehen, sie tasten vielmehr blind umher und stolpern so von einer Situation in die nächste. Johnny Depps Gene Watson in NICK OF TIME ist dabei so etwas wie der Archetyp des Badham'schen Helden. Durch eine Verkettung mehr oder weniger zufälliger Ereignisse gerät er ins Visier der Verschwörer und findet sich von einem Moment auf den anderen im geheimen Uhrwerk der US-amerikanischen Gesellschaft wieder, eine Schachfigur, mit der andere spielen. Aber auch Officer Frank Murphy in BLUE THUNDER (Das fliegende Auge; 1983), David, der Teenager, der in WARGAMES eigentlich nur das neueste Computerspiel vor allen anderen spielen will und dabei die amerikanische Kriegsmaschinerie in Gang setzt, sowie der Techniker und Wissenschaftler Newton Crosby in SHORT CIRCUIT rennen den Ereignissen praktisch nur hinterher. Wenn einmal einer von Badhams Protagonisten versucht, selbst die Initiative zu übernehmen, landet er zunächst meist – wie der um die Zukunft der Welt kämpfende David – im Abseits. Der Junge findet Falken, den für tot erklärten Schöpfer des Mega-Computers, zwar auf einer abgelegenen Insel, wird aber bitter enttäuscht. Das Genie hat sich endgültig zum Sonderling entwickelt, der fliegen-

de Modelle von prähistorischen Sauriern baut und einen nuklearen Holocaust sogar begrüßt. Selbst denen, die einmal Herren über das System waren, ist die Kontrolle irgendwann entglitten.

Ist das nicht meine Freiheit?

Amerika, aber auch das viktorianische England Draculas, sind in John Badhams Filmen kalte, nach mechanischen Prinzipien funktionierende Orte. Seine Actionfilme und *Buddy*-Komödien gipfeln zwar Hollywood-konform in typischen *happy endings*. So gewinnen Rick Jarmin und Marianne Graves in BIRD ON A WIRE ihre Freiheit und erlangen sogar die Yacht, von der sie einst träumten. Aber an den Verhältnissen ändert sich nichts. Wie die Cops in STAKEOUT, THE HARD WAY und DROP ZONE (1994) können Rick und Marianne eigentlich immer nur reagieren; sie sind im Prinzip für die Dauer des Films ohnmächtig. Erst im Finale überwinden sie, wie es sich für das Genre gehört, ihre Machtlosigkeit. Insofern ist es nur konsequent, dass Chris Lecce und Bill Reimers, das Polizisten-Duo aus STAKEOUT und ANOTHER STAKEOUT (Die Absvierer; 1993), in beiden Filmen eigentlich nur Orte und Personen observieren sollen. Darin ähneln sie nebenbei auch Officer Frank Murphy.

Der Beobachter, der doch nie alles sieht und zudem meist gar nicht die Gelegenheit hat, entsprechend zu handeln, ist die perfekte Verkörperung einer fast kafkaesken Sicht der Welt. Das System offenbart jedem nur ein kleines Detail, der Rest bleibt verborgen – daher auch die vielen Szenen, in denen Badham seine Aufmerksamkeit mechanischen und technischen Abläufen widmet. Das Innere der Uhr verstehen, hieße die Welt verstehen. Im besten Fall

Das Genie als Sonderling

Mensch und Maschine im Einklang

können die Menschen allerdings für Sekundenbruchteile eins mit der Technik werden und damit im Ganzen aufgehen.

Dieser Idealzustand deutet sich gelegentlich in AMERICAN FLYERS (Die Sieger – American Flyers; 1985) an. Badham wirft in diesen Momenten einer höheren Harmonie seinen Blick erneut auf ein technisches Detail: die Fahrradkette, die umspringt, wenn der Fahrer den Gang wechselt. Mensch und Maschine im Einklang. Danach sehnt sich letztlich auch Nummer 5, der Roboter, der lebt. Nur nähert er sich dieser Vereinigung zweier Welten von der anderen Seite: Die Maschine will als Mensch anerkannt werden. Ihre menschlichen Eigenschaften und Regungen befreien sie. Nur so kann sie ihren Status als etwas, das geschaffen wurde, transzendieren und damit zu einer echten Freiheit finden. Der Roboter entkommt dem System, wenn er dem Menschen gleich wird. Diese Option hat der Mensch nicht. Das System, in dem er lebt, ist ein Ausdruck von Unfreiheit. Er darf sich ihm eigentlich nicht annähern, sondern muss sich von ihm lösen. Die Ausnahme wären die Fahrradfahrer in AMERICAN FLYERS. Sie gewinnen tatsächlich so etwas wie Freiheit, wenn sie mit dem Rad verschmelzen.

Der querschnittgelähmte Künstler Ken Harrison in WHOSE LIFE IS IT ANYWAY? (Ist das nicht mein Leben?; 1981) ist ganz offensichtlich ein Gefangener, und doch ist seine Situation im höchsten Maße ambivalent. Sein Unfall fesselt ihn ans Bett und an Maschinen, die all das für ihn übernehmen, was sein Körper nicht mehr selbst erledigen kann. Aber nur so kann er überhaupt weiterleben. Die Trennung von den Maschinen, nach der er sich so sehr verzehrt, wäre zugleich auch sein Todesurteil. Und genau darum kämpft der von Richard Dreyfuss gespielte Bildhauer. Freiheit, als ein Ideal, für das es sich zu sterben lohnt und das letztlich nur im Tod erreichbar ist. Oder aber im Zustand des Untodes: Der Vampir, das freie Wesen.

Sucht man nach Verbindungen und Querverweisen in John Badhams Filmen, offenbaren sich überraschende Bezüge. Niemand ist Ken Harrison näher als Lucy Seward, die eigenständige Tochter des Arztes Dr. Jack Seward, die in den Bann des Grafen Dracula gerät. Badham liest Bram Stokers Roman als eine Art Requiem auf eine feministische Utopie. Der Graf ist zwar eine Inkarnation des Bösen, aber eben auch ein Bote der Freiheit. Durch ihn könnte Lucy den Zwängen der viktorianischen Gesellschaft, die sie fesseln und erdrücken, entkommen. Sich ihm hinzugeben stellt die ultimative Form von Rebellion in DRACULA dar. Der Vampir hat die Macht, sich und andere aus den Ketten eines bigotten, patriarchalischen Systems zu befreien.

Davon erzählt die wahrhaft berauschende Szene, in der Lucy den Grafen zum ersten Mal zum Dinner besucht. Sie sitzen sich an einer langen Tafel gegenüber. Neben ihnen und hinter ihren Köpfen stehen zahlreiche Kerzen. Alles andere verschwindet im Dunkel des verfallenen Herrenhauses. Die vom flackernden Schein der Kerzen erhellten Züge Lucys und des Grafen scheinen in diesen Augenblicken frei im Raum zu schweben, von allem, was sie bindet, gelöst. Natürlich ist das eine romantische Liebesfantasie. Aber in ihr steckt zugleich die Hoffnung auf ein anderes Leben jenseits dieses Lebens, das eben doch nur ein Gefängnis ist Aber die Männer um Lucy, die Lebenden, die in Wahrheit die eigentlich (Un-)Toten sind, können dies nicht zulassen. Professor Van Helsing, ihr Vater und ihr Verlobter Jonathan Harker müssen sie retten und damit zerstören. Das dem Genre entsprechende *happy ending* wird so zum wahren Horror. Letztlich ist es vielleicht sogar besser, wie Myrl Redding am Galgen zu enden oder wie Ken Harrison selbst über einen eigenen Tod entscheiden zu können. Die bittere Ironie dieser Situation spiegelt sich dann auch in den letzten Einstellungen des Films: Die Maschinerie, die von Vampirjägern benutzt wird, um Dracula ins Licht zu zerren, bringt den Tod. Die Sonne rettet das Dunkel des viktorianischen Geistes, während die Finsternis, die den Vampir umgibt, das eigentliche Licht in sich birgt.

Romantische Liebesfantasie

Am Ende der Suche

SATURDAY NIGHT FEVER, der Film, der John Travolta als Star etablierte, gleicht einem Solitär im Werk seines Regisseurs.

Thematisch geht er zwar ganz in John Badhams Œuvre auf, schließlich giert auch der 19-jährige Tony Manero nach Freiheit. Als *rebel without a cause* der 1970er Jahre ahnt er, und das vielleicht als einziger, dass alle Wege, die sich ihm auftun, nur in neuen Ketten enden. Der kleinbürgerliche Haushalt seiner Eltern fordert die Flucht geradezu heraus. Nur wohin? In die Ehe und ein eigenes Haus? Das war schon für seine Eltern eine Sackgasse. Oder doch auf die andere Seite des Flusses, in das gelobte Land Manhattan, so wie es seine Tanzpartnerin Stephanie predigt? Aber selbst all ihre großen und schönen Worte können die Leere und die Traurigkeit in ihrem Innern nicht verdecken. Manhattan, das ist eben doch nur ein anderes, ein golden schimmerndes Gefängnis. Also wohin? Am Ende steht Tony an einem Fenster in Stephanies Appartement im Village. Alles ist ungewiss. Ein Augenblick auf der Schwelle zwischen Innen und Außen, der schließlich in den Endcredits einfriert. Vielleicht ist das die Lösung, den Moment in die Ewigkeit auszudehnen, für immer auf dem schmalen Grat dazwischen verweilen.

Anders als in den meisten seiner Filme wendet sich John Badham in SATURDAY NIGHT FEVER keinem technischen Prozess *en detail* zu. Es existiert keine Maschinerie, die als Bild für das Ganze herhält. In die-

Schwelle zwischen Innen und Außen

sem Film zielt der Blick des Regisseurs auf das große Panorama des Lebens im Brooklyn der Disco-Ära. Heute, beinahe 40 Jahre danach, wirkt er wie ein Flirt mit dem New Hollywood. Ein zweiter Weg deutet sich an. Und so steht der Betrachter plötzlich wieder selbst auf einer Schwelle. Die Suche nach den Spuren, die John Badhams Werk durchziehen, ist abgeschlossen, und schon ist da die Möglichkeit einer neuen, einer anderen Spur, die aber sofort wieder endet. Der Mainstream, dieses Reich des Kinos, in dem Freiheit eine Schmuggelware ist, mag ein geschlossenes System sein. Aber manchmal kann es aufregender sein, die Spielräume dieser strengen Ordnung zu suchen und zu nutzen, als sich ihr zu entziehen.

Anmerkungen

[1] Andrew Sarris: The American Cinema. Directors and Directions 1929-1968. New York 1996, S.37.

[2] John Badham & Craig Modderno: I'll Be in My Trailer. The Creative Wars Between Directors & Actors. Studio City 2006, sowie John Badham: On Directing. Notes from the Sets of SATURDAY NIGHT FAVER, WARGAMES and More. Studio City 2013.

The Badham Company

A fistful of supporting persons

Von Michael Flintrop

Was wäre ein erfolgreicher Regisseur ohne seinen Schnittmeister? In der Danksagung seines Buches *John Badham on Directing* würdigt Badham den während der Drucklegung im Alter von 85 Jahren verstorbenen langjährigen Freund und Editor Frank Morriss, mit dem er 22 Filme realisierte: »My longtime friend and brilliant film editor (...) more than a great artist, he was the kindest and most generous man who trained many young aspirants in the black art of editing.«[1] Innerhalb des Umfeldes der von Badham verantworteten Produktionen stellt Morriss tatsächlich über viele Jahre hinweg eine erstaunliche Konstante dar. Sie lernten sich bei THE LAW (Anwalt gegen das Gericht; 1974) kennen, einer TV-Produktion, die Badham mit zu der wichtigsten Arbeit aus der Frühphase seiner Karriere zählt[2] und noch heute durch ihre schonungslose Darstellung des amerikanischen Justizsystems besticht.[3] Für die große Leinwand arbeiteten sie erstmals bei WHOSE LIFE IS IT ANYWAY? (Ist das nicht mein Leben; 1981) zusammen, was sich bis zu INCOGNITO (1997) fortsetzt, dem letzten Kinofilm Badhams. Aber auch danach ist die Kollaboration der beiden nicht vorbei: Badham, der sich nach dem Ende seiner Kino-Karriere ausschließlich dem Fernsehen zuwendet, greift auf Morriss bis 2004 noch bei sieben weiteren Produktionen zurück.[4] Eine solch konstante und enge Zusammenarbeit zwischen Regisseur und Editor über einen langen Zeitraum stellt in Hollywood beileibe

keine singuläre Erscheinung dar, wie Badham selbst in einem Gespräch bemerkt.[5] Bereits in der Phase der klassischen Studioproduktion sind derartige Kooperationen häufig anzutreffen. So besorgte beispielsweise Ferris Webster für John Sturges in 15 Filmen den Schnitt,[6] bis er ab JOE KIDD (Sinola; 1972) bis zum Ende seiner Laufbahn zu Clint Eastwood wechselte und für ihn noch 15 weitere Filme betreute. Als ein Beispiel aus jüngerer Zeit mag die Zusammenarbeit zwischen Martin Scorsese und Thelma Schoonmaker dienen, die immerhin bei 18 Filmen für die endgültige Schnittfassung verantwortlich zeichnete. Badham und Morriss üben sich daher in einer Tradition, die über drei Perioden hinweg beständig geblieben ist: Der Frühphase bei Universal, die drei Filme umfasst und mit THE GODCHILD (Spuren im Sand; 1974) endet; der Zeit, in der Badham ausschließlich für das Kino arbeitet und zwischen WHOSE LIFE IS IT ANYWAY? und INCOGNITO insgesamt 11 Filme aufweist, sowie die sich anschließende Phase der TV-Produktionen für verschiedene Sender mit sieben Filmen. Doch stellt Morriss nicht die einzige Kon-

Langjähriger Weggefährte

Cameos: John Badham als Sponsor in NICK OF TIME...

...und als Kellner in POINT OF NO RETURN

der Roger-Corman-Schmiede geschulter Schauspieler, aus der auch Dante hervorgegangen ist, nicht – sei es auch nur mit einem Cameo in einer TV-Produktion – auftreten würde. Dies lässt sich jedoch nicht auf Miller allein beschränken – Belinda Balaski, Wendy Schaal, Robert Picardo oder Kevin McCarthy sind ebenfalls häufige Gäste im Dante-Kosmos, die durch ihre wiederkehrenden Auftritte einen fast familiären Eindruck erwecken.[8] Bei Badham gibt es einen solch selbstreferentiellen Bezug indes nicht. In der Wahl seiner *supporting actors* bleibt Badham erstaunlich inkonstant, er besetzt sie mit wechselnden Darstellern ohne einen deutlich herausgestellten Wiedererkennungswert. Was also bei Dante mit der durchgängigen Präsenz seiner bevorzugten Nebendarsteller als ein erkennbares Signum eines Dante-Filmes funktioniert, wird dagegen bei Badham häufig über die Zurschaustellung der eigenen Regisseurs-Persona als deutliche Markierung eines Filmes von »John Badham« in die Handlung implementiert.[9] Dies kann mehr oder minder prägnant ausfallen, sich auf einen kurzen Auftritt beschränken oder aber auch in einer tragenden Rolle münden: in BLUE THUNDER (Das fliegende Auge; 1983) ist er kurz als Reporter im Bild; ANOTHER STAKEOUT (Die Abservierer; 1994) zeigt ihn beiläufig als Kapitän eines Schiffes, mit dem das Ermittler-Trio zu ihrem Observationsort übergesetzt wird; in NICK OF TIME (Gegen die Zeit; 1995) ist er als applaudierender Sponsor zu erkennen, oder er hat als Kellner, der das Paar Nina/P.J. auf ihrem Hotelzimmer in New Orleans bedient (THE

stante Badhams in der Wahl seiner ständigen Mitarbeiter dar. Der folgende Beitrag wird sich damit näher beschäftigen und dabei insbesondere die Funktion und den Werdegang der späteren Regisseure Rob Cohen, D.J. Caruso und Gregg Champion, die zeitweilig für die Produktion der Badham-Filme verantwortlich waren und auch für die Konzeption und Inszenierung der Action-Sequenzen zuständig gewesen sein sollen,[7] in das Zentrum der Aufmerksamkeit rücken.

1. Immer die gleichen Gesichter?

Zieht man das Gesamtwerk eines Regisseurs wie Joe Dante zu Vergleichszwecken heran, so wird auffällig, wie oft Dante dort seine *regulars*, deren Auftritt man mit absoluter Sicherheit erwarten kann, zum Einsatz bringt. Es existiert kaum ein Dante-Film, in dem Dick Miller, ein in

ASSASSIN; Codename: Nina; 1993), sogar eine kurze Sprechrolle, die sich in THE LAST DEBATE (Gnadenloses Duell; 2000) dann zu der nicht unwichtigen Rolle eines Nachrichten-Sprechers ausweitet, der schließlich gefeuert wird. Eine solche Markierung lässt sich jedoch nicht allein auf diese eine Feststellung reduzieren, sondern wird dann noch deutlicher, wenn am Ende der Abspann eines Badham-Filmes häufig mit dem Signum »A John Badham Movie« eingeleitet wird, das auf die herausgehobene Urheberschaft des Regisseurs verweist.[10] Kann also konstatiert werden, dass Badham durchaus seine Filme signiert, so ist weiter zu erörtern, ob sich der Wiedererkennungswert auch in der Wahl seiner Hauptdarsteller widerspiegelt. Die Filmgeschichte ist voll von erfolgreichen Kollaborationen zwischen Regisseur und Schauspieler: Alfred Hitchcock und James Stewart; John Ford und John Wayne; Martin Scorsese und Robert de Niro bzw. Leonardo DiCaprio und – um noch ein Schlaglicht auf einen in der Forschung marginalisierten Filmemacher zu werfen – die ausgesprochen fruchtbare Zusammenarbeit von Richard Donner und Mel Gibson.[11] Badham arbeitete im Laufe seiner Karriere zwar mit einer Reihe von großen Stars – John Travolta, Laurence Olivier, Roy Scheider, Kevin Costner, Mel Gibson, Goldie Hawn, James Woods, Michael J. Fox, Johnny Depp oder Wesley Snipes – zusammen, doch konstant über einen längeren Zeitraum hat er sich dabei lediglich die Mitwirkung von Richard Dreyfuss in drei Filmen gesichert, wobei es sich bei einem davon auch noch um das Sequel eines kommerziell überaus erfolgreichen Originals handelt.[12] Ein wiedererkennbares Mittel eines Badham-Filmes ist daher nicht der Einsatz immer gleicher und vertrauter Gesichter, sondern er bedient sich nach Bedarf bei den zugkräftigsten unter den Hollywood-Stars, um ein werbewirksames Aushängeschild für seine Produktionen zu erhalten.

2. Wer sorgt für die musikalische Untermalung?

Wer an die Filmmusik von STAR WARS (Krieg der Sterne; 1977; R: George Lucas) oder der INDIANA JONES-Filme denkt (1981; 1984; 1989; 2011; R: Steven Spielberg), hat sofort den Komponisten John Williams im Ohr, mit dem beide Regisseure eng zusammenarbeiteten. Aber auch außerhalb dieser berühmten Kooperation belegen Beispiele, dass auch im Hollywood-System (und nicht nur im europäischen Kino) eine solche Zusammenarbeit häufig Hand in Hand geht: Sydney Pollack und Dave Grusin, Joe Dante und Jerry Goldsmith oder Richard Donner und Michael Kamen. In seinen frühen TV-Arbeiten hat Badham häufiger mit David Shire zusammengearbeitet, den er aus seiner Zeit in Yale kannte.[13] Ab WHOSE LIFE IS IT ANYWAY? wird dann Arthur B. Rubinstein für insgesamt neun Filme sein bevorzugter Komponist.[14] Dies ist erstaunlich, denn Rubinstein, der in erster Linie als Komponist der Musiken der meisten Badham-Filme wahrgenommen wird, ist nicht unbedingt für das musikalische Arrangement großer Kinoproduktionen bekannt, sondern ist eher im Fernsehen beheimatet und wird dort für seine dynamischen, mit symphonischer Synthesizer-Musik angereicherten Scores gängiger TV-Serien wie SCARECROW AND MRS. KING (Agentin mit Herz; Warner Bros. 1983-87) geschätzt. Noch heute zehrt die Serie von der eingängigen Titelmusik, die auf den Inhalt der Episoden einstimmt, die sich im Dunstkreis Washingtons zwischen geheimdienstlicher Tätigkeit und biederem Hausfrauendasein, rasanter Verfolgung und der über vier Staffeln hinweg kursierenden Frage abspielen, ob der fesche Agent Lee Stetson (Bruce Boxleitner) und Mrs. King (Kate Jackson) schließlich ein Paar werden. Kein Wunder, dass Badham in Rubinstein (Jahrgang 1938), der ebenfalls an der Yale University studierte, die ideale Ergänzung fand, sein Mantra der kinetischen Bewegung mit einer adäquaten, die Dynamik der Inszenierung wiederspiegelnden Musik zu untermalen.

Auffällige Signatur

Ausgewechselter Kameramann

Produzentengespann

3. Ein durchgängig visueller Stil?

Geht es darum, den visuellen Look eines Filmes zu bestimmen, greifen Regisseure häufig auf einen Kameramann zurück, mit dem sie bereits erfolgreich zusammengewirkt haben. Das hat vielfach zu dem Versuch geführt, innerhalb der Inszenierung eines Filmes auch die stilistischen Merkmale eines Kameramannes zu entdecken

und dies als wesentliches Faktum einer erfolgreich aufeinander abgestimmten Zusammenarbeit herauszustellen.[15] In der Filmgeschichte gibt es daher zahlreiche Beispiele, die eine über lange Zeit konstante Kollaboration zwischen Regisseur und Kameramann ausweisen: Paul Verhoeven und Jan de Bont, Martin Scorsese und Michael Ballhaus, Brian de Palma und Stephen H. Burum oder Oliver Stone und Robert Richardson. Bei Badham ist eine solche Konstanz nicht nachzuweisen. Er bedient sich wechselnder Kameramänner, um darüber den jeweiligen Look der Filme zu bestimmen. Bezeichnend ist dabei die Produktionsgeschichte zu THE HARD WAY, den zunächst Robert Primes begonnen hatte, jedoch von Donald McAlpine beendet wurde. Badham berichtet dazu, dass Primes, mit dem er bei BIRD ON A WIRE noch zufrieden gewesen sei, die Dreharbeiten zu THE HARD WAY mit seiner bedächtigen Herangehensweise verzögert und deshalb nach längerer Drehzeit habe ausgewechselt werden müssen.[16] Dem visuellen Look des Filmes ist dieser Wechsel nicht anzumerken – und ein gutes Beispiel dafür, dass der Regisseur als entscheidende Instanz regelmäßig das Aussehen des Filmes festlegt und nicht umgekehrt. Wenn Badham überhaupt mit einem Kameramann über einen längeren Zeitraum zusammengearbeitet hat, dann mit Roy H. Wagner in der Endphase seiner Produktionen für die große Leinwand.[17]

Bei der Episode INFECTED der kurzlebigen TV-Serie THE BEAST (2009), für deren Kameraarbeit sich Wagner verantwortlich zeichnet, trafen sie noch einmal aufeinander. Ansonsten wählte Badham erfahrene Kameramänner aus, die der Vorstellung vom Stil der Inszenierung seines Filmes entsprachen: Ralf D. Bode bei SATURDAY NIGHT FEVER (1977), Gilbert Taylor bei DRACULA (1979), John A. Alonzo bei BLUE THUNDER, William A. Fraker bei WARGAMES, Nick McLean bei SHORT CIRCUIT (1986) oder John Seale bei STAKEOUT. Dies änderte sich auch nicht, nachdem Badham sich ab Mitte der 1990er-Jahre wieder verstärkt dem Medium Fernsehen zuwandte, in dem er naturgemäß innerhalb des seriellen Konzeptes wenig Einfluss auf die Auswahl der entsprechenden Vertreter hinter der Kamera nehmen konnte.

4. Was ist mit den Produzenten?

In zahlreichen Gesprächen wurde Joe Dante nicht müde, über seine negativen Erfahrungen mit den verschiedenen Hollywood-Studios und deren Produzenten zu berichten.[19] Über derartige Auseinandersetzungen ist bei Badham nichts oder nur wenig bekannt. Einzig in der post-production zu BLUE THUNDER muss es Probleme gegeben haben, da Badham dort von widerstreitenden Interessen bei der Endfassung des Filmes berichtet. Ansonsten scheint eine vernünftige Arbeitsgrundlage zwischen ihm und dem verantwortlichen Produzenten geherrscht zu haben. Insbesondere sein Verhältnis zum jüngst verstorbenen Robert Stigwood, Produzent von SATURDAY NIGHT FEVER und daneben auch Manager der Musikgruppe Bee Gees,[20] sowie Leonard Goldberg, der Badham nach dem Ausscheiden von Martin Brest mit der Inszenierung von WARGAMES betraute, kann als vertrauensvoll und unbelastet angesehen werden. Von STAKEOUT bis NICK OF TIME produzierte Badham seine Filme selbst. Für die Realisierung von BIRD ON A WIRE und THE HARD WAY

gründete er mit Rob Cohen, der bereits bei THE BINGO LONG TRAVELLING ALL-STARS & MOTORKING (1976) als Produzent mit an Bord war, die Produktionsfirma »The Badham/Cohen Group«. Nach dem Misserfolg von THE HARD WAY wird die Gesellschaft 1991 jedoch wieder aufgelöst. Dies hält Badham aber nicht davon ab, später mit DRAGON: THE BRUCE LEE STORY (1993) einen Film von Cohen als Regisseur zu produzieren, der damit im Kino erfolgreich durchstarten kann.[21] Ähnliches gilt für D.J. Caruso, der bei Badhams letzten Kinofilmen zum festen Stab gehört[22] und mit Filmen wie TAKING LIVES (Taking Lives – Für Dein Leben würde er töten; 2004) oder EAGLE EYE (Eagle Eye – Außer Kontrolle; 2008) ebenfalls eine erfolgreiche Kinokarriere beginnen konnte. Einzig Gregg Champion[23] bleibt der große Erfolg versagt, obwohl er mit THE COWBOY WAY (Machen wir's wie Cowboys; 1994) Aufmerksamkeit auf sich zog.

Den drei langjährigen Weggefährten, die Badham bei seinen Filmen unterstützt und für ihn häufig auch die second unit-Arbeit übernahmen, half Badham ebenfalls, eigene Regie-Karrieren zu starten. Insoweit lohnt sich – erstmalig in der deutschen Forschung – einen Blick auf die Entwicklung dieser Personen zu werfen.

a. Der Action-Star: Rob Cohen

Wenn eine oberflächliche Verbindung sämtlicher Cohen-Filme und damit auch zu den Badham-Produktionen existiert, dann ist es ihre extrem actionorientierte Inszenierung, wobei er »sich nicht einem bestimmten Genre zuordnen lasse und technisch immer auf der Höhe der Zeit inszeniere«.[24] Das Prinzip der Beschleunigung und Bewegung, das bereits viele von Badhams Arbeiten auszeichnet, ist bei Cohen noch um ein Vielfaches gesteigert. Produktionen wie THE FAST AND THE FURIOUS (2001), XXX – TRIPLE X (2002) oder STEALTH (Stealth – Unter dem Radar; 2005) legen davon beredtes Zeugnis ab. Dem entspräche dann auch, dass Cohen arbeitsteilig bei BIRD ON A WIRE und THE HARD WAY die Action-Sequenzen inszeniert haben soll, während Badham für die Schauspieler-Szenen verantwortlich war.[25]

Geboren am 12. März 1949 in Cornwall, New York, ist Rob Cohen zehn Jahre jünger als Badham. Er studiert zunächst Anthropologie an der Universität von Harvard und wirkt bereits während der Studienzeit an TV-Produktionen mit. Später bewertet er in Los Angeles Drehbücher für die International Famous Agency, wo er das Script zu THE STING (Der Clou; 1973; R: George Roy Hill) entdeckt haben soll.[26] Nach seiner Tätigkeit als Executive Vice President bei 20th Century Fox Television gründet er 1978 seine eigene Produktionsfirma, mit der er spätere Welterfolge wie THE WITCHES OF EAST-WICK (Die Hexen von Eastwick; 1987; R: George Miller) oder THE RUNNING MAN (1987; R: Paul Michael Glaser) verantwortet. Mit den folgenlosen A SMALL CIRCLE OF FRIENDS (Unter guten Freunden; 1980) und SCANDALOUS (1984) inszeniert er seine ersten Filme, gefolgt von seiner Tätigkeit bei TV-Serien wie MIAMI VICE (Universal 1984-1990) oder THIRTYSOMETHING (Die besten Jahre; MGM 1987-1991), für die er einige Episoden dreht.

Erstmalig wahrnehmbar aus dem Produzenten-Schatten tritt er 1993 als Regisseur mit DRAGON: THE BRUCE LEE STORY, der nur mäßig an den Kinokassen zünden kann. Doch wird hier bereits erkennbar, was ihn auch in seinen späteren Filmen interessiert: Gesellschaftliche Außenseiter, die sich häufig auf eine subkulturelle, im Untergrund verborgene Welt einlassen müssen, um dort neue, stets gewaltsame Erfahrungen zu machen, die zu einer Neubewertung der eigenen Identität führen. Dies soll im Folgenden an einem Film exemplifiziert werden, der zwar nur wenige filmgeschichtliche Spuren hinterlassen hat, dafür aber retrospektiv durchaus als Blaupause der meisten Cohen-Filme angesehen werden kann. Im Zuge eines kleinen Katastrophenfilm-Revivals[27] Mitte der 90er Jahre kam DAYLIGHT (1996) bei der Kritik nicht sonderlich gut an. Roger Ebert etwa spricht von einem »cinematic equivalent of a golden oldies station«,[28] der bei einem Budget von geschätzten 80 Millionen Dollar im Herkunftsland gerade mal 31 Millionen in die Kassen spülen konnte.[29] Die Handlung des auf wenige Personen konzentrierten Filmes ist schnell erzählt: Als sich in einem New Yorker Tunnel ein spektakulärer Un-

Durch die drei Jenseitsreiche rotierender Ventilatoren

Jesus weist den Ausgang

fall ereignet und dort nach der Katastrophe eine Handvoll Menschen eingeschlossen werden, muss sich Kit Latura, der traumatisierte und von Sylvester Stallone gespielte Ex-Mitarbeiter eines Rettungsdienstes und nun Taxifahrer, aufmachen, um die Eingeschlossenen ans titelgebende Tageslicht zu führen. Doch es hat sich etwas verändert im Vergleich zu den klassischen Vertretern dieser Spielart wie POSEIDON INFERNO (Die Höllenfahrt der Poseidon; 1972; R: Ronald Neame) oder EARTHQUAKE (Erdbeben; 1974; R: Mark Robson), in denen der spätere Anführer ein Mitglied ist, das die hereinbrechende Katastrophe am eigenen Leibe erfahren muss.[30] DAYLIGHT beschreitet mit einem Helden, der die Rettung zunächst von »Außen« initiiert, den umgekehrten Weg, da Latura im Prinzip ein Außenstehender ist, der gegen den Widerstand der Offiziellen auf Rettungsmission in den Untergrund hinabsteigen will, obwohl er dort von den Eingeschlossenen eigentlich niemanden persönlich kennt. Seine Motivation wird erst klar, als sich das Trauma eines verpfuschten Einsatzes aus der Vergangenheit manifestiert. Um also von außen in den verschütteten Stollen zu gelangen, muss Latura zunächst drei riesige und rotierende Ventilatoren wie die »drei Jenseitsreiche« der Commedia überwinden,[31] wird in einen Lüftungsschacht gesogen, um schließlich nach einem enormen Kraftakt bei der Gruppe zu landen. In meiner seinerzeitigen Rezension zu DAYLIGHT habe ich den Versuch unternommen, die religiösen Motive des Filmes herauszuarbeiten und Latura als einen gefallenen Engel zu begreifen, der die 12 (!) Eingeschlossenen aus der katastrophisch verursachten Hölle führen muss.[32] Von mehreren Mitgliedern der Gruppe angefeindet, da sie seine »Verfehlungen« in der Vergangenheit herausgefunden haben, kann sich Latura dennoch als Anführer durchsetzen, der jedoch an den Erfolg seiner Rettungsmission zu zweifeln beginnt. Tatkräftige Unterstützung erhält er zunächst nur von Madelyne Thompson (Amy Brenneman), einer in der Großstadt gescheiterten Person, die an diesem Tag ein neues Leben beginnen will. Der medienerprobte und als alternative Führungspersönlichkeit figurierte Bergsteiger Roy Nord (Viggo Mortensen), der sich ohne Hilfe und gegen den Rat Laturas einen Weg in die Freiheit bahnen will, scheitert bezeichnenderweise schon relativ früh auf ganzer Linie. War der Abstieg in den infernalischen Untergrund schon schwierig genug, ist der mörderische Aufstieg begleitet von Explosionen, höllischem Feuer, ausströmendem Wasser und dem Verlust an Kameraden. Das alles ist wie eine christliche Wiederauferstehung Laturas inszeniert. Hinter einer überdimensionalen Jesusstatue, versperrt von Altären, findet sich schließlich der Ausgang in die Freiheit,[33] den Latura und Madelyne, die noch einen Hund retten müssen, nicht durchschreiten können: Sie landen in den Wogen des East Rivers, nachdem sie von einer durch eine Explosion verursachten Schlammfontäne an die Wasseroberfläche gesaugt wurden. Latura kann daher als der typische Cohen-Außenseiter angesehen werden: Er muss in einen subkulturellen Untergrund hinab, wird dort mit einer abgeschotteten Kultur (den Eingeschlossenen) konfrontiert, um sich dann selbst unter größten physischen Mühen in einer Art Wiedergeburt neu zu definieren.

Ist man einmal für diese den Cohen-Filmen inhärente Thematik sensibilisiert, wird das durchgängige Erzählprinzip auch in seinen anderen Filmen deutlich. Kursorisch soll dies noch an drei weiteren Filmen herausgearbeitet werden. In THE SKULLS (The Skulls – Alle Macht der Welt; 2000) wird der mittellose Student Lucas McNamara (Joshua Jackson) von der geheimnisvollen Studenten-Verbindung »The Skulls« angeworben, die ihm für den Fall der lebenslangen und uneingeschränkten Treue Reichtum, Macht und Ehre verspricht. Da-

Subkultur in THE FAST AND THE FURIOUS

durch beginnt McNamara, sich von seinen alten Freunden abzuwenden. Erst durch den Mord an seinem besten Freund, der dem Verein durch Recherchen zu einer Gefahr erwächst, erkennt er, in welchen Teufelskreis er geraten ist. Nur mit Hilfe seiner Freundin und einem mächtigen Verbündeten innerhalb der Organisation kann er wieder in sein altes Leben zurück. Es ist dabei kennzeichnend, dass sämtliche Initiations-Rituale in diesem Film im für den Nichteingeweihten wenig einsehbaren Untergeschoss durchgeführt werden, wo auch der Freund sein Leben lässt. Zwar ist es eine völlig andere subkulturelle Form als in DAYLIGHT, die McNamara anzieht und sein Leben zu dominieren beginnt, doch die Wirkung ist die gleiche. Er muss seine Identität neu definieren, sich aus dem dunklen Umfeld des Geheimbundes befreien, um darüber das Trauma der Mittellosigkeit zu überwinden. Nicht wesentlich anders ist es um den von Paul Walker gespielten FBI-Agenten Brian O'Conner bestellt, der in THE FAST AND THE FURIOUS eine von Dominic Toretto (Vin Diesel) angeführte Gruppe infiltrieren soll, die im großen Stil Lastwagen überfällt und deren Ladung zu Geld macht. In seinen besten Momenten, so Hans Schifferle, eröffne der Film einen Blick auf eine »Nitro-getriebene Außenseiterkultur«, wobei Kleidung, Gebärdensprache und Tattoos auf eine durchaus alternative Lebensform hinwiesen.[34] Es sind gleich zwei »Außenseiter« als positive Identifikationsfiguren, die hier als zentrale Gegenpole in diesem Film aufeinandertreffen: O'Conner, der von »außen« kommt und sich seine Akzeptanz innerhalb der Gruppe erst erarbeiten muss, und Toretto, der als Anführer einer Gruppe von Außenseitern eine alternative Lebenswelt entwirft, die nicht dem etablierten Maßstab entspricht. Als O'Conner, der nach einem illegalen Autorennen sein Fahrzeug an Toretto verliert und diesen vor der herannahenden Polizei beschützen muss, von Toretto erstmals in die Gemeinschaft eingeführt wird, ist diese wie eine kleine, subkulturelle Stammesgruppe inszeniert, die als ethnischer Querschnitt an Autos bastelt und gemeinsam verbotene Dinge tut.[35] THE FAST AND THE FURIOUS[36] handelt in erster Linie also von Freundschaft, Akzeptanz und Vertrauen innerhalb dieser Subkultur, wobei O'Conner zunehmend der Faszination des charismatischen Toretto und der von ihm verkörperten Umgebung verfällt. Am Ende gibt es keine Gewinner auf der professionellen Ebene des kriminalistischen Plots, wohl aber sind die persönlichen Identitäten neu justiert: O'Conner lässt Toretto laufen und wird damit selbst zum Außenseiter innerhalb des FBI, und Toretto ist in seiner herausragenden Funktion als Anführer einer subkulturellen Alternativwelt bestätigt. Cohen lässt insoweit keinen Zweifel daran, auf wessen Seite seine Sympathien liegen.

Dagegen ist Xander Cage (Vin Diesel) aus XXX – TRIPLE X[37] im Cohen-Universum *der* Außenseiter par excellence. Zu Beginn des Filmes stiehlt er einen Luxuswagen und liefert sich mit der Polizei ein waghalsiges Rennen, um schließlich samt Fahrzeug von einer Brücke zu stürzen und per Fallschirm zu entkommen. Cage lebt sein Leben außerhalb gesellschaftlicher Regeln[38] und ist damit prädestiniert

Grenzenlose Freiheit

für Augustus Gibbons (Samuel L. Jackson), dem Leiter einer extrem geheimen Staatstruppe, ihn in seine Dienste zu pressen, um ihn in Tschechien in eine kriminelle Untergrundorganisation, die sich selbst als »Anarchy 99« bezeichnet, einzuschleusen. Nicht umsonst startet der Film, bevor Cage überhaupt seinen ersten Auftritt hat, mit einem Konzert der für ihren brachialen und nicht unbedingt dem Mainstream zuzuordnenden Musikstil bekannten Band »Rammstein«,[39] auf dem im Zuge einer fulminanten Verfolgungsjagd ein Agent getötet wird. Das subkulturelle, latent gewalttätige Klima dieser actionbasierten Auftaktsequenz behält der Film über seine gesamte Lauflänge bei. Ähnlich wie in THE FAST AND THE FURIOUS ist auch Cages Gegenspieler Yorgi (Marton Csokas) hier grundsätzlich nicht durchweg negativ gezeichnet, wobei seine Gruppe ebenfalls eine alternative Lebenswelt repräsentiert, die durchaus zu faszinieren weiß und gegen die auch Cage nicht ganz immun zu sein scheint. Man hat schon von ihm und seinen anarchischen Heldentaten gehört, sodass es keiner großartigen Vertrauensbeweise bedarf, in die Gemeinschaft integriert zu werden. Doch anders als Torretto, der sich mit seinen kriminellen Handlungen ausschließlich auf Lastwagenüberfälle beschränkt, plant Yorgi einen mörderischen Giftgasangriff auf das Stadtzentrum von Prag, was Cage verhindern

muss. Inszeniert ist dies als finale Auseinandersetzung zwischen Cage und Yorgi, der – und eben nicht Cage – die eigene subkulturelle Lebenswelt der Vernichtung preisgibt, wobei der anarchische Cage schließlich ein unkontrollierbarer Fremdkörper mit einer neu gefundenen Identität als Superagent innerhalb der staatlichen Behörde bleibt. Diese Spuren lassen sich durchaus weiterverfolgen: In THE MUMMY: TOMB OF THE DRAGON EMPEROR (Die Mumie – Das Grabmal des Drachenkaisers; 2008), der zweiten, deutlich härteren Fortsetzung von THE MUMMY (Die Mumie; 1999; R: Stephen Sommers), kehrt unter Führung des titelgebenden Despoten eine ganze Armee von Skeletten aus dem Untergrund und damit aus ihren Gräbern zurück, um die moderne Welt aus den Angeln zu heben und dem bekannten Forscherteam das Leben schwer zu machen. Ein letzter Blick auf ALEX CROSS (2012), mit dem Cohen einen weiteren Roman des Bestseller-Autoren James Patterson für die große Leinwand adaptiert,[40] soll diesen Rundgang beschließen: Der nämlich startet mit einer spektakulären Jagd durch die Kanalisation, wobei der Credit-Titel »Alex Cross« zu Beginn quasi in den Untergrund führenden Schlund gesogen wird. Was folgt, ist die Auseinandersetzung des zunächst eher biederen Polizisten mit dem psychopathischen, gleichwohl faszinierenden Auftragskiller Picasso (Matthew Fox), der sich als amoralischer Gegenpol in einem subkulturellen Milieu[41] bewegt und erst dann ausgeschaltet werden kann, als Cross, dessen hochschwangere Ehefrau von Picasso getötet wird, sich seiner bürgerlichen Moralvorstellungen entledigt, um über den Einsatz extrem gewalttätiger Mittel zu einem ebenbürtigen Gegner auf subkulturellem Gebiet für Picasso zu werden. Durch die schrecklichen Erfahrungen und den Verlust seiner geliebten Frau und seines ungeborenen Kindes wird Cross fundamental in seiner Persönlichkeit verändert, gleichzeitig aber dafür prädestiniert, künftig als FBI-Profiler zur erfolgreichen Aufklärung von extrem abscheulichen Mordtaten beitragen zu können. Eine erfolgreiche Ermittlungsserie nimmt hier ihren Anfang.

Wenn Cohen, dessen Filme zumeist über die extreme Konfrontation zweier unabhängiger, starker Männer funktionieren und dabei deren problematische Paarbeziehung in den Mittelpunkt stellen (THE SKULLS, THE FAST AND THE FURIOUS, XXX – TRIPLE X, ALEX CROSS), eher an deren Status als Außenseiter innerhalb eines subkulturellen System interessiert ist, steht bei D.J. Caruso, dem zweiten zum Regisseur avancierten Mitarbeiter aus der Badham-Schmiede, die zerrissene Identität seiner Helden im Vordergrund, die in der Regel nicht das verkörpern, was sie zu sein scheinen.

b. Zerrüttete Identitäten:
Der Thriller-Spezialist D.J. Caruso

Im Gegensatz zu Rob Cohen werden die Filme von D.J. Caruso zumeist nicht von spektakulären Action-Sequenzen dominiert, sondern zeichnen sich durch eine genaue Milieuschilderung aus, in dem häufig nichts so ist, wie es auf den ersten Blick erscheint. Innerhalb der überwiegend als Thriller verpackten Geschichten sind das Spiel mit falschen Identitäten und die sich daraus entwickelnden Komplikationen ein zentrales Motiv seiner Arbeiten. Von dem von Rache getriebenen Saxophonisten Danny Parker (Val Kilmer) in THE SALTON SEA

(2002) über den Serienkiller John Costa (Ethan Hawke), der sich die Leben anderer zur Schaffung einer neuen Identität nimmt (TAKING LIVES), bis zum psychopathischen Frauenmörder, der ins Nachbarhaus einer biederen Vorstadtsiedlung einzieht (DISTURBIA; 2007) – nicht selten verbirgt sich bei Caruso unter der Oberfläche seiner Protagonisten eine getriebene Persönlichkeit, deren Scheinidentität in der persönlichen Auseinandersetzung gewaltsam zerbricht.

D.J. Caruso wurde am 17. Januar 1965 in Norwalk, Connecticut, geboren und studierte an der Pepperdine University Television Production. Nach seiner Produzenten-Tätigkeit bei fünf Badham-Filmen wechselte er zum Fernsehen, wo er zunächst Episoden für TV-Shows wie HIGH INCIDENT (High Incident – Die Cops von El Camino; ABC 1996-97) inszenierte. Mit dem spektakulären Thriller BLACK CAT RUN (Black Cat Run – Tödliche Hetzjagd; 1998) legte er seine erste größere TV-Arbeit vor, die beweist, dass er aus einem beschränkten Budget heraus hervorragend choreographierte Action-Sequenzen inszenieren kann. Das finstere Drogendrama THE SALTON SEA (2002) wird sein erster Kinofilm, gefolgt von dem auf dem gleichnamigen Bestseller von Michael Pye basierenden Thriller TAKING LIVES, die jedoch beide an der Kinokasse scheitern.

Fast alle Caruso-Filme beginnen mit einem traumatischen Ereignis, das die aktuelle Handlung motiviert und strukturiert: Das Leben der zentralen Figur, überwiegend ein rigoroser Außenseiter innerhalb seiner Welt, gerät ohne Vorwarnung dramatisch aus den Fugen. Caruso bedient sich dabei meist einer fulminanten Pre-Title-Sequenz, die vor die eigentliche Handlung gesetzt ist. DISTURBIA startet mit einem »unbarmherzig gefilmte(n) Autounfall, der den jungen Kale (Shia LaBeouf) durch den plötzlichen Tod seines Vaters traumatisiert zurücklässt«,[42] der »so gar nicht passen mag zum Rest des Films«,[43] und auch TAKING

LIVES setzt die Handlung mit einem spektakulären Crash in Gang, als der jugendliche Costa seinen Begleiter kurzentschlossen vor ein Auto stößt und damit seine mörderische Karriere als Beschaffer menschlicher Identitäten beginnt.[44] Während THE SALTON SEA aufgrund seiner komplizierten Erzählstruktur das traumatische Ereignis zu einem fortgeschrittenen Zeitpunkt als erinnerte Rückblende visualisiert (bei einer zufälligen Rast in dem titelgebenden Drive Inn wird Parkers Ehefrau von korrupten Polizisten brutal vor seinen Augen exekutiert), eröffnen die »Unfälle« aus DISTURBIA und TAKING LIVES beide Filme als einen visuellen Schock, der in seiner drastischen Rea-

Spektakulärer Crash in TAKING LIVES...

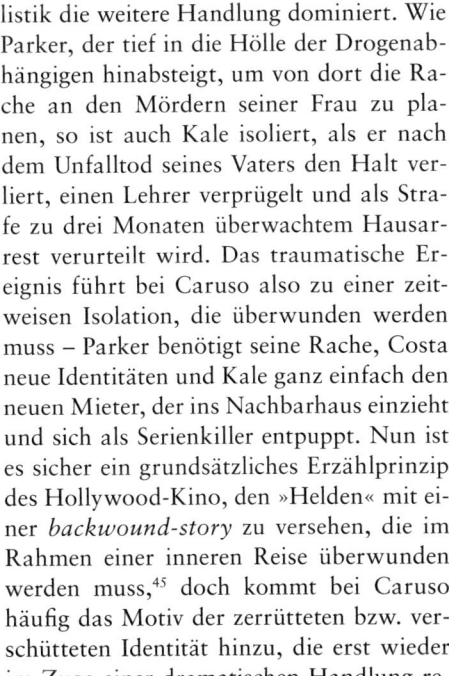

...und DISTURBIA

listik die weitere Handlung dominiert. Wie Parker, der tief in die Hölle der Drogenabhängigen hinabsteigt, um von dort die Rache an den Mördern seiner Frau zu planen, so ist auch Kale isoliert, als er nach dem Unfalltod seines Vaters den Halt verliert, einen Lehrer verprügelt und als Strafe zu drei Monaten überwachtem Hausarrest verurteilt wird. Das traumatische Ereignis führt bei Caruso also zu einer zeitweisen Isolation, die überwunden werden muss – Parker benötigt seine Rache, Costa neue Identitäten und Kale ganz einfach den neuen Mieter, der ins Nachbarhaus einzieht und sich als Serienkiller entpuppt. Nun ist es sicher ein grundsätzliches Erzählprinzip des Hollywood-Kino, den »Helden« mit einer *backwound-story* zu versehen, die im Rahmen einer inneren Reise überwunden werden muss,[45] doch kommt bei Caruso häufig das Motiv der zerrütteten bzw. verschütteten Identität hinzu, die erst wieder im Zuge einer dramatischen Handlung re-

konstruiert werden kann. Dabei ist auf die häufig bei Caruso zu beobachtende Absenz der beschützenden Vaterfigur hinzuweisen, die gleichzeitig zu Ursache und Wirkung der Identitätssuche wird, die nur mit Hilfe einer ›starken‹ Frau abgeschlossen werden kann. Ileana, die FBI-Agentin und neben Costa zentrale Hauptfigur aus TAKING LIVES, ist gegensätzlich zum Roman vom Drehbuch hinzuerfunden und hat die Funktion, über Costa, der sich am Ende auf eine Identität als mörderischer Gegenpart zu Ileana reduziert, als Mutterschaft simulierendes und scheinbar wehrloses Opfer zu triumphieren. Sie als Privatperson und nicht in ihrer Eigenschaft als Mitglied des FBI ist einzig in der Lage, den Identitäts- und Seelenjäger Costa zu stoppen. Kale, von seiner Mutter, die in DISTURBIA den tödlichen Nachbarn Mr. Turner sogar ahnungslos zu sich ins Haus einlädt, mit seinen Ängsten im Stich gelassen, benötigt die Unterstützung der Nachbarin Ashley, und auch Parker ist auf die Hilfe der drogenabhängigen Colette angewiesen (THE SALTON SEA).

Zwei weitere Filme – EAGLE EYE und I AM NUMBER FOUR (Ich bin Nummer Vier; 2011) sollen zur Verdichtung dienen. Auch EAGLE EYE (von der Kritik als unglaubwürdig und konstruiert gescholten[46]) beginnt in Form einer Pre-Title-Sequenz mit einem Paukenschlag, der jedoch keinen Menschen, sondern den neu entwickelten Kriegscomputer des amerikanischen Verteidigungsministeriums traumatisiert.[47] Der Rechner wird vom Präsidenten überstimmt, als im Nahen Osten ein mutmaßlicher Top-Terrorist mit einer Drohne liquidiert werden soll, weil er lediglich eine Identifikationsquote von 51 Prozent annimmt und davon abrät, den Abschuss vorzunehmen, bei dem auf einer Beerdigung eine Vielzahl unschuldiger Trauergäste getötet werden könnten. Als sich herausstellt, dass der Rechner im

Recht war, beginnt er in einer Art traumatisierter Gegenwehr ein Programm zu entwickeln, das die Auslöschung der amerikanischen Regierungsspitze in die Wege leiten soll, da deren unverantwortliches Handeln den Tod Unschuldiger verursacht habe und dies zur Gefährdung amerikanischer Bürger im Ausland führe. Mit unerbittlicher Konsequenz setzt der Kriegscomputer, der seine Funktion und Existenzgrundlage aufgrund menschlicher Fehlentscheidung fundamental in Frage gestellt sieht, daraufhin seinen Plan zur Exekution der Regierung um, wobei er die unfreiwilligen Helfer Jerry Shaw (Shia LaBeouf) und Rachel Holloman (Michelle Monaghan) mit mörderischen Repressalien zu seinen Werkzeugen macht. Befindet sich bereits der Rechner in einer technologischen Identitätskrise, um gegen seine Initiatoren, der Regierung als allmächtigem Übervater zu rebellieren, gilt dies auch für Jerry, dessen vom Militär hochdekorierter Zwillingsbruder bei dem Versuch, den Rechner von seinem Vorhaben abzubringen, als Staatsfeind identifiziert und getötet wurde. Denn der Außenseiter Jerry stand als sympathischer Verlierer, der sich ungebunden mit schlecht bezahlten Tätigkeiten durchs Leben schlägt, immer im Schatten seines Bruders; innerhalb der Familie ist er vom Vater wenig anerkannt. In einer Rückblende, die tief in die Vergangenheit der Zwillingsbrüder führt, wird dies auch visuell herausgestrichen. Und als er telefonisch vom Tod seines Bruders erfährt, ist es die Bezeichnung »Mom«, die dort im Display auftaucht, und nicht die des absenten Vaters. Indem er nun zum Helden wider Willen wird und die ame-

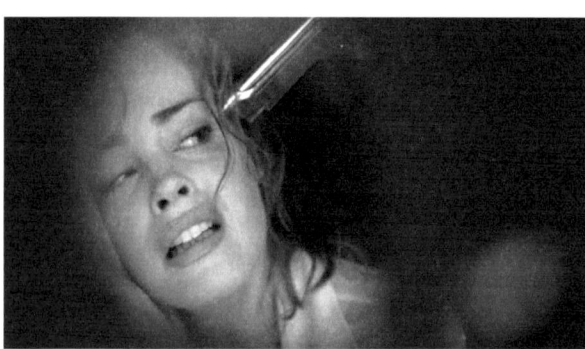

Traumatisches Ereignis: Tod der Ehefrau in THE SALTON SEA…

…und des Vaters in DISTURBIA

rikanische Regierungsspitze quasi im Alleingang zusammen mit Rachel – erneut einer ›starken‹ Frau – vor dem Untergang rettet, kann er sich endgültig aus der Präsenz des übermächtigen Bruders befreien und sich eine neue, anerkannte und von den offiziellen Stellen sanktionierte Identität erschaffen. Nebenbei gelingt die Versöhnung mit dem Vater, der ihm am Ende bei der offiziellen Belobigung in Washington zur Seite steht. Und die Belohnung für die Mühen zeigt sich in der letzten Einstellung: Das ungleiche Paar Jerry und Rachel haben zueinander gefunden.

Die Mutter ruft an

Auch I AM NUMBER FOUR, der von rivalisierenden Außerirdischen auf der Erde erzählt, beginnt mit einer spektakulären Pre-Title-Sequenz,

Wiedervereint: Vater und Sohn

die mittelbar die weitere Handlung strukturiert.[48] John (Alex Pettyfer), ein Außerirdischer in Menschengestalt und damit per se ein Außenseiter, spürt den im Pre-Title visualisierten Tod des untergetauchten »Nummer 3«, der von interstellaren Jägern hingerichtet wird, die seit Jahren auf der Erde die Überlebenden eines annektierten Planeten jagen. Für John, der »Nummer 4«, ist damit schlagartig klar, dass er der Nächste auf der Liste sein wird. Begleitet wird er von seinem Beschützer Henri, der sich, da seine Eltern seit langem verstorben sind, als sein Vater ausgibt. Auch hier ist der reale Vater absent; Henri wird von John mehr als lästiger Aufpasser als ein sorgender Vater wahrgenommen. Auch die wahre Identität von John ist nicht gefestigt, sondern muss erst gefunden werden, da er über Superkräfte verfügt, von denen er zu Beginn noch nichts ahnt und deren Fähigkeiten er in der direkten Konfronta-

tion mit den außerirdischen Jägern erlernen muss. Die ereignet sich in einer Kleinstadt, in der sich John in die attraktive Mitschülerin Sarah verliebt, die ihn schließlich im Kampf tatkräftig unterstützt. Doch es ist nicht allein die ›starke‹ Frau Sarah, die ihm zur Seite steht, sondern erst mit der weiblichen »Nummer 6« kann die entscheidende Wende im Kampf herbeigeführt werden. Es sind in I AM NUMBER FOUR also gleich zwei ›starke‹ Frauen, die John bei seiner neuen Identitätsfindung als Helden mit außerirdischen Kräften flankieren. Am Ende des auf eine Fortsetzung ausgerichteten, aufgrund kommerziellen Misserfolges nicht realisierten Filmes bleibt Sarah in der Obhut ihres Ex-Freundes zurück, während sich John, der seine Fähigkeiten zu kontrollieren gelernt und seinen Teil als Mitglied einer außerirdischen Gemeinschaft akzeptiert hat, mit »Nummer 6« aufmacht, andere Kameraden zu finden und vor ihrer Vernichtung

Lästiger Ersatzvater in I AM NUMBER FOUR

zu bewahren. Begleitet werden sie von dem Mitschüler Sam, der seinen Vater vor Jahren an außerirdische Entführer verlor und nun die Chance sieht, ihn wieder zu treffen. I AM NUMBER FOUR spiegelt den absenten Vater insoweit dreifach: In der Vaterfigur Henri als Ersatz des verstorbenen realen Vaters und in dem entführten Vater des von seinen Schulkameraden verlachten Sam, der ebenfalls mit einem Ziehvater aufgewachsen ist, aber niemals an den tatsächlichen Verlust des realen Vaters geglaubt hat.

Ist Caruso, dem auch der kommerzielle Misserfolg von I AM NUMBER FOUR nichts anhaben konnte, in Hollywood als Regisseur weiterhin für höhere Aufgaben vorgesehen, so ist Gregg Champion als einzigem der drei aus der Badham-Schmiede hervorgegangenen Filmemachern der durchschlagende Erfolg versagt geblieben.

c. Der Nachzügler: Gregg Champion

Im Kino hat der am 20. November 1956 in Los Angeles geborene Champion allein mit dem Buddy-Movie THE COWBOY WAY[49] Spuren hinterlassen. Ansonsten blieb er ausschließlich für das Fernsehen tätig, er inszenierte Episoden u.a. für THE MAGNIFICENT SEVEN (Die glorreichen Sieben; MGM 1998-2000).

Bei seinem Kinostart ist THE COWBOY WAY – mit Kiefer Sutherland, Woody Harrelson und Tomas Milian hochkarätig besetzt – nicht sonderlich gut weggekommen. »Laues Produkt des Genres Actionkomödie«,[50] »voraussehbar und klischeehaft inszeniert«[51] oder »auf ganzer Linie gescheitert«[52] sind Verdikte, die eine Ahnung davon geben können, aus welchem Grund der Film nur eingeschränkt Zuspruch beim Publikum gefunden hat. Das zentrale Problem des Films lässt sich jedoch auf einen Punkt verdichten: Möglicherweise ist er zu einer Zeit herausgekommen, als erkennbar wurde, dass sich das über eine Dekade hinweg erfolgreiche Buddy-Movie in Auflösung befand und die alten Formeln nicht mehr so recht funktionieren wollten.

Das Genre des Polizeifilmes mit Motiven des Western zu kombinieren, ist filmgeschichtlich nicht singulär. Spätestens mit COOGAN'S BLUFF (Coogans großer Bluff; 1968; R: Don Siegel) war der Anfang, in dem ein von Clint Eastwood gespielter Deputy Sheriff aus Arizona in New York die Rückführung eines Kriminellen überwachen soll und dabei mit den Auswüchsen einer modernen Großstadt konfrontiert wird, gemacht. Auch in THE COWBOY WAY ist New York die Stadt, in der die beiden Rodeo-Reiter Pepper (Harrelson) und Sonny

Blow-job an einer Flasche Chateau Lafitte

(Sutherland) aus dem hinterwäld-
lerischen New Mexico den Mord
an einem alten Freund aufklären
wollen, der dorthin gereist war, um
seine aus Kuba eingeschmuggelte
Tochter aus den Händen skrupel-
loser Menschenhändler zu befrei-
en. Der extrovertierte Pepper und

Ein Cowboy als Calvin Klein-Model

der eher maulfaule Sonny sind, den
Vorgaben des Buddy-Movie entsprechend,
ein ungleiches Paar, das sich in der Vergangenheit zerstritten hat und nun wieder
zusammenraufen muss, um das gemeinsame Ziel in der großen Stadt zu erreichen.
Diese Beziehung ist dann auch das zentrale Thema des Filmes, der »von der wahren
Liebe zwischen ihnen« erzählt.[53] In unzähligen Konstellationen ist das komplizierte
partnerschaftliche Verhältnis durchexerziert worden – etwa Cop mit Prostituier-
ter (RENT-A-COP; 1987; R: Jerry London),
Cop mit Außerirdischem (ALIEN NATION;
1991; R: Graham Baker) oder Cop mit Dinosaurier (THEODORE REX; 1995; R: Jonathan R. Betuel) –,[54] doch es dauerte fast
bis zum Schluss, bis man schließlich erneut
zwei Westernhelden in die Straßen einer zi-
vilisierten Großstadt verpflanzt. Die Konstellation bietet außerdem Möglichkeiten,
den dadurch verursachten *culture clash* in

ausreichend komödiantischer Form zu verarbeiten: Flegelhaftes Benehmen bei einem
Dinner im Nobelrestaurant Waldorf Astoria, während dessen sich Pepper »bei einem
blow-job an einer Flasche Chateau Lafitte eine dicke Zunge einfängt«[55] und die an
entsprechende Szenen aus den italienischen
Spencer-Hill-Produktionen[56] oder THE BLU-
ES BROTHERS (1980; R: John Landis) erinnert; oder wieder Pepper, der Anschluss
an die exzentrische Modeszene findet und
am Ende sogar zu einem Calvin-Klein-Mo-
dell für Unterwäsche avanciert. Stets hält
der Film dabei die Balance einer vergnüglichen Western-Parodie, bei der niemand
ausgegrenzt wird, »nachdem die Frauen
Cowboyhüte tragen« und »auch Schwarze
schon mal eine Nebenrolle in einem Western bekleiden« dürfen.[57] Eine sympathische Demontage, in der »die rührig-rura-
len Hinterwäldler oder die eher schwulen

Mit dem Pferd gegen die U-Bahn

Großstadt-Yuppies zwar enervierend grotesk werden, aber nie in platte Albernheit entarten.«[58] Dazwischen werden die Formeln des Buddy-Movie strikt eingehalten. Wie üblich dient der kriminelle Hintergrund – hier das »Thema der Illegalität, der Ausbeutung wehrloser Einwanderer, der Schattenwirtschaft und der Wirtschaftskriminalität« – als bloße Folie, um den »auf Unterhaltung ausgerichteten Actionfilm« in Gang zu bringen,[59] wobei standesgemäß die Institution Polizei ermittlungstechnisch auf der ganzen Linie versagt. Als ein weiteres Opfer im kriminalistischen Tagesgeschäft abgetan, ist es nur der berittene Cop Sam Shaw (Ernie Hudson), der dem Duo zu einer echten Hilfe erwächst und ihnen hilft, nachdem die erste Konfrontation mit den Schergen des Anführers John Stark (Dylan McDermott) mit einigen Blessuren abgegangen ist. Von derartigen Auseinandersetzungen lassen sich die beiden jedoch nicht abbringen, sondern sehen sich darin eher in ihren Ermittlungen bestärkt, sodass sie nach einem zeitweiligen Zerwürfnis gestärkt und wiedervereint zu einem außerordentlich gewalttätigen Finale mit »Pferden, Colts und Lassos«[60] schreiten können. Diese abschließende, als furiose Actionsequenz perfekt inszenierte Konfrontation der Westernhelden mit ihrem zentralen Widersacher, einem in der modernen Großstadt degenerierten Kriminellen, kombiniert die kulturellen Gegensätze in augenfälliger Art und Weise: Zu Pferde verfolgt das Duo in den Straßen New Yorks den fliehenden Stark, der mit seiner Geisel Zuflucht in einer U-Bahn sucht[61] und schließlich im Showdown Mann gegen Mann auf dem Bahnsteig westerngerecht mit zwei Lassos unschädlich gemacht werden kann, um dann als hilfloses Anhängsel eines Zuges über die Gleise aus dem Film geschleift zu werden. Die allerletzte Einstellung des Filmes gilt Pepper, der überdimensional als Calvin Klein-Model auf einer Leinwand prangt – perfekte Symbiose eines Bildes, das die Archaik des sympathischen Hinterwäldlers mit den Errungenschaften der modernen Welt vereint.

Es ist offensichtlich, dass sich das Buddy-Cop-Movie, das ein ganzes Jahrzehnt für volle Kinokassen sorgen konnte, Mitte der Neunziger Jahre in einer Krise befindet. Erfolgreiche Parodien wie THE NAKED GUN (Die nackte Kanone; 1988; R: David Zucker), die eine genüssliche Dekonstruktion etablierter Genreregeln betreiben, legen davon Zeugnis ab, und so sieht sich der Polizeifilm amerikanischer Prägung gezwungen, andere Themen aufzugreifen. Deutlich ernster widmen sich Produktionen wie L.A. CONFIDENTIAL (1997; R: Curtis Hanson) oder DARK BLUE (2002; R: Ron Shelton) nun den Inneneinsichten des Polizeiapparates, der persönliche Verstrickung und Korruption in den eigenen Reihen zutage fördert. Insoweit mag man THE COWBOY WAY als letzten, nicht unbedingt schlechten Versuch begreifen, die alten Formeln noch einmal zu verdichten: Dass glorreiche Zeiten damit aber nicht zwingend erfolgreich zu rekapitulieren sind, dürfte klar geworden sein.

5. Resümee

Dieser – um noch einmal mit THE COWBOY WAY zu sprechen – kleine Ritt durch eine Handvoll Filmschaffender, die dem Umfeld der zentralen Figur John Badham zuzurechnen sind und ihn über eine lange Periode begleitet haben, hat hoffentlich – natürlich nur in begrenzt kursorischer Form – gezeigt, wie vertrauensvoll konstant auch in der Filmmetropole »Hollywood« zusammengearbeitet werden und was sich später – die Regiekarrieren von Cohen, Caruso und Champion belegen das – daraus entwickeln kann. Es ist also nicht ausschließlich das europäische Kino, das für solche »Errungenschaften« gerühmt werden kann, sondern gerade auch hier, im amerikanischen Mainstream-Kino mit seinen versierten Handwerkern, lassen sich diese Spuren verfolgen. Ob nun *auteur*, Handwerker, *professionel* oder *maverick*: Lohnend ist der zweite, dritte, vierte Blick – und immer wieder gibt es Neues zu entdecken.

Anmerkungen

1 John Badham: John Badham on Directing. Studio City 2013, S. 248.

2 In einem Gespräch mit dem Autor auf dem 3. Cinestrange-Filmfestival am 18.07.2014 in Braunschweig.

3 Vgl. dazu auch den Beitrag von Matthias Kuzina in diesem Band.

4 FLOATING AWAY (1998), THE JACK BULL (Wyoming; 1999), THE LAST DEBATE (Gnadenloses Duell; 2000), BROTHER'S KEEPER (2002), OBSESSED (2002), FOOTSTEPS (2003) und EVEL KNIEVEL(2004).

5 In einem Werkstattgespräch auf dem 3. Cinestrange-Filmfestival am 20.07.2014 in Braunschweig verweist er diesbezüglich auf Steven Spielberg und Michael Ritchie. Vgl. hierzu auch das Werkstattgespräch mit John Badham in diesem Band.

6 Ab MYSTERY STREET (1950). Vgl. auch Glenn Lovell: Escape Artist. The Life and Films of John Sturges. University of Wisconsin Press 2008, S. 54.

7 In einem Gespräch mit dem Autor auf dem 3. Cinestrange-Filmfestival am 18.07.2014 in Braunschweig.

8 Vgl. dazu Marcus Stiglegger: Joe Dante – Genre-Bender. In: Michael Flintrop/Stefan Jung/Heiko Nemitz (Hg.): Joe Dante – Spielplatz der Anarchie. Berlin 2014, S. 22.

9 Das ist filmgeschichtlich nicht neu. Schon Alfred Hitchcock war dafür bekannt, in Form eines Kurzauftrittes seine Filme zu signieren, sodass der Zuschauer förmlich dazu angehalten war, nach diesem Cameo Ausschau zu halten. Vgl. Enno Patalas: Alfred Hitchcock. München 1999, S. 41-44.

10 Aber auch das ist nicht singulär. Beispielsweise beginnt Spike Lee, der in den Credits ganz bewusst auf die Autorenschaft seiner Filme verweist, seine Filme regelmäßig mit »A Spike Lee Joint«. Auch Martin Scorsese zeichnet seine Filme häufig mit »A Martin Scorsese Picture«. In einem Gespräch mit dem Autor am 17.07.2014 hat Badham berichtet, dass er Arbeiten, die eher dem Unterhaltungswert dienen, mit »Movie« kennzeichnet, Filme jedoch, die ein ernsteres Anliegen verfolgen, mit »A John Badham Film« ausweist. So verfügen beispielsweise STAKEOUT (Die Nacht hat viele Augen; 1987), BIRD ON A WIRE (Ein Vogel auf dem Drahtseil; 1990) oder THE HARD WAY (Auf die harte Tour; 1991) über »Movie«, BLUE THUNDER oder WARGAMES (1983) dagegen über »Film«.

11 Die LETHAL WEAPON-Reihe (1986-1998); MAVERICK (1992); THE CONSPIRACY THEORY (Fletcher's Visio-

nen; 1996) und – inoffiziell – PAYBACK (1998; R: Brian Helgeland), in dem Donner nach Differenzen zwischen Gibson und Helgeland große Teile nachgedreht haben soll.

[12] WHOSE LIFTE IS IT ANYWAY?; STAKEOUT sowie ANOTHER STAKEOUT.

[13] Aus einem Gespräch mit John Badham auf dem 3. Cinestrange-Filmfestival in Braunschweig am 20.07.2014. Die Zusammenarbeit umfasst u.a. die TV-Filme THE IMPATIANT HEART (1971), ISN'T IT SHOCKING? (1973) und THE GODCHILD (1974). Für SHORT CIRCUIT wird Badham ihn später noch einmal engagieren.

[14] WHOSE LIFE IS IT ANYWAY? (1981), BLUE THUNDER (1983) WARGAMES (1983), STAKEOUT (1987), THE HARD WAY (1990), ANOTHER STAKEOUT (1993), NICK OF TIME (1995), FLOATING AWAY (1998) und THE LAST DEBATE (2000).

[15] Beispielsweise die berühmten Plansequenzen oder Kreisfahrten von Michael Ballhaus in den Arbeiten von Martin Scorsese (GOOD FELLAS; 1990; THE AGE OF INNOCENCE; Zeit der Unschuld; 1992).

[16] In einem Werkstattgespräch mit dem Autor am 21.07.2014 in Braunschweig.

[17] ANOTHER STAKEOUT, DROP ZONE (1994) und NICK OF TIME (Gegen die Zeit; 1995).

[18] Vgl. dazu Flintrop/Jung/Nemitz: Wir kommunizierten Film. Werkstattgespräch mit Joe Dante. A.a.O. S. 127, 129.

[19] Vgl. dazu das Werkstattgespräch mit John Badham in diesem Band.

[20] Auf dem 3. Cinestrange-Filmfestival am 20.07.2014 berichtete Badham davon, dass Stigwood unbedingt die neuen Songs der Bee Gees, die zu diesem Zeitpunkt einen Karriereknick zu verzeichnen hatten, in den Film integriert haben wollte.

[21] Auch bei THE WIZ (1978; R: Sidney Lumet), bei dem Badham wegen künstlerischer Differenzen ausgestiegen ist, fungierte Cohen als Produzent.

[22] THE HARD WAY (associate producer), POINT OF NO RETURN (associate producer/second unit), ANOTHER STAKEOUT (co-producer/second unit), DROP ZONE (producer/second unit) und NICK OF TIME (executive producer/second unit).

[23] WHOSE LIFE IS IT ANYWAY? (associate producer), BLUE THUNDER (associate producer), AMERICAN FLYERS (associate producer), SHORT CIRCUIT (supervising producer) und STAKEOUT (supervising producer).

[24] Vgl. unbekannt: Rob Cohen. In: kino.de (www.kino.de/star/rob-cohen/; Stand: 24.01.2016).

[25] In einem Gespräch mit dem Autor auf dem 3. Cinestrange-Filmfestival am 18.07.2014. Vgl. auch Wolf Jahnke: AUF DIE HARTE TOUR. In: Jahnke: Die 100 besten Action Filme. Heyne: München 1995, S. 32.

[26] Vgl. kino.de a.a.O.

[27] Darunter DANTE'S PEAK (1997; R: Roger Donaldson) und VOLCANO (1997; R: Mick Jackson).

[28] Roger Ebert: DAYLIGHT. In: Chicago Sun-Times vom 06.12.1996 (www.rogerebert.com/reviews/daylight-1996; Stand: 07.02.2016).

[29] www.imdb.com/title/tt0116040/business?ref_=tt_dt_bus; Stand: 07.02.2016.

[30] Vgl. Michael Flintrop: Gefräßige Haifische und andere Desaster. In: Wieland Schwanebeck (Hg.): DER WEISSE HAI revisited. Bertz + Fischer: Berlin 2015, S. 100-111.

[31] Hölle, Fegefeuer, Paradies.

[32] Michael Flintrop: DAYLIGHT. In: Regensburger Wochenblatt vom 05.03.1997.

[33] Michael Flintrop a.a.O.

[34] Hans Schifferle: V 8 Rodeo. In: Süddeutsche Zeitung vom 20.10.2001.

[35] Schifferle a.a.O.

[36] Der Film hat sich mittlerweile zu einem extrem erfolgreichen Franchise entwickelt und es auf sechs Fortsetzungen gebracht (2003-2015). Gleich drei weitere Fortsetzungen sind bereits angekündigt.

[37] Nach dem Ausstieg von Diesel hat Lee Tamahori mit XXX – STATE OF THE UNION (XXX – The Next Level; 2002) mit Ice Cube in der Hauptrolle eine mäßig erfolgreiche Fortsetzung gedreht. Mittlerweile ist unter der Regie von D.J. Caruso (!) mit Diesel eine Neuauflage seines Erfolges XXX- THE RETURN OF XANDER CAGE entstanden.

[38] Es ist bezeichnend, dass Cohen die Welt, in der Cage lebt, ähnlich subkulturell wie IN THE FAST AND THE FURIOUS in Form einer Party inszeniert.

[39] »Rammstein« wurde 1994 in Berlin gegründet. Sie selbst bezeichnen ihren Musikstil als »Tanzmetall«. Vgl. Frank Rummeleit: Interview mit Rammstein. In: Zillo Musikmagazin 11/95, S. 52; Tobias Matkowitz Interview mit Rammstein. In: New Life Soundmagazin 12/95, S. 30; Reiner Rasche: Interview mit Rammstein. In: Entry Musikmagazin 5/96, S. 11.

[40] Nach KISS THE GIRLS (Denn zum Küssen sind sie

da; 1997; R: Gary Fleder) und ALONG CAME A SPI-DER (Im Netz der Spinne; 2001; R: Lee Tamahori) ist dies bereits die dritte Verfilmung eines Patterson-Romanes. Die Handlung von ALEX CROSS ist vor den Ereignissen der beiden ersten Filme angesiedelt und erzählt die Vorgeschichte, wie Cross zum erfolgreichen FBI-Profiler geworden ist, der sich nur mit den abscheulichsten Mordfällen beschäftigt.

[41] Um an das erste Opfer heranzukommen, besucht Picasso einen illegalen Boxkampf, wo er in einer Arena wie ein Gladiator seinen Gegner besiegen muss, um so das Interesse bei der Frau zu wecken.

[42] Martin Schwickert: Schlimme Teenis. In: Der Tagesspiegel vom 20.09.2007.

[43] Patrick Heidmann: Fenster zur Nachbargarage. In: Berlin Live, Kulturmagazin zur Berliner Morgenpost vom 20.-26.09.2007.

[44] Es ist interessant, dass dieser Auftakt so ziemlich der einzige Moment bleibt, den der Film aus Pyes Romanvorlage übernimmt. Bis auf die Idee der wechselnden Identitäten entwickelt der Film danach eine völlig andere Handlung mit komplett neuen Figuren wie der von Angelina Jolie gespielten FBI-Agentin Ileana. Pyes Roman ist überwiegend in Portugal situiert, wo es vor allem um die Aufarbeitung von Regimeverbrechen der väterlichen Generation geht, die der erbschaftsberechtigte Erzähler zu bewerkstelligen hat.

[45] Vgl. nur: Michaela Krützen: Dramaturgie des Films. Wie Hollywood erzählt. Frankfurt a.M.: Fischer Verlag 2004.

[46] Vgl. Beispielsweise Roger Ebert: »This film contains not a single plausible moment after the opening sequence, and that's borderline. It's not an assault on intelligence. It's an assault on consciousness.« In: Chicago Sun-Times vom 25.09.2008 (www.rogerebert.com/reviews/eagle-eye-2008; Stand: 11.05.2016).

[47] Man kann EAGLE EYE damit durchaus als eine Fortführung von WARGAMES begreifen.

[48] Der Film ist ebenfalls nicht auf die Gegenliebe der Kritiker gestoßen. Von »banalen Zutaten«, die »zu einem jederzeit überraschungsfreien Popcorn-Kino« zusammengerührt seien, »das seinen Warencharakter nie kaschieren« könne, spricht etwa Oliver Kaever auf critic.de (www.critic.de/film/ich-bin-nummer-4-2408; Stand: 12.05.2016).

[49] Der Titel erinnert schon ein wenig an Badhams THE HARD WAY, dem deutlich bekannteren Film.

[50] Oliver Rahayel: Lässig mit Lasso. In: Kölner Stadtanzeiger vom 27.08.1994.

[51] Simone Mahrenholz: THE COWBOY WAY. In: Tagesspiegel vom 26.08.1004. Für die Rezensentin war es »auch bei näherem Hinsehen völlig unverständlich«, was den Film über den Ozean in die hiesigen Kinos getrieben haben könne.

[52] Martin Muser: Oh Psychopathia! Oh sexualis! In: Die Tageszeitung vom 25.08.1994.

[53] Fritz Göttler: Hörner ab, … dann wird serviert. In: Süddeutsche Zeitung vom 27.08.1994.

[54] Vgl. auch den Beitrag von Csaba Lázár/Wieland Schwanebeck zu THE HARD WAY in diesem Band sowie Michael Flintrop: Der Action-Cop als populäres Filmgenre. Versuch einer Bestimmung. München 2010, S. 146.

[55] Muser a.a.O.

[56] Interessanterweise wird Manny Huerta, der eigentliche Hintermann des kriminellen Unternehmens, von Tomas Milian gespielt, einem Mann, der aus dem italienischen Genrekino der 1970er Jahre nicht wegzudenken ist.

[57] Christa Thelen: Aus der Prärie. In: Die Woche vom 25.08.1994.

[58] Göttler a.a.O.

[59] ms.: Komödiantisches Morden. In: Neue Zürcher Zeitung vom 31.08.1994.

[60] ms. a.a.O.

[61] Die Szenerie erinnert stark an die spektakuläre Verfolgungsjagd aus THE FRENCH CONNECTION (Brennpunkt Brooklyn; 1971; R: William Friedkin), wo Popeye Doyle (Gene Hackman) mit seinem Auto unter der U-Bahn dem flüchtenden Killer nachrast.

Echte Hingucker

Männlichkeit im Werk von John Badham

Von Wieland Schwanebeck

Wenn jemals eine Soundtrack-Entscheidung ikonische Folgen hatte (und zugleich der Szene passgenau wie ein Handschuh übergestülpt schien), dann diese: John Travolta stolziert, ach was: *swingt* mit weit geöffnetem Hemd und in Schlaghosen die Straße entlang; der Film schneidet zwischen halbnahen Einstellungen seines Gesichtes und Nahaufnahmen seiner Absatzschuhe[1] hin und her. Anders als die tragische Balletttänzerin Vicky in Michael Powells und Emeric Pressburgers THE RED SHOES (Die roten Schuhe; 1948) muss er seine verfluchten roten Tanzschuhe nicht erst finden – er scheint in ihnen zur Welt gekommen zu sein.

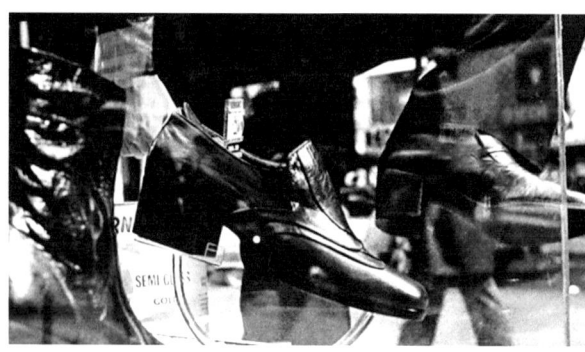

Der Ballkönig und seine roten Schuhe.

Den Rhythmus diktieren die Bee Gees: »Well, you can tell by the way I use my walk, / I'm a woman's man: no time to talk.« Der Gestus des Liedes, das 1977 vier Wochen lang die US-Charts anführte, entspricht dem bereits von Aristoteles diskutierten Lügner-Paradoxon – zwar behauptet das Lied nicht direkt seine eigene Unwahrheit (»Dieser Satz ist falsch.«), aber die Falsettstimmen der Gibb-Brüder negieren die Botschaft des Liedtextes

trotzdem: Kann, wer so klingt, wirklich ein echter Kerl sein?

SATURDAY NIGHT FEVER (1977) kann dieses Problem nie ganz abschütteln. Es hat ihn ungeachtet seines phänomenalen Erfolgs zum *marmite film* verdammt: Die Kinogänger, die der Anblick John Travoltas in seinem weißen Discoanzug wie der Blitz traf, teilten sich schnell in glühende Verehrer und erbitterte Gegner, wie Richard Dyer darlegt.[2] Entweder waren sie ohnehin Gegner der Disco-Kultur und fanden die geradezu plakativ von ihrem eigenen Sexappeal überzeugte Performance anmaßend, oder aber sie witterten den männlichen Schmerz hinter der Machofassade und damit dieselbe körperbetonte *working-class* Authentizität, die den Jesus-Wiedergänger Rocky Balboa (ROCKY; 1976; R: John G. Avildsen) im Jahr zuvor an die Spitze der Kinocharts gehievt und eine Nostalgiewelle archaischer Männlichkeit(en) in die Kinos gespült hatte.[3] ROCKY und SATURDAY NIGHT FEVER, deren Hauptdarsteller zu Weltstars avancierten, laborieren an ähnlichen Problemen: Wie überzeugt man das Publikum davon, dass es einen echten Kerl vor sich hat, wenn dieser im Verlauf der Filmhandlung seine Männlichkeit durch unmännlich konnotiertes Verhalten zu beweisen sucht? Weder die raue Kraft des Boxers Rocky noch die magnetische Wirkung, die Tony Manero auf Frauen ausübt, können darüber hinwegtäuschen, dass hier etwas dargeboten wird, das sich im klassischen Hollywoodkino eigentlich nicht gehört. Angestarrt wird ein perfekter, verschwitzter Männerkörper, der damit »dem potentiell erotisierenden Blick seines Publikums ausgeliefert [wird]«,[4] was der von Laura Mulvey in ihrem wegbereitenden Aufsatz *Visual Pleasure and Narrative Cinema* (1975) beschriebenen Konstellation vollkommen zuwiderläuft – dass nämlich die aktive Rolle des Mannes innerhalb der Erzählung in seinem kontrollierenden Blick auf die ganz der Schaulust preisgegebenen Frau manifest wird.[5]

Nicht nur mit SATURDAY NIGHT FEVER, sondern auch mit seinen anderen Filmen stellt John Badham immer wieder die Gretchenfrage des Erzählkinos (»Nun sag, wie hast du's mit der Männlichkeit?«). Wie der folgende Beitrag zeigen wird, lassen sich zahlreiche seiner Filme danach gruppieren, wie in ihnen Geschlecht verhandelt wird. Eine frühe, rund um das Paradigma des Angeschautwerdens organisierte Trilogie wird dabei von einer Reihe von Filmen abgelöst, in denen Badhams Charaktere (in den 1980er Jahren zumeist Polizisten und Detektive) selbst in die Rolle der Beobachter schlüpfen, ohne dabei freilich ihren »Gender Trouble« endgültig beheben zu können. Da selbst Badhams *tough guys* häufig Übererfüller einer geschlechtlichen Norm sind, entpuppen sich seine immens erfolgreichen Filme als tendenziell geschlechtssubversive, kritische Auseinandersetzungen mit Männlichkeit, die um zwei zentrale Paradigmen gruppiert werden können: Beobachtet-Werden (»Look at *me*!«) und Beobachten (»Look at *that*!«).

»Look at me!« Observierte Männer

Obwohl John Badham zur selben Generation wie der New-Hollywood-Adel vom Schlage Martin Scorseses oder Francis Ford Coppolas gehört, war die Revolution eigentlich schon wieder vorbei, als er in den 1970er-Jahren vom Fernsehmacher zum Kinofilmer graduierte. Die BINGO LONG TRAVELING ALL-STARS & MOTOR KINGS kamen 1976 ins Kino, als man

die Uhren nach Steven Spielbergs JAWS (Der weiße Hai; 1975) gerade wieder auf null gestellt hatte und sich mit STAR WARS (Krieg der Sterne; 1977; R: George Lucas) bereits das nächste Beben abzeichnete. Die damit einhergehende Konsolidierungsphase der Filmstudios bedeutete sowohl hinsichtlich neuer Geschäftsmodelle als auch des dominanten Wertekanons eine Phase der Restauration. Mochte die *counter-culture* auch noch einige Ehrenrunden drehen, die 1980er Jahre (und ihre Blockbuster) standen ganz im Zeichen der konservativen Wende unter Ronald Reagan.[6]

Dass SATURDAY NIGHT FEVER also eigentlich zu spät kam und mit seiner Geschlechterpolitik dennoch einer Revolution glich, hat viel damit zu tun, dass Männlichkeit in New Hollywood einigermaßen glimpflich davongekommen war. Auch in den Jahren der drohenden Rebellion hatten die Studios erfolgreich auf Dirty Harry und James Bond gesetzt, und ein Cowboy bleibt auch in der Ära nach John Wayne ein Cowboy, selbst wenn er im Moloch unterzugehen droht (MIDNIGHT COWBOY; Asphalt-Cowboy; 1969; R: John Schlesinger) oder als moderner Sheriff New York vorm Drogenhandel beschützt und sein Pferd gegen einen Pontiac eintauscht (THE FRENCH CONNECTION; Brennpunkt Brooklyn; 1971; R: William Friedkin). An dem, was Joan Mellen in ihrem Buch *Big Bad Wolves* (1978), der ersten umfassenden Studie zu Männlichkeitskonstruktionen im US-Kino, als Minimalkonsens ›authentischer‹ Männlichkeit definiert, hatte sich wenig geändert: Tonangebend war weiterhin das wortkarge Alphatier, das sich mit Gewalt nimmt, was es will, ohne dabei allzu sehr gegen die gesellschaftliche Ordnung aufzubegehren: »[T]he real man is not a rebel but a conformist who supports God and country, right or wrong. The heroes who exhibit the most power stand for the status quo, even as they suggest that physical action unencumbered by effeminate introspection is what characterizes the real man«.[7] Dieses Profil entspricht ziemlich genau dem, was der Geschlechtersoziologe Michael Kimmel in seinem Buch *Guyland* (2009) pointiert in zehn zeitlosen Männlichkeitsgeboten zusammengefasst hat. Einige davon lauten (frei übersetzt): nicht rumheulen, nicht unterbuttern lassen, keinen Schwanzvergleich scheuen und handeln statt nachdenken.[8] Dass Männer sich dabei nicht begaffen lassen sollten, erwähnt Kimmel nicht, aber im klassischen Erzählkino versteht es sich von selbst. Schließlich verfügt der amerikanische Spielfilm über seine eigene, relativ rigide Geschlechterpolitik, und vor allem die westliche Gesellschaft scheint »ungeachtet aller Krisen immer wieder in denselben Film zu gehen«.[9]

Der Antiheld von SATURDAY NIGHT FEVER ist dagegen alles andere als eine souverän handelnde Identifikationsfigur, wiewohl die Breitenwirkung Tony Maneros unumstritten ist und mit ihm auch eine neue Form von Körperlichkeit im Kino Einzug hielt. Badhams Film behauptet forsch, dass der *gaze* auf den Mann nicht unbedingt des Sicherheitsnetzes wie im klassischen Musical-Kontext bedarf. Dort ist das Taxieren des männlichen Körpers in der Regel durch die Präsenz einer weiblichen Partnerin wie auch durch die etablierte Star-Persona (die im klassischen Studiokontext noch einigermaßen stabil war) abgesichert.[10] Selbst wenn man SATURDAY NIGHT FEVER (was nicht selbstverständlich ist) in dieser Tradition verortet – d.h. innerhalb eines Genres, das den Männerkörper als Spektakel inszenieren darf –, nimmt sich der Film große Freiheiten. Tanz sieht sich kulturell schon immer mit dem Verdacht der Unmännlichkeit konfrontiert, doch Tonys narzisstische Soloauftritte in der Disco bedeuten aus geschlechterpoliti-

scher Sicht eine noch größere Provokation: »Because the body, the site of the star's sexuality, is put on display in a solo dance performance, his gestures, his posture, his focus, and his use of space are open for interpretation and, more dangerously, misinterpretation.«[11] Wer so darum bettelt, angestarrt zu werden, macht sich verdächtig, zumal – so wurde seinerzeit kritisiert – Frauen wie auch Männer innerhalb der aus den *gay clubs* der Latino-Szene geborenen Discokultur ganz zu passiven Sklaven des Beats mutieren und von ihm regelrecht penetriert werden.[12] Wie immer hoffte die Rechte, mit der Zähmung der Disco-Dämonen auch die Homophilie in sich selbst zu exorzieren – die Szenen, die sich 1979 im Comiskey Park in Chicago abspielten, wo der DJ Steve Dahl zur »Disco Demolition Night« geladen hatte, zählen zu den erschreckendsten öffentlichen Zurschaustellungen von Homophobie (unter dem Deckmantel eines lediglich geschmacklichen Snobismus) in der amerikanischen Kulturgeschichte.

»Disco Demolition Night« in Chicago 1979

Der beinah episodische Plot von SATURDAY NIGHT FEVER tänzelt denn auch etwas verschämt um sein zentrales »will he, won't he«, beruhigt den verstörten Zuschauer mit potentiellen *love interests* für Tony (ohne dass diese Handlungsstränge konventionell aufgelöst würden), nur um ihn in der Folgeszene noch näher an den Abgrund zu führen – am drastischsten natürlich beim Todessprung von Bobby (Barry Miller), auf dessen Liebesgeständnis Tony nichts zu erwidern weiß.

Dass Tony in der Auftaktsequenz wie die stereotype Femme fatale von den Beinen aufwärts zu sehen ist, wird gerade noch dadurch behoben, dass er an Frauen Interesse zeigt und den Blick nach ihnen wendet; seine Degradierung zum weinerlichen Baby an der heimischen Tafel ist da schon schwerer zu verkraften. Immer wieder wurde innerhalb der Masculinity Studies jener Moment analysiert, als Tony – Spieglein, Spieglein an der Wand – sich erst in Schale wirft und anschließend in die Prinzessin verwandelt, nach der sich alle Ballgäste umdrehen werden. Dass er in der Disco die Blicke kontrolliert und so auch im Zuge seiner eigenen Objektifizierung noch den dominanten Part spielt,[13] kann das queere Potential solcher Szenen nicht gänzlich tilgen. Zu gebannt starrt auch Tonys eigene Gang auf ihn, zu sehr arbeitet der Film im Subtext heraus, dass Tony selbst ein *closet-case* ist,[14] der eher zu seiner eigenen Beruhigung an der Kultur der homophoben Sprüche teilnimmt und vielleicht zum Tanzpartner, zum platonischen Freund, gar zum Vergewaltiger taugt, aber bestimmt nicht zum konventionellen, heterosexuellen Liebhaber.

SATURDAY NIGHT FEVER sollte ein unübertroffener Erfolg in der Karriere John Badhams bleiben. Doch trotz unterschiedlicher Rezeption wie auch äußerst differenter Handlungskontexte ist er unbedingt mit den beiden auf ihn folgenden Filmen, DRACULA (1979) und WHOSE LIFE IS IT ANYWAY? (1981) als

eine Trilogie observierter Männlichkeit zu sehen, die sich vielen klassischen Geboten der filmischen Geschlechterpolitik verweigert, über die Stränge zu schlagen droht, sich aber schlussendlich nicht aus der Umklammerung der heteronormativen Ordnung löst. Badhams DRACULA ist eigentlich (nicht nur aufgrund der formidablen Tanzszene) SATURDAY NIGHT FEVER Teil 2, denn Frank Langellas Sex-Appeal als Vampir ist ohne die zu diesem Zeitpunkt bereits in den Mainstream geschwappte Disco-Ästhetik nicht vorstellbar. Steigt Dracula nachts für ein Tête-à-Tête durch das Fenster, dann wabert hinter ihm der Kunstnebel, als ob für die nächste Nummer der Bee Gees vorgeheizt wird, und auch sein erster Auftritt im Haus der Sewards wird von der Fanfare eines dreifachen Point of View-Setups gerahmt.

Draculas Popstar-Auftritte

Dieser Mann weiß Köpfe zu verdrehen – durch die Tür tritt kein bleicher Untoter, sondern ein Popstar, um den sich Groupies scharen, und der so gut wie aller bisexuellen Untertöne aus Bram Stokers Vorlage entledigt ist.[15] Wie SATURDAY NIGHT FEVER ist auch DRACULA ganz um seine Politik des Zuschauens und Verbergens strukturiert, fordert der Graf doch seine Kontrahenten heraus, seinem Blick standzuhalten, so wie Tony Manero provokativ zum Hinsehen ermutigte und eben dadurch der buchstäbliche *Herr* der Lage blieb. Die Ursprünge von Badhams Adaption im Theater, wo Frank Langella über 250 Vorstellungen als Dracula gegeben hatte, sind unübersehbar, denn sein Vampir ist eine extrovertierte Diva mit Showstopper-Qualitäten. Das Männlichkeitsduell, das sich während der Dreharbeiten zwischen ihm und Co-Star Laurence Olivier zutrug, dokumentiert Langella in seinen Memoiren als boshaften homoerotischen Flirt. Die von ihm beschriebene Weigerung Laurence Oliviers, in seiner Sterbeszene die Augen zu schließen; ihr Blickduell bei den PR-Aufnahmen zum Film[16] – diese Fußnoten der Filmgeschichte enthüllen auch, wieso Badhams Film so sehr von einer paradoxen Grundfigur gezeichnet ist, denn einerseits scheut der Vampir die Sonne, andererseits drängen sich in DRACULA alle vor die Kamera, als bräuchten sie das Rampenlicht zum Überleben. Das ideale Bindeglied zwischen beiden Filmen dürfte der (nicht von John Badham inszenierte) Polaroid-Werbefilm sein, der in SATURDAY NIGHT FEVER als Running Gag zitiert wird: Laurence Olivier (britisches Englisch schnurrend, vor einem schwarzen Hintergrund die Zuschauer im doppelten Sinn zur Kamera verführend) ist sichtlich bemüht, die Aufmerksamkeit weg von sich, hin zur Polaroid und ihren »photograph[s] of dazzling beauty« zu lenken. »Come a bit closer«, raunt er dem Kameraauge zu, das brav gehorcht.[17] Den missratenen Gegenentwurf zu so viel

glänzender, charismatischer Egomanie liefert DRACULA mit Jonathan Harker (Trevor Eve), der stolz wie ein Geck am Strand entlang spaziert, den Dienstmädchen zulächelt (»Fancy! That he is, fancy.«), sich damit aber lächerlich macht. Dracula verzieht hingegen keine Miene, sondern agiert derart hypnotisch, als gelte es, Walter Benjamins Definition von Aura (die »Erscheinung einer Ferne, so nah sie sein mag«[18]) pantomimisch umzusetzen.

Wo der klassische Hollywoodfilm »Here's looking at you, kid« intoniert (und damit eben die traditionelle Blickrichtung vorgibt), lautet Draculas Refrain: »Look at *me*!« Langella ist der Dracula mit dem größten Sex-Appeal, trägt aber zugleich Spuren von Oscar Wildes Dandy Dorian Gray, denn er bedarf der neidischen Blicke auf seine Schönheit genauso wie der regelmäßigen Blutzufuhr und muss deshalb auch zweifach bestraft werden: auf der Ebene der Diegese mit dem Tod im Sonnenlicht, auf der Ebene der Inszenierung dagegen mit einer Großaufnahme, die seine Hässlichkeit offenlegt.

Die Strafe trifft auch den Zuschauer, der dafür büßen muss, dass er seiner Schaulust am männlichen Körper nachgegeben hat.[19]

Draculas Tod als *vanitas*-Strafe

Noch mehr »Überwachen und Strafen« (frei nach Foucault) liefert Badham gleich mit seinem nächsten Film, der in eine Dekade des Überwachungskinos überleitet und die panoptische Dystopie mit einer

Dekonstruktion des männlichen Körpers verbindet.[20] Aus der Perspektive tradierter Gender-Topik argumentiert WHOSE LIFE IS IT ANYWAY? unnachgiebig, dass ein Leben in arretierter Männlichkeit nicht wert ist, gelebt zu werden. In seiner emphatischen Gerichtsrede verweist Ken Harrison (Richard Dreyfuss) kaum auf seine körperliche Eingeschränktheit, obwohl dies im Fall des seiner motorischen Fähigkeiten beraubten Künstlers sicher naheliegen würde. Was Harrison das Leben völlig unlebenswert erscheinen lässt, ist seine Objektifizierung, die der Film auf mehreren Ebenen der Mise-en-scène leistet. Bereits am Unfallort klicken die Fotoapparate, die Überwachungsmonitore im Krankenhaus sind allgegenwärtig, und der Zuschauer wird zum Betrachten des paradoxen Spektakels im Herzen des Films animiert: der gelähmte Starkörper als schauspielerische *tour de force*. Als bittere Pointe enthüllt eine Szene zwischen Harrison und seiner behandelnden Ärztin (Christine Lahti), dass die völlige körperliche Demontage des Mannes (die unweigerlich zum Kontrollverlust und in neue Abhängigkeitsverhältnisse führt: »I am an object that has to be taken care of for the rest of his life«) unweigerlich die Befreiung der Frau zur Folge hat. Harrison konstatiert bitter, dass die Gelöstheit Dr. Scotts in seiner Gegenwart nur daher rühren kann, dass der Gelähmte kein Geschlecht mehr hat, sie also des männlichen Machtblicks enthoben ist: »It's amazing how relaxed a woman can be when she's not in the presence of a man.« Richard Dreyfuss ist der richtige Schauspieler, diesem Oxymoron – dem immobilen, zum Objekt degradierten Mann, der rhetorisch Herr der Lage bleibt – ein Gesicht zu verleihen, lotet er doch als Gesicht des New Hollywood und als Erfolgsmodell der 1970er Jahre immer wieder die Grenzen hegemonialen Mannseins im Film aus. Als Tony Manero die Discos eroberte, leistete sich Dreyfuss

in Steven Spielbergs CLOSE ENCOUNTERS OF THE THIRD KIND (Unheimliche Begegnung der dritten Art), der 1977 direkt vor Badhams Film Platz zwei in der Kinostatistik belegte,[21] die andere große ›Unmännlichkeit‹ des Kinojahres – seine Figur stiehlt sich aus der Pflicht als Ehemann und Vater. Im gleichen Jahr erspielte er sich mit THE GOODBYE GIRL (Der Untermieter; R: Herbert Ross) einen Oscar in der Rolle eines Schauspielers, der an einer schwulen Neuinterpretation von Shakespeares *Richard III* scheitert. Dass Dreyfuss in seiner bekanntesten Rolle, nämlich als Meeresbiologe Matt Hooper in JAWS, sogar den Showdown verschläft und sich erst wieder an die Wasseroberfläche traut, als der Polizeichef die Arbeit getan hat, unterstreicht ebenfalls seinen Status als verhindertes Alphamännchen. Ironischerweise läutete John Badham die nächste Phase seines Schaffens ein, indem er den Sheriff anheuerte, der das Monster aus Amity vertrieben hatte. Mit Roy Scheider in der Hauptrolle von BLUE THUNDER (1983) beginnt auch eine neue Ära von Männlichkeit in Badhams Werk.

»Look at that!« Observierende Männer

Nach den Männlichkeitsspektakeln der späten 1970er Jahre scheint in der folgenden Dekade im Werk John Badhams zunächst alles in Ordnung: Seine Protagonisten bewegen sich in männlich dominierten Genres, leben in mehr oder weniger stabilen heterosexuellen Beziehungen und treten als Sheriffs und Gesetzeshüter auf. Dass der Ausübende des polizeilichen Kontrollblicks über das männliche Privileg des autonomen, zielgerichteten Handelns verfügt, formulieren die Filme geradeheraus selbst: »Where you look is where you hit«, erfährt man in BLUE THUNDER nicht nur über die Bedienung der fliegenden Wunderwaffe,[22] sondern auch über die nunmehr adjustierte Blickpolitik der Filme selbst – wo man den Gegner am empfindlichsten trifft, macht der Film unmissverständlich klar, als Murphy durch sein Visier die Genitalien des Chefs in den Blick nimmt.

Hier wie auch in den folgenden Thrillern und Detektivfilmen – v.a. STAKEOUT (1987) und THE HARD WAY (1991) – sind die klassischen Gender-Koordinaten einigermaßen

Männlichkeit im Visier (BLUE THUNDER)

intakt. Nicht nur aufgrund der gemeinsamen etymologischen Wurzel sind Gender und Genre eng verbandelt: kein Western ohne einsame Cowboys, kein Melodrama ohne empfindsame Heldinnen.[23] Man tut dem Genrekino unrecht, wenn man es für unflexibel und zur geschlechtlichen Weiterentwicklung nicht fähig erklärt, allerdings wird in Badhams auf WHOSE LIFE folgenden Filmen sehr deutlich, wie vorbildlich die Helden um (Über-)Erfüllung tradierter Genderskripte bemüht sind. Das genaue Observieren fällt nicht mehr nur als ein Job unter vielen an, gleichwertig neben Prügeln, Schießen und dem für das Detektivgenre so wichtigen Ausüben der Erzählkontrolle,[24] sondern wird sogar zur Hauptbetätigung, der scharfe Blick zum Erfolgsausweis: »How do you *see* that shit?« fragt Lymangood (Daniel Stern) seinen Partner Murphy anerkennend, dem aus der Luft einfach nichts entgeht. Detektive sind nicht nur (mit Foucault) Agenten mit panoptischer Funktion, sondern wörtliche *private-eyes*, d.h. Augen gegen Bezahlung, wie nicht zuletzt in den deutschen Titeln von

Badhams Filmen deutlich wird: Murphy ist das wortwörtliche »fliegende Auge«, für STAKEOUT (»Die Nacht hat viele Augen«) bediente man sich im identischen Wortfeld. Als umsichtige Beobachter stehen diese Ermittler im Dienst der Systemstabilisierung und wollen jene patriarchale Ordnung wiederherstellen, »die durch das Verbrechen gestört und damit gefährdet wurde. Das Geheimnis oder das Verbrechen, das gelöst werden muß, bezeichnet eine tiefgreifende Legitimationskrise des Patriarchats oder löst sie aus.«[25] Dass Männlichkeit verteidigt werden muss, dass das Verbrechen einen Angriff auf patriarchale Besitzstrukturen bedeutet, und dass die Polizei deshalb immer auch eine *Gender*-Polizei ist, die missliebige Elemente aufspürt und aussortiert,[26] wird nirgendwo deutlicher als in Badhams Cop-Filmen, die augenscheinlich den schlingernden, queeren Kurs seiner vorherigen Werke begradigen, d.h. im wahrsten Sinne des Wortes *straight* ausgerichtet sind. THE HARD WAY mutet wie ein Selbstzitat des Regisseurs bzw. wie eine Korrektur von SATURDAY NIGHT FEVER an, wenn Moss den »Partycrasher«-Killer (Stephen Lang) in eine Disco verfolgt und dort angewidert beobachtet, dass dieser eine perverse Freude am Gesehenwerden empfindet.

Der Partycrasher (THE HARD WAY) genießt das Rampenlicht

Murphy und Lymangood (BLUE THUN-DER) verfolgen im Helikopter einen Verdächtigen, der in ihren Augen schon allein für seinen extrovertierten Auftritt eine Abmahnung verdient (»Orange shirt and a cowboy hat, huh? Whatever happened to ›inconspicuous‹?«), denn schließlich verstößt der Verdächtige gegen den *boy code*: Er hat nicht nur das Recht zu schweigen, sondern auch die Pflicht, sich nicht wie eine flamboyante *sissy* zu gerieren. Bestraft wird er mit seiner völligen Unterwerfung im Scheinwerferlicht.

Voyeure sind diese Ordnungshüter allesamt – Murphy (BLUE THUNDER) leistet Überwachung aus der Luft, Chris und Bill (STAKEOUT) verrichten Polizeiarbeit

Die Gender-Polizei schlägt zu (BLUE THUNDER)

durchs Fernglas. Der *buddy act* von John Moss und Nick Lang (THE HARD WAY) dient als Lehrstück über den angemessenen Schau-Kodex: Wenn Männer beobachten, dann bitte nicht andere *Männer*, selbst wenn sie sich (wie Lang) ›authentische‹ Polizeiarbeit aneignen wollen. Das Duell dieser beiden gerät denn auch zu einem sehr einseitigen Männlichkeitsduell, sodass der unbeugsame Moss schon zweier Angriffe auf seine harte Schale bedarf, um wirklich ins Schwitzen zu kommen. Außer dem mit sich selbst (am Computer) spielenden, queeren Killer, der sich in stillen Momenten eine Schönheitsmaske gönnt und ohne Weiteres von Moss' Vermutung, es müsse ihm am richtigen »equipment« fehlen, provozie-

ren lässt, ringt der Polizist auch noch mit dem selbstverliebt in den Spiegel gaffenden Milchgesicht Nick Lang (Michael J. Fox). Dieses lässt ihn nicht aus den Augen (»like carrying a goddamn mirror around«), steht im Einklang mit seiner weiblichen Seite und ist ein Vorbote jener Metrosexualität, die im neuen Jahrtausend allgegenwärtig werden und neue Re-Maskulinisierungen nach sich ziehen sollte. Wenn THE HARD WAY als Happy-End eine Synthese aus beidem anbietet – Lang lernt »korrekte« Männlichkeit von der Pike auf, Moss adjustiert seinen archaisch-solitären Kodex, um Platz für eine Familie zu schaffen –, dann befindet er sich völlig im Einklang mit der Rückkehr zur Familie, die im Männerfilm seit ROCKY propagiert worden war, so auch im Buddy-Cop-Film. Der im Gefolge von Vietnam traumatisierte, »grün und blau geschlagene amerikanische Staatskörper«, so suggerieren diese Filme, kann »im Schoß der Familie heilen und zu alter Stärke finden.«[27] Der muskulöse, zur »lethal weapon« geformte Körper (etwa die als Beschützer der Familie rebootete Kampfmaschine in James Camerons TERMINATOR 2, 1991) erfährt damit keine Schwächung, sondern erschließt sich lediglich ein neues Publikum.

Doch Badhams Filme sind doppelbödiger, als diese Entwicklung vermuten lässt. BLUE THUNDER z.B. unterwandert seine Mär vom Sheriff, der mit seinem getreuen Schlachtross in der Stadt der Gesetzlosen und Korrupten aufräumt, nicht nur dadurch, dass die technische Attraktion des Helikopters dem klassischen »leading *man*« die Schau stiehlt, oder dass Murphys Freundin Kate (Candy Clark) einen Teil der männlich konnotierten Polizeiarbeit (nämlich die Autoverfolgungsjagd) übernimmt, sondern auch durch das armselige Bild, das die hier vorgeführten Männlichkeiten abgeben. Was der Film in seinen Überwachungsszenen als »comic relief« anbietet, entpuppt sich nämlich als Sammelsurium der Impotenz und Defizienz, sowohl auf Seiten der Lauscher (man denke an Lymangoods pubertäre Spannereien: »I want it! I want it!«) wie auch auf der der Belauschten: »Old Double Dorks« schwache Vorstellung im Bett wird von den Cops sarkastisch kommentiert (»Stupid putz!«), ein anderer Observierter feilscht erbärmlich mit einer Prostituierten.

STAKEOUT ist in dieser Hinsicht der programmatischste Film, weil er – mit einem Bein in der Komödie beheimatet – noch ein wenig mehr über die Stränge schlagen darf und sich 1987 einen Platz unter den zehn erfolgreichsten Filmen in den USA erstritt,[28] als in den Blockbustern ausnahmsweise nicht Cowboy und Indianer im Weltall gespielt, sondern das traute Heim auf den Kopf und der Mann vor existentielle Prüfungen gestellt wurde. Die beiden größten Kassenhits dieses Jahres erschütterten tradierte Genderskripte nachhaltig: THREE MAN AND A BABY (Noch drei Männer, noch ein Baby; R: Leonard Nimoy) verhandelt Elternschaft in Abwesenheit der Mutter, während in FATAL ATTRACTION (Eine verhängnisvolle Affäre; R: Adrian Lyne) die verführerische Gespielin zum psychopathischen bunny-boiler mutiert und die Kernfamilie bedroht. Dass die Zeit (und auch die Männlichkeit) aus den Fugen ist, begreift, wer Richard Dreyfuss dabei zusieht, wie er in Frauenkleidern zwischen die Fronten gerät und noch einmal seinen Status als wendiges Rumpelstilzchen des Kinos der 1970er aufleben lässt. Im Niemandsland zwischen den beiden klar definierten Territorien (die Gangsterbraut in ihrem Haus und gegenüber die Polizisten, die

ihre monotone Tätigkeit durchs Okular zur Peep-Show umfunktionieren) wird nicht nur die fixe Rollenzuweisung von Verfolgern und Verfolgten ad absurdum geführt, sondern herrscht kurzzeitig sogar ein Genderkarneval, der sich von der Erzähllogik abkoppelt: Dass Chris sich mit Kleidungsstücken von Maria (Madeleine Stowe) tarnt, ist rationalisierbar; dass er dabei Selbstgespräche im Falsett führt, dagegen nicht.

Die temporäre Travestie, die (wie alle Travestien im Hollywood-Film) nur die Remaskulinierung des Helden vorbereitet, kontrastiert zwar mit dem Machogehabe des Films, stellt aber trotzdem die lo-

Chris auf der Flucht

gische Fortsetzung der übermütigen Spielereien dar, mit denen sich die Cops die Zeit vertreiben – man denke an die zahlreichen homoerotisch angehauchten Verbalflirts zwischen den Partnern (»Honey, I'm home!«) und an ihre pubertären Streiche untereinander. *Male bonding* entpuppt sich im Genre zumeist als die stabilste Form der Beziehung, lässt die beiden Ermittler mit der Zärtlichkeit eines gealterten Ehepaares turteln und einander die Sätze beenden[29] und fungiert als Rettungsseil an jenem Abgrund, vor dem schon Tony Manero zurückgeschreckt war. Damit verordnen sich Badhams Filme eine fast schon homöopathische Kur (*similia similibus curentur*), in der eine dosierte Form des »Gifts« (gleichgeschlechtliche

Berührung und Intimität) zum Heilmittel umfunktioniert wird.

»Looking back«: Resümee

Die meisten Filme von John Badham lassen sich unter dem Aspekt der Schaulust subsumieren. Wie der vorliegende Beitrag deutlich gemacht hat, ergibt sich allerdings im Hinblick auf Männlichkeit mindestens *eine* gewichtige Zäsur in seinem Schaffen, die mit einem Paradigmenwechsel vom Angeschautwerden hin zum Anschauen einhergeht. Dass sich seine Filme seit den frühen 1980er Jahren stärker der von Mulvey skizzierten Blickrichtung beugen, d.h. den Imperativ männlicher Blickkontrolle und weiblicher »to-be-looked-at-ness« adaptieren, heißt allerdings nicht, dass sie aller Ambiguitäten und subversiven Momente enthoben wären. Echte »Hingucker« sind Badhams Protagonisten allesamt, im doppelten Sinn dieses Wortes: als observierende Spione wie auch als observierte, selbst zur Schaulust animierende Blickobjekte, die als Handlungsagenten im Gattungssystem verhaftet bleiben, temporär jedoch einen Ausbruch aus rigiden Männlichkeitscodes proben.

Badhams frühe Trilogie des Angeschautwerdens kann trotz ihrer heterogenen Plot- und Genrekontexte als in sich geschlossene Reihe über sabotierte Männlichkeiten gelesen werden, in der die Hauptfiguren auf unterschiedliche Art mit ihrer eigenen Objektifizierung hadern oder gar kokettieren – Tony Manero und Dracula mit ihrer offensiven Einladung zum Hinschauen (für die sie bestraft werden), Ken Harrison mit seinem Aufbegehren gegen Immobilität und Fremdbestimmtheit. Auch die *tough guys* in Badhams Filmen der 1980er und 1990er Jahre, die einen rigiden Habitus vollkommen internalisiert haben oder ihn sich im

Lauf der Handlung erfolgreich erstreiten, enthüllen dem Zuschauer gelegentlich ihre eigene Doppelbödigkeit, breiten die Filme doch die Blickpolitik des Erzählkinos in einigen Tableaus regelrecht offen vor dem Zuschauer aus. Im schönsten visuellen Gag von STAKEOUT zeigen sogar die Gefängnisinsassen, die als Bewohner des von Bentham und Foucault beschriebenen Panopticons[30] eigentlich auf der Seite der Observierten (bzw. sich observiert Wähnenden) stehen, dass sie nicht auf ihr männliches Schauprivileg verzichten wollen. Als in einer benachbarten Zelle ein Kampf zwischen zwei Gefangenen ausbricht, erhaschen auch ihre schaulustigen Nachbarn einen Blick, indem sie ihre Rasierspiegel ausrichten (zugleich ein Indiz männlicher Kosmetik, der auch in homosozialer Umgebung gefrönt wird).

Damit bleiben bei Badham immer ein Rest von Widerstand sowie ein gesundes Misstrauen in den *boy code*, dem sich sei-

Die Schaulust der Gefangenen in STAKEOUT

ne Filme nie vollkommen unterwerfen. Dass traditionelle Männlichkeitsskripte in seinen späteren Filmen immer stärker auf Frauen übergehen, die über die von Judith Halberstam skizzierte *Female Masculinity*[31] verfügen – man denke an Gina Garrett (Rosie O'Donnell) in ANOTHER STAKEOUT (1993) und die Killerin Nina (Bridget Fonda) in POINT OF NO RETURN (1993) –, und dass Badhams einziger klassischer Cowboy, Myrl Redding (John Cusack) in THE JACK BULL (1999), am Galgen endet, unterstreicht ebenfalls, dass hier keinesfalls ein Hohelied auf klassische, hegemoniale Filmmännlichkeit gesungen, sondern diese allmählich zu Grabe getragen wird. Dass es dennoch ein fröhliches Begräbnis ist und die Beerdigungsmusik von den Bee Gees intoniert wird, versteht sich dabei von selbst.

Anmerkungen

[1] Dass es gar nicht Travoltas Füße sind, sondern die des Stand-ins, berichtet John Badham selbst in seinen Erinnerungen an den Dreh. Vgl. John Badham/Craig Modderno: I'll Be in My Trailer. The Creative Wars between Directors & Actors. Studio City 2006, S. 70f.

[2] Vgl. Richard Dyer: Heavenly Bodies. Film Stars and Society. London/New York 2005, S. 14.

[3] Sylvester Stallone inszenierte 1983 STAYING ALIVE, die Fortsetzung zu SATURDAY NIGHT FEVER, in der die tendenziell queere Blickpolitik des ersten Films gezähmt wird. Vgl. hierzu Jeff Yanc: ›More than a Woman‹. Music, Masculinity and Male Spectacle in SATURDAY NIGHT FEVER and STAYING ALIVE. In: Velvet Light Trap 38 (1996), S. 39-50.

[4] Wieland Schwanebeck: Montage macht den Mann. Wie das Erzählkino Geschlecht konstruiert – und wie der Filmschnitt dabei hilft. In: Julia Brühne/Karin Peters (Hg.): In (Ge)Schlechter Gesellschaft? Politische Konstruktionen von Männlichkeit in Texten und Filmen der Romania. Bielefeld 2015, S. 213-240, hier S. 217.

[5] Vgl. Laura Mulvey: Visual and Other Pleasures. New York 2009, S. 21.

[6] Vgl. hierzu ausführlich Robin Wood: Hollywood from Vietnam to Reagan – and Beyond. New York/Chichester 2003.

[7] Joan Mellen: Big Bad Wolves. Masculinity in the American Film. London 1978, S. 5.

[8] Vgl. Michael Kimmel: Guyland. The Perilous World Where Boys Become Men. New York u.a. 2009, S. 45.

[9] Siegfried Kaltenecker: Spiegelformen. Männlichkeit und Differenz im Kino. Basel 1996, S. 307.

[10] Zur Blickpolitik im Musical vgl. Steven Cohan: ›Feminizing‹ the Song-and-Dance-Man. Fred Astaire and the Spectacle of Masculinity in the Hollywood Musical. In: Ders./Ina Rae Hark (Hg.): Screening the Male. Exploring Masculinities in Hollywood Cinema. London/New York 1993, S. 46-69.

[11] Darcey Callison: Astaire's Feet and Travolta's Pelvis. Maintaining the Boy Code. In: Torquere. Journal of the Canadian Lesbian and Gay Studies Association 3 (2001), S. 55-75, hier S. 58.

[12] Vgl. Stephen Amico: Disco. In: Michael Kimmel/Amy Aronson (Hg.): Men and Masculinities. A Social, Cultural, and Historical Encyclopedia. Vol. I: A-J. Santa Barbara/Denver/Oxford 2004, S. 221-224, hier S. 222.

[13] Vgl. zu dieser Lesart Callison: Astaire's Feet, a.a.O., S. 68f. und Yanc: More than a Woman, a.a.O., S. 39-43. S.a. Kirkhams und Thumims Erörterung, wonach der erotisierende Anblick des männlichen Körpers im Film nur bei gleichzeitiger Betonung virtuoser, z.B. sportlicher Fähigkeiten, gestattet ist; Pat Kirkham/Janet Thumim: You Tarzan. In: Dies. (Hg.): You Tarzan. Masculinity, Movies and Men. London 1993, S. 11-26, hier S. 13.

[14] Eine genaue Interpretation von SATURDAY NIGHT FEVER als Studie verleugneter Homosexualität liefert Kylo-Patrick R. Hart: Queer Males in Contemporary Cinema. Becoming Visible. Lanham 2013, S. 18-24.

[15] Vgl. zu dieser Interpretation Robin Wood: Burying the Undead. The Use and Obsolescence of Count Dracula. In: Barry Keith Grant (Hg.): The Dread of Difference. Gender and the Horror Film. Austin 1996, S. 364-378, spez. S. 376f.

[16] Vgl. Frank Langella: Dropped Names. Famous Men and Women as I Knew Them. New York 2012, S. 67-75.

[17] Der Polaroid-Clip kann auf der Olivier und Vivien Leigh gewidmeten Fanseite vivandlarry.com angeschaut werden: www.vivandlarry.com/cinema-archive/tv-appearances/laurence-olivier-for-polaroid; Stand: 29.01.2016.

[18] Walter Benjamin: Das Kunstwerk im Zeitalter seiner technischen Reproduzierbarkeit. Drei Studien zur Kunstsoziologie. Frankfurt/Main 2005, S. 10-21, hier S. 15.

[19] Einen ähnlichen Prozess beschreibt Thomas Klein in seiner Analyse der frühen Filme mit Richard Gere, in denen der Protagonist häufig den Preis für seine Schönheit zahlen muss. Vgl. Thomas Klein: Männer für gewisse Stunden. Richard Gere und die soziale Macht des Schönen. In: Christian Hißnauer/Ders.

(Hg.): Männer – Machos – Memmen. Männlichkeit im Film. Mainz 2002, S. 145-165.

[20] Zum medizinischen Kontrollblick sowie zur Infantilisierung des männlichen Körpers in WHOSE LIFE vgl. Paul Darke: No Life Anyway. Pathologizing Disability on Film. In: Sally Chivers/Nicole Markotic (Hg.): The Problem Body. Projecting Disability on Film. Columbus 2010, S. 97-107.

[21] Vgl. Tom Shone: Blockbuster. How Hollywood Learned to Stop Worrying and Love the Summer. New York 2004, S. 81.

[22] Vgl. hierzu auch Chris' Credo in STAKEOUT, wonach aus der Beobachtung unmittelbar das Eingreifen folgt: »I'm not a security guard. I see some ›bad people‹, I'm gonna be a little too busy to make a phone call.«

[23] Vgl. Andrea B. Braidt: Kein Gender ohne Genre. Zum Zusammenhang von Geschlecht und Gattung in der Filmwahrnehmung. In: Renate Hof/Susanne Rohr (Hg.): Inszenierte Erfahrung. Gender und Genre in Tagebuch, Autobiographie, Essay. Stauffenburg 2008, S. 151-168.

[24] Dieses Privileg schlägt sich im Film noir in der Voice-over-Erzählung des Detektivs nieder, im klassischen Whodunit dagegen, wenn der Detektiv am Schluss den Verdächtigen seine Rekonstruktion der Ereignisse präsentiert.

[25] Teresa L. Ebert: Ermittlung des Phallus. Autorität, Ideologie und die Produktion patriarchaler Agenten im Kriminalroman. In: Jochen Vogt (Hg.): Der Kriminalroman. Poetik. Theorie. Geschichte. München 1998, S. 461-485, hier S. 461.

[26] »Our peers are a kind of ›gender police‹, always waiting for us to screw up so they can give us a ticket for crossing the well-drawn boundaries of manhood.« Kimmel: Guyland, a.a.O., S. 47.

[27] Schwanebeck: Montage, a.a.O., S. 217. Zum Paradigmenwechsel in Richtung Familientauglichkeit im Actionfilm s.a. Susan Jeffords: The Big Switch. Hollywood Masculinity in the Nineties. In: Jim Collins/Hilary Radner/Ava Preacher Collins (Hg.): Film Theory Goes to the Movies. Cultural Analysis of Contemporary Film. New York 2008, S. 196-208.

[28] Vgl. Shone: Blockbuster, a.a.O., S. 185.

[29] Als Chris im Sequel (ANOTHER STAKEOUT) zu seiner Enttäuschung erfährt, dass er und Bill sich als Vater-Sohn-Duo ausgeben sollen, bleibt in der Schwebe, ob er dies aufgrund des Altersunterschiedes als Beleidigung empfindet, oder ob er enttäuscht ist, nicht mit seinem Partner als schwules Liebespaar auftreten zu dürfen.

[30] Vgl. Michel Foucault: Überwachen und Strafen. Die Geburt des Gefängnisses. Frankfurt/Main 1994, spez. S. 251-293.

[31] Vgl. Judith Halberstam: Female Masculinity. Durham 1998.

Hybridität und High Concept

Genreverhandlung in den Filmen John Badhams

Von Nils Bothmann

Genres sind ein wichtiger Bestandteil der Kommunikation über Filme, sei es bei der Beschreibung der eigenen Präferenzen, in der Filmkritik oder bei der filmgeschichtlichen Verortung verschiedener Werke. Doch so alltäglich der Gebrauch von Genrekategorien auch ist, so problematisch ist er für die Genretheorie, die sich immer wieder mit der Bestimmung von Genres abmühte. Frühere Ansätze wie Thomas Schatz' evolutionäres Modell in *Hollywood Genres*[1] gelten mittlerweile als überholt, in den letzten Jahren setzte sich die antiessentialistische Genreforschung durch, die Genres nicht als den Filmen grundsätzlich inhärente Wesenszüge, sondern kommunikativ zugeordnete Eigenschaften zuweist. Während vor allem Tag Gallagher[2] und Janet Staiger[3] früh in Aufsätzen die Hypothesen generischer Evolution und generischer »Reinheit« von Filmen attackierten, lieferten Rick Altman mit *Film/Genre*[4] und Steve Neale mit *Genre and Hollywood*[5] wichtige buchlange Arbeiten der Genretheorie, die darauf verweisen, dass Filme oft nicht nur eine, sondern mehrere, teilweise auch divergierende Zuschreibungen zu Genres erhalten. Gleichzeitig ist diese Zuordnung nicht arbiträr und Genrefilme werden durchaus bewusst geschaffen. Peter Scheinpflug hat in seiner Dissertation *Formelkino* eine sehr einleuchtende Doppelperspektive zur Definierung eines Genres vorgeschlagen: Auf der einen Seite steht die Beobachtung sich wiederholender Muster in Filmen, auf der anderen die Zuordnung zu bestimmten Genrebegriffen in verschiedenen Diskursen wie Werbung, Kritik oder Fanbeschreibungen.[6] Auf diese Weise lässt sich erklären, warum viele Filme mehreren Genres zugeordnet werden

oder warum sich Genrebeschreibungen im Laufe der Zeit ändern; man denke an verschiedene Kriminalfilme und Melodramen der 1940er, die in der Rückschau als dem Film-Noir-Genre zugehörig zusammengefasst werden.[7]

Es hat sich zudem gezeigt, dass die Anzahl der Genres, die in erster Linie Zuschreibungen durch Filmschaffende, Kritiker, Filmkonsumenten usw. sind und Einzelwerke zu Gruppen zusammenfassen, zwar theoretisch unbegrenzt ist und Nutzer diese Ordnung eigentlich beliebig vornehmen könnten, andererseits aber bestimmte Genres, wie etwa der Western, das Musical oder der Horrorfilm, stabile und langlebige Kategorien sind, die in Videotheken, Fernsehzeitschriften, Filmdatenbanken usw. immer wieder genutzt werden. Während Rick Altman diesem Umstand in seinem bekannten, aber auch viel kritisierten »semantic/syntactic approach« von 1984 mit der Erklärung, dass langlebige Genres sich durch eine Stabilität von (ikonographischer) Semantik und (inhaltlicher) Syntax auszeichnen,[8] Rechnung trug, erklärt die antiessentialistische Genretheorie dies dahingehend, dass diese Genrebegriffe und Genrekonzepte vor allem in der Kommunikation stärker verankert sind als andere. Anhand intertextueller Verweise in John Badhams SATURDAY NIGHT FEVER (Nur Samstag Nacht; 1977) kann dies sehr gut erläutert werden: Im Zimmer von Tony Manero (John Travolta) finden sich Poster zu SERPICO (1973; R: Sidney Lumet), ROCKY (1976; R: John G. Avildsen) und ENTER THE DRAGON (Der Mann mit der Todeskralle; 1973; R: Robert Clouse). Die Poster zeigen nicht nur den Filmgeschmack Maneros, sondern die beworbenen Filme

besitzen auch Gemeinsam-
keiten zu SATURDAY NIGHT
FEVER. Wie die Heldenfigu-
ren der anderen Filme lässt
sich Tony der Arbeiterklasse zuordnen, wie Boxer Rocky und Kampfkünstler Lee
misst sich Tänzer Tony in
einem körperlichen, sportlichen Wettkampf,[9] wie Rocky und Serpico ist er ein Ita-
loamerikaner, dessen »Sieg«
am Ende des Films kein vollständiger ist: Die von Serpico
eingeleitete Korruptionsun-
tersuchung wird mit dessen
schwerer Verwundung und
Exil erkauft, Rocky erreicht
sein Ziel, den Kampf über
die volle Distanz durchzuste-
hen, verliert aber nach Punkten, während Tony den Tanzwettbewerb gewinnt, andere

aber eigentlich besser sind,
weshalb er den Sieg nicht akzeptieren kann. Doch trotz
dieser   Überschneidungen,
aus denen sich Genrebegriffe ableiten ließen, werden die
vier Filme in der landläufigen
Kommunikation verschiede-
nen Genres zugeordnet: SA-
TURDAY NIGHT FEVER dem
Tanzfilm, SERPICO dem Po-
lizeifilm, ROCKY dem Boxer-
film und ENTER THE DRAGON
dem Actionfilm, obwohl jeder von ihnen auch Bestand-
teile und Spuren anderer
Genres enthält.

Räume als Genres: Das Trainings-
center in POINT OF NO RETURN

Bereits im klassischen Hollywoodkino waren Filme durchaus multigenerisch geplant, wie Steve Neale im Anschluss an David Bordwells bekannte Feststellung in *Genre and Hollywood* herausarbeitet.[10] Ebenda ist neben dem Hauptplot fast stets ein zweiter Plotstrang zu finden, der sich um heterosexuelle Paarfindung dreht.[11] Auch Rick Altman verweist darauf, dass Studios im klassischen Hollywoodkino meist versuchten, möglichst viele Zuschauergruppen anzusprechen.[12] Gleichzeitig merken viele Kritiker an, dass die Vermischung von Genres im Kino seit der New-Hollywood-Ära der späten 1960er und 1970er Jahre neue Formen angenommen hat und zu größerer Intensität neigt.[13] Dieses oft als postklassisch oder postmodern bezeichnete Kino, dem sich auch die meisten Spielfilme John Badhams zuordnen lassen, arbeitet nach Jens Eder vor allem mit folgenden Methoden: Intertextualität, Spektakularität und Ästhetisierung, Selbstreferentialität sowie Anti-Konventionalität und dekonstruktivem Erzählverfahren.[14] Dieser Stil ist natürlich nicht allein prägend, er mag zwar im Bereich des großen Hollywoodkinos dominant sein, ist aber eben nicht der einzige Stil. Auch ein kleiner Teil von Badhams Kinoarbeiten ist eher klassisch orientiert, wie etwa DRACULA (Dracula '79; 1979), der zwar kleinere Änderungen an der Geschichte vornimmt und die Merkmale einiger Figuren aus dem Roman auf andere im Film überträgt. Ansonsten bleibt Badhams Interpretation aber ein Horrordrama, das in Ton und Stil anderen Dracula-Verfilmungen durch Universal, von DRACULA (1931; R: Tod Browning) bis DRACULA (Bram Stokers Dracula; 1992; R: Francis Ford Coppola) ähnelt. Erst nach der Jahrtausendwende versuchte sich das Studio an postklassischen Genre-Mixen mit dieser Figur, etwa als Nemesis des Titelhelden in dem Fantasy-Actionfilm VAN HELSING (2004; R: Stephen Sommers) oder als tragischer Fantasy-Held in DRACULA UNTOLD (2014;

R: Gary Shore), der als Auftakt einer Reihe sich überschneidender Universal-Monster-Neuverfilmungen nach dem Vorbild von Marvels AVENGERS-Franchise dienen soll. Bei diesen späteren Filmen könnte man auch von High-Concept-Kino sprechen.

High Concept

Unter dem Begriff High Concept ist in erster Linie ein Film zu verstehen, dessen Konzept so stark ist, dass es in wenigen Worten zusammenfassbar ist. Oft lässt sich dieses Konzept mit einer »Was wäre, wenn«-Frage beschreiben; auch ein Großteil von Badhams Filmen lässt sich in das »Was wäre, wenn«-Schema des High Concept einordnen. Was wäre, wenn ein Teenager sich in den Computer des amerikanischen Verteidigungsministeriums einhacken würde und damit Gefahr liefe, einen Atomkrieg zwischen den USA und der Sowjetunion heraufzubeschwören? (WARGAMES; 1983). Was wäre, wenn ein Militärroboter ein eigenes Bewusstsein entwickeln würde und sich dabei als Pazifist und Tierfreund herausstellte? (SHORT CIRCUIT; 1986). Was wäre, wenn ein US Marshall Gangstern im Fallschirmspringermilieu nachjagen würde? (DROP ZONE; 1994).

Eine genauere Analyse des High-Concept-Kinos hat Justin Wyatt vorgenommen, der es auf drei Eigenschaften herunter gebrochen hat: »the look, the hook, and the book«.[15] Unter dem *look* versteht Wyatt eine Art der Inszenierung, die zum einen Wert auf Ästhetisierung legt, zum anderen ikonische, in Werbematerialen verwendbare Bilder sucht; unter dem *hook* weitere Vermarktungsmöglichkeiten des Films, wie Soundtracks, Videospiele oder Merchandise-Produkte, und unter dem *book* eben das in wenigen Sätzen zusammenfassbare Konzept.[16] Während Wyatt allerdings an mehreren Stellen anmerkt, dass der High-Concept-Film und sein Publikum klare Genrezuweisungen gegenüber Filmen bevorzugen, die mehrere Genres umfassen oder sich außerhalb eines generischen Rahmens bewegen,[17] so sind viele seiner Beispiele ganz im Gegenteil hybride Filme. Etwa THE ROOKIE (Rookie – Der Anfänger; 1990; R: Clint Eastwood), der sowohl als Cop-Actionfilm und Buddy-Komödie sicherlich mit dem vermarktbaren Image seines Stars Clint Eastwood kokettiert, aber eben auch Merkmale verschiedener Genres in sich vereint. High Concept dient vor allem der Produktdifferenzierung, die den jeweiligen Film von vergleichbaren Produktionen absetzt.[18] Wyatt behauptet zwar weder die überschwänglich-positive Perspektive der Hollywoodproduzenten noch die kulturkritische Sicht diverser Filmkritiker bezüglich des Phänomens High Concept einnehmen zu wollen,[19] viele seiner Ausführungen scheinen sich aber deutlich letzterem Lager zuordnen zu lassen, etwa jene, dass das Konzept nicht nur die Prämisse, sondern auch den Verlauf eines High-Concept-Films beschreibe.[20] Gerade SATURDAY NIGHT FEVER, den Wyatt in seiner Auflistung beispielhafter High-Concept-Filme aufführt,[21] soll hier als Gegenargument zu dieser Perspektive dienen: Kann man *tatsächlich* an dem Konzept, dass ein junger Mann der *working class* seinem Dasein durch wochenendliche Triumphe als Discotänzer entfliehen kann, den weiteren Filmverlauf absehen? Dass Tony den finalen Tanzwettbewerb nicht durch sein Können, sondern durch Schiebung gewinnt, sein festgefahrenes Leben hinter sich lässt und einen radikalen, wahrscheinlich wenig glamourösen Neuanfang wagt? Dass er die Frau seines Herzens nicht erobert und einen Freund durch dessen Tod verliert? Ähnlich wie und mehr noch als die Begriffe Genre und Mainstream ist der Terminus High Concept vor allem pejorativ benutzt worden, anstatt darin einfach eine bestimmte Art des Filmemachens zu sehen. Unter den High-Concept-Regisseuren genießen allenfalls Ausnahmen wie Steven Spielberg weit verbreitete Anerkennung, andere wie John McTiernan, Richard Donner oder eben

John Badham werden höchstens in Fankreisen oder für einzelne Filme geschätzt. Und obwohl die Ära des High-Concept-Kinos im Sinne Wyatts erst mit dem phänomenalen Erfolg von JAWS (Der weiße Hai; 1975; R: Steven Spielberg) losgetreten wurde, könnte man erwägen, ob nicht bereits Hitchcock, dem Badham mit NICK OF TIME (Gegen die Zeit; 1995) Tribut zollte, mit den starken, einprägsamen Prämissen von Werken wie ROPE (Cocktail für eine Leiche; 1948) oder NORTH BY NORTHWEST (Der unsichtbare Dritte; 1959) als Vorreiter oder sogar früher Vertreter des High Concept gesehen werden kann.

Produktdifferenzierung á la John Badham im Polizeifilm

In den 1980ern war das Buddy-Cop-Movie, vor allem durch die Erfolge von 48 HRS. (Nur 48 Stunden; 1982; R: Walter Hill) und LETHAL WEAPON (Zwei stahlharte Profis – Lethal Weapon; 1987; R: Richard Donner), ein bewährtes Genre, in der überwiegend existierenden Mischung aus Action, Komik und Thriller-Elementen bereits ein Hybrid. Gleichzeitig musste sich das Genre in seinen High-Concept-Ausformungen stets neu erfinden, oft durch neue Partner-Konstellationen, was nach Gegensätzen von Alter, Hautfarbe und/oder sozialer Herkunft zu immer ausgefalleneren Kombinationen führte: In DEAD HEAT (1988; R: Mark Goldblatt) bekämpften Mensch und Zombie gemeinsam das Verbrechen, in THE HIDDEN (The Hidden – Das unsagbar Böse; 1987; R: Jack Sholder) und ALIEN NATION (Alien Nation – Space Cop L.A. 1991; 1988; R: Graham Baker) Mensch und Außerirdischer, in THEODORE REX (T-Rex; 1995; R: Jonathan R. Betuel) schließlich ging Whoopi Goldberg mit einem menschengroßen Dinosaurier auf Streife. Während diese Spielart des Buddy-Cop-Movies dessen weitere Hybridisierung durch die Zunahme von Elementen anderer Genres wie Fantasy, Science Fiction oder Horror betrieb,[22] gehen John Badhams

Arbeiten in diesem Genre, STAKEOUT (Die Nacht hat viele Augen; 1987), THE HARD WAY (Auf die harte Tour; 1991) und ANOTHER STAKEOUT (Die Abservierer; 1993), einen anderen Weg der Produktdifferenzierung auf dem Hollywood-Markt: Den der Reflektion von Genretopoi.[23] So kehrt die Grundidee der STAKEOUT-Filme bekannte Paradigmen um: Der junge Cop Bill Reimers (Emilio Estevez) gibt den glücklich Verheirateten und insgesamt Vernünftigeren, während sein älterer Partner Chris Lecce (Richard Dreyfuss) den Unreiferen und Wagemutigeren des Duos darstellt.[24] Gleichzeitig wird diese Konstellation auch reflektiert: In ausgewählten Situationen in STAKEOUT beruft sich Chris auf die »klassische« Rolle des älteren, reiferen Cops, etwa wenn er Bill »You're such a kid sometimes« an den Kopf wirft oder die Possen der anderen Cops, bei denen er sonst an vorderster Front teilnahm, mit einem »Jesus, they're immature« abkanzelt. An anderer Stelle gibt er seinem jüngeren Partner Bill allerdings ein »Okay, dad!« auf den Weg.

Durch ANOTHER STAKEOUT erhält diese genretypische Konstellation einen weiteren Dreh, wenn die Partner bei einem erneuten Überwachungsjob als Vater und Sohn auftreten müssen und die Staatsanwältin Gina Garrett (Rosie O'Donnell) Chris' Frau bzw. Bills Mutter spielt. Badham und sein Drehbuchautor Jim Kouf fügen dem Rezept nicht nur weitere Screwball-Elemente hinzu, sondern spielen das Gedankenspiel ihres Vorgängers konsequent weiter: Was wäre, wenn die entgegen den klassischen Buddy-Konzepten gepolten Cops sich nun gezwungenermaßen in klassische Muster einordnen müssten? Tatsächlich wirft ANOTHER STAKEOUT – vielleicht noch mehr als sein Vorgänger – neues Licht auf die inhärente Konstruiertheit und die Mechanismen des Buddy-Cop-Genres: Wie Filmschauspieler müssen die Cops ihre Tarnidentitäten als Vater und Sohn anhand von »Drehbüchern« erlernen, gespielte Fahrzeugstunts mit einem Spielzeugauto sind nicht nur Zeitvertreib bei der Überwachung, sondern liefern eine Art Miniversion einer späteren Actionszene, in der ein Auto auf einem wackligen Pier abstürzt, und schließlich bezeichnet Gina Chris als »Pathetic Steven-Seagal-wannabe« und Bill als »Sidekick« – Seagal war zu diesem Zeitpunkt fast ausschließlich in Cop-Action-Filmen aufgetreten, während viele Buddy-Cop-Movies jener Ära einen der Darsteller als klaren Star in den Mittelpunkt stellten, seinen Partner dagegen auf die Rolle des Sidekicks reduzierten.

Noch weiter drehte THE HARD WAY die zuvor genrereferentielle High-Concept-Schraube und bezog das inner- wie außerfilmische Image seiner beiden Hauptdarstel-

Fahrzeugstunts in groß und klein in ANOTHER STAKEOUT

ler ein: Während James Woods in der Rolle des harten Polizisten John Moss an frühere Parts, vor allem den der überharten Titelfigur von COP (Der Cop; 1988; R: James B. Harris), erinnert, stellt Michael J. Fox als Nick Lang sich mehr oder weniger selbst dar: Den vielleicht größten Jungstar der Zeit; erst kurz zuvor hatte Fox mit BACK TO THE FUTURE PART III (Zurück in die Zukunft III; 1990; R: Robert Zemeckis) seine Erfolgstrilogie beendet.[25] Auch THE HARD WAY verweist als Buddy-Cop-Movie immer wieder auf seine Konstruiertheit: In einem Ghetto gelandet, sucht Nick ohne Unterlass nach den perfekten Einstellungen, mit denen man diese »authentische« Szenerie einfangen könne, so wie er (den eben auf diverse Vorbilder verweisenden) John als »authentische« Inspiration für eine Cop-Rolle auswählt, für welche die Produzenten eigentlich Mel Gibson wollen – den Vorzeigestar des Buddy-Cop-Movies aus der LETHAL WEAPON-Reihe.[26] Gleichzeitig gehörte der Fortsetzungsimpuls von Reihen wie LETHAL WEAPON zu den Zielen der Parodie in THE HARD WAY.[27] »Smoking Gunn II«, ein fiktiver Film-im-Film, in dem Nick Lang eine Erfolgsrolle neu aufleben lässt, nimmt allerdings eher die INDIANA-JONES-Reihe aufs Korn und erscheint in seinen Assoziationen zum Abenteuer-, Detektiv- und Agentenfilm eben auch als hochgradig hybrides Hollywoodprodukt. Als hybrider Genreblockbuster, der Scherze auf Kosten hybrider Genreblockbuster macht, ist THE HARD WAY daher eher Wes D. Gehrings »parody of reaffirmation«[28] zuzurechnen, welche die Mechanismen des Genres vorführt und gleichzeitig doch bestätigt. Denn während der Film diverse Copfilm-Situationen ins Absurde verkehrt, etwa wenn der vorgebliche, aber harmlose Polizist Nick bei einer Konfrontation in einer U-Bahn im wahrsten Sinne des Wortes Schützenhilfe von bewaffneten New Yorkern erhält, so übernimmt er mit der Figur des mörderischen Party Crasher

(Stephen Lang) Elemente des wesentlich düsteren Serienkillergenres und liefert jene spektakulären Actionszenen, die auch weniger reflexive Buddy-Cop-Movies ausmachen. Das Publikum allerdings schien dem Buddy-Cop-Movie zu diesem Zeitpunkt allerdings schon überdrüssig oder allzu reflexiven Genrevertretern die Gefolgschaft zu verweigern: THE HARD WAY war mäßig erfolgreich, ANOTHER STAKEOUT versagte an der Kinokasse und der noch deutlicher als Parodie auf Cop-Action-Filme angelegte LAST ACTION HERO (1993; R: John McTiernan) entwickelte sich zum legendären Flop.[29] Dabei beweisen die affirmativen Parodien jedoch ein großes, reflexives Genreverständnis, das auch das Schaffen der eigenen Macher mit einbezieht: Durch seinen aufgeklebten Schnauzbart, mit dem Nick zuerst das Polizeirevier in THE HARD WAY betritt und den John ihm später aus dem Gesicht reißt, erinnert die Figur vom Aussehen an Bill in STAKEOUT, der wiederum in ANOTHER STAKEOUT seinen Schnauzbart abrasieren muss, um jünger zu wirken. Doch neben der Alleinstellung durch solche genrereflexiven Konstruktionen suchen Badhams Filme sich auch oft durch die Kombination generischer Elemente von anderen Produktionen abzusetzen.

Genre-Mixing und Hybridität im Kino John Badhams

Peter Scheinpflug schlägt eine Unterscheidung zwischen den oft synonym verwendeten Begriffen Genre-Mixing und Hybridität vor: Während sich bei Fällen von Genre-Mixing einzelne Szenen oder Passagen klar verschiedenen Genres zuordnen lassen, so sind die Grenzen bei einem hybriden Genrefilm verwischt.[30] Als Teil eines auf technische und erzählerische Geschlossenheit abzielenden Mainstreamkinos sind Badhams Kinoarbeiten meist als Genrehybride angelegt, seltener finden sich hier Elemente des Genre-Mixings, und selbst dies ist oft Methode. So etwa in WARGAMES, in dem der Plotstrang um den jugendlichen Hacker David (Matthew Broderick) und seine Freundin Jennifer (Ally Sheedy) zumindest anfangs eher als unbeschwerter Teenie-Film erscheint, dem auf der anderen Seite eine brisante, apokalyptische Thrillerhandlung in der Kommandozentrale der Militärs gegenübersteht. Doch genau dieser Bruch verdeutlicht die Unterschiede zwischen Davids vermeintlich harmlosem »Computerspiel«[31] und den umso drastischeren Konsequenzen. Würde David diese Taten wissentlich begehen, wäre er keine akzeptable Hauptfigur des Films mehr, weshalb das Genre-Mixing hier auch im Sinne der Figurenzeichnung und Sympathielenkung arbeitet. Ähnlich ist es bei NICK OF TIME, der wenige Lektüreansätze außerhalb des Thriller-Genres bietet, sich in einer Szene jedoch zum Actionkino wandelt, in welcher der Normalbürger Gene Watson (Johnny Depp) urplötzlich mehrere Widersacher zielgenau niederschießt – diese Szene entpuppt sich folgerichtig als Traum während einer Ohnmacht Genes.

Andere Filme Badhams vermischen Genres deutlich homogener: BLUE THUNDER (Das fliegende Auge; 1983) ist ein Cop-Thriller mit dem geringfügigen Science-Fiction-Element des futuristischen Hubschraubers, dessen Finale sich zum innerstädtischen Kriegsfilm wandelt. SATURDAY NIGHT FEVER ist nicht nur ein Tanzfilm, sondern auch ein Drama über einen perspektivlosen Jugendlichen (damit auch ein Teenie-Film) und wird zudem von Rick Altman als Beispiel eines späten »Folk Musical« angeführt.[32] DROP ZONE vermischt Sportfilm, Actionthriller und *fish out of water*-Komödie, in welcher der Protagonist nicht nur Höhenangst hat und erst das Vertrauen der Fallschirmspringerszene gewinnen muss, sondern auch mit seiner anfangs überheblichen Art innerhalb des Milieus aneckt. BIRD ON A WIRE (Ein Vogel auf dem Drahtseil; 1990) durchmischt den Buddy-Actionfilm mit Screwball- und Liebesfilmelementen und ersetzt dabei den sonst klassisch männlichen Buddy des Protagonisten, Rick Jarmin (Mel Gibson), durch eine Frau, genauer gesagt sein Love Interest Marianne (Goldie Hawn). Selten bis gar nicht lassen sich in diesen Filmen noch Grenzen ziehen, welche Szene eindeutig welchem Genre zuzuordnen ist.

Bei POINT OF NO RETURN (Codename: Nina; 1993) etwa handelt es sich um einen hochgradig hybriden Film, der sowohl deutliche Elemente des Action-, Thriller-, Drama- und Liebesfilmgenres in sich trägt, aber keines dieser Genres gegenüber den anderen hervorhebt. Schon die verschiedenen Räume des Trainingcenters, in dem Maggie (Bridget Fonda) ausgebildet wird, wirken wie Anleitungen verschiedener Genres. Im Computerraum erlernt sie den Umgang mit dem PC wie im High-Tech-Thriller. Kampf- und Schießtraining bereiten sie auf Acti-

Physisch kodiertes Werben in DROP ZONE

on vor, Amanda (Anne Bancroft) lehrt sie Benimm und Umgang in Dinner-Situationen, wie man sie aus dem Liebesfilm kennt, und die Szenen in ihrem eigenen Zimmer geben Auskünfte über ihren Charakter, wie im klassischen Drama. Diese Genres überlappen hier: Maggies rebellischer Charakter wird auch in ihrem Fehlverhalten bei der Ausbildung verdeutlicht, während die Gespräche mit Bob (Gabriel Byrne) darauf hinweisen, dass man sie bei Versagen eliminiert, was Spannung nach Art des Thrillers aufbaut. Doch später verwischen diese Grenzen noch mehr, etwa wenn ein gemeinsames Abendessen sich urplötzlich als Beginn eines Mordauftrags mit anschließender Küchenschießerei erweist. Am deutlichsten lässt sich dies jedoch in der Szene erkennen, in der Maggie während eines Urlaubs mit ihrem Freund J.P. (Dermot Mulroney) den Auftrag erhält, eine Zielperson zu liquidieren. Vom Badezimmer aus erledigt sie den Auftrag, während sich J.P. im Nebenzimmer befindet und um ihre Hand anhält. Keinem Genre ist diese Szene eindeutig zuzuordnen, bedient sie doch mehrere gleichzeitig: Das Attentat bietet zumindest ein Minimum an Action, während Maggies Anspannung, verursacht durch J.P.s Anwesenheit und die Unklarheit, wer denn nun die Zielperson ist, im Zeichen des Thrillers steht. Gleichzeitig handelt es sich bei dem Antrag um eine Station in der Liebesgeschichte des Paares, während es ein weiterer Schritt in Maggies charakterlicher Entwicklung ist, im Drama der Killerin wider Willen. Auch bildlich reflektiert POINT OF NO

RETURN seine Hybridität in dieser Szene pointiert, etwa, wenn die Killerin nach erfolgreicher Beendigung des Auftrags und Wahrung ihres Geheimnisses schluchzend mit dem (zuvor unter Badeschaum versteckten) Scharfschützengewehr auf dem Schoß auf dem Rand der Badewanne sitzt. In Badhams Kino finden sich jedoch nicht nur solche klaren Genrekombinationen, auch deutlich weniger offensichtliche, aber dennoch identifizierbare Genrespuren finden sich in manchen seiner Filme.

Genresignale des Western in AMERICAN FLYERS

Versteckte Genres

AMERICAN FLYERS (Die Sieger – American Flyers; 1985) ist ein Sportfilm; ein Genre, das sowieso selten als alleinige Lesart eines Films funktioniert, sondern dies meist entweder mit komödiantischen Elementen wie MAJOR LEAGUE (Die Indianer von Cleveland; 1989; R: David S. Ward) oder dramatischen Anteilen wie ANY GIVEN SUNDAY (An jedem verdammten Sonntag; 1999; R: Oliver Stone) vermischt.[33] Tatsächlich reichert Badhams Radrennfilm die Geschichte um den sportlichen Wettkampf mit einem mal komödiantischen, mal melodramatischen Bruderzwist an, der wiederum auf ein zugrundeliegendes Familiendrama zurückgeht. Doch neben diesen leicht zu identifizierenden Genrespuren ist AMERICAN FLYERS auch ein heimlicher Western, worauf der Film immer wieder mit kleinen Referenzen verweist: Vom Cowboyhut, den David (David Marshall Grant) ständig trägt, über das Poster zu THE OUTLAW JOSEY WALES (Der Texaner; 1976; R: Clint Eastwood) in seinem Zimmer bis hin zu dem Rennen zwischen den fahrradfahrenden Brüdern und zwei berittenen Kuhhütern erstrecken sich die bildlichen Verweise, die auch in die Geschichte herüberstrahlen. Denn durch die Lesart als Western ist es stimmig, dass David im Bezug auf die gemischt-ethnischen Wurzeln von Sarah (Rae Dawn Chong), der Lebensgefährtin seines Bruders Marcus (Kevin Cost-

ner), vor allem davon fasziniert ist, dass diese zum Teil Apache ist. Der ältere Cowboybruder lebt mit einer Indianerin zusammen. Und das mit dem *telling name* »Hell of the West« bedachte Rennen wirkt ähnlich wie die gemeinsame Unternehmung im Western, sei es ein Viehtreck oder eine Expedition in unerschlossenes Gebiet, bei der sich ein jüngeres Familienmitglied den Respekt des Älteren erkämpft; nicht umsonst blickt Marcus mit väterlichem Stolz in den Augen und Cowboyhut auf dem Kopf zu David, nachdem dieser das Rennen gewonnen hat.[34]

Derartig »versteckte« Genres müssen in John Badhams Kino nicht unbedingt einen ganzen Film durchziehen; sie können auch lediglich partiell auftreten. BIRD ON A WIRE und THE HARD WAY etwa erlauben sich in späteren *set pieces* Ausflüge in den urbanen Abenteuerfilm. Im Finale von BIRD ON A WIRE müssen sich die Protagonisten nicht einfach nur ihrer Verfolger erwehren, sondern dies auch noch in der künstlichen Wildnis eines Zoos tun, in der sich gefährliche Raubtiere tummeln; in THE HARD WAY turnt Nick Lang bei der Jagd nach dem Party Crasher in einem Kino herum, auf dessen Leinwand seine Filmfigur aus »Smoking Gunn II« ähnliche Kletterpartien in einem exotischen Abenteuersetting durchführt. Als breche das Erbe klassischer Abenteurer und Glücksritter aus diesen Filmfiguren hervor, bewältigen sie diese Kämpfe mit ihren Antagonisten kletternd, hängend und schwingend vor künstlich angelegten oder auf eine Leinwand projizierten Dschungelkulissen. Hin und wieder wirken derartige Szenen auch als Verdeutlichung: Das Duell zwischen Moss und einem bewaffneten Räuber in einer U-Bahn-Station in THE HARD WAY stellt den Status des Cop-Actionfilms als Nachfahr des klassischen Western heraus.

Urbane Abenteuerszenarien in BIRD ON A WIRE & THE HARD WAY

Mal mehr, mal weniger versteckt sind die Screwball-Elemente in Badhams Kino. Während die absurden Dinner-Sequenzen und Wortgefechte in ANOTHER STAKEOUT oder das Gekabbel der Protagonisten in BIRD ON A WIRE keinen Zweifel an der (partiellen) Screwball-Natur dieser Filme lassen, so ist dies auch in anderen Paargeschichten in Badhams Kino zu finden. Eine ausgesprochen körperliche Variante des Geschlechterkampfes enthält DROP ZONE. Der Film deutet eine sich anbahnende Beziehung zwischen Marshall Pete Nessip (Wesley Snipes) und der Fallschirmspringerin Jessie Crossman (Yancy Butler) an, verweigert sich aber der Zurschaustellung von Annäherung, etwa durch Kuss- oder Sexszenen; Neal King inkludiert Badhams Film in einer Aufzählung jener Cop-Actionfilme mit schwarz-weißen Liebespaaren, bei denen unterschiedliche Hautfarben ein Tabu der allzu deutlichen Darstel-

lung dieser Beziehung zufolge zu haben scheinen.[35] Badham umgeht die direkte Darstellung, indem er sie gleichzeitig metaphorisch und doch überspitzt als Screwball-Streitigkeiten inszeniert: Jessie lässt den arroganten Marshall ohne Fallschirm aus einem Flugzeug stürzen, fängt diesem im Fall auf und bringt ihn an ihrem Schirm mit zu Boden; Nessips unerwartet rüde Antwort in diesem Geschlechterkampf ist ein Faustschlag ins Gesicht, nachdem die beiden gelandet sind. In einer gespiegelten Situation im Finale des Films, in der Pete die ohne Fallschirm zu Boden stürzende Jessie rettet, wird die gewonnene Vertrautheit der beiden mit diesem Akt besiegelt; die zwei Quasi-Umarmungen im freien Fall bilden eine Klammer, die zweite davon stellt die Paarwerdung durch reibungslose Koordination dar.

Die Auftaktsequenzen von Badhams Werken bilden oft kleine Filme in sich, die den Zuschauer bereits auf das Genre des folgenden Films vorbereiten: Das Kammerspiel um zwei Techniker, die zu Beginn von WARGAMES entscheiden müssen, ob sie einem Befehl Folge leisten und die Nuklearraketen abschießen, erklärt nicht nur den späteren Bau des militärischen Zentralrechners, sondern exerziert das zentrale Thema dieses Technikthrillers durch. Die Ausbruchsszene am Anfang von STAKEOUT führt nicht nur die Figur Richard Montgomerys (Aidan Quinn) ein, sondern funktioniert als kleines Spannungsstück in sich. Der spektakuläre Auftakt von DROP ZONE leitet nicht nur den Plot ein, erläutert die Motivation des Helden und etabliert das Thema Fallschirmspringen, sondern bietet bereits ein erstes *set piece* des Actionfilms. In einigen Filmen spielt Badham jedoch mit den Erwartungen der Zuschauer und sendet Genresignale, die nicht kongruent mit den späteren Genre-Leseanweisungen der Filme sind. Die Blicke auf das Leben Obdachloser, die Gene und seine Tochter bei ihrer Zugeinfahrt zu Beginn von NICK OF TIME erhaschen, wecken eher Assoziationen zum Sozialdrama denn zum Thriller, während der Aufmarsch der Junkies, die einen leblosen Kameraden hinter sich her schleifen, in der Auftaktsequenz von POINT OF NO RETURN aus einem Horrorfilm stammen könnte. Doch Maggie kehrt nach ihrer vermeintlichen Hinrichtung eben nur im übertragenen Sinne aus dem Grab zurück, nicht im wörtlichen.

Auf diesen Wegen demonstriert John Badhams Kino sein großes Genrebewusstsein, sein Verständnis für die eigenen Genremuster, die nicht nur repliziert, sondern auch ironisiert, parodiert oder hybridisiert werden. Das »lebendige Genrebewusstsein«, von dem Filmwissenschaftler Jörg Schweinitz spricht,[36] findet sich nicht nur bei den aufmerksamen Rezipienten, sondern auch beim aufmerksamen, oft selbstreflexiven Genrekino.

Anmerkungen

[1] Vgl. Thomas Schatz: Hollywood Genres: Formulas, Filmmaking, and the Studio System. New York 1981.

[2] Vgl. Tag Gallagher: Shoot-Out at the Genre Corral. Problems in the »Evolution« of the Western. In: Barry Keith Grant (Hg.): Film Genre Reader II. Austin 1995 [1986], S. 246-260.

[3] Vgl. Janet Staiger: Hybrid or Inbred: The Purity Hypothesis and Hollywood Genre History. In: Barry Keith Grant (Hg.): Film Genre Reader IV. Albany 2012 [1997], S. 203-217.

[4] Vgl. Rick Altman: Film/Genre. London 1999.

[5] Vgl. Steve Neale: Genre and Hollywood. London/New York 2000.

[6] Vgl. Peter Scheinpflug: Formelkino. Medienwissenschaftliche Perspektiven auf die Genre-Theorie und den Giallo. Bielefeld 2014.

[7] Es muss angemerkt werden, dass Film Noir immer noch ein stark umstrittener Begriff ist, den verschiedene Kritiker als Genre, als Stil, als Zyklus oder als Modus ausgelegt haben. David Bordwell und Steve Neale beispielsweise haben, mit teilweise eher essentialistischen Genreverständnis, die Klassifizierung des Film Noir als Genre mit der Begründung abge-

lehnt, dass die Filme nie als Noirs produziert oder vom zeitgenössischen Publikum als solche klassifiziert wurden. Vgl. Neale: Genre and Hollywood, a.a.O., S. 142-167; vgl. David Bordwell/Janet Staiger/Kristin Thompson: The Classical Hollywood Cinema. Film Style & Mode of Production to 1960. New York 1985, S. 75. Engelstad bietet über einen relativ aktuellen Überblick über die Debatten zum Film Noir als Genre. Vgl. Audun Engelstad: Film Noir and Its Ambiguous Take on Genre. In: Maria del Mar Azcona/Celestine Deleyto (Hg.): Generic attractions: New essays on film genre criticism. Paris 2010, S. 41-51.

[8] Vgl. Rick Altman: A semantic/syntactic approach to film genre. In: R.A.: Film/Genre. London 1999 [1984], S. 216-226.

[9] Aufgrund dieser Verbindungen ist es durchaus passend, dass Sylvester Stallone die Regie bei dem Sequel STAYING ALIVE (1983) übernahm.

[10] Vgl. Neale: Genre and Hollywood, a.a.O., S. 45.

[11] Vgl. Bordwell/Staiger/Thompson: Classical Hollywood Cinema, a.a.O., S. 16.

[12] Vgl. Altman: Film/Genre, a.a.O., S. 62.

[13] Vgl. ebd., S. 141.

[14] Vgl. Jens Eder: Die Postmoderne im Kino. Entwicklungen im Spielfilm der 90er Jahre. In: J.E. (Hg.): Oberflächenrausch. Postmoderne und Postklassik im Kino der 90er Jahre. Münster 2002, S. 11-23.

[15] Vgl. Justin Wyatt: High Concept. Movies and Marketing in Hollywood. Austin 1994, S. 22.

[16] Vgl. ebd., S. 8-22.

[17] Vgl. ebd., S. 159.

[18] Vgl. ebd., S. 7.

[19] Vgl. ebd., S. 13-22.

[20] Vgl. ebd., S. 16-17.

[21] Vgl. ebd., S. 21.

[22] Siehe zu Hybridformen des Cop-Actionfilms auch: Michael Flintrop: Der Action-Cop als populäres Filmgenre. Versuch einer Bestimmung. München 2010, S. 64-71.

[23] So ist es kaum verwunderlich, dass Badham ausgewählt wurde, die Episode FIRST BORN der neunten Staffel der Serie SUPERNATURAL (USA 2005ff.) zu inszenieren. Während die beiden Brüder Sam (Jared Padalecki) und Dean Winchester (Jensen Ackles) zusammen mit dem Engel Castiel (Misha Collins) oder anderen Verbündeten wechselnde Buddy-Konstellationen in dieser hybriden Mischung aus Fantasy, Horror und übernatürlicher Copaction bilden, so

muss Dean in dieser Episode zwangsweise mit dem Dämonenfürsten Crowley (Mark Sheppard) zusammenarbeiten, was dieser mit einem »I do love a good buddy comedy« reflexiv kommentiert.

[24] John Badham im Werkstattgespräch, 3. Cinestrange Filmfestival am 20.07.2014.

[25] Es erscheint in der Rückschau kaum denkbar, dass, wie John Badham beim Filmgespräch zu THE HARD WAY auf dem 3. Cinestrange Filmfestival am 18.07.2014 erzählte, der Film ursprünglich mit Kevin Kline und Gene Hackman in den Hauptrollen geplant war. Nachdem Kline aus dem Projekt ausstieg und Fox für ihn einsprang, empfand Hackman den Altersunterschied der Hauptfiguren als zu groß, weshalb Woods als Moss besetzt wurde.

[26] Folgerichtig versucht sich John Nicks zu entledigen, indem er dessen Mittel einsetzt und eine Situation »inszeniert«, in der dieser vermeintlich einen Unschuldigen erschießt.

[27] John Badham im Filmgespräch zu THE HARD WAY, 3. Cinestrange Filmfestival am 18.07.2014

[28] Vgl. Wes D. Gehring: Parody as Film Genre. »Never Give a Saga an Even Break.« Westport/London 1999, S. 6-10.

[29] Eine Chronik des Scheiterns dieses Films bietet folgender Artikel: Nick de Semlyen: Too Big To Fail. In: Empire 11/2011, S. 100-107.

[30] Vgl. Scheinpflug: Formelkino, a.a.O., S. 135-157.

[31] Bezeichnenderweise wirkt schon die Liste möglicher »Spiele«, die David auf der Festplatte des Regierungscomputers findet, wie eine Auswahl unterschiedlichster (Film-)Genres.

[32] Vgl. Rick Altman: The American Film Musical. Bloomington 1997, S. 378.

[33] Dies sind nur die gängigsten Anschlussmöglichkeiten; auch andere Genrekombinationen sind möglich. In Werken wie POINT BREAK (Gefährliche Brandung; 1991; R: Kathryn Bigelow) oder Badhams DROP ZONE etwa werden die (Extrem-)Sportszenen in Undercovergeschichten des Actionthrillers eingewoben.

[34] Im gleichen Jahr wie AMERICAN FLYERS erschien auch SILVERADO (R: Lawrence Kasdan), in dem Costners Figur die des jüngeren Bruders in einer ähnlichen Konstellation war, der im Vergleich zum älteren, von Scott Glenn gespielten Spross der Familie der Unreifere ist.

[35] Vgl. Neal King: Heroes in Hard Times. Cop Action Movies in the U.S. Philadelphia 1999, S. 13.

[36] Vgl. Jörg Schweinitz: ›Genre‹ und lebendiges Genrebewußtsein. Geschichte eines Begriffs und Probleme seiner Konzeptualisierung in der Filmwissenschaft. In: montage/av 3/2 1994, S. 99-118.

The Smart Way
Perspektiven der Medienreflexivität

Von Ivo Ritzer

>> Uns erscheint nicht nur eine Gegenüberstellung der großen Autoren des Films mit Malern, Architekten und Musikern möglich, sondern auch mit Denkern. Statt in Begriffen denken sie in Bewegungs- und Zeitbildern. <<[1] (Gilles Deleuze)

Seinen Platz in der Filmgeschichte hat John Badham (nicht) sicher. Das Feuilleton nannte ihn »Handwerksfilme[r]«,[2] der »kein wirkliches Meisterwerk geschaffen [habe], nicht einmal einen Film, den man um nichts in der Welt mehr aus dem Kopf bekommt.«[3] Badhams Arbeiten seien »inhaltlich im Trend liegend und technisch stets auf der Höhe der Zeit«,[4] jedoch nicht mehr als »ehrliche, brauchbare Ware«.[5] Der akademische Diskurs fällt noch desolater aus: In ihm spielt Badham nicht nur keine Rolle – er ist schlichtweg absent.

Mich sollen im Folgenden aber nicht Probleme der Legitimation und Kanonbildung oder gar Versuche einer Nobilitierung Badhams zum *Auteur*[6] beschäftigen. Stattdessen ziehe ich einen Korpus von drei Filmen heran, um Fragen der medialen Selbstreflexivität bei Badham nachzugehen, mithin zu diskutieren, wie seine Filme auf ihre eigene mediale Form verweisen. Dieser Korpus mag selbst im Kontext von Badhams Oeuvre auf den ersten Blick etwas esoterisch anmuten. Keiner der filmhistorisch notierten Filme fällt darunter: Weder das Sozialdrama SATURDAY NIGHT FEVER (Nur Samstag Nacht; 1977), noch die Bram Stoker-Verfilmung DRACULA (1979), weder die Paranoia-Thriller BLUE THUNDER (Das fliegende Auge; 1983) und WARGAMES (1983) noch die Blockbuster SHORT CIRCUIT (Nummer 5 lebt!; 1987) und BIRD ON A WIRE (Ein Vogel auf dem Drahtseil; 1990). Stattdessen werden mich drei »kleine« Polizeifilme interessieren: STAKEOUT (Die Nacht hat viele Augen; 1987) und das Sequel ANOTHER STA-KEOUT (Die Absservierer; 1993) sowie THE HARD WAY (Auf die harte Tour; 1991), eines der letzten Paradigmen aus dem Zyklus von Hollywoods Buddy-Cop-Movies. Alle drei Filme können als bemerkenswert selbstreflexive Arbeiten gelten, die einmal mehr den »genius of the system«[7] des US-amerikanischen Kinos demonstrieren. Sie zeigen mithin die unvergleichliche Fähigkeit, publikumswirksame Filme zu produzieren, denen es dennoch nicht an avantgardistischem Potential mangelt.

Mit Thomas Elsaesser wären sie als genuin postklassische Arbeiten zu adressieren, situiert »in jenem Graubereich zwischen Mainstream und Art-House«,[8] in dem einerseits Formen des europäischen Kunstkinos perpetuiert, andererseits diese aber auch mit den Stilmitteln des klassischen Erzählkinos verbunden werden. Diese basale Hybridität wertet Elsaesser als charakteristisch für das von ihm postklassisch bezeichnete Kino. Darunter ist für ihn nun gerade nicht »das Nicht- oder Anti-Klassische [zu] verstehen als vielmehr das exzessiv Klassische, das ›Klassische plus‹«.[9] Dieser exzessive Klassizismus manifestiert sich laut Elsaesser primär in «jene[n] Momente[n] in einem klassischen Film, in denen die eigene Theorie oder Problematik im Film selbst auftaucht und uns ins Gesicht blickt: entweder als ernst nickende Zustimmung oder selbstironisch augenzwinkernd.«[10] Aus eben dieser Perspektive figurieren im Speziellen STAKEOUT und THE HARD WAY als paradigmatische Arbeiten eines postklassischen Kinos. Denn beide

Filme Badhams forcieren ein Bündel autoreflexiver Strategien, das die mediale Apparatur als Grenze der strikten Separation zwischen diegetischem und rezeptionsseitigem Raum apostrophiert.

Für eine genuin medienwissenschaftliche Betrachtung bieten sich die beiden Beispiele sowie das Sequel ANOTHER STAKEOUT in besonderem Maße an, um jene von Lorenz Engell als »Medientheorien der Medien selbst«[11] bezeichnete Theoriepraxis um alternative Facetten zu erweitern, die bislang diskursiv noch nicht auf den Begriff gebracht worden sind. In diesem Sinne geht es mir weniger darum, Badhams Filme als mediale Artefakte, sondern zuvorderst als mediale Investigationen zu begreifen, die sich selbst der Untersuchung und ihrer Resultate aufprägen. Anders gesagt: Meine These lautet, dass es Badham bisweilen in seinen Arbeiten gelingt, die Filme in ihre diegetische Fiktion hineinspiegeln zu lassen und im Zuge dieses Prozesses sich auch selbst als Medium von Verdoppelung und Spiegelung zu beobachten. Badham stellt in Frage, was er inszeniert, indem er die Medialität des Inszenierens dem Inszenierten einträgt.

1. Das Kino hat viele Augen

In STAKEOUT, einer spätmodernen Variation von Alfred Hitchcocks REAR WINDOW (Das Fenster zum Hof; 1954), erzählt Badham, analog zu Hitchcock, aber im Gewand

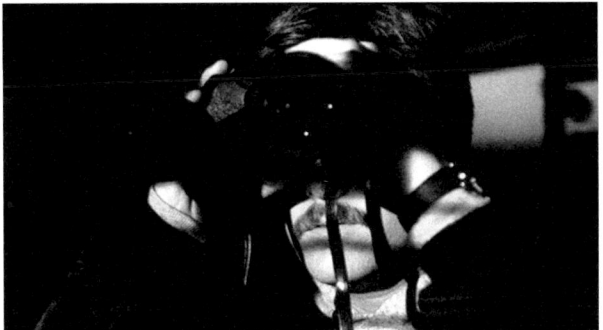

STAKEOUT

STAKEOUT

von Polizeifilm, Buddy-Komödie und romantischem Thriller, von Voyeurismus und Skopophilie, um seine Themen ebenfalls zu einer definitiven Kino-Allegorie zu verdichten. Bei Hitchcock beobachtet der Fotojournalist L.B. Jefferies (James Stewart), nach einem Unfall vorübergehend an den Rollstuhl gefesselt, aus Langeweile von seinem Fenster aus das Geschehen im Hinterhof, bis er im Nachbarblock Zeuge eines Mordes wird. Badham wiederum stellt die beiden Polizisten Chris Lecce (Richard Dreyfuss) und Bill Reimers (Emilio Estevez) ins Zentrum, die beauftragt werden, Maria McGuire (Madeleine Stowe) zu observieren, ehemalige Geliebte des flüchtigen Gewaltverbrechers Richard Montgomery (Aidan Quinn). Lecce und Reimers beziehen das Reihenhaus gegenüber von McGuire, um sie des Nächtens zu beschatten, während tagsüber ihre Kollegen Pismo (Forest Whitaker) und Coldshank (Dan Lauria) den Dienst antreten. Die Polizisten spähen McGuire mit Präzisionskameras aus und verwanzen auch das Telefon der Frau. Weder die professionelle Polizeiroutine noch die Observation bleibt auf Distanz. Denn Lecce und Reimers agieren schon bei der ersten Sichtung von McGuire als Voyeure, interessieren sich primär für die Frau als Frau und geifern lüstern, als sie sich entkleidet.

Vor allem Lecce, der erfahrenere, aber auch launenhaftere der beiden Polizisten, verliert im Folgenden vollends die Kontrolle. Mehrfach verschafft er sich Zutritt zu McGuires Haus, als könnte sein Begehren durch bloße Betrachtung nicht mehr gestillt werden. Zunächst beobachtet er sie unter dem Bett versteckt, dann unter der Dusche, bis er schließlich auch privat ihre Nähe sucht. In seiner Rolle als vorgeblicher Telefoninstallateur verliebt sich die Frau in ihn. Damit wiederum bringt Lecce sowohl sich als auch Reimers in Teufels Küche. Denn nun avanciert er vom Beobachter selbst zum Beobachte-

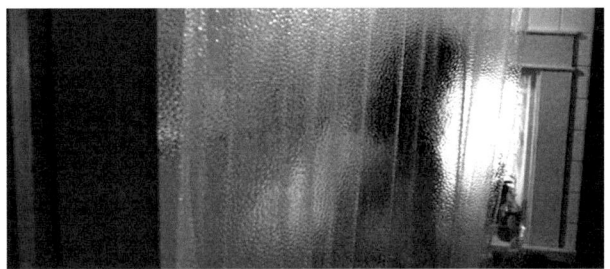

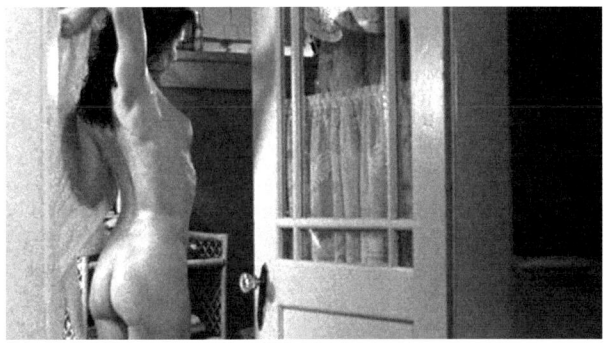

STAKEOUT

ten: Seine Kollegen Pismo und Coldshank beginnen, gegen McGuires vermeintlich unbekannten Liebhaber zu ermitteln.

Jenseits der generischen Geschichte lanciert STAKEOUT auf diese Weise eine komplexe mediale Selbstreflexion. Wie Hitchcock einst den Fotografen, so nutzt Badham die Polizisten als Stellvertreter der Zuschauersubjekte. Auch STAKEOUT denkt darüber nach, was es bedeutet, einen Film im Kino zu sehen, und Badham reflektiert gleichsam, was es mit der Faszination des Angesehenen auf sich hat. Er macht ein Unsichtbares sichtbar: im Sinne von Laura Mulvey eben jenes »unconscious of patriarchal society«,[12] das bis heute jede populäre Form von Erzählkino dominiert.

In ihrem berühmten Aufsatz *Visual Pleasure* und *Narrative Cinema* demaskiert Mulvey bekanntlich die cinéphile Lust als maskuline Regression, deren oppressives Ziel es ist, Kastrationsangst und sexuelle Differenz zu bannen. Sie kritisiert Voyeurismus als sadistische Skopophilie, d.h. Lust am Schauen und der unbeobachteten Beobachtung eines Anderen, die in ihrer phallischen Intensität jenseits linearer Zeit zu existieren vermag: »[It] arises from pleasure in using another person as an object.«[13] Mulvey adressiert hier die Einschreibung des rezipierenden Subjekts in den medialen Raum entlang drei differenter Blickrelationen. Da ist erstens der Blick der Kamera auf das profilmische Geschehen; zweitens der Blick des Publikums auf den medialen Text; und drittens die diegetische Blickattribution zwischen den Figuren im Handlungsraum. »The conventions of narrative film«, so Mulvey, »deny the first two and subordinate them to the third, the conscious aim being always to eliminate intrusive camera presence and prevent a distancing awareness in the audience.«[14] Das rezipierende wird zum transzendentalen Subjekt und Souverän über den medialen Raum, ohne ihm anzugehören. Es sieht, ohne gesehen zu werden, weil die *Mise-en-scène* sich nicht als inszenatorischer Signifikant zu erkennen gibt und alle Markierungen ihrer gestaltenden Aktivität eskamotiert. Nicht nur nehmen sich nach Mulvey die intradiegetischen Blickrelationen dominant aus, da ihnen der Kamerablick systematisch untergeordnet ist, während der rezeptionsseitige Blick wiederum koexistensiv mit diesem scheint. Auch sind alle drei Blicke maskulin codiert, wohingegen dieser männlichen Subjektivität ein Feminines als Objekt subordiniert wird. Souverän ist ein »controlling and curious gaze«,[15] der Weiblichkeit zum erotischen Blickobjekt reduziert. Das Weibliche fungiert für Mulvey so stets als »bearer«, nie als »maker of meaning«, geht ganz auf in ihrer »to-be-looked-at-ness.«[16] Es dominiert ein als männlich definierter Blick, der Bilder von Femininität lediglich als »(passive) raw material for the (active) gaze of man«[17] anerkennt.

Eben jene »appearance coded for strong visual and erotic impact«,[18] die nach Mulvey im klassischen Kino eine patriarchale Subordination der Frau zum Objekt, ihre Funktionalisierung zur bloßen *to-be-looked-at-ness* bedingt, wird von Badhams STAKEOUT nun simultan in Szene gesetzt wie diskursiv subvertiert. Zunächst weist der Film nachgerade ostentativ auf die Rolle sexueller Differenz hin, innerhalb derer sich Voyeurismus und Skopophilie als maskulin definierte Praktiken vollziehen. Wenn Lecce und Reimer bereits bei der ersten Überwachung von McGuire sie und ihren Körper allein zum Objekt erotischer Schaulust degradieren, lässt STAKEOUT keinen Zweifel an der Blick-Hierarchie einer Subjekt-Objekt-Relation nach Geschlechtergrenzen. Je mehr Lecce im Folgenden dann McGuire sprichwörtlich auf den Leib rückt, desto deutlicher wird die Dominanz des männlichen Begehrens, das den weiblichen Körper zunächst seinem Blick und anschließend seiner Libido unterwirft.

Der Clou von STAKEOUT zeigt sich nun darin, dass diese Blick-Relation zwar nicht aufgehoben, wohl aber invertiert wird. Denn im Zuge der polizeilichen Überwachung evolviert Lecce selbst zum Blick-Objekt, das verzweifelt versucht, sich der Observation zu entziehen. Dass dabei erneut Medien eine zentrale Rolle spielen, überrascht nicht: Lecce wird per Video aufgezeichnet und schließlich mit sich selbst als Objekt der subjektiven Blick-Distribution konfrontiert. Nicht mehr Voyeurismus und Skopophilie, sondern Paranoia und Hysterie bestimmen jetzt sein Agieren.

STAKEOUT

STAKEOUT

Bei diesem Grad an Reflexivität ist es erstaunlich, dass im Sequel ANOTHER STAKEOUT ein prominenter Gender-Diskurs ausgespart bleibt. Dort erhalten Lecce und Reimers den Auftrag, auf einer Insel im pazifischen Nordwesten der USA die Mafia-Kronzeugin Delano (Cathy Moriarty) von deren Nachbarhaus aus zu überwachen. Die observativen Blicke sind jetzt auf der Höhe der Zeit und digital vernetzt, nehmen jedoch nie eine explizit sexualisierte Dimension an.

Erst in der allerletzten Einstellung des Films kehrt Badham zum komplexen Diskurs von STAKEOUT zurück: Nun

Die mediale Konfrontation mit der eigenen Objektivierung geht hier der verbalen voraus, fungiert konsequenterweise als deren Prädisposition: In einer der letzten Sequenzen von STAKEOUT ist es McGuire, die Lecce zur Rede stellt und in den Observationsraum der Polizisten eindringt. Mit der Grenzüberschreitung verkehren sich alle Relationen. Nun ist Lecce plötzlich ganz Objekt, McGuire dagegen ganz Subjekt der Blickbewegung. Badham promoviert McGuire zum »bearer of the look«,[19] wenn sich sowohl Handlungs- als auch Blickmacht verschieben. Am Ende von STAKEOUT ist nicht mehr das männliche Subjekt, sondern die Frau als Souverän installiert.

ANOTHER STAKEOUT

ANOTHER STAKEOUT

ist es ausgerechnet der bislang nahezu als asexuell charakterisierte Reimers, der zum skopophilen Voyeur wird. Nicht nur das, es sind ausgerechnet Lecce und McGuire, die er beim Beischlaf beobachtet. Diese finale Einstellung apostrophiert Badham noch in ihrer Signifikanz: Über sie legt er seinen Credit; »A John Badham Movie« heißt es, wenn abermals Fragen von Blick-Relationen und sexueller Differenz diskursiviert werden.

STAKEOUT und ANOTHER STAKEOUT sind Filme, denen es um die Faszination des Angeblickten geht, ebenso aber immer auch um die Faszination des Blickens an und für sich. Ein Blicken, das sich im Kontext des kinematographischen Dispositivs vollzieht. Signifikanterweise gleicht das Observationszimmer der Polizisten in beiden Filmen, insbesondere aber STAKEOUT, immer mehr einer Höhle, von der aus sie ihrer Schau-Lust nachgehen. Freilich hat bereits Edgar Morin in seiner medienanthropologischen Filmtheorie die Wahrnehmung im Kino mit Platons Höhlengleichnis in Verbindung gebracht. Der Kontext ergibt sich durch den Hinweis auf bewegte Bilder, die gleich Silhouetten auf der Leinwand tanzen. Die Magie des Films zeigt sich demnach als »Körperlichkeit aus den Schatten, die sich auf dem Bildschirm bewegen«. Morin betont hier mit seinem Hinweis auf das Schattenhafte der Bilder ihre onirische Qualität. Sie verbinden das Reale und das Imaginäre: »Die Fleischwerdung ist also unmittelbar an die Dichte oder vielmehr an die Nicht-Dichte des Nichtseins,

des großen leeren Negativs aus Schatten, gebunden. Fügt man hinzu, daß die Voraussetzung des dunklen Raumes nicht nur die Projektion an sich begünstigt, sondern zugleich auch eine gewisse traumähnliche Erschlaffung, so muß man festhalten, daß der Film sehr viel entschiedener als die Fotografie durch die eigentümliche Wirkung des Schattens bestimmt.«[21] Wofür Platon die Schatten an der Wand immer mehr sind als ein bloßes Abbild, mithin immer auch Ideen darstellen, die der Mensch in sich trägt, hebt Morin die Kraft der schwarzen Silhouetten hervor in ihrem Potential, sich »bis zur Unsterblichsmagie emporzutragen.«[22] Eben jene Magie, die STAKEOUT für Protagonisten und Publikum des Films gleichermaßen entwirft: eine Faszination am Blick wie den Blick der Faszination.

Badhams STAKEOUT ist ein Film auf der Höhe der medientheoretischen Reflexionen seiner Zeit. Auch Jean-Louis Baudry zog bekanntlich die Analogie der Kinosituation zu Platons Höhle und akzentuierte in seinem wegweisenden Text *Das Dispositiv: Metapsychologische Betrachtungen des Realitätseindrucks* den Akt des Träumens aus einer an Jacques Lacan geschulten Perspektive als regressive Situation. Er spricht so vom kinematographischen Dispositiv, das »einen künstlichen Regressionszustand determiniert.«[23] Das Dispositiv ist eine technische Apparatur, die das Zuschauersubjekt so anordnet, dass es sich als Einheit erlebt. Es kompensiert damit eine Erfahrung von Verlust, die das gespaltene Subjekt in der symbolischen Ordnung durchlebt. Für Baudry markiert das Kino demzufolge die »Rückkehr zu einem relativen Narzissmus und stärker noch zu einer Form des Realitätsbezugs, die man als umhüllend bezeichnen könnte und in der Grenzen des eigenen Körpers und der Außenwelt nicht genau festgelegt sind«, eine »Rückkehr zum ursprünglichen Narzissmus durch Regression.«[24] Auch hier geht es um den Vorgang einer Versenkung des Zuschauersubjekts in sich selbst: einen infantilen Zustand der Lust, der als Gratifikation von Voyeurismus und Skopophilie winkt.

Für Edgar Morin resultiert diese Lust ebenfalls unmittelbar aus dem Dispositiv Kino: der abgedunkelten »Höhle«, die STAKEOUT und mit Abstrichen auch ANOTHER STAKEOUT so anschaulich visualisiert.

Sie sorgt für eine Paralysierung des Publikums, eine Auslieferung an das audiovisuelle Geschehen durch polymorphe Identifikation, nicht nur mit Figuren in der Fiktion, sondern dem Dispositiv selbst: »Der Zuschauer im

STAKEOUT und ANOTHER STAKEOUT

dunklen Kinoraum ist [...] ein passives Subjekt im reinsten Zustand. Er kann nichts tun, hat nichts zu geben, nicht einmal Beifall. Geduldig erträgt er alles. Überwältigt läßt er alles mit sich geschehen. Alles geht sehr fern vor sich, außerhalb seiner Reichweite. Zu gleicher Zeit und in einem Augenblick geht alles in ihm vor.«[25] Aus dieser Relation von Nähe und Distanz leitet Morin sein berühmtes Credo ab: »Wenn die Zauberkräfte des Schattens und des Doubles auf einem weißen Bildschirm in einem nächtlichen Saal zusammenwirken, [...] wenn die Ventile jeder eigenen Tat verstopft sind, dann öffnen sich für ihn die Schleusen des Mythos, des Traumes, der Magie.«[26] Das Spiegelbild, das Double, ist die Projektion des Zuschauersubjekts seiner selbst, die Vergegenständlichung der Imagination. An-

ders gewendet: Das technisch produzierte Bild aktualisiert das projektive Potential des Publikums als Double und manifestiert es dergestalt, dass das Imaginäre wiederum Metamorphosen des Sichtbaren evoziert. Letztlich bringt nicht nur das Zuschauersubjekt sich nach außen, es nimmt das Außen auch auf in sein Inneres.

STAKEOUT lässt McGuire im Bild als Bild entstehen, als ob Lecce sie selbst projizieren würde.

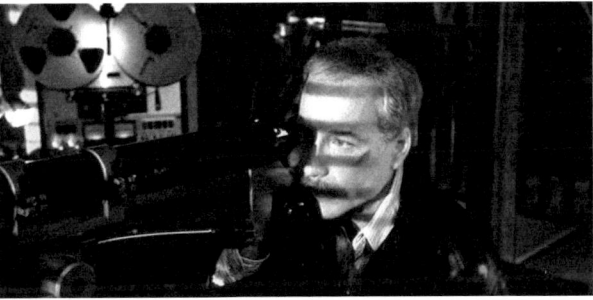

STAKEOUT

Christian Metz hat den Gedanken der medialen Spiegelung mit seiner berühmten Monographie *Der imaginäre Signifikant* in diesem Sinne geschärft und die kinematographische Verdopplung als multipliziert durch die Positionierung des Zuschauersubjekts beschrieben: »Als Auslöser bin ich der Projektor; als Empfänger bin ich die Leinwand; in beiden Figuren zugleich bin ich die Kamera, die anpeilt und dennoch aufnimmt. Insofern beruht die Beschaffenheit des Signifikanten im Kino auf einer Serie von verketteten Spiegeleffekten und nicht auf einer einzigen Verdoppelung.«[27] Der imaginäre Signifikant des Films überlässt dem Publikum keine Objekte zur Anschauung, sondern subjektiviert es in ständiger Bewegung. Das Kino konstituiert so sein Publikum, indem es die phänomenologische Grenze zwischen Bewusstsein und Bewusstseinsinhalt aufhebt. Wie Lecce sind wir zugleich Schöpfer wie Effekte des Ki-

nos. Neben STAKEOUT ist es vor allem Badhams Film THE HARD WAY, der diesen Prozess reflektiert. Dabei geht Badham nun nicht mehr »nur« allegorisch vor, in THE HARD WAY macht er seinen Diskurs auf jeder Ebene explizit.

2. Auf die smarte Tour

Für die Kino-Theorie von Edgar Morin zeigt sich das für den Film konstitutive Moment der Verdopplung besonders prominent im Phänomen des Film-Stars. »The movies«, schreibt er, »machines for doubling life, summon the heroic and amorous myths to incarnation on the screen, start again the old imaginary processes of identification and projection from which gods are born. The religion of the stars crystallizes the projection-identification inherent in all participation in the film.«[28] Es sind diese Projektionen und Identifikationen, die hinausgehen über das Bild antiker Götter, durch ein Moment der Assimilation: Der Star erlaubt, dass der Mensch in einer scheinbar gänzlich entsakralisierten Welt den Göttern ähnlich wird, sich als einer der ihren verstehen kann. Morin begreift Stars demnach zum einen als Wiederkehrer ältester Archetypen, sieht sie zugleich aber auch in ihrer Dimension als soziale Berühmtheiten, »herausgehoben aus der Plattheit und dem Schmutz des Alltags.«[29] Das Paradox des Stars dabei: »Er bringt«, so Morin, »mystische, affektive und imaginäre Züge ins Spiel und ist zugleich verblüffend gut, eine Industrie integriert in die Filmindustrie.«[30] Die Stars wie das Kino per se sind für Morin stets sowohl eine Kunstform als auch eine Industrie, sowohl Gegenstand

THE HARD WAY

von Individualisierung als auch von Standardisierung, sowohl Raum für Erneuerung als auch für Konvention. Exakt von dieser Dialektik handelt Badhams THE HARD WAY.

THE HARD WAY eröffnet bereits mit einer Dopplung der Figuren. Während der Serienkiller »Party Crasher« (Stephen Lang) auf der Suche nach seinem nächsten Opfer über den New Yorker Times Square zieht, wird dort ein riesiges dreidimensionales Billboard mit dem Konterfei von Nick Lang/Joe Gunn/Michael J. Fox installiert, das den aktuellen Film des Stars Lang in seiner Rolle als Gunn bewerben soll. Wenn Lieutenant Moss (James Woods) auf der – erfolglosen – Jagd nach dem »Party Crasher« zum Abschluss der Auftaktsequenz von THE HARD WAY dann unter eben diesem Modell abgehängt wird und es mit einem »I hate that guy!« kommentiert, etabliert Badham ein doppelcodiertes *foreshadowing* auf zweifacher Ebene: Nicht nur wird THE HARD WAY zum Times Square zurückkehren und auf dem Modell von Lang seinen Showdown in luftiger Höhe ansiedeln, auch ist zugleich die Antipathie des Polizisten gegenüber dem Schauspieler etabliert.

Nick Lang/Joe Gunn/Michael J. Fox *in personam* wird dem Publikum dann im Rahmen eines Films-im-Film vorgestellt, oder bes-

Look who's back in town.

Nick Lang is Joe Gunn in "Smoking Gunn II".

THE HARD WAY

ser: eines Kurzfilms-im-Film. Was Badham nämlich zeigt, ist der Trailer zu Langs neuestem Blockbuster, gemäß der seriellen *High-Concept*-Logik des postklassischen Hollywood-Kinos freilich ein Sequel: SMOKING GUNN II.[31] In diesem fiktionalen SMOKING GUNN-Franchise spielt Lang/Fox einen Abenteurer und Agenten, ganz nach dem Vorbild von Indiana Jones und James Bond, die zur Produktionszeit von THE

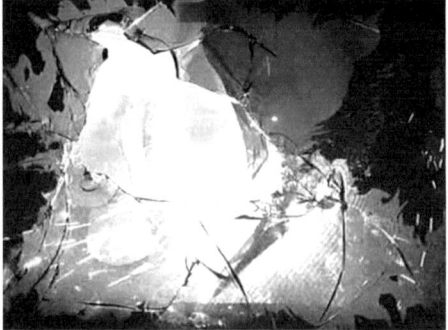

THE HARD WAY

HARD WAY mit INDIANA JONES AND THE LAST CRUSADE (Indiana Jones und der letzte Kreuzzug; 1989; R: Steven Spielberg) sowie LICENSE TO KILL (Lizenz zum Töten; 1989; R: John Glen) gerade populärer denn je erscheinen. Im Trailer zu SMOKING GUNN II weiß ein Protagonist namens »Joe Gunn«, der – mal im Smoking mit Krawatte, mal in Lederjacke und mit Schlapphut – sowohl in exotischen Exterieurs als auch in intimen Schlafzimmern seinen Mann zu stehen.

Der unverhohlene Rassismus und Sexismus von Indiana Jones respektive James Bond wird dabei genüsslich zelebriert und in ironischer Über-Affirmation simultan einer Dekonstruktion unterzogen.

Signifikanterweise markiert Badham den Trailer zu SMOKING GUNN II zunächst nicht als medial gerahmten Film im Film von THE HARD WAY. Stattdessen bleibt eine kennzeichnende Rahmung außen vor, wenn die Montage das Bildmaterial von SMOKING GUNN II vorerst direkt mit THE HARD WAY legiert. Der diegetische Status bleibt mithin bis auf weiteres in der Schwebe. Erst am Ende des Trailers situiert Badham das Material von SMOKING GUNN II auf einem Fernsehbildschirm, der zunächst ebenfalls nicht als solcher gezeigt wird, dann durch eine Rekadrierung schließlich aber doch als solcher apostrophiert wird. Den Ebenentransfer vollzieht Badham exakt dann, wenn Lang/Gunn/Fox die vierte Wand von SMOKING GUNN II/THE HARD WAY durchbricht und dem Publikum direkt zublinzelt. Just mit dieser Adressierung wird SMOKING GUNN II als Binnen-Narrativ in der Diegese von THE HARD WAY markiert, verstärkt noch durch die Destruktion des Fernsehapparats, der enunziativen Quelle von SMOKING GUNN II innerhalb des diegetischen Raums von THE HARD WAY.

Damit etabliert Badham die Prämisse seines Films: Lang ist nicht nur unzufrieden mit SMOKING GUNN II und dem damit verbundenen Franchise, auch möchte er einen Rollenwechsel vollziehen, um als

Schauspieler ernst genommen zu werden. Sein Plan ist es, die Hauptrolle im düsteren Cop-Drama BLOOD ON THE ASPHALT zu übernehmen und damit als Charakterdarsteller reüssieren zu können.

Das *role model* von Lang auf dem Weg zum ernsthaften Schauspieler soll der abgebrühte Polizist Moss sein. Wie für Langs Mediensozialisation üblich, sieht er Moss zunächst im Fernsehen. Angetan von dessen hartgesottenem Auftreten entschließt er sich, Los Angeles zu verlassen und nach New York zu reisen, um Moss dort bei seiner täglichen Arbeit zu begleiten. Im Rahmen eines Projekts von »Method Acting« intendiert Lang damit, sich auf die Rolle als Straßen-Cop vorzubereiten, indem er den Polizeialltag aus erster Hand kennenlernt. Die Differenz zwischen Langs Medien- und Moss' Straßensozialisation bildet im Folgenden das zentrale Reflexionsmoment von THE HARD WAY. Wieder und wieder kreist darum die humoreske Dimension des Films: Lang, der

- in absurder Verkleidung mit Sonnenbrille, Parka und angeklebtem Bart auf der Polizeiwache erscheint;
- die Polizeiarbeit als großes Show-Spektakel begreift: »I haven't been this jazzed since the Golden Globes!«;
- Moss gegen dessen Willen auf Schritt und Tritt verfolgt, dabei zu Moss' Leidwesen auch noch seine Gestik, Mimik und Proxemik imitiert;

OK... and tilt.

THE HARD WAY

THE HARD WAY

– New Yorks Ghettos nicht als soziale Brennpunkte, sondern als attraktive Drehorte begreift, die er mit einer imaginären Kamera abschwenkt;
– sich für einen unwiderstehlichen Star hält, während Moss dagegen Mel Gibson – mutmaßlich in seiner Rolle als unkonventioneller Cop Martin Riggs im Franchise von LETHAL WEAPON (1987–1997; R: Richard Donner), mithin der Buddy-Movie-Blaupause auch für THE HARD WAY – präferiert;
– die Rolle von Moss' Geliebter Susan (Annabella Sciorra) spielt, um das Privatleben des Polizisten zu retten;
– in der New Yorker U-Bahn in ein tatsächliches Feuergefecht verwickelt wird, während er sich als Polizist ausgibt, Schutz hinter einem Zeitungsstand mit Hochglanzmagazinen sucht, dort aber nicht er selbst, sondern Zeitschriften mit seinem Konterfei durchlöchert werden;
– Moss durch Dozieren über die Dramaturgie

von Hollywood-Filmen vom Status der Ermittlungen und von Tätergewohnheiten unterrichten möchte: »It's the third act. The killer tries to get revenge on the cop. It makes it more personal.«

Mit dem Agieren der Figuren schafft Badham durchgängig eine semantische Ebene jenseits der erzählten Geschichte und fragt auf diese Weise nach Verfasstheiten des medialen Selbst. THE HARD WAY befindet sich mithin in einem selbstreferentiellen Spiegelstadium situiert, in dem fiktionale Subjekte mit der konditionalen Medialität ihrer Existenz konfrontiert sind. Inszeniert wird dort eine Inszenierung, das Bild eines Bildes, der Film eines Filmes. »Ich weiß, dass Ihr wisst, dass Ihr in einem Film sitzt«, scheint Badham zu sagen, »und nun wisst Ihr auch, dass ich weiß, dass Ihr es wisst«. Im ironischen Spiel findet THE HARD WAY damit paradoxerweise zu einer neuen Ernsthaftigkeit. Seine hybride Adressierung des Publikums erinnert unweigerlich an Umberto Ecos populäre Bestimmung der postmodernen Kondition: »Die postmoderne Haltung erscheint mir wie die eines Mannes, der eine kluge und sehr belesene Frau liebt und daher weiß, dass er ihr nicht sagen kann ›Ich liebe dich inniglich‹, weil er weiß, dass sie weiß (und dass sie weiß, dass er weiß), dass genau diese Worte schon, sagen wir, von Liala geschrieben worden sind. Es gibt jedoch eine Lösung. Er kann ihr sagen: ›Wie jetzt Liala sagen würde: Ich liebe dich inniglich.‹ In diesem Moment, nachdem er klar zum Ausdruck gebracht hat, dass man nicht mehr unschuldig reden kann, hat er gleichwohl der Frau gesagt, was er ihr sagen wollte, nämlich dass er sie liebe, aber dass er sie in einer Zeit der

verlorenen Unschuld liebe.«[33]
In diesem Sinne gelingt es
Badham, noch einmal Gen-
re-Kino zu erschaffen, auch
wenn der Glauben an die
Genres und ihre Wirksamkeit
im postklassischen Zeitalter längst erodiert ist. Er ver-
sieht sein Narrativ nicht nur
mit Anführungszeichen, sondern auch mit einem Augenzwinkern.

Die Reflexivität des Films
kulminiert schließlich in einer
Sequenz, die das Kino-Disposi-
tiv direkt aufsucht und Michael J. Fox simultan als Nick
Lang wie Joe Gunn agieren
lässt. Auf der Jagd nach dem
»Party Crasher« verschlägt es
Moss und Lang in ein New
Yorker Kino, das ausgerechnet SMOKING GUNN II präsentiert. Bewegt sich Moss zunächst vorsichtig durch die
Reihen des gebannten Publikums, beginnt die Situation
rasch zu eskalieren, als der
Serienkiller das Feuer eröffnet. Während sich zwischen
ihm und Moss ein turbulen-
ter Shootout inmitten der pa-
nischen Kinozuschauer ereignet, versucht Lang, von der

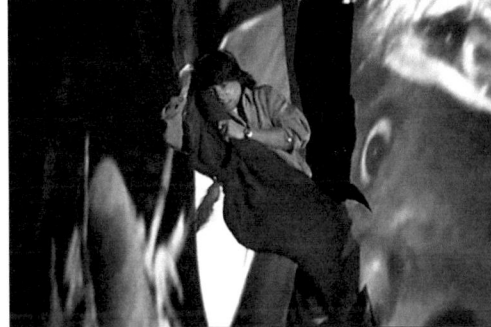

THE HARD WAY

THE HARD WAY

im wahrsten Sinne des Wortes direkt aufeinander, und Lang kann nur auf der Diegese erster Ordnung die Kollision mit der Diegese zweiter Ordnung überleben. SMOKING GUNN II wird damit zu einer Art von Interface, das zwischen der Diegese und ihrem Außen geschaltet ist. Im Showdown von THE HARD WAY kommt Nick Lang fast zu Tode. »This isn't the movies, stupid!«, meint der Killer zu ihm, bevor er ihn niederschießt. Auch wenn Moss im Anschluss den Killer tötet, teilt er doch dessen Haltung zu Lang. Er kniet über dem Verwundeten und adressiert ebenfalls die putative Differenz zwischen »Fiktion« und »Wirklichkeit« in seiner Rede: »Real bad guys. Real bullets. Real blood«. Badham leistet sich daraufhin die wohl reflexivste wie radikalste Volte des Films – und seiner gesamten Karriere. Mit einem Match-Cut wechselt er von der Einstellung des über Lang wachenden Moss in eine Aufnahme, die nun Lang in exakt identischer Pose über einer anderen Person zeigt. Mit zurückgegeltem Haar und abgewetzter Lederjacke hat sich sein Erscheinungsbild signifikant gewandelt: Wir sehen nun das Ende von BLOOD ON THE ASPHALT, dem zweiten Film im Film von THE HARD WAY. Und Lang reproduziert abermals exakt Moss' Monolog, den der einst an ihn richtete: »Real bad guys. Real bullets. Real blood«. Erst dann setzt Badham einen Gegenschnitt und enthüllt, dass Moss und seine Kollegen sich in einem Kino befinden

Loge auf das Parkett des Saales zu gelangen. Mithilfe eines Vorhangs reüssiert er schließlich, nicht ohne aber vorher mit der Kinoleinwand zu kollidieren und ein Loch in sie zu reißen, exakt synchron zur Diegese von SMOKING GUNN II, während Gunn sich gerade an einer Liane durch tropische Areale schwingt. Lang und Gunn treffen mithin

und der Premierenvorführung von BLOOD ON THE ASPHALT beiwohnen. »Well, this ain't the movies«, fährt Lang in seiner neuen Rolle als abgebrühter Polizist auf der Leinwand fort: »We're not like those assholes in the movies«. Moss ist empört: »This is all stuff I said to him! The son of a bitch stole my life!« Auf der diegetischen Binnen-Leinwand beginnt nun der Abspann von BLOOD ON THE ASPHALT, Badham jedoch setzt erneut ein ebenso reflexives wie radikales Irritationsmoment. Seinen Credit mit »A John Badham Movie« legt er über die letzte Einstellung von BLOOD ON THE ASPHALT, dem Film im Film. Simultan dient diese finale Aufnahme aber auch als Schlussbild von THE HARD WAY. Die Differenz der Diegesen ist nun endgültig nivelliert. Der Raum von BLOOD ON THE ASPHALT evolviert zum Raum von THE HARD WAY – et vice versa. Schließlich wird auch die Separation zwischen Diegese erster Ordnung und dem extradiegetischen Raum aufgehoben. Denn wo die Credits von BLOOD ON THE ASPHALT im diegetischen Arrangement lokalisiert sind, negieren diejenigen von THE HARD WAY den Rahmen der Diegese. Badham richtet seinen Credit direkt an das Publikum. Er lässt Film auf der Wirklichkeitsebene realisieren, und diese Wirklichkeitsebene wiederum für den Film ausbeuten. Wirklichkeit als Film – Film als Wirklichkeit.

Badham generiert auf diese Weise einen ontologischen Schwellenraum zwischen fik-

tiver Diegese und ihrem Anderen. Es ist ein Raum im Bildaußen, der niemals im Bildinneren erscheinen kann und genau deshalb die Aufmerksamkeit auf den medialen Charakter des filmischen Artefakts lenkt. Anders gesagt: Der Film zeigt mehr vor als zu erzählen, demonstriert mehr als darzustellen, kommentiert mehr als zu dramatisieren.

THE HARD WAY

Der Blick auf die Diegese wird von der Diegese erwidert. Fern davon, die Differenz von Handlungsraum und Rezeptionsraum zu negieren, kommt es zu einer Aktivierung eben dieser Differenz, indem sie destabilisiert wird. Entscheidend ist das zwischen beiden Ebenen eingeführte Spannungsmoment der Hybridität, welches Interiorität und Exteriorität der Diegese zugleich verschleift und akzentuiert. Sowohl Fiktion als auch Rezeption unterlaufen einen Prozess der Zersetzung von Autonomie. Der Film öffnet so eine Lücke zwischen Medium und Publikum, die als Teil dessen erscheint, was Jacques Derrida für die Malerei in seiner Kant-Lektüre als Parergon beschrieben hat. Das Parergon wirkt supplementär, es »tritt dem *ergon*, der gemachten Arbeit, der Tatsache, dem Werk entgegen, zur Seite und zu ihm hinzu, aber es fällt nicht beiseite, es berührt und wirkt, von einem bestimmten Außen her, im Inneren des Verfahrens mit; weder einfach außen noch einfach innen.«[34] Immer wieder kollabiert der Raum zwischen Bildobjekt und Betrachtersubjekt bei Badham durch selbstreflexive Adressierung der eigenen filmischen Medialität. THE HARD WAY schafft ein Parergon, das nicht zum Innen und nicht zum Außen des Mediums gehört, sondern Anteil an beiden Räumen hat. Es steht zwischen Text und Kontext, dem Artefakt und den Dispositiven seiner Rezeption. Der Film fragmentiert dadurch eine Wirklichkeitsillusion der diegetischen Erzählung, die medialen Fiktionen treten durch Badhams Medienreflexivität in direkte Interaktion mit dem Publikum und verweisen auf den Raum zwischen Diegese und Rezeption. Der Rahmen der Einstellung löst sich auf. Es geht hier nicht etwa darum, eine Narration zu destruieren, die medialen Entwürfe bleiben modale Erzählungen. Vielmehr wird durch Dekonstruktion fester Grenzen ihr inszenierter Charakter ausgestellt und so die Transparenz der Narration aufgehoben. Die virtuelle Präsenz des Zuschauersubjekts im Akt der Narration wird zum Gegenstand der Narration selbst.

3. Medientheorie der Medien

John Badham – ein Jacques Derrida des Kinos? Wie eingangs bereits konstatiert, war es den vorangegangenen Ausführungen nicht darum zu tun, Badham zum Film-Philosophen zu elevieren. Und doch steht das Denken seines Kinos, zumindest in STAKEOUT und THE HARD WAY, auf derselben Komplexitätsstufe wie maßgebliche Theorien der Medienphilosophie. Im Rahmen meiner Lektüre aber kam es mir nicht etwa auf eine theoretische Unterfütterung von Badhams Arbeiten an, stattdessen war es vielmehr umgekehrt mein Impetus zu zeigen, wie Badham ganz selbstverständlich – und selbstverständlich ganz intuitiv – medientheoretische Reflexionen perpetuiert, sie durchspielt, vorführt und ausreizt. Es gelingt ihm dadurch auf ungemein smarte Weise, Gedanken von TheoretikerInnen wie Laura Mulvey, Edgar Morin, Jean-Louis Baudry, Christian Metz oder eben Jacques Derrida im sinnlichen Material selbst zu konkretisieren. Badhams ästhetische Praxis ist somit ein Beweis für den »genius of the system« von Hollywoods Kino, das seit jeher im Stande dazu ist, mannigfaltige, auch idiosynkratische Impulse zu integrieren. Badham zeigt diese in seiner autoreflexiven Arbeit, die das Medium im Medium anhand seiner medialen Mittel topikalisiert, ohne aber nur im Geringsten daran zu denken, dieses Unternehmen nicht in Form eines populären Publikumsfilms zu exerzieren. Badham ist ein Filmemacher, der, um die bekannte Formulierung von Gilles Deleuze aufzugreifen, statt in Begriffen in Bewegungsbildern reflektiert. Damit erscheint nicht nur eine Gegenüberstellung Badhams mit Künstlern wie Malern, Architekten und Musikern möglich, »sondern auch mit Denkern.«[35]

Badham wendet keine Theorie auf Film an, er geht direkt vom Film zur Theorie. Seine »Praxis der Bilder und Zeichen«[36] komponiert Sinneseindrücke, d.h. die in der Konfrontation von Publikum und Kräften des Ästhetischen sich konstituierenden Kräfte. STAKEOUT und THE HARD WAY inszenieren aus dieser Perspektive stets entfesselte Bewegungsbilder, deren Telos es ist, das Publikum mit-, ja ihm buchstäblich den Boden unter den Füßen wegzureißen. Dennoch aber bleibt immer die Reflexion der Medialität einer solchen Operation thematisch präsent, indem Badham das Denken des Mediums unter dessen Bedingungen setzt. Er bringt auf eine Art und Weise das Mediale zur Anschauung, in der die ästhetische Form zugleich Gegenstand und Mittel der autoreflexiven Betrachtung darstellt. Badham erhebt Medienreflexivität zum Strukturprinzip der medialen Darstellung selbst. Eine Filmtheorie des Films schuf Badham uns damit. Als Medientheorie des Mediums, im Medium und durch das Medium.

Anmerkungen

1. Gilles Deleuze: Das Bewegungs-Bild: Kino 1. Frankfurt/M. 1989, S. 11.
2. Georg Seeßlen: Der Blick, der Tod und die Maschine. In: epd Film 3/1988, S. 21 - 23, hier S. 21.
3. Ebd., S. 22.
4. Ebd., S. 21.
5. Ebd., S. 22.
6. Dass Genre-Filmemacher durchaus zu den sophistiziertesten Regie-Auteurs zählen können, habe ich anderorts bereits theoretisch wie analytisch in extenso dargelegt. Siehe hierzu: Ivo Ritzer: Walter Hill: Welt in Flammen. Berlin 2009.
7. André Bazin: On the politique des auteurs. In: Jim Hillier (Hg.): Cahiers du Cinema, I: The 1950s: Neo-Realism, Hollywood, New Wave. London 1985, S. 148 - 259, hier S. 258. Siehe dazu auch: Thomas Schatz: The Genius of the System: Hollywood Filmmaking in the Studio Era. New York 1988.
8. Thomas Elsaesser/Malte Hagener: Filmtheorie zur Einführung. Hamburg 2007, S. 207.
9. Thomas Elsaesser: Hollywood heute: Gender und Nation im postklassischen Kino. Berlin 2009, S. 62.
10. Ebd., S. 83.
11. Lorenz Engell: Medientheorien der Medien selbst. In: Jens Schröter (Hg.): Handbuch Medienwissenschaft. Stuttgart 2014, S. 207 - 213.
12. Laura Mulvey: Visual Pleasure and Narrative Cinema. In: Screen 16.3 (1975), S. 6 - 18, hier S. 6.

13. Ebd., S. 10.
14. Ebd., S. 17.
15. Ebd., S. 8.
16. Ebd., S. 11.
17. Ebd., S. 17.
18. Ebd, S.11.
19. Ebd.
20. Edgar Morin: Der Mensch und das Kino. Stuttgart 1958, S. 44.
21. Ebd.
22. Ebd.
23. Jean-Louis Baudry: Das Dispositiv: Metapsychologische Betrachtungen des Realitätseindrucks. In: Lorenz Engell et al. (Hg.): Kursbuch Medienkultur: Die maßgeblichen Texte von Brecht bis Baudrillard. Stuttgart 1999, S. 381 - 405, hier S. 399.
24. Ebd.
25. Morin 1958, a.a.O., S. 111.
26. Ebd.
27. Christian Metz: Der imaginäre Signifikant: Psychoanalyse und Kino. Münster 2000, S. 51.
28. Edgar Morin: The Stars. New York, S. 102.
29. Edgar Morin: Die Stars. In: Dieter Prokop (Hg.): Materialien zur Theorie des Films: Ästhetik-Soziologie-Politik. München 1971, S. 439 - 446, hier S. 439.
30. Ebd, S. 446.
31. Ein High-Concept-Film, so definiert ihn Murray Smith, »is one which places great emphasis on style and 'stylishness' revolving around a simple, easily summarized narrative based on physically typed characters«. (Theses on the Philosophy of Hollywood History. In: Steve Neale/Murray Smith (Hg.): Contemporary Hollywood Cinema. London/New York. S. 3-20, hier S. 12). Siehe ausführlich auch: Justin Wyatt: High Concept: Movies and Marketing in Hollywood. Austin 1994.
32. Mit Mel Gibson in der Hauptrolle hat Badham seinen Film unmittelbar vor THE HARD WAY inszeniert: BIRD ON A WIRE.
33. Umberto Eco: Nachschrift zum Namen der Rose. München 1986, S. 74f.
34. Jacques Derrida: Die Wahrheit in der Malerei. Wien 1992, S. 74.
35. Deleuze 1989, a.a.O., S. 11.
36. Gilles Deleuze: Das Zeit-Bild: Kino 2. Frankfurt/M. 1991, S. 358.

Überwachung, Technologie und Überwachungstechnologie

in den Filmen John Badhams

Von Oliver Nöding

Im Jahre 1982 ein heißes Thema: 1984 von George Orwell

»Überwachung« ist ein Begriff, der heute fast ausschließlich negativ konnotiert ist. Spätestens seit George Orwell seine düstere Zukunftsvision *1984* veröffentlichte, hat die Idee der Überwachung, die man vorher noch recht neutral als singuläre, dem Schutz der Allgemeinheit verpflichtete Observierung zwielichtiger Subjekte durch Polizei oder Privatdetektive verstehen konnte, ihre Unschuld verloren. In Deutschland brach ein wahrer Proteststurm los, als 1982 unter sozialliberaler Regierung das Gesetz über eine Volks-, Berufs-, Wohnungs- und Arbeitsstättenzählung verabschiedet wurde, die der Erhebung statistischer Daten dienen sollte. Schon damals fürchteten die Bürger, dass die anonymen Daten mithilfe von Computern de-anonymisiert werden und sie so zu den viel beschriebenen »gläsernen Menschen« werden könnten. Heute sind wir ein ganzes Stück weiter: Die nach 9/11 geschürte Angst vor Terrorismus hat den Widerstand gegen den staatlichen Eingriff in die Privatsphäre seiner Bürger weitestgehend aufgeweicht. Immer wieder bemühen sich konservative Politiker um die Vorratsdatenspeicherung[1], öffentliche Gebäude und Plätze werden sekündlich von Kameras beobachtet. Eine Backlash ist erst seit kurzem spürbar: Der NSA-Abhörskandal[2] ist noch nicht vergessen. Tatsächlich wird die mit der staatlichen Überwachung einhergehende Gefahr – die Auflösung jeder Privatsphäre, das gezielte und rein vorbeugende Ausspionieren »unbescholtener« Bürger – durch die voranschreitende technische Entwicklung immer größer. Was vor wenigen Jahrzehnten noch Science Fiction war, düstere Übertreibung skeptischer Visionäre, ist heute Realität. Der Begriff »Überwachung« ist demnach mehr denn je an den Begriff der »Überwachungstechnologie« gekoppelt – und mit dieser sind logischerweise auch wirtschaftliche Interessen verbunden. Wer Überwachungstechnologie entwickelt und konstruiert, der will sie auch an den Mann bringen, will, dass sie zum Einsatz kommt, um damit entsprechende finanzielle Gewinne zu erzielen. Somit lässt sich konstatieren, dass Technologie einem gesellschaftlichen Bedarf nicht nur folgt, sondern diesen auch vorantreibt und »konstruiert«: Was möglich ist, wird eingesetzt. Hier eröffnen sich drängende ethische Probleme.

Einige dieser Probleme werden im Werk John Badhams thematisiert. BLUE THUNDER (Das fliegende Auge; 1983) handelt von einem neuartigen Überwachungshubschrauber, der die Straßen von Los Angeles sicherer machen soll, WARGAMES (1983) von einem Militärcomputer, der die von Störfällen ausgehende Gefahr eigentlich minimieren soll, stattdessen aber nach einem Hackerangriff selbst den Dritten Weltkrieg starten will. In SHORT CIRCUIT (Nr.

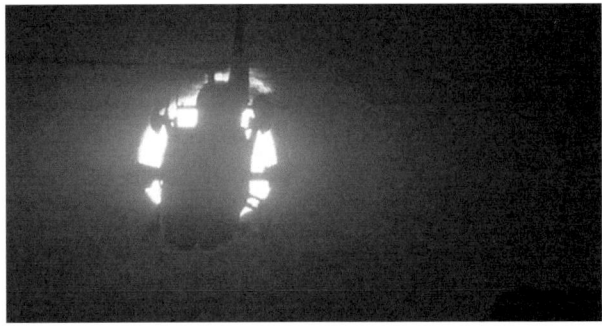

Überwachungshubschrauber in BLUE THUNDER

Militärcomputer in WARGAMES

»Nummer 5« erleidet einen Kurzschluss

5 lebt!; 1986) »erleidet« ein hochmoderner Kampfroboter einen Kurzschluss, macht sich daraufhin selbstständig und entdeckt seine »Menschlichkeit«. In STAKEOUT (Die Nacht hat viele Augen; 1987) verliebt sich ein Polizist in das Objekt seines Überwachungsauftrags und landet selbst auf der Liste der Verdächtigen. Und in POINT OF

NO RETURN (Codename: Nina; 1993), einem Remake von Luc Bessons LA FEMME NIKITA (Nikita; 1990), wird eine zum Tode verurteilte und begnadigte Mörderin als Preis für ihr Leben zur Profikillerin ohne Privatsphäre ausgebildet.[3]

Trotz einer oberflächlichen Technikfixierung seiner Filme – vor allem BLUE THUNDER, WARGAMES und SHORT CIRCUIT lockten Zuschauer nicht zuletzt mit an Science Fiction grenzender State-of-the-Art-Technologie ins Kino – erweist sich Badham in allen genannten Titeln als skeptischer Humanist. So hilfreich und notwendig Technologie auch sein mag, sie wird problematisch, wenn der Mensch, der sie entwickelt und programmiert, gleichzeitig auch bedient und interpretiert und seine jeweiligen Motivationen ins Spiel kommen. Der dem damaligen Zeitgeist geschuldete düstere, fast apokalyptische Unterton von BLUE THUNDER oder WARGAMES weicht im Laufe der Jahre einem versöhnlicheren Ansatz, der sich vor allem in SHORT CIRCUIT und STAKEOUT zeigt. In POINT OF NO RETURN schließlich wird die menschenfeindliche Technologie fast vollständig ausgeklammert, ihre Eigenschaften ganz konsequent von einem Individuum vertreten, das in seiner anscheinend die Grenzen von Physik und Biologie übersteigenden Macht wie ein Nachfahre von Badhams Dracula anmutet.

Auch wenn die meisten dieser Filme von der Realität und dem technologischen Status quo bereits eingeholt bzw. überholt wurden, haben sie ihre Relevanz weitestgehend bewahrt. Das liegt nicht zuletzt daran, dass der Mensch, der die sich in rasanten Sprüngen fortentwickelnde Technik konstruiert und bedient, immer noch der gleiche ist.

1. Theoretische Hintergründe

Um eine theoretische Basis für die folgenden Betrachtungen zu schaffen, eignet sich Foucaults Werk *Überwachen und Strafen: Die Geburt des Gefängnisses* aus dem Jahr 1975. Der französische Philosoph zeichnet darin die kulturhistorischen Entwicklungen nach, die zur Entstehung des modernen Strafsystems und der Institution »Gefängnis« führten. Doch nach nur kursorischer Beschäftigung mit dem Buch bemerkt man, dass es um etwas Allgemeineres geht. Foucault zeigt, dass die Entwicklung unserer modernen Gesellschaften nicht nur mit der Entwicklung und Ausdifferenzierung des Strafsystems parallel verläuft, sondern dass erstere in vielerlei Hinsicht zunehmend ähnliche Anforderungen stellt wie die Sanktionierung und Resozialisierung Straffälliger. Komplexe Gesellschaften funktionieren nur, wenn sie eine gewisse Stabilität und innere Sicherheit schaffen, und das leistet nicht zuletzt die Überwachungstechnologie: »Die Durchsetzung der Disziplin erfordert die Einrichtung des zwingenden Blicks: eine Anlage in der die Techniken des Sehens Machteffekte herbeiführen und in der umgekehrt die Zwangsmittel die Gezwungenen deutlich sichtbar machen.«[4] Die zunehmende Technisierung der Welt, etwa durch die Entwicklung der Uhr hin zum selbst Sekundenbruchteile genau festhaltenden und damit als Arbeitszeit verwertbare Zeiteinheiten schaffenden Instrument, übernimmt dabei eine Funktion, die im weiteren Sinne mit »Überwachung« verglichen werden kann. Doch die Reichweite von Technik ist begrenzt: »Der perfekte Disziplinarapparat wäre derjenige, der es einem einzigen Blick ermöglichte, dauernd alles zu sehen.«[5] Einfacher ist es, den allsehenden Beobachterblick

Überwachen und Strafen

vorzutäuschen und die zu Kontrollierenden so zu konditionieren, dass sie von selbst gehorsam sind. Das leistet nicht zuletzt die Gefängnis-, aber auch die moderne städtische Architektur. »Als Ort des Vollzugs der Strafe ist das Gefängnis zugleich Ort der Beobachtung der bestraften Individuen. Und dies in zweierlei Sinne. Gewiß geht es um Überwachung. Es geht aber auch um die Erkennung jedes Häftlings, seines Verhaltens, seiner tiefen Anlagen, seiner fortschreitenden Besserung. Das Gefängnis ist der Ort, an dem sich klinisches Wissen über die Sträflinge formiert. [...] Daraus sind zwei wesentliche Folgerungen zu ziehen. Der Häftling muß unter einem ständigen Blick gehalten werden; alle Aufzeichnungen, die von ihm gemacht werden können, müssen registriert und verbucht werden.«[6]

Diese Anforderungen zogen im 18. Jahrhundert das »Panopticon« nach sich, einen Gebäudeentwurf von Jeremy Bentham. Beim Panopticon konnten alle Häftlinge in ihren im Kreis um einen zentralen Wachturm angeordneten Zellen nicht nur gleichzeitig von diesem aus beobachtet werden, viel wichtiger war, dass sie sich jederzeit selbst beobachtet fühlen mussten: »die Perfektion der Macht vermag ihre tatsächliche Ausübung überflüssig zu machen; der architektonische Apparat ist eine Maschine, die ein Machtverhältnis schaffen und aufrechterhalten kann, welches vom Machtausübenden unabhängig ist; die Häftlinge sind Gefangene einer Machtsituation, die sie selber stützen.«[7] In den 1970er Jahren, als US-amerikanische Großstädte immer mehr mit steigenden Verbrechensraten zu kämpfen hatten, griff der Kriminologe C. Ray Jeffery Benthams Idee des Panopticons auf und entwickelte den Ansatz der »Crime prevention through environmental design«, kurz CPTED. Er schlug konkrete architektonische Veränderungen im Stadtbild vor, um Verbrechen vorzubeugen. Große Fensterfronten und gute Straßenbeleuchtung, aber auch die Anregung von Fußgängerverkehr durch breite Bürgersteige zählten zu seinen wichtigsten Vorschlägen. Sie sollten nicht nur eine bessere Übersichtlichkeit schaffen, sondern eben auch eine Atmosphäre, die auf potenzielle Straftäter abschreckend wirken musste. Seine Ideen findet man heute in nahezu allen westlichen Großstädten repräsentiert.[8]

»Überwachung« kann mit diesem Hintergrundwissen nicht mehr bloß im engeren Sinne als das Abhören von Telefonverbindungen, das Scannen von Computern oder das klassische Observieren, sei es mithilfe von fest installierten Kameras oder von Polizisten mit Fernglas, verstanden werden. Der Begriff reicht wesentlich weiter, was sich auch in den Filmen Badhams und seiner Thematisierung von Technologie zeigt, die implizit immer auch »Überwachungstechnologie« darstellt. Zwei Schwerpunkte lassen sich in Badhams Behandlung des Themas ausmachen: Der erste beinhaltet die Eigenschaften und Grenzen der Technologie selbst. Hier kristallisiert sich vor allem die Abwesenheit von »Menschlichkeit« als größtes Manko heraus. Der andere befasst sich mit dem Menschen, der die Technik bedient und sie so unbeabsichtigt mit seiner eigenen Unzulänglichkeit »infiziert«. Aber es lässt sich noch eine allgemeinere Aussage über die hier besprochenen Filme treffen. So glatt poliert ihre Oberfläche – dem Zeitgeist geschuldet – auch sein mag, so sehr sie auf Entertainment abzielen: Sie sind alle in einer Welt angesiedelt, in der etwas aus den Fugen geraten ist. Zu klären, ob Überwachung die Lösung oder das Problem darstellt, wird eine der Aufgaben dieses Essays sein.

2. BLUE THUNDER, WARGAMES und SHORT CIRCUIT: Die Grenzen der Maschine

In den genannten drei Filmen handelt Badham gewissermaßen die technische Seite des Themas ab und führt verschiedene Technologien ein, die unterschiedliche Stadien im Ringen um Kontrolle und Sicherheit repräsentieren. In BLUE THUNDER geht es um den Prototypen eines neuen, mit modernster Technologie ausgestatteten Überwachungshubschraubers, den der Polizeioffizier Frank Murphy (Roy Scheider) für seine künftige Bestimmung, die Überwachung der Straßen von Los Angeles, testen soll. Im Mittelpunkt von WARGAMES steht WOPR, ein US-amerikanischer Militärcomputer, der nicht nur die militärischen Aktivitäten der UdSSR überwacht, sondern auch die Steuerung der amerikanischen Atomraketen übernimmt. Durch ein Missverständnis hackt sich der jugendliche Schüler David (Matthew Broderick) in das System ein und verwickelt ihn in die Simu-

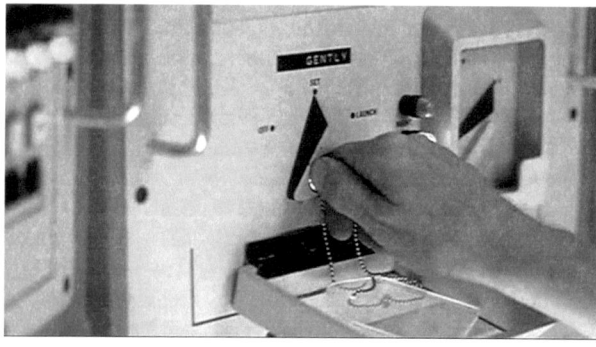

Der Schlüssel wird nicht gedreht

lation des Dritten Weltkrieges, der schließlich tatsächlich droht, weil der Rechner nicht zwischen Spiel und Wirklichkeit unterscheiden kann. SHORT CIRCUIT schließlich handelt wie BLUE THUNDER von einer neuen Waffentechnologie, die allerdings nicht für polizeiliche Zwecke, sondern für den Kriegseinsatz konzipiert wurde. Einer der intelligenten Kampfroboter gerät durch einen Kurzschluss außer Kontrolle und begibt sich eigenmächtig auf Wanderschaft, die ihn schließlich den Wert des Lebens kennenlernen lässt. Dies ruft wiederum seine Konstrukteure auf den Plan, die eine solche Abweichung nicht dulden können.

Am Anfang aller drei Filme steht die Unzulänglichkeit des Menschen. Maschinen sollen zuverlässig Aufgaben erledigen, zu de-

nen Menschen nur unzureichend fähig sind. Der Hubschrauber soll Frank Murphy in die Lage versetzen, Dinge zu sehen, die ihm aus der Froschperspektive entgehen würden und ein Instrumentarium an die Hand geben, das die Möglichkeiten seiner Sinnesorgane erweitert. Der WOPR soll den durch menschliche Skrupel verursachten Unsicherheitsfaktor ausschalten: Zu Beginn von WARGAMES scheitert eine Ernstfall-Übung, weil der betreffende Mitarbeiter sich weigert, den berühmten »Roten Knopf« zu drücken.[9] Die Idee hinter SHORT CIRCUIT schließlich ist ein Standard des Science-Fiction-Films: die Ersetzung fehleranfälliger und betreuungsintensiver menschlicher Soldaten durch effiziente Roboter. Die neu entwickelten Kampfroboter sind nicht nur widerstandsfähiger, sie verfügen auch über ein beträchtliches Waffenarsenal und nehmen jeden Befehl bereitwillig entgegen – sofern es nicht zu einer Störung kommt. Aber mit der vermeintlichen Lösung holt man sich unvorhergesehene neue Probleme ins Haus, die in den Filmen zur Krise führen:

1) Es besteht die Gefahr des Missbrauchs oder der falschen Bedienung (BLUE THUNDER, WARGAMES).
2) Die »Unnachgiebigkeit« der Maschine entwickelt sich im Störfall zur direkten Bedrohung (WARGAMES, SHORT CIRCUIT): Das Problem wird umso größer, je intelligenter die Maschine wird, je mehr sie »menschliche« Entscheidungsprozesse emuliert und je selbstständiger sie »handelt«. Je mehr man also Problem Nr. 1 aus der Welt schafft, umso mehr läuft man Gefahr, sich mit Problem Nr. 2 auseinandersetzen zu müssen.
3) An die Entwicklung und den Einsatz neuer Systeme sind wirtschaftliche Interessen geknüpft, die ihren Einsatz kompromittieren können (BLUE THUNDER).

2.1 Technologie und Missbrauch

Murphy und sein Partner Lymangood nutzen ihre »Macht« zu Beginn von BLUE THUNDER schamlos aus, vertreiben sich die Stunden ihrer Nachtschicht im nahezu unsichtbar über der Stadt kreisenden Helikopter damit, Frauen unbemerkt beim Ausziehen zu beobachten.[10] Ihr Interesse ist keinesfalls bösartig, vielmehr erinnert ihr Verhalten an pubertierende Schuljungen, doch eines ist offenkundig: Der Technologiemissbrauch ist kein Ausnahmefehler, sondern integraler Bestandteil des Systems, der in Kauf genommen wird, um größeres Übel zu verhindern. Das Wissen, jederzeit beobachtet werden zu können, gehört zum Drohszenario, das mit der Installation der Überwachungstechnologie etabliert wird. Der Bürger soll sich wie die Insassen des Panopticons bewusst sein, dass er zu jeder Sekunde unter Beobachtung steht.[11]

In WARGAMES erfolgt der Missbrauch durch einen Unfall. Der Schüler David glaubt sich in das System eines Computerspiel-Herstellers eingehackt zu haben, doch in Wahrheit befindet er sich im System

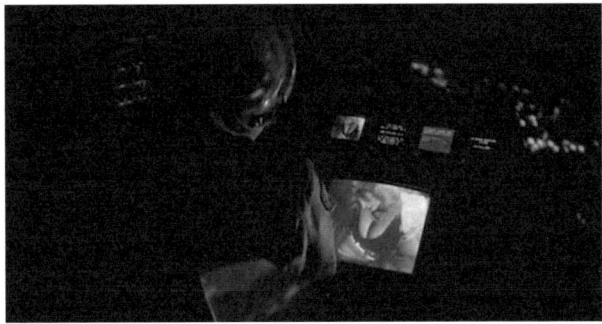

Pubertäres Verhalten

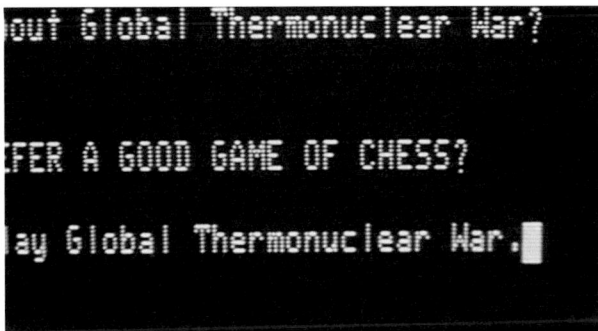

Thermonuklearer Globaler Krieg

David erklärt seiner Freundin die Technik

des WOPR. Das vermeintliche Kriegsspiel »Thermonuklearer Globaler Krieg«, in das er den Rechner verwickelt, ist ein Simulationsprogramm, mit dem der Computer den Ernstfall probt. Die Tücken der Technik zeigt der Film schon zuvor: Um seiner Schulkameradin zu imponieren, hackt sich David in den Schulcomputer und ändert dort seine Noten, dann in einen Flughafencomputer, um spaßeshalber zwei Flugtickets nach Paris zu reservieren. Mit den neuen Erleichterungen sind auch neue Probleme entstanden, deren Tragweite sich nur schwer abschätzen lässt. Die auf Davids Namen gebuchten Tickets werden ihm später fast zum Verhängnis: Als er im Verdacht steht, im Auftrag der Russen zu handeln, interpretiert man die Tatsache, dass er nach Europa »fliehen« wollte, als Beweis für seine Schuld.

Neben seinem Charakter als Kalter-Krieg-Thriller und Atomkriegs-Warnfabel möchte WARGAMES nicht zuletzt über die neuen Möglichkeiten und Gefahren der Computertechnologie aufklären. Es ist vielleicht der erste Hollywoodfilm, der sich explizit mit dem Phänomen des Hackens, seinen verschiedenen Techniken[12] und den Veränderungen, die Homecomputer im Verlauf der 1980er Jahre mit sich bringen sollten, auseinandersetzt. Er fungiert gewissermaßen als eine Art Einführung in dieses Thema. Seine Hauptfigur basiert möglicherweise[13] auf dem Hacker Kevin Mitnick, der sich Ende der 1970er Jahre in das System eines Spieleherstellers einhackte, dort Spiele kopierte und schließlich zu einer mehrjährigen Haftstrafe verurteilt wurde.[14] Die Szene, in der David seiner Freundin die Funktionen seines Rechners und sein Equipment vorstellt, dürften für viele Zuschauer die erste Begegnung mit Computer, Diskettenlaufwerken und der Telefoneinwahl gewesen sein. Doch aus technischer Sicht hinkt der Film dem damaligen Status quo schon weit hinterher: Davids Computer, ein IMSAI 8080, ist der Nachbau des Altair 8800 von 1974, des allerersten überhaupt erhältlichen Homecomputers. Nur mit teurer Zusatzhardware war es überhaupt möglich, eine Tastatur und einen Monitor anzuschließen. Die 8-Zoll-Disketten und Laufwerke, die im Film verwendet werden, waren bereits in den 1960er Jahren erfunden worden und 1983 schon seit knapp zehn Jahren aus der Mode. Badham inszenierte seinen »Lehrfilm« selbst sozusagen als staunender Außenseiter. Mit seinem deutlich kompetenteren Protagonisten verbindet ihn der fragende Blick auf den schwarzen Bildschirm mit den grün blinkenden Buchstaben. So sehr Technik in WARGAMES auch als potenzielles Allheilmittel (und natürlich als Gefahr) dargestellt wird, die Welt hinter dem Screen ist eine fremde, mit der physischen Realität nur schwer in Einklang zu bringende. Hinter den interpretationsbedürftigen Zahlen und Linien verbirgt sich das Schicksal von Millionen realer Menschen, die jedoch nie wirklich eine Rolle spielen. Ganz am Schluss werden die Besatzungen diverser vermeintlich attackierter Raketensilos per Schaltung nach ihrem Befinden gefragt: Ihre Stimmen lösen Jubelstürme und greifbare Erleichterung aus, aber die reine Virtualität der Außenwelt lässt bereits erahnen, was wir heute mit Social Media, der Verlagerung des Privatlebens und der Kommunikation in digitale Räume, erleben.

2.2 Die Menschwerdung der Maschine

Anstatt für ein Mehr an Sicherheit zu sorgen, verursacht gerade die hohe Entwicklungsstufe der Technik in WARGAMES und SHORT CIRCUIT die Krise. Der WOPR, von seinem Erfinder nach dem Tode dessen Sohns ebenfalls »Joshua« benannt, stellt nicht nur ein wichtiges Instrumentarium zur Steuerung der Atomsprengköpfe und Überwachung der Feindbewegung dar. Die korrekte Hardware vorausgesetzt, ist er mit einer menschlichen Stimme ausgestattet und kann mit dem Menschen, der ihn bedient, kommunizieren und verbal interagieren. Zu David, den er für seinen Schöpfer hält, baut er sogar eine Art Vertrauensverhältnis auf. Aber er besitzt ein entscheidendes Defizit: Er hat keine Einsicht in die Tatsache, dass ein Atomkrieg nicht »gewonnen« werden kann. Das Arsenal an Atomwaffen, das die USA während des Kalten Kriegs in ihrem Rüstungswettlauf zur Abschreckung angehäuft hat, will er tatsächlich einsetzen, um den Krieg gegen die UdSSR für sich zu entscheiden.

John Badham bzw. David greift zur Überwindung des eigensinnigen Computers auf Überlegungen der Spieltheorie zurück: »In der Spieltheorie werden Entscheidungssituationen modelliert, in denen sich mehrere Beteiligte gegenseitig beeinflussen.

Sie versucht dabei unter anderem, das rationale Entscheidungsverhalten in sozialen Konfliktsituationen davon abzuleiten. Die Spieltheorie ist in erster Linie originär ein Teilgebiet der Mathematik; sie bedient jedoch mannigfaltige Anwendungsfelder.«[15] Als Vater der Spieltheorie gilt der Mathematiker John von Neuman, der später sowohl am Manhattan Project[16] beteiligt war als auch das Konzept des Digitalcomputers entwickelte. Es ließe sich durchaus argumentieren, dass die Spieltheorie nur dazu erfunden wurde, den Atomkrieg berechenbar zu machen. Es existiert demzufolge eine lange Tradition der spieltheoretischen Erfassung des Atomkriegs.[17]

Um ihn von der Sinnlosigkeit seines Tuns zu überzeugen, verwickelt David »Joshua« in eine Partie Tic-Tac-Toe. Der Rechner soll erkennen, dass er den Atomkrieg nicht gewinnen kann, weil jeder seiner Züge einen entsprechenden neutralisierenden Gegenzug des Gegners nach sich zieht. Nach Dutzenden von Partien gibt »Joshua« schließlich auf, kurz bevor er den Erstschlag einleitet. Aus spieltheoretischer Sicht ist dieser logische Schluss jedoch zumindest fragwürdig. Bei Tic-Tac-Toe handelt es sich um ein Spiel »mit vollständiger Information«. Das bedeutet, die Kenntnis der Regeln und ihre richtige Anwendung reichen aus, um dieses Spiel nicht zu verlieren. Damit unterscheidet es sich jedoch eklatant von komplexeren Spielen wie z. B. Schach oder eben auch dem »Spiel« des Atomkriegs, das über keinen geschlossenen Regelsatz verfügt. Der Schluss »Wenn ich Tic-Tac-Toe nicht gewinnen kann, kann ich auch den Atomkrieg nicht gewinnen«, ist nicht haltbar, weil die für den logischen Schluss nötige zweite Prämisse – etwa: »Der Atomkrieg ist ein Spiel wie Tic-Tac-Toe.« – fehlt.

In SHORT CIRCUIT erwächst das Problem indes nicht aus einem entscheidenden Mangel, sondern einem Zuviel an Menschlichkeit. Der seinen Besitzern in die Welt entfliehende Kampfroboter Nr. 5 liest zwecks Verständigung mit der ihm Unterschlupf gewährenden Tierfreundin Stephanie (Ally Sheedy) im Rekordtempo alle verfügbaren Bücher und saugt das Fernsehprogramm in sich auf. So lernt er den Wert des Lebens zu schätzen und ist schockiert, als er erfährt, welches Schicksal ihm droht, sollte er dem Rüstungskonzern, der ihn konstruierte, wieder in die Hände fallen: Um der Quelle des Fehlers auf die Spur zu kommen, würde man ihn selbstverständlich ausschalten und auseinandernehmen; eine Vorstellung, die dem sich nun selbst als organisches Le-

Keine Gewinner

»Nummer 5« entdeckt das Fernsehen

bewesen betrachtenden Roboter geradezu barbarisch erscheint. Auch seine eigentliche Bestimmung als Vernichtungsmaschine ist ihm zuwider und so kämpft Stephanie mit den Erfindern von Nr. 5, den Ingenieuren Newton (Steve Guttenberg) und Ben (Fisher Stevens), dafür, ihn vor seinem drohenden Schicksal zu bewahren.

SHORT CIRCUIT ist ein Kinder- bzw. Familienfilm, der die in Badhams vorangegangenen Arbeiten behandelten Themen auf sehr einfache und beschwingte Weise angeht. Militär und Waffenindustrie werden als menschen- und lebensfeindliche Institutionen gezeigt, die jedes Herz vermissen lassen. Ihnen gegenüber stehen der so gar nicht gefährlich wirkende Kampfroboter mit den großen Kulleraugen und die drei menschlichen Lebenskünstler, deren Talente in der modernen kapitalistischen Gesellschaft nicht mehr gefragt sind. So ist es reine wirtschaftliche Not, die den talentierten Newton in die verhasste, mit seinen Idealen eigentlich nicht in Übereinstimmung zu bringende Rüstungsindustrie verschlug. Sie werden Verbündete des Roboters, helfen ihm in seinem Kampf um Autonomie. Dahinter steht natürlich auch eine große Science-Fiction-Tradition: Spätestens mit den von Isaac Asimov festgelegten »Gesetzen der Robotik«, darauffolgend in den Geschichten von Philip K. Dick ausgearbeitet, wurden erste Überlegungen angestellt, welche Rechte künstlicher Intelligenz zukommen. Wenn Nr. 5 zu menschlichen Emotionen und Überlegungen befähigt ist, muss man ihn dann nicht wie einen Menschen behandeln? Inwieweit vergeht sich der Mensch an der Technik, wenn er sie so einsetzt, dass sie gegen herrschende moralische Grundsätze verstößt?

2.3 Wirtschaft und Überwachung

Der Helikopter-Prototyp in BLUE THUNDER stellt gleich auf mehreren Ebenen eine Bedrohung dar. Die erste ist eine direkte Folge seiner Technik. Der Hubschrauber ist sowohl mit hitzeempfindlichen Kameras und hochentwickelter Abhörtechnik ausgestattet, doch sowohl Bilder als auch Tonaufnahmen müssen natürlich interpretiert und ausgewertet werden. Hier eröffnet sich erhebliches Fehlerpotenzial, das eng mit der technischen Leistung der zur Verfügung stehenden Hardware und dem in sie gesetzten Vertrauen verknüpft ist. Die pixeligen Bilder und verrauschten Playbacks, die Murphy und Lymangood sezieren, mögen 1983 State of the Art gewesen sein und den Usern tatsächlich das Gefühl der Unfehlbarkeit vermittelt haben, aus heutiger Sicht offenbaren sie ihre Anfälligkeit jedoch gnadenlos. In diesem Punkt markiert Badham die Differenz zwischen »Überwachung« als bloßer Kontrolle und »Überwachung« als präventiver Datenerhebung und Eingriff in die Persönlichkeitsrechte einzelner Bürger, wie er heutzutage immer wieder Anlass für Diskussionen ist.[18] Die Verbindung von interpretationsbedürftiger und damit fehleranfälliger Überwachungs- und durchschlagender Waffentechnologie, die der Helikopter darstellt, wird zum erheblichen Problem: Badham nimmt gewissermaßen die Kritik aus Paul Verhoevens ROBOCOP (RoboCop; 1987) vorweg, dessen tragischer Titelheld eine Abkürzung zwischen Tat und

Pixelige Bilder

Strafe erwirken soll, um der logistischen Herausforderung des Rechtssystems in einer zunehmend gewalttätiger werdenden Welt gewachsen zu sein. Und wie dort steht hinter der Implementierung der Waffentechnologie eine unheilige Verbindung von wirtschaftlichen und politischen Interessen.

»Sicherheit« wird in BLUE THUNDER zur bloßen Dienst-

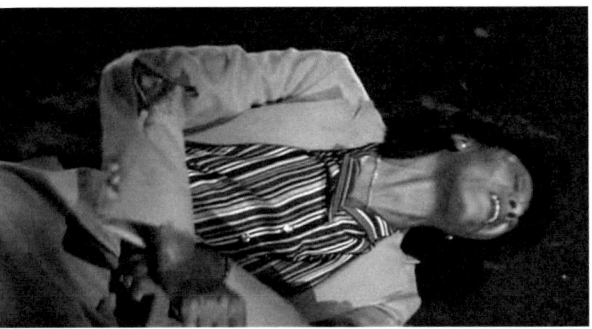

Tod einer Politikerin

leistung und längst nicht immer verfolgen ihre Anbieter uneigennützige Interessen: Den Bösewichten aus BLUE THUNDER geht es in erster Linie darum, möglichst viel Gewinn zu erwirtschaften. Die Frage, ob die unzähligen Gimmicks und Verbesserungen des neuen Helikopters wirklich notwendig sind, stellt sich nicht. Was möglich ist, wird gemacht und hat natürlich seinen Preis. Und der ist in diesem Fall so hoch, dass ein Nichtzustandekommen des Geschäfts keine akzeptable Option mehr ist: Der Realität muss nachgeholfen werden, damit die Anschaffung des Blue Thunders buchstäblich »alternativlos« wird. Der Mord an einer Politikerin, die sich für die Resozialisierung von jugendlichen Bandenmitgliedern stark gemacht hatte, tritt die Handlung los und wurde von den hinter dem Hubschrauber stehenden Kräften initiiert, um genau jene Unsicherheit zu schaffen, in der reaktionäre Gewalten schärfere Gesetze verabschieden oder bestehende Grundrechte beschränken wollen. Sie schaffen die Situation, in der ihre technische Neuentwicklung als adäquate Lösung erscheint, kurzerhand selbst. Dieser Teufelskreis, der allein durch die Existenz der neuen Technologie gezogen wird, kann in BLUE THUNDER erst durch die Zerstörung des Helikopters durchbrochen werden. Die Frage, die gestellt werden muss, wenn man die Installation von Überwachungstechnologie für notwendig erachtet: Wer überwacht die Wächter? Und welche Macht gibt man

ihnen in die Hand? Darum wird es im nächsten Kapitel gehen.

3. Die Rolle des Überwachers

Die Piloten aus BLUE THUNDER verleihen sich die scherzhafte Selbstbeschreibung »J.A.F.O.«: Sie steht für »just another fucking observer« und ist ein ironischer Kommentar zur eigenen anonymen, zweckgerichteten Dienerschaft. Die Piloten leihen dem Staat gewissermaßen die Augen, jede weitere Involvierung in die Arbeit ist weder nötig noch erwünscht. Doch natürlich steckt hinter dem Glauben, lediglich verlängertes Sinnesorgan sein zu können, ein Trugschluss: Im Cockpit sitzen immer Individuen mit Charakterzügen, Fehlern, Launen und Bedürfnissen oder – im Falle Murphys, der an einem handfesten Trauma aus dem Vietnamkrieg leidet, das ihn unregelmäßig mit anfallartigen Flashbacks überrascht – sogar mit einer gefährlichen psychischen Disposition. Ihn mit einem waffenstarrenden Helikopter auszustatten, mag nicht die beste Idee sein: Der Blick des schwebenden großen Bruders auf das sich unter ihm ausbreitende leuchtende Netz gleicht der göttlichen Perspektive, bietet gleichermaßen optimale Übersicht wie Distanz und Enthobenheit und ist dazu geeignet, keimende Omnipotenzgefühle zu begünstigen.[19] Aber die Filme Badhams legen auch den Schluss nahe, dass gerade dies durchaus Teil des Planes ist. Der Wächter ist längst nicht nur Subjekt der Überwachung, sondern selbst ihr Objekt.

Besonders verdeutlich wird das in STAKEOUT, und zwar auf ganz verschiedenen Ebenen. Die beiden Polizisten Chris (Richard Dreyfuss), ein in der midlife crisis steckender Mittvierziger mit nicht enden wollenden Beziehungsproblemen, und sein Partner Bill (Emilio Estevez), ein junger, engagierter Familienvater, der ehrgeizig seinen Karriereplan verfolgt, werden mit der Überwachung der schönen Maria (Madeleine Stowe) betraut, deren Freund, der Schwerverbrecher Richard (Aidan Quinn), soeben aus dem Gefängnis entflohen ist. Nach den Gesetzen des Buddy Movies ergänzen sich Chris und Bill ganz entgegen der Intention ihres Vorgesetzten zu einer explosiven Mischung aus Übereifer und Inkompetenz. Die Kombination zweier gegensätzlicher Typen erfolgt im Buddy Movie ja nicht nur zum Zweck des Entertainments, sondern folgt intradiegetisch einer logischen personalpolitischen Überlegung: Die negativen Charakterzüge der beiden Partner sollen durch die kontrastierenden Eigenschaften des jeweils anderen besänftigt und in produktive Bahnen gelenkt werden. Dies stellt ein Mittel der Überwachung dar, das keiner Technik bedarf. Doch wie so oft funktioniert diese Kombination auch hier nicht und so finden sich die beiden Cops regelmäßig zur Standpauke im Büro des Chefs wieder.[20] Ähnliches gilt für ihre Kollegen Phil und Jack (Dan Lauria und Forest Whitaker), mit denen sich Bill und Chris zudem in beständigem spätpubertärem »Schwanzvergleich« befinden.

Der langweilige Auftrag wird von den Polizisten sofort als getarnte disziplinarische Maßnahme erkannt. Das spartanisch eingerichtete, vollkommen unbeheizte

Handfestes Vietnamtrauma

Regelmäßige Standpauke beim Chef

Flucht mit Damenhut

Reihenhaus, in dem sie Quartier beziehen, ist die Zelle, in der sie über ihre Vergehen nachdenken sollen; jede Möglichkeit zur Zerstreuung wird ihnen entzogen. Die gnadenlose Einteilung des Tages in eine Nacht- und eine Tagschicht legt die potenziellen Unruhestifter für die jeweils andere Hälfte des Tages völlig lahm. Doch wieder sind es die individuellen Dispositionen der Beamten, die das Vorhaben des Vorgesetzten torpedieren. Die Konkurrenz der beiden Teams artet in nicht enden wollenden Lausbubenstreichen aus, die anfangs schon triste Unterkunft verkommt im Verlauf des Films immer mehr. Und der von seiner Freundin verlassene Chris erhält zudem die Gelegenheit, einen handfesten crush für das Objekt seiner Observation zu entwickeln. Vom Zufall begünstigt, nähert er sich der schönen Maria unter Vorspiegelung einer falschen Identität und landet schließlich in ihrem Bett. Als er während der Schicht seiner beiden Kollegen aufwacht, steht er vor dem Problem, das Haus unerkannt verlassen zu müssen. Der Beobachter wird so zum Zielobjekt seiner eigenen Ermittlungen, als die Frage nach der Identität des mit einem Damenhut bekleideten Mannes gestellt wird, der das Haus Marias verlässt. Neben dem mit der Vernachlässigung der Pflicht, dem Missbrauch der zur Verfügung stehenden Technik und der Falschinterpretation der gelieferten Daten einhergehenden Fehlerpotenzial besteht auch die Gefahr der Grenzverwischung, der emotionalen Bindung an das Objekt. Wie weit das gehen kann, zeigt POINT OF NO RETURN.

4. Menschmaschinen: Die Internalisierung der Überwachungstechnologie

POINT OF NO RETURN, Badhams Remake von Luc Bessons LA FEMME NIKITA, bildet den Abschluss seiner Auseinandersetzung mit Überwachungs- und Waffentechnologie und vollzieht eine radikale Wendung: Technologie bildet nur noch die Hintergrundstaffage des Films, dessen Protagonisten nun bereits so indoktriniert sind, das sie ganz von allein wie gewünscht funktionieren. Wie das Original erzählt POINT OF NO RETURN von der zum Tode verurteilten Mörderin Maggie Hayward (Bridget Fonda), die nach der vermeintlichen Todesspritze unerwartet in einem karg eingerichteten Zimmer aufwacht. Ein mysteriöser Mann, der sich als »Bob« vorstellt (Gabriel Byrne), erklärt ihr nüchtern, dass sie eine zweite Chance bekomme, wenn sie sich bereit erkläre, eine Ausbildung zur Killerin zu absolvieren. Sie willigt ein, bekommt den Decknamen »Nina« und durchläuft mehrere Ausbildungsstationen der Institution, die an ein Hightech-Gefängnis erinnert, bevor sie schließlich »freigelassen« wird.

Auf oberster Plotebene könnte man POINT OF NO RETURN als böse Überspitzung staatlicher Resozialisierungsideen interpretieren: So wie Kriminelle unter Förderung ihrer individuellen Fähigkeiten und besonderer sozialer Betreuung in die Gesellschaft integriert werden sollen, wird hier die Mörderin Maggie einer neuen Bestimmung zugeführt.

Der Geheimdienst benötigt Mörder – wer eignete sich besser für diese Aufgabe als jemand, der bereits einmal gemordet und nun nichts mehr zu verlieren hat? Doch die Todesstrafe wird nur im rein biologischen Sinne nicht vollstreckt: Von Maggie bleibt nach der Behandlung, die ihr Bob und sein Team angedeihen lassen, nichts übrig. Schon in dieser Grundkonstellation offenbart sich, wie pervers die Idee der Überwachung ist: Sie beansprucht den totalen Besitz eines anderen Individuums, ignoriert die dieser qua Geburt zukommenden Persönlichkeits- und Menschenrechte im Namen eines »höheren Ideals«.

Der überwachende Staat wird in POINT OF NO RETURN von Bob verkörpert. Gleich zu Beginn zeigt Badham, wie dieser Maggie/Nina als geeigneten Kandidaten für sein Ausbildungsprogramm ausfindig macht, sie beobachtet und schließlich »freikauft«. Auch später taucht er immer wieder auf wie ein Geist, egal, wo sie sich aufhält, und

Bob wählt Maggie aus

als Auftragsmörderin nachkommen. Sie gehört sich nicht mehr selbst, alles, was sie sich selbst wünscht und erhofft, tritt hinter ihrer neuen Aufgabe zurück. Nr. 5 war eine Maschine, die ihre Menschlichkeit entdeckte, Maggie ist ein Mensch, der zur Maschine gemacht wird. Die Konsequenz ist dieselbe: Beide versuchen aus dem für sie von anderen vorgesehenen Leben auszubrechen.

kennt selbst kleinste, persönlichste Details aus ihrer Biografie. Woher er dieses Wissen hat, muss der Film nicht beantworten: Wir glauben ihm blind, dass die Geheimdienste in der Lage sind, das nötige Datenmaterial zusammenzutragen und das auch tun – ganz unabhängig davon, ob sie es tatsächlich akut benötigen. Wie das funktioniert, interessiert Badham nicht mehr, ist er dieser Frage doch in den zuvor besprochenen Filmen nachgegangen. Hier geht es vielmehr darum, was mit dem Menschen wird, wenn er entweder komplett transparent ist oder aber alles sieht und weiß. Maggie, eine drogenabhängige Kriminelle, die bei einem missglückten Raubüberfall zur Mörderin wird, »erkauft« sich ihr Leben mit der Aufgabe jeglicher Privatsphäre. Sie wird zum Staatsbesitz, muss auf Zuruf alles stehen und liegen lassen und ihrer neuen Pflicht

Auf der anderen Seite steht Bob, der Vertreter des Staates, der jedoch in einem ganz ähnlichen Dilemma gefangen ist. Als das von Foucault beschriebene »all seeing eye« wird er zum engsten Vertrauten seines neuen Schützlings, zu dem er dennoch keinerlei emotionale Bindung aufbauen darf. Er muss das Funktionieren der Killerin sicherstellen, ihre »Talente« in geordnete Bahnen lenken und ihren Willen unter Kontrolle halten. Es deutet sich eine unerfüllt bleibende, durchaus etwas unheimliche Liebesbeziehung zwischen dem Bewacher und seinem Schützling an, die sich von jener in STAKEOUT darin unterscheidet, dass die Rollen hier ganz offen zutage liegen. Maggie/Nina ist dem Blick Bobs schutzlos ausgeliefert, es existieren keine Geheimnisse, die sie vor ihm verbergen könnte, umge-

Spiegel einer möglichen Zukunft

kehrt weiß sie nichts über ihn. In einer sehr gruseligen Szene gibt sich Bob gegenüber Maggies/Ninas neuem Freund JP (Dermot Mulroney) bei einem gemeinsamen Abendessen als ihr Onkel aus und erzählt eine erfundene Anekdote, wie seine »Nichte« als kleines Mädchen ein wildes Pferd mit ihren Schenkeln gebändigt habe. Die Geschichte, die er vordergründig als Beweis seiner Verwandtschaft mit ihr zum Besten gibt, fungiert auf einer für JP unsichtbaren Ebene als Liebesgeständnis, das die Killerin entsetzt, weil sie eben keinerlei Chance hat, sich Bob zu entziehen. Sie steht buchstäblich nackt vor ihm.

POINT OF NO RETURN beinhaltet einen Spiegel, der eine mögliche Zukunft Maggies/Ninas zeigt und Badhams Gedanken zu Überwachung auf den Punkt bringt: Während ihrer Ausbildung fungiert Amanda (Anne Bancroft) als ihre Lehrerin und Erzieherin. Die kultivierte Dame, die in einer geschmackvoll mit Antiquitäten eingerichteten Wohnung lebt, soll dem ungehobelten Straßenmädchen gesellschaftliche Etikette vermitteln, ihr Fremdsprachen beibringen und sie darauf vorbereiten, sich in den unterschiedlichsten Ländern unter unterschiedlichsten Menschen sicher und unauffällig zu bewegen. Aber diese Amanda ist selbst eine Gefangene. Ihre »Wohnung« ist auch nur ein goldener Käfig innerhalb der Institution, ihre Kultiviertheit letztlich kaum mehr als eine für den Geheimdienst nützliche Marotte, für die die Dame in Ermangelung eines echten Lebens gar keine Anwendung mehr hat. Ihr ganzes Leben ist Fabrikat, an dem sie selbst fleißig mitstrickt. Wer nur lang genug beobachtet wird, vergisst irgendwann, dass er nicht frei ist.

Anmerkungen

[1] Unter dem Begriff der Voratsdatenspeicherung versteht man die gewissermaßen prophylaktische Speicherung personenbezogener Daten, die durch die flächendeckende Überwachung von Telefon- und Internetverbindungen gewonnen werden.

[2] Der Informatiker Edward Snowden hatte der Presse im Juni 2013 die Information zugespielt, dass verschiedene staatliche Institutionen, z.B. der US-Geheimdienst NSA, weltweit Telefonleitungen überwachen.

[3] Auch in einigen seiner anderen Filme blitzen kurze Parallelen auf: Disco, die Musik, zu der sich der Immigrantensohn und Arbeiter Tony Manero in SATURDAY NIGHT FEVER Nacht für Nacht auf der Tanzfläche neu erfindet, bedeutete in den 1970er Jahren die Abwendung von klassischer Instrumentierung hin zum Synthesizer und Computer. Das Sterbehilfedrama WHOSE LIFE IS IT ANYWAY? (Ist das nicht mein Leben?; 1981) stellt die Aussicht auf ein Leben in Abhängigkeit von Medikamenten und Maschinen der Entscheidung zum Freitod gegenüber. Und die übersinnliche Kraft, die dem Vampirgraf Dracula in DRACULA (Dracula '79; 1979), Badhams Interpretation des Stoker-Romans, dazu verhilft, sich seiner Angebeteten Lucy zu nähern, erinnert frappierend an die Techniken, die die Protagonisten von BLUE THUNDER oder POINT OF NO RETURN anwenden.

[4] Michel Foucault: Überwachen und Strafen: Die Geburt des Gefängnisses. Frankfurt am Main 1994, S. 221.

[5] Foucault, S. 224.

[6] Foucault, S. 319.

[7] Foucault, S. 258.

[8] Siehe etwa hier: www.cptedsecurity.com/cpted_design_guidelines; Stand: 11.01.2016.

[9] WARGAMES rekurriert tatsächlich auf die Sicherheitsmaßnahmen, die das US Department of Defense und die NATO trafen, um auf die ab den 1950er Jahren häufig auftretenden Störfälle in computergesteuerten Fernaufklär- und Raketenleitbasen zu reagieren. Es kursierte zu jener Zeit eine Vielzahl verschiedener, miteinander inkompatibler Programmiersprachen, was zu Fehlern führte. Das Vorhaben, eine einheitliche Programmiersprache zu schaffen, wurde erst in den 1970er Jahren abschließend realisiert.

[10] Auch in STAKEOUT kommt diese voyeuristische Komponente ins Spiel (ebenso wie in POINT OF NO RETURN). Ich komme später darauf zurück.

[11] Die Idee für BLUE THUNDER kam den Drehbuchautoren Dan O'Bannon und Don Jakoby angeblich, weil sie regelmäßig von den über Los Angeles fliegenden Hubschraubern geweckt wurden. In der Folge der

L.A. Riots wurde im Hip-Hop häufiger auf die drohende Dauerpräsenz von Überwachungshubschraubern über den Stadtbezirken mit überwiegend afroamerikanischer Bevölkerung hingewiesen. So rappte etwa Ice Cube auf seinem Album Lethal Injection: »Why, oh why must you swoop through the hood/ Like everybody from the hood is up to no good [...] At night I see your light through my bedroom window/ But I ain't got shit but the pad and pencil.« Um mit den deutlichen Worten zu schließen: »Motherfuck you and your punk-ass ghetto bird.«

[12] David hackt sich nicht nur in verschiedene Computersysteme ein, er wendet auch andere Hackerpraktiken an, z. B. das so genannte »Phreaking«, die Manipulation von Münzfernsprechern, oder das »Lock Picking«, das Knacken elektronischer Türschlösser.

[13] Zu dieser Frage existieren verschiedene Ansichten, doch einige Parallelen zwischen den Coups Mitnicks und den im Film gezeigten Hacks sind zumindest sehr auffällig.

[14] Die Staatsanwaltschaft, die Mitnick ein dreijähriges Nutzungsverbot von EDV-Systemen als Bewährungsauflage aussprach, begründete diese Entscheidung angeblich mit dem Satz: »Mitnick könnte einen Nuklearkrieg starten, indem er ins Telefon pfeift.«

Zitiert nach: www.cnet.com/news/social-engineering-101-mitnick-and-other-hackers-show-how-its-done; Stand: 11.01.2016.

[15] Vgl. de.wikipedia.org/wiki/Spieltheorie; Stand: 11.01.2016.

[16] Am Ende des von 1942 bis 1946 laufenden Forschungsprojekts stand die Entwicklung der Atombombe.

[17] Siehe etwa Herman Kahn: Thinking about the unthinkable in the 1980s. New York 1984, oder Claus Pias: ComputerSpiel Welten. Zürich/Berlin 2002.

[18] Ganz aktuell (Januar 2015) zeigen sich viele User aufgrund der neuen Datenschutzrichtlinie von Facebook genötigt, ihren Account stillzulegen.

[19] Mehr zu dieser Perspektive und dem im Actionfilm gängigen Motiv des Nachtflugs habe ich in diesem kleinen Essay geschrieben: www.hardsensations. com/2011/08/fly-by-night-meditation-uber-ein-bild-des-actionfilms; Stand: 1101.2016.

[20] Im Sequel ANOTHER STAKEOUT (Die Abservierer; 1993) wird den beiden konsequenterweise eine gouvernantenhafte Rosie O'Donnell als »Anstands-Wauwau« zur Seite gestellt, was die Situation jedoch keineswegs entschärft.

»All they want to talk about is the paternity suit«

Generationenkonflikte und Familienkonstellationen bei John Badham

Von Willem Strank

1. Einleitung: SATURDAY NIGHT FEVER

Wenn sich in SATURDAY NIGHT FEVER (1977) der Protagonist Tony Manero (John Travolta) Nacht für Nacht in den »Club 2001 Odyssey«[1] begibt, steht das Tanzen für ihn und die anderen Jugendlichen unangefochten im Zentrum; auf einer anderen Ebene wird jedoch auch die Abgrenzung vom uneingeweihten Außenraum thematisiert, der einer anderen Generation zugehörig ist, die die Verweigerung handfester Zukunftsangebote durch die Heranwachsenden nicht nachvollziehen kann. Drei Momente der Inszenierung dieser Art von Generationenkonflikten bei John Badham kristallisieren sich bereits bei SATURDAY NIGHT FEVER heraus: der Konflikt im häuslichen Raum, die Verhandlung von Hierarchien innerhalb der Familie und die Etablierung eines Geheimraumes, der älteren Generationen verborgen bleibt. Das Prinzip der Abgrenzung durch die Jüngeren ist Prämisse in SATURDAY NIGHT FEVER, wenngleich er auf der inszenatorischen und narratologischen Ebene weniger von dieser Konstellation durchwirkt ist als etwa WARGAMES (1983) oder BROTHER'S KEEPER (Spuren in den Tod; 2002).

SATURDAY NIGHT FEVER ist diesbezüglich streng nach Räumen organisiert – das Zuhause der Maneros stellt einen Raum der Konflikte, der Enttäuschungen und der Streitigkeiten dar, während Tonys Arbeitsplatz von Respekt und Unterstützung durch seinen Chef Mr. Fusco (Sam Coppola) geprägt wird. Mr. Fusco ist die einzige Figur aus der Elterngeneration, die Tony für zuverlässig hält und auf ihn

setzt. Tonys Wutausbrüche kontert oder verzeiht er, was ihm wiederum Tonys Anerkennung einbringt. Fusco bietet Tony gar eine langfristige Perspektive, versucht ihn dazu zu bewegen, an die Konsequenzen seines Handelns zu denken und will ihm eben darum keinen Vorschuss gewähren. Den Zahltag legt er auf Montag, um zu vermeiden, dass das Geld wieder in der Diskothek ausgegeben wird – eine Maßnahme, die Tony nicht versteht. Fusco aber denkt an Tonys Zukunft und plant fest mit ihm: »You can't fuck the future«, sagt er ihm, und später: »You got a future here.« Fusco ist in vielerlei Hinsicht die Vaterfigur, die Tony ansonsten fehlt. So gibt er ihm ohne vorherige Absprache eine nur minimale Gehaltserhöhung, die jedoch von Tony als das verstanden wird, was sie ist: ein Symbol der Anerkennung. Entsprechend wird selbst der nachgebesserte Lohn von Tonys Vater Frank (Val Bisoglio) nicht anerkannt, er macht sich vielmehr über seinen geringverdienenden Sohn lustig, obwohl er selbst arbeitslos ist. »I knew you'd piss on it«, ruft ihm Tony zu; das Zuhause der Maneros ist eine vergiftete Umgebung.

Die bürgerliche Idylle der Maneros ist nur Fassade

Tonys Zuhause ist ein Ort der Konflikte

Tony ist das mittlere Kind der Maneros. Sein älterer Bruder Frank jr. (Martin Shakar), ein Priester, wird von der Familie dafür als Heiliger verehrt. Seine Schwester ist deutlich jünger und idealisiert ihrerseits Tony, der bei den Eltern einen schweren Stand hat; Tonys Job wird nicht anerkannt, seine tänzerischen Fähigkeiten nicht bemerkt. Er gilt als Versager, der es zu nichts gebracht hat, obgleich der Vater selbst nicht mehr in Lohn und Brot steht. Diese Tatsache verschiebt die Hierarchien innerhalb der Familie, denn die verlorene materielle Potenz führt dazu, dass die Mutter den Vater vor den Kindern schlägt und demütigt. Auch der ›heilige‹ Frank jr. fällt in Ungnade, denn als er eines Tages nach Hause zurückkehrt, ist Tony zwar euphorisch, die Eltern indessen jedoch niedergeschlagen, da Frank jr. der Kirche den Rücken gekehrt hat. Der ehemalige Priester skizziert dies selbst als späte Emanzipation von den Eltern: »They turn you into what they wish at the time. You can't defend yourself against their fantasies.« Entsprechend verteidigt Tony seinen Bruder gegenüber den harten Worten seiner Mutter als endlich Erwachsenen: »He's not a priest now, he's all grown up«. Die Trennung von der Kirche und damit von dem Elternhaus

bietet eine neue Chance der Individualisierung für Frank jr. Indessen ist er der einzige, der Tony zu Hause Anerkennung zollt:[2] Er bewundert Tonys Tanztrophäe und folgt seinem jüngeren Bruder in den Club, um ihn tanzen zu sehen. Ultimativ ist Frank jr. jedoch nur auf der Durchreise, als ein Beispiel für jemanden, der sich spät, aber erfolgreich von dem überkommenen und destruktiven System der Eltern emanzipiert hat und damit als ein mögliches Vorbild für Tony dient.

Tonys eigentlicher Raum ist jedoch die Diskothek; allein die Vorbereitung dafür erscheint ritualisiert und mit Bedeutung aufgeladen. Er setzt sich durch seine Kleidung und seinen Gang von anderen Bewohnern Brooklyns ab (was auch im Song »Stayin' Alive« reflektiert wird: »You can tell by the way I use my walk«), das Ankleiden wird ähnlich stark ritualisiert wie in Kenneth Angers SCORPIO RISING (1964).[3] Tonys Zimmer ist gepflastert mit popkulturellen Vorbildern: Rocky, Bruce Lee und Al Pacino (für den letzteren wird er sogar einmal gehalten). Musik, Mode und Bewegung konstituieren Symbole der Abgrenzung von der Erwachsenenwelt; diese gilt als überaltert und ›out‹: Der Vater versteht die Bedeutung von Tonys Frisur nicht und nur die neuesten Kassetten qualifizieren sich als diegetischer Soundtrack für die Autofahrt.[4]

Dank seiner Qualitäten und seiner Attitüde besitzt Tony in der Diskothek eine vollkommen andere soziale Stellung als im häuslichen Umfeld oder auf der Arbeit – mehrfach wird er dort als der »König« bezeichnet, er hat Fans und Verehrerinnen. Tony ist sich dessen durchaus bewusst und betont auch seine herausgehobene Stellung innerhalb seiner Gang: »The guys can't do anything without me.« Er ist der Star in einer promisken

Gesellschaft, die er toleriert, aber deren Lebensweise er nicht vollständig adaptiert. Als sein Bruder zu Besuch ist, führt er auch diesen ins Nachtleben von Brooklyn ein, Frank jr. kann allerdings nicht viel damit anfangen.

Eine tragische Figur in diesem Umfeld ist Tonys Freund Bobby C. (Barry Miller), der seine Freundin Pauline versehentlich geschwängert hat. Allerorten wird ihm darauf mit Vorwürfen oder Gleichgültigkeit begegnet. Bobby hat bereits alle kirchlichen und weltlichen Autoritätsfiguren in seiner Umgebung konsultiert, das Ergebnis bleibt stets dasselbe: Jeder sagt ihm, er müsse Pauline heiraten (»Everyone says I gotta marry her […] her fucking parents, my fucking parents, the fucking priest […], her fucking high school guidance counselor […] I'm paralysed. I've got no more control.«) In dieser Notlage spricht er auch Frank jr. – als Priester nennt er ihn »father« – an, der sich jedoch von dieser Rolle und damit auch von der Elterngeneration nunmehr energisch distanziert: »What father? Do I look like your father?« Frank jr. kann Bobby auch nicht helfen, für Bobby ist die drohende Hochzeit jedoch eine Katastrophe, was der unreife Tony erst zu begreifen scheint, als sein Freund in einer Mischung aus Unfall und Selbstmord von der Verrazano-Narrows-Brücke stürzt.[5]

Das Milieu, in dem Tony groß wird, ist von der desillusionierten Vorgänger-Generation dominiert und bietet der Jugend keine Chancen, sich von dem reaktionären Wertesystem anders zu distanzieren als durch unproduktive Rebellion. Eine Ausbruchsmöglichkeit bietet jedoch der Gang über die Verrazano-Narrows-Brücke nach Staten Island.[6] Tony weiß alles über diese Brücke. Für ihn ist sie mit Tagträumen und der Möglichkeit eines besseren Lebens korreliert. Seine kongeniale Tanzpartnerin Stephanie Mangano (Karen Lynn Gorney) schlägt indessen den Weg über eine andere Brücke ein. Sie zieht nach Manhattan, und obwohl Tony beim Umzug hilft, gerät sein Leben dadurch aus den Fugen, ein letztes Aufbäumen inner-

halb des alten Systems, bevor auch er sich in der Schlusssequenz per Subway nach Manhattan begibt und Stephanie unterbreitet, »I'm not going back there«, nach Brooklyn, wo ihn nur Orientierungslosigkeit und Unterdrückung erwarten.[7] Die Arbeitslosigkeit der Älteren hat in Brooklyn vornehmlich zu einer Orientierungslosigkeit der Jungen geführt, eine sozialkritische Position, die in SATURDAY NIGHT FEVER durchaus angelegt ist. Die Determination des Schicksals der Jungen durch die Vorstellungen der Älteren ist eine Gefahr für die Emanzipation und Individuation der neuen Generation, ein Prozess, den stellvertretend Frank Manero jr. mitgemacht und als falsch entlarvt hat, um nunmehr Tony davor zu warnen. Die Verantwortung gegenüber der Familie ist eine leere Forderung; am Ende steht die Erkenntnis, dass jeder Angehörige der neuen Generation seinen eigenen Weg finden muss, um die sozialen Probleme zu meistern, denen ihre Eltern nicht mehr gewachsen sind.

2. »You kids think you own this place?« – Virtuelle, soziale und politische Konflikte in WARGAMES

WARGAMES verlegt den drohenden nuklearen Konflikt zwischen den USA und der Sowjetunion zur Zeit des Kalten Krieges in die digitale Welt, indem er die menschliche Kontrolle der Vernichtungswaffen der Kontrolle durch Computer gegenüberstellt. Als der High-School-Schüler David Lightman (Matthew Broderick) auf der Suche nach neuen Computerspielen versucht, den Rechner einer Spielefirma per Datenfernübertragung anzuwählen,[8] stößt er versehentlich auf einen Computer des Verteidigungsministeriums, der ihn fälschlich als seinen Programmierer, das innovative Genie Stephen Falken (John Wood), identifiziert und ihm dadurch Zugriff auf seinen ›Spielebestand‹ gewährt. Dass es sich dabei partiell um Planspiele handelt, welche die Konsequenzen des drohenden III. Weltkrieges ausrechnen sollen, kann David nicht wissen und beginnt somit unter falscher Prämisse eine Partie »Global Thermonuclear War«. Der Computer »Joshua« übermittelt daraufhin seine Berechnungen aus dem Spiel ungefiltert an die Ortungsinstrumente des Verteidigungsministeriums und löst damit fast einen realen Krieg aus. Ein Wettlauf gegen die Zeit beginnt, da die Pentagon-Mitarbeiter und die Sowjets von der reinen Virtualität des Kriegsspiels überzeugt werden müssen, bevor sie irreversible Kriegshandlungen befehlen. Das Problem ist dabei, dass niemand außer dem innovativen Genie Stephen Falken und dem jungen Hacker David Lightman mit den Spielen ausreichend umgehen kann, um den alles kontrollierenden Computer »Joshua« effektiv zu stoppen – die digitale Kompetenz ist in der jüngeren Generation stärker ausgeprägt, da ein einfacher Schüler mehr von den Geräten versteht als die hochrangigen Offiziere im Pentagon.

Bereits in der pre-title sequence wird ein Generationenunterschied markiert, der potenziell fatale Folgen für die Menschheit hat. Zwei Soldaten, die mit der Wartung und Kontrolle nuklearer Raketen betraut sind, bezeugen am Bildschirm den atomaren Erstschlag durch die Sowjets. Als sie die nukleare Vergeltung initiieren, bekommt der Vorgesetzte Jerry (John Spencer) Skrupel und unterbricht die Standardprozedur für einen Anruf bei einer höheren Stelle: »I want someone on the phone before I kill 20 million people.« Da Jerry niemanden erreicht, verweigert er den Abschuss und wird deshalb von seinem jüngeren Untergebenen Steve (Michael Madsen) mit der Waffe bedroht. Das Dilemma erweist sich als Test, der den Soldaten unbekannt war. In einer Rahmenhandlung wird das Ergebnis davon verkündet: 22 Prozent der missile commanders hätten die Raketen nicht abgefeuert, obwohl sie die Situation für den Ernstfall hielten. WARGAMES etabliert damit bereits in den ersten Minuten zwei Diskurse: Erstens wird durch eine innerhalb der Diegese beglaubigte Studie die mangelnde Effektivität menschlicher Kom-

mandanten gegenüber skrupellosen Maschinen kommuniziert und zweitens die Skrupellosigkeit des jüngeren Offiziers im Vergleich zu seinem älteren Vorgesetzten (Spencer war zu dem Zeitpunkt 36 oder 37, Madsen 24 oder 25) inszeniert.

Aus dieser Vorgeschichte entwickelt sich gewissermaßen ein ›technischer Generationenkonflikt‹: Die Nuklearwaffenschützen sollen durch Computer ersetzt werden, die im Notfall automatisch die Waffen starten. Die Ablösung des Menschen durch die Maschine steht unmittelbar bevor, und nur wenige Gegenstimmen erheben sich, darunter ein konservativer General (Barry Corbin), der diesem »overgrown pile of microchips« nicht traut. Tatsächlich existiert im Pentagon bereits der erwähnte Computer namens »Joshua«, auf dessen Festplatte etliche Spiele, darunter ›war games‹,[9] gespeichert sind. Der zentrale Konflikt des Films dreht sich also um ein bereits bestehendes technisches Problem, dessen Lösung kommentativ die mit der pre-title sequence eingeführte Meta-Ebene ausdeutet: Menschen bleiben unverzichtbar und die Substitution durch Maschinen wäre fahrlässig und potenziell fatal für die Menschheit insgesamt. Was den technischen Generationenwandel – die Substitution von menschlichen Arbeitskräften durch Maschinen – angeht, bezieht der Film damit klar Stellung und verdammt ihn als potenziell omnidestruktiv.

Die Aktivierung von »Joshua« erfolgt dadurch, dass der junge Hacker David das Passwort (ebenfalls »Joshua«) durch eine intensive Recherche über den Erfinder der Maschine herausfindet: Joshua ist der Name seines im Kindesalter verstorbenen Sohnes – auch hier wurde der Mensch durch eine Maschine ersetzt, die nunmehr sinnbildlich für die Kindstodesdepression des Vaters steht, indem sie seine Gleichgültigkeit gegenüber der Destruktion der gesamten Menschheit mangels Emotionen spiegelt und Vater und Sohn-Substitut damit wiederum einander annähert.

Die digitale Kompetenz der jüngeren Generation wird durch die Schnittmenge der ›war games‹ mit Arcade-Spielen motiviert. David hält sich offenbar regelmäßig in einem Arcade-Salon auf, wo ausschließlich Kinder und Jugendliche an den Spielautomaten stehen. Dort spielt er *Galaga* (Namco 1981), ein shoot 'em up ohne reguläres Ende – das Kriegsszenario des Spiels wiederholt sich immer wieder und kann somit keinen absoluten, sondern (via high score) nur einen relativen Sieger haben.

Die Kluft zwischen den Generationen wird in WARGAMES verbildlicht

Auch dies mag als Kommentar auf den Kalten Krieg gelesen werden, da der Konflikt zwischen den Amerikanern und den Sowjets am Ende auf eine vergleichbare Weise ausgedeutet wird. *Galaga* ist somit ein weiteres ›war game‹, das seine Ergebnisse nicht in realitätswirksame Ereignisse transformieren kann und somit harmlos bleibt. Auch im Arcade-Salon wird das Motiv der ›Fackelübergabe‹ zwischen den Generationen aufgegriffen, indem David ein deutlich jüngeres Kind darum bittet, für ihn den status quo des Spielautomaten bis zu seiner Rückkehr zu erhalten.[10]

David gerät jedoch nicht nur auf globaler Ebene in Konflikte mit der älteren Generation: In seinem privaten Umfeld ist er ebenfalls permanent in Streitigkeiten verwickelt und setzt sich über geltende Regeln habituell hinweg. Dabei sind besonders die Schule und sein Zuhause zu nennen, die wiederum über ein digitales Netz miteinander verknüpft werden.

In der Schule erscheint David zu spät zum Unterricht und erhält dafür in demütigender Manier eine Arbeit mit der Note »F« vor allen anderen als »Geschenk« überreicht. Hier wird er erstmals mit seiner Mitschülerin Jennifer (Ally Sheedy) in ein Verhältnis gesetzt, der auf ähnlich erniedrigende Weise dieselbe Note präsentiert wird. David revanchiert sich

dafür mit einem beleidigenden Scherz und wird der Klasse verwiesen, was offensichtlich nicht zum ersten Mal geschieht. Der Rektor beklagt Davids »attitude problems« und hat angesichts des mittlerweile schon ritualisierten Aufbegehrens seines Schülers offenbar längst resigniert: Der Generationenkonflikt ist hier zu einem bloßen Rollenspiel geronnen.

Davids Eltern sind ähnlich ratlos, was die Erziehung ihres Sohnes anbelangt, wenn sie auch deutlich wohlmeinender inszeniert werden als der Lehrer. Der erste Dialog zwischen David und seinen Eltern besteht sogleich aus Ermahnungen und Streitigkeiten: Der Vater fordert ihn auf, den Müll herauszubringen und die Mutter belehrt ihn, den Deckel festzumachen. Als David den Raum verlässt, äußert sie ihre Bedenken: »I worry about that kid [...] some day we're all gonna get electrocuted«, was sich auf ihr Unbehagen über Davids Umgang mit den Computern bezieht und angesichts des globalen Konflikts, den David heraufbeschwört, geradezu prophetisch erscheint. Der Müllstreit setzt sich später fort, als David gerade das ›Spiel‹ mit Joshua begonnen hat. Die globalen Auswirkungen von Davids digitalem Einbruch werden durch die Alltagssituation auf geradezu groteske Weise kontrapunktiert, was noch visuell dadurch unterstützt wird, dass die im Vorgarten stehenden Eltern durch Davids Augen (eine POV-Aufsicht) zu komischen Figuren reduziert werden. Jennifer zeigt sich solidarisch mit David, indem sie mit den Augen rollt – sie versteht die Wichtigkeit der kleinlichen Alltagsforderung ebenso wenig wie er, was die beiden weiter zu einer repräsentativen Gruppe bzw. zu einem Pärchen stilisiert. Auf der globalen Ebene besitzt der Alltagskonflikt jedoch durchaus eine Wirkung: Er führt dazu, dass David die Verbindung zu »Joshua« kappt und dadurch vom Verteidigungsministerium nicht geortet werden kann.

Jedoch hat das Verhältnis der Lightmans zu ihrem Sohn durchaus etwas von Vernachlässigung: Als Jennifer ihn das erste Mal nach Hause begleitet, erklärt David, dass seine Eltern fast nie daheim seien, da beide arbeiten; sie haben keinerlei Zugriff auf seine Welt und keine Ahnung von seinen Hacker-Fähigkeiten (und seinen kriminellen Machenschaften). Die Räume sind so klar getrennt, wie es die oben erwähnte steile Aufsicht bei Davids Blick aus dem Fenster auf die Eltern herab suggeriert – die Alten sind in WARGAMES die Unwissenden.

Davids technisches Wissen ermöglicht ihm auch in Bezug auf die Schule eine Überwindung des alten Systems: Dem öffentlichen Widerstand im Klassenraum entspricht der heimliche Widerstand am Computer, der von den Lehrern nicht durchschaut wird. David hat einen Weg gefunden, seine Noten per Einwahl ins Computernetzwerk zu ändern und bietet dies auch Jennifer als romantisch-prahlerische Geste an.[11] Die Eltern wissen ebenfalls nichts von Davids Betrug und loben seine guten Zensuren – sie haben keinerlei Zugriff auf seine geheime Welt.

Die beiden Haupthandlungsstränge des Films sind ebenfalls mit Motiven des Generationenkonflikts verwoben: die Suche nach Stephen Falken und die Auslösung eines virtuellen Atomkrieges. In der Recherche über Falken signalisiert Jennifer zunächst ein erotisches Interesse an Falken, als sie ihn in ei-

nem Video sieht. Aber zu Beginn gilt Falken als verstorben, in relativ jungem Alter, wie Jennifer sagt. Als David ihn korrigiert, er sei ziemlich alt (»pretty old«) – nämlich 41 Jahre – gewesen, stimmt Jennifer zu, das sei alt. Kurz darauf ist das erotische Interesse entsprechend neutralisiert und sie vergleicht Falken mit ihrem Vater, der 45 Jahre alt (und damit ebenfalls »pretty old«) ist. Falken wird im Folgenden dreifach als Vaterfigur konnotiert: von Joshua, der ebenfalls im Video vorkommt; von »Joshua«, der den toten Sohn substituiert hat; von David, der in ihm ein geistig ebenbürtiges Vorbild sieht, das er schließlich aus seiner depressiven Isolation befreit. Dies korrespondiert wiederum damit, dass David Falken gegenüber »Joshua« als ›Vater‹ substituiert, indem die Maschine die beiden verwechselt.[12] Im Video wird inszeniert, wie der Vater (Falken) noch über Computer spricht, während sein Sohn Joshua bereits damit spielt. Dies signalisiert eine Vererbung des Pionierwissens, das der digitalen Generation – und exemplarisch David – den entscheidenden Vorteil gegenüber den Eltern verschafft.

Jennifer setzt Falken ebenfalls mit ihrem Vater in Verbindung, was wieder aufgegriffen wird, als die beiden Jugendlichen herausfinden, dass Falken noch lebt und sie ihn auf einer Insel vor der Küste Oregons aufspüren. Falken hat sich jedoch verändert und will die globale Katastrophe eher fördern als sie zu verhindern: Er sieht den Untergang der Menschheit als Notwendigkeit für den Neubeginn der Natur und hat sich in eine depressive Resignation hineingesteigert, die ihn den Tod herbeisehnen lässt. Der Tod seines Sohnes Joshua hat für ihn privat das ›Weitergeben der Fackel‹ unterbrochen, was ihn dazu bringt, alle regenerativen Zyklen des Menschen für nichtig zu erklären – durch David und Jennifer, Angehörige von Joshuas Generation, wird er als potenzieller Vater reinstatiert und gewinnt sein Interesse am Fortbestehen der Menschheit zurück.[13] Dabei verrät ihn seine Rhetorik von Anfang an: Die Verkündung seiner radikal-evolutionistischen, apokalyptischen Präsentation leitet er ein mit den Worten »Now, children, come on over here, I'm going to tell you a bedtime story.« David begehrt jedoch auch gegen diese Vaterfigur auf, indem er den für die Präsentation notwendigen Projektor ausschaltet und Falkens Philosophie damit ablehnt.[14]

Die Suche nach dem spirituellen Vater (Falken) ergibt zusammen mit dem ›spielerischen‹ Auslösen eines virtuellen Atomkrieges Davids (und Jennifers) Coming-of-Age-Story. Tatsächlich beginnt »Global Thermonuclear War« als Spiel[15] und wird auch so inszeniert: »Who shall we nuke first?« fragt David, und die Jugendlichen übertreffen sich mit ihren Antworten gegenseitig: »Las Vegas […] Seattle«. Das ›Spiel‹ hat jedoch reale Konsequenzen in der politischen Welt der Erwachsenen, was in sich bereits ebenfalls eine Coming-of-Age-Parabel einschließt: Die Jugendlichen müssen zum Erwachsenwerden lernen, mit ihrer (digitalen) Potenz umzugehen, um sozialverträglich zu werden.[16] Auch das Verteidigungsministerium hält die Simulation zunächst für ein Spiel, wenn auch auf einer anderen Ebene (»Someone's playing a game with us.«) Die rebellische Haltung der Jugendlichen gegenüber der älteren Generation wird überdies dadurch signalisiert, dass David und Jennifer die Seite der Sowjets übernehmen, während die tatsächlichen Amerikaner die Seite der Amerikaner übernehmen (müssen).

Dies deutet bereits darauf hin, dass auch die Mitarbeiter des Pentagons Teil dieser Elterngeneration sind, gegen die David und Jennifer tatsächlich wie metaphorisch bzw. virtuell aufbegehren. Die selbstherrliche Autorität des Lehrers in der Schule korrespondiert mit der reaktionären Staatsgewalt, die David ohne reguläres Verhör festhält und ihm nicht einmal einen Anwalt zugesteht. Auf der Mikroebene wird dies gedoppelt, als sich David auf der Flucht aus dem Pentagon in eine Tourgruppe schmuggeln will und von einem Mitarbeiter dafür angezählt wird,

dass er so weit von der Gruppe entfernt war: »You kids think you own this place?«

Wie in vielen Coming-of-Age-Geschichten wird der Konflikt am Ende dadurch gelöst, dass sich der Jugendliche schließlich – zum Erwachsenen gereift – in die Gesellschaft einbringt und sie in diesem Fall sogar rettet. Ziehvater und Ziehsohn arbeiten dafür letztendlich zusammen und überwinden damit den Konflikt auch auf einer übergeordneten Ebene.

Zusammenfassend spiegelt auch die Rahmengeschichte von WARGAMES die auf der Mikroebene reichlich verarbeiteten Generationenkonflikte wider. Der Computer »Joshua« symbolisiert sowohl die Kinder- als auch die Elterngeneration und ist damit Dreh- und Angelpunkt des Konflikts. Die Elterngeneration hat einen Krieg begonnen, der von den Kindern versehentlich zu Ende gespielt wird. »Joshua« will den Konflikt um jeden Preis gewinnen, da er ihn – wie die Kinder anfänglich auch – für ein Spiel hält und den Unterschied zwischen Spiel und Realität ebenso wie David und Jennifer vor ihrem ›Erwachsenwerden‹ nicht kennt. Der reale Joshua gehörte zur Generation von Jennifer und David, weshalb der Computer »Joshua« mit ihnen kommuniziert – die älteren Mitarbeiter des Verteidigungsministeriums wissen hingegen nichts von seiner Existenz. Angestoßen durch die Jugendlichen erwacht Stephen aus seiner depressiven Lethargie und hilft dabei, den Konflikt zumindest zu verlängern, indem die Eskalation verhindert wird. Sein Argument verbindet wiederum die Rahmenproblematik (den Kampf Mensch vs. Maschine) mit der Auflösung des zentralen Konfliktes und führt damit die Ebenen am Ende endgültig zusammen: »General, you are listening to a machine. Do the world a favor and don't act like one.«

Andererseits benimmt sich »Joshua« wie ein rebellisches Kind,[17] indem er nach der Aufdeckung seines Spiels den Konflikt um jeden Preis in die Realität transformieren will – eben weil ihm das Bewusstsein für den Unterschied zwischen Spiel und Realität noch fehlt. Das Szenario ist demzufolge das in der Rahmenhandlung etablierte: Der Computer versucht selbst die Nuklearraketen zu starten, was dem modernisierten Konzept des Pentagons durchaus entspricht. Falken erklärt, dass »Joshua« kein Bewusstsein dafür besitzt, dass Situationen existieren, die man nicht gewinnen kann – diese Fähigkeit wird mit Erwachsensein gleichgesetzt, da Jennifer und David aus genau diesem Grund nicht mehr Tic-Tac-Toe spielen. Folgerichtig lautet die Lösung des Problems, »Joshua« Tic-Tac-Toe gegen sich selbst spielen zu lassen,[18] da er so die Sinnlosigkeit des Kalten Krieges erkennt: »Strange game. The only winning move is not to play.« Das Bewusstsein der Sinnlosigkeit des Kalten Krieges markiert damit in WARGAMES das Erwachsensein, was als politische Botschaft über den Film hinaus gelesen werden mag: Erwachsene spielen keine ›Kriegsspiele‹, wenn der Einsatz die Zerstörung der Welt ist.

3. »Bitch of a work-out« – Erwachsen werden durch sportliche Verantwortung in AMERICAN FLYERS

AMERICAN FLYERS (1985) ist einer der seltenen Radfahrer-Filme der Filmgeschichte[19] – ein Sport- und Familiendrama über zwei Brüder, die sich anschicken, das Drei-Tages-Rennen »The Hell of the West« zu gewinnen und dieses Ziel schließlich erreichen. Gleichzeitig ist der Film die Geschichte der persönlichen Entwicklung des jüngeren Bruders David Sommers (David Marshall Grant), der sich in einem lethargischen Schwebezustand befindet, bis eines Tages sein Bruder Marcus (Kevin Costner) heimkehrt.

Bereits bei der Ankündigung von Marcus' Ankunft wird seine Bedeutung als nostalgische Vorbildfigur für David ersichtlich, während die Mutter (Janice Rule) der beiden nicht gerade begeistert ist, ihren erstgeborenen Sohn zu sehen. Da sowohl die Mutter als auch David befürchten, dass David an einer unheilbaren Hirnkrank-

heit leidet, an welcher der Vater verstarb, hat die Mutter Angst vor Davids Überforderung, während Marcus – seinerseits Arzt – die Vermutung lieber überprüfen würde als schlechterdings von der Erkrankung seines Bruders auszugehen. Marcus etabliert sich gleich mit seiner Ankunft als Vaterersatz für David: Er suggeriert, dass David ausziehen und aufs College gehen solle und sich dringend von seiner Mutter abnabeln müsse. David blockt seine Ratschläge jedoch größtenteils ab, da er ihm vorwirft, niemals für ihn und ihre Mutter dagewesen zu sein. Der Altersunterschied der Brüder ist offenbar groß genug, dass Marcus eine Art Vaterrolle für David übernehmen kann – in beiden Wohnungen steht ein Foto der Brüder, auf dem Marcus auf einem Fahrrad sitzt und David in einem Wagen mit der Aufschrift »American Flyer« hinter sich her zieht: Diese Arbeitsteilung findet sich auch in der Ausgangssituation der Narration bei Marcus' Ankunft. Später wird deutlich, dass Marcus' damaliger Abschied einen doppelten Vaterverlust für David bedeutet hat. Als Marcus eine Jugendfreundin von David namens Leslie einlädt, bricht ein Streit aus, in dem David seinem älteren Bruder vorwirft: »Father died and you took off the same day.« Marcus hingegen ist wütend auf seine Mutter, weil sie in den letzten Tagen nicht für den Vater da war. Dieser Vorwurf wirkt wiederum auf Leslie, die aus schlechtem Gewissen tränenüberströmt mit den Worten »I have to call my mother« das Haus verlässt. Der Film thematisiert hier die Vereinsamung der Älteren durch eine Entfremdung der Generationen voneinander – Marcus' Plan ist es offenbar, die Familie wieder zusammenzuführen, indem er Davids Selbstbewusstsein stärkt. Auch bei Davids nächstem Date versucht Marcus einzugreifen, indem er das Aussehen von Davids Freundin kritisiert: »What did she do to her hair? What is that?« David hingegen emanzipiert sich durch die Reibung allmählich von Marcus und ist am Ende des Films schließlich in der Lage seine Rolle zu übernehmen.

Ein zweites Familienkonzept wird anhand des Chefs vom Sportinstitut namens Dennis Conrad (John Amos) dargestellt. Dennis' übergewichtiger Sohn Randolph (Doi Johnson), den er mit hartem Training schikaniert, will sich offensichtlich jedoch in eine andere Richtung entwickeln. Marcus und Dennis sind ebenfalls gute Freunde; außerdem ist Dennis eine der wenigen Personen, die weiß, dass Marcus und nicht David an der Hirnkrankheit seines Vaters leidet. Als er telefonisch erfährt, dass nach Marcus' erstem Etappensieg ernsthafte Symptome der Krankheit sichtbar wurden, weint er allein in seinem Büro. Randolph stößt dazu und tröstet ihn, die Tränen des Vaters auf sich beziehend:

Lucinda übernimmt die Mutterrolle für ihren Bruder

Nicht jeder Vater könne Julius Erving zum Sohn haben. Die Kommunikationsprobleme der beiden werden dadurch zugespitzt, dass Randolph mit Wasser seinen Pullover besprenkelt hat, um vorzutäuschen, ein hartes Training (»bitch of a work-out«) hinter sich zu haben; auch wenn Randolph keine sportliche Karriere verfolgen möchte, will er seinen Vater offenbar dennoch beeindrucken.

Auch Mrs. Sommers versucht den Anschluss an ihren Sohn nicht zu verlieren, erkennt aber in gelegentlichen Telefongesprächen mit seinem Umfeld, dass er sich ohne ihren Einfluss offenbar besser entwickeln kann. Schließlich steht sie David und Mar-

cus bei ihrem großen Rennen ebenfalls bei und komplettiert damit die Zusammenführung der Familie. Randolph und Dennis stoßen dazu, da sie als Teil des erweiterten sozialen Netzwerks der Summers' die beiden Brüder unterstützen wollen. Der Konflikt zwischen Randolph und Dennis wird indessen nicht aufgelöst: Als der Sporttrainer seinem Sohn das Radfahren schmackhaft machen will, wirft Randolph nur einen kurzen Blick auf die erschöpften Athleten und wünscht sich lieber eine Bowlingkugel zum Geburtstag, was Dennis nur mit Verachtung quittiert. Marcus und seine Mutter söhnen sich angesichts von Davids neuer Führungsrolle aus und unterstützen ihn gemeinsam. Mit diesem Rückhalt emanzipiert sich David auch sportlich von seinem Bruder und schafft, was Marcus nicht erreicht hat, weil jener innerlich aufgegeben hat. Damit führt er die Familientradition fort und entwickelt gleichzeitig eine eigenständige Identität. Auch hier wird ein beigelegter, aber nicht gelöster Generationenkonflikt neu aufgerollt und dadurch im zweiten Anlauf tatsächlich gelöst: Marcus entfernt David von der Mutter und führt die beiden darüber wieder zueinander. Die geglückte Familienzusammenführung wird in einem Foto festgehalten, das erst zum Standbild erstarrt und dann in einem Match-Cut mit derjenigen Art Rahmen objektiviert und verstetigt wird, die bisher dem nostalgischen Bild der beiden Brüder vorbehalten war. Das neue Bild ersetzt also die frühere Aufnahme, in welcher die Elterngeneration fehlte, der Konflikt ist überwunden. Dass ausgerechnet das aktuelle Foto in schwarz-weiß ist, unterstreicht die Überzeitlichkeit des abgebildeten Motivs der typischen amerikanischen Kernfamilie – der mit den Attributen des Vaters versehene große Bruder als Ersatzvater, die Mutter als die Mutter und David als der nunmehr gleichsam integrierte und unabhängige Sohn.

4. »Just a game, like hide & seek« – Die mörderische Überwindung eines Kindheitstraumas in BROTHER'S KEEPER

John Badhams TV-Film BROTHER'S KEEPER ist von Beginn an als Genrekino inszeniert: Eine traumatisierte FBI-Agentin namens Lucinda Pond (Jeanne Tripplehorn), die aufgrund eines schwerwiegenden Fehlers nicht mehr im Dienst ist, kehrt zur Arbeit zurück, weil ein neuer Mörder auftaucht, der im selben Stil mordet wie der von ihr zuletzt nicht gefasste Täter Victor Orban. Gleichzeitig ist Lucindas Bruder Ellis (Corin Nemec) aus dem Gefängnis ausgebrochen. Bald wird deutlich, dass er und nicht Orban der gesuchte Mörder ist. Lucinda nimmt selbstverständlich ihren Platz wieder ein, verkörpert jedoch für die übrigen Agents eine Generation, die versagt hat und nun unrechtmäßig ihren verwirkten Posten beansprucht. Entsprechend nennt sie einen ihrer Kollegen (Evan Parke) hartnäckig »Junior« und unterlässt dies auch nicht, als er sie freundlich bittet, damit aufzuhören.[20] Die Markierung der Differenz zwischen ihrem Status im FBI und dem der Nachfolger ist ihr – nicht nur aus Kompetenzgründen – wichtig.

Neben der diegetischen Gegenwart erzählt BROTHER'S KEEPER die gemeinsame Familiengeschichte von Lucinda und Ellis in ihrem Elternhaus in Flashbacks, die durch einzelne Reize ausgelöst und von beiden Charakteren geteilt werden, was durch die ästhetische Eigenwilligkeit der pupillenförmigen Rahmung signalisiert wird.[21] Die Flashbacks erzählen die Geschichte einer schützenden Schwester und eines gegen die Regeln agierenden und oft unschuldig bestraften Bruders, was sich auch in Lucindas Trauma widerspiegelt: Sie hat den Dienst quittiert, da sie beim Beschützen eines Unschuldigen versagte, als die ihr untergebenen Agenten schossen, bevor sie es verbal unterbinden konnte.

Das erste Flashback vertieft diese Disposition: Lucinda stellt ihren Bruder, der wegen Einbruchs gesucht wird, und schickt ihn durch die Hintertür, damit er vor der eintreffenden Polizei entkommen kann. Ellis zögert und konstatiert: »You're never gonna give up on me«, worauf Lucinda erwidert: »Never […] you're my baby brother.«[22] Genau das will Ellis jedoch erreichen: Sein Plan ist, zu morden, bis seine Schwester ihn nicht mehr schützen kann, sondern im Gegenteil bestrafen muss. In einem Telefonanruf auf dem Revier verdeutlicht er dies: »She's the only one who can put a stop to this.« Die Hinweise, die Ellis als Täter der Polizei hinterlässt, haben alle einen Bezug auf Lucindas und seine Kindheit und sind damit spezifisch nur von ihr zu entschlüsseln. Als Lucinda das Skelett des zuvor verdächtigten Victor Orban findet und daraus schließt, dass sie schon immer Ellis gejagt hat, wird ihr klar, dass Ellis sogar von ihr getötet werden will, um sie davon zu befreien, ihn sein Leben lang zu beschützen. Es sind Lucindas Mutterinstinkte gegenüber ihrem jüngeren Bruder, die sie von dieser Befreiung abhalten, da sie bereits als Kind die Mutterrolle für Ellis übernahm und sich dem gewalttätigen alleinerziehenden Vater manches Mal regulierend in den Weg stellte.[23] Diese Rolle hält jedoch gleichzeitig Lucinda davon ab, eine Mutter für ihre Tochter Marcy (Britt McKillip) zu sein – auch Lucindas Ex-Freund wird damit zum alleinerziehenden Vater; und diese negativ konnotierte Konstellation der Mutterlosigkeit kann nur durch Ellis' Tod hin zur normativen ›Modellfamilie‹ verändert werden.[24] Tatsächlich gibt Lucinda ihren Bruder bis zum Ende nicht auf: Sie springt in den für ihn bestimmten Schuss, die Kugel durchdringt allerdings ihre Schulter und trifft sein Herz. Ellis' Vorhersage bewahrheitet sich jedoch, denn Lucinda kann in der Folge wieder normal arbeiten und für Marcy eine Mutter sein, da er den Platz des Kindes mit seinem Tod freigegeben hat.

Ellis' Flashbacks sind denen von Lucinda inhaltlich wie ästhetisch vergleichbar (durch

Blende, Filter und Farbgebung) und handeln ebenfalls von seiner Kindheit. Als Lucinda in den Dienst zurückkehrt, kehrt Ellis parallel dazu nach Hause zurück und erwürgt den Mann, der sein Elternhaus bewohnt, mit einem Ledergürtel. Damit bemächtigt er sich des Werkzeugs seines Vaters, denn der Gürtel war stets die Waffe, die jener zu Ellis' Bestrafung benutzte. Ellis sucht Vaterfiguren auf und tötet sie mit ›ihrer‹ eigenen Waffe; am Tatort hinterlässt er Kaugummipackungen der Sorte, die sein Vater bevorzugte und die er nach den traumatisierenden Prügelstrafen achtlos vor ihm auf den Boden warf. Somit schlüpft Ellis in die Vaterrollen, die er physisch zerstört: Als er sein erstes Opfer nach dem Gefängnisausbruch ermordet, zieht er sich hinterher dessen Kleidung an[25] und markiert sich damit als finanziell potenter Erwachsener. Jenes Opfer ist der Versicherungsvertreter Rick Buckley, in dessen ›Funktion‹ Ellis auf sein Elternhaus zutritt, bevor er dessen Bewohner ebenfalls erdrosselt.[26]

Die Elternrollen, die Lucinda und Ellis durch die erneute Mordserie und die gemeinsame Vergangenheit sowie durch Ellis' Inszenierung zugewiesen werden, sind den Protagonisten durchaus bewusst. Ellis' erstes Rätsel bezieht sich auf die Muttergottes Maria, was als ein idolisierendes Motto für die folgenden Rätsel gelten kann, die allesamt mit der gemeinsamen Kindheit zu tun haben. Er löst dadurch eine Rekonstruktion der Kindheitserinne-

rung und damit der früheren Familienkonstellation aus. Genau wie Lucinda früher die Schwester- und Mutterrolle für ihn innehatte, besetzt Ellis nunmehr die Bruder- und Vaterrolle, wodurch Lucinda wiederum in die Tochterrolle rückt. Die Rekonstruktion der Kindheit geht einher mit der Rekonstruktion von Identität(en); zugleich verharmlost Ellis seine Gräueltaten als ›Kinderspiel‹. Als Lucinda ihren Bruder am Telefon fragt, wo er sei, werden diese beiden Motive zusammengeführt: Er sitzt vor einem zerbrochenen Spiegel (seit jeher ein Symbol fragmentierter Identität) und antwortet »through the looking-glass«, was sich die lautliche Ähnlichkeit zwischen Ellis und Alice zunutze macht, um auf Lewis Carrolls zweiten *Alice*-Roman *Through the Looking Glass, and what Alice found there* (1871; dt. *Alice hinter den Spiegeln*) anzuspielen und Ellis' Inszenierung als fantastische Erfahrungsreise zu konnotieren.[27]

Die Disposition der Mordserie als Schnitzeljagd ist wiederum auf einen Vorfall in der Kindheit zu beziehen, als der Vater den verängstigten Ellis mit auf die Jagd nehmen wollte. Wiederum tröstet ihn Lucinda im Flashback mütterlich, streichelt Ellis' Kopf auf ihrem Schoß und sagt zum Vater, sie 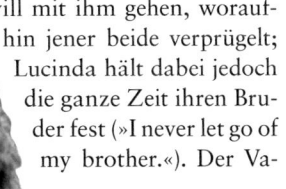 will mit ihm gehen, woraufhin jener beide verprügelt; Lucinda hält dabei jedoch die ganze Zeit ihren Bruder fest (»I never let go of my brother.«). Der Va-

Lucinda und Ellis werden allein im Wald ausgesetzt

ter nimmt beide mit »jagen«, setzt sie aber nur im Wald aus und fordert sie auf: »Hunt your way home.« Lucinda erfindet daraufhin für Ellis ein Spiel »like hide & seek«, um die Erfahrung erträglicher zu machen.

Lucinda ist auch tatsächlich Mutter, ihre Tochter Marcy lebt allerdings beim alleinerziehenden Vater. Da Lucinda wie bereits erwähnt die Mutterrolle für Marcy nicht ausfüllen kann, weil diese für Ellis reserviert ist, befürchtet sie, dass sich Ellis aus Eifersucht gegen Marcy richten wird, da sie in der suggerierten Familienkonstruktion seine direkte Konkurrentin darstellt. Ellis ›befreit‹ jedoch einen anderen Jungen von dessen gewalttätigem Vater, indem er diesen ermordet. In dem Jungen erkennt Ellis sich selbst und entführt kurzerhand das Kind, um es als Geisel zu nehmen; gleichzeitig vervollkommnet er damit kurz vor dem finalen Showdown symbolisch seine Vaterrolle.

Rückkehrmotiv und Rollenspiel initiieren also eine Rekonstruktion der familiären Vergangenheit, die nur für die beiden Geschwister vollständig entschlüsselbar ist. Ellis kommuniziert in ›Kindersprache‹ mit Lucinda, nimmt jedoch als Mörder die Rolle des misshandelnden Vaters ein. Dazu tötet er Vaterfiguren und schlüpft in deren Vaterrolle(n); gleichzeitig kopiert er vorgeblich einen anderen Mörder namens Victor Orban, der als Kindesmisshandler berüchtigt ist. Dieser starb jedoch, bevor er die Mordserie hätte beginnen können. Victor Orban fungierte nur als Strohmann für Ellis und Lucindas Rückkehr ergibt nun in doppelter Hinsicht Sinn. Ihr traumatischer Fehler resultierte daraus, dass sie Ellis' Hinweise nicht verstand und Orbans Grabstätte nicht fand – dadurch musste ein Unschuldiger sterben.

Die Motive hängen also zusammen, da Ellis weiß, dass Lucinda nur dann in den Dienst zurückkehren kann, wenn der ihr bekannte (vermeintliche) Mörder, bei dessen Festnahme sie versagt hat, wieder aktiv wird. Ellis' Rollenspiele resultieren in einer Fragmentierung seines Charakters, vornehmlich in Va-

ter, Bruder und Sohn, jedoch auch in weitere Rollen wie diejenige Victor Orbans, was sich z. B. in dem bereits erwähnten Motiv des zerbrochenen Spiegels zeigt. Auch das Motiv der Fußspuren deutet in diese Richtung. Ellis hinterlässt den Abdruck eines Arbeitsstiefels – symbolisch aufgeladen als die Fußstapfen seines Vaters – vor seinem Elternhaus; ein anderes Mal produziert er mit Hilfe von Hausschuhen eine falsche Fährte für die FBI-Agenten. Die Arbeitsstiefel sind ein Modell, das seit 1996 nicht mehr hergestellt wird, dem Todesjahr des Vaters. In der Firma Chrome Lord, beim früheren Arbeitgeber seines Vaters, versteckt er zudem das Skelett Victor Orbans im Keller[28] zwischen den väterlichen Hinterlassenschaften, damit Lucinda es findet.[29]

Durch die zeichenhafte Verwendung von Überbleibseln aus der Vergangenheit beschwört Ellis somit die tote Vaterfigur wieder herauf und re-inszeniert einen physisch bereits abgeschlossenen Generationenkonflikt, der psychisch für beide Geschwister nach wie vor ein Trauma darstellt. Die Mordserie ist damit eine extrem brutale Form der Traumabewältigung, welche durch die Rekonstruktion der physischen Aspekte des Konfliktes diesen aktualisiert und zu Ende bringt.[30] Dabei wird die Ersatzkonstellation aus der Vergangenheit von Ellis komplementär um eine neue Ersatzkonstellation ergänzt: Lucinda, die früher die Mutterrolle für Ellis übernahm, wird von dieser befreit, indem Ellis die Vaterrolle übernimmt. Somit führt der ›Vatermord‹ zur Emanzipation Lucindas von ihrer Kindheit, wodurch sie sich selbst ihrer Familie als Mutter zuwenden kann – damit liegt auch BROTHER'S KEEPER im Kern eine – ödipal aufgeladene – Coming-of-Age-Geschichte zugrunde.

5. Fazit: Generationenkonflikte und Familienkonstellationen in John Badhams Filmen

Anhand der Analyse der Generationenkonflikte in John Badhams Filmen kann seine Praxis beobachtet werden, auf mehreren Ebenen narrativ relevante Motive zu etablieren: Momente auf der Mikroebene (oft eher symbolischer Art) korrespondieren mit Szenen, Sequenzen und Situationen und letztlich auch den großangelegten, übergeordneten Motiven der Diegese. Die Konflikte haben mitunter eine sozialkritische Dimension wie in SATURDAY NIGHT FEVER oder eine politische Dimension wie in WARGAMES; in anderen Fällen sind sie vor allem narrative Vehikel, die den zentralen Konflikt der Erzählung motivieren, wie in AMERICAN FLYERS und BROTHER'S KEEPER.

Auf diese Weise sind die ausgewählten Filme zwar alle vergleichbar, jedoch handelt es sich bei näherer Betrachtung um vier grundverschiedene Konzepte, die den Generationenkonflikt jeweils in gänzlich anderer Funktion einsetzen. In SATURDAY NIGHT FEVER führt das Scheitern der alten Werte zu einer Desillusionierung, die sich in leeren Kämpfen entlädt; die ›Fackelübergabe‹ ist nicht mehr möglich, wodurch sich die junge Generation individualisieren und selbst orientieren muss, ohne die Ratschläge der Eltern länger als Maßstab zu akzeptieren. In WARGAMES erbt die junge Generation einen Konflikt, den die ältere Generation ausgelöst hat, und enttarnt ihn als unreif. Dass sie der älteren Generation durch ihre fortgeschrittenen digitalen Kompetenzen auf einem zukunftsträchtigen Gebiet derart überlegen ist, macht es umso notwendiger, dass von ihr die Zwecklosigkeit des Kalten Krieges erkannt wird, damit das Vertrauen auf die Maschinen nicht zu einer Katastrophe für die Menschen führt. AMERICAN FLYERS erzählt, wie eine durch den Verlust des Vaters und den Weggang des Bruders dysfunktionale Familie durch die Rückkehr des Bruders und dessen Beanspruchung der Vaterrolle über das Mittel des Sports wiederhergestellt und im Angesicht des drohenden Verlustes des neuen Ersatzvaters zukunftsfähig gemacht wird. Der inszenierte Generationenkonflikt ermöglicht dem kleinen Bruder das verspätete Erwachsenwer-

den und beendet somit die väterliche Erziehung – wenn auch verspätet –, sodass er selbst wiederum zur Übernahme von Verantwortung für die Familie bereit ist, wenn der ältere Bruder es nicht mehr sein sollte. In BROTHER'S KEEPER verhält es sich nochmal anders: Ein durch die Gewalttätigkeit des mittlerweile verstorbenen Vaters schwer traumatisiertes Geschwisterpaar kann seine für beide Seiten destruktive Beziehung erst überwinden, als der Bruder die gewalttätige Vaterrolle annimmt und die Schwester dadurch gezwungen wird, ihre schützende Mutterrolle aufzugeben. Der symbolische zweite Tod des Vaters (im Tod des Bruders) befreit die Schwester von ihrer Tochter- und ihrer Mutterrolle zugleich und befähigt sie, nunmehr ihrer eigenen Tochter eine Mutter zu sein. Der Generationenkonflikt war hier als Trauma bis zur endgültigen Beilegung immer präsent und hielt beide Geschwister davon ab, ein erfülltes Leben zu führen.

Auffällig ist, dass alle vier Konflikte an – teils verspätete – Coming-of-Age-Geschichten gebunden sind. Die Individualisierung und Emanzipation der jüngeren Generation geht immer mit einer Überwindung und Abgrenzung von der älteren Generation und deren Rollenverständnissen einher – besonders die älteren Väter stehen im Zentrum: Sie sterben früh, ziehen sich zurück, werden irrelevant oder hinterlassen durch ihre Gewalttätigkeit traumatisierte Kinder. Die Überwindung der Abhängigkeit vom Vater und dessen spezifischer Disposition führt zum Erwachsenwerden der jüngeren Generation, das nicht unbedingt in der Pubertät selbst stattfinden muss, sondern mithin auch mit deutlicher zeitlicher Verzögerung eintritt. Allen Filmen ist damit eine Art Substitution des zu Beginn vorliegenden Familienmodells durch ein potenzielles neues Modell gemeinsam, wodurch Generationenkonflikte und Familienkonstellationen in John Badhams Filmen als dynamischer und statischer Aspekt derselben narrativen Situation fungieren.

Anmerkungen

[1] Zu realen Vorbildern des fiktiven Brooklyn in SATURDAY NIGHT FEVER und zur daraus ableitbaren Konstruktion von Jugendkultur durch die Art der Produktion vgl. Alice Echols: Hot Stuff. Disco and the Remaking of American Culture (Kap. 5 – SATURDAY NIGHT FEVER: The Little Disco Movie). New York: W.W. Norton 2010. Zur Verortung des Films im popkulturellen und filmhistorischen Kontext der Zeit vgl. J. Hoberman: 1975-1985: ten years that shook the world. In: Thomas Schatz (Hg.): Hollywood. Critical Concepts in Media and Cultural Studies. New York: Routledge 2004, S. 320-324.

[2] Winn sieht das Fehlen aufmunternder Bemerkungen als Spezifikum einer stereotyp inszenierten Hollywood-Arbeiterklasse: J. Emmett Winn: The American Dream and Contemporary Hollywood Cinema. New York: Continuum 2007, S. 38.

[3] In Angers Film wird das Anlegen beinahe jedes Kleidungsstücks vom Protagonisten wie das Anlegen einer Rüstung inszeniert; die damit einhergehende Fetischisierung der Kleidung unterstreicht deren zentrale Bedeutung für die abgebildete Jugendkultur.

[4] Zur Korrelation von Jugendkultur und Diskomusik in SATURDAY NIGHT FEVER vgl. Leslie Vize: Music and the Body in Dance Film. In: Ian Inglis (Hg.): Popular Music and Film. London: Wallflower 2003, S. 22-38.

[5] Zur Brücke vgl. Greg Keeler: SATURDAY NIGHT FEVER: Crossing the Verrazano Bridge. In: Journal of Popular Film and Television (1979) Nr. 7, S. 158-167; zur Raumkonstellation vgl. Winn a.a.O., S. 36.

[6] Es ist daher geradezu als symbolisch zu betrachten, dass Bobby gewissermaßen auf halbem Wege der Ausweg verwehrt bleibt, indem er von ebenjener Brücke springt, die für Tony eine mögliche Befreiung bedeutet.

[7] Zur Gender-Problematik, die hier ausgespart wird, vgl. Marisa Buovolo: SATURDAY NIGHT FEVER. In: Thomas Koebner/Dorothee Ott (Hg.): Filmgenres: Musical- und Tanzfilme. Stuttgart/Ditzingen: Reclam 2014 sowie Jeff Yanc: »More than a woman.« Music, Masculinity and Male Spectacle in SATURDAY NIGHT FEVER and STAYING ALIVE. In: Velvet Light Trap (1996) Nr. 38, S. 39-50.

[8] Was im Film zu sehen ist, kann als Datenfernübertragung (DFÜ) mittels eines Akustikkopplers beschrieben werden, wobei die gezeigte Übertragungsgeschwindigkeit anno 1983 unwahrscheinlich ist – übliche Geräte hatten damals in etwa eine Symbolrate von 300 Baud. Die von Lightman praktizierte Suchweise wurde im Nachfeld des Films als ›war dialing‹ bezeichnet (vgl. Patrick S. Ryan: War, Peace, or Stalemate. Wargames, Wardialing, Wardriving, and the Emerging Market for Hacker Ethics; 2004, S. 10f.; www.papers.ssrn.com/sol3/papers.cfm?abstract_id=585867; Stand: 07.08.2015) und ist durchaus als realistisch einzuschätzen. Der Computer »Joshua« hängt möglicherweise am Arpanet, dem Vorläufer des später sogenannten Internets, dies ist aber am Film nicht zweifelsfrei nachzuweisen. Für Hinweise und die fachlich kompetente Beratung in diesen Dingen danke ich Jochim Selzer.

[9] Zur Begriffsklärung, Geschichte und realen Grundlage von ›war games‹ siehe Martin van Creveld: Wargames. From Gladiators to Gigabytes. Cambridge: CUP 2013.

[10] Auch dies doppelt das Spiel mit »Joshua«, der in Davids Abwesenheit weiterspielt, statt auf seine nächste Eingabe zu warten, wodurch letztlich die Katastrophe überhaupt erst möglich wird.

[11] Auch das Benoten selbst wird als romantische Geste etabliert: Jennifer ist erst enttäuscht, als David ihr sagt, er habe ihr die Note »C« gegeben (da sie dies offenbar auf sich selbst bezieht) und versteht es als großes Kompliment, dass es doch die Note »A« war.

[12] Dies korrespondiert damit, dass David sich bei Falken mit den Worten »I came to talk about Joshua« vorstellt, als statte er als Lehrer eines ungezogenen Kindes dem Vater einen Besuch ab.

[13] Dieser Generationenkonflikt wird am Rande auch von Mannix (Patrick Mannix: The Rhetoric of Antinuclear Fiction. Persuasive Strategies in Novels and Films. Cranbury/London/Mississauga: Associated University Press 1992, S. 63ff.) beschrieben. In Brown (Noel Brown: The Hollywood Family Film. A History, from Shirley Temple to Harry Potter. London/New York: I.B. Tauris 2012, S. 174f.) wird das zugrundeliegende Familienmodell ebenfalls erwähnt, jedoch nicht weiter ausgeführt.

[14] Das Abschalten des Projektors kann an dieser Stelle natürlich auch als selbstreflexiv-ironisches Element gelesen werden, indem das Beenden der Fiktion mit dem Primat des tatsächlichen Handelns korreliert wird.

[15] Und das Sujet war damaligen Videospielen ja auch keinesfalls unbekannt, wie Missile Command (Atari 1980) zeigt. Das etwas später als der Film erschienene Raid Over Moscow (Indie Built 1984) kann sogar

als eine Art Pendant zu »Joshuas« Kriegsspiel gelesen werden.

[16] Das Auslösen eines globalen thermonuklearen Krieges ist wohl in etwa das Gegenteil von ›sozial verträglich‹.

[17] Dies ist nur konsequent, da der ›analoge‹ Joshua auch nie erwachsen geworden ist. Falken setzt seine unterbrochene Erziehung damit am Substitut fort.

[18] Je nach Lesart gelten Schach-Simulatoren, Missile Simulator oder eben die Tic-Tac-Toe-Umsetzung *Oxo* (1952) als erstes Computerspiel. Letzteres ist zweifelsfrei das erste Computerspiel mit grafischem Display, wodurch die Überwindung des Computers durch seine spielerischen Wurzeln als selbstreflexives Element gelten kann. Vgl. auch www.pong-story.com/1952; Stand: 28.07.2015.

[19] Für eines der wenigen anderen Beispiele, BREAKING AWAY (1979; R: Peter Yates), gewann Drehbuchautor Steve Tesich einen Oscar.

[20] Vgl. hierzu auch den Artikel von Lars Krautschick im vorliegenden Band.

[21] Für eine genauere Analyse dieser Darstellungsform vgl. den Artikel von Lars Krautschick im vorliegenden Band. Er bezieht diese Darstellungsform ferner auf Deleuzes ›Kristallbild‹.

[22] Das Wort »baby brother« verstärkt den Eindruck, dass hier eine Mutter-Sohn-Beziehung vorliegt, ist allerdings im Englischen für »jüngerer Bruder« durchaus geläufig und von dieser Konnotation (potenziell) frei.

[23] Ebenso stellt sie sich schützend der Polizei in den Weg, als sie Ellis durch die Hintertür entlässt. Wie einen tatsächlichen ›Schild‹ reckt sie ihre Polizeimarke (im Englischen homonym zu »shield«) in die Höhe; zwar um die Agenten auf sich aufmerksam zu machen, aber die Polyvalenz der Geste ist unübersehbar. Auch in den Flashbacks stellt sich Lucinda schützend vor ihren Bruder und nimmt ihn hinterher tröstend in den Arm.

[24] Auf einer profilmischen Meta-Ebene wird dies dadurch bekräftigt, dass Britt McKillip eine Doppelrolle als Lucindas Tochter Marcy und die junge Lucinda hat.

[25] An anderer Stelle entkommt er als Polizist verkleidet von einem Tatort.

[26] Ein musikalisches Motiv, das die verschiedenen Vaterfiguren und -erinnerungen im Film miteinander verknüpft, ist der Kopf des Kinderliedes »London Bridge«, das ebenfalls Lucinda und Ellis aneinander bindet. Als Lucinda vor ihrem Elternhaus steht, ist es zu hören; gleichsam als Ellis an den Wohnwagen eines gewalttätigen Vaters klopft, den er zum nächsten Opfer erkoren hat.

[27] Lars Krautschick macht als weitere Kontexte die biblische Kain-und-Abel-Geschichte sowie das Hänsel-und-Gretel-Märchen aus – vgl. hierzu seinen Artikel im vorliegenden Band.

[28] Dies mag auf die englischsprachige figure of speech »skeleton in the closet« (dt. etwa Leiche im Keller) anspielen, die sich häufig auf die Geheimhaltung moralischer Mängel oder Missetaten bezieht und somit auch für Traumata gelten kann. Victor Orban steht metaphorisch für Lucindas Trauma – er ist ihr ›skeleton in the closet‹, das sich ausgerechnet im Keller ihres Vaters – einem möglicherweise dem Unterbewusstsein zuzuordnenden Raum – findet.

[29] Der Film spielt an dieser Stelle reflexiv mit Ellis' Inszenierungstätigkeiten und seinem uneinholbaren Wissensvorsprung (sofern er nicht gefasst werden wollen würde): Im Vordergrund ist in den Staub eines Rundkolbens der Schriftzug »Hi Luce« gemalt, den Lucinda jedoch im Gegensatz zum impliziten Zuschauer nicht zu sehen bekommt.

[30] Krautschick bezieht die Korrelation von Traumabewältigung und Konfliktlösung auf die Genrekonvention des ›Female-Detective-Film‹ (FDF). Vgl. dazu seinen Artikel im vorliegenden Band.

»Shall we play a Game?«

Die cineludischen Spielformen der WarGames

Von Andreas Rauscher

Noch in weiter Ferne: TOMB RAIDER und DOOM

Die Annäherungen zwischen Filmen und Games verfügten zu Beginn der 1980er Jahre über einen besonderen spielerischen Charakter. Die möglichen Wechselspiele zwischen Videospielen und Leinwand wurden mit sichtlicher Experimentierfreude ausgelotet, ohne dass sich bereits die zukünftigen Komplikationen hätten erahnen lassen. Videospiel-Verfilmungen wie TOMB RAIDER (Lara Croft: Tomb Raider; 2001; R: Simon West; Lara Croft Tomb Raider: Die Wiege des Lebens; 2004; R: Jan de Bont) und DOOM (2005; R: Andrzej Bartkowiak), die ohnehin bereits ihre sehr filmisch geprägten Vorlagen nachzeichnen, befanden sich noch in weiter Ferne. Umgekehrt bestand von Seiten der Spiele auch noch nicht die

Gefahr eines »Cinema Envy«, vor dem der Designer Eric Zimmerman[1] warnte, da sich die Videospiele noch nicht auf hyperrealistische Szenarien, sondern auf ihre grundlegenden Qualitäten wie sich steigernde Herausforderungen und die Spielmechanik beschränkten. Die Integration umfangreicher vorgefertigter filmischer Sequenzen auf CD-Rom, DVD und Blu-Ray galt noch als Zukunftsmusik und nicht als Auslöser für falschen Neid oder kulturelle Minderwertigkeitskomplexe. Filme wie WARGAMES (1983) von John Badham, TRON (1982) von Steven Lisberger und THE LAST STARFIGHTER (1984) von Nick Castle realisierten auf jeweils eigene Weise Suchbewegungen nach filmischen und spielerischen Synergien vor dem Hintergrund der Arcade-Kultur der damaligen Spielhallen und münzbetriebenen Automaten.

Der folgende Artikel betrachtet die ersten filmischen Annäherungen in den 1980er Jahren an die Ästhetik und Spielmechaniken der Videospiele als Skizzen cineludischer Formen; sie kombinieren filmische Arrangements mit spielerischen Abläufen. Sie schaffen intersubjektive Einblicke in die Spielerfahrung, dokumentieren kulturelle Kontexte und reflektieren in Bildern die Komplikationen zwischen Spiel, Schein und Sein. Filmwissenschaftliche Perspektiven sollen in den folgenden Ausführungen um Rückkopplungen aus der Sicht der Game Studies ergänzt werden. Der interdisziplinäre Ansatz der Game Studies, der von einigen Vertretern auch als Ludologie bezeichnet wird, beschäftigt sich, wie der Spielforscher Gonzalo Frasca erläutert, sowohl mit Spielen im Allgemeinen als auch mit Videospielen im Besonderen.[2]

Die Thematisierung von Spielmechaniken reicht in WARGAMES über die reine ikonographische Bezugnahme auf Videospiele hinaus. Simon Egenfeldt-Nielsen, Susana Tosca und Jonas Heide Smith benennen in ihrer Einführung *Understanding Video Games* als grundlegende Möglichkeiten zur Annäherung an Spiele die Bereiche Ästhetik, Spielerfahrung und Spielkultur: »Games may be approached with a focus on rules (the design of the game), play (the human experience of playing the game), culture (the larger contexts engaged with and inhabited by the game).«[3] Diese drei Aspekte erweitern sie um ein viertes Themenfeld, die Ontologie der Spiele, »these studies usually seek to present general statements that apply to all games, and may enable us to understand, for example, the relationship between rules, fiction and the player.«[4] Entsprechend dieser Aufteilung werden, ergänzt um kurze Seitenblicke auf TRON und THE LAST STARFIGHTER, die in WARGAMES verhandelten ästhetischen As-

soziationen an die damalige Arcade-Kultur, die Spielerfahrung der Protagonisten und schließlich das Potential der Simulation als ontologisches Problem der Spielsituation genauer betrachtet.

Die Ästhetik der Arcade-Games

Bereits auf den ersten Blick unterscheidet sich die Ästhetik der münzbetriebenen Automatenspiele in den Arcade-Hallen deutlich von ihren Varianten auf heimischen Konsolen und Computern. Vergleichbar dem Kino der Attraktionen in den 1890er und 1900er Jahren ist die Verwandtschaft zum Jahrmarkt deutlich erkennbar.[5] Die Spielszenarien waren in einem einzelnen Screen untergebracht und ließen sich, nicht zuletzt aufgrund ihrer einfachen grafischen Gestaltung, mit einem Blick kognitiv erfassen.[6] Der ästhetische Reiz bestand weniger in der als ornamentale Verzierung auf den Automaten ikonographisch angedeuteten Geschichte als in der Ermittlung der richtigen Kombination durch Trial-and-Error, mit der ein möglichst imposanter High Score erzielt werden konnte. Analog dem auf exotische Ansichten, dokumentarische Impressionen, Zaubertricks, Stunt-Darbietungen und kurze Slapstick-Nummern spezialisierten Kino der Attraktionen,[7] arbeitete das Game-Design der Arcade-Automaten lediglich mit Fragmenten einer Narration und konzentrierte sich ganz auf einzelne spielerisch reizvolle Situationen. Im Unterschied zu späteren Konsolen- und PC-Spielen, die mit Hilfe von Passwörtern und der Save-Funktion die medienspezifischen Möglichkeiten der Dramaturgie entscheidend modifizierten, verzichteten die Automatenspiele auf umfangreiche Handlungsabläufe und boten stattdessen markante Situationen, die in zunehmend schwieriger gestalteten Levels bei gleich bleibender Spielmechanik variiert wurden, aber keine grundlegenden Veränderungen in der visuellen Gestaltung und dem spielerischen Aufbau erfuhren.

Zur ästhetischen Erfahrung eines Videospiels zählen Egenfeldt-Nielsen, Tosca und Smith die Regeln, die Geographie eines Spiels und die Repräsentation der Spielwelt. Die Game-Ästhetik umfasst für sie »all aspects of video games which are experienced by the player, whether directly – such as audio and graphics – or indirectly – such as rules. Thus, importantly aesthetics as used here is not limited to how a game looks or sounds but more broadly to how it plays as a function of the various design choices of the developers.«[8] Der Aufbau klassischer Arcade-Spielautomaten erinnert häufig an die Übersichtlichkeit eines Brettspiels. Selbst wenn durch die Scroll-Bewegung wie in *Defender* (1980) oder *Moon Patrol* (1982), in denen ein Raumschiff bzw. ein Buggy über die Oberfläche eines Planeten manövriert werden müssen, eine umfangreiche Welt angedeutet wird, ähnelt diese aufgrund der gleich bleibenden Kulissen, Gegner und Spielzüge stärker einem erweiterten Spielbrett als den heute weit verbreiteten dreidimensionalen offenen Spielwelten. Auch kommen im Vergleich zu späteren Spielen aus der First- und Third-Person-Perspektive kaum filmische Elemente zum Einsatz.

Der Blick auf das Geschehen beschränkt sich auf eine übersichtliche Top Down-Perspektive oder eine kompakte Seitenansicht. Parallelen zu einer filmischen Ästhetik finden sich noch am deutlichsten in der an die exaltierte Physik klassischer Animationsfilme erinnernde Gestaltung einzelner Spielfiguren wie Pac-Man, Donkey Kong und Q*Bert. Auf einer abstrakteren Ebene finden filmisch vorgeprägte Standardsituationen wie eine Alien-Invasion in *Space Invaders* (1979), ein Western-Duell in *Gun Fight* (1975) und eine Verfolgungsjagd in der Tradition der James Bond-Filme in *Spy Hunter* (1983) Eingang in die Spielszenarien.[9] Erste Adaptionen zu Filmen wie *Star Wars* (1982) und die beiden Spielautomaten zu *Tron* (1982) greifen eine einzelne mar-

kante Szene auf, die sich mit zunehmend höheren Schwierigkeitsgraden wiederholt und daher, wie der Ludologe Jesper Juul treffend bemerkte, kaum Rückschlüsse auf die Handlung des zugrunde liegenden Films zulässt.[10] Im *Star Wars*-Automatenspiel muss der Spieler oder die Spielerin wie im Showdown des ersten Films STAR WARS IV – A NEW HOPE (1977; R: George Lucas) den Todesstern des Galaktischen Imperiums in die Luft jagen. Nachdem der Kampf gegen angreifende Raumjäger und der Hindernis-Parcours an der Oberfläche der Raumstation überstanden und die einzige verwundbare Stelle getroffen worden ist, beginnt in der nächsten Angriffswelle die entscheidende Schlacht wieder von vorn mit einem erhöhten Schwierigkeitsgrad. Auch die Tron-Spielautomaten beschränken sich auf einige markante Filmszenen, unter ihnen das einprägsame Light-Cycle-Rennen, das selbst von dem Videospiel *Snake* inspiriert wurde, und das Frisbee-Duell. Der Kontext des Kampfes der Cyber-Rebellen gegen das allmächtige Master-Control-Programm, der den zentralen Konflikt des Films bildet, lässt sich aus den Arcade-Spielen noch nicht erschließen. Der Aspekt der Spielregeln und der Mechanik steht deutlich im Vordergrund. Spiele mit offenen Weltstrukturen oder einer komplexen Dramaturgie wie die *Grand Theft Auto*-Serie (seit 1998) zeichnen sich durch eine Vermischung unterschiedlicher Spielprinzipien und die Modifikation der Regeln zur Verstärkung narrativer Entwicklungen aus. In den Arcade-Spielen bleiben hingegen durchgehend die gleichen Regeln, die sich meistens sogar am Automaten angebracht finden oder in einem kurzen Vorspann vorgestellt werden, bestehen.

Die Darstellung eines Arcade-Spiels im Film betont daher in erster Linie dessen Spielcharakter und weniger die Auflösung der Grenzen zwischen Film- und Spielhandlung, wie es in den Cyberspace-Szenarien seit den späten 1980er Jahren der Fall ist.

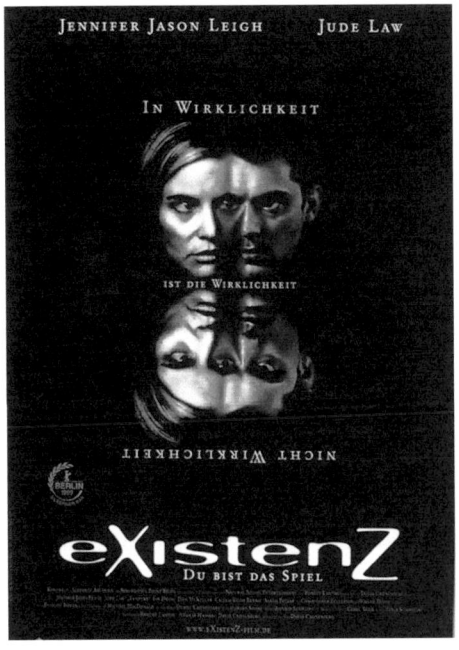

Kollision zwischen Schein und Sein: EXISTENZ **und** MATRIX

Die Kollisionen zwischen Schein und Sein, die in den Cyberpunk-Romanen, auf dem Holodeck aus STAR TREK – THE NEXT GENERATION (Paramount 1987-1994) und in Filmen wie David Cronenbergs EXISTENZ (1999) und der MATRIX-Trilogie (1999-2003) der Wachowski-Geschwister im Mittelpunkt stehen, spielen in der Arcade-Situation noch keine allzu große Rolle.

Bezeichnenderweise ähnelt das magische Innenleben der Computer in TRON weitaus stärker einer märchenhaften Parallelwelt wie der Welt hinter den Spiegeln in Lewis Carrolls Roman *Through the Looking Glass* als einer nicht mehr von der Realität zu unterscheidenden Simulation. Die High Score-Wettkämpfe an den Konsolen der Spielhalle des Programmierers Flynn (Jeff Bridges) zu Beginn des Films nehmen zwar metaphorisch bereits die späteren Turniere in der digitalen Arena vorweg, bleiben aber zugleich deutlich von diesen getrennt.

Arcade-Spiele dienen in den Filmen der frühen 1980er Jahre zur Charakterisierung eines Protagonisten oder als Illustration einer Situation. Die Regeln und das Verhältnis des Spielers zu den Herausforderungen des Spiels geben Auskunft über dessen besondere Fähigkeiten und Talente. In TRON verdeutlicht die Kenntnis, die der Gamedesigner Flynn beim Spiel am Arcade-Automaten demonstriert, dessen leidenschaftlichen Bezug zu seinen Spielen, ganz im Gegensatz zum intriganten Schurken (David Warner), der die Programme des jungen Designers gestohlen hat. Sean Connery erahnt während seines letzten Einsatzes als James Bond in dem elegant selbstironischen NEVER SAY NEVER AGAIN (Sag niemals nie; 1984; R: Irvin Kershner) bereits beim Arcade-Duell gegen den Casino-Besitzer Largo (Klaus-Maria Brandauer), dass es sich um den gesuchten Gegenspieler handelt. Schließlich spielen sie am Automaten um nichts Geringeres als die simulierte Weltherrschaft und der Verlierer wird wie im späteren von medienkünstlerischen Ambitionen geprägten Art Game-Design der Painstation mit Stromschlägen bestraft.

Arcade-Duell in NEVER SAY NEVER AGAIN

Ein Space Shooter-Automat erweist sich in THE LAST STARFIGHTER überraschenderweise als Rekrutierungstest für zukünftige Raumpiloten in einem intergalaktischen Konflikt. Auch in WARGAMES wird ein Automatenspiel zur Charakterisierung des von Matthew Broderick gespielten Protagonisten David verwendet. Zu Beginn des Films sucht ihn seine Freundin Jennifer (Ally Sheedy) in einer Arcade auf, in der er das später zum Klassiker avancierte Space Shooter-Game *Galaga* spielt. In einer zunehmend rasanteren Abfolge müssen in diesem Spiel außerirdische Angreifer abgewehrt werden. Im Unterschied zum auf Anhieb überschaubaren Spielfeld in *Space Invaders* zeichnet sich *Galaga* durch die Scroll-Bewegung auf neue Formationen von Angreifern aus. Anstelle der taktischen Überlegung, die Brett- und Videospiele verbindet, tritt die Reaktionsschnelligkeit als besondere Qualität des Spielers in den Vordergrund. Ein ausgeprägtes Reaktionsvermögen wird David im weiteren Verlauf des Films mit seinem Talent zur Improvisation mehrfach unter Beweis stellen.

Die sinnliche Spielerfahrung von *Galaga* ergibt sich aus dem für die Bestimmung von Videospiel-Genres zentralen Gameplay. Für Jesper Juul zeigt sich die besondere Dynamik der Videospiele erst durch dieses Gestaltungselement, das durch die Interaktion des Spielers mit dem Programm das Spiel in Bewegung versetzt: »While we can, in principle, list all the rules that govern any game and then proceed to draw the game tree of the game, this does not tell us how the game will be played. The term gameplay is commonly used to describe this dynamic aspect of a game. It is important to understand that the gameplay is not the rules themselves, the game tree, or the game's fiction, but the way the game is actually played.«[11]

Das Design der Arcade-Automaten, das weder über Pausentaste noch Speicherfunktion verfügt, verstärkt zusätzlich zum Gameplay das dynamische Spielerlebnis.

Der Faktor Zeit funktioniert in den Arcade-Spielen auf zwei Ebenen, als ästhetische Qualität und ebenso als Herausforderung an den Spieler oder die Spielerin: »Time in a video game is also an aesthetic aspect, that is something experienced by the player.«[12] Für die Integration in eine filmische Erzählung eignen sich daher diese Spiele, die im Unterschied zu einer Partie Schach oder einem Videospiel mit Save-Funktion nicht in mehreren Etappen erfahren werden können, besonders gut, da im Film der Zeitablauf bereits durch die Geschwindigkeit der Projektion vorgegeben ist.

Videospiel und filmische Realität lassen sich in WARGAMES noch deutlich voneinander trennen. Darin bildet der Film einen Gegenentwurf zum Einsatz von *Galaga* in Joss Whedons AVENGERS (2012). Der Superhelden-Betriebsausflug des Marvel-Ensembles verfolgt einen ähnlichen Ansatz wie der 2015 ästhetisch gelungene, aber dramaturgisch und inhaltlich auf der ganzen Linie gescheiterte PIXELS (R: Chris Columbus), in dem real gewordene Videospiel-Figuren die menschliche Zivilisation angreifen.

Nerd-Auteur Joss Whedon setzt die Integration von Arcade-Videospiel-Szenarien

 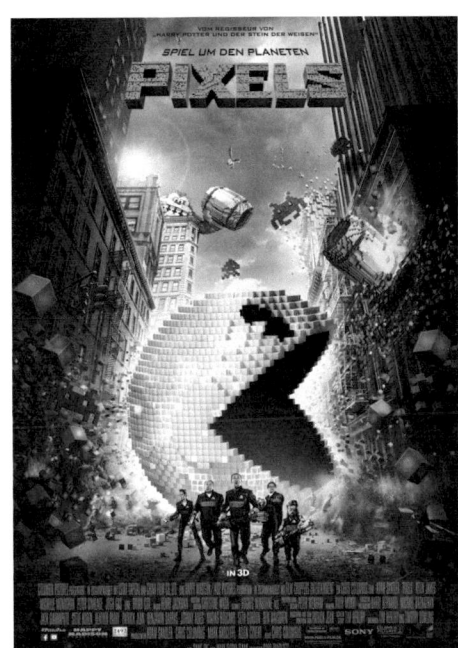

Gegenentwürfe: THE AVENGERS und PIXELS

in die Diegese des Films jedoch weitaus dezenter und subtiler als Chris Columbus und Adam Sandler um. Ungefähr in der Mitte des ersten AVENGERS wird einer der Mitarbeiter des Geheimdienstes S.H.I.E.L.D. dabei ertappt, wie er heimlich während einer Besprechung der Superhelden eine Partie *Galaga* spielt. Die Szene dient als Foreshadowing für den Showdown des Films, in dem Aliens New York angreifen und die Verteidigung der Straßen Manhattans durch Iron Man, Captain America, Black Widow, den Hulk und Thor nach dem Prinzip der Angriffswellen und der Level-Architektur aus *Galaga* abläuft. PIXELS geht noch einen Schritt weiter und lässt mit Hilfe außerirdischer Mächte die zum Leben erweckten Spielfiguren aus *Centipede, Donkey Kong* und *Pac-Man* die Metropolen der Welt angreifen.

Die Filme der frühen 1980er Jahre vermeiden eine derartig ironische Vermischung der Ebenen, indem sie Spiel- und Handlungsraum diegetisch deutlich voneinander trennen. Die Darstellung der Arcade-Spiele entspricht in dieser Hinsicht der Idee eines magischen Kreises, wie sie der Anthropologe und Pionier der Spielforschung Johan Huizinga bereits Ende der 1930er Jahre vertrat: »Ein geschlossener Raum wird materiell oder ideell abgesondert, von der täglichen Umgebung abgesteckt. Dort drinnen vollzieht sich das Spiel, dort gelten seine Regeln. Absteckung eines geweihten Flecks ist auch das allererste Kennzeichen einer jeden geweihten Handlung [...] Der Form nach ist es genau dasselbe, ob das Abstecken zu geweihtem Zweck oder zu reinem Spiel geschieht. Die Rennbahn, der Tennisplatz, das aufs Pflaster gezeichnete Feld für das Kinderspiel von Himmel und Hölle und das Schachbrett unterscheiden sich formell nicht vom Tempel oder vom Zauberzirkel.«[13] Die Arcade in Filmen wie WARGAMES und TRON mit ihren Spielautomaten bildet zugleich einen sozialen Ort, an dem sich die Spiele-Freaks versammeln, und ähnelt dem von Huizinga erwähnten vom Alltag abgetrennten religiös-rituellen Raum. Besonders

Verlassene Kultstätte in TRON – LEGACY

deutlich lässt sich diese Assoziation in dem 2010 entstandenen TRON-Sequel TRON – LEGACY (R: Joseph Kosinski) nachvollziehen, wenn Sam (Garrett Hedlund), der Sohn des Helden aus dem ersten Teil, auf der Suche nach seinem verschollenen Vater in die still gelegte Arcade gelangt und die dort unter einer Staubschicht von mehreren Jahrzehnten bedeckten Spielautomaten wie in einer verlassenen Kultstätte reanimiert. Die Idee der Arcade als vom Alltag abgetrennten rituellen Raum, der in den magischen Zirkel der Spielautomaten einlädt, zeigt sich auch in WARGAMES. Erst als David sich mit seinem Akustikkoppler auf riskante Entdeckungsreisen in die Weiten der Vorläufer des Internets begibt, entstehen Unklarheiten bezüglich der Regeln, die er jedoch als gewiefter Spieler mit Charme, Naivität und Begeisterungsfähigkeit zu lösen versteht.

The Game Geek's Journey

Zwar erfordern Filme die aktive Partizipation des Publikums, doch noch weitaus stärker prägt die aktive Rolle des Spielers oder der Spielerin das Videospiel. Ohne die entsprechende Interaktion würde die Partie gar nicht erst zustande kommen – die ästhetische Erfahrung eines Spiels hängt, insbesondere bei abstrakten Spielen, maßgeblich von der Vorstellungskraft der Spie-

ler ab. Egenfeldt-Nielsen, Tosca und Smith merken in *Understanding Video Games* an, »sometimes the activity of playing games is more important than the games themselves.«[14] Der Umgang mit Videospielen und die Art und Weise, in der sie gespielt werden, sagt in Filmen einiges über die jeweiligen Spieler aus, vergleichbar mit der Darstellung von Musikern, deren Verhältnis zu ihren Instrumenten und zu ihrer Musik ihre Persönlichkeit widerspiegelt.

In WARGAMES bildet neben den Referenzen an die frühe Arcade-Kultur die Darstellung der Protagonisten David und Jennifer einen der wesentlichen emotionalen Bezugspunkte für die Zuschauer. Im Unterschied zu späteren Videospiel-Verfilmungen treten Matthew Broderick und Ally Sheedy nicht einfach als Avatare in Aktion, die den Regeln eines Spiels oder eines Genres folgen. Der Arcade-Space-Shooter *Galaga* zu Beginn des Films verdeutlicht die schnellen Reflexe und die Geschicklichkeit Davids, doch im weiteren Verlauf des Films erweist sich sein zur Jagd nach High Scores konträrer Hang zum offenen Spiel als eine ausgeprägte Qualität seiner Persönlichkeit. Diese ergänzt sich unmittelbar mit der Neugier und der anti-autoritären Haltung seiner Freundin Jennifer. Beide nehmen trotz ihrer lässigen Haltung eine zunehmend reflektierte Position zu den Spielen ein. Ihr Improvisationstalent ermöglicht ihnen, im entscheidenden Moment Spiele als Lernprozess zu begreifen. Mithilfe des Spiels »Tic-Tac-Toe«, das immer wieder in einer Patt-Situation endet, sobald man es durchschaut hat, lehren sie das militärische Computersystem WOPR, dass der beinah durch ihn ausgelöste nukleare Konflikt keinen Gewinner haben kann. Wie Jennifer zuvor anmerkt, wurde ihr das Spiel »Tic-Tac-Toe« irgendwann zu langweilig. Die Erkenntnis der Ähnlichkeit eines nuklearen Konfliktes mit »Tic-Tac-Toe« verhindert schließlich, dass WOPR nach einer Reihe von Simulationen, die versehentlich von David und Jennifer ausgelöst wurden, den letzten Schritt zu einem realen Atomkrieg vollzieht.

Rückblickend kultiviert WARGAMES wie kaum ein anderer Film der frühen 1980er Jahre die Integration der Videospieler in den Hollywood-Mainstream. Die Filmwissenschaftlerin Jasmina Kallay bezeichnete David pointiert als »cinema's first gaming geek hero.«[15] In der Integration von subkulturellen Strömungen setzt WARGAMES eine Tradition fort, die John Badham bereits in SATURDAY NIGHT FEVER (1977) in Bezug auf die Discoszene geprägt hatte. Im Unterschied zu Filmen für ein Nischen-Publikum bleiben Badhams Charaktere zugleich für gewöhnliche Zuschauer nahbar und interessant. Darin verfolgt WARGAMES erneut einen Gegenansatz zu PIXELS, in dem die gealterten Videospiel-Veteranen arrogante Sympathieträger für ein vermutlich überwiegend männliches Insider-Publikum darstellen sollen, das mit hoher Wahrscheinlichkeit nur in der Fantasie einfallsloser Studio-Executives und Adam Sandlers existiert. David agiert zugleich als Teil einer aufkommenden Nerd-Videospiel-Kultur wie auch als gewiefter Teenager-Held, der in

den meisten Situationen schnell und selbstbewusst reagiert. Wie der Schriftsteller und Videospiel-Kenner Ernest Cline in seinem 2011 veröffentlichten Roman *Ready Player One* in einer Hommage an WARGAMES über den von Matthew Broderick gespielten David anmerkt, »a teenage computer geek from suburban Seattle, had single-handedly prevented the end of human civilization.«[16] Ally Sheedy als seine Freundin Jennifer lässt sich nicht auf die in konventionellen Filmen der 1980er Jahre weit verbreiteten Stereotypen der entweder ständig besorgten oder lediglich geduldig folgenden Begleiterin ein, sondern übernimmt einen ausgesprochen aktiven Part. Sie verfügt über die charmanten Qualitäten eines Girl-Next-Door, zeigt sich aber, wenn David ihre schlechten Noten per Hacker-Aktion verändert, durchaus neugierig und vermeidet die Fallgruben einer seriösen Streberin. Gemeinsam mit David verfolgt sie interessiert den Start eines neuen Spiels namens Thermo-Nuclear War auf dem gehackten Server eines Game-Developers. Nachdem sich dieser als militärische Einrichtung und das vermeintliche Spiel als Programm zur nuklearen Kriegsführung entpuppt, ergreift sie die Initiative auf der Suche nach dem untergetauchten Programmierer Falken, der die Katastrophe verhindern könnte.

Nicht von ungefähr erinnern Matthew Broderick und Ally Sheedy in WARGAMES bereits an ihre späteren Rollen in den Filmen

WOPR

Rebellischer Typ: Ally Sheedy

des melancholischen Coming-of-Age-Comedy-Spezialisten John Hughes. Sie stehen zwar den alltäglichen Vorstadt-Helden der Steven Spielberg-Filme und Produktionen dieser Zeit nahe, doch eine gewisse Sophistication verhindert, dass sie wie diese mit Norman Rockwell-kompatibler suburbaner Sentimentalität assoziiert werden. Ally Sheedy spielte in dem von John Hughes inszenierten Kultfilm THE BREAKFAST CLUB (1985) die rebellische Allison und Matthew Broderick übernahm in dem vom gleichen Regisseur gedrehten FERRIS BUELLER'S DAY-OFF (Ferris macht Blau; 1987) jene Rolle, die über Jahrzehnte hinweg seine populärste bleiben sollte. Der souveräne Umgang mit Technik sichert dem notorischen Tagedieb Ferris in einer direkten Fortsetzung der manipulativen Eingriffe Davids in das Verwaltungssystem der Schule eine unbegrenzte Anzahl an freien Tagen. Es gehört zum späteren, maßgeblich durch Hughes geprägten Image Sheedys und Brodericks, dass ihr Aufbegehren niemals verbittert oder selbstsüchtig wirkt, sondern immer auch über eine spielerische Qualität verfügt.

Jasmina Kallay schreibt über Davids Korrektur der Noten in WARGAMES: »While this is preparing the ground for David as the feckless teen who doesn't take anything seriously, there is also a likable, playful spirit to his hacking.«[17]

Jene spielerische Haltung, die David und Jennifer prägt, bezieht einen weiteren Aspekt der Game Studies in die Handlung ein, die Gegenüberstellung von ludus und paidia. Während ein dem englischen Game entsprechendes Spiel im Sinne des ludus über einen fest vorgegebenen Ablauf verfügt, lässt ein von der Idee des paidia geleitetes Spiel ausgiebig Raum für Improvisation und Variationen, die durch den Austausch mit weiteren Spielern einen anderen Ausgang als anfangs angenommen bewirken können: »In a paidia activity, one is not bound by rigid rules. Ludus, by contrast, refers to systems with formalized rules like chess, soccer, or backgammon. Although winning or losing is not anathema to paidia, these goals are not always present; who wins is much more a matter of negotiation between players than something decided by specific rules.«[18]

Der Spielforscher Miguel Sicart versteht eine Theorie des Play als Gegenentwurf zu den von Regeln diktierten Routinen eines technologischen Determinismus: »This is a theory that acts as a call to playful arms, an invocation of play as a struggle against efficiency, seriousness and technical determinism.«[19]

Der Moment des Play bestimmt sowohl die Rollen von Matthew Broderick und Ally Sheedy als auch die Haltung von John Badham gegenüber seinem Material. WARGAMES bezieht eine kritische Haltung gegenüber der Militarisierung und der unter der Präsidentschaft von Ronald Reagan wieder erwachten Paranoia des Kalten Krieges. Allerdings verfügt diese Kritik über eine spielerische Dimension, sowohl in der Charakterisierung der Figuren, die zur Blaupause für das Star-Image ihrer Darsteller werden sollte, als auch im Umgang mit der Thematik der nuklearen Apokalypse. Im Unterschied zu dem anfangs als Regisseur verpflichteten Martin Brest, der ein engagiertes düsteres Drama über die Welt am Abgrund inszenieren wollte, verlieh Badham dem Film eine gewisse Leichtigkeit.

Die Perspektive des Play vermeidet durch die Souveränität und Gelassenheit der beiden Hauptfiguren eine allzu naive Haltung. Die von David und Jennifer erdachte Lösung zur Abwendung der nuklearen Katastrophe lässt sich durchaus im Sinne von Sicart interpretieren, »play is a way of engaging and expressing our being in the world.«[20] Zugleich zeigt sich darin auch die Haltung des Regisseurs in der Aneignung des ihm übertragenen Films. Die Kultur der Videospiele wird in WARGAMES durch Motive repräsentiert, die später zum festen Inventar von Filmen und TV-Serien avancierten, vom spielerfahrenen Geek, dem in komplizierten Fragen konsultierten Hacker-Umfeld bis hin zur erfinderischen Datenmanipulation. Sie wird von John Badham jedoch weder als Nischenphänomen introvertierter Sonderlinge, wie es in zahlreichen späteren Sidekick-Rollen für Computer-Nerds der Fall sein wird, noch als kulturpessimistisches Mahnmal für die Abgründe der verwalteten Welt behandelt. Auch wenn die Gefahr der nuklearen Apokalypse aus Davids leichtsinnigem Umgang mit den geknackten Programmen entsteht, resultiert die entscheidende Lösung für das Problem, dem Rechner »Tic-Tac-Toe« beizubringen, ebenfalls aus dem Kontext der Spielkultur. Die freie Form des Play setzt sich gegenüber dem starren Determinismus des Game durch.

Das spielerische Verhältnis Badhams und der beiden Protagonisten bezieht sich nicht unbedingt auf die reale Welt der frühen 1980er Jahre, sondern auf deren filmische Repräsentation im Kontext verschiedener Genrekonzepte. Die in WARGAMES eingesetzten Genremotive deuten zu Beginn einen klassischen Polit-Thriller über die Machen-

schaften des Militärisch-Industriellen-Komplexes an, um nach den ersten Auftritten von Matthew Broderick und Ally Sheedy diese Assoziationen mit der gleichen Gelassenheit zu negieren, mit der die beiden Nachwuchsdarsteller ein paar Jahre später im Umfeld von John Hughes den routinierten Alltag an den High Schools sabotieren. Die Elemente des produktiven Chaos und der situativen Improvisation, die sie in den Film einbringen, tragen maßgeblich dazu bei, dass die optionalen reflexiven Ansätze eine noch stärkere Wirkung entfalten, da sie über die generischen Tropen der damaligen Zeit hinaus gehen.

The World Played – Filmische und philosophische Familienbande

Von allen Filmen der frühen 1980er Jahre, die sich dem Thema Videospiele annähern, bietet WARGAMES die produktivsten Ansätze für die im Umfeld des Kopenhagener Game Research Centers (zu dem auch die Autoren von *Understanding Video Games* zählen) behandelte Frage nach einer Game-Ontologie. Während in TRON eine phantastische Parallelwelt hinter den Bildschirmen entworfen wird und in THE LAST STARFIGHTER der Arcade-Automat die Eintrittskarte in intergalaktische Konflikte bietet, spielt in WARGAMES die für philosophische Reflexionen relevante Kategorie des Zweifels eine wichtige Rolle. Die spielerische Unterwanderung der Genre-Codes resultiert schließlich in einem

Andeutung eines Militärisch-Industriellen-Komplexes

Phantastische Parallelwelt hinter den Bildschirmen: TRON

echten ontologischen Dilemma. David und Jennifer lösen beinahe die nukleare Katastrophe aus, als sie das gehackte Militärprogramm mit einem Strategiespiel verwechseln. Die scheinbaren Ziele und Hindernisse sowie deren graphische Repräsentation auf den Bildschirmen der Militärs ähneln dem typischen Aufbau eines Strategiespiels, die Repräsentation der Krisensituation lässt sich nicht von ihrer ludischen Aufbereitung unterscheiden. 2006 knüpfte das von WARGAMES inspirierte Videospiel *Defcon* an diese Ästhetik an, um eine intensive und relativ unironische Erfahrung zu bieten, in der die Grenzen zwischen Simulation und Spiel ins Wanken geraten.

Espen Aarseth, einer der prägenden Theoretiker der Game Studies, beschrieb Videospiele 2004 als Kunst der Simulation: »The computer game is the art of simulation. A subgenre of simulation, in other words ... it is the dynamic aspect of the game that creates a consistent gameworld.«[21] Der Start des Raketen-Kontroll-Programms markiert ein ontologisches Missverständnis, indem Spiel, Simulation und Sein verwechselt werden. Die angenommene Gameworld erweist sich als die reale Welt.

Die Reflexion der riskanten Simulationsspiele wird in einer für Badham charakteristischen zugänglichen Weise im Rahmen einer typischen Hollywood-Dramaturgie verhandelt, ähnlich wie er das Thema Überwachung in BLUE THUNDER (Das fliegende Auge; 1983) und STAKEOUT (Die Nacht hat viele Augen; 1987) auf unterhaltsame Weise und nicht als didaktisches Message Movie aufgreift. Die Zuschauer erfassen die Konsequenzen des Missverständnisses sowohl eher als David und Jennifer als auch die Spezialisten in der militärischen Einsatzzentrale. Das entsprechende Vorwissen wurde in einer traditionellen Suspense-Konstruktion durch die Montage an das Publikum weiter gegeben. Wir wissen als Zuschauer nicht nur, dass sich unter dem Tisch eine Bombe befindet, sondern auch in welchen Situationen sie scharf gestellt ist und in welchen nicht.

Das Wechselspiel zwischen Simulation und realen Konsequenzen wird mit dem Countdown-Plot des Films gekoppelt. Die Spannung entsteht zuerst zu einem wesentlichen Anteil daraus, ob die Protagonisten den verschwundenen Entwickler des WOPR-Systems finden und schließlich – nachdem sich trotz der Unterstützung des ausfindig gemachten Falkens der Computer als beratungsresistent erwiesen hat – zu welchem Ergebnis dessen Simulationsspiel gelangt. Auf eine klassische narrative Konstruktion folgt im Finale eine primär ludische Situation.

Die Reise von Jennifer und David zu Falken sorgt für die in einem Thriller zu erwartende Dynamik, der Hauptkonflikt wird jedoch über die Monitore in der Kommandozentrale und die Konfiguration der Simulation ausgetragen.

Im Showdown des Films droht, dass WOPR tatsächlich die Nuklearraketen abfeuert, sobald die Simulation an ihr Ende gelangt ist. Die Lösung, dass eine Maschine sich mit Hilfe der intersubjektiven Erfahrung eines Spiels, das man nur verlieren kann, als lernfähig erweist, steht in jener Tradition der Science-Fiction, die sich auch in einigen Folgen der STAR TREK-Serien findet (wenn nicht gerade die biomechanischen Borg aus der Rumpelkammer der Schauerromantik entkommen). Die Vermittlung einer Playfulness, die Miguel Sicart als »an attitude toward the world« bezeichnet[22] und die beide Protagonisten auszeichnet, an eine Maschine überwindet das starre Regeldenken eines Game im Sinne des ludus, das sowohl Spiele mit einem vorgegebenen Verlauf und einem eindeutigen Sieger als auch die starren Strukturen reaktionärer Genreformen definiert. Ein gewisser utopischer Aspekt besteht in WARGAMES darin, dass Computer ein Gespür für paidia entwickeln. Wenn HAL in Stanley Kubricks 2001 – A SPACE ODYSSEE (2001 – Odyssee im Weltraum; 1968) den Astronauten Dave Bowman zu einer Partie Schach einlädt, stehen für die Genre-versierten Zuschauer alle Alarmzeichen auf Rot, bei John Badham hingegen signalisiert das Interesse des Computers für eine Partie Schach einen ersten Schritt in Sachen Entspannungspolitik zwischen Menschen und Maschinen.

Im Kontext der Game Studies ist WARGAMES von besonderem Interesse, da in John Badhams Film Spiele als eigene Bedeutungsträger behandelt werden. Sie dienen nicht einfach nur als symbolische Stellvertreter für einen ganz anderen Konflikt, wie beispielsweise zwischen James Bond und seinem Gegner in NEVER SAY NEVER AGAIN, sondern werden über die narrative Funktion hinaus als Plattform für weiterführende Gedanken genutzt.

Wenn THE LAST STARFIGHTER die intersubjektive Spielerfahrung eines Arcade-Automaten als Basis für eine an die ersten STAR WARS-Filme angelehnte Abenteuerreise durch die Weiten des Weltalls nutzt und TRON den kulturellen Kontext der Arcade-Spielhallen aufgreift, um ihn in einer für die produzierenden Disney-Studios charakteristischen Weise um eine phantastische Parallelwelt zu erweitern, dann gelingt es WARGAMES, die Komplikationen zwischen Spiel und Simulation als Grundlage sowohl für einen unterhaltsamen Thriller als auch für erste philosophische filmische Reflexionen über die Ontologie der digitalen Spiele zu nutzen. In dieser Hinsicht hat John Badham mit Unterstützung seines Ensembles die ersten Skizzen für zukünftige cineludische Formen im Wechselspiel zwischen Filmen und Games auf ein neues Level befördert. Wanna Continue Playing?

Game Over?

Anmerkungen

[1] Vgl. Eric Zimmerman: Do Independent Games Exist? (www.ericzimmerman.com/texts/indiegames; Stand: 28.08.2015).

[2] Gonzalo Frasca: Simulation vs. Narrative: Introduction to Ludology. In: Bernard Perron, Mark J.P. Wolf (Hg.): The Video Game Theory Reader. New York, London 2003, S. 221-236, hier: S. 222.

[3] Simon Egenfeldt-Nielsen, Susana Tosca, Jonas Heide Smith: Understanding Video Games. New York, London 2008, S. 9.

[4] Egenfeldt-Nielsen et al., S. 10.

[5] Vgl. Britta Neitzel: Spielplätze und Schauspiele – Zur Begegnung von Film und Games um 1900. In: Deutsches Filminstitut (Hg.), Eva Lenhardt, Andreas Rauscher (Red.): Film & Games – Ein Wechselspiel. Berlin 2015, S. 96-105.

[6] Andreas Rauscher: Spielerische Fiktionen – Genrekonzepte in Videospielen. Marburg 2012, S. 39-60.

[7] Vgl. Tom Gunning: Das Kino der Attraktionen. Der frühe Film, seine Zuschauer und die Avantgarde. In: Meteor – Texte zum Laufbild. Nr. 4. Wien 1996, S. 25-34.

[8] Egenfeldt-Nielsen et al. 2008, S. 97.

[9] Andreas Rauscher: Die Ludische Leinwand oder: Das Videospiel im Zeitalter seiner filmischen Reproduzierbarkeit. In: Deutsches Filminstitut (Hg.), Eva Lenhardt, Andreas Rauscher (Red.): Film & Games – Ein Wechselspiel. Berlin 2015, S. 96-105.

[10] Jesper Juul: Games Telling Stories. In: Game Studies. Volume 1 Issue 1 July 2001 (www.gamestudies.org/0101/juul-gts; Stand: 28.08.2015).

[11] Jesper Juul: Half-Real – Video Games between Real Rules and Fictional Worlds. Cambridge (Ma.) 2005, S. 83.

[12] Egenfeldt-Nielsen et al. 2008, S. 120.

[13] Johan Huizinga: Homo Ludens – Vom Ursprung der Kultur im Spiel. Hamburg 1987, S. 29.

[14] Egenfeldt-Nielsen et al. 2008, S. 10.

[15] Jasmina Kallay: Gaming Film – How Games are Reshaping Contemporary Cinema. London 2013, S. 18.

[16] Ernest Cline: Ready Player One. New York 2011, S. 112.

[17] Kallay 2013, S. 14.

[18] Egenfeldt-Nielsen et al. 2008, S. 27.

[19] Miguel Sicart: Play Matters. Cambridge (Ma.) 2014, S. 5.

[20] Sicart 2014, S. 5.

[21] Espen Aarseth: Genre Trouble – Narrativisim and the Art of Simulation. In: Noah Wardrip-Fruin,: First Person. Cambridge (Ma.) 2006, S. 45-55, hier: S. 52.

[22] Miguel Sicart: Play and the City in: Judith Ackermann, Andreas Rauscher, Daniel Stein (Hg.): Navigationen 1/2016: Playin' the City. Siegen 2016, S.27.

»Ich will sie zusammen im Bett haben!«

Ein Werkstattgespräch mit John Badham
Von Michael Flintrop/Marcus Stiglegger/Dragana Latinovic/Heiko Nemitz/Maximilian Scholz

Wie sind Sie mit Film in Berührung gekommen?

Als wir noch in London lebten, hat meine Mutter mich als Fünfjährigen mit ins Kino genommen, wo ich HENRY V. (1944) von und mit Laurence Olivier sah. Das war der erste Film, den ich im Kino gesehen habe und er hat einen großen Eindruck auf mich gemacht. Als meine Mutter später nach unserem Umzug nach Amerika in Alabama Theater spielte, hat sie mich häufig mit zu Proben und Aufführungen mitgenommen. Ich bekam dabei kleine Parts. Ich habe das dann in der Schule und auf der Universität weiter fortgeführt. Dabei begann ich, mich für Regie zu interessieren und bekam auch bessere Schauspieler. Ich bemerkte, dass mir die Arbeit hinter den Kulissen sehr viel Freude bereitete. Zu meiner ersten richtigen Begegnung mit Hollywood kam es, als mir meine Mutter eines Tages erzählte, deine Schwester, 9 Jahre alt und du, 22 Jahre alt, würde in einem Film mit Gregory Peck mitwirken. Das war TO KILL A MOCKINBIRD (Wer die Nachtigall stört; 1963; R: Robert Mulligan). Also sagte meine Mutter zu mir: »Get the fuck out!« (lacht)

Als ich in Yale die Drama School abgeschlossen hatte, erhielt meine Schwester als Gaststar eine Rolle in Rod Serlings Fernseh-Serie THE TWILIGHT ZONE (CBS 1959-1964),

die in den MGM-Studios gedreht wurde. Ich kam mit nach Kalifornien, besuchte die Dreharbeiten und kam dort in Kontakt mit den Produzenten. Sie sagten mir, dass es schwer werden würde, einen Job zu finden. Ich musste noch meine Militärzeit absolvieren, und als ich danach wieder nach Hollywood kam, war THE TWILIGHT ZONE bereits abgesetzt. Ich kam zu Universal, wo ich meinen ersten Job in der Poststelle fand, in der mein guter Freund Walter Hill in diesen Tagen ebenfalls begann. Außerhalb der Poststelle wurde ich Tour-Guide und ich nutzte jede Gelegenheit, alle möglichen Leute zu interviewen. Dann fand ich einen Job als Casting-Director. Dadurch kam ich in Kontakt zu anderen Regisseuren und konnte sie bei der Arbeit beobachten. Bei meiner Tätigkeit am Theater hat

John Badham

mich immer das Geschichtenerzählen interessiert, das ich nun in einem kinematografischen Umfeld wiederfand. Über den Produzenten William Sackheim durfte ich schließlich die Second Unit für Rod Serlings neue TV-Serie NIGHT GALLERY (NBC 1969-1973) machen, gefolgt von ein paar kleinen Arbeiten zum Pilotfilm von DIAL HOT LINE (1970; R: Jerry Thorpe) mit Vince Edwards. Schließlich folgte die TV-Serie THE BOLD ONES: THE SENATOR (NBC 1970-1971) mit Hal Holbrook. Da ging es zum Beispiel um Korruption bei den Lobbyisten.

War das der Beginn für Ihr späteres Interesse an politisch-gesellschaftlichen Kontexten?
Ja, meine Studien in Yale waren ja auch hauptsächlich in Philosophie. An dieser Serie mitzuwirken war toll, da sie eine enorme Substanz hatte. Das war keine dumme Dokumentation, sondern hatte gute Charaktere und Konflikte in einer substanziellen Weise. Ich habe zwei Episoden gemacht. Die Erste handelte von Korruption bei den Lobbyisten und der Verbindung mit dem organisierten Verbrechen. Die zweite Episode handelte von Korruption in der Ölwirtschaft. Das war für mich ein großer Schritt nach vorne, wenn man bedenkt, dass ich zuvor gerade mal 20 Minuten Material gedreht hatte. Das führte dazu, dass ich dann auch andere TV-Serien machen durfte. Ein großer Freund und Mentor war dabei Michael Ritchie. Er sagte mir einmal: »Mach das, was du magst und drehe keine Filme, die du nicht magst. Denn Filme, die du nicht magst oder respektierst,

werden dich eines Tages böse einholen.« Damit hatte er recht. Und daran habe ich mich gehalten. Auch bei einem Film wie STAKEOUT (1987), bei dem ich mir nicht sicher war und bei dem mir Jeffrey Katzenberg fast den Arm umgedreht hat, um mich zu überzeugen. Das Skript sah erst einmal nach einer weiteren Detective-Show aus. Es hat Spaß gemacht, es zu lesen, aber es war nicht gerade überwältigend. Dagegen war SATURDAY NIGHT FEVER etwas Besonderes; WARGAMES und auch SHORT CIRCUIT waren so – Drehbücher, die einen förmlich ansprangen. Am Ende lief es dann aber für uns alle sehr gut, auch weil die Zusammenarbeit mit den Schauspielern und dem Kameramann, dem großen John Seale, hervorragend war.

Hatten Sie Einfluss auf die Entwicklung und Gestaltung der frühen TV-Episoden wie THE STREETS OF SAN FRANCISCO?
Bei der Inszenierung einer TV-Show kann man praktisch blind, dumm und betrunken

John und Julia Badham auf dem 3. Cinestrange-Filmfestival 2014

sein. Und dennoch kommt die Show passend heraus. Das liegt daran, dass ein Kameramann da ist, man tolle Schauspieler wie Karl Malden und Michael Douglas hat, die man einfach nicht schlecht aussehen lassen kann. Als junger Regisseur habe ich dabei eine Menge meines Handwerks gelernt. Man konnte immer eigene Ideen einbringen, aber sie mussten zum Konzept passen. In den sieben Tagen, in denen wir THE STREETS OF SAN FRANCISCO (ABC 1972-1977) gedreht haben, hatte man immer die Chance, sich hier und da ein bisschen einzubringen. Wir erlaubten beispielsweise – was sonst verboten war – die Schauspieler ihre Dialoge überlappen zu lassen. Wir hatten eine große Szene, fünf Seiten lang, zwischen zwei Polizisten, die mit einem Verdächtigen diskutierten. Alle sprachen durcheinander. Ich wollte, dass der Dialog dabei überlappt. Es hieß dann, dass ich das nicht machen könne. So wäre das aber ein unmöglicher Weg gewesen. Ich habe mich da ein bisschen durchgesetzt und bestehende Regeln gebrochen. Ich versuche immer – auch bei der neuen TV-Show, mit der ich bald beginne – mich ein wenig einzubringen. Bei einem Film wie SATURDAY NIGHT FEVER hatte ich natürlich viel mehr Einfluss.

Bestand ein Unterschied zwischen der Inszenierung von TV-Episoden und einem TV-Film wie THE IMPATIENT HEART (1971)?

Ja, der Unterschied war, dass hier ein Original-Drehbuch vorlag. Er war als TV-Pilot gedacht. Wir halfen, den Charakter, die soziale Umwelt zu entwickeln. Wir gestalteten den gesamten Anfang. Also hatte ich dort einen großen Einfluss. Es war mein erster Film, aber ich hatte einen tollen Produzenten, der auf mich aufgepasst hat.

Bei NO PLACE TO RUN (1972) wurden Sie als Regisseur abgelöst …

Ja, weil der Hauptdarsteller Hepatitis hatte und die gesamte Crew die Befürchtung hatte, ebenfalls infiziert zu werden. Daher wur-

John Badham richtet die Kamera aus

den die Dreharbeiten für sechs Wochen unterbrochen. Ich hatte mich für ein paar Episoden von Rod Serlings NIGHT GALLERY verpflichtet, sodass Delbert Mann, der zu dieser Zeit der Präsident der Director's Guild war und einen Academy Award für MARTY (1955) erhalten hatte, übernahm. Es war eine sehr freundliche Übernahme und ich überließ ihm alles, was ich vorbereitet hatte, sodass er daraus einen sehr guten Film machen konnte. Ich habe nur drei von 18 Tagen an dem Film gearbeitet, sodass ich keine Nennung erhalten habe. Die Szene mit dem Großvater, der mit seinem Neffen flieht, und auch die, als sie bei der Polizei anhalten, um ein Ticket zu bekommen und dann mit Speed entkommen, ist von mir. Aber nicht viel mehr.

Können Sie etwas über KUNG FU erzählen?

Einer meiner Mentoren war Jerry Thorpe, ein Regisseur und außerdem Produzent von KUNG FU (ABC 1972-1975). Er lud mich ein, eine der Episoden zu machen. Ich war sehr glücklich, denn wenn man eingeladen wird, weiß man nie, welches Drehbuch so weit fertig ist, dass es abgedreht werden kann. Darum kannst du nehmen, was man dir gibt und das Beste daraus machen. Das beson-

John Badham fotografiert die Autostadt

dere Skript handelte von einem sehr jungen, zehnjährigen und unschuldigen Mädchen, das seine Unschuld verliert und lernt, dass es manchmal besser ist, zu lügen, als die Wahrheit zu sagen. Wir fanden dieses phantastische junge Mädchen. Ihr Name war Jodie Foster. Sie war klein, bestand fast nur aus Beinen und war beängstigend nett. Mit ihr und David Carradine zu arbeiten war großartig. Sie hatte da schon große Anziehungskraft und man konnte bereits sehen, dass sie ein großer Star werden würde.

Gibt es Favoriten bei Ihren frühen TV-Arbeiten?

Die Episoden von THE BOLD ONES sind sehr gut, weil sie etwas politisch Substantielles auszusagen haben. Dann ist da THE LAW (1974) mit Judd Hirsch, der ein Drehbuch hatte, für das jeder Regisseur töten würde, um den Film zu machen. Es hat so viel Herz und Aussage.

Können Sie uns ein bisschen über Ihre TV-Arbeit bei ABC und deren »Movies of the Week« erzählen?

ABC war bekannt für ihre 90minütigen Filme der Reihe »Movies of the Week«. Die Produzenten von ISN'T IT SHOCKING? (1973) kamen mit dem Skript zu mir, einem sehr reizvollen Murder Mystery. Sie wollten mich für 12 Drehtage in Oregon. Das Budget belief sich auf 375.000 Dollar. Ich dachte: Wie soll das gehen? Wir hatten absolute Freiheit, solange wir im Budget blieben. Die Executives von ABC haben uns dabei sehr unterstützt.

Wurden Sie dabei von Film zu Film angefragt oder gleich für mehrere Produktionen gebucht?

Das war Film für Film. Also hatte ich die Wahl, den Film zu machen oder nicht. Einen Film, der für mich nicht funktionierte, brauchte ich auch nicht zu machen. Einer war besonders gut. Es war ein Remake von LES DIABOLIQUES (Die Teuflischen; 1955; R: Henri-Georges Clouzot) mit Titel REFLEC-

TIONS OF MURDER (1974), das eine aufregende Möglichkeit darstellte, es mit einem größeren Budget und deutlich mehr Zeit als ISN'T IT SHOCKING? umzusetzen. Die Möglichkeit, eine schöne amerikanische Version von LES DIABOLIQUES zu machen, war wirklich aufregend. Wir haben sehr eng mit Carol Sobieski an der Adaption gearbeitet, die brillant bei der Entwicklung von Charakteren, aber schrecklich beim Plot war. Aber wir hatten den besten Plot der Welt. Wie bei Hitchcock. Das war zu diesem Zeitpunkt mit 25 Drehtagen der größte Film, den ich gemacht hatte.

Mit THE GODCHILD (1974) gab es noch ein anderes Remake.
Ich dachte mir, das könnte eine lustige Idee sein. John Ford hatte ja mehrere Versionen, stumm und mit Ton, gedreht. Zu diesem Zeitpunkt hatte ich kein anderes Projekt, das mich interessierte. Eine gute Sache bei TV-Filmen ist, dass sie sehr schnell gemacht werden können. Mit Jack Palance und dem jungen Keith Carradine zu arbeiten hat Spaß gemacht. Wir haben den in Tucson in der Wüste gedreht, wo ein altes Movie-Set stand.

Es ist auffällig, dass Sie in diesem Stadium Ihrer Karriere von Genre zu Genre gesprungen sind: Vom Thriller zum Western oder zum Gerichtsfilm (THE LAW). Wollten Sie möglichst alle Genres einmal abdecken?
Ich mag die Idee nicht, in eine Schublade gesteckt zu werden. Du bist die Person, die beispielsweise nur Dokumentarfilme oder Komödien macht. Immer die gleichen TV-Episoden zu machen, hätte mich auch gelangweilt. Nach THE GODCHILD habe ich den im dokumentarischen Stil gehaltenen THE GUN (1974) gemacht, der davon handelt, was mit einer Pistole geschieht, die von Person zu Person weitergegeben wird. Wie kann ein einziges Objekt verschiedene Personen beeinflussen und das schließlich zu einem tragischen Tod führen? Der war total anders.

Der Produzent sagte, man wolle keinen Schauspieler besetzen, den jemand kennt. Sonst hätte man gesagt: Oh, das ist Michael Douglas oder Karl Malden. Wir hatten gute Darsteller, aber man erinnert sich an keinen von ihnen. Und so konnten wir den realistischen Ton erzielen. Genres zu wechseln ist wirklich aufregend für mich. Da ist beispielsweise ein großer Unterschied zwischen WARGAMES und THE LAW.

BINGO LONG, Ihr erster Kinofilm, wurde von Ihnen von Steven Spielberg übernommen?
Richtig, ich hatte bis zu diesem Zeitpunkt noch keinen Kinofilm gemacht, sondern gerade THE LAW beendet, für den ich meine zweite Emmy-Nominierung bekommen hatte. BINGO LONG machte die Runde, wobei ich glaube, dass ursprünglich Mark Rydell ihn machen wollte. Mark hatte aber einen großen, teuren Film vor Augen und so wechselte das Projekt zu Spielberg, da Universal einen kleinen, billigen Film haben wollte. Der sollte nicht mehr als 3,5 Millionen kosten und Mark wusste nicht, wie er das hinbekommen sollte. Man wandte sich an Spielberg, der hocherfreut war, da er diese Dinge, die sich mit der amerikanischen Kultur beschäftigen, sehr mag. Er war aber noch mit den sehr problematischen Dreharbeiten zu JAWS (Der weiße Hai; 1974) beschäftigt, sodass er keine Zeit hatte, BINGO LONG zu machen. Motown hatte bereits Billy Dee Williams, Richard Pryor und James Earl Jones für eine bestimmte Zeit im Sommer 1976 gecastet und so kamen sie Januar oder Februar des Jahres zu mir und fragten, ob ich ihn machen wolle. Wunderbar! Ein Drehbuch über eine Ära, in der ich aufgewachsen war, über ein schwarzes Baseball-Team, über das ich eine Menge wusste. Das war das erste gute Skript für einen Kinofilm, das man mir offerierte, vielleicht sogar das Beste. Die Drehbücher, die man mir zuvor angeboten hatte, waren schrecklich, sind mitunter durch die Hände von zehn

bis zwölf Regisseuren gegangen. Doch dieses Drehbuch war so gut, dass ich daraus einen Kinofilm machen wollte.

John G. Avildsen war ursprünglich als Regisseur für SATURDAY NIGHT FEVER vorgesehen und hatte, glaube ich, ein triumphaleres Ende vorgesehen. Haben Sie den Schluss geändert?
Der Produzent Robert Stigwood, der daneben auch der Manager der Bee Gees war, war die einzige Person auf dem Planeten, der glaubte, dass der Film das werden würde, was er dann geworden ist. Die Executives bei Paramount sahen ihn lediglich als einen Platzhalter für John Travolta an, um ihm etwas zu tun zu geben, bevor er mit den Proben zu GREASE (1978; R: Randal Kleiser) beginnen konnte. Also gab es keine große Unterstützung von Paramount. Avildsen war als Regisseur vorgesehen wegen der Ähnlichkeiten zu ROCKY (1976; R: John G. Avildsen), der ebenfalls von einem Außenseiter handelt, der erfolgreich nach oben kommen will. John war bekannt dafür, Filme für wenig Geld zu machen und so sagte er zu, SATURDAY NIGHT FEVER für 1,5 Millionen Dollar zu machen, da an echten Schauplätzen gedreht werden sollte und keine Sets errichtet werden mussten. Er brachte seinen Freund Norman Wexler[1] mit, um das Drehbuch zu schreiben. Norman verfasste dann ein Skript, das dem entspricht, was heute im Film zu sehen ist – plus 50 Seiten mehr. Also 150 Seiten Skript. Robert Stigwood mochte das Drehbuch, doch Avildsen hasste es. So argumentierten beide hin und her und das Resultat war, dass Norman ging. Ob gefeuert oder freiwillig – wer weiß? Also sprach Avildsen mit dem Stückeschreiber Louis La Russo, der sehr schnell ein neues Drehbuch schreiben sollte, da bereits ein fester Starttermin bestand. Louis verfasste das Skript in drei bis vier Wochen, doch nun gab es das Problem, dass Avildsen es mochte, Stigwood es jedoch hasste. Es war sehr verschieden zum ursprünglichen Skript und hatte nicht mehr dieselbe Qualität.

Dann kam es zu einem Tag der großen Freude und des großen Unglücks. Avildsen befand sich gerade im Büro von Stigwood, wo sie über das Skript diskutierten, als eine Sekretärin hereinkam und mitteilte, das Avildsen für ROCKY für den Academy Award nominiert sei. Stigwood beglückwünschte ihm dazu, teilte ihm jedoch gleichzeitig mit, dass er bei SATURDAY NIGHT FEVER gefeuert sei. Als ich meinen Vertrag bekam, der 50 Seiten lang war, gab es darin eine Klausel, die in etwa besagte: Sollte der Regisseur drohen, das Projekt zu verlassen, dann ist er automatisch gefeuert. Was nichts anderes bedeutet als: Versuch bloß nicht, mich zu verarschen! Ich hatte Stigwood eine Woche früher getroffen, um mit ihm ein anderes Projekt zu besprechen. Es handelte sich um SGT. PEPPER'S LONELY HEARTS CLUB BAND (1978; R: Michael Schultz). Ich verstand das Skript überhaupt nicht und mochte es auch nicht. Er ließ mich nach New York fliegen, ohne mir konkret zu sagen, um welches Projekt es sich handelte und so erreichte ich mein Hotel in New York an einem schneereichen Tag im Januar. Ich öffnete das Drehbuch und schmiss es gleich auf den Boden. Allein wegen des Titels! Keiner mag die Beatles mehr als ich und ich merkte gleich, das war schrecklich. Ich las es aber trotzdem und sprach mit Stigwood darüber, der mich fragte, ob ich in New York daran arbeiten wolle. Ich schob jedoch meine Tochter vor, die am nächsten Tag Geburtstag hatte. Ich habe gedacht, das ist das Ende mit mir und Robert Stigwood, aber am nächsten Wochenende wurde ich, nachdem Avildsen gefeuert worden war, gefragt, ob ich den Film machen wolle, da sie unbedingt jemanden suchten. Das Drehbuch erreichte mich an einem Montagmorgen und mein Agent riet, das Skript bloß nicht zu lesen, bevor er einen Deal gemacht hätte. Ich las es aber trotzdem und 90 Minuten später – ich hatte gerade die Grippe – empfand ich das Drehbuch fast wie Medizin. Es war großartig! Mittwochmorgen traf ich John Travolta zum Frühstück; mittags suchten wir weitere Darsteller aus, am Abend war ich im Flugzeug auf dem Weg nach New York, Donnerstag traf ich dort Schauspieler, war weiterhin krank und wir hatten nur noch zwei Wochen, bis die Proben begannen. Wir hatten außer John Travolta keine Schauspieler, keine Locations und einen Production Designer, dessen Namen ich nicht mehr weiß und auch nicht mehr wissen will. Mein erster Job war, zu sehen, was wir haben, und wir hatten einen Kameramann, der sehr talentiert war, aber auch sehr neu in seinem Job war. Den Production Designer wechselte ich sofort aus gegen einen, der den Film deutlich größer aussehen lassen würde. Der andere hatte die Ausstattung so klein und billig gemacht, dass ich es kaum glauben konnte. Also brachte ich jemanden mit mehr Erfahrung ein. Ich wechselte den Production Manager aus – und als größten Wechsel den Choreographer, weil er der Chef des New Yorker Ballett war. Er hatte bis zu diesem Zeitpunkt ein wenig mit John gearbeitet. Er verstand zwar die Story sehr gut, aber als es darum ging, zu beschreiben, wie John zu tanzen hatte, wusste ich, wir hatten große Probleme. Er dachte wie ein Ballett-Meister, wie ein Macher von großer Ballett-Choreographie, von schönen Tänzen. Aber das war das Letzte, was ich wollte. Ich wollte Johns Tänze nicht wie ein Broadway-Musical oder ein New York-Ballett inszenieren. Ich wollte, dass jeder Tänzer im Film ganz natürlich wirkte. Wir benötigten daher Personen, die tanzen konnten, einen Rhythmus hatten, aber auch den dicken Kerl, das kleine orientalische Mädchen. Ich wollte die Personen, die immer abgelehnt werden beim Vorsingen. Gute Tänzer zwar, aber nicht typgerecht. Ich erinnerte mich an den Choreographer von THE WIZ (1978; R: Sidney Lumet), bei dem ich ausgestiegen war, und so bat ich Lester Wilson zu kommen. Lester war ein alter Las Vegas-Choreographer, schwarz und mit einem echten Straßengefühl für seine Choreographien. Also kam er nach New York und startete die Arbeit mit John und den anderen Tänzern und brachte dabei das besondere

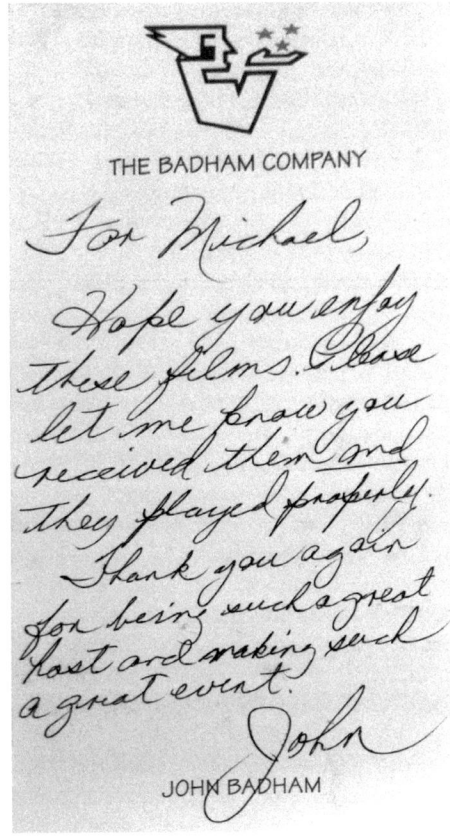

Ein Gruß von John Badham

Gefühl ein. Währenddessen schaute ich mich in New York nach einer passenden Discothek um. Ich war damit nicht besonders vertraut. Es macht nur Sinn, sie mitten in der Nacht zu besuchen. Es gab welche für Schwule, für Lesbische, für Yuppies, aber auch andere Discos, wo man zehn Dollar zahlen musste, um hinein zu kommen. Das »Studio 54« war zu glamourös für uns. Das Erste, was wir fanden, war der Tanzboden. Ich erinnerte mich an einen kleinen Night Club in meiner Heimatstadt (Los Angeles; MF) mit einem kleinen Tanzboden aus Glas mit verschiedenen Farben. Mein Production Designer Charles Bailey sagte mir, dass es da eine Company in New York gäbe, die solche Sachen herstellen könnten.

Der berühmte gläserne Boden der Discothek war also vorher gar nicht vorhanden?

Nein, da war nur ein böser, alter Holzboden drin. Die Auswechslung war die teuerste Arbeit an dem Film. Es kostete 15.000 Dollar, aber wir ließen es später da, da wir keine weitere Verwendung mehr hatten. Wir waren dem Besitzer der Discothek ja dankbar dafür, dass er uns fünf bis sechs Wochen die Disco überlassen hatte. Als wir dem Besitzer eines Tages die Dailies der Aufnahmen zeigten, wurde er davon total umgehauen. Er sagte: »Ihr Jungs lasst meinen Laden so toll aussehen.« Wir kleideten die Securities in diese schrecklich silbernen Jackets. Es war der Versuch, den Fokus darauf zu richten, was wirklich dort passiert und nichts zu romantisieren. Das spiegelt sich auch im Ende wieder. Es ist weder ein gutes noch ein schlechtes Ende, sondern ein unschlüssiges Ende mit dem Handschlag zwischen einem Mann und einer Frau sowie dem Versuch, Freunde zu bleiben. Also nicht: Wir können Freunde bleiben oder so. Das einzige Mal, dass sie sich küssen, ist in der Tanzszene. Sonst weist sie ihn ja immer zurück. Und er bemerkt auch, dass sie mit ihrem Freund zusammenlebt, darum ist der für den Film auch so wichtig. Robert Stigwood aber sagte: »Ich will sie zusammen im Bett haben.« Ich beruhigte ihn immer wieder und sagte, dass wir das schon so machen würden. Ich bin froh, dass er mich letztlich in Ruhe gelassen hat, auch mit Blick auf sein Temperament. Sonst hätte er nachdrehen lassen. Ich hatte aber auch beide Hauptdarsteller (John Travolta/Karen Lynn Gorney) auf meiner Seite, die das Ende gut fanden. Eine Menge der ersten Previews waren nicht sehr gut. In Cincinnati war es o.k.; Atlanta war o.k., aber als der Film in Los Angeles anlief, gab es Schlangen rund um den Block. Und das war mitten im November, wo es kalt war. Am ersten Wochenende spielte der Film drei Millionen Dollar ein und die Leitung von Paramount dachte, dass ihre Distributoren sie belügen würden. Wir hatten übers Wochenende unser Budget wieder zurück. Und die nächsten sechs Monate machte er eine Million Dollar am Tag. Das war ein Schock für mich, denn welcher Film außer STAR WARS (Krieg der Sterne; 1977; R: George Lucas) schaffte das schon?

Was hat Sie dazu veranlasst, bei einem so intimen Krankenhaus-Drama wie WHOSE LIFE IS IT ANYWAY? das Breitwandformat zu wählen?

Ich habe ganz bewusst das breiteste Format gewählt, das möglich war, weil es genau das Gegenteil von dem sein sollte, was man erwartete: Nicht wie all diese TV-Krankenhaus-Dramen, die man jeden Tag zu sehen bekam. Ich wollte nicht, dass es so aussieht wie DR. KILDARE (MGM 1961-1966), GENERAL HOSPITAL (ABC 1963-) oder THE BOLD ONES: THE NEW DOCTORS (NBC 1969-1973). Man konnte so schöne Bildkompositionen bekommen. Ich wollte den Film sogar in Schwarz-Weiß machen, was MGM aber nicht zugelassen hat.

Mit BLUE THUNDER, WARGAMES und SHORT CIRCUIT haben Sie die sog. Technik-Trilogie geschaffen…

Das ist quasi wie ein Unfall geschehen. Natürlich ist da in allen Filmen eine Verknüpfung mit der Technologie. Nach BLUE THUNDER haben mich die Produzenten von WARGAMES angesprochen, weil sie Probleme mit dem ursprünglichen Regisseur hatten, den ich dann ersetzt habe. Bei SHORT CIRCUIT, der drei Jahre später entstanden ist, sind die Produzenten vielleicht auch deshalb zu mir gekommen, weil sie die beiden anderen Filme kannten. Ich mochte es, weil wir auf einmal Spaß mit der Technologie haben konnten. Hier war Technik nicht böse, dunkel oder fürchterlich. Es gab schon Filme wie COLOSSUS: THE FORBIN PROJECT (Colossus; 1970; R: Joseph Sargent), wo der Computer böse war, oder WARGAMES, der einen nicht so netten Computer hatte, sodass ich die Idee mochte, etwas Spaßiges daraus zu machen. Ich hätte gerne auch SHORT CIRCUIT 2 (Nummer 5 gibt nicht auf; 1988; R: Kenneth Johnson) gemacht, befand mich aber gerade in der Endproduktion von STAKEOUT. Darum klappte es nicht. Ich entschied mich, bei der post-production von STAKEOUT zu bleiben, denn wenn ein Regisseur nicht bis zum Schluss dabei ist, geschehen ungute Dinge. Ich habe da meine Erfahrungen mit BLUE THUNDER. Auf einmal will dann jeder alles auf seine Weise machen. Du musst das Kind beschützen, das dieses fragile Ding von Film ist. Es ist schon schwer genug, es gut zu machen, wenn man die Kontrolle darüber hat, weil jeder seine eigenen Ideen hat. Es ist lustig: Der neue Regisseur war so darauf bedacht, seinen eigenen Standpunkt in seiner Version zu zeigen, dass er, wenn er hörte, ich hatte das auf diese Weise gemacht, er sicherstellte, es genau entgegengesetzt zu machen.

Bei WARGAMES war ursprünglich Martin Brest als Regisseur vorgesehen ...
Ja, der Film sollte eigentlich »The Genius« heißen, angelehnt an die Figur, die Matthew Broderick dann spielt. Er sollte bei Universal für unter zehn Millionen Dollar gemacht werden. Universal glaubte jedoch nicht an Kids, die sich mit Computern beschäftigen. Ein zu kleiner Markt. Darum haben sie das Budget reduziert. Martin Brest hatte große Ideen für den Film. Als er den War Room gestalten wollte, suchte er sich mit Stage 12 die größte Bühne in den Universal Studios, schaute durch seinen »Director's Viewfinder«, ging immer weiter zurück, bis er sich an der äußeren Wand befand und beurteilte schließlich: »Das ist alles nicht groß genug! Wir brauchen ein größeres Set!« Die sagten dann: »Well, da ist kein größeres Set.« Er sagte: »Dann müssen wir halt die Wand wegreißen.« Worauf sie erwiderten: »Das geht nicht. Dahinter befindet sich der gesamte Sound- und Kamerashop von Universal.« »Was ist mit der anderen Wand dahinten?« »Geht auch nicht, da sind wir dann in Los Angeles.« Brest meinte dann: »Dann nehmen wir den Luftschiff-Hangar in Alabama, den Spielberg als Set für CLOSE ENCOUNTERS OF THE THIRD KIND (Unheimliche Begegnung der dritten Art; 1977) benutzt hat.« Alle sagten: »Okay, aber das kostet eine weitere Million Dollar.« Er sagte: »Das ist mir egal.« Universal wollte den Film dann nicht mehr machen. So kam United Artists ins Spiel, die Geld bei EMI besorgten und auch der Besitzer vom Los Angeles Rugby-Team gab etwas dazu, der gerade wegen Korruption im Gefängnis sitzt. Sie bauten dann auf größeren Sets bei MGM, die bereits für THE WIZARD OF OZ (Das zauberhafte Land; 1939; R: Victor Fleming) und andere benutzt worden waren. Brest hatte mittlerweile seine Raumvorstellungen ein wenig reduziert. Es sollten dann auf Wunsch von Brest Teile in Seattle gedreht werden. Also begannen sie, dort zu drehen. Aber sie sahen nie etwas von Seattle, sondern immer nur kleine Teile des Wohnortes (von David, MF), der aber wie Los Angeles aussah. Leonard Goldberg, der Produzent, sagte: »Marty, das sieht aus wie L.A.! Warum zeigst Du nicht mehr von Seattle?« Brest sagte: »Ich will nicht, dass es aussieht wie Seattle. Ich will, dass es aussieht wie überall in den USA.« »Doch warum willst du dann in Seattle drehen? Verstehe ich nicht.« Die Eröffnungssequenz des Filmes hatte ein großes Set mit dem Tunneleingang, der zu Norad hineinführt. Das war ein sehr teures Set, das sie gebaut hatten. Als die Dailies kamen, stellten sie fest, dass er die ganze Sache vom Gipfel eines Berges gedreht hatte, sodass alles total miniaturisiert aussah. Matthew Broderick war wie John Travolta in SATURDAY NIGHT FEVER zunächst bedrückt und traurig; Ally Sheedy fürchtete sich fast zu Tode, da es ihre erste große Rolle war und sie nicht wusste, wohin mit ihren Händen. Der Produzent, der mich von früher kannte, rief

mich an und sagte, er habe ein großes Problem und ob ich nicht mal schauen könne, wo das Problem liege, um dann zu entscheiden, was zu tun sei. Er zeigte mir die Szene, in der Ally Sheedy von Matthew Broderick zum ersten Male in sein Zimmer eingeladen worden ist. Er zeigt ihr dort, wie er die Noten geändert hat. Ich schaute mir die Szene an, die gut gemacht war mit zwei wundervollen Darstellern, die ich noch nie zuvor gesehen hatte, aber etwas war falsch. Aber ich konnte nicht genau sagen, was es war. Auf dem Weg nach Hause kam mir plötzlich die Erleuchtung. Damals gab es noch keine Mobiltelefone. Ich fand eine Telefonzelle. Ihr erinnert euch an Telefonzellen? Ich warf Geld ein, rief Leonard an und sagte: »Sie haben keinerlei Spaß! Das ist falsch an der Szene. Wenn ich ein Junge wäre, der das Mädchen für sich begeistern könnte, würde ich mir in die Hosen pinkeln, so erfreut wäre ich darüber! Das wäre für mich die größte Sache, ein Mädchen dazuhaben und das dann sehen kann, was ich für sie mache.« Ein oder zwei Tage später hörte ich dann, dass sie Marty Brest gefeuert hatten. Ich fragte: »Wollt ihr mich nächste Woche haben?« Sie sagten: »Nein, nein, wir können ihn noch eine weitere Woche drehen lassen.« Ich: »Ihr habt ihn gefeuert und lasst ihn noch eine weitere Woche drehen?« Sie: »Wir wollen noch ein wenig Material von ihm haben.« Währenddessen beschäftigte ich mich mit dem Skript, an dem acht bis zehn Autoren beteiligt waren. Ich fragte nach dem Original-Skript, das ich viel besser fand. Ich holte die Autoren Lawrence Lasker und Walter F. Parkes zurück, um das Skript zu ändern. Die Woche darauf begann ich mit den Dreharbeiten. Die Schauspieler hatten Angst, ebenfalls gefeuert zu werden. Ich begann mit der Szene im Zimmer, die Marty bereits gedreht hatte, aber die Schauspieler waren so verängstigt, dass ich 14 Takes brauchte, die ich weder davor oder danach jemals wieder benötigte. Ich musste also einen Weg finden, dass sich die

Schauspieler entspannen, Witze machen, zum Leben erweckt wurden. Ich sandte nur den Take, den ich tatsächlich benutzen wollte, zu den Executives. Marty Brest hatte einen dummen Fehler gemacht, in dem er sämtliche Takes zu den Executives geschickt hatte. An einem bestimmten Punkt bei Sichtung immer derselben Szene waren die dann bereit, den Regisseur zu töten. Die ganze Atmosphäre im Vorführraum wird dann sehr schnell böse. Das habe ich bereits als Casting-Regisseur gelernt.

Ist AMERICAN FLYERS von anderen Sportfilmen beeinflusst?

Ich bin nicht sicher, ob es Einflüsse gibt. Aber schon in THE IMPATIENT HEART gibt es ein Motorradrennen, wo wir den point-of-view sehr niedrig angesetzt haben. In der Eröffnungsszene von SATURDAY NIGHT FEVER haben wir ebenfalls diesen speziellen point-of-view, um darüber zu versuchen,

John Badham und Claus Theo Gärtner

den Charakter besser zu verstehen. Also sehen wir dort seine Füße, die seine Tanzschuhe zeigen, die er auf dem Weg zur Arbeit trägt. Diese wunderbaren blauen Schuhe, die niemand bei der Arbeit tragen würde. Aber wir sind bei ihnen und gehen mit der Musik, um ihn insgesamt zu verstehen. In meinem Verständnis als Filmemacher gibt es einen großen Unterschied zwischen einer weiten Einstellung, die einen Radfahrer einen Berg hinabfahrend zeigt, oder bei dem Fahrer zu sein. Wenn ich ein Auto oder ein Fahrrad sehr schnell fahre, ist das eine ganz andere Erfahrung, als desjenigen, der mich nur sieht, wie ich hinunter fahre. Ich will mit der Person auf dem Fahrrad sein, was mit diesem point-of-view auch gelingt. Dieser Prozess ist interessant für das Publikum, das immer auch ein Teil des Filmes sein muss. Die filmische Energie des Radrennens, des Helikopters, des Tänzers muss ein Bestandteil sein, denn sonst ist man draußen.

Ich habe gehört, STAKEOUT ist einer Ihrer Lieblingsfilme …

Ja, STAKEOUT ist tatsächlich einer meiner Favoriten. Es ist ein sehr kommerzieller Film. Als ich das Drehbuch zum ersten Mal gelesen habe, wusste ich nicht, ob ich ihn machen sollte. Es fühlte sich wie eine übliche kommerzielle Komödie an. Aber dann fing es an, mich zu interessieren, und als ich meinen Freund Richard Dreyfuss begeistern konnte, nahm es Gestalt an. Das Drehbuch war ursprünglich als zielgerichtetes Drama verfasst und Disney wollte dafür genau diese Art von Darsteller: all die Mel Gibsons und die Richard Geres der Welt. Hätten wir bei diesen Schauspielern angefragt, hätten sie abgelehnt, da sie das alles schon gemacht haben. Als ich dann Dreyfuss einbrachte, war dies ein aufregender Wechsel. Er sagte: »Ok, ich habe noch nie eine solche Rolle gespielt. Ich bin nur ein kleiner jüdischer Kerl, von dem niemand erwarten würde, einen Cop zu spielen. Das ist eine lustige Idee.«

Das nächste Problem war, dass im Drehbuch sein Partner älter und weiser angelegt war. Aber alle älteren Schauspieler, die ich anfragte, hatten kein Interesse. Also brachte ich Emilio Estevez ein, was ein absoluter Gegensatz war. Die Charaktere sind also komplett umgeschrieben worden. Was wir nun aber hatten, war diese comichafte Chemie zwischen den beiden Männern, dem älteren Groupie, der normalerweise reifer ist, und dem Jüngeren, der seriöser ist, weil er ein guter Polizist sein will. Die Darsteller improvisierten dabei sehr viel und entwickelten neue Ideen. Das führte dazu, dass Dialoge, die wir geprobt hatten, beim Dreh völlig anders ausfielen. Aber das war dann total lustig. Der Film wurde ein großer Hit im Sommer 1987, auch wegen der guten Chemie zwischen den beiden Hauptdarstellern. Die Besetzung hat also einen gewaltigen Unterschied gemacht und es ist etwas ganz anderes herausgekommen als das ursprünglich geplante Drama.

THE HARD WAY weist zwei Kameramänner auf: Robert Primes und Donald McAlpine. Was war der Grund?

Robert Primes war der Kameramann bei BIRD ON A WIRE (1989). Ich hatte dort die Idee, dass es für einen talentierten, noch am Beginn seiner Karriere stehenden Kameramann, der eine Menge an Fernsehen gemacht hatte, aufregend sein könnte, mitzumachen. Es wäre durchaus möglich gewesen, auch John A. Alonzo oder William Fraker zu bekommen, doch die waren immer stark ausgebucht. Also sagte ich: Lasst uns Robert Primes nehmen, der hervorragende Arbeit bei THIRTYSOMETHING (Die besten Jahre; ABC 1987-1991) geleistet hat. Und so haben wir ihn genommen. Aber das war ein bisschen wie ein Albtraum. Ich hatte gedacht, seine Arbeit beim Fernsehen, wo alles sehr schnell gehen muss, würde sich auch auf unsere Dreharbeiten übertragen, aber das war nicht der Fall. Er war wie »Jabba the Hutt«.[2] Schließlich waren wir 12 oder

John Badham auf dem 3. Cinestrange-Filmfestival 2014

13 Tage hinter der Drehzeit zurück. Aber am Ende funktionierte der Film doch ganz gut und so habe ich ihn auch für THE HARD WAY genommen. Aber dann gab es dort das gleiche Problem und nach ein paar Wochen habe ich gesagt, dass es so nicht weitergehe. Man sagt ja, Frauen vergessen manchmal die Schmerzen der Geburt und ich hatte die erlittenen Schmerzen bei den Dreharbeiten von BIRD ON A WIRE vergessen. Irgendwann schlug mein Regieassistent vor, Donald McAlpine zu nehmen. Also entschieden wird uns, Don in die Produktion zu bringen. Er kam mit Jetlag an, drehte aber am nächsten Morgen fünf Drehbuchseiten in einer Polizeistation, die er noch nie zuvor in seinem Leben gesehen hatte. Er verband die Arbeit von Robert Primes und seine perfekt miteinander und wir verloren dabei nicht eine Minute. Robert Primes hatte aber schon so viel Arbeit geleistet, dass er auch einen Credit erhielt. Einige Zeit später, er hatte ein Menge Commercials gedreht, sagte er mir: »Jetzt weiß ich, warum du so sauer auf mich warst. Ich habe mittlerweile mit so vielen schrecklichen Kameramännern arbeiten müssen, die mir alle die Zeit gestohlen haben.«

War es schwierig, mit POINT OF NO RETURN ein Remake von Luc Bessons NIKITA (1990) zu machen?
Julia und ich haben zusammen Luc Bessons NIKITA im Kino gesehen und dachten beide, eine englische Version könnte ganz gut werden. Insbesondere in Amerika, wo die Leute Untertitel hassen. Ich fand heraus, dass Warner Bros. von Besson bereits die Rechte für eine englische Version erworben hatte. Besson war auch für die Regie vorgesehen, entschied sich dann aber, es nicht zu machen. Ich habe dann begeistert meine Hand erhoben und gesagt, dass ich es machen wolle. Das Original zu zerstören und etwas ganz anderes daraus zu machen, klingt für mich nicht vernünftig. Aber herauszufinden, was die beste Version sein kann und sie in den Kontext der amerikanischen Kultur zu stellen und dabei auch den Respekt vor Besson zu bewahren, ist der beste Weg, den ich mir vorstellen konnte. Ich wollte auch einen unterhaltsamen Film machen und ihn nicht Einstellung für Einstellung nachstellen. Das ist auch sehr gefährlich, weil dann die Essenz verloren geht wie bei dem Remake von PSYCHO (1998; R:

Gus van Sant). So gut, so brillant der Regisseur dabei auch sein mag, muss er sich immer fragen lassen, warum er das macht. Also balancierten wir auf Messers Schneide, um es richtig zu machen und die Leichtigkeit beizubehalten.

Sie haben häufig mit verschiedenen Kameramännern zusammengearbeitet, fast immer aber Frank Morriss mit dem Schnitt betraut …

Wenn man mit einem Kameramann arbeitet, dann ist man während der Dreharbeiten so zehn Wochen zusammen. Danach ist er für einen anderen Job verpflichtet. Ein guter Kameramann hat vielleicht vier Filme im Jahr zu machen. Der Editor kommt ein paar Wochen vor Beginn der Dreharbeiten dazu. Er ist während der gesamten Dreharbeiten und während der Zeit des Schnittes dabei. Manchmal sind das neun Monate, bis er wieder nach Hause kann. Ich hatte mit Frank eine gute Beziehung. Wenn man häufig zusammen zwölf Stunden im Schnittraum verbringt, kennt man sich sehr gut. Da sind dann auch leichter Übereinstimmungen zu erzielen. Wenn man dies jedoch mit einem Kameramann nicht erreichen kann, ist es schnell vorbei. Viele Regisseure haben häufig den gleichen Editor: Steven Spielberg oder auch mein Freund Michael Ritchie, der vor einiger Zeit verstorben ist.

In Ihren Filmen gibt es häufig den Lerneffekt: In SHORT CIRCUIT lernt »Nr. 5« menschlich zu werden; »Joshua« in WARGAMES muss lernen, dass es in einem Krieg keinen Gewinner geben kann; in POINT OF NO RETURN muss Nina lernen, eine Killerin zu werden. Ist das bewusst ein durchgehendes Thema in Ihren Filmen?

Es ist interessant, einen Charakter dabei zu beobachten wie er lernt und verantwortungsbewusst wird. Das sind sehr interessante Geschichten. Ein Charakter muss

sich verändern, sonst ist das nicht interessant. Ein gutes Beispiel ist DIRTY HARRY (1971; R: Don Siegel). Zunächst ist er ein total eindimensionaler Charakter, doch am Ende hat sich das geändert. Er nimmt seinen Stern und wirft ihn weg. Das macht den Film so gut. Wir sehen John Travolta in SATURDAY NIGHT FEVER, der konstant unglücklich mit seiner Umwelt ist, aber nichts dagegen tut. Er steckt in seinem Job fest, mag ihn nicht, aber er schafft es, sich davon zu befreien. Wir sehen ihm den gesamten Film über bei seinem langen Lernprozess zu. Bei Nina ist es das gleiche: Sie soll jemanden erschießen, sie sticht mit einem Stift durch eine Hand, aber am Ende kann sie das nicht mehr tun. Denn ihre Absichten haben sich geändert.

Mr. Badham, herzlichen Dank für das Gespräch.

Es war eine wirkliche Herausforderung, mit so vielen gut vorbereiteten und interessierten Gesprächspartnern zu reden.

Anmerkungen

[1] Drehbücher u.a. für SERPICO (1973; R: Sidney Lumet) und MANDINGO (1974; R: Richard Fleischer).

[2] Figur aus STAR WARS.

The Bold One

Ein Versuch über die Fernseharbeit von John Badham

Von Stefan Borsos

Fernsehen – cinema's poor cousin?

Einen Gesamtüberblick über die Fernseharbeit John Badhams[1] geben zu wollen, muss als ausgesprochen törichtes Unterfangen anmuten. Zu umfangreich und disparat erscheinen die Arbeiten, zumindest auf den ersten Blick, zu unterschiedlich im Hinblick auf Formate, Genres und zeitliche Kontexte. Böse gesagt: Was für den Kino-Badham gilt, scheint auch für den TV-Badham zu gelten. Bestenfalls hat man es mit einem *professional* zu tun, schlimmstenfalls mit einem *studio hack*, keinesfalls jedoch mit einem *auteur*, dessen Haltung und Weltsicht in seiner mise-en-scène Ausdruck findet.

Die Frage der Autorschaft erscheint im Rahmen des Mediums Fernsehen noch einmal komplizierter. Allenfalls Autoren- und Produzentenfiguren erlangen dort gewöhnlich *auteur*-Status, nicht jedoch jene oft namenlosen *journeymen*, die mal hier, mal dort fremde Worte in – einem rigorosen Regelwerk unterworfene – Bilder übersetzen. Und ein *journeyman* ist Badham zweifellos: Abgesehen von wenigen Ausnahmen existiert kaum eine Serie, für die er mehr als ein, zwei Episoden inszenierte.[2] Aber ohnehin bestimmt das System und das serielle Prinzip mehr als alles andere die Produkte, definiert, konfektioniert und beschneidet sie. Die einschlägige Literatur zum Thema legt zu dieser Sichtweise beredtes Zeugnis ab – und entlarvt auf frappierende Weise die meist verborgenen normativ-ästhetischen Dispositionen. Fernsehen als grundlegend defizitäres Medium. Zwar wird das Medium dank Cultural Studies mittlerweile als soziologisches, kulturelles oder industrielles Phänomen ernstgenommen, aber selten als ästhetisches. Selbst in Ausnahmefällen wie den Live-Fernsehspielen der fünf-ziger Jahre oder dem, was vor allem seit den späten neunziger Jahren unter dem diffusen Begriff ›Qualitätsfernsehen‹ firmiert, dominieren Legitimations- und Nobilitierungsdiskurse, denen eine mal implizite, mal explizite Medienhierarchie eingeschrieben ist. Im Kontext des Live-Fernsehens beispielsweise, der ersten von mehreren Golden Ages of Television, werden gewöhnlich Autoren wie Reginald Rose (AN ALMANAC OF LIBERTY, 1954; TWELVE ANGRY MEN, 1954), Paddy Chayefsky (THE BACHELOR PARTY, 1953; MARTY, 1953) oder Rod Serling (PATTERNS, 1955; REQUIEM FOR A HEAVYWEIGHT, 1956; THE ARENA, 1956; THE STRIKE, 1954) gefeiert, weit weniger Regisseure wie Sidney Lumet, John Frankenheimer, Arthur Penn oder Franklin J. Schaffner, die dort lediglich ihre Lehrjahre verbrachten. Wie auch Gary R. Edgerton in seiner umfassenden Diskursgeschichte zum US-Fernsehen der fünfziger Jahre zeigt, kommen die euphorischsten zeitgenössischen Urteile kaum ohne den Rekurs auf das moderne Sprechtheater aus.[3] Beim ›Qualitätsfernsehen‹ ist es, völlig unabhängig davon, auf welche Inkarnation man sich bezieht (MTM, HBO etc.), meist das Kino, das ›Filmische‹, das in vornehmlich essentialistischer Weise als Referenz- und Fluchtpunkt herhalten muss.[4] Dazwischen ein großes schwarzes Loch, ein Sumpf gesichtsloser, seriell hergestellter Massenware – zero-degree style. Einen anderen Ansatz verfolgt das 1979 erschienene, ausgesprochen nützliche Nachschlagewerk *The American Vein. Directors and Directions in Television* von Christopher Wicking und Tise Vahimagi, das nicht nur den Versuch unternimmt, einen Überblick über US-amerikanische Fernsehregisseure zu geben und sie einzuordnen, sondern diese auch, in Andrew-Sarris-Manier, als Autoren ernstnimmt.[5] Auch Tom Allen fokussiert in seinem Artikel über das Format des Fernsehfilms (der siebziger Jahre) auf auteuristisch-ästhetische Aspekte und sucht das Werk von sechs Regisseuren – William A. Graham, Lamont Johnson, John Korty, Joseph Sargent, Steven Spielberg und eben auch Badham – dem TV-Einerlei zu entreißen.[6] Beide sind jedoch bis heute Ausnahmen geblieben, die vor allem die Regel und mithin das Vorurteil bestätigen, dass es jenseits von Live- und Qualitätsfernsehen nichts gebe, dessen Auseinandersetzung sich auf ästhetischer Ebene lohne. Damit ließen sich die zahllosen Serien, Serials, Miniserien und Fernsehfilme zu Wheeler Winston Dixons »Phantom Films« zählen, die dank rigidem Kanondenken zu Unrecht in Vergessenheit geraten sind.[7]

Erweitert man schließlich den Blick, fällt auf, wie wenig die Fernseharbeit selbst etablierter Kinoauteurs wie Penn, Sam Peckinpah, Robert Altman, Steven Spielberg oder Michael Mann in die Werkanalyse einbezogen wird.[8] Meist fungiert sie lediglich als Fußnote oder Prolog für better things to come, ist in jedem Fall Nebenschauplatz. Der defizitäre Charakter schreibt sich mithin unweigerlich fort. Dabei führt diese Verengung des Blicks, dieses konsequente Ignorieren dazu, dass man mitunter den Wald vor lauter Bäumen nicht sieht, dass vorhandene Zusammenhänge und Entwicklungslinien gar nicht erst in Betracht gezogen werden. Zu Recht betont Nick Hall in seinem Aufsatz zu Altmans Fernsehperiode (meint aber auch explizit besagte ›journeymen‹,[9] dass »[...] the significance of Altman's television work does not hinge upon an essential connection to his later and more celebrated feature films [...].« Stattdessen zeigt sein Kapitel »[...] the complexity and nuance of Altman's early television, and advances the argument that such material deserves analysis in its own right [...].«[10]

Tatsächlich wäre es an der Zeit, das Fernsehen auch als ästhetisch distink-te Form ernst zu nehmen, ohne dabei den Blick auf selektiv bevorzugte Perioden zu verengen und/oder zwanghaft nach Spuren und Verbindungen zu anderen, ›angeseheneren‹ Medien zu suchen. Eine solche Herangehensweise würde es zudem erlauben, nur sehr bruchstückhaft wahrgenommene Karrieren und Werke, etwa von Ted Post, Walter Grauman, Tom Gries, Joseph H. Lewis, Ida Lupino oder Allen Baron, in ihrer Ganzheit nachzuvollziehen.[11] Badhams zahlreiche Fernsehepisoden und Fernsehfilme aus vier Jahrzehnten dienen als prägnantes Beispiel hierfür; rein quantitativ müsste man ihn ohnehin eher als Fernseh- denn als Kinoregisseur einordnen (sofern man unbedingt trennen wollte). Auch Pauline Kael identifiziert 1977 in ihrer wohlwollenden Rezension von SATURDAY NIGHT FEVER (1977) Badham als »well known for his work in television« und streicht seinen Fernsehfilm THE LAW (NBC 1974)[12] als »Probably his most impressive credit« heraus.[13] Selbst wenn man ihn lediglich als eine von mehreren prägenden Kräften im Schaffensprozess definiert, lassen sich doch erstaunliche Kontinuitäten, Verbindungen und Parallelen erkennen. Die Einordnung Badhams als Repräsentant und typischer Handwerker der achtziger Jahre wird damit ungleich problematischer. Gerade Badhams Fernseharbeit, zumal aus den Siebzigern, eröffnet bzw. konturiert neue Kontexte, die vielleicht auch erklären mögen, warum Andrew Britton in seiner Streitschrift *Blissing Out: The Politics of Reaganite Entertainment* erstaunlich wohlwollende Worte für Badham findet und die beiden diskutierten Filme – WARGAMES und BLUE THUNDER (beide 1983) – nicht so recht in das Schema des ›Reaganite Entertainment‹ passen mögen (trotz einer gewissen Ambivalenz).[14] Zum einen knüpfen Arbeiten wie SOME DAY, THEY'LL ELECT A PRESIDENT, A SINGLE BLOW OF A SWORD (beide 1971), THE LAW sowie THE GUN (ABC 1974) – für sich genommen schon eine Art interventionistische, systemkritische Tetralogie – inhaltlich wie formal an die kritische Tradition des Live-Fernsehspiels an, zum anderen ist auch die ›Paranoid Trilogy‹ seines Zeitgenossen Alan J. Pakula nie weit entfernt.[15] Entgegen der einschlägigen Literatur zum Thema, in der er nicht einmal als Fußnote auftaucht,[16] wäre Badham mithin durchaus im Zusammenhang des New Hollywood (1967-1976) zu sehen; schon vom Alter her würde er nach Hans Helmut Prinzler dieser fünften Generation von Regisseuren angehören.[17] *Television brat* statt *movie brat*.

Die Erklärung, dass die Verhandlung bestimmter Themen schlicht dem Zeitgeist geschuldet sei, sprich dass Badham gar nicht umhin konnte, als sich der dominanten Diskurse seiner Zeit anzunehmen, greift dabei zu kurz: Was Badham als Themen und Motive in seinen Frühwerken setzt, wird im Kino (der Achtziger) und später wieder im Fernsehen beständig aufgegriffen, ausformuliert, variiert. Wiederholt erweist sich Badham als ausgesprochen scharfsinniger Analytiker der unheilvollen Verflechtungen von Politik, Wirtschaft und Militär. Die paranoide Vorstellung, dass die Geschicke der Welt bzw. der USA von mächtigen, im Verborgenen operierenden Kräften gelenkt werden, zieht sich wie ein roter Faden durch das Kino- und Fernsehwerk Badhams. The Parallax Corp. is watching you! In doppeltem Sinne ist Badham ein dezidiert politischer Filmemacher: Seine Erzählungen verhandeln oft tagesaktuelle soziopolitische Themen – es ist aber auch seine politische, seine moralisch-ethische Haltung, die über den Status eines schnöden ›Problemstücks‹ (Blumenberg) und für Fernsehfilme oft behauptete *topicality* hinausführt. Badham als Chronist und Agitator gleichermaßen. Er bezieht Stellung, klagt an, bleibt aber nichtsdestotrotz einer tiefgreifenden Skepsis verpflichtet, die sich in erster Linie in einer Obsession mit Blickpolitiken, einer Dialektik von Sehen bzw. Sichtbarmachen und Beobachtetwerden äußert.

Die Technologie, mit deren Hilfe beobachtet oder gar schlimmeres getan wird, hat dabei den Charakter einer Kippfigur. Selbst wenn bei Badham die Technikeuphorie in Technikphobie umschlägt, fällt sie stets auf den Menschen zurück. Technologie im weitesten Sinne gedacht als extension of man. Es ist auch diese Ambivalenz, die Badham aus den Siebzigern in die Reagan-Ära und darüber hinaus rettet und die als Sediment ganz unterschiedliche Genres, Themen und Sujets färbt.

Paranoia-Miniaturen

Badhams erste Fernsehepisoden, zunächst als Associate Producer, wenig später als Regisseur,[18] entstehen für die beiden Serien THE BOLD ONES und NIGHT GALLERY (beide NBC 1969-1973). Während Badham sich im ersten Fall in der Form des *procedural* erproben darf, erlaubt ihm Rod Serlings Nachfolger der TWILIGHT ZONE (CBS 1959-1964), eine Reihe gothic-horror-Vignetten zu inszenieren. Von der Technikangst im mehrfachen Sinne handelt THE BOY WHO PREDICTED EARTHQUAKES (1971). Die Erzählung ist denkbar einfach: Ein Junge (Clint Howard) besitzt die Fähigkeit, Ereignisse vorauszusagen, und avanciert zum Medienstar, bis es sich bei einer seiner Visionen schließlich um den Weltuntergang handelt. Nun haben schon etliche Episoden der TWILIGHT ZONE das Ende der Welt imaginiert. Was nun Badhams Episode abhebt, ist nicht nur die Ikonografie und mithin der unmissverständliche Bezug zum Nuklearschlag, obwohl es auf der reinen Handlungsebene um die Explosion der Sonne geht. Zugleich verhandelt die Episode auch die mediale Repräsentation der übersinnlichen Fähigkeiten des Jungen. Als diesem die Tragweite seiner Vision klar wird, möchte er die anstehende Aufzeichnung absagen, wird aber vom Produzenten dazu gedrängt, auf Sendung zu gehen. Da er den Zuschauern die Wahrheit nicht zumuten möchte, werden diese in ihrer Unwissenheit belassen. Das Fernsehen als Mittel, um die Menschen in Sicherheit zu wiegen – Television of reassurance!

Noch stärker erweist sich CAMERA OBSCURA (1971) als Ausgangspunkt für spätere Reflexionen. Auch diese Handlung um einen Kredithai (Rene Auberjonois), der in einer Zeitschleife als Strafe für seine üblen Praktiken gefangen wird, ist typisches TWILIGHT-ZONE-Material, inklusive der obligatorischen Schlusspointe. Wichtig ist aber nicht so sehr das Was, sondern das Wie. Sein Geld will er fatalerweise bei dem kauzigen Wissenschaftler (Ross Martin) eintreiben, der eine Linse bzw. Monitor entwickelt hat, eben jene Camera Obscura, mit der sich der gesamte öffentliche Raum beobachten lässt; es ist die aufgemotzte Version einer solchen Camera Obscura, die dem Kredithai schließlich zum Verhängnis wird. Zwar geht es hier noch nicht um (Kontroll)mechanismen und Strategien der Überwachung wie später etwa in STAKEOUT (Die Nacht hat viele Augen; 1987) oder POINT OF NO RETURN (Codename: Nina; 1993), aber es zeichnet sich bereits Badhams Interesse an Technologien der Sichtbarmachung ab.

Prominenter findet sich das Motiv der Überwachung in EPICAC, Badhams Beitrag

zum Fernsehfilm REX HARRISON PRESENTS STORIES OF LOVE (NBC 1974).[19] Hier konstituiert das Auge der Überwachungskamera die ›subjektive‹ Perspektive des titelgebenden Supercomputers.

Die Handlung um Missverständnisse zwischen Mensch und künstlicher Intelligenz

Das ›fliegende Auge‹ in EPICAC (NBC 1974)

präfiguriert thematisch WARGAMES. So wie W.O.P.R. den Unterschied zwischen (Kriegs)spiel und Krieg nicht erkennt, kann Epicac am Ende nicht mehr zwischen Mensch und Maschine unterscheiden. Auslöser für die Verwicklungen ist ein liebeskranker Wissenschaftler (Bill Bixby), der den Computer in einer Variation auf Cyrano de Bergerac Gedichte für seine nur auf literarischem Wege zu beeindruckende Kollegin formulieren lässt, sodass sich Epicac letztendlich als Konkurrent wahrnimmt. Als ihm der Wissenschaftler schließlich die Illusion nimmt, beschließt Epicac, ohnehin unzufrieden mit seiner Rolle

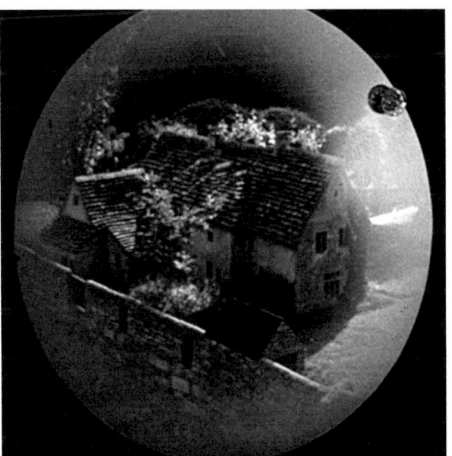

Der Blick durch die Camera Obscura in Badhams gleichnamiger NIGHT-GALLERY-Episode (NBC 1971)

Der voyeuristische Blick des Supercomputers in EPICAC (NBC 1974)

als buchstäblicher Teil der Kriegsmaschinerie – und nun auch im Wissen, kein Mensch werden zu können –, sich selbst zu zerstören.

Neben einigen Kinofilmen der achtziger und neunziger Jahre – WARGAMES, BLUE THUNDER, SHORT CIRCUIT (Nummer 5 lebt!; 1986) –, finden sich vergleichbare Paranoia-Anordnungen und -Diskurse in post-9/11-Serien wie TRAUMA (NBC 2009-2010), HEROES (NBC 2006-2010), THE EVENT (NBC 2010), NIKITA (Warner Bros. 2010-2013) oder 12 MONKEYS (Syfy 2015). Ist es in Badhams TRAUMA-Beitrag TARGETS (2010; Staffel 1, Episode 14) ein Scharfschütze, der Sanitäter jagt, handelt es sich in den anderen Fernsehserien um Welten von Spionen und Geheimorganisationen. NIKITA mag hier ein besonders prägnantes Beispiel sein: Geht es Nikita zu Beginn der Serie noch darum, jene Organisation zu zerstören, die sie zur Profikillerin ausgebildet hat, lösen sich die klaren Fronten zunehmend auf und es entspinnt sich ein Reigen ständig wechselnder Allianzen.

THE GODCHILD: (ABC 1974): Die *three godfathers* beim Einritt in die Stadt

Badhams Vietnam-Film

Schon früh, genauer gesagt ab 1971, inszeniert Badham nicht nur Episoden für Fernsehserien wie THE BOLD ONES, NIGHT GALLERY, SARGE, NICHOLS (beide 1971-1972) oder THE SIXTH SENSE (ABC 1972), sondern auch für das Format des Fernsehfilms. Diese bis heute häufig

diskreditierte,[20] selbst von ihren VerfechterInnen oft auf sensationalistische Seifenopern reduzierte Form[21] des Primetime-Fernsehens wird ab Mitte der sechziger Jahre zunehmend als Alternative zum teuren Rechteeinkauf großer Hollywood-Filme eingesetzt und etabliert sich dank unerwarteter Quotenhits wie BRIAN'S SONG (Freunde bis in den Tod; ABC 1971; R: Buzz Kulik) spätestens Anfang der siebziger Jahre als fester Bestandteil des Abendprogramms. Unter Badhams Fernsehfilmen der siebziger Jahre befinden sich unter anderem auch zwei Neuverfilmungen bereits (mehrfach) adaptierter Stoffe: Zum einen REFLECTIONS OF MURDER, eine weitere Verfilmung von Pierre Boileaus/Thomas Narcejacs *Celle qui n'était plus* (Tote sollten schweigen; 1952),[22] zum anderen THE GODCHILD (Spuren im Sand; beide ABC 1974), dessen berühmteste Inkarnation bis heute der John-Wayne-Western THREE GODFATHERS (Spuren im Sand; 1948; R: John Ford) geblieben ist.[23] Während REFLECTIONS OF MURDER den Plot souverän in ein tristes New-England-Setting überführt und die feministischen Aspekte des Themas betont, sich aber im Übrigen recht eng an die Vorlage hält, aktualisiert und rekontextualisiert THE GODCHILD die literarische wie die filmischen Vorlagen in einer wesentlich radikaleren Art und Weise. Badham und sein Drehbuchautor Ron Bishop eliminieren nicht nur die christliche Symbolik, die vor allem für Fords paradigmatische Adaption von 1948 kennzeichnend war. Vor allem verlegen sie den Plot in die Zeit des amerikanischen Bürgerkriegs und verleihen ihm, mit Blick auf den Vietnamkrieg und die Spaltung der amerikanischen Gesellschaft, eine vollkommen neue Dimension. Der Film schreibt sich mithin in das ein, was Elisabeth Bronfen (ausgehend von Überlegungen von Richard Slotkin) als ›Aussöhnungsnarrativ‹ bezeichnete.[24] Die Konfliktlinien in Badhams Film verlaufen nicht nur zwischen den Kriegsgefangenen auf der Flucht und ihren Verfolgern, sondern auch innerhalb der Verfolgergruppe. Tatsächlich scheint der Hauptkonflikt gar nicht so sehr zwischen den good badmen um Rourke (Jack Palance) und den Verfolgern um Sergeant Dobbs (Jack Warden) zu bestehen – man kennt und respektiert sich –, sondern zwischen Vorgesetzten und Untergebenen, zwischen Texanern und Georgianern. Besonders über die Komik und die respektlos-sarkastischen Kommentare der Soldaten Crawley und Loftus gegenüber ihrem Vorgesetzten Lewis (Keith Carradine) verhandelt Badhams Film das Infragestellen und Brüchigwerden von Loyalitäten und Hierarchien. Eine gewisse Sympathie für Kriegsdienstverweigerer oder gar Deserteure ist zumindest impliziert. Erst eine abstrakt wirkende Bedrohung von außen durch meist unsichtbare Apachen lässt Streitigkeiten und Verfolgung in den Hintergrund treten und schweißt die Männer zusammen. Am Ende opfert sich der Nordstaatler Rourke, damit der Südstaatler Lewis als einziger mit dem Baby entkommen kann. Mehr noch als seine Vorgänger inszeniert Badham seinen Film als Bildungs- bzw. Entwicklungsroman für Carradines steifen und zunächst wenig empathischen Karrieresoldaten – einzig dem Außenseiter ist es erlaubt, zu überleben und das Kind zu retten. An dieser Stelle unterscheidet sich THE GODCHILD beträchtlich von anderen Aussöhnungsnarrativen: Die für Slotkins These so zentrale »regeneration through violence« findet nicht statt, der Übergangsritus ist hier ein gewaltloser, man könnte den Film geradezu als Gegenentwurf zu Peckinpahs THE WILD BUNCH (1969) lesen; nicht nur bei Slotkin ein zentrales Beispiel für den Vietnam-Western, der den *frontier*-Mythos über die reinigende Kraft der Gewalt verhandelt.[25] In THE GODCHILD geschieht hingegen selbst die Gewalt gegen die Apachen weitestgehend *off screen* bzw. ohnehin gar nicht durch die Protagonisten. Die eindrücklichste Gewaltszene ereignet sich zwischen den Flüchtigen und dem Ehemann, der seine hochschwangere Frau zurückgelassen hat und nun aus dem Nichts wieder auftaucht. Blind vor Rache und im festen Glauben, die fremden Männer hätten seine Frau getötet und das Kind entführt, schießt er ohne zu fragen. Das Resultat: drei Tote. Sinnlose Waffengewalt und ihre Folgen – Badham wird dieses Thema noch häufiger aufgreifen.

Circulus Vitiosus

Auf den Punkt bringt Badham seine Sicht auf das Verhältnis seiner Landsleute zu ihren Waffen in seinem bemerkenswerten ABC Movie of the Week THE GUN von 1974. Als zeitgenössische Variation von Anthony Manns WINCHESTER '73 (1950) verfolgt die Erzählung in nüchternen, dokumentarischen Bildern, wie ein Revolver von der Herstellung bis zur (vermeintlichen) Vernichtung den Warenkreislauf durchläuft – und, so scheint es, zum Schluss eine Tragödie auslöst. Die Hände, durch die der Revolver eher zufällig wandert, sind vielfältig und spiegeln alle gesellschaftlichen Schichten wider: Der paranoide Mittelschichtler, der seinen Vorortwohlstand gefährdet sieht und mit Waffe und Alarmanlage verteidigen möchte, den gerade entlassenen Angestellten, der einen Amoklauf in Betracht zieht, den lateinamerikanischen blue-collar-Arbeiter, der sich neben Frau und Kind um seinen verwitweten Vater kümmern muss, den Ex-Kriminellen, der rückfällig wird, um die Hochzeit seiner Tochter zu finanzieren. Der Revolver fungiert dabei in erster Linie als Katalysator, der Handlungen im Sinne von Plot, aber auch im ethisch-moralischen Sinne in Bewegung setzt. Obwohl der Film kaum an traditionellen Strategien der Spannungserzeugung interessiert ist, spitzen sich die Mini-Melos in ihrer Dramatik kontinuierlich zu, sodass sich immer dringlicher die Frage stellt, wann das Schicksal seinen Lauf nimmt und der Einsatz der Waffe seine Opfer fordert. Die Pistole ist dabei als Hitchcocks ›Bombe unter dem Tisch‹ zu verstehen; der Verzicht auf extradiegetische Musik und mithin die musikalische Lenkung der Zuschauergefühle steigert den Suspense sogar noch. Badhams *cautionary tale* endet auf einer denkbar boshaften Note: Nachdem der Revolver mit der Verhaftung des rückfälligen Ex-Kriminellen in die Hände der Polizei gefallen ist und zusammen mit anderen Schusswaffen auf dem Schrottplatz medienwirksam vernichtet werden soll, spuckt ihn die Schrottpresse fast unbeschädigt wieder aus, als ob er unbedingt seiner Bestimmung zugeführt werden wollte. Eigentlich kein ungewöhnlicher Vorgang, wäre da nicht ein Lastwagenfahrer, ein all-american boy und Familienvater, der ihn kurzerhand mit nachhause nimmt anstatt ihn erneut in die Schrottpresse zu geben. Es kommt endlich, wie es kommen musste: Die gerade in ihrer Stille schier unerträgliche Schlussszene zeigt den Sohn, wie er die Waffe in einem unbeobachteten Moment im elterlichen Schlafzimmer findet und sie einer eingehenden Musterung unterzieht. Die Kamera schwenkt zur Seite. Ein Schuss fällt. Schwarzbild. Über dem Abspann sind die Geräusche vom Anfang zu hören. Die Herstellung eines weiteren Revolvers nimmt ihren Lauf, der Kreislauf und mithin das sinnlose Sterben beginnt aufs Neue. Immer wieder. Endlos.

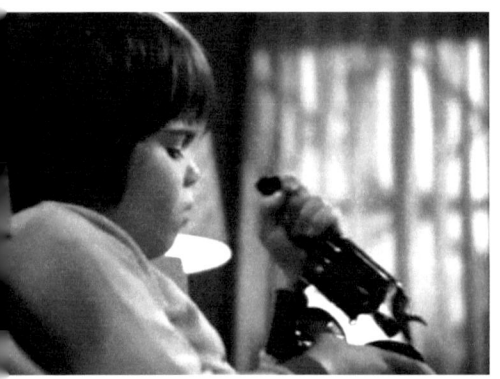

Don't play with Fire: Die tragische Schlusssequenz von THE GUN (ABC 1974)

Eine ähnliche Anordnung findet sich in einer Nebenhandlung von Badhams THE-SHIELD-Folge DEAD SOLDIERS (The Shield – Gesetz der Gewalt; FX-Network 2006; Season 2, Episode 2). Während sich die Ereignisse um den korrupten Cop Vic Mackey (Michael Chiklis) auf besonders gewalttätige Weise überschlagen, müssen sich die Kollegen Sofer (Catherine Dent) und Lowe (Michael Jace) mit einem banalen Nachbarschaftsstreit auseinandersetzen: Alleinerziehende Afro-Amerikanerin versus muslimisches Ehepaar; im Raum natürlich der Terrorverdacht. Wie üblich entzündet sich die Auseinandersetzung an alltäglichen Nichtigkeiten wie Hundegebell und fremdem Geruch, die allerdings post-9/11 paranoid gedeutet werden. In jeder weiteren Szene spitzt sich der Konflikt unweigerlich zu, bis schließlich eine Schusswaffe ins Spiel kommt und die Situation auf tragische Weise eskaliert. In drei kurzen Szenen entwirft Badham eine kluge und pointierte Abhandlung über (rassistische) Vorurteile und damit verbundene Kurzschlussreaktionen. Der freie Schusswaffenzugang führt schließlich zum tödlichen Ausgang. Am Ende liegt der harmlose Syrer tot in seinem Blut auf dem star-spangled banner. Ähnlich wie dem Schluss von THE GUN mutet diesem Ausgang etwas Unausweichliches an.

(Race) Politics

Werden Race/Ethnizität bzw. Rassenkonflikte in Badhams Kinowerk vor allem in THE BINGO LONG TRAVELLING ALL-STARS AND MOTOR KINGS (1976) und, eher als Hintergrund, in BLUE THUNDER verhandelt, kehrt er im Fernsehen immer wieder zu diesem Thema zurück. Bereits in seinem zweiten Beitrag für THE BOLD ONES: THE SENATOR ist schon vieles ausformuliert, was er später aufgreifen wird. Es scheint mir angebracht, an dieser Stelle einen genaueren Blick auf diese für Badham so prägende Produktion zu werfen. Badham inszeniert – neben James Goldstone, Jerrold Freedman, Daryl Duke und Robert Day –

Der Hauptvorspann der *wheel format series* THE BOLD ONES (NBC 1969-1973)

nicht nur zwei Folgen (u.a. die letzte Folge, A SINGLE BLOW OF A SWORD (1971), aufgrund derer angeblich die Serie nach nur einer Staffel abgesetzt wurde), sondern begleitet sie auch als Associate Producer. THE BOLD ONES ist eine so genannte *wheel format series*,[26] die, ein wenig in der Tradition der Anthologie, wechselnde Serien auf demselben Sendeplatz und unter einem gemeinsamen Übertitel vereint. Während die erfolgreichste BOLD-ONES-Serie, THE NEW DOCTORS, dem Format über die gesamte Laufzeit über erhalten bleibt,[27] und es auch THE LAWYERS (NBC 1969-1972) auf drei Staffeln bringt, folgen die neun Episoden von THE SENATOR auf das ebenfalls nur kurzlebige *police procedural* THE PROTECTORS (1969-1970). Bis auf wenige Ausnahmen gibt es zwischen den Serien kaum personelle Kontinuitäten; einzig einige Regisseure und Schauspieler drehen und/oder schreiben für verschiedene BOLD-ONES-Titel. Badham scheint, neben Freedman, tatsächlich am ehesten das zu sein, was man als gemeinsamen Nenner bezeichnen könnte: Neben A SINGLE BLOW OF A SWORD und SOME DAY, THEY'LL ELECT A PRESIDENT (1971) inszeniert er auch noch vier Episoden für THE NEW DOCTORS – A THRE-

ATENED SPECIES, IS THIS OPERATION NECESSARY?, A NATION OF HUMAN PINCUSHIONS und END THEME (alle 1972) – und ist Assistent des Produzenten beim PROTECTORS-Piloten DEADLOCK (1969; R: Lamont Johnson). Wie mehrfach bemerkt wurde, schließt das Format vor allem politisch-ideologisch und thematisch an New-Frontier-Serien der sechziger Jahre wie THE DEFENDERS (CBS 1961-1965) an,[28] die kontroverse, gesellschaftlich relevante Themen aus einer liberalen Perspektive verhandeln.[29] Bemerkenswert ist aber nicht nur bzw. gar nicht so sehr die Themenwahl,[30] sondern der teilweise düstere, kompromisslose Ton und eine Tendenz zu formalen Experimenten (kühne Bild-Ton-Montagen, unkonventionelle Lichtsetzung, dokumentarische Techniken) sowie der Versuch, mit komplizierten Plansequenzen an die ästhetische Tradition des Live-Fernsehspiels anzuknüpfen.[31]

Bildschichtungen in James Goldstones A CLEAR AND PRESENT DANGER (NBC 1970)

THE DAY THE LION DIED (NBC 1970): Daryl Dukes sich langsam vorantastende Kamera, auf der Suche nach Will Geers Wutausbruch im *hors-champ*

Splitscreen in Richard A. Collas THE WHOLE WORLD IS WATCHING (NBC 1969)

u.a. die DEFENDERS- und Anthologie-Veteranen Ernest Kinoy, David W. Rintels und Howard Rodman.

Auf den ersten Blick mutet THE SENATOR wie eine weitere *professionals*-Serie an; nach Doktoren, Polizisten und Anwälten nun eben ein Senator. Und dem New-Hollywood-Ethos verpflichtet ist dieser natürlich ein Gegenentwurf zum damals amtierenden US-Präsidenten – ein Anti-Nixon, ein Gemäßigter, eine Mittlerfigur, auf die sich alle einigen können.

Chiaroscuro-Effekte in SOME DAY, THEY'LL ELECT A PRESIDENT (NBC 1971)

Hal Holbrook beim Redeshowdown in A SINGLE BLOW OF A SWORD (NBC 1971)

END THEME (NBC 1972): Don Johnsons Subjektive bei seiner Einlieferung in das David Craig Institute of New Medicine

Ihren Höhepunkt erreicht die Serie inhaltlich wie formal mit THE SENATOR, bei der mit Badham, Duke, Freedman, Goldstone und Day nicht nur die experimentierfreudigsten Filmemacher vorangegangener BOLD-ONES-Titel Regie führen, sondern auch neue Autoren verpflichtet wurden –

Dabei geht er, z.B. in Freedmans Episode POWER PLAY (1970), weiter als Henry Fonda in Franklin J. Schaffners THE BEST MAN (Der Kandidat; 1964), ist aber zugleich noch weit entfernt von Robert Redfords Bill McKay aus Michael Ritchies THE CANDIDATE (Bill McKay – Der Kandidat; 1972); von der völligen Bankrotterklärung des Washingtoner Polittheaters in Otto Premingers ADVISE AND CONSENT (Sturm über Washington; 1962) ganz zu schweigen. THE SENATOR beschwört zwar damit wieder das Vertrauen in die Politik und die Politiker, präsentiert aber keineswegs immer einfache Lösungen und klare happy endings. Auf der Agitpropebene der Episoden positionieren sich Senator Hays Stowe (Hal Holbrook) und mithin die Macher deutlich, etwa der berühmte, Rashomon-eske Zweiteiler A CONTINUAL ROAR OF MUSKETRY (1970; R: Robert Day) über das Kent-State-Massaker[32] – inwieweit jedoch die Arbeit des Senators tatsächlich Früchte trägt, wird meist offen gelassen. Badhams Episoden können für diese Unsicherheit als beispielhaft gelten. In der als Noir inszenierten Folge SOME DAY, THEY'LL ELECT A PRESIDENT um Korruptionsvorwürfe gegen seinen engsten Berater (Michael Tolan) mag Stowe die Schlacht gewonnen haben, der Schluss mit dem gesichtslosen Paten als ubiquitäre, quasi-unsichtbare Macht im Hintergrund betont allerdings, dass der Krieg noch lange nicht beendet ist.

Der gesichtslose Pate in SOME DAY, THEY'LL ELECT A PRESIDENT (NBC 1971)

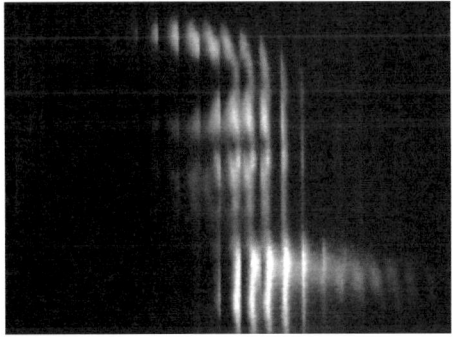

Visuelle »Grauzone« in SOME DAY, THEY'LL ELECT A PRESIDENT (NBC 1971)

Noch deutlicher tritt diese Diskrepanz in A SINGLE BLOW OF A SWORD zutage. Der Plot dreht sich um die unsachgemäße Nutzung und Abrechnung von Regierungsgeldern eines von Stowe unterstützten afro-amerikanischen Priesters und Bürgerrechtlers. (Echte?) Interviews zu *busing* und *desegregation* mit Passanten und, als Epilog, mit dem Schauspieler Holbrook sowie Stowes Abschlussrede machen den Standpunkt Badhams allzu deutlich.

Echte Interviews im semidokumentarischen A SINGLE BLOW OF A SWORD (NBC 1971)

Hal Holbrook im propagandistischen Abspann von A SINGLE BLOW OF A SWORD (NBC 1971)

Um tatsächlich zu helfen und sich gegen Gewaltpotentiale im Ghetto durchzusetzen, müsse man auch mal Fünfe gerade sein lassen – der Zweck heiligt die Mittel. Erfreulicherweise inszeniert der Film besagten Priester, ähnlich wie Stowe selbst eine Mittlerfigur, als äußerst widerspenstigen Zeitgenossen mit eigener agency, der sich den vereinnahmenden Tendenzen von Stowes Figur zum Trotz, nicht kooptieren und nichts sagen lässt.

Hal Holbrook (l.) und Lincoln Kilpatrick (r.) bei einem geheimen Treffen in A SINGLE BLOW OF A SWORD (NBC 1971)

Einerseits ist die Folge mithin Agitprop reinsten Wassers. Zugleich aber versucht sie sich an einer Verortung des Rassismus in der (weißen) US-amerikanischen Mehrheitsgesellschaft. Als Antagonist Stowes fungiert ein unscheinbarer Steuerprüfer, der die steuerlichen Unregelmäßigkeiten entdeckt und eine Untersuchung einleitet. Lange Zeit zeigt Badham diese Figur in mehreren Konfrontationen als gewissenhaften, nüchternen, wenn auch unsympathischen Bürokraten, der sich nur Recht und Gesetz verpflichtet fühlt. Erst zum Schluss, vor dem Untersuchungsausschuss, entlarvt er sich durch eine unbedachte Bemerkung selbst – und zeigt mithin, dass der Rassismus systemisch ist, verborgen und genauso ubiquitär wie die Korruption. Der Rassist in A SINGLE BLOW OF A SWORD ist nicht das hetzende Ku-Klux-Klan-Mitglied, sondern ein durchschnittlicher Beamter, eines von zahllosen Rädchen im System – die sprichwörtliche Banalität des Bösen!

Wie mächtig und unaufhaltsam dieser bürokratische Apparat ist, betont Badham in seiner brillanten Titelsequenz, die in wenigen Einstellungen den Weg vom Computer, der die Unregelmäßigkeit ausspuckt, über die Beurteilung durch den Beamten bis zur Beschwerde verfolgt – auf der Tonspur brutal überlagert vom lauten Rattern der Computer. Ein flashforward Dialog zwischen Stowe und seinem Berater über das Gerücht, dass man gegen ihn etwas in der Hand habe, deutet bereits auf den entstehenden Konflikt hin. Dem gesamten Vorgang wird mithin etwas Unausweichliches, dem Beamten gar etwas Maschinenhaftes, Entmenschlichtes zugeschrieben. Die Dinge nehmen einfach ihren Lauf. Dass der Beamte bei aller scheinbaren Professionalität eigene Interessen verfolgen könnte, spielt keine Rolle.

Zur Frage des institutionellen Rassismus kehrt Badham über dreißig Jahre später in seinem CROSSING-JORDAN-Beitrag 33 BULLETS (NBC 2007; Staffel 6, Episode 3) zurück. Während die (ethnische) Gewalt auf den Straßen in BLUE THUNDER und THE SENATOR noch als bedrohliche Größe im Hintergrund wirkte, steht hier die Nachbarschaft tatsächlich in Flammen. Ausgangspunkt ist der Tod eines afro-amerikanischen Jungen, der sich trotz gegenteiliger Beweise als Inszenierung entpuppt, um den fatalen Fehler der Polizisten zu vertuschen. Allzu deutlich dramatisiert Badham hier die Fälle von *race riots* von 1992 oder 2014, gewichtet aber eindeutig auf die Verfehlungen der öffentlichen Stellen. Im Vordergrund stehen weder die Täter – von den kriminellen Polizisten wird lediglich ein junger Cop mit Gewissensbissen etwas genauer porträtiert –, noch das

A SINGLE BLOW OF A SWORD (NBC 1971): Der bürokratische Apparat setzt sich unaufhaltsam in Bewegung

Opfer bzw. die Hinterbliebenen. Stattdessen fokussiert Badham auf die Arbeit der *professionals* (Gerichtsmediziner und Polizisten), die, selbst wenn sie durch ihren persönlichen Einsatz den Tag retten, im Zuge des öffentlichen Drucks anfangs zu falschen Ergebnissen kommen.

Recht und Gerechtigkeit

Ohne auf die durchaus problematischen *race politics* der Serie insgesamt einzugehen, betont Badham in seiner KUNG-FU-Episode ALETHEA (1973) den Alltagsrassismus, dem sich Caine (David Carradine) ausgesetzt sieht, stärker als sonst in der Serie. Einzig ein von Jodie Foster gespieltes Mädchen namens Alethea kennt keine derartigen Vorurteile und schließt Freundschaft mit dem Fremden. Ausgerechnet sie ist es jedoch, die kurz darauf glaubt gesehen zu haben, wie Caine bei einem Postkutschenüberfall einen der Kutscher erschießt. Caine versucht erst gar nicht, das Missverständnis aufzulösen, sondern ergibt sich freiwillig seinem Schicksal. Aus ihrem Blickwinkel ist der Fall auch eindeutig. Seeing is believing! Die Episode verhandelt damit nicht nur den Widerspruch zwischen Recht und Gerechtigkeit, sondern problematisiert im Anschluss an Zhuang Zis Schmetterlingstraum (der in den für die Serie obligatorischen Rückblenden sogar direkt zitiert wird) auch die subjektive Wahrnehmung und Wahrheit. Weil sich keine andere Lösung findet, steht Alethea vor der Wahl, ihrem programmatischen Namen gerecht zu werden und an der Aussage festzuhalten oder wider besseres Wissen zu lügen, um Caine vor dem Galgen zu bewahren. Gespiegelt wird dieser Gewissenskonflikt in den Rückblenden, die den jungen Caine vor ein ähnliches Problem stellen. In beiden Fällen wird die lebensrettende Lüge mit dem Verlust der Unschuld gleichgesetzt.

Wird Caine in ALETHEA noch in letzter Sekunde vor dem Tod am Galgen bewahrt, ist John Cusacks Michael-Kohlhaas-Figur Redding in Badhams Kleist-Paraphrase THE JACK BULL (Reiter auf verbrannter Erde; HBO 1999) nicht mehr zu retten. In seinem vielleicht besten und wichtigsten (Kino- wie TV-)Film der neunziger Jahre verlegt Badham die literarische Vorlage an die *frontier* des (noch) wilden Westens, um konkurrierende Rechts- und Gerechtigkeitsauffassungen einander gegenüberzustellen. Obwohl Redding im Prozess gegen den Großgrundbesitzer einen Teilsieg erzielt und damit an das Recht kommt, das ihm zuvor verwehrt worden war, wird er von den Geschworenen für seine Selbstjustiz und die mittelbare Schuld am Tod einer Frau bestraft. Geschickt nutzt Badham pointierte Parallelmontagen, um die Dialektik seines Stoffs zu unterstreichen und mögliche Deutungsperspektiven zu problematisieren und zu verkomplizieren. Man denke an den Urteilsspruch und den parallel geschnittenen Hinterhalt der US-Armee auf Reddings immer noch flüchtige Indianerfreunde oder den fröhlichen Einmarsch des Wahlkampf/Politikertrosses, während Reddings Leiche aus der Stadt gefahren wird. Überhaupt demonstriert Badham, wie bravourös er (immer noch) das Academy-Format zu nutzen weiß – selbst bzw. gerade im Westerngenre, das seit den fünfziger Jahren, spätestens seit Leones Westernopern, zu Unrecht mit der Breite des CinemaScope-Bildes gleichgesetzt wird. Wie in THE GODCHILD dominieren auch in THE JACK BULL lange, halbtotale und halbnahe Einstellungen, vertikale Bildkompositionen und Kranfahrten.

Badhams Interesse an den Widersprüchen zwischen Recht und Gesetz, mithin Recht und Gerechtigkeit, und dem Gerichtsprozess als Ort und Form der Aushandlung dieser Widersprüche ist in etlichen Film- und Fernsehbeispielen zu finden: Neben THE JACK BULL und ALETHEA auch im Kinofilm WHOSE LIFE IS IT ANYWAY (Ist das nicht mein Leben?; 1981), dem Fernsehfilm OBSESSED (Besessen; Lifetime 2002) und in Beiträgen für die TV-Serien JUST LE-

GAL (TNT 2005-2006; THE LIMIT, Staffel 1, Episode 3), OWEN MARSHALL, COUNSELOR AT LAW (Owen Marshall – Strafverteidiger; ABC 1971-1974; AN OFTEN AND FAMILIAR GHOST, Staffel 2, Episode 15) sowie, eingeschränkt, NICHOLS (Sheriff ohne Colt und Tadel; NBC 1972; EDDIE JOE, Staffel 1, Episode 14). Am prägnantesten gelingt ihm diese Analyse in seinem meisterhaften Fernsehfilm THE LAW (Anwalt gegen das Gericht; 1974).[33] Dem programmatischen Titel folgend geht es Badham um die Strukturen und Praktiken in der Rechtsprechung und -findung, exemplifiziert an einem Fall, der in mehrerlei Hinsicht an die Manson-Morde von 1969 erinnert (mit einem jungen Gary Busey als Mansoneskem Hippie). Bereits die audiovisuelle Rahmung durch die komische Operette *The Mikado* (uraufgeführt 1885 in Großbritannien) deutet an, dass Badham das Treiben in und um die Gerichtssäle als Farce betrachtet. Dieser Eindruck verdichtet sich nicht nur durch Episoden um eine irre Richterin und einen korrupten Verteidiger (mit dem nötigen Schmier gespielt von Logan Ramsey, dem Steuerprüfer aus A SINGLE BLOW OF A SWORD) und dem Staranwalt (Sam Wanamaker), dessen Hauptinteresse der medialen Vermarktung des sensationellen Mordfalls gilt. Selbst Badhams Protagonist, der von Judd Hirsch gespielte Pflichtverteidiger, ist nicht ganz der moralisch reine, gegen gesetzliche Windmühlen kämpfende Underdog, der er vorgibt zu sein. Spätestens, als er droht, mit der schmutzigen Wäsche über das Mordopfer an die Öffentlichkeit zu gehen, die eigentlich der Staranwalt in Stellung gebracht hatte, beweist er, dass auch er nur Teil des Systems ist und sich, falls nötig, auf die übliche Hinterzimmerpolitik mit ihren schmutzigen Deals und faulen Kompromissen einlässt. Anders als in THE JACK BULL und A SINGLE BLOW OF A SWORD, wo Badham die Unzulänglichkeiten bzw. die unzulängliche Auslegung des Gesetzestextes betont

und so zumindest die Motivation der Figuren für dessen Überschreitung nachvollziehbar darstellt, ist der Schluss von THE LAW alles andere als eindeutig. Hirschs Mandant erlangt zwar dank seiner Taktik die Freiheit und scheint auch unschuldig zu sein (selbst wenn dem Zuschauer die völlige Gewissheit verwehrt bleibt), aber es macht sich dennoch Ernüchterung breit – und die Frage, inwieweit das System durch die Manöver und Finten der Anwälte einen Schaden davon getragen hat. Der Ton, den Badham für seinen Film wählt, kippt dabei nie völlig ins Komödiantische oder changiert zwischen zwei Extremen wie in Norman Jewinsons ...AND JUSTICE FOR ALL (...und Gerechtigkeit für alle; 1979). Wenn überhaupt, dann bleibt das Lachen im Halse stecken, viel eher aber erzeugen Badham und Drehbuchautor Joel Oliansky Irritation und Fassungslosigkeit ob der Handlungen und Verhaltensweisen ihrer Figuren.

»There's no business like show business...«

Einen vergleichbar sarkastischen Schlusspunkt setzt Badham auch in THE LAST DEBATE (Gnadenloses Duell; Showtime 2000), wenn er im Abspann Irving Berlins Song »There's no business like show business« über die Fernsehbilder legt. Badhams Neunziger-Jahre-Update von Chayefskys beißender Mediensatire NETWORK (1976; R: Sidney Lumet) untersucht die Boulevardisierung der medialen Berichterstattung und mithin deren Verselbständigung auf Nachrichtensendern wie CNN oder Sky, bis zur bewussten Beeinflussung und Macht(missbrauch) der MedienvertreterInnen. Was zunächst anmutet wie ein weiterer Wahlkampffilm um zwei eher gesichtslose Präsidentschaftskandidaten, nimmt eine überraschende Wendung, als vier Journalisten unterschiedlicher Couleur bei einer Wahlkampfdebatte kurzerhand beschließen, aktiv in den Prozess einzugreifen und, auf Grundlage zugespielter Informationen, einen der beiden Kandidaten als brutalen Frauenschläger zu entlarven. Erzählt als Rückblende begleiten wir einen zynischen Boulevardjournalisten beim Versuch, die Hintergründe für den Skandal aufzudecken. Obwohl die Anschuldigungen scheinbar der Wahrheit entsprechen und mithin der »richtige« (demokratische!) Kandidat zum Präsidenten gewählt wird, kommt schließlich heraus, dass die Informationen aus dem gegnerischen Lager stammten und sich die Journalisten unwissentlich (?) in die demokratische Wahlkampfmaschinerie haben einspannen lassen. Auch hier verkompliziert Badham die moralische Frage nach dem Mittel zum Zweck. Profitiert haben am Ende vor allen Dingen die Journalisten – einschließlich unseres Voice-Over-Erzählers. Mehr noch als THE LAW ist THE LAST DEBATE damit ein Rundumschlag, bei dem ungeachtet der Rhetorik und Selbstwahrnehmung niemand unbeschadet davonkommt.

John Badham als Nachrichtensprecher in THE LAST DEBATE (Showtime 2000)

A subject for further studies

Es versteht sich von selbst, dass die vorangegangenen schlaglichtartigen Ausführungen nur ein allererster Orientierungs- und Ordnungsversuch, nur der Beginn einer notwendigen umfassenderen Reflexionsarbeit sein können – in der Hoffnung, dass der Faden aufgegriffen und freilich auch andere, hier weniger beachtete Aspekte in den Blick genommen werden. Allein THE BOLD ONES verlangt eine grundlegende Neuverortung; ähnliches gilt für das Format des Fernsehfilms oder serielle TV-Formen der sechziger und siebziger Jahre. Ebenso ließen sich andere Linien verfolgen, beispielsweise Badhams rezentere Beiträge zu gothic-horror-Serien wie CONSTANTINE oder SUPERNATURAL (Supernatural – Zur Hölle mit dem Bösen; Warner Bros. 2005), seine hochselbstreferentiellen Folgen von PSYCH (NBC 2006-2014), eine eingehende Werkanalyse unter (hier nur angerissenen) moralphilosophischen Gesichtspunkten oder die Vorliebe für bestimmte Narrationsmuster mit diegetischen Fristen (NICK OF TIME, FIRE IN THE HOLE oder INFECTED). Auch das Theater, eine weitgehend unbekannte Größe in seinem Schaffen, könnte für Badhams visuelle Strategien in seinen Fernseh- wie Kinoarbeiten – etwa in FOOTSTEPS (Footsteps – Die Nacht kennt den Mörder; CBS 2003) – fruchtbar gemacht werden. Was sich jedenfalls an dieser Stelle festhalten lässt, ist die Erkenntnis, dass einige von Badhams spannendsten Arbeiten für das Fernsehen entstanden sind, dort erstmals bestimmte Themen, Interessen und Positionen artikuliert, erprobt, teils auch schon ausformuliert wurden – und dass diese Fernsehserien und -filme auch einen entscheidenden Beitrag dazu leisten können, den Kino-Badham besser zu verstehen.

Anmerkungen

[1] Nach jetzigem Kenntnisstand handelt es sich um 59 Serien- und Serialepisoden sowie um 16 Fernsehfilme (inklusive des offiziell Delbert Mann zugeschriebenen NO PLACE TO RUN); ungeklärt ist Badhams Beteiligung an der Fernsehserie SUNSHINE (NBC 1975), nicht mitgezählt wurden Badhams Rollen als Assistent und Associate Producer bei William Sackheim, sowie, später, als Produzent und Executive Producer.

[2] Was wohl aber auch daran liegen mag, dass etliche der Serien, an denen Badham beteiligt war, nicht über ein, zwei Staffeln hinauskamen, z.B. THE BOLD ONES: THE SENATOR, SARGE, COOL MILLION, NICHOLS, THE SIXTH SENSE, BLIND JUSTICE, JUST LEGAL, STANDOFF, THE BEAST, TRAUMA, THE EVENT und CONSTANTINE.

[3] Vgl. William Boddy: Fifties Television. The Industry and Its Critics. Urbana/Chicago 1990, S. 80-92.

[4] Sowohl Robert J. Thompson wie auch Jane Feuer plädieren für das Kunstkino als Hauptbezugspunkt. Vgl. Robert J. Thompson: Television's Second Golden Age. FROM HILL STREET BLUES TO ER. New York 1996, S 16 und Jane Feuer: HBO and the Concept of Quality TV. In: Janet McCabe/Kim Akass (Hg.): Quality TV. Contemporary American Television and Beyond. London/New York 2011 (2007), S. 145. Auch Tony Williams rekurriert in seinen sonst wertvollen Beobachtungen zum Fernsehwerk von Robert Altman unermüdlich auf das ›Filmische‹. Vgl. Tony Williams: From ALFRED HITCHCOCK PRESENTS to TANNER ON TANNER: The Long Tail of Altman's Television Career. In: Adrian Danks (Hg.): A Companion to Robert Altman. Oxford 2015, S. 44f, 48. Zur Problematisierung und Kritik an dieser Argumentation: Deborah L. Jaramillo: Rescuing television from ›the cinematic‹: The perils of dismissing television style. In: Jason Jacobs/Steven Peacock (Hg.): Television Aesthetics and Style. New York/London 2013, S. 67-75 und Brett Mills: What does it mean to call television ›cinematic‹? In: Jason Jacobs/Steven Peacock (Hg.) a.a.O.

[5] Vgl. Christopher Wicking/Tise Vahimagi: The American Vein. Directors and Directions in Television. London 1979.

[6] Vgl. Tom Allen: The Semi-Precious Age of TV Movies. In: Film Comment 15, 4. 1979, S. 21-23.

[7] Vgl. Wheeler Winston Dixon: Lost in the Fifties. Recovering Phantom Hollywood. Carbondale 2005, bes. S. 103-158.

[8] Vgl. Paul Seydour: Peckinpah: The Western Films. A Reconsideration. Urbana/Chicago 1997 (1980); Lars-Olav Beier/Robert Müller (Hg.): Arthurt Penn. Berlin 1998; Georg Seeßlen: Steven Spielberg und seine Filme. Marburg 2001; Tony Williams: Body and Soul. The Cinematic Vision of Robert Aldrich. Lanham/Maryland 2004, bes. S. 78-109; Murray Pomerance/R. Barton Palmer (Hg.): A Little Solitaire. John Frankenheimer and American Film. New Brunswick 2011; Gary D. Rhodes (Hg.): The Films of Joseph H. Lewis. Detroit 2012; Jonathan Rayner: the cinema of MICHAEL MANN. Vice and vindication. London/New York 2013 und Adrian Danks (Hg.): A Companion to Robert Altman. Oxford 2015. Selbst bei Spielberg scheinen aus dem Frühwerk allenfalls DUEL (Duell; 1971) und, im Kontext von POLTERGEIST (1983; R: Tobe Hooper), SOMETHING EVIL (Haus des Bösen; CBS 1972) eine ausführlichere Würdigung wert zu sein.

[9] Vgl. Nick Hall: Just a Station on His Way? Altman's Transition From Television to Film. In: Adrian Danks a.a.O., S. 68-91.

[10] Ebd. S. 69.

[11] Ganz zu schweigen von weitgehend im Fernsehen tätigen Filmemachern wie William A. Graham, Joseph Hardy, Daryl Duke, Clyde Ware oder Jerrold Freedman, um nur einige zu nennen.

[12] NBC bedeutet in den meisten Fällen auch Universal Studios, die schon seit 1950 Inhalte für den Sender produzieren und seit 2004 auch demselben Mutterkonzern angehören. Obwohl Badham im Kino wie Fernsehen für unterschiedliche Studios dreht, ist Universal/NBC (bzw. seit der Fusion NBC/Universal), nicht zuletzt wegen seiner langjährigen Verbindung zum Produzenten William Sackheim, so etwas wie sein zuhause; auch seine zeitweilige Partnerschaft mit Rob Cohen erfolgte in diesem Rahmen. Man könnte Badham daher durchaus als eine Art Studioregisseur im ›klassischen‹ Sinne perspektivieren.

[13] Vgl. Pauline Kael: Saturday Night Fever. Nirvana. In: For Keeps. New York 1996 (1977), S. 763-767.

[14] Vgl. Andrew Britton: Blissing Out: The Politics of Reaganite Entertainment. In: Barry Keith Grant (Hg.): Britton on Film. The Complete Film Criticism of Andrew Britton. Detroit 2009 (1986), S. 97-154.

[15] Das sind KLUTE (1971), THE PARALLAX VIEW (Zeuge einer Verschwörung; 1974) und ALL THE PRESIDENT'S MEN (Die Unbestechlichen; 1976).

[16] Vgl. Peter W. Jansen/Wolfram Schützte (Hg.): New Hollywood. München 1976; Peter Lev: American Films of the 70s. Conflicting Visions. Austin/TX 2000; Hans Helmut Prinzler/Gabriele Jatho (Hg.): New Hollywood 1967-1976. Trouble in Wonderland. Berlin 2004; Thomas Elsaesser/Alexander Horwath/Noel King (Hg.): The Last Great American Picture Show. New Hollywood Cinema in the 1970s. Amsterdam 2004; Peter Krämer: The New Hollywood. From Bonnie and Clyde to Star Wars. London 2005; Lars Dammann: Kino im Aufbruch. New Hollywood 1967-1976. Marburg 2006 und Jonathan Kirshner: Hollywood's Last Golden Age. Politics, Society, and the Seventies Film in America. Ithaca/London 2013.

[17] Vgl. Hans Helmut Prinzler: Die fünfte Generation. In: Prinzler/Jatho a.a.O., S. 7-8.

[18] Nicht berücksichtigt ist hierbei Badhams Beitrag zum Fernsehfilm/Piloten zu DIAL HOT LINE (ABC 1970; R: Jerry Thorpe).

[19] Ursprünglich als Pilot für eine Anthologiereihe gedacht.

[20] Vgl. die meisten Artikel zum Thema, die dezidiert auf ökonomische, weit seltener auf ästhetische Aspekte gewichten: bes. Douglas Gomery: Television, Hollywood, and the Development of Movies Made-for-Television. In: E. Ann Kaplan (Hg.): Regarding Television. Critical Approaches – An Anthology. Frederick/MD 1983, S. 120-129; ders.: Brian's Song: Television, Hollywood, and the Evolution of the Movie Made for Television. In: John E. O'Connor (Hg.): American History/American Television. Interpreting the Video Past. New York 1985 [1983], S. 208-231; Gregory Waller: Made-for-Television Horror Films. In: ders (Hg.): American Horrors. Essays on the Modern American Horror Film. Urbana/Chicago 1987, S. 145-161; Laurie Schulze: The Made-for-TV Movie: Industrial Practice, Cultural Form, Popular Reception. In: Tino Balio (Hg.): Hollywood in the Age of Television. Boston 1990, S. 351-376, aber auch Gary R. Edgerton: High Concept, Small Screen. Repeceiving the Industrial and Stylistic Origins of the American Made-for-TV Movie. In: Journal of Popular Film and Television 19, 3. 1991, S. 114-127. Selbst Gomerys Exploration des kulturellen/medialen Phänomens BRIAN'S SONG ist geprägt von einem geradezu schamlosen Reduktionismus. Die Typologie, die er entwirft und auch von anderen Autoren

aufgegriffen wurde, orientiert sich zudem eher an Produktionspraktiken als an textuellen Strategien bzw. ästhetischen Prinzipien; in seiner durchaus gewinnbringenden Filmlektüre streicht er Figurenpsychologie, Narration und den soziopolitischen Kontext heraus – Ästhetik und Stil werden mit dem Hinweis auf das klassische Hollywood-continuity-System rasch abgefertigt; vgl. Gomery 1985, S. 218f. Todd Gitlins überaus lesenswerte Fernsehgeschichte wiederum, die sich unter anderem aus zahlreichen Interviews mit den TV-Machern selbst speist, scheint der PR auf den Leim zu gehen und mithin einer vorwiegend ökonomischen Perspektivierung nach dem Mund zu reden; vgl. Todd Gitlin: Inside Prime Time. Berkeley und London: 2000 [1983], S. 157-200.

[21] Vgl. Elayne Rapping: The Movie of the Week: Private Stories/Public Events. Minneapolis/London 1992.

[22] Neben der Hollywood-Version DIABOLIQUE (Diabolisch; 1996; R: Jeremiah S. Chechick) dürfte Henri-George Clouzots Verfilmung von 1955 unter dem Titel LES DIABOLIQUES (Die Teuflischen) am berühmtesten sein.

[23] Unter den weiteren Verfilmungen sind u.a. MARKED MEN (1919; R: John Ford), HELL'S HEROES (Galgenvögel; 1929; R: William Wyler) und THREE GODFATHERS (Helden aus der Hölle; 1936; R: Richard Boleslawski).

[24] Vgl. Elisabeth Bronfen: Hollywoods Kriege. Geschichte einer Heimsuchung. Frankfurt a. Main 2013 (2012), S. 67. Für ihre Lektüre wählt sie Sam Peckinpahs MAJOR DUNDEE (Sierra Charriba; 1965) und nennt zudem John Fords Kavallerie-Trilogie; weitere Beispiele sind u.a. TWO FLAGS WEST (Vorposten in Wildwest; 1950; R: Robert Wise), THE UNDEFEATED (Die Unbesiegten; 1969; R: Andrew V. McLaglen) oder jüngst THE HATEFUL EIGHT (2015; R: Quentin Tarantino).

[25] Vgl. Richard Slotkin: Gunfighter Nation. The Myth of the Frontier in Twentieth-Century America. Norman 1998 (1992), S. 578-623 und Michael Coyne: The Crowded Prairie. American National Identity in the Hollywood Western. London/New York 1997, S. 120-165, bes. 142-165.

[26] Weitere Beispiele wären: THE NAME OF THE GAME (NBC 1968-1971), FOUR-IN-ONE (NBC 1970-1971), THE NBC MYSTERY MOVIE (NBC 1971-1977).

[27] Unter anderem entwickelt von Steven Bochco (HILL STREET BLUES, L.A. LAW, NYPD BLUE).

28 Die auf einem zweiteiligen Live-Fernsehspiel von 1957 (R: Robert Mulligan) basierende und von Autor Reginald Rose zur Serie weiterentwickelte Anwaltsserie THE DEFENDERS lässt sich vor allem auf inhaltlich-thematischer Ebene als direkter Vorläufer von THE BOLD ONES verstehen; formal ist sie jedoch noch stärker der découpage classique verpflichtet.

29 Mary Ann Watson stellt diese Serien in den (ideologischen) Kontext von Kennedys New-Frontier-Politik in der ersten Hälfte der sechziger Jahre; als weitere Beispiele nennt sie DR. KILDARE, BEN CASEY (beide 1961-1966), THE NURSES (CBS 1962-1965), CHANNING, THE BREAKING POINT, EAST SIDE/WEST SIDE (alle 1963-1964), THE ELEVENTH HOUR (NBC 1962-1964) und MR. NOVAK (NBC 1963-1965). Vgl. Mary Ann Watson: The expanding Vista. American Television in the Kennedy Years. Durham/London 1994, S. 36-70, bes. 43.

30 Man müsste überlegen, ob diese Betonung der Themen, wie sie auch Horace Newcomb in seinem Kapitel zu Doctors and Lawyers: Counselors and Confessors u.a. mit Bezug zu THE BOLD ONES behauptet (vgl. Horace Newcomb: TV: The Most Popular Art. New York 1974, S. 110-134), nicht zu sehr vereinfacht. Bei hochpersönlichen Psycho-Melodramen wie Daryl Dukes THE DAY THE LION DIED (1970), TIME BOMB IN THE CHEST, A STANDARD OF MANHOOD oder Richard Donners A QUALITY OF FEAR (alle 1972) – alles Meisterwerke –, rücken die Themen – Alterssenilität, Herzinfarkt, Impotenz resp. Krebs – und eine wie auch immer geartete gesamtgesellschaftliche Perspektive jedenfalls stark in den Hintergrund.

31 Im SENATOR-Piloten A CLEAR AND PRESENT DANGER (1970) schichtet Goldstone in seinen kontemplativen Montagesequenzen bis zu drei Bildebenen übereinander, blendet sie ineinander über, verschränkt Naturimpressionen mit bedrohlich qualmenden Schornsteinen, sodass man mitunter vergisst, einen narrativen Fernsehfilm vor sich zu haben. Zugleich nehmen seine präzise choreografierten Plansequenzen im Krankenhaus das visuelle Konzept von EMERGENCY ROOM (Emergency Room – Die Notaufnahme; NBC 1994-2009) vorweg. Im ersten LAWYERS-Piloten THE SOUND OF ANGER (NBC 1968) ergänzt, verdrängt und konterkariert Michael Ritchie die Falschaussage der Angeklagten auf der Bildebene mit rhythmisch einmontierten Einzelbildern und Einstellungen, die den tatsächlichen Tathergang als Rückblende zeigen. Im zweiten LAWYERS-Piloten THE WHOLE WORLD IS WATCHING (NBC 1969) löst Richard A. Colla die Aussage des unschuldig Angeklagten vor Gericht und die Überführung des echten Täters durch die Ermittlungsarbeit der Anwälte in einer virtuosen, knapp sechsminütigen Split-Screen-Sequenz auf. In A STANDARD OF MANHOOD seziert Duke das Beziehungs- und Selbstzerfleischungsdrama des impotenten Protagonisten und seiner Ehefrau in einer einzigen unerbittlichen, vierminütigen Einstellung, an deren Ende die Frau unter Alkohol- und Drogeneinfluss in die Küche taumelt und den Gasherd aufdreht. In THE DAY THE LION DIED lässt Duke den verbalen Ausbruch von Stowes senilem Kollegen (großartig: Will Geer) von einer entfesselten Kamera einfangen, deren erstaunliche Mobilität an Sergey Urusevskys Arbeit für I SOY CUBA (Ich bin Kuba; Kuba/Udssr 1964; R: Mikhail Kalatozov) erinnert. In SOME DAY, THEY'LL ELECT A PRESIDENT taucht Badham die Konfrontation zwischen Stowes Berater und einem hartnäckigen Enthüllungsjournalisten in expressives low-key-Licht, dessen elaboriertes Spiel mit dem chiaroscuro der berühmten Verabredung zum Mord zwischen Barbara Stanwyck und Fred MacMurray aus DOUBLE INDEMNITY (Frau ohne Gewissen; 1944; R: Billy Wilder) in nichts nachsteht.

32 Entgegen Harry Castleman und Walter J. Podrazik (vgl. Harry Castleman/Walter J. Podrazik: Watching TV. Six Decades of American Television. Second Edition. Syracuse 2003, S. 216) argumentiert Aniko Bodroghkozy, dass die Episode durchaus klare Schuldige benennt und mithin für den Zuschauer einen befriedigenderen Abschluss findet als die in der Realität eingesetzte Kommission; er resümiert: »In a total reversal of what actually transpired in the Kent State case, prime-time television judged the institutions of the State and the military to be guilty of the unjustifiable murder of protesting students.« Vgl. Aniko Bodroghkozy: Groove Tube. Sixties Television and the Youth Rebellion. Durham/London 2001, S. 221; vgl. S. 199-235.

33 Im Anschluss an den Film folgte noch, ohne Badhams Beteiligung, eine gleichnamige Miniserie (NBC 1975).

Nikita à l'américaine

Ein formalistisches close reading
von John Badhams Besson-Remake POINT OF NO RETURN

Von Heiko Nemitz

Die Frau sitzt in der Falle: Sie verfügt nur über ihr knappes schwarzes Cocktailkleid und die großkalibrige Waffe in ihrer Hand. Sie hat soeben ein Attentat verübt, doch der versprochene Fluchtweg ist versperrt. Nun muss sie improvisieren und liefert sich eine wilde Schießerei quer durch die Großküche eines Restaurants. Die Frau sind zwei Frauen: Einmal ist es Marie, die früher Nikita hieß und auf Josephine hören muss. Anne Parillaud spielt sie im französischen Film LA FEMME NIKITA (Nikita; 1990) von Luc Besson. Beim anderen Mal ist es Claudia, die ihren Namen Maggie abgab und auf Nina hört. Bridget Fonda spielt sie in POINT OF NO RETURN (Codename: Nina; 1993), dem US-Remake von John Badham. Beiden Frauenfiguren stößt das gleiche zu, sie handeln auf exakt die gleiche Weise. Es ist die gleiche Geschichte – aber es sind nicht dieselben, sondern zwei verschiedene Filme. Stimmt das?

Original und Fälschung? Nina vs. Nikita

Für Gilles Deleuze steht die Wiederholung in enger Beziehung zur Differenz: »Die Wiederholung ist in ihrem Wesen symbolisch, das Symbol, das Trugbild ist der Buchstabe der Wiederholung selbst. Kraft der Verkleidung und der Ordnung des Symbols ist die Differenz in der Wiederholung enthalten.«[1] Im Deleuze'schen Verständnis – dessen Ausgangspunkt die Überlegungen Kirkegaards zur ›Unmöglichkeit einer Wiederholung‹ sowie Nietzsches Ontologie der ›Wiederkehr des Immergleichen‹ bildet – ist die Wiederholung gerade nicht die Wiederkehr des Identischen.

Nun mag es vermessen erscheinen, ausgerechnet ein Deleuze'sches Diktum zur Hinleitung an einen Film von John Badham zu instrumentalisieren, dennoch hätte er sich auf dessen Thriller POINT OF NO RETURN bezogen haben können – handelt es sich dabei doch um ein Remake, und zwar um eines, das als hochgradig uninspiriert, da reduplizierend gilt. Für Norbert Grob folgen Remakes, die er als »Bastarde des Kinos, mit der Konvention als Mutter und dem Seriellen als Stiefvater« bezeichnet,[2] stets der Devise: »immer das gleiche, nur immer anders. Wobei es allerdings nie um Imitation geht, sondern um Modifikation; nie um Wiederholung, sondern um Variation.«[3] Auch Knut Hickethier insistiert bei der Wiederholung auf Invarianz: »Die [...] kleine Variation ist der Reiz, in dem sich das Wiederholte als das immer Gleiche bestätigt.«[4] Nur: Wieviel ›same‹ vom ›procedere‹ ist in Badhams Besson-Remake enthalten, wie viel Differenz in seiner Wiederholung? Dieser Frage will ich im Sinne eines close readings mit dem Instrumentarium der Systematischen Filmanalyse[5] nachgehen.

Das mag in seinen Einzelheiten kleinlich erscheinen, aber das Ergebnis zeigt auf, dass sich noch in der verengtesten Wiederholungsfigur die größtmögliche Differenz verbirgt.

Zur Unsouveränität des Zweiten

Film-Remakes genießen einen schlechten Leumund, ihre Rezeption fällt in aller Regel verheerend, zumindest aber negativ aus. Die Herstellung von Filmen nach bereits existierenden filmischen Vorbildern gilt als minderwertige Kunst, als kulturindustrielles Schielen nach risikofreiem Ertrag. Ein ästhetisches Gefälle wird zwischen einem Original als künstlerisch ›höherwertigem‹ Film hin zum Remake als ›minderwertigem‹, rein kommerziellen Hollywood-Produkt markiert.[6] Dabei ist das Moment des Seriellen in der Kunst seit langem etabliert: »Das Prinzip der Reihung ähnlicher oder gleicher Formeinheiten lässt sich bereits in der Kunst archaischer Gesellschaften ausmachen.«[7] In der bürgerlichen Kultur der Moderne habe sich der Bruch mit der Tradition durchgesetzt, weg »von der geglückten Erfüllung eines Schemas« hin zu »der Vorstellung, dass der ästhetische Fortschritt an die formale Neuerung gebunden ist.«[8]

Dennoch bleibt die Repetition in der bildenden Kunst ein fester Bestandteil, gilt die Appropriation Art – in ihrer Form der ›Aneignung‹ fremden Bildmaterials – als eine bedeutsame künstlerische Strategie innerhalb und nach der Postmoderne. Nur in der populären Unterhaltungskunst scheint diese Strategie als Sakrileg zu gelten; seien es Coverversionen von Popsongs oder eben die Produktion von Remakes (und Sequels), deren bloße Existenz genügt, sie gering zu schätzen. Remakes werden nie als eigenständige Werke rezipiert, sondern als Wiederholungen automatisch an ihrem jeweiligen Vorläufer gekoppelt und gemessen, der – durch das Vorhandensein des Nachfolgeproduktes in den Textstatus eines Originals transformiert – automatisch als ›wertvollere‹ Werk erachtet wird.

Jörg Villvock fasst die Phänomenologie der Wiederholung so zusammen: Nach der Bedeutung des griechischen Wortes Logos wäre die Wiederholung die ›Erschließung des Selben‹. In Rückbesinnung auf Heraklit, sagt Villvock, bleibe sich das, was wiederholt werde, nicht gleich, es würde verwandelt; also sei die Metamorphose ein konstitutives Integral der Wiederholung.[9] Was wiederholt werde, werde dadurch, dass es wiederholt wird, herausgehoben aus seinem Zusammenhang, um es mit anderem, Neuen aktuell zu verbinden. »Die Frage nach dem Wesen der Wiederholung lässt sich nicht trennen von dem, was wiederholt wird. Dieses ist seiner Zeitform nach schon Gewesenes.«[10] Dietrich Mathy stellt fest, dass das Gesetz der Wiederholung verantwortlich ist für Wechsel und Dauer, für Differenz und Identität zugleich: »Sowenig ein Erstes ist, ehe ein Zweites es zu einem solchen macht, sowenig ist dies Zweite in seinem Zweitessein souverän: Nur in Bezug auf ein Zweites ist das Erste – sich selbst ein Letztes – dies Erste, weil nur in Bezug auf ein Erstes das Zweite – sich selbst ein Erstes – dies Zweite ist.«[11] Ohne gewollt zu haben, wird so bereits das Prinzip der Repräsentationsform Remake konstruiert; die Abhängigkeit vom ersten, durch den das Zweite nur sein darf, wird es nie los.

Zur Definition des Remake

Eine der ersten expliziten Definitionen des Remake gab James Monaco, der knapp von der »Neuverfilmung eines schon verfilmten Stoffes«[12] spricht. Jochen Manderbach kritisiert an dieser Definition den zu vagen Begriff »Stoff«, der nicht ausreichend deutlich mache, wie groß die Parallelität zwischen der alten und der neuen Version sein dürfe. Seine eigene Definition für das Phänomen Remake als Neuverfilmung formuliert er so:

Als Remakes bezeichnet man nur solche Filme, die einen Vorläufer mehr oder weniger detailgetreu nachvollziehen – meist aktualisiert, bisweilen in andere Genres übertragen, gelegentlich auch in ganz andere Schauplätze und Zeiten versetzt.[13]

Versteht man nun aber unter einem Remake einen Film, der sich besonders intensiv auf einen anderen Film bezieht und nicht bloß einzelne Motive, Figuren oder Situationen zitiert, sondern relevante, grundlegende Strukturen übernimmt, dann lässt sich das Remake als »Extremfall von Intertextualität«[14] begreifen. Es wiederhole seine Vorlage unter anderen Bedingungen und folglich mit Veränderungen: Das Remake sei »die Neufassung eines älteren Films, die sich durch technisch, gesellschaftlich und kulturell bedingte Veränderung von der Vorlage unterscheidet.«[15] Einen ähnlichen Ansatz verfolgen Horton und McDougal, wenn sie das Remake, Edward Branigan paraphrasierend, beschreiben als »spezial pattern wich re-represents and explains at a different time and through verying perceptions, previous narratives and experiences.«[16]

Für Michael Schaudig vollzieht die Neugestaltung einer filmischen Vorlage einen Transformationsprozess, der dem Modus eines interpretativen Selektionsverfahrens verpflichtet sei, in dessen Rahmen eine Neukonstruktion in Bezug auf den Einsatz dramaturgischer bzw. filmästhetischer Mittel sowie einer stofflichen Referenz erfolgt. Die Transformation sei also eine nach spezifischen medientechnologischen und kulturell-kontextuellen Konditionen vorgenommene Übertragung von deskriptiven, narrativen und argumentativen Elementen eines Ausgangstextes (der Erstverfilmung) in einen Zieltext (dem Remake), bei der konstitutive Bedeutungs- und Informationsstrukturen weitgehend erhalten bleiben, sodass sie wiedererkennbar seien.[17]

Nach erfolgter Transformation unterscheidet Schaudig das Remake in seiner typologischen Klassifikation als ›innovative‹ oder ›imitative‹ Adaption: Letzteres liege vor, wenn »trotz einiger inszenatorischer

Varianzen [...] dennoch von einer Imitation des im Referenztextes vorgegebenen Handlungs- und Figurenmodells zu sprechen« ist, das bis zur identischen Übernahme von Dialogpartien und Situationen führen könne.[18]

Zur Amerikanisierung fremdsprachiger Filme

Im vorliegenden Fall steht ein Teilbereich des Remake-Komplexes zur Diskussion; die Amerikanisierung von Filmen aus dem nicht englischsprachigen Ausland.

Hier ist die Begründung für die Neuverfilmung noch am ehesten zu beantworten: In den meisten Fällen liegen hier höchstwahrscheinlich tatsächlich ökonomische Beweggründe für die Neuproduktion vor. Da das Standardverfahren der Synchronisation hauptsächlich in Deutschland (und Italien) verbreitet ist, werden in anderen Ländern ausländische Filme in der Regel im untertitelten Original aufgeführt; so auch in den USA. Hierin liegt mithin ein Hauptargument für die Re-Inszenierung ausländischer Filme, »a foreign film attains a measure of success over here, it will attain far greater success if it is returnes to audiences without the need to read subtitels.«[19] Einem fremdsprachigen Film, sei er in Europa oder Asien reüssiert, ist somit in den USA in der Regel nicht der gleichwertige Publikumserfolg beschieden, obgleich etwa die Geschichte auch für amerikanische Rezipienten attraktiv wäre: »This ist perhaps even more the case of those foreign films (such as LA FEMME NIKITA) wich are intended to imitate glossy Hollywood product and conventional narrative themes but find an arthouse distribution in the United States merely because they are foreign products.«[20]

Bevorzugte Vorlagen für die amerikanische Neuverarbeitung waren seit den frühen 80er- bis Mitte der 90er-Jahre vornehmlich Erfolgsfilme aus Frankreich. Besonderes Augenmerk hatte die postmoderne Neuverfilmung von A BOUT DE SOUFFLE (Außer Atem; 1959; R: Jean-Luc Godard)

durch Jim McBride als BREATHLESS (Atemlos; 1982) erfahren, allein schon des Mutes (oder der Unverfrorenheit) wegen, sich eines als ›unantastbar‹ geltenden Kultfilmes zu bemächtigen. In der Folge entstanden zahlreiche US-Remakes vornehmlich französischer Herkunft, in der Hauptsache Komödienstoffe wie etwa UN ELEPHANT CA TROMPE ENORMEMENT (Ein Elefant irrt sich gewaltig; 1976; R: Yves Robert), der von Gene Wilder zu THE WOMAN IN RED (Die Frau in Rot; 1984) umgearbeitet wurde. Aber auch dramatische Stoffe erfuhren ihre Amerikanisierung, wie etwa die historische, im Frankreich des 16. Jahrhunderts angesiedelte Liebesgeschichte LE RETOUR DE MARTIN GUERRE (Die Rückkehr des Martin Guerre; 1982; R: Daniel Vigne), die in SOMMERSBY (1993; R: Jon Amiel) in die Zeit des nordamerikanischen Bürgerkriegs verlegt wurde. Im Zuge dieser Neubearbeitungen, vielleicht als Höhe- und Endpunkt dieser Welle, realisierte John Badham 1993 mit POINT OF NO RETURN sein Remake von Luc Bessons LA FEMME NIKITA.[21] Hier setzt eine der maßgeblichen Vorbehalte gegen diesen Film ein, da bereits LA FEMME NIKITA stark vom US-Actionkino beeinflusst ist.

Wenn nun Manderbach bereits angesichts von BREATHLESS konstatiert, »in gewisser Weise mutet es absurd an, ein US-Remake von A BOUT DE SOUFFLE zu drehen, ist Godards Film doch seinerseits eine Hommage an das amerikanische Kino«,[22] obgleich die formalen Experimente Godards letztlich ja mit dem klassischen amerikanischen Kino nicht vergleichbar sind, so wurde angesichts von POINT OF NO RETURN erst recht die Frage laut, welchen Sinn dieses Remake mache. »Why then, if Hollywood had perfectet the action picture into a universally successful product, should it have bothered to copy a film that was already a copy?«[23] Grossvogel verweist auf die Rezensentin der New York Times, Janet Maslin, die in LA FEMME NIKITA »a mixture of French contemplativiness and American

flying glass« erkannt haben wollte, wobei er selbst die Meinung, Bessons Film unterscheide sich von amerikanischen nur durch seine Sprache, negiert und in Opposition zu Godards Nouvelle-Vague-Referenzen an die US-Filmgeschichte stellt: »Where A BOUT DE SOUFFLE constantly refers to America, LA FEMME NIKITA avoids all such references: it is a strictly French story«.[24] Darauf verweist auch Ginette Vincendeau,[25] wenn sie argumentiert, dass die ›symbolische Vater-Tochter-Dyade‹, von der Besson erzähle, tief in der französischen (Kino-) Kultur verwurzelt sei. Dennoch sei das US-Remake überflüssig: »POINT OF NO RETURN did not need to be reworked to fit into a familiar generic narrative, because, as Vincendeau points out, the original was already an ›Americanized‹ French Film, whose ›cultural references‹ were those belonging to ›supposedly international generic codes‹.«[26]

Auch wenn US-Remakes ausländischer Filme einige Aspekte der literarischen Übersetzung, wie Authentizität oder Aneignung berührten, befindet Laura Grindstaff: »Most obviousley, what a Hollywood remake of a foreign film seeks to translate is he otherness of the original film, epistomizet by the need for subtitles.«[27] Jonathan Evans begreift transkulturelle Film-Remakes grundsätzlich als ›Übersetzungen‹, als »a form of translation.«[28] Nun sei es aber angesichts der verheerenden Aufnahme von POINT OF NO RETURN als »›bad‹ translation, unable to reproduce the magic of the original«[29] sinnvoller zu fragen, wie dieser spezielle Fall die Filmtheorie herausfordern kann, das Remake-Phänomen innerhalb der sozialen und kulturellen Kontexte zu betrachten, in denen sie entstehen, denn im Austausch zwischen einem (ausländischen) Originalfilm und seinem Remake seien ebenso kulturelle Affinitäten wie Differenzen gleichsam am Werk.

Hierzu schreibt die Frankfurter Rundschau erkennbar irritiert:

Das Auffällige an der Welle der Remakes ist, dass sich Hollywood nicht mehr selbst kopiert, sondern vornehmlich Filme, die eigentlich im weiteren Sinne dem europäischen Autorenkino zuzurechnen, oft spezifisch eingefärbt sind und in den Mainstream gar nicht recht passen wollen. Dabei schwanken die Remakes zwischen einer merkwürdig pedantischen Treue zum Vorbild und dem Drang, die Geschichten dem jeweils herrschenden Stil anzupassen, sie von allem Widerständigen zu befreien.[30]

Mindestens die fast pedantische Werktreue zum Vorbild ist, wie nachzuweisen sein wird, bei POINT OF NO RETURN zu beobachten, wobei diese möglicherweise bei einer Erstrezeption den Blick für tiefer liegende Schichten verstellt haben mag.

Der Pygmalion-Mythos als Killer-Märchen

LA FEMME NIKITA erweist sich als eine Art Action-Variante von MY FAIR LADY, in der eine drogenabhängige Polizistenmörderin erst für tot erklärt und dann in einem geheimen Ausbildungscamp des Geheimdienstes zur Undercover-Killerin (und gesellschaftssicheren Lady) ›umprogrammiert‹ wird. Besson erzählt die Geschichte des Junkie-Mädchens Nikita, das nach einem Überfall auf eine Apotheke (vermeintlich) zum Tode verurteilt und exekutiert wird. Tatsächlich wird nur ihre Existenz ausgelöscht (**Seq. 1: Nikitas Tod**). Bob, Vertreter einer staatlichen Organisation, eröffnet ihr die Möglichkeit, sich für eine Mitarbeit im Geheimdienst zur Killerin ausbilden zu lassen. Nikita willigt ein (**Seq. 2: Wiedergeburt: Nikita und Bob**). Nikita absolviert eine Ausbildung, bleibt aber störrisch und unternimmt einen Fluchtversuch. Erst nach der Begegnung mit der Benimmlehrerin Amande (Jeanne Moreau) erfolgt ein Umschwung (**Seq. 3: Die Ausbildung**). Nach einer Art Abschlussprüfung (einem Attentat in einem Restaurant; **Seq. 4: Die Prüfung**) wird Nikita unter dem Na-

men Marie in eine neue Existenz entlassen. Sie muss mit konspirativen Mordaufträgen unter dem Codenamen Josephine rechnen und verliebt sich in den Supermarktkassierer Marco (**Seq. 5: Das neue Leben**). Marie ist gezwungen, ihr Doppelleben vor Marco zu verbergen und absolviert einen ersten Mordauftrag. Sie empfängt Bob zu einem Abendessen zu dritt. Dabei schickt er sie auf eine Urlaubsreise nach Venedig anlässlich eines weiteren Mordauftrags (**Seq. 6: Doppelleben**, gegliedert in drei Subsequenzen). Marie soll brisante Dokumente aus einer Botschaft stehlen und muss sich dabei den Zweifeln Marcos stellen. Beim Überfall stirbt der Botschafter, der Cleaner Victor löst die Leiche in Salzsäure auf. Beide fliehen im Kugelhagel, Victor stirbt (**Seq. 7: Zweifel und Widerstand**, gegliedert in zwei Subsequenzen). Marie verbringt eine letzte Nacht mit Marco und verschwindet. Bob und Marco bleiben allein zurück (**Seq. 8: Freiheit?**).

POINT OF NO RETURN folgt diesen Handlungssequenzen akribisch, lediglich Übersetzungen in das amerikanische Setting werden vorgenommen: Aus Paris wird Washington, später Venice Beach; der Karneval in Venedig wird durch den Mardi Gras in New Orleans ersetzt; Jeanne Moreaus Amande durch Anne Bancroft als Amanda.

Aus Marco (Jean-Hugues Anglade) wird der Fotograf J.P. (Dermot Mulroney), Gabriel Byrne übernimmt die Rolle des Bob (Tchéky Karyo). Lediglich **Seq. 8: Freiheit** kann hier ohne Fragezeichen auskommen, da Claudia mit dem Einverständnis Bobs fliehen kann.

Die ›Dressur‹ der jungen Frau durch einen reifen Mann zu einer gesellschaftlich kompatiblen Persönlichkeit erhält innerhalb dieses Killerinnen-Märchens deutliche Züge des Pygmalion-Stoffes.

POINT OF NO RETURN **in der Rezeption**
Stellvertretend für die reflexartige Ablehnungshaltung in der tagesaktuellen Filmkritik steht im deutschsprachigen Raum die Einschätzung der Frankfurter Rundschau:

LA FEMME NIKITA

Zeitachse: 0'00 · 12'12 · 19'48 · 36'49 · 51'08 · 59'29 · 64'28 · 69'16 · 78'32 · 84'42 · 100'48 · 111'53

- Überfall / Verhör / Gericht / Exekution
- SubSequenz 6.1: Der erste Auftrag
- SubSequenz 6.2: Das Abendessen
- SubSequenz 6.3: Anschlag in Venedig
- SubSequenz 7.1: Der letzte Auftrag
- SubSequenz 7.2: Marie und der Cleaner

| Sequenz 1: Nikitas Tod | Seq. 2: Wiedergeb. | Seq. 3: Die Ausbildung | Seq. 4: Die Prüfung | Sequenz 5: Neues Leben | Sequenz 6: Doppelleben | Sequenz 7: Zweifel & Widerstand | Sequenz 8: Freiheit? |

POINT OF NO RETURN

Zeitachse: 0'00 · 7'58 · 14'53 · 27'43 · 39'56 · 51'34 · 55'33 · 62'08 · 72'18 · 80'16 · 92'32 · 98'46

- Überfall / Verhör / Gericht / Exekution
- SubSequenz 6.1: Der erste Auftrag
- SubSequenz 6.2: Das Abendessen
- SubSequenz 6.3: Anschlag in New Orleans
- SubSequenz 7.1: Der letzte Auftrag
- SubSequenz 7.2: Claudia u. der Cleaner

| Sequenz 1: Maggies Tod | Seq. 2: Wiederg. | Sequenz 3: Die Ausbildung | Sequenz 4: Die Prüfung | Sequenz 5: Neues Leben | Sequenz 6: Doppelleben | Sequenz 7: Zweifel & Widerstand | Sequenz 8: Freiheit! |

Vergleichende Sequenzgrafik/Zeitachse

Badham, ohnehin eher als anspruchsloser Handwerker ausgewiesen, zeigt im Umgang mit seinem Material genau die Unentschlossenheit, die die meisten Filme im Gefolge des »Drei-Männer-Hits«[31] prägt. Auf der Ebene des Plots und sogar bis in einzelne szenische Arrangements hinein ist CODENAME: NINA *ein bloßer Durchschlag des Originals; Modifikationen betreffen im Wesentlichen den Tonfall und den Stil. [...] Exemplarisch ist er [der Film, H.N.] nur, weil sich an ihm studieren lässt, wie die Wiederaufbereitungsanlage Hollywood funktioniert.[32]*

Diesem relativ vernichtenden Verdikt sind bereits ähnliche Stimmen in den USA vorausgegangen. Exemplarisch urteilt die Los Angeles Times:

It's a dirty job making movies like POINT OF NO RETURN, *but somebody's got to do it. [...] »Point« is a factory product pure and simple, something to throw onto the screen until the next something comes along, [...] a polished commercial success seemed almost assured. Unfortunately,* POINT OF NO RETURN *ist not only a copy, but is has the heft and feel of one.[33]*

Diese Einschätzung setzt sich fort. So sei POINT OF NO RETURN ein Remake »fairly close if less stylish re-creation, even down to sets and camera angles« (*New York Post*), das Bessons Vorlage »scene by scene, decor by decor and colour by colour« kopiere (*Sight and Sound*) und für das die Bezeichnung ›Remake‹ nicht adäquat sei, »carbon copy is more like it.« (*Newsweek*). David I. Grossvogel subsumiert relativierend: »Badham opted for a nearly scene-for-scene copy, leading many critics to write that they saw virtually no difference between the two pictures.«[34] Diese beträchtliche Abwertung, die POINT OF NO RETURN gegenüber Bessons Original erfahren hat, führt nun zu der Frage, ob dieser Film tatsächlich eine derart ›uninspirierte Kopie‹ darstellt, oder doch – bei aller Ähnlichkeit – eigene Akzente zu setzen vermag.

Vergleichende Formal-Analyse

Die vergleichende Sequenzgraphik zeigt deutlich, dass die grundlegende Erzählstruktur des Originalfilmes in acht gegliederten Sequenzen im Remake erhalten bleibt. Die Differenzierung in den längeren Handlungseinheiten 6 und 7 in zwei bzw.

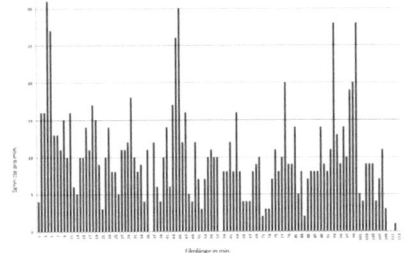

Schnittfrequenzgrafik LA FEMME NIKITA

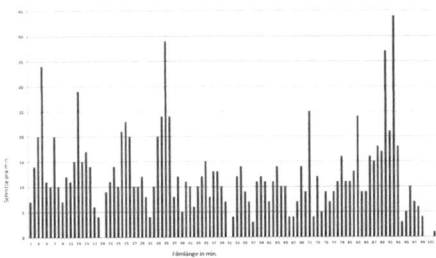

Schnittfrequenzgrafik POINT OF NO RETURN

der Junkiegang und der Polizei während des Apothekenüberfalls. Zwei ähnlich schnell montierte Momente lassen sich in Minute 43 (die Schießerei im Restaurant während der Sequenz 4 [»Abschlussprüfung«]) sowie in den Minuten 90/91 und 98, die den Showdown des Filmes bilden, wobei ab der 90. Filmminute das ›Salzsäureballet‹ stattfindet und in der 98. Minute die Flucht aus der Botschaft den finalen Höhepunkt darstellt. Ein etwas geringer frequentierter und doch gegenüber dem Gesamtfilm substanziell beschleunigter Schnittanteil lässt sich in Minute 76 identifizieren, was auf der Handlungsachse dem Badezimmer-Attentat im Venedig-Urlaub entspricht. Somit entspricht LA FEMME NIKITA auf der formalen Ebene ganz der Konvention des Mainstream-Actionkinos Hollywoodscher Prägung, Formalspannung durch erhöhte Schnittfrequenz bzw. beschleunigter Montage zu erzeugen.

POINT OF NO RETURN folgt diesen Vorgaben in seiner formalen Organisation. Auch hier werden die Handlungsmomente der eröffnenden Schießerei in der Apotheke, der Restaurantschießerei, des Badezimmer-Attentates im New-Orleans-Urlaub sowie der finalen Flucht mit dem Tod des Cleaners durch eine Intensivierung der Formalspannung akzentuiert. Allerdings nimmt die Frequenz der Schnitte im Remake deutlich zu. Ist die Apothekensequenz noch annähernd identisch geschnitten, wird die Restaurantsequenz mit 39 zu 30 Schnitten bereits deutlich beschleunigt.

drei Subsequenzen in der zweiten Filmhälfte wird in der Neuverfilmung ebenfalls komplett nachvollzogen. Dennoch ergibt sich kein identisches Bild beider Zeitachsen.

Mit einer Gesamtlänge von 111'53 min. ist LA FEMME NIKITA bei gleich bleibender Narration um rund 10 Minuten länger als POINT OF NO RETURN. Während die ersten drei Sequenzen bei Besson 36'49 min. umfassen, ist im Remake hingegen in beinahe der gleichen Zeit (39'56 min.) bereits Sequenz 4 beendet.

Um zu überprüfen, ob diese erheblich geraffte Narration sich auch in einer Beschleunigung der formalen filmischen Organisationsstruktur niederschlägt, könnte die Gegenüberstellung der Schnittfrequenzen beider Filme Aufschluss geben.
In der Montage-Organisation von LA FEMME NIKITA sind die Handlungsminuten vier bis fünf gekennzeichnet von einem Aufkommen von 31 bzw. 27 Schnitten gegenüber einer durchschnittlichen Frequenz von etwa elf Schnitten in der Minute im restlichen Film. Dieser erste Peak korrespondiert auf der Handlungsebene mit der Schießerei zwischen

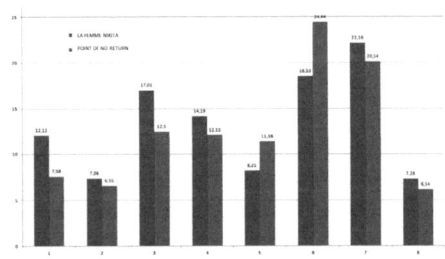

Sequenzlängenvergleich LA FEMME NIKITA/POINT OF NO RETURN

Der Höhepunkt des Films übertrifft den Referenzfilm schließlich; hier ist mit 44 Einstellungen der am effizientesten montierte Handlungsmoment festzustellen (gegenüber nur 27 bei LA FEMME NIKITA, was dort im Kontext des Gesamtfilmes schon eine Beschleunigung bedeutet).

Eine weitere gravierende Abweichung findet sich in POINT OF NO RETURN in der 13. Filmminute, in der Maggies Fluchtversuch stattfindet; mit 29 Schnitten ist die Szene gegenüber 17 Schnitten in der Besson-Version fast verdoppelt. Die Beschleunigung der Montage in Badhams Film fällt deshalb stärker ins Gewicht, da der Schnittrhythmus insgesamt (ebenso wie in LA FEMME NIKITA) in etwa bei durchschnittlich elf Schnitten pro Minute liegt.

Insgesamt ist POINT OF NO RETURN mit 1231 Schnitten bei einer Gesamtlaufzeit von 101'49 min. gegenüber LA FEMME NIKITA mit 1093 Schnitten bei einer Laufzeit von 111'53 min. deutlich beschleunigt, behält jedoch dessen strukturelle Formalorganisation bei.

Im Sequenzlängenvergleich wird deutlich, dass beide Filme auch quantitativ den gleichen Zeitaufwand für die jeweilige Sequenz aufwenden. Die längste Handlungseinheit in LA FEMME NIKITA, Sequenz 6, ist auch im Remake die zeitlich umfangreichste, während in beiden Versionen die Schlusssequenz 8 die jeweils kürzeste ist. Das Verhältnis der Dauer einzelner Sequenzen zur Gesamtdauer der beiden Filme ist in beiden Versionen also gleich.

Trotz dieses analogen Binnenverhältnisses ist die Gewichtung der einzelnen Sequenzen nach der Transformation im Remake jedoch verschoben; die Länge der Sequenzen ist nie identisch. So sind zwar die Sequenzen 2 und 8 jeweils die kürzesten Handlungseinheiten in beiden Filmen, auffallend ist jedoch, dass der US-Film stets weniger Laufzeit für die identische Narration benötigt. Speziell die Einführung zeigt einen gravierenden Unterschied bei

der Versionen; während die Dauer der Sequenz 1 in LA FEMME NIKITA 12'12 min. einnimmt, werden die in POINT OF NO RETURN laut Sequenzprotokoll identisch übernommenen vier Handlungsstationen in nur 7'58 min. abgeschlossen. Ähnlich stark wird die Erzähldauer des Remakes bei Sequenz 3 gegenüber dem Original gerafft: Die Ausbildung umfasst in Bessons Film 17'01 min., während POINT OF NO RETURN in Sequenz 3 mit nur 12'50 min. fast 5 Minuten kürzer ausfällt.

Innerhalb dieser Sequenz 3 finden sich allerdings auch Varianzen zum Original in der Anordnung der Szenenabfolge. So zeigt LA FEMME NIKITA die einzelnen Stationen der Ausbildung (Programmierunterricht, Judotraining und die Unterweisung in guten Manieren durch Amanda) jeweils zweimal, einzig die Szene am Schießstand bleibt singulär. Badham bemüht in seinem Remake die Ausbildungsstationen je nur einmal, dafür gibt es – abweichend vom

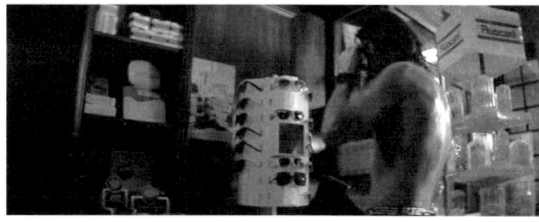

Imitierende Re-Inszenierung: Der Apothekenüberfall

Original – statt zwei sogar drei Begegnungen Maggies mit Amanda.

Die Gewichtung verschiebt sich bei Badham allerdings in den Sequenzen 5 und 6 erheblich. Auch diese Sequenzlängen folgen innerhalb des quantitativen Binnenverhältnisses im Filmverlauf den Vorgaben des Originals, doch sind diese zwei Sequenzen im Remake die einzigen, die nicht kürzer, sondern erheblich länger ausfallen. Sequenz 5 (»Das neue Leben«) dauert in LA FEMME NIKITA 8'21 min; im Remake beinhaltet die gleiche Handlungseinheit 11'38 min. Gravierender noch ist die zeitliche Verschiebung in Sequenz 6 (»Doppelleben«; formal-dramaturgisch in je 3 Subsequenzen unterteilt), für die POINT OF NO RETURN 24'44 min. aufwendet, wobei Besson diese Sequenz mit 18'53 min. wesentlich kürzer gestaltet. Vor einer weiteren Betrachtung divergenter Momente des Remakes gegenüber

dem Original soll zunächst aber untersucht werden, ob der Film der Einschätzung einer ›Szene-für-Szene‹-Kopie gerecht wird.

Sieht man sich die ersten einführenden Minuten beider Filme an, so kann tatsächlich der Eindruck einer ›carbon-copy‹ entstehen. Einzelne Einstellungen des Apothekenüberfalls in POINT OF NO RETURN entsprechen bis in Details der Komplementärsequenz aus LA FEMME NIKITA. Falsch hingegen ist die Annahme, das Remake übernähme gar die Kamerapositionen. Gegenüber des in stark stilisiertem (Nacht-)Blau gehaltenen symmetrischen Framing des französischen Originalfilmes[35] sind die Bilder im Remake in naturalistischen Farben gehalten und nutzen das Scope-Format in der tradierten Bildaufteilung, die das aufgenommene Objekt in eine der Bildhälften rückt. Darüber hinaus nutzt Badham hier eines seiner inszenatorischen Markenzeichen, die verkantete Kamera, auch dies eine konventionalisierte Position, die er häufig in Handlungsmomenten der Spannungsdramaturgie einsetzt.

Den gravierendsten Unterschied allerdings beinhalten die zwei Eröffnungseinstellungen. Bei Besson rast die Kamera in starker Aufsicht in einer raschen Vorwärtsfahrt über nassen Asphalt, bevor sie nach der Einblendung erster Credit-Inserts hochschwenkt und auf die Gangmitglieder zu-

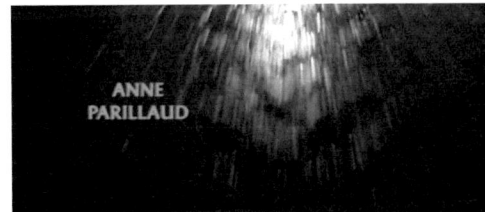

Eröffnungseinstellungen

fährt. Hiermit wird der Film unmittelbar durch die Handschrift Bessons identifiziert: »Bereits mit dem ersten Filmbild setzt Besson sein Signet: Ein rasanter Kameraflug führt in eine andere Welt, auf den Planeten Besson.«[36] Dieser eröffnende Kameraflug gilt – zumindest in seinen frühen Filmen – als ein »Markenzeichen« Bessons.[37]

Das Remake hingegen eröffnet den Film mit einer Flugaufnahme des Capitol-Gebäudes in Washington DC und ist somit als konventioneller Establishing-Shot zu klassifizieren. Während der Rezipient von LA FEMME NIKITA die französische Hauptstadt Paris als Handlungsort erst mühsam identifizieren muss, legt POINT OF NO RETURN sofort seinen Handlungsraum offen. Grossvogel hält diese Differenz zum Original auch für subtextuell bedeutsam:

One cannot count as a change the fact, that the scene of the action has been shiftet from one capital (Paris) to another (Washington D.C.). Besson's opening shots where nighttime darkness of an asphalt street while Badham's are a nighttime vision of Washington at it's most familiar, the Jefferson Memorial and especially the Capitol dome. However, Badham's lingering on the home of the U.S. Congress through a part of the

Stilistische Transformation: Die Restaurant-Schießerei

credits signals that what is about to follow points a finger at government.[38]

Grundsätzlich aber scheint der invariante Bildinhalt den Eindruck der identischen Übernahme dennoch zu unterstützen.

Im Action-Ausbruch der Sequenz 4 (»Die Prüfung«) gerät die Protagonistin im Zuge einer wilden Schießerei in die Großküche eines Restaurants. Auch diese Sequenz zeichnet das Remake auf der Handlungsebene nach (wenn auch, wie festgestellt mit einer erheblich rasanteren Schnittfrequenz), doch hier differiert die Bildgestaltung bereits erheblicher als in der Auftaktsequenz. Besson führt seine ästhetisierende Stilisierung weiter fort, zeigt deutlich einen symmetrischen Bildaufbau, in der die Protagonistin wie gefangen wirkt. Badham hingegen setzt erneut seine (hier noch stärker) verkantete Kameraposition ein, gibt in der Objektentfernung allerdings genügend Orientierungsraum, während Besson den Handlungsraum nur in Ausschnitten präsentiert. Beim Einstellungswechsel wird allerdings Maggie/Claudia im Verhältnis zu Nikita/Marie deutlich stärker sexualisiert.

In beiden Filmen bewegt sich die Protagonistin in einem schwarzen Cocktailkleid, das der brutalen Aktion auf der Handlungsebene eine bizarr-sexualisierte Note verleiht; in dieser Sequenz wird allerdings ein bedeutsamer Subtext deutlich: Der das Kino Anfang der 90er-Jahre bestimmende Diskurs von Gender-Problematik und Identitätsfindung.

In Bezug auf die in den 90ern virulente Ikonographie der »Action-Heroine«[39] verweist Jeffrey A. Brown auf die zum Original-

nalfilm differierende Stilisierung der visuellen Charakterisierung Maggies, die vor und während ihrer Ausbildung in einem für die klassischen Hardbody-Darsteller stereotypen Männer-Unterhemd gezeigt wird.[40]

Laut Brown scheint die daran schließende Präsenz einer klassisch schönen Bridget Fonda im Cocktailkleid in der Restaurantszene plötzlich mit der Rolle einer unbarmherzigen Killerin in seltsamer Unstimmigkeit zu stehen. Während die ›übliche Action-Heldin‹ als männlich codiert inszeniert werde, kompliziert POINT OF NO RETURN hier den Gender-Diskurs, indem er die Weiblichkeit als ›lärmende Maskerade‹ nutze.

Es sei auffällig, dass sich Fonda für ihre Rolle nicht, so wie Darstellerinnen ähnlicher Filme, mit Muskeln aufgepumpt hat, sondern dezidiert weiblich ikoniziert bleibe. Diese äußere Weiblichkeit – die auch als Tarnung, gar als Waffe gegen maskuline Gegner eingesetzt wird – korreliere mit der ihr antrainierten Maskulinität: »When she successfully passes as feminine, Maggie refigures gender-appropiate behaviour by demonstrating that masculinity and feminity are not mutually exclusive identities. At the same time, Maggie destroys the audience's perceptions of biologically determined identity as role as determined biology.«[42] Damit meint er die Uneindeutigkeit ihrer geschlechtlichen Zuschreibung: Nur weil sie wie eine sexuell attraktive Frau aussähe, sei sie noch keine; und nur, weil sie wie ein Mann handele, hieße dies noch nicht, dass sie einer sei.

Die Präsentation der verwandelten Maggie bzw. der ›neuen‹ Claudia ist dafür auch eine erhebliche Änderung zu Bessons Originalfilm, der in einer statischen Einstellung das Spiegelbild Nikitas zeigt, wie diese sich eine Perücke aufsetzt. Ihre äußere Feminisierung durch Armande lässt Nikita/Marie nur widerwillig über sich ergehen.

Badham inszeniert den Auftritt wesentlich voyeuristischer, indem er die eigentliche Verwandlung elliptisch auslässt. Bei ihm steigt Maggie eine Treppe zum Anklei-

Vor der Transformation: Maggie
als maskuline »Action-Heroine«

Aufgezwungene Verwandlung

Maggies Verwandlung in Claudia

dezimmer hinauf. Nach der darauffolgenden Schwarzblende steigen zuerst die Beine Maggies wieder herab in den Kameraausschnitt. Die Kamera folgt Claudia, bis diese sich ihr zudreht und ihre Verwandlung offenbart.

Bei Besson ist diese Verwandlung in eine ›Lady‹ weniger spektakularisiert; in seinem Œuvre ist die Fokussierung auf starke Frauen als Heldinnen ohnehin virulent. Auch in späteren Filmen wie ANGEL-A (2005), LES AVENTURES EXTRAORDINAIRES D'ADÈLE BLANC-SEC (Adèle und das Geheimnis des Pharaos; 2010) oder LUCY (2014) bleibt er diesem Rollenmodell treu. Bei Badham stellt diese Sexualisierung fast eine Ausnahme dar, seine Inszenierung Bridget Fondas ist von einer stark fetischistischen Faszination von der ›phallischen Frau‹ geprägt.

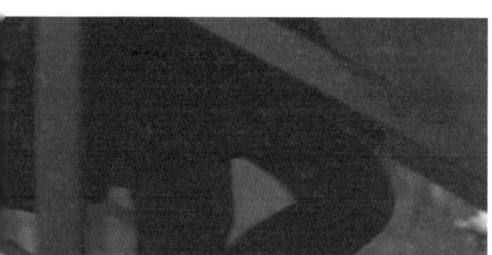

Diese Sequenz markiert auch die Veränderung im Handlungsablauf, da ihr die (in LA FEMME NIKITA nicht vorhandene) dritte Begegnung Maggies mit Amanda vorangeht.

Diese dem Originalfilm differente Inszenierung der Protagonistin folgen im Remake weitere Eingriffe in die narrative Struktur. Im direkten Vergleich ergibt sich, dass sich die Subsequenz 6.2 (»Das Abendessen«) bei Badham erheblich von Bessons Fassung unterscheidet.

Die Sequenz, in der Bob dem Liebespaar Marie/Marco bzw. Claudia/J.P. als vermeintlicher Onkel einen Besuch abstattet, umfasst in LA FEMME NIKITA 3'47 min. (64'41-69'16), während die innerhalb der narrativen Struktur similär platzierten Sequenz in POINT OF NO RETURN mit 5'34 min. (56'34-62'08) erheblich mehr Aufmerksamkeit erhält.

Trotz der identischen Übernahme des Setting und der Platzierung der Figuren im Raum werden zwei völlig divergente Subtexte angeregt. Besonders bei Badham wird der melodramatische Aspekt der Narration – der bei Besson kaum eine Rolle spielt – offengelegt, indem Bob nicht nur als ›unheimliche Erscheinung‹ in das bürgerliche Leben des Paares eindringt, sondern in eine auch sexuell konnotierte Konkurrenz zu Claudias Liebhaber J. P. tritt.

Die Eröffnungseinstellung ist identisch: Marco/J.P. begrüßt Bob an der Wohnungstür. Aber bereits die Begrüßung Marie/Claudia mit Bob differiert: Während Marco (zwar hinter den beiden platziert) bei Besson weiterhin lacht, wird J.P. in Badhams Mise-en-Scène weit von den beiden abgerückt – J.P. wird durch Bob gedemütigt und Claudia lässt es geschehen. Hier entwickelt Badhams Version einen Eifersuchtskonflikt, der bei Besson nicht existiert.

In beiden Sequenzen folgt daraufhin ein Establishing-Shot aller drei Figuren am Esstisch. Die weitere Montage-Strategie verfolgt ab diesem Moment in beiden Filmen eine unterschiedliche Agenda. Besson trennt

Konfrontation bei Besson

Die Begrüßung

das Paar Marie/Marco von Bob, indem dieser stets in singulären Einzelaufnahmen alternierend gegen das Paar geschnitten wird, die durch das Zusammenfügen in den Bildkader visuell als Einheit gegen Bob inszeniert sind. Bei Badham wird eine Zweiteilung der visuellen Strategie deutlich. Nach dem Establishing-Shot folgt ein verbales Kräftemessen zwischen Bob und J.P., in denen beide getrennt voneinander fotografiert sind und Claudia als stumme Zuhörerin dagegen geschnitten ist.

Zersplitterung bei Badham

Als sie schließlich eingreift, entwickelt sich ein Streit zwischen ihr und J.P., der von Badham so fotografiert ist, dass Bob unscharf im Hintergrund der Dissonanz des Paares beiwohnt. Nachdem J.P. einlenkt und Claudia zur Versöhnung die

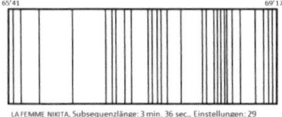

Vergleichende Einstellungsgrafik Subsequenz 6.2:

Das Abendessen

Hand reicht, rückt die Kameraposition etwas ab, so dass alle drei Figuren von der Kadrage erfasst werden. In der Folge entwickelt sich ein Gespräch, in das (wie bei Besson) alle drei Protagonisten einbezogen sind. Statt der konfrontativen Gegenüberstellung Paar/Bob in LA FEMME NIKITA wird das weitere Gespräch von Badham in konventionellen Over-the-shoulder-Einstellungen aufgelöst. Diese Strategie hat

zur Folge, dass das Liebespaar nunmehr für den Rest der Sequenz visuell voneinander getrennt ist und Bob offen als ›Störfaktor‹ inszeniert wird.

Narrativ entwickelt Bob in beiden Versionen eine fiktive biographische Erinnerung aus Maries bzw. Claudias Jugend. Bei Besson bittet Marie selbst Bob in der vorangegangenen Sequenz telefonisch um dieses Treffen, da sie unter ihrer fehlenden Biographie Marco gegenüber leidet. In Badhams Version lädt sich Bob im Rahmen eines persönlichen Gespräches selbst bei dem Paar ein und improvisiert Claudia seinen eine Vergangenheit implementierenden Monolog aus eigenem Antrieb.

Das jeweilige Erinnerungsbild, das beide Bob-Figuren von der Frau imaginieren, verdeutlicht dabei die Einschätzung, mit der sie ihr gegenüberstehen. Bei Besson ist Marie für Bob ein kleines dreckiges Mädchen, das Spezialistin im Nachahmen von Fröschen gewesen sei: »Sie hat sich immer in eine Pfütze gehockt und ist wie ein Frosch herumgehüpft. Dabei hat sie ziemlich laut ›Quak Quak‹ gerufen und alle Kinder haben sich halbtot gelacht. Und wenn sie nach Hause kam, von oben bis unten dreckig, dann hatte sie im-

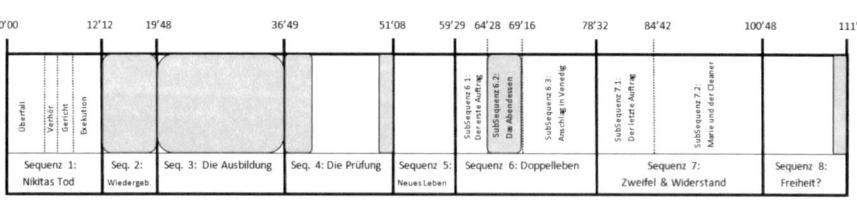

LA FEMME NIKITA

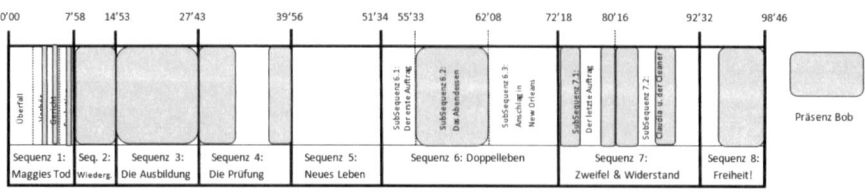

POINT OF NO RETURN

Vergleichende Sequenzgrafik: Veränderte Präsenz Bob

mer dieselbe Ausrede: ›Ich bin leider ausgerutscht‹.«[43]

Der Bob in POINT OF NO RETURN offenbart eine ganz andere Beziehung zu Claudia, er zeichnet das Bild eines geliebten, stolzen Mädchens: »Und so habe ich sie in Erinnerung behalten: ein winziges Mädchen auf einem wilden Pferd. Sie ist wunderschön gewesen. Sie war so wunderschön, dass sie geleuchtet hat.« Während dieses Satzes ist Bob im Bild zu sehen, es folgt ein Gegenschnitt auf die lächelnde Claudia. In dieser Verklausulierung offenbart Bob eine deutliche Liebeserklärung an Claudia, sowie – im Zusammenspiel mit dem vorhergegangenen Streit – eine offene Konkurrenz gegenüber Claudias tatsächlichem (sexuell aktiven) Liebhaber. Bei Besson hingegen wirkt die Frosch-Geschichte wie eine zynisch-sadistische Demütigung des selbst erschaffenen Geschöpfes, vor dem er sich als einer abjekt gesetzten Person ekelt. Zu lesen ist diese Sentenz auch

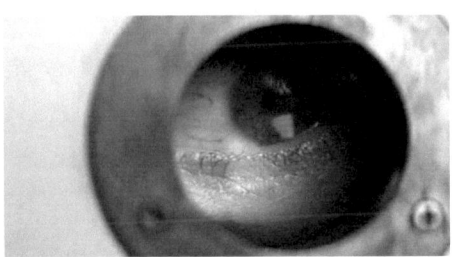

als Kommentar Bobs zum Kuss, den ihm die ›neugeborene‹ Killerin Marie nach ihrer ›Abschlussprüfung‹ gab – dort nass und blutverschmiert deutlich im Status des Abjekten im Sinne Julia Kristevas inszeniert. (Bei Badham ist der Kuss von dieser Konnotation befreit und deutlich romantischer angelegt.) Die Akzentuierung der Figur Bob hat bei Badham, wie aufgezeigt, eine grundlegend andere Wertigkeit erhalten.

Bei Besson dominiert Bob vor allem die Sequenzen 2 und 3 und rahmt die Actionsequenz der »Abschlussprüfung« ein. Der Fokus der Narration konzentriert sich dann auf die Gehversuche Nikita/Maries in ihrer neugewonnenen Doppelexistenz; in der Abendessensequenz ist Bob noch einmal anwesend und dann erst am Ende des Films erneut präsent, wenn sich seine Schöpfung bereits selbst aus der Narration eliminiert hat. Bei Badham ist die dem Abendessen folgende gesamte Sequenz 7 weiterhin von der Figur Bob dominiert.

Bedeutsamer noch ist der Umstand, dass die Einführung der Figur Bob in LA FEMME NIKITA erst mit Beginn von Sequenz 2 vollzogen wird, im Remake allerdings bereits in den einzelnen Szenen der Sequenz 1 sukzessive präsent ist.

Besson führt Bob in der Ikonografie eines Verbrechers in die Handlung ein. Zuerst sieht man von ihm nur ein Auge, das durch eine noch nicht näher bezeichnete Luke blickt. In der darauf folgenden Einstellung ist die Kameraposition von der Tür weggerückt, befindet sich aber unterhalb der Kniehöhe, sodass lediglich Bobs Beine sichtbar werden, der schwarzgekleidet einen weißen Raum betritt.

Nachdem die Zelle Nikitas durch Umschnitte auf sie als Handlungsraum identifiziert ist, wird Bob erst von hinten gezeigt, wie er auf einen Tisch zugeht, den Stuhl zurechtrückt und sich setzt. Während dieser Aktion konzentriert sich die Kamera ganz auf die im Bett sitzende Nikita, die ihrerseits Bob beobachtet. Durch das

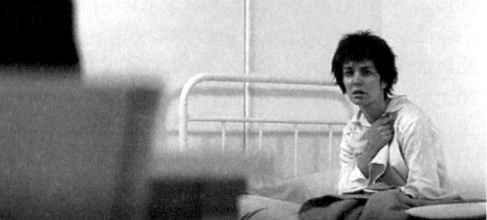

Einführung der Figur Bob 1

einführende Auge verbunden begegnen sich die beiden im Rahmen einer Blickverschränkung, die die Inszenierung nunmehr auch außerdiegetisch übernimmt, wenn nach einem erneuten Umschnitt erstmals Bobs Gesicht freigegeben wird, das frontal in die Kamera blickt, die allerdings den Point-of-View von Nikita angenommen hat. So wenig wie sie weiß auch der Rezipient, um wen es sich bei Bob handeln könnte, somit ist der identifizierende POV legitimiert, da der Rezipient bereits den Weg von Nikita verfolgt und ihrer vermeintlichen Hinrichtung beiwohnte. Dieses Erwachen in der schneeweißen Zelle ist einer Wiedergeburt nachempfunden. Der entkörperlichte Blick Bobs evoziert hier auch einen panoptischen Staatsapparat im Sinne Foucaultscher Überwachungs- und Kontrollmechanismen.

Badham hält sich hier nicht an diese Vorgabe, sondern rückt Bob bereits in den Subsequenzen 1.2, 1.3 und 1.4 beiläufig aber deutlich in den Bildkader. Bob ist bereits während des Verhörs auf dem Polizeirevier anwesend, beim Tumult im Gerichtssaal und der fingierten Hinrichtung.

Der Übergang zu Sequenz 2 beginnt mit einer Eröffnungseinstellung auf die erwachende Maggie, die die Augen aufschlägt. Jetzt übernimmt Badham die Perspektive, die Besson bereits auf den Rezipienten übertragen hatte; aus der Sicht ihrer liegenden Position zeigt eine stark verkantete Kameraeinstellung die gesamte Zelle, an deren Ende sich die Tür öffnet und Bob den Raum betritt.

Schöpfergott Bob

Wieder bewegt sich Bob (jetzt erneut in Opposition zu Bessons Inszenierung) auf die Kamera (und somit auf Maggie und den Rezipienten) zu, deren Perspektive sich nicht – wie in LA FEMME NIKITA – auf Augenhöhe befindet, sondern eine seitwärts liegende Untersicht eingenommen hat, die eine kindliche Perspektive evoziert. Schließlich beugt sich Bob zur Kamera herab, was diesen Eindruck ausdrücklich unterstreicht.

Das Geflecht von voyeuristischem Blick und dem Wechsel zum Objekt dieses Blickes vollzieht sich somit in beiden Filmen, wenn man das Auge Bobs bei Besson gleichsetzt mit den Beobachtungen, die Bob bei Badham anstellt. Nur dass hier die Inszenierung eine beiläufigere Darstellung der Beobachtung vor-

Einführung der Figur Bob 2

zieht und den Rezipienten nicht wie bei Besson mit einer stilisierten Großaufnahme des ihn anblickenden anonymen Auges verstört.

Diese nunmehr trotz des Nachvollzuges aller Narrative des Originalfilmes stark voneinander abweichende Inszenierung der Figur Bob öffnet das Feld für weitere Überlegungen. Sieht man beide Filme in der Tradition des Pygmalion-Themas, innerhalb dessen eine junge Frau durch einen älteren Mann in einen ihm genehmen Charakter verwandelt (oder dressiert) wird, so ist der französische Bob tatsächlich eine Art Dr. Higgins, der Nikita zu einer Transformation zu einem ›neuen Menschen‹ verhilft, dabei aber bis zum Schluss zynisch und verachtend ihr gegenüber bleibt.

Anders verhält es sich in Badhams Bearbeitung. Auch hier wird die Transformation Maggies in Claudia unter der Aufsicht und Anleitung Bobs vollzogen, aber die Anwesenheit Bobs vor der fingierten Hinrichtung suggeriert eine Art von gewolltem Schöpfungsakt; das zu transformierende Geschöpf muss erst getilgt werden, bevor die Re-Kreation beginnen kann. Allein die einführenden Silhouetten-Anschnitte Bobs identifizieren ihn bei Badham als eine Überwachungsinstanz über ein noch unfertiges Wesen, dann beginnt eine Charakterisierung dieser Figur weg vom kalten Lehrer in der französischen Version hin zu einer Mischung aus Geliebtem und Vaterfigur.

Diese Annahme bestätigt sich, wenn der amerikanische Bob auch nach der Ausbildung (also der ›Menschwerdung‹) seiner symbolischen ›Tochter‹ diese nicht einfach ziehen lassen kann, sondern geradezu eifersüchtig über ihr Wohlergehen wacht und ihren Umgang mit Männern kontrolliert, die sich ihr – anders als es ihm erlaubt ist – auch sexuell nähern können.

Dass Badham Wert auf diese Dreierkonstellation legt, verdeutlicht ein weiteres Detail. In LA FEMME NIKITA sieht sich Nikita in ihrer Zelle die in den Wirren der Französischen Revolution angesiedelte Abenteuer-Romanze CAROLINE CHÉRIE (Im Anfang war nur Liebe; 1951, R: Richard Pottier) an. Auch wenn darin Nacktstar Martine Carol teilweise als Mann verkleidet Frauen verführt, und somit eine frühe Geschlechterverwirrung ablesbar ist, dürfte der Subtext dieses Zitates eher sekundär sein. Im Vordergrund steht eine letzte Inszenierung Nikitas als chipsessender Teenager. Mit dem Schlusscredit FIN auf den Fernsehbildschirm wird das Ende ihrer Adoleszenz markiert. Badham hingegen lädt sein Filmzitat stärker mit Bedeutung auf. Ungewöhnlich lang ist die Szene, in der Claudia einen alten Schwarzweiß-Film im Fernsehen sieht. Bei dem Film handelt es sich um DECEPTION (Trügerische Leidenschaft; 1946; R: Irving Rapper). In diesem Dreiecksmelodram steht

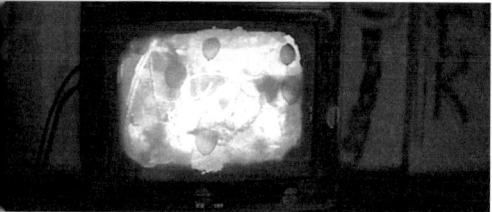

Ende der Adoleszenz

Bette Davies zwischen Paul Henreid und Claude Raines. Sie muss einen der um sie buhlenden Männer erschießen, um zu dem anderen finden zu können.

Dieses Loslassenmüssen der väterlichen Seite und das Losgelassen werden wollen wird im stark veränderten Schluss beider Filme als Hauptintention der US-Fassung deutlich.

Spätestens am Filmschluss weist das Remake keine Ähnlichkeit mit seinem Referenztext mehr auf. Nach der Nacht des desaströs geendeten Einbruchs in die Botschaft ist Ma-

rie/Nikita bei Besson ein letztes Mal in einer Großaufnahme zu sehen, die sie im fahlen Blau des anbrechenden Morgens zeigt. Nach Tagesanbruch fährt ein Polizeiwagen vor, Bob erscheint scheinbar auf der Suche nach Marie bzw. den von ihr entwendeten Dokumenten.

Die allerletzte Szene des Films ist in einem Verhörraum der Polizei situiert: Marco, der verhaftet wurde, und Bob sitzen sich gegenüber; der abschließende Dialog zwischen beiden wird dann in ein konventionelles Schuss-Gegenschuss-Verfahren aufgelöst. Marco übergibt Bob die Dokumente, dieser lächelt. Den Aufenthaltsort Maries kennen beide nicht. Die letzte Einstellung zeigt Marco, der sich eine Zigarette anzündet und zum Fenster hinaussieht. Disruptiv wird die Einstellung durch ein Schwarzbild abgebrochen. Ein rotes Schriftinsert verdeutlicht, dass dies keine elliptische Blende darstellt, die eventuell zu einer weiteren Sequenz überleitet, in der die Antworten zu den nun noch offenen Fragen über den weiteren Verbleib Maries nachgeliefert werden. Die Narration markiert hier ein deutliches Ende, auch wenn die Narration zu keiner befriedigenden Auflösung führt.

Der traurige Blick Marcos aus dem Fenster gen Himmel suggeriert gar ein Unhappy-End, denn zumindest er hat seine Liebe verloren. Selbst Bob erscheint ne-

Intertextuelle Reflexion

Filmschluss bei Besson

ben ihm als Gewinner, da er das Objekt der nächtlichen Aktion in seinen Besitz bekommen konnte, was das triumphierende Grinsen noch unterstreicht. Über die Intention der Figur Marie lassen sich nur Spekulationen anstellen, sie hat sich nahezu selbst aus der Geschichte eliminiert; eine Flucht, von der anzunehmen ist, dass sie für sie ein glückliches Entkommen bedeutet. Durch eigenen Entschluss entzieht sie sich durch die Flucht Bobs Zugriff, in der bereitwilligen Hinnahme, dadurch auch ihre Liebe zurückzulassen. Trotz der Ungewissheit über ihre weitere Zukunft kann für sie ein glückliches Entkommen angenommen werden.

In der feministischen Lesart von Laura Grindstaff befindet sich Nikita »in a gendered social space, subject to constant surveillance and male control.«[44]

Nachdem sie mehrfach die patriarchalischen Gesetze ausgetestet und versucht hat, sie zu überwinden, musste sie letztlich ihrem transgressiven Verhalten entsagen »and identify with the masculine regime in order to assume her place as heir.«[45] In einer gender-orientierten Sichtweise kann das Verschwinden als Triumph gedeutet werden, als selbstbestimmtes Entkommen aus dem patriarchalischen Zugriff, auch wenn attestiert, dass für Noir-Helden kein Hap-

py-End vorgesehen ist: »Rather, the protagonist solves the dilemma of being female in a patriachal society by initiating a ›divorce‹ from Bob an running away, disenging from the system altogether.«[46]

Diese durchaus zu konstatierende systemkritische Lesart von LA FEMME NIKITA ist im Schluss des Remakes obsolet, in dem Badham eine konträre, systemkonforme Auflösung anbietet. Auch hier besucht Bob am Ende Claudias Freund, um einerseits die gestohlene Datei zu erhalten, aber auch nach dem Verbleib seines Geschöpfes zu suchen. Dieses Gespräch findet am Ort der Abendessen-Sequenz statt und vollzieht sich vor einem deutlich im Bildhintergrund positionierten Poster, das ein Foto Claudias zeigt. Nach dem Verlassen des Hauses steigt Bob in sein Auto, dann wird nach einem Umschnitt Claudia noch einmal zum Subjekt der Narration, indem gezeigt wird, wie sie sich voller Anspannung umsieht.

Tatsächlich setzt Bob mit seinem Wagen noch einmal zurück und blickt in ihre Richtung. Wenn er daraufhin zum Telefon greift, bleibt für einen Moment lang offen, ob die geplante Flucht gelingen kann. Doch gibt Bob in seine Zentrale durch, dass »Nina« beim Autounfall gestorben sei: »With this one simple phrase, the film grants him the power to ›free‹ her, to return her to dead.« Nach einem letzten Blick star-

Disparater Schluss bei Badham

tet Bob den Wagen und fährt aus dem Bild hinaus. Die nunmehr erleichtert lächelnde Claudia beginnt jetzt zu laufen.

Danach wird erneut auf das fotografische Portrait Claudias überblendet, während der Abspanntitel fährt die Kamera so weit vorwärts, bis am Ende nur noch ihre Augen den Bildkader ausfüllen. »Although Maggie is set free by her creator at the end of the film, the final image described above nevertheless retains a semantic ambiguity.«[48]

Die Betonung des Fotos fokussiere zweierlei Aspekte: Einerseits werde ausgedrückt, dass Fotografien (also Kopien der fotografierten Menschen) nur ein schwacher Ersatz für diese selbst sind; gleichzeitig könnte die Einschreibung in das Foto ein Hinweis auf die Weigerung Claudias sein, wirklich verschwinden zu wollen, sowohl aus dem Film als auch aus der patriarchalen Gesellschaft generell. Sie hat ihre Selbstständigkeit bewiesen und gezeigt, dass sie den Regeln des menschlichen Zusammenlebens entsprechen kann. Zumindest kann sie nun von der väterlichen Instanz in eine freie Zukunft entlassen werden.

Dieser für die Protagonistin durchaus als Happy End zu wertende Schluss ist hingegen zwiespältig zu deuten. Bei Badham erhält Claudia zwar definitiv eine neue Freiheit, aber von der Selbstbestimmtheit einer starken Frau bei Besson, die den Weg in die Freiheit selbst ergreift, bleibt nichts übrig. Hat Maggie, anders als Nikita, bereits ihre Verwandlung relativ widerstandslos über sich ergehen lassen, wird Claudia am Schluss nur deshalb in die Freiheit entlassen, weil Bob sie ihr gewährt.

Die starke Frau als Subjekt der europäischen Version des Films ist im Hollywood-Remake wieder zu einem Objekt der männlichen Überwachung geworden. Dies mag den konservativen Wertewandel zwischen beiden Versionen am stärksten verdeutlichen, wobei Grindstaff einwendet, dass der amerikanische Zuschauer selten Unsicherheiten in seinen Actionfilmen duldet, sodass schon aus dieser interkulturellen Übertragung des Textes der offene Schluss zu eliminieren war.[49]

Der Film selbst ist sich dieser interkulturellen Übertragung vom Französischen ins Amerikanische jederzeit bewusst.[50] Darauf verweist etwa die Wahl des Codenamens, der innerhalb der Narration von der Jazzsängerin Nina Simone inspiriert wird, die als Amerikanerin in Paris lebte ebenso wie eine Einstellung, die Maggie unmittelbar nach Erreichen von Venice Beach zeigt. Dort geht sie unter dem Wandgemälde einer Rollschuhläuferin entlang, das einer Darstellung der mural-art-Künstlerin Jane Golden nachempfunden ist, die Jim McBride bereits in seiner die French-Film-Remake-Welle initiierenden Godard-Translation BREATHLESS nutzte.

Abschließend ist festzustellen, dass gerade dieses inhaltlich stark veränderte Ende die deutlich disparate Sichtweise auf das Sujet offenlegt. Trotz formaler Identität ist so durch kleine Differenzen ein in seiner Aussage völlig entgegengesetzter Film entstanden. Es mögen keine gravierenden oder gar innovativen Eingriffe sein, aber sie dienen als Beispiel dafür, wie Hollywood-Konven-

Selbstreferenzialität: BREATHLESS in POINT OF NO RETURN

tionen Subversion glättet sowie sich die individuelle Handschrift eines Regisseurs auch in einem scheinbaren Fließbandprojekt bemerkbar machen kann. Dieses offenbart sich über die deutliche Umakzentuierung der Figur Bob von der eines kalten, sadistischen Lehrers, vor dem die Schülerin fliehen muss, hin zum zwar strengen, aber liebenden Vater, der seine ›Tochter‹ lebensfähig in die Welt entlassen kann.

Diese Lesart allerdings macht POINT OF NO RETURN zu einem ebenso typischen Film im Œuvre von John Badham, ebenso wie sich NIKITA in das Werk Luc Bessons einfügt.

Zur werkimmanenten Einordnung

Dass trotz ihrer unleugbaren formalen Identität das europäische Original und sein amerikanisches Remake jeweils bezeichnende Filme im Gesamtwerk ihrer Regisseure ausmachen, stimmt insoweit erstaunlich, als das Luc Besson und John Badham in ihrer ideologischen Ausrichtung kaum etwas gemein zu haben scheinen. Der konservative Amerikaner Badham und der subversive Europäer Besson nähern sich lediglich an, indem sich Badhams bürgerliche Wertbeständigkeit zweifelnd und (selbst-) kritisch in Frage stellen kann, während Bessons nihilistische Realitäts- und Zivilisationsflucht immerhin Kompromissfähigkeit andeutet (wenngleich er sich in den meisten seiner Filme eindeutigen Happy-Ends verweigert).

Besson gilt als ›französischer Spielberg‹, der sich selbst als modernen Märchenerzähler empfindet und Zeit seiner Karriere wegen des von ihm apostrophierten artifiziellen Hochglanzkinos und seiner »adoleszenten Erzählphantasien«[51] in der Kritik steht. Als ein Exeget des französischen *cinéma du look* und einem der Hauptprotagonisten der französischen Postmoderne ist Bessons Handschrift unschwer zu identifizieren: »Ob man dieses Kino als Hyperrealismus oder Hyperillusionismus klassifiziert, ist ohne Belang; entscheidend ist, dass Besson Gegenwelten inszeniert, in denen existentielle Abenteuer überhaupt erst wieder erlebbar werden.«[52] Kennzeichnendes Element der Filme Bessons ist der Anarchismus. Seine Helden haben stets vor Beginn der filmischen Erzählung ihren Ausstieg aus der bürgerlichen Gesellschaft hinter sich gebracht. Sie sind bekennende Aussteiger oder Individualisten, Träumer oder in letzter Konsequenz Todessehnsüchtige, die nach eigenen Regeln für sich selbst leben und eine Kompatibilität mit gesellschaftlichen Werten für sich selbst ausschließen. Besson beschreibt seine Figuren als verstörte, entwurzelte Personen mit kindhaften Zügen. »Sie alle sind Outsider, unfähig, sich zu integrieren, gesellschaftliche Strukturen ablehnend, gegen sie rebellierend. Dabei folgen sie keiner Ideologie, sondern ihren Gefühlen.«[53]

Erkennbar ist dies im flüchtigen Verbrecher in SUBWAY (1985), der in der alternativen Gegenwelt in den Pariser Metro-Röhren lebt, im Extremtaucher aus LE GRANDE BLEU (Im Rausch der Tiefe; 1987), der die Zwiesprache mit Delphinen dem Zusammenleben mit Menschen vorzieht oder im fast autistischen Killer, der mühsam eine Freundschaft zu einem kleinen Mädchen aufbaut, in LEON (Leon der Profi; 1993). Sie alle sind dem Leben eher abgewandt: Der Held aus SUBWAY stirbt angeschossen mit einem Grinsen »Schubidubidu« singend, der Held aus LE GRANDE BLEU weist die ihn liebende Frau zurück, um in der Tiefe des von ihm mehr geliebten Meeres, seiner ›Lady Blue‹, zu ertrinken und Leon lässt sich von der Polizei zerfetzen, um das Leben des kleinen Mädchens zu retten.

LE CINQUIÈME ELÉMENT (Das fünfte Element; 1997) stellt die erste große Ausnahme in Bessons Werk dar. Nicht nur durch das Happy End, in dem der Held Bruce Willis überlebt, sondern auch durch das tragende Handlungselement der Liebe, die sich über die gesellschaftserschütternde Anarchie hinwegsetzt und obsiegt. In den genannten Filmen hat die Liebe

die Helden nie retten können; bei Besson scheint der Tod die Erlösung für die Helden (in LE GRANDE BLEU ist das Ertrinken im Meer gar das größte Glück für den Helden als Vereinigung mit dem geliebten Element.) In JEANNE D'ARC (Johanna von Orleans; 1999) wurde dieses destruktive Hauptthema Bessons noch einmal angewandt. Erst in späteren Regiearbeiten wie ANGEL-A, LES AVENTURES EXTRAORDINAIRES D'ADÈLE BLANC-SEC oder THE LADY (2011) wendet sich Besson von seinem Nihilismus ab.

In NIKITA findet sich die Anarchie auf mehreren Ebenen. Die Heldin Nikita ist vor Beginn der Handlung eine gesellschaftliche Aussteigerin; sie bleibt es auch nach ihrer Wiederauferstehung. Als Mitglied einer Geheimorganisation wird sie kein vollwertiges Mitglied der Gesellschaft, auch wenn die bürgerliche Liebe zu Marco sie auf die ›sichere‹ Seite zieht. Ihre fehlende Identität bleibt ihr Manko, dem sie sich nicht zu entziehen vermag.

Die Unentschlossenheit der widerspenstig Gezähmten führt denn auch konsequent zum inkonsequentesten Schluss aller Besson-Filme, dem offensten von allen: der Selbstauflösung. Weder die Flucht in den Tod verheißt hier Erlösung, noch die Liebe. Nur der Selbstentzug vor jeglicher Nähe und bürgerlichen Werten bieten Nikita ein tragisches Weiterleben. Hierzu stellt Felix fest, Besson »gestaltet Abenteuer der Identität im Kontext des dysfunktionalen patriarchalen Systems und mit dem Wunsch nach Symbiose.«[54]

In John Badhams Filmen hingegen ist grundsätzlich die Sicht eines bürgerlichen Humanisten eingeschrieben. Kennzeichnend für sein Œuvre ist das Erlernen der bürgerlichen Werte für das Individuum, um sich in die Gesellschaft eingliedern zu können. Oft präsentieren die Filme Badhams jugendliche Helden, die ihren Weg in die gesellschaftliche Integration noch nicht gefunden haben, etwa in SATURDAY

NIGHT FEVER, WARGAMES oder AMERICAN FLYERS. Stehen erwachsene Figuren im Mittelpunkt der Narration, dann erscheinen diese seltsam unfertig, wirken unreif oder sind mit kindlich-verspielten Zügen ausgestattet, etwa in STAKEOUT, BIRD ON A WIRE, THE HARD WAY oder INCOGNITO. Das Abstreifen der jugendlichen Unbekümmertheit, der Wandel zu einer erwachsen wirkenden Ernsthaftigkeit und (Selbst-)Verantwortung sind die Ziele, die diese zu erlernen haben, wobei Lernen in diesem Falle wörtlich zu sehen ist. Über eine Begegnung mit dem Tod führt dieser Lernprozess stets zu einem nahezu erleichtert wirkendem Bejahen des Lebens, dessen mühsam zu lernende Regeln im Vorfeld der jeweiligen Narrationen thematisiert wurden.

Badham formuliert stets, dass eine Flucht vor dem wirklichen Leben in eine Schein- oder Traumwelt (sei es die der Disconächte, der Computerspiele, altlinker 68er-Utopien oder der Filmwelt) falsch und gefährlich sein können, da sie lebensuntüchtig machen. Diese Flucht in alternative Gegenwelten, die die Helden individualisiert, entwurzelt und von der Gesellschaft trennt, führt bei Badham zur Grenzerfahrung mit dem drohenden realen Tod und daraus resultierend zu der Erkenntnis, ein Leben mit beiden Beinen auf dem Boden der Realität führen zu müssen. Die Mechanismen dieser Realität zu erlernen ist die Hauptmotivation für Badhams Helden. Die überstandene Todesgefahr bzw. die kathartische Begegnung mit der Möglichkeit des Lebensverlustes vermittelt den Helden das Ende des entsprechenden Lernprozesses; der Held wird gereift und lebensfähiger aus der Handlung entlassen.

Nur einmal ist der Tod tatsächlich der Ausweg für einen Helden bei Badham. In WHOSE LIFE IS IT ANYWAY? erkennt der durch einen Unfall querschnittsgelähmte Bildhauer, dass er kein vollwertiges Mitglied der Gesellschaft mehr ist, und erkämpft sich daraufhin das Recht, nicht

mehr am Leben erhalten zu werden, sondern selbstbestimmt sterben zu dürfen.

Dies ist dabei kein Plädoyer gegen lebensuntüchtige Existenz, sondern wiederum der idealisierende Blick auf eine Bejahung lebenswerter Umstände. Sich bewegen können heißt für Badham auch Leben, Bewegungslosigkeit ist das Ende.

Das gestörte Verhältnis zu Vätern oder väterlichen Autoritätspersonen wird häufig thematisiert. Vaterfiguren verdeutlichen bei Badham allerdings auch, dass das gesellschaftliche Konstrukt Familie gestört ist. Eines von seinen Leitmotiven ist das »der zerfallenen Familie, die er, anders als Spielberg, nicht mythisch heilt, sondern sie durch die Selbstfindung ihrer Mitglieder überflüssig und damit erträglich macht.«[55] IN WHOSE LIFE IS IT ANYWAY? ist der Arzt auch ein strafender Vater, obwohl er für seinen Patienten doch nur das Beste will. In WARGAMES findet der von seinem leiblichen Vater enttäuschte Lightman einen Ersatzvater im Wissenschaftler Falken, der seinen eigenen Sohn verloren hat und sich als Ersatz den Computer Joshua konstruierte, der in der klassischen Rolle des lernenden Kindes auf das Durchspielen des Weltkrieges verzichten muss. Der Verlust des Vaters markiert auch den Wendepunkt in der Entwicklung der Söhne in AMERICAN FLYERS. In INCOGNITO führt der Tod des Vaters ebenfalls dazu, dass der Sohn, der sich bislang als Kunstfälscher durchschlug, endlich beginnt, Bilder unter eigenem Namen zu malen – um so symbolisch zu seiner eigenen Persönlichkeit zu finden.

In diesem Kontext ist es wenig verwunderlich, dass Badham die Geschichte von Nikita, der ›Menschwerdung‹ eines ›verlorenen‹ Mädchens zur Frau, interessiert hat. Kaum vorstellbar scheint es jedoch, dass Badham die bis dahin so inhumane Filmwelt Bessons hätte nachahmen wollen und können, ohne seine eigene Weltsicht zu formulieren.

Anmerkungen

[1] Gilles Deleuze: Differenz und Wiederholung, München 1992 (1968), S. 35.

[2] Norbert Grob: Immer das gleiche, nur immer anders. Zur Typologie des Remake. In: Jürgen Felix, Bernd Kiefer, Susanne Marschall, Marcus Stiglegger (Hg.): Die Wiederholung, Marburg 2001, S. 338.

[3] Ebd., S.345.

[4] Knut Hickethier: The Same Procedere. Die Wiederholung als Medienprinzip der Moderne. In: Felix, Kiefer, Marschall, Stiglegger, a.a.O., S. 59.

[5] Vergl. Helmut Korte: Einführung in die Systematische Filmanalyse. Berlin 1999.

[6] Vergl. Wolfgang Arend: Auf der Jagd nach Hexen und Zuschauern. Mediensoziologische Bausteine einer Theorie des Remakes am Beispiel von Hexenfilmen. Mainz 2002, S. 1.

[7] Hans Zitko: Der Ritus der Wiederholung. Zur Logik der Serie in der Kunst der Moderne. In: Carola Hilmes, Dietrich Mathy (Hg.): Dasselbe noch einmal: Die Ästhetik der Wiederholung. Wiesbaden 1998, S. 159.

[8] Sabine Horst: Die Rückkehr der Söhne der lebenden Toten: Zur Serialisierung im populären Kino. In: epd Film 4/2003, S. 26.

[9] Jörg Villvock: Wiederholung und Wende. Zur Poetik und Philosophie eines Weltgesetzes. In: Hilmes, Matthey, a.a.O., S. 12 - 37, hier S. 14.

[10] Ebd., S. 17.

[11] Dietrich Mathy: Vorab ergänzend. In: Hilmes, Mathy a.a.O., S. 8.

[12] Monaco: Film verstehen, Hamburg 1997, S. 571.

[13] Jochen Manderbach: Das Remake – Studien zu seiner Theorie und Praxis, Siegen 1988, S. 13.

[14] Nina Dallos, Johannes Penninger, Andreas Tesarik: Vorbilder und Nachbildungen. In: Rainer M. Köppl: PULP FICTION und andere Remakes. Wien 2000, S. 25f.

[15] Ebd.

[16] Andrew Horton, Stuart Y. McDougal: Introduction. In: Horton/McDougal (Hg.): Play it again, Sam. Retakes on Remakes. Berkeley, London 1998, S. 2.

[17] Ebd.

[18] Michael Schaudig: Recycling für den Publikumsgeschmack? Das Remake: Betrachtungen zu einem filmhistorischen Phänomen. In: Michael Schaudig (Hg.): Positionen deutscher Filmgeschichte, München 1996, S. 292

[19] David I. Grossvogel: Didn't you used to be Depardieu. Film as a Cultural Marker in France and Hollywood. New York 2002, S. 158.

[20] Vergl. Michael Harney: Economy and Aestethics in American Remakes of French Films. In: Jennifer Forrest, Leonard R. Koos (Hg.): Dead Ringers. The Remake in Theory and Praxis. New York 2002, S.63-88.

[21] Badhams US-Remake ist nicht die erste Neubearbeitung von Bessons Film. Zuvor inszenierte Stephen Shin BLACK CAT (Hei mao; HK 1991) sowie dessen Sequel CODENAME: COBRA(Hei mao II; HK 1992).

[22] Manderbach a.a.O., S. 54.

[23] Grossvogel a.a.O., S. 158.

[24] Ebd., S. 147.

[25] Ginette Vincendeau: Hijacked. In: Sight and Sound 23,7. Juli 1993, S. 23-25. Sie verweist dabei auf Väter-Töchter-Komödien wie Gérard Lauziers MON PÈRE, CE HÉROS (Mein Vater der Held, 1991).

[26] Jennifer Forrest, Leonard R. Koos: Reviewing Remakes. An Introduction. In: Forrest, Koos, a.a.O., S. 7.

[27] Laura Grindstaff 2001, S. 139.

[28] Jonathan Evans: Film remakes, the black sheep of translation. In: Translation Studies, Volume 7, Issue 3, S 300 - 314.

[29] Laura Grindstaff: A Pygmalion Tale Retold: Remaking LE FEMME NIKITA. In: Camera Obscura, 47, 2001, S. 133 - 167, hier: S. 145. Der Text wurde nachgedruckt als Pretty Woman with a Gun: LE FEMME NIKITA and the textual politics of »The Remake«. In: Forrest, Koos, a.a.O., S. 273-308.

[30] Sabine Horst, Frankfurter Rundschau, 03.02. 1993.

[31] Gemeint ist hier das Remake des französischen Filmes TROIS HOMMES ET UN COUFFIN (Drei Männer und ein Baby; 1985: R: Coline Serreau), THREE MEN AND A BABY, 1987, R: Leonard Nimoy.

[32] Horst, FR, ebd.

[33] Kenneth Turan, Los Angeles Times, 19. 03.1993.

[34] Grossvogel, a.a.O, S.152.

[35] Diese Symmetrie des Bildausschnittes ist ein inszenatorisches Markenzeichen Luc Bessons, der in allen seinen Filmen mit dem Kameramann Thierry Arbogast zusammenarbeitet. Trotz der Verwendung des Scope-Formates wird bei Besson der Bildausschnitt häufig direkt mittig durch ein Objekt horizontal zerteilt, was entgegen der Konvention inszeniert stark zum Eindruck der stilisierenden Verfremdung beiträgt.

36 Petra Mioc: Jenseits der Normalität: Reisen zum Planeten Besson. In: Marcus Stiglegger (Hg.): Splitter im Gewebe. Filmemacher zwischen Autorenfilm und Mainstream, Mainz 2000, S. 253-263, hier: S. 254.

37 Jürgen Felix: Luc Besson. In: Thomas Koebner (Hg.): Filmregisseure, Stuttgart 1999, S. 71.

38 Grossvogel, a.a.O., S. 152.

39 Verwiesen sei u.a. auf Jamie Lee Curtis in BLUE STEEL (1990; R: Kathryn Bigelow) oder die Darstellung der Sarah Connor durch Linda Hamilton in TERMINATOR 2: JUDGEEMENT DAY (1991; R: James Cameron).

40 Jeffey A. Brown: Gender and the Action Heroine: Hardbodies and the POINT OF NO RETURN. In: Cinema Journal 35, No. 3, Spring 1996, S. 52 - 71., hier S. 64. Brown verwechselt allerdings das von Fonda getragene weiße Unterhemd konsequent mit einem schwarzen.

41 Ebd S 69.

42 Ebd., S. 65.

43 Die zitierten Dialoge sind der deutsch synchronisierten Verleihfassung entnommen.

44 Grindstaff, a.a.O., S 153.

45 Ebd.

46 Ebd., S. 154.

47 Ebd.

48 Ebd., S. 155.

49 Auf dem 3. Cinestrange-Filmfestival 2014 erklärte Badham im persönlichen Gespräch, das Projekt des Remakes nach einer privaten Sichtung von LA FEMME NIKITA in einem Arthouse-Kino selbst angestoßen zu haben. Das Finale der Besson-Vorlage hielt er dem US-Publikum für nicht zumutbar: »It was too french, too arty.«

50 Badham hatte schon 1974 für seinen TV-Film REFLECTIONS OF MURDER auf einen Kriminalroman des französischen Autoren-Duos Boileau/Narcejac zurückgegriffen, der bereits Henri Georges Clouzot als Vorlage für LES DIABOLIQUES (Die Teuflischen; 1955) diente.

51 Vergl. Brigitte Desalm: to be is to do. Die adoleszenten Erzählphantasien des Luc Besson. In: steadycam Nr. 29, Feb. 1995, S. 42-48.

52 Felix, a.a.O., ebd.

53 Mioc, a.a.O., 256).

54 Felix, a.a.O., ebd.

55 Georg Seeßlen: Der Blick, der Tod und die Maschine. In: epd Film 3/1988, S. 21 - 23, hier: S.23.

Endziel Menschlichkeit

Überlegungen zur Technik-Trilogie von John Badham

Von Ingo Knott

Dass sich die zwischen 1981 und 1986 entstandenen Filme BLUE THUNDER (Das fliegende Auge; 1983), WARGAMES (1983) und SHORT CIRCUIT (Nummer 5 lebt!; 1986) heute als Trilogie im Gesamtwerk eines Regisseurs darstellen, ist keine Selbstverständlichkeit. Zu viele von der breiten Filmkritik als »Handwerker« be- und verurteilte Regisseure haben in dieser Wahrnehmung keine eigene Handschrift behaupten können. Ihre Filme gelten als Studio-Werke, als Produktionen, in denen der Regisseur als Rädchen im Prozess verschwindet.

Betrachtet man, wie unterschiedlich die Entwicklungsgeschichten der drei Filme sind und wie bedroht die Triebfedern aller drei Geschichten vom zeitlichen Verfall werden – es geht um HighTech-Errungenschaften –, ist es umso außergewöhnlicher, dass John Badham als Regisseur hier einen bleibenden Eindruck hinterlassen konnte.

BLUE THUNDER wurde in den Wintermonaten 1981/1982 gedreht, basierend auf einem Drehbuch von Dan O'Bannon und Don Jakoby. Als »Actor's Director« prägt sich Badham bereits hier für alle sichtbar ein – Schauspieler Malcolm McDowell leidet an Flugangst, ging für den Film und den Regisseur dennoch immer wieder in die Lüfte.

Manche Bad Guy-Grimasse (in der finalen Verfolgungssequenz mit dem 2008 verstorbenen Roy Scheider) ist der Tatsache geschuldet, dass McDowell Angst und Bange war.[1]

Kurz zum Film: Ein vom Vietnamkrieg traumatisierter Hubschrauber-Pilot (Roy Scheider als Frank Murphy) muss sich im Polizeidienst gegen seine Vorgesetzten wenden, um eine Verschwörung aufzudecken: Der Super-Helikopter »Blue Thunder« soll provozierte Aufstände mit Waffengewalt niederschlagen und die Überlegenheit der Technik demonstrieren. Murphy nutzt in einem halbstündigen Actionfinale den Hubschrauber, um die Verschwörer zu töten oder zu entlarven. (Sony Pictures verkündete im März 2015, ein Remake zu planen – erweitert um die aktuelle Drohnen-Diskussion.)[2]

Mit WARGAMES brachte Badham im selben Jahr einen weiteren Film in die Kinos, der viele technische Aspekte beinhaltet, Technik gar, ohne die der Film gar keine Geschichte hätte; die technische Möglichkeit macht schließlich die Geschichte aus – und dennoch erhält die Figur der jungen Freundin des Hackers unter dem spät hinzu gekommenen Regisseur Badham immer mehr Gewicht. Produzent Leonard Gold-

Flugangst

berg: »(...) als der Film sich unter der Regie von John Badham entwickelte, begannen wir in ihrer Beziehung zu Matthew (Broderick) eine vollständig neue Dimension für diesen Film zu sehen. Nach und nach fügten wir immer mehr Teile hinzu. Was als kleiner Part begann, ist jetzt eine der Hauptrollen.«[3] Und das, obwohl in den ersten Entwürfen der Drehbuchautoren Walter Parkes und Larry Lasker noch ganz andere Geschichten erzählt werden sollten.[4] Als sie ihre Ideen schließlich zusammenbrachten, ereignete sich ein ernstzunehmender Zwischenfall, der an die Öffentlichkeit gelangte: Am 03. Juni 1980 meldete ein US-Militär-Computerterminal, dass Hunderte von sowjetischen Missiles in der Luft und auf dem Weg Richtung Nordamerika waren. B-52-Bomberbesatzungen und Raketentechniker wurden in Alarmbereitschaft versetzt, das Luftfahrtkommando Pacific Command war bereits in der Luft, als aufkam, dass lediglich ein Computerfehler vorlag. Lasker und Parkes hörten von der Sache – und WARGAMES nahm Gestalt an. Bis sie schließlich vor Badham standen, war ihr Drehbuch allerdings nicht mehr wiederzuerkennen, sie selbst bereits von Regisseur Martin Brest ausgebootet, als United Artists das Projekt (ohne Brest) aufkaufte und Badham dazu holte. Lasker und Parkes nahmen Kontakt zu ihm auf und WARGAMES entstand abermals. Die Kritiken waren beachtlich, das US-Militär nicht begeistert und US-Präsident Ronald Reagan ließ sich den Film zeigen; das Problembewusstsein mündete in die Nummer 145 der »National Security Decision Directives«.[5]

Kurz zum Film: In WARGAMES hackt sich ein Schüler versehentlich in ein Verteidigungsprogramm des US-Militärs und meint, er würde spielen; der Computer nimmt das Spiel als solches nicht wahr und bereitet den Einsatz nuklearer Waffen auf die (damalige) Sowjetunion vor. In einem Wettlauf gegen die Zeit muss der Hacker dem Computer beibringen, dass Spiele exis-

tieren, die keine Sieger hervorbringen – und dass nur die totale Vernichtung bliebe. Das System lenkt ein.

Ein weiteres Mal begibt sich Badham an einen Film, der von Technik beherrscht werden könnte – und der dennoch zutiefst humanistisch ist: SHORT CIRCUIT »(...) entwickelte sich aus einem Drehbuchseminar der Universität von Los Angeles, wo die Studenten S. S. Wilson und Brent Maddock eine High Tech-Komödie schreiben sollten. Ihr Freund Gary, Sohn von Produzent David Forster, legte das Skript seinem Vater vor, der bot es wiederum John Badham zur Verfilmung an.«[6] Und dieser kreierte kein Effektspektakel, obwohl die ausgeklügelte tricktechnische Machart wesentlich auf seinen Vorstellungen basierte (Badham entschied sich gleich zu Beginn gegen geplante Stop Motion-Techniken), sondern brachte zutiefst menschlich agierende Hauptdarsteller, nahezu grotesk dargestellte Slapstick-Militärs und einen sehr charmanten Roboter zusammen und schuf einen Film, der neben seinem fröhlichen Unterhaltungswert einen humanistisch-friedlichen Imperativ besitzt.

Kurz zum Film: »Nummer 5 lebt!« heißt es, als auf einem US-Militärgelände neue Kampfroboter getestet werden. Der Roboter mit der Seriennummer 5 wird dabei von einem Blitz getroffen; die Schaltkreise drehen durch, Nummer 5 dreht buchstäblich durch und verschwindet und stellt ein jugendliches Paar, das sich im Handlungsverlauf noch finden muss, vor völlig neue Aufgaben. Das Militär im Nacken, mutiert der kleine Roboter zum auch emotionalen Mittelpunkt und begreift, was Menschsein bedeutet, Happy End inklusive.

Allgemein unter dem Radar der Kunstfilm-Kritik, also ohne Ansehen als Auteur, hat sich Badham einen Namen gemacht; nicht allein als »Actor's Director«, sondern als einer, dessen Verständnis um filmische Mittel den erzählerischen Rahmen schnell setzt und dabei gekonnt den Schwerpunkt der eigentlichen Geschichte – im vorliegenden Falle übrigens allesamt High Concept und als solche auch schnell erzählt – verschiebt.[7]

Seine besten, auch bekanntesten Werke, sind typische Produkte ihrer Zeit und dennoch zeitlos – ein Umstand, der gerade bei seinen technologischen Filmthemen nicht selbstverständlich ist. Neben seiner begeisternden Haltung gegenüber technischen Herausforderungen (Hubschrauberstunts, virtuelle Amokläufe, menschelnde Roboter) rückt Badham stets die agierenden Personen ins Zentrum; sie sind es, die die Geschichte(n) vorantreiben, auch wenn ihnen die Technik fast entgleitet und sie diese ein- und überholen, sich ihrer bemächtigen müssen. Betrachtet man aktuell die figurenkonzeptionellen Schwierigkeiten, die Michael Mann in BLACKHAT (2015) zum Ende hin hat[8] – in WARGAMES existiert das Gegenspieler-Problem nicht, an dem sich der kernige Liam Hemsworth im aktuell größten Hacker-Thriller abarbeitet. Es ist wirklich der Computer, das System, gegen das Matthew Broderick als David und Ally Sheedy als Jennifer antreten müssen – kein böser Geist dahinter. David wandelt sich im Verlauf des Filmes vom unbekümmerten Hacker, der die Schulnoten nach Belieben verändert und auch sonst eher in den Tag hinein lebt, zum verantwortungsvollen, aufmerksamen Retter – Jennifer stets an seiner Seite. Das erinnert an den BLUE THUNDER-Piloten Frank Murphy, der gleich zu Beginn als Außenseiter, als Stoiker dargestellt wird, im ewigen Kampf gegen die Zeit und gegen sein Vietnam-Trauma. Angesichts einer neuen Bedrohung und mit (Wieder-)Eintritt einer entschlossenen Frau in sein Leben beginnt sein Kampf mit und um die Wahrheit – er realisiert, was um ihn herum geschieht. Schließlich muss er sein Leben riskieren, und mit Unterstützung seiner Freundin – sie vereint übrigens beide Frauenfiguren aus HIGH NOON (Zwölf Uhr mittags; 1952; R: Fred Zinnemann) in sich – gelingt Murphy die Überwindung der übermächtig erscheinen-

den Gegner. Mit NICK OF TIME (Gegen die Zeit; 1995) nahm sich Badham dem Konzept der Echtzeit-Erzählung, ähnlich des Zinnemann-Klassikers, deutlicher an.

Auch in SHORT CIRCUIT muss eine Figur, umgeben vom Militär und einem enormen (auch zeitlichen) Druck ausgesetzt, lernen, dass funktionale Programme gewissenlose Programme sind – und dass sein Geschöpf durch einen Kurzschluss (englisch: »Short Circuit«) tatsächlich menschelt. Der Erbauer von »Nummer 5« will seine Kreatur zwar einfangen, stößt sie aber gleichzeitig so lange von sich, bis ihm eine Frau die Augen und den Verstand öffnet. Er wechselt die Seiten und wird vom unreflektierten Produzenten militärischen Equipments – anything goes – zum warmherzigen Begleiter. Produkt und Produzent lernen im Verlauf des Filmes.

Auch die Optik – von der Benutzeroberfläche hinein in die winzige Welt aus Bits, Chips und Bytes – hat sich bis heute nicht wesentlich gewandelt, einzig die MATRIX-Trilogie (THE MATRIX, THE MATRIX RELOADED, THE MATRIX REVOLUTIONS; 1999-2003, R: Lilly & Lana Wachowski) erschuf mit ihren fließenden digitalen Vorhängen als »Darstellung« von Rechnerleistungen visuell Bleibendes. Ansonsten: Optisch ist alles auf WARGAMES-Niveau geblieben (die »Matrix«-Vorhänge erinnern ohnehin an 1980er-PC-Bildschirme und ihre Farbgebung), keiner, der andere Bilder gefunden hätte zum Innenleben eines irren Computers. Es geht hier um einen Film der 1980er Jahre im Jahr 2016!

NORAD

Und während WARGAMES den »War Room« aus DR. STRANGELOVE OR: HOW I LEARNED TO STOP WORRYING AND LOVE THE BOMB (Dr. Seltsam, oder wie ich lernte, die Bombe zu lieben; 1964, R: Stanley Kubrick) zu einem gigantischen (Computer-)Kino erweitert, ist diese Zentrale des nordatlantischen Verteidigungskommandos NORAD inzwischen ein übliches Kinomuster für Schalt- und Machtzentralen aller Art: So muss es aussehen, wenn die Fäden zusammenlaufen.

Mehr noch: Die finale Abschuss-Sequenz in BLUE THUNDER wird vom aktuellen »Krieg der Sterne«-Duell in den Lüften (STAR WARS: THE FORCE AWAKENS; 2015; R: J.J. Abrams) mehr frech als gekonnt imitiert. (Die Bewegungsunfähigkeit der Bordkanone wird sowohl in der finalen Flug-Sequenz in BLUE THUNDER, als auch in STAR WARS: THE FORCE AWAKENS ab Laufzeit 00:32 (in Minuten; deutsche Walt Disney-BluRay-Veröffentlichung 2016) durch einen Looping egalisiert; der jeweilige Verfolger wird getroffen und vernichtet.)

Überdeutlicher, unverschämter Epigone von »Nummer 5« ist allen voran WALL-E (2008, R: Andrew Stanton), über dessen Aussehen Badham im Rahmen eines privaten Telefonats informiert wurde und dabei aus allen Wolken fiel – die Pixar Animation Studios waren niemals bei den »Nummer 5«-Verantwortlichen vorstellig geworden, und das, obwohl die Ähnlichkeiten verblüffend sind.[9] Auch CHAPPIE (2015, R: Neill Blomkamp) hat viel von »Nummer 5«; nicht jedoch die kompakte und funktionierende Erzählstruktur von SHORT CIRCUIT. Der No Smoking-Roboter am Augsburger Hauptbahnhof ist dann die logische Fortsetzung ins Hier und Heute – wenn ein kleiner »Nummer 5/Wall-E«-Roboter mit Hängeaugen ein Schildchen zeigt, hofft man selbst bei Suchtgetriebenen auf Einsicht. Und wer kann so einem kleinen Ding böse sein?[10]

Augsburger Hauptbahnhof

Viele Elemente in Badhams Militär-Trilogie wirken bis heute (nach) und dass BLUE THUNDER seine (gigantische) Entsprechung im zweiten Teil des Captain America-Epos hat (CAPTAIN AMERICA: THE WINTER SOLDIER; 2014, R: Anthony Russo, Joe Russo), ist so unbestreitbar deutlich wie die infernalische Überwachungs- und Eingreif-Maschinerie in EAGLE EYE (2008; R: D.J. Caruso), dem Film eines Badham-Vertrauten. Überhaupt drehte Badham noch vor seinem Einstieg ins Kinogeschäft einen Piloten zu einer TV-Filmserie, der bereits als frühe Variante seiner Themen im Rahmen der Technik-Trilogie gelten kann: In der TV-Produktion REX HARRISON PRESENTS STORIES OF LOVE fungierte Badham 1974 als Regisseur der Verfilmung einer Kurt Vonnegut-Geschichte namens EPICAC, in dem ein Computertüftler die Fähigkeiten eines Rechners nutzt, um bei seiner Angebeteten Eindruck zu hinterlassen. Diese Maschinen – die können was! Aber es ist ihnen nicht zu trauen, sie handeln ohne Gefühl.

Dabei ist das Können beeindruckend und nett anzuschauen – der »Blue Thunder«-Pilot Murphy und sein Kumpel testen das fliegende Auge aus, natürlich wird das Weibliche/Sexuelle gesucht und überdeutlich gefunden, der Spaß ist auch für den Zuschauer unzweifelhaft vorhanden. Die Freude währt aber nicht lange; mit der Erkenntnis, dass mit dem allmächtigen Flugapparat mörderische Verschwörungen einher gehen und dem Wiederauftauchen seiner Freundin samt Kind endet die bisherige Introvertiertheit. Murphy muss sich stellen, seine scheinbare Unbeweglichkeit aufgeben – abermals läuft seine Uhr, diesmal nicht mehr aus kühl-sportivem Ehrgeiz (und deshalb wertlos), sondern um den Gegner zu überwinden. HIGH NOON in der Luft. Alle ordentlichen Kräfte haben versagt, nichts scheint sich dem staatlich flankierten Terror zu widersetzen, da bricht die Liebe einen Mann auf: Mit der Sequenz, als seine Freundin samt Kind im Dunkel der Nacht

Vermeintliche Bedrohung

erscheint und er sie fast erschießt, weil er sie für einen Einbrecher oder Gewalttäter, also eine Bedrohung hält, sich dann aber zögerlich öffnet, wird er in die Badham-Variante der von Alfred Hitchcock einst als »Love versus Duty« bezeichneten Grundkonstellation transponiert.

Es ist nicht allein der virtuose Umgang mit der Technik, also mit dem Hubschrauber »Blue Thunder«: Dass Badhams Film wesentlich mehr erzählt, wurde angesichts des erfolglosen TV-spin offs BLUE THUNDER (ABC 1984; elf Episoden gesamt) deutlich – aller menschlicher Spannungen beraubt, war dem Publikum die Action-Flugshow im TV zu dünn. Wenn schon, dann ohne Bezüge – die Serie AIRWOLF (CBS 1984-1986) startete nahezu zeitgleich, machte mehr Spaß und besaß deutlich mehr Zuspruch als ihr Konkurrent. Der verwies laufend auf seinen großen Bruder im Kino, wo eine Geschichte erzählt wurde, nicht nur ein Fluggerät vorgeführt. Ein Spektakel, ja – aber bitte mit Menschen.

John Badham ist ein Geschichtenerzähler im Rahmen verschiedener Spannungsgenres. Die jeweilige Rahmenhandlung kleidet Badham unvergleichlich aus; alles wird lebendig, die Figuren sind vital, vielschichtig, interagieren, selbst das Maschinelle wird vermenschlicht, benötigt dringend moralische Werte, braucht Menschlichkeit. Ohne diese positive Vitalität wären Badhams Filme die Filme eines Zynikers.

Den behandelten Stoffen tut dieser Badham-Touch offenbar insgesamt betrachtet gut, die Einspielergebnisse aller drei Filme waren mindestens ansehnlich, wenn nicht phänomenal, und sie erfüllen wohl, was das Geheimnis guter Hollywood-Stoffe ausmacht. »Diese Dialektik zwischen Auteur und Genre trieb das klassische Hollywood-Kino voran: der Zusammenprall von künstlerischer Sensibilität und den (...) mythischen Strukturen der populären Handlungstypen.«[11] Es wäre spannend zu sehen, was Badham aus einem der im aktuellen digitalen Trick-Rausch entstehenden Technik-Filme machen würde – von den TRANSFORMERS (2007-2011, R: Michael Bay) über PACIFIC RIM (2013; R: Guillermo del Toro) bis hin zum neuen TRON-Sequel (TRON: LEGACY; 2010; R: Joseph Kosinski). Festzuhalten ist allerdings, dass man(n) heute nicht mehr allein auf die Frau bauen sollte, das machen die Figuren mehrerer Filme klar: TRON: LEGACY-Regisseur Kosinski hat dies verdeutlicht in OBLIVION (2013), in dem die eigentliche Frau an der Seite des Hauptdarstellers Tom Cruise den (unmenschlichen, aber für sie sicheren) Status Quo behalten möchte, während er den Ausbruch in eine echte Welt voller Sinneseindrücke und Emotionen sucht. Er muss auf eine andere Frau treffen, eine Rebellin. Bruce Willis kämpft mit den gleichen Problemen als Hauptdarsteller in THE SURROGATES (Surrogates – Mein zweites Ich; 2009; R: Jonathan Mostow). Auch seine Gattin ist am schönen Schein interessiert, auch sie hindert ihn an der (Wieder-)Entdeckung der Menschlichkeit. AVATAR (Avatar – Aufbruch nach Pandora; 2009, R: James Cameron) wiederum zeigt das Militär und die weibliche Hauptfigur, wenn man so will, in der Bewertung und Bedeutung eines John Badham. Love versus duty.

Die Tradition filmischer Mensch/Maschine-Auseinandersetzungen, in der sich die Filme der Technik-Trilogie von Badham befinden, ist lang. Allzu großer Eifer und Unmenschlichkeit – die forschungsbedingte Isolation des jungen Frankenstein (FRANKENSTEIN; 1931; R: James Whale) und seine Distanz zur Weiblichkeit haben ein Monster erschaffen, aus Blitzen, ganz ohne Frau, ähnlich »Nummer 5«. Während aber »Nummer 5« mit großem Glück auf eine Frau trifft (auch noch eine Veganerin – mehr Antimilitarismus geht nicht angesichts eines Kampfroboters) und die richtigen Dinge lernt, scheitert die Schöpfung des Frankenstein an einer brutalen Umwelt, der jegliches Mitgefühl abgeht. In SHORT CIRCUIT ist es das Militär, das sein Produkt wieder haben will – und dabei in Slapstick-Varianten auftritt, die viel von Badhams politischer Einstellung verraten und in Erinnerung rufen, dass er während der Produktionsphase keine Bilder vom Set zuließ.

Der Roboter in METROPOLIS (1925/26, R: Fritz Lang) ist zwar ein Produkt seiner männlichen Umwelt, aber dennoch weiblich – und führt am Ende zum Untergang der herrschenden Klassen und zur Befreiung des Proletariats. Der Bordcomputer HAL wiederum (2001: A SPACE ODYSSEY; 1968; R: Stanley Kubrick) ist weiblich konnotiert, aber dennoch mörderisch – ein Programm eben. Mit zwingender, kalter Logik. Es bleibt nur die Flucht in andere Sphären.

Erst Jahre später befreite John Carpenter via DARK STAR (1974) die Geschichte von ihrem Bombast und konzentrierte sich auf den amoklaufenden Computer, in DARK STAR eben eine intelligente Bom-

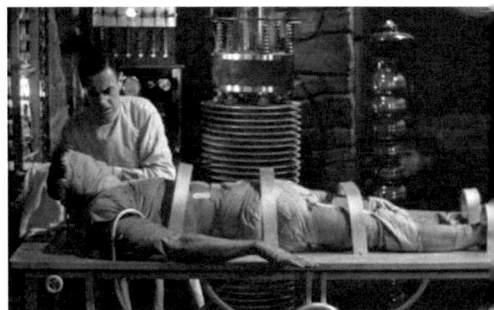

FRANKENSTEIN

be (Nummer 20; übrigens männlich sprechend), die explodieren will – aber noch am Raumschiff festhängt. Alles reden fruchtet hier nichts. Im Thriller COLOSSUS: THE FORBIN PROJECT (1970, R: Joseph Sargent) beschließt eine intelligente Maschine, dass mit den Menschen nicht zu spaßen ist und droht mit dem atomaren Endschlag. Der Android in THE QUESTOR TAPES (Ein Computer wird gejagt; 1974, R: Richard Colla) ist kurz davor zu töten und wird lediglich von einer (programmierten) Sperre daran gehindert – in der Folge beginnt seine Menschwerdung. Die ist Yul Brynner als Hauptdarsteller in WESTWORLD (1973; R: Michael Crichton) versagt als ein Produkt reiner Unterhaltung, gewissenlos eingerichtet und als solches dem Untergang geweiht. Dass die Verschwörung auf dem Fuße solcher technischer Möglichkeiten folgt, bewies die unterschätzte Fortsetzung FUTUREWORLD (Futureworld – Das Land von Übermorgen; 1976; R: Richard T. Heffron). Bereits in den 1980ern war es dann im BLADE RUNNER (1982, R: Ridley Scott) soweit, dass die Grenzen der Mensch/Maschine-Schnittstelle nur mehr in einem ausgeklügelten Frage-Antwort-Spiel ausfindig gemacht werden konnten. Dass es um ech-

te Empathie, um Mitgefühl, um Menschlichkeit geht, ganz egal, wer oder was Entscheidungen fällt, das machte der »Terminator« von Arnold Schwarzenegger ohnehin völlig klar – reicht im ersten Teil (THE TERMINATOR; 1984; R: James Cameron) seine Funktion als Bedrohung, muss er sich für eine Fortsetzung (TERMINATOR 2: JUDGEMENT DAY; 1999; R: James Cameron) weiterentwickeln. Er wird zur Vaterfigur.

Die Roboter-Thematik wurde bereits in den Anfangsjahren des Spielfilms aufgegriffen – DR. SMITH'S AUTOMATON von 1910 (Regie nicht bekannt) ist eine siebenminütige Komödie um einen Jungen, der sich in das Laboratorium seines Vaters schleicht und dort einen Roboter in Gang setzt. Wehe, wenn dieses automatische Ding losgelassen wird, am Ende muss er in einen Abgrund stürzen. Im gleichen Jahr entstand die erste Filmversion des berühmten »Prometheus«-Romans von Mary Wollstonecraft Shelley: FRANKENSTEIN, produziert von der US-Firma Edison, setzte Regisseur J. Searle Dawley nach eigenem Drehbuch um, das von den damals vorherrschenden Bühnenvarianten stark abwich und in 16 Minuten Erschaffung und Vernichtung des Monsters beschrieb – eine Vernichtung, die durch die Liebe des Fran-

WESTWORLD

FORBIDDEN PLANET

kenstein zu seiner Braut hervorgerufen wird. Einen »fühlenden« Roboter präsentierten die Walt Disney-Studios Mitte der 1950er Jahre mit TOBOR THE GREAT (Tobor; 1954; R: Lee Sholem), der aber am Ende der Geschichte trotzdem in den Weltraum geschossen wird. Auch FORBIDDEN PLANET (Alarm im Weltall; 1956; R: Fred M. Wilcox) hat seinen »Robby der Roboter«, und der war so erfolgreich, »dass Produzent (Nicolas) Nayfack ihn später für den weniger erfolgreichen THE INVISIBLE BOY (SOS Raumschiff; 1957; R: Herman Hoffman) wiederbelebte.«[12]

»Bereits jetzt errechnen – höchst umstrittene – Programme mögliche zukünftige Verbrechen, um Polizisten vorzuwarnen.«[13] Wir hören nur die Rotoren nicht, es braucht keinen BLUE THUNDER mehr. Und wozu existiert Google? Der Technikexperte Kevin Kelly wollte das während der Anfangsjahre der Firma, die damals noch nicht das große Geld verdiente, auf einer Party direkt von Larry Page erfahren. Die kühle Antwort des Google-Mitgründers klingt bis heute in den Ohren: »›Oh, we're really making an AI.‹ – Weißt du, in Wahrheit entwickeln wir künstliche Intelligenz. (...) Das ist Teil eines größeren Plans. In kürzester Zeit hat Google elf Firmen aufgekauft, die an

Robotern und künstlicher Intelligenz arbeiten. Und gerade hat der Konzern einen Militärflughafen mitten im Silicon Valley für 60 Jahre von der US-Regierung gepachtet – um dort unter anderem intelligente Maschinen das Handeln im freien Gelände üben zu lassen.«[14] Kein Wunder, dass Astrophysiker Stephen Hawking im Dezember 2014 vor den Folgen künstlicher Intelligenz warnte. »Stephen Hawking sieht in künstlicher Intelligenz eine Bedrohung für die Menschheit. Der britische Physiker und Astrophysiker glaubt, dass dadurch das Ende der Menschheit eingeleitet werden könnte. (...) Hawking selber sagt, dass die primitiven Formen von künstlicher Intelligenz, die bisher entwickelt wurden, sehr nützlich sind. Er fürchte jedoch die Konsequenzen einer Entwicklung, die dem Menschen gleich kommt oder diesen sogar überrunde. ›Da der Mensch durch langsame biologische Evolution beschränkt ist, könnte er nicht konkurrieren und würde verdrängt werden‹, so Hawking in der Financial Times.«[15]

Für Hawking existiert aber noch eine andere mögliche zerstörische Wirkung der Technologie: »Wir stehen vor einer Reihe von Bedrohungen für unser Überleben: der Atomkrieg, die katastrophale globale Erwärmung und gentechnisch veränderte

Viren; und die Bedrohung wird in der Zukunft steigen.«

Droht uns also doch das »Wargame«? Müssen wir zusehen, wie automatische Programme in entvölkerten Machtzentralen über unsere Zukunft entscheiden? Am Arbeitsmarkt, dessen Entwicklung angesichts laufender Automatisierungswellen an der KI-Frontlinie verläuft, keimt Hoffnung auf: »Roboter: The End of Work. Was lernen, um nicht ersetzt zu werden« fragen die Herausgeber des Magazins *wirtschaft+weiterbildung* in ihrer Titelgeschichte vom Oktober 2015.[16] Ihr Fazit: »Sicher ist, dass Programmierer und Ingenieure auf dem Arbeitsmarkt gefragte Leute bleiben werden. Aber die wirklich wichtigen und sehr gut bezahlten Berufe der Zukunft werden Menschen bekommen, die zur Empathie fähig sind.«

Das Wirtschaftsmagazin zitiert damit den US-Journalisten und Autor Geoff Colvin, der im August 2015 ein Buch (via Penguin/Random House, New York) veröffentlichte, dessen Titel als Schlusssatz der Betrachtung zur Technik-Trilogie von John Badham fungieren soll: »Humans are underrated. What High Achievers Know That Brilliant machines Never Will.«

Anmerkungen

[1] Vgl. www.actionzone.wikia.com/wiki/Blue_Thunder; Stand: 18.06.2016.

[2] Vgl. www.comingsoon.net/movies/news/420569-sony-pictures-to-remake-blue-thunder; Stand: 18.06.2016.

[3] Aus dem MGM-Booklet zum Film, enthalten der MGM-DVD-Edition aus dem Jahr 2000, S. 6.

[4] Vgl. www.en.wikipedia.org/wiki/WarGames#Production; Stand: 18.06.2016.

[5] Vgl. www.en.wikipedia.org/wiki/WarGames#Production; Stand: 18.06.2016.

[6] unbekannt: Special Effects – Geheimnisse eines elektronischen Wunderdings. In: Kino 12/90, S. 35.

[7] Vgl. auch den Beitrag von Nils Bothmann in diesem Band.

[8] Vgl. Andreas Busche: BLACKHAT. In: epd film 2/15, S. 14f.

[9] John Badham in einem Gespräch mit dem Autor auf dem 3. Cinestrange-Filmfestival am 18.07.2014 in Braunschweig.

[10] Vgl. Meldung dpa vom 26.05.2016.

[11] Vgl. James Monaco: Film verstehen, S. 312.

[12] Vgl. Phil Hardy: Die Science Fiction Film-Enzyklopädie – 100 Jahre Science Fiction. Heel Verlag: Königswinter 1998, S. 162.

[13] Vgl. Geo Magazin. März 2015, S. 113.

[14] Ebd. S. 122.

[15] Vgl. www.handelsblatt.com/technik/forschung-innovation/stephen-hawking-physiker-warnt-vor-kuenstlicher-intelligenz/11067072.html; Erstveröffentlichung am 3. Dezember 2014; Stand: 18.06.2016.

[16] Vgl. Wirtschaft+weiterbildung. Oktober 2015.

The Bingo Long Traveling All-Stars & Motor Kings (1976)

Von Jochen Werner

Man kann auf zwei unterschiedliche Weisen über Baseball sprechen: wie ein Sportreporter oder wie ein Evangelist. »I count the loves in my life: Annie, Karin, Iowa, Baseball. The great god Baseball«[1] schreibt der große Baseball-Schriftsteller W. P. Kinsella in seinem Roman *Shoeless Joe*, aus dem Phil Alden Robinson und Kevin Costner 1989 den schönsten und träumerischsten aller Baseballfilme, FIELD OF DREAMS (Feld der Träume), schufen. Die Sakralisierung eines Lebens mit und aus der Liebe, dem Land, dem Spiel steht im meditativen Zentrum des identitätsstiftenden Faszinosums, das dieser Sport für die US-amerikanische Kultur darstellt. Baseball – der amerikanische Sport schlechthin, und immer und in jedem Moment mehr als nur ein Sport.

Im unbeschreiblich goldenen Sonnenlicht, in den unendlichen Kornfeldern und Wiesen des weiten Landes werfen und fangen Jungen mit ihren Vätern Bälle hin und her, schlagen und laufen. Die großen Baseballhelden, das sind in dieser amerikanischen Mythologie oftmals schlichte, aber aufrichtige, junge und unverbildete, dabei aber lebenskluge Träumer – »narrow-minded geniuses«,[2] wie David Thomson schreibt. Und doch: Wie der gesamte amerikanische Traum ist auch sein Kristallisationspunkt, das *ballgame*, wie seine Jünger es so schlicht wie zärtlich (und unbedingt mit universalem Anspruch) nennen, nur im Moment seines Immerschonverlorenseins zu denken. Der Baseballspieler in der amerikanischen Literatur und im amerikanischen Kino ist gar nicht zuletzt ein Wiedergänger des Westerners, und die Schönheit und der moralische Wert seines Spiels sind im Moment ihres Erblicktwerdens stets

schon verblasst, verkauft, korrumpiert. (Man brauchte nicht erst Bennett Millers gleichwohl meisterhaften MONEYBALL, um zu diesem Schluss zu gelangen.) – Der Slugger, der Pitcher und die anderen Helden des Spiels leben im Grunde, wie der Westerner, der die Weite und Freiheit des Landes genießt und, indem er seine Rolle im gewaltigen Projekt seiner Zivilisation annimmt, gleichzeitig an ihrer Abschaffung arbeitet, in einem nostalgischen Traum einer Vergangenheit, die es so wohl nie gab.

Vielleicht lässt sich vor allem hieraus auch die scheinbar unverbrüchliche Befremdung erklären, die den europäischen Blick auf den Baseball, seine Regularien und Rituale, seit jeher prägt. Baseball, das ist nicht zuletzt ein Medium, über das sich Amerika über sich selbst und seine Werte, Ideale, Träume verständigt – ein Sport, der aus dem Herzen Amerikas gewachsen scheint. Natürlich war das, wie der amerikanische Traum selbst, von Beginn an im Grunde ein Marketingkniff. In seiner Monographie *Baseball. A History of America's Favorite Game* legt George Vecsey ausführlich dar, dass die Grundzüge des Spiels bereits in vorchristlichen Überlieferungen belegbar sind – und wie es einem Ex-Pitcher und brillanten Geschäftsmann namens Albert Goodwill Spalding im letzten Drittel des 19. Jahrhunderts dennoch gelang, das Spiel zu America's National Sport zu erklären. Ein Mythos, dessen Konstruktion Vecsey zwar offenlegt, den er aber deshalb noch keineswegs als nichtig erklärt.[3] Auch darin liegt vielleicht eine der zauberhaften Schizophrenien des Baseball im Besonderen und der amerikanischen Seele im Allgemeinen.

Aber diese Schizophrenie ist ihm, dem Spiel, ohnehin ganz grundsätzlich eingeschrieben, und rein aus dem Sakralen heraus lässt es sich auch wiederum nicht erschöpfend verstehen. Dem einen, großen mythomanischen Baseballfilm etwa, Barry Levinsons THE NATURAL (Der Unbeugsame; 1984), in dem der goldblonde Farmjunge Robert Redford im Pakt mit den Naturgewalten selbst seinem Kindertraum nachjagt und die Geschichte des Sports – und das meint hier immer: die Geschichte seiner Mythen und seiner Statistiken – neu schreibt, meinte Ron Shelton, der wohl größte Sportfilm-Auteur, den Hollywood zuerst hervorbrachte und dann wieder vergaß, einen Gegenfilm entgegensetzen zu müssen.

Im Unterbau

Sein Regiedebüt BULL DURHAM (Annies Männer; 1988) spielt in den Minor Leagues, jenseits der Hightech-Stadien und der obszönen Millionengagen, und porträtiert den *ballplayer* als Arbeiter, als Angehörigen der »werktätigen Bevölkerung«.[4] Tatsächlich ist Baseball ein Vollzeitjob – anders als in anderen (auch europäischen) Sportarten wird hier in der Saison nicht ein-, bestenfalls zweimal die Woche gespielt. Baseball findet an acht Monaten im Jahr täglich statt, ein *ballplayer*, der mit dem Sport sein Geld verdient, steht hundertfünfzig-, hundertsechzigmal in diesen acht Monaten auf dem Feld, im *ballpark*. Aber nicht nur das macht Baseball zu einem Sport, der jenseits der Zeitrechnung anderer Sportarten funktioniert – anders als im Football, Basketball, Fußball etc. wird im *ballpark* nicht gegen die erbarmungslos tickende Uhr gespielt. Die Spielzeit ist nicht klar begrenzt, ein Spiel kann Stunden um Stunden dauern. Das ist Zeit, die aus der alltäglichen Taktung unserer Tage herausgehoben wird. Nicht nur ein Luxus – eine Meditation über Freiheit. Aber eben auch ein Anknüpfungspunkt für all diejenigen auf den Zuschauerrängen, die sechs Tage pro Woche in ihren 9to5-Jobs schuften und die es nach Helden dürstet, die ebenso konstant und ver-

Negro Leagues

lässlich ihre Arbeit verrichten wie sie selbst. Ein überlebensgroßer Mythos lebensgroßer Helden.

Jeder Baseballfilm also muss sich von vornherein mit der Frage auseinandersetzen, wo er sich im Spannungsfeld dieser beiden Pole platzieren will – oder, anders ausgedrückt, ob er sich mehr für den Mythos oder mehr für die Arbeit interessiert. John Badham, dessen Werk auch später wenig Mythos und, inner- wie extradiegetisch, viel solides Handwerk enthielt, entscheidet sich in seiner ersten Regiearbeit für das Kino eindeutig für den zweiten Weg. Und wie knapp eineinhalb Jahrzehnte später Ron Sheltons Debüt spielt sich auch THE BINGO LONG TRAVELING ALL-STARS & MOTOR KINGS (1976) fernab der großen Stadien und Starteams ab, im Unterbau. Anders als BULL DURHAM, der sich, wie Thomson ganz richtig anmerkt, doch vornehmlich in einem WASP-Milieu abspielt, das mit den zeitgenössischen Realitäten des Baseball kaum noch zur Deckung zu bringen ist, betritt THE BINGO LONG TRAVELING ALL-STARS & MOTOR KINGS jedoch auch historisch peripheres Terrain und erzählt eine Geschichte aus den Negro Leagues – einer der unrühmlichen Kehrseiten im Geschichtsbuch jenes Sports, in dem die Segregation teilweise noch bis in die 1960er Jahre hinein Realität war. Denn, natürlich, auch die finsteren Winkel der amerikanischen Kultur sind untrennbar mit dem Baseball verschlungen: »Just think how often the baseball bat is a weapon in American movies.«[5]

Der Baseballschläger ist aber eben nicht nur handliches Schlaginstrument (und in jedem guten amerikanischen *family home* stets greifbar), er diente auch jahrzehntelang als Waffe im Kampf des weißen Amerikaners um seine Privilegien, seine vermeintliche Überlegenheit – ein kraftvolles, weil populäres Machtinstrument in der Auseinandersetzung mit der afroamerikanischen Bürgerrechtsbewegung. Und THE BINGO LONG TRAVELING ALL-STARS & MOTOR KINGS bebildert einen entscheidenden Moment des Übergangs in der Geschichte des Sports. Am Anfang steht die Entscheidung von Bingo Long (Billy Dee Williams) und Leon Carter (James Earl Jones), auf eigene Rechnung mit einem Negro-League-Allstarteam über die Dörfer zu touren, statt sich weiter von den gierigen Clubbesitzern ausbeuten zu lassen. Während dieser *barnstorming*-Reise stoßen sie auf viele Steine, die ihnen von den Strippenziehern des Baseball als Business in den Weg gelegt werden – und gleichwohl, am Ende nimmt die Geschichte ihren Lauf. Aber nicht für Long und Carter, die bereits im Herbst ihrer Sportlerlaufbahn stehen und im Grunde in diesem Immer-schon-zu-spät des Baseball, diesem *paradise lost*, gefangen bleiben. Esquire Joe Callaway (Stan Shaw) aber, ein junger und ungeheuer begabter Spieler, der unterwegs zu ihnen stieß, wird – hierin entspricht seine Rolle der des historischen *ballplayers* Jackie Robinson – als erster Afroamerikaner im 20. Jahrhundert einen Vertrag bei einem Major-League-Club unterschreiben. Und auch wenn John Badham mit seinem Debüt nicht das Pantheon der großen Kino-Evangelisten des Baseballfilms betrat, wird hier das äußerst ehrenwerte Anliegen dieses schönen Films deutlich: seinen allzu lange ausgesperrten Helden eine Hintertür in den Mythos zu öffnen.

Anmerkungen

1 Kinsella, W. P.: Shoeless Joe. Ballantine Books, New York 1991 (EA: 1983); S. 6.

2 Thomson, David: »Have You Seen...?« A Personal Introduction to 1,000 Films. Including Masterpieces, Oddities, Guilty Pleasures and Classics (With Just a Few Disasters). Penguin, London 2008; S. 134.

3 Vgl. Vecsey, George: Baseball. A History of America's Favorite Game. Modern Library, New York 2006; S. 29 – 38.

4 Beier, Lars-Olav / Midding, Gerhard: Die Poesie des Profanen. Ron Shelton über Baseball und Basketball, Sex- und Wahlkampf, Fotos und Filme. In: steadycam, Nr. 23 (Winter 1992), S. 25.

5 Thomson 2008, S. 134.

Tour über die Dörfer

Saturday Night Fever (1977)

Von Kai Naumann

Ein stampfender, elektronischer Beat dominiert den Beginn von John Badhams zweitem und vermutlich bekanntestem Kinofilm SATURDAY NIGHT FEVER (Nur Samstag Nacht; 1977). Es ist die Basslinie des Disco-Hits »Stayin' Alive«, einer der bekanntesten Songs der Brüder Barry, Robin und Maurice Gibb, den Bee Gees. Der im Falsett vorgetragene Text erzählt vom Alltag im New York der siebziger Jahre und – wie der Titel bereits vorwegnimmt – vom Überleben im Großstadtdschungel. Das lyrische Ich des Songs erhält in SATURDAY NIGHT FEVER ein Gesicht: Tony Manero, gespielt vom damaligen Newcomer John Travolta, ist ein Jugendlicher, der wochentags sein Geld in einem Farbengeschäft in Brooklyn verdient, um es samstagnachts mit seinen Freunden in den Diskotheken New Yorks auszugeben. Mädchen, Musik und die ritualisierte, allwöchentliche, rauschhafte Ausschweifung in den Tanztempeln der Großstadt sind die Anker, die Tony und seine Freunde vor der lähmenden Übermacht der Metropole und dem tristen, dogmatisch geprägten Familienleben retten.

Der Film basiert auf dem Artikel *Tribal Rites of the New Saturday Night*[1] des britischen Journalisten Nik Cohn, erschienen 1976 im *New York Magazine*. Cohns Intention war es, als Engländer ein Bild der amerikanischen Arbeiterklasse zu hinterfragen, indem er die Sehnsüchte und Wünsche der jungen Bevölkerung New Yorks in den Vordergrund stellte. Ein Prototyp der New Yorker Jugendlichen ist die Figur Tony Manero, die Drehbuchschreiber Norman Wexler, basierend auf Cohns Artikel, erschuf.

Tonys vorwärts marschierende, en detail fotografierte Füße sind die ersten Bilder, die der Zuschauer in der Anfangssequenz des Filmes sieht.

Füße im musikalischen Rhythmus

Im Rhythmus zu »Stayin' Alive« geht Tony eine New Yorker Straße entlang. Durch seinen gepflegten, teuren Kleidungsstil hebt sich der Sunnyboy optisch deutlich von den anderen Passanten ab. Zwar ist der Asphalt unter seinen Schuhen noch immer der raue, harte Boden der Großstadt – ein durch Medien und Filme mythisiertes Pflaster –, das er aber mit federnden, fast tänzerischen Bewegungen beschreitet. Seine vitale, sich im Takt äußernde Körpersprache lässt den Eindruck entstehen, der Song sei weniger extradiegetisch eingesetzte Filmmusik, sondern entstehe vielmehr direkt in Tony selbst. Tony ist die Quelle der Musik und das optische Zentrum einer neuen Wahrnehmung urbaner Straßenpoesie: Sein Rhythmus bestimmt die Szene und verleiht so dem alltäglichen Treiben auf New Yorks Straßen eine inszenierte, leichte und musicalhafte Note.

Teurer Kleidungsstil

Durch seine physische Präsenz wird Tony Manero bereits in den ersten Filmminuten als Mittelpunkt der Handlung vorgestellt. Die Geschichte, die in SATURDAY NIGHT FEVER erzählt wird, ist die von Tony. Sie ist aber auch gleichzeitig untrennbar mit der Stadt verknüpft, in der sie sich ereignet. Neben Tony ist also New York der zweite Protagonist in John Badhams Film, durch den Regisseur bereits in mehreren Pre-Title-Shots verdeutlicht: Noch vor Tonys erstem Leinwandauftritt fängt Badham Bilder von New York ein, die zu gleichen Teilen Vertrautheit, aber auch Schwermut ausdrücken. Erhabene Postkartenmotive wie die berühmte Brooklyn Bridge stehen in Kontrast zu den alten, ratternden Straßenbahnen, die als Verweise auf die ewig gleiche Routine und Müdigkeit der urbanen Gesellschaft zu deuten sind.

Inmitten dieser Bipolarität bewegt sich Tony Manero. Als Grenzgänger zwischen den Extremen wird sein Charakter im Verlauf des Films zum Ausdruck der beiden dargestellten Facetten der Großstadt. Die arbeitsreichen Wochentage bedeuten für ihn Stillstand, Stagnation und Langeweile. Der Samstag hingegen ist der Tag, an dem Tony lebt und zum König der Lichter und zum Herrn der Tanzfläche avanciert. Das Tanzen ist seine Begabung, durch die er sich von der Allgemeinheit abhebt. Tonys überlebens-

wichtige Methode, der Tristesse zu entfliehen, liegt in der rhythmischen Bewegung zur Musik. Im Tanzen offenbart sich sein wahres Ich, das alltags unter einer Last von Pflichten und Vernunft verschüttet wird. In der Gemeinschaft seiner Freunde sowie der anderen Discobesucher ist er ein bedeutender Fixpunkt, der aus der Masse heraussticht.

Wie zu Beginn des Films setzt Badham Tonys überbordende Vitalität in der Disco auch im weiteren Verlauf in einen signifikanten Gegensatz zu Aufnahmen von bedrückender Einsamkeit: Die leeren, kalten Waggons der New Yorker Untergrundbahn, in denen Tony in seinem eleganten Tanzoutfit wie eine verlorene Seele erscheint, die nur einige Stunden zuvor noch vor Energie strotzte, sind Sinnbilder von Großstadtmelancholie und zeigen die depressive Schattenseite der »City, that never sleeps.« Die Gegenüberstellung von Bildern höchster Freude und tiefster Traurigkeit ist ein formales Prinzip, das SATURDAY NIGHT FEVER von der Stigmatisierung befreit, ein reiner Tanzfilm zu sein, als den ihn die Medien häufig deklarieren. Vielmehr ist Badhams Film ein vielschichtiges Portrait einer emotional aufwühlenden Großstadt sowie der Individuen, die in ihr leben und überleben: Stayin' Alive.

Filmhistorisch steht Tony Manero deutlich im Kontext mit anderen Figuren des New Hollywood[2], die bis heute zu den Ikonen dieser Strömung des amerikanischen Kinos gehören. Greift man zum Vergleich nur zwei weitere Filme aus diesem Zusammenhang heraus, so ist Tony zusammen mit dem taxifahrenden Nachtarbeiter Travis Bickle aus TAXI DRIVER (1976; R: Martin Scorsese) und Rocky Balboa, dem geldeintreibenden Boxer aus ROCKY (1976; R: John G. Avildsen) – zwei inhaltlich konträre Beispiele, die aber bezeichnenderweise beide im selben Jahr ent-

Herr der Tanzfläche...

standen – einer jener berühmten filmischen Großstadtcharaktere aus der Arbeiterklasse, die sich nach einer Umstrukturierung ihres Lebens sehnen und jeweils ihre individuelle Chance erhalten, sie umzusetzen. Die beschriebene Titelsequenz aus SATURDAY NIGHT FEVER ist symptomatisch für die Zeit, in der Badhams Film entstand. Das Bild des einsamen Großstadtwanderers ist prototypisch für den amerikanischen Film der siebziger Jahre, und alle drei genannten Beispiele dieser Ära beinhalten zumindest eine Szene, in der die erdrückende Größe und Kälte der Metropole durch das isolierte Dasein des Protagonisten visualisiert wird.[3]

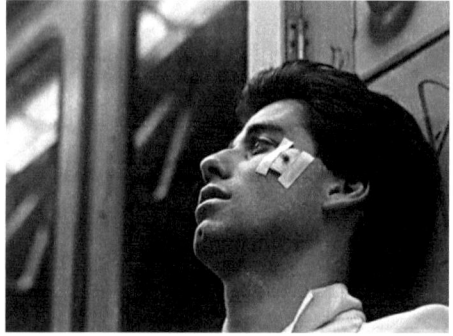

...und bedrückende Einsamkeit

So sehr die Äquivalenz dieser Ikonographie auch in den verschiedenen Filmbeispielen dargestellt sein mag, so wird doch der Ausbruch der Figuren aus ihrem Status Quo stets in einem individuellen Rahmen vollzogen: Wo sich für Travis Bickle die Möglichkeit auf Veränderung allein in der Anwendung tödlicher Gewalt manifestiert,[4] die sich nicht nur auf sein Leben, sondern auch auf das anderer Menschen auswirkt, stellen sich sowohl Rocky Balboa als auch Tony Manero den Regeln des fairen Wettkampfes. Die Sprache der Straße[5] wird in modifizierter Form durch die jeweilige Befreiungsaktion reflektiert. Das entsprechende Umfeld, in dem die Charaktere agieren, ist also symptomatisch für ihre Aktionen. Die Stadt wird zur Inspiration für die Tat.

Im Gegensatz zum New York aus TAXI DRIVER, das als gefährlicher, sündiger Pfuhl voller Kriminalität, Schmutz und Egomanie präsentiert wird, sind die Straßen des Big Apple in SATURDAY NIGHT FEVER eher von einer steten, fast poetischen Melancholie des Alltags durchzogen, von einer Schwermut, die allein durch die Magie des Wochenendes besiegt werden kann. Sowohl die Hässlichkeit, die in Martin Scorseses Großstadtvision vorherrscht, als auch die finale Destruktion durch Travis Bickles Verhalten weichen bei John Badham dem Bild einer Metropole, die durch die positive Kreativität des Protagonisten aus ihrer depressiven Starre erlöst werden kann. Auch ROCKY postuliert diesen positiven Tonfall sowie die Exposition des Individuums, die zum einen im fairen Kräftemessen mit einem oder mehreren Kontrahenten und zum anderen – als wichtigster Faktor – durch die Kraft der zwischenmenschlichen Liebe entsteht. SATURDAY NIGHT FEVER besitzt den gleichen Tenor und lässt sich so als Film klassifizieren, der nach amerikanischem Wertesystem funktioniert: Werden die Chancen auf Selbstverwirklichung und auf ruhmreichen Aufstieg in TAXI DRIVER noch einer ironischen Brechung unterworfen, beherrschen Produktionen wie ROCKY und SATURDAY NIGHT FEVER deutlich das Vokabular des amerikanischen Traums.

Die Entstehung von Badhams Film fällt in eine Zeit gesellschaftlicher Verunsicherungen und kollektiver Traumata: Der verlorene Vietnamkrieg oder die Watergate-Affäre sind Symbole des Misstrauens in Staat, Regierung und politische Führung. SATURDAY NIGHT FEVER steht bildhaft für den Überlebenskampf des Individuums, ohne nennenswerte Hilfe von außen, wobei sich der Kampf zwar in einer physischen Auseinandersetzung präsentiert, aber keine Konsequenzen für Leib und Leben außenstehender Personen hat. Der Konflikt, der durch das Tanzen und im Tanzwettbewerb ausgetragen wird, findet letztlich in Tony selbst statt. Das Tanzen ist seine Auseinandersetzung mit dem eigenen Leben, mit der eigenen Person, mit den eigenen Wünschen und mit der eigenen Trauer sowie der Versuch, sich selbst als Individuum zu begreifen. Über allen seinen Aktionen steht letztlich der Wunsch nach einer Selbstdefinition als Möglichkeit, den ewig gleichen Trott des urbanen Alltags zu überwinden.

Die vielschichtigen Lesarten machen SATURDAY NIGHT FEVER zu einem bedeutenden Beitrag des amerikanischen Kinos der siebziger Jahre. Darüber hinaus ist der Film besonders aufgrund seiner Ikonographie und seiner Musik bis heute ein Sinnbild der Discokultur, die sich gerade damals in den Metropolen Amerikas niederschlug. John Travolta alias Tony Manero avancierte zur Stilikone der Popkultur, und der Soundtrack, für den maßgeblich die Bee Gees verantwortlich zeichneten, entwickelte sich mit über fünfzig Millionen verkauften Tonträgern nicht nur zur erfolgreichsten Filmmusik, sondern auch zum lukrativsten Pop-Album aller Zeiten – ein Rekord, der erst 1982 durch MICHAEL JACKSONS THRILLER übertroffen wurde. 1983 entstand unter der Regie von Sylvester Stallone die Fortsetzung STAYING ALIVE, die im Vergleich zu Badhams Film bereits deutlich dem Geist der frühen achtziger Jahre verhaftet ist, sich von der Großstadtpoesie des Originals entfernt und stattdessen den Fokus auf die Physis des Tanzens als visuelles Ereignis legt.

Anmerkungen

[1] Nik Cohn: Tribal Rites of the New Saturday Night (www.nymag.com/nightlife/features/45933/; Stand: 28.12.2014).

[2] Der Terminus bezeichnet eine außergewöhnlich kreative Produktions- und Stilepoche im amerikanischen Kino zwischen 1967 und 1976, die geprägt war von besonders vielfältigen thematischen und/oder visuellen Experimenten […]. Wenn das klassische Hollywood ein geschlossen-narratives Kino bot, in einem transparenten, natürlichen Stil, so suchte das New Hollywood ein unreines, modern-reflexives Kino zu installieren, in einem offenen, brüchig, inkohärenten Stil […]. Altbekannte, in sich gefestigte Normalbürger, die in einen auf Spannung zielenden Konflikt geraten waren […], wurden abgelöst durch ambivalente, in sich zerrissene Außenseiter, die im freien Hin und Her eher beiläufig ihre Alltagskonflikte durchstehen […].« Norbert Grob: New Hollywood. In: Thomas Koebner (Hg.): Reclams Sachlexikon des Films. Stuttgart 2002, S. 418f.

[3] Die Wurzeln des filmischen Großstadtwanderers des New Hollywood liegen in der europäischen Literatur des neunzehnten und zwanzigsten Jahrhunderts. Die Figur des Flaneurs (fem. Passante) – eine Ausprägung des Dandy, die u.a. in den Werken Charles Baudelaires, Edgar Allan Poes oder Oscar Wildes kultiviert wird – wandert in der anonymen Masse von Passanten durch die Metropolen, um sich in diesem Umfeld von den verschiedenen Reizen inspirieren zu lassen. Anders als der Flaneur, der sich als exponiertes Individuum stilisiert, sind die Protagonisten des New Hollywood jedoch meist als Teil der Masse gekennzeichnet. Was sie beseelt, ist der Wunsch, ihren Status der Unscheinbarkeit zu überwinden. Tony Manero, als Figur am Zenit des New Hollywood, beschwört besonders durch seinen Kleidungsstil und seine auffällige, physische Präsenz den Geist des klassischen Flaneurs zumindest visuell wieder herauf.

[4] Robert Kolker sieht in seiner Studie *Allein im Licht* eine Entwicklung vom amerikanischen Filmhelden der siebziger Jahre, zu denen neben Harry Callahan aus DIRTY HARRY (1971; R: Don Siegel) oder Paul Kersey aus DEATH WISH (Ein Mann sieht rot; 1974; R: Michael Winner) auch Travis Bickle gehört, zu dem der achtziger und neunziger Jahre: »Die verzweifelte Suche nach Helden im Kino der siebziger Jahre hat einige seltsame Gestalten hervorgebracht, die darauf zu bestehen schienen, dass nur Bösartigkeit und Exzesse antisozialen Verhaltens in einer Gesellschaft, die offensichtlich keine anderen Möglichkeiten zur Selbstrealisierung bot, zum Triumph führen konnten. Die harten Jungs, die in den achtziger und neunziger Jahren die Helden gaben, waren irgendwie ein wenig sozialer eingestellt und manchmal sogar sensibel. Travis aber entstammte der älteren Schule.« Robert Kolker: Allein im Licht. München 2001, S. 332.

[5] Der Ausdruck »Sprache der Straße« bezieht sich auf Robert Kolkers Kapitel über die Filme Martin Scorseses in seiner Abhandlung Allein im Licht. Robert Kolker: Allein im Licht. München 2001, S. 253 - 350.

Dracula (1979)

Von Carolin Utsch

>**But don't you think we ought to have some influence, some say on things? After all we are not chattels!**[1] (Lucy Seward)

Bereits die ersten Filmminuten – in denen die Protagonistin Lucy (Kate Nelligan) ihrer besten Freundin Mina (Jan Francis) ihre Zukunftspläne nach dem Jurastudium verrät – verdeutlichen, dass die Rolle der Frau in Badhams Dracula-Verfilmung eine andere sein wird als die in Bram Stokers Romanvorlage oder des darauf basierenden Theaterstücks von Hamilton Dean und John L. Balderston. Nachdem das Bühnenstück bereits 1931 Tod Browning als Vorlage für seine berühmte Verfilmung mit Bela Lugosi diente, orientierte sich auch Badham daran.

In seiner Verfilmung der Geschichte um den Grafen, der sich als Vampir entpuppt, nach London übersiedelt und dort Menschen aussaugt, bis er schließlich gepfählt wird, finden sich dennoch einige Veränderungen, gerade in Bezug auf die Rolle der Frau. Badhams Film antwortet in gewisser Weise auf die emanzipatorischen Frauenbewegungen, die in den siebziger Jahren für ein Umdenken innerhalb der Gesellschaft sorgten.[2]

Lucy und Mina entsprechen in der Ursprungsversion der Geschichte dem viktorianischen Frauenbild. Wenn sie Tabus brechen, die nicht in dieses Bild passen, wird dies innerhalb der Narration sanktioniert. Die Rezeption sieht Lucys Umwandlung zum Vampir und ihre darauf folgenden nächtlichen Streifzüge häufig als das Hervortreten der durch die Normen des Patriarchats unterdrückten Triebe.[3] Kurz vor ihrer Hochzeit verwandelt Graf Dracula die umschwärmte Frau in eine Vampirin, die schließlich von den männlichen Protagonisten, allen voran ihrem Verlobten, in einem scheinbaren Akt der Erlösung gepfählt wird. Mina dagegen, die den Männern im Verlauf der Geschichte immer wieder hilft, sich jedoch bescheiden zurückhält, wenn es ernst wird, überlebt.[4]

Badham kehrt die Rollen der Protagonistinnen um und sorgt damit für ein völlig anderes Frauenbild innerhalb der Geschichte. Für die zurückhaltende Mina scheint nur ein Mann in ihrem Leben zu existieren: Ihr Vater Van Helsing (Laurence Olivier), der sich in Holland aufhält und dessen Bild neben ihrem Bett steht.[5] Sie ist physisch und psychisch schwach, wird schließlich zu Draculas erstem Opfer und in ihrer vampirischen Reinkarnation von ihrem eigenen Vater gepfählt.

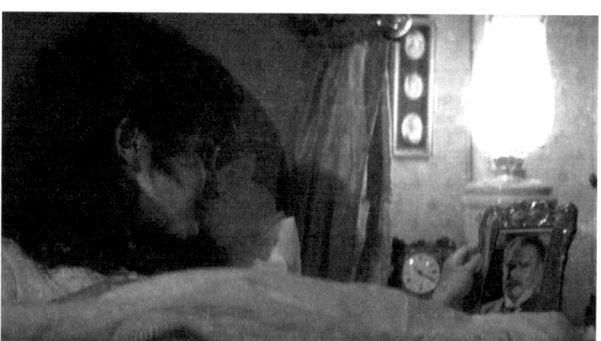

Die schwache Mina mit dem Bild ihres Vaters

Lucy dagegen verkörpert das genaue Gegenteil ihrer Freundin. Selbstbewusst lässt sie sich nichts von den Männern gefallen. Ihre erste Szene verdeutlicht nachdrücklich, dass sie auf eigenen Beinen stehen will, während sie Mina einen Brief ihres Verlobten Jonathan (Trevor Eve) vorliest:

»But anyway, you needn't worry. As soon as you finish law school, I'm sure our firm will hire you in a second.«[6]

Im späteren Verlauf der Handlung kristallisiert sich immer weiter heraus, dass ihre Beziehung zu Jonathan maßgeblich ihrer beruflichen Karriere dient.[7]

Eifersucht bei Lucys Verlobtem

Im Gegensatz zur keuschen Lucy der Romanvorlage, die erst als Vampirin ihre verborgenen Triebe ausleben kann, deutet Badham wiederholt eine voreheliche sexuelle Beziehung zwischen ihr und Jonathan an, die Lucy aber nicht vollends zu befriedigen scheint.[8] Sie weigert sich, mit ihm nach London zu gehen, infolgedessen sehen sie sich nur selten. Als Graf Dracula (Frank Langella) schließlich in ihr Leben tritt, wird die Beziehung zudem auf eine neue Probe gestellt.

Langeweile beim Tanz mit Jonathan...

Badham inszeniert seinen Dracula dabei nicht als unheimliches Monstrum, sondern als romantischen Charmeur. So findet sich auch in Badhams Verfilmung die berühmte Ablehnung Draculas gegenüber ihm angebotenem Wein (»I never drink... wine.«), die scheinbar in keiner Verfilmung fehlen darf. Bei Badham ist dieses Zitat aber nicht wie üblich eine von dramatischer Musik begleitete Anspielung auf den vampirischen Blutdurst, sondern eine in unauffälligen Smalltalk verpackte Anekdote für den aufmerksamen Cineasten.

...und Ausgelassenheit beim Tanz mit dem geheimnisvollen Dracula

Badham verzichtet vollständig auf die ursprüngliche Eröffnung der Geschichte, die den Vampir bereits in seinem transsilvanischen Schloss als blutdürstiges Monster offenbart. Stattdessen beginnt die Erzählung mit dem Schiffsunglück Draculas und zeigt ihn in seiner menschlichen Gestalt zunächst als Opfer und dann als romantischen Verführer in viktorianischer Adelskleidung.

Die Protagonistinnen sind betört von dem fremden Mann mit den guten Manieren. Vor allem Lucy produziert sich, um die Aufmerksamkeit Draculas zu erlangen. Sie fällt anderen Leuten mit provozie-

»I came of my own accord« – Dracula verzaubert Lucy mit Romantik, nicht Hypnose

renden Kommentaren ins Wort und fordert den Grafen zum Tanzen auf, während ihr Verlobter zusehen muss.[9] Dracula ist davon angetan, bezeichnet er dies doch als »genau die Art von stimulierendem Kontakt«, den er zu finden hoffe und stellt fest, dass er Frauen verachte, »in denen kein Leben ist. Kein Blut«.[10] Zweifellos zielt er damit nicht allein auf Lucys Körper als Nahrungsquelle, sondern auch auf ihr Temperament als erotischen Anziehungspunkt ab.

Tatsächlich gehen die Annäherungen zwischen Lucy und Dracula meist von ihr aus und das, obwohl Dracula sie nicht hypnotisiert. Mit seinem fremden Charme und dem eleganten Auftreten kann Lucys Verlobter Jonathan scheinbar nicht mithalten. Er fördert Lucys Emanzipation in höchstem Maße. Filmwissenschaftler Uli Jung spricht im Zusammenhang mit der Konkurrenz zwischen Jonathan und Dracula von einem »Konflikt zwischen Modernität und überkommenem Romantizismus«.[11]

Die emanzipierte Lucy fühlt sich angezogen von dem geheimnisvollen Charmeur, der das genaue Gegenteil der unterkühlten, emotionslosen Männer ihres Umfeldes verkörpert. Sie folgt ihm willig in seine düstere Welt und scheint das Leben in der Nacht sogar

mehr zu genießen als der melancholische Dracula. So ist es Lucy, die sich an den »wundervollen Lauten« der Wölfe erfreut, während Dracula sie als »traurige Musik« der »Kinder der Nacht« bezeichnet.[12 13]

Badham besetzte seinen Dracula mit dem Theaterschauspieler Frank Langella, der auch schon im Bühnenstück in dieser Rolle agierte. Filmkritiker Roger Ebert hält diese Besetzung für sehr gelungen und lobt vor allem, dass Langella darauf verzichtet, die typische Gruselgestalt zu verkörpern:

»Frank Langella gives us a character who ›acts‹ as if he's a count: He has royal manners, he is irresistibly attractive to women, he would have impeccable table manners if only, of course, it were not forbidden for him to eat.«[14]

Wenn Dracula in Lucys Zimmer tritt und davon spricht, dass sie als seine »Meistgeliebte« sein »Fleisch und Blut« werden wird, gibt sie sich ihm völlig hin. Die beiden lieben sich, von Badham hochästhetisiert inszeniert. Dracula leitet das Ritual ein, das sie zur Vampirin machen soll.[15] Dabei ist er kein gieriger Blutsauger – seine Reißzähne sieht man in keiner Szene des Films – sondern leidenschaftlicher Liebhaber. Von diesem Zeitpunkt an ist Lucy ihm

Lucy wendet sich gegen die Männer ihres Umfeldes

gänzlich verfallen und bäumt sich schließlich gegenüber den modernen Männern ihres sozialen Umfeldes auf, um zu Dracula zurückzukehren.

Am Ende jedoch, so scheint es zunächst, siegt das moderne Patriachat. Anders als in der ursprünglichen Version ist es nicht der dem Übersinnlichen zugeneigte Van Helsing, der Dracula zur Strecke bringt, sondern der moderne Jonathan. Van Helsing wird von Dracula getötet; Jonathan schließlich besiegt Dracula, der am Schiffsmast hängend langsam im Sonnenlicht zu Staub zerfällt.

Doch dann vollzieht sich eine nahezu unmerkliche Wende: Draculas Körper verändert sich, man sieht seinen Umhang zu den Klängen von John Williams' Musik[16] fledermausförmig davonfliegen. Lucy lächelt wissend, während Jonathan sich nichtsahnend seines Sieges sicher ist. Draculas Körper ist transformiert, und Lucy weiß, dass er sie eines Tages wieder aus der Welt des modernen Patriachats befreien wird.

Anmerkungen

[1] John Badham: DRACULA, 00:04:49-00:05:17.

[2] Vgl. Barbara Ryan: Feminism and the women's movement. Dynamics of change in social movement, ideology and activism. New York 1992, S. 67, 68.

[3] Siehe dazu beispielsweise: Ursula Klemens: Dracula und ›seine Töchter‹. Die Vampirin als Symbol im Wandel der Zeit. Tübingen 2004, S. 102.

[4] Mehr dazu beispielsweise in: Clive Leatherdale: Sweet, sweet, good, good women. In: Dracula. The novel and the legend. A study on Bram Stoker's Gothic Masterpiece. Wellingborough 1985.

[5] Hier und in einigen anderen Punkten verändert Badham die ursprünglichen Beziehungen der Figuren zueinander. In der klassischen Version sind Van Helsing

und Mina nicht miteinander verwandt. Mina ist mit Jonathan Harker verlobt und später verheiratet, während sie in der Badham-Version nur ihren Vater als Bezugsperson zu haben scheint. Stattdessen ist es hier Lucy, die mit Jonathan verlobt ist.

[6] John Badham: DRACULA, 00:04:49-00:05:17.

[7] Vgl. Uli Jung: Dracula. Filmanalytische Studien zur Funktionalisierung eines Motivs in der viktorianischen Populär-Literatur. Trier 1997, S. 233; Ursula Klemens: Dracula und ›seine Töchter‹. Die Vampirin als Symbol im Wandel der Zeit. Tübingen 2004, S. 102.

[8] Zu nennen wäre hier beispielsweise der Austausch eines leidenschaftlichen Kusses, der trotz Ermahnung seitens Lucys Vaters (»There, there, that's enough of that! Save that till after you're married!« 00:13:10-00:13:27) oder der heimliche nächtliche Austausch von Intimitäten als Folge von Jonathans Eifersucht (00:23:46-00:25:15).

[9] John Badham: DRACULA, 00:22:31-00:23:57.

[10] John Badham: DRACULA, 00:21:30-00:21:15.

[11] Uli Jung: Dracula. Filmanalytische Studien zur Funktionalisierung eines Motivs in der viktorianischen Populär-Literatur. Trier 1997, S. 233.

[12] John Badham: DRACULA, 00:48:23-00:49:00.

[13] Diese Szene ist eine Anspielung auf ein in den meisten Verfilmungen rezipiertes Zitat, indem Dracula die Wölfe als »Kinder der Nacht« und ihr Heulen als »wunderbare Musik« bezeichnet.

[14] Roger Ebert: DRACULA (1979). In: www.rogerebert.com/reviews/dracula; Stand: 19.12.2014.

[15] John Badham: DRACULA, 00:57:14-01:01:19.

[16] John Williams gilt als einer der wichtigsten Filmkomponisten der Siebziger und Achtziger Jahre und ist vor allem für seine Zusammenarbeit mit Steven Spielberg berühmt geworden. Er schrieb die Musik für Filme wie JAWS (Der weiße Hai; 1974; R: Steven Spielberg), STAR WARS (Krieg der Sterne; 1977; R: George Lucas) oder RAIDERS OF THE LOST ARK (Jäger des verlorenen Schatzes; 1981; R: Steven Spielberg).

Whose Life is it Anyway? (1981)

Von Hans J. Wulff

WHOSE LIFE IS IT ANYWAY? basiert auf dem gleichnamigen Theaterstück von Brian Clark, das seit 1970 zahlreiche Aufführungen erlebte und mehrfach ausgezeichnet wurde; 1972 entstand eine englische Fernsehadaption (Regie führte Richard Everitt). Die Geschichte ist schnell erzählt: Der von Richard Dreyfuss gespielte Bildhauer Ken Harrison verunglückt mit dem Auto und ist seitdem vom Hals abwärts querschnittsgelähmt. Er ist von Maschinen wie dem Dialyse-Apparat abhängig, muss gewaschen und gefüttert werden. Dem umgänglichen und lebenslustigen Mann wird jedoch früh klar, dass er mit dem Unfall alles verloren hat, was ihm im Leben etwas wert ist. Er macht seiner Freundin und dem Betreuungspersonal im Krankenhaus immer häufiger deutlich, dass er aus dem Krankenhaus entlassen werden und sterben will. Gegen den Widerstand aller nimmt er Kontakt zu einem Anwalt auf (gespielt von dem nur 1,65 m großen, unscheinbaren Bob Balaban), der es nach einigem Zögern übernimmt, Harrisons Wunsch vor Gericht zu vertreten. Er veranlasst eine Anhörung auf der Basis des Rechtsprinzips »Habeas Corpus« (wörtlich: »Du sollst den Körper haben«), das besagt, niemandem dürfe ohne Prozess die Freiheit genommen werden. Tatsächlich erwirkt er den richterlichen Beschluss, dass Harrison entlassen werden muss.

Der Film wurde in der kritischen Rezeption vor allem unter inhaltlichen Aspekten als Beitrag zu einem der brennendsten medizinethischen Probleme diskutiert. Er ist sicherlich einer der Filme, in denen der Tod des Protagonisten als Happy-End empfunden wird – und es ist sogar diskutiert worden, ob diese finale Wendung auf einen »perversen Zuschauer« hindeute (sei es im Sinne des Verlustes basaler kultureller Werte, sei es als widersprüchliche Rezeptionslust, die positive und negative Affekte gleichermaßen enthalte). Heute wird klar, dass WHOSE LIFE IS IT ANYWAY? gerade nicht vom Verlust von Werten erzählt, sondern ganz im Gegenteil die Werte der Selbstbestimmung, der Selbstbehauptung und der Handlungsfreiheit in einem umfassenden Sinne behandelt. Ganz im Gegenteil auch über den Film hinaus: Der Film ermöglicht dem Zuschauer, die eigenen Einstellungen zu Leben und Tod in der Rezeption zu erproben und zu reflektieren.

Dass er sein Thema – das Plädoyer für passive Sterbehilfe – mit raffinierten filmischen Mitteln auf allen Ebenen der filmischen Gestaltung inszeniert, ist dabei oft übersehen worden. Schon die Besetzung der Hauptrolle mit dem Komödienschauspieler Richard Dreyfuss installiert die Figur in einer genau ausgearbeiteten Spannung zwischen Lebensfreude und Verzweiflung, reklamiert immer eine Sympathie für den Helden, die gleichwohl gebrochen bleibt. Sein Schwanken zwischen Scherzen und Klagen, die Fähigkeit, auf die sexuellen Reize seiner Ärztin (Dr. Clare Scott/Christine Lahti) und vor allem der jüngeren Schwester Mary Jo Sadler (Kaki Hunter) zu reagieren und die bittere Folgenlosigkeit der Flirts stehen in klarer Spannung zu seinen wiederkehrenden Versuchen, sich den Bevormun-

Zwischen Körper und Krankenhaus

dungen der Ärzte und Schwestern zu widersetzen. Er ist Gefangener in seinem eigenen Körper und Gefangener des Krankenhauses zugleich. Der Klinikleiter Dr. Michael Emerson (John Cassavetes) verkörpert im Gefüge der Figuren die Position des beherrschenden Arztes, der sich den Patienten unterwirft und dessen Wünsche und psychische Befindlichkeit schlicht ignoriert; Dr. Clare Scott dagegen akzeptiert Harrisons Wunsch, je näher sie ihn, seine Ernsthaftigkeit, seine Arbeit und seine Beziehungen zu seiner Freundin Pat kennenlernt.

Besondere Aufmerksamkeit verdient die ausschließlich extradiegetische Musik des Score, die sozusagen »unterhalb der Erzählung« eine eigene Dramaturgie der Affekte realisiert. Sie ist in vielen Elementen auf die Affektlagen und musikalischen Gattungen der Barockmusik rückbezogen (wie Gigue oder Passacaglia – letztere unterliegt der Szene vor dem Spruch des Richters). Schon die Titelmusik, die in einer gespannten Mischung zwischen Bach und Strawinsky zu schweben scheint, deutet auf einen sakralen Horizont hin, in den sich der Film zunehmend hineinbewegt (es scheint das memento mori in einer dramatischen Umsetzung auf). Nach der Operation erklingen die Piccolo-Trompeten eines barocken, an Purcell gemahnenden Triumphmarsches, als gelte es, eine nun einsetzende *success story* anzukündigen, die mit der vollständigen Gesundung des Helden beendet wird – was der Film schnell zurücknimmt, aber dennoch als untergründige Stimme erhalten bleibt. Auch ein Basketballspiel von Rollstuhlfahrern ist mit dieser Musik unterlegt, als solle die Freude an der Bewegung und am Spiel zum Ausdruck gebracht werden. Wie der Komponist Arthur B. Rubinstein in der untersprochenen DVD-Ausgabe des Films bemerkte, ist die Musik an die kompositorischen Möglichkeiten der Jazzmusik angelehnt, um mit der Fortführung und Variierung weniger Motive immer wieder auch Modulationen der in der Musik artikulierten Affekte vorzunehmen.

Basketballspiel

Zu dieser Strategie gehört auch die einzige szenisch performierte Musik: Der schwarze Pfleger John (Thomas Carter), der schon bei seinem ersten Auftritt davon erzählt hatte, dass er Rockmusiker sei und den Reggae liebe, bringt Harrison zusammen mit der jungen Schwester Mary Jo Sadler in den Keller der Klinik (es ist der Keller des Irving-Thalberg-Buildings auf dem MGM-Gelände), wo die Musiker der »Rebel Rockers« bereits warten. Sie spielen den Song »Hospital Ladies«, den Rubinstein für den Film schrieb. Harrison stimmt nicht nur ein, er nimmt sogar einen Zug aus einer Marihuana-Tüte, die ihm eine junge Frau anbietet. Die glückliche Szene wird abrupt beendet: Die Musiker müssen hastig die Instrumente verschwinden lassen, als der Nachtwächter kommt, der nur noch Harrison vorfindet, die Tüte im Mund, offensichtlich berauscht. »What are you doing here?«, fragt der Wächter; Harrison antwortet: »Is this dialysis?« Die Szene zeigt uns den Protagonisten zum letzten Mal, wie er sich ganz der Gegenwärtigkeit der Musik ergibt, die ausgelassene Spielfreude der Musiker auf sich selbst übertragend.

Das Krankenhaus, in dem der größte Teil der Handlung spielt, wurde in den MGM-Studios in Culver City komplett nachgebaut. Dies ermöglichte, durch den Blick aus dem Krankenzimmer an den Veränderungen des Außen (Belaubung der Bäume, Wetter) Zeitsprünge zu zeigen. Und es ist Voraussetzung für die naturalistisch wirkende Lichtsetzung des Films, die in vielem an das Chiaroscuro der Kunstgeschichte erinnert. Der italienische Kameramann Mario

Tosi fand mehrfach visuelle Lösungen, die das Graphische des Szenarios stärker erfassen als es en detail zu repräsentieren. Es war auch im Gespräch, den Film in Schwarzweiß zu drehen, um eine höhere Abstraktheit zu erzielen. Tosi und Badham entschieden sich auf Wunsch des Studios dagegen, kamen aber auch überein, nicht das volle Farbspektrum zu nutzen, sondern die Bilder deutlich zu Braun-Gelb-Tönen hin zu wandeln. Der Effekt ist schlagend und fällt sofort ins Auge: Die Aufnahmen wirken warm und freundlich, scheinen eher auf die Integration des Helden in die erzählte Welt hinzudeuten als auf die Fremdheit, die sich in seiner Entscheidung zum Tode manifestiert.

Wie in vielen amerikanischen Krankenhäusern sind die Betten nicht in separaten Zimmern untergebracht, sondern lassen sich lediglich durch Vorhänge von der Umgebung abtrennen. Für den Film ist die fragile Lage des Helden zwischen dem Raum der Privatheit und dem Raum, in dem er als Kranker der Krankenhaussphäre zugehört, eines der Kernthemen. Wenn Harrison die Entscheidung fällt, sterben zu wollen und ihm der Klinikleiter die Fähigkeit abspricht, einen derartigen Wunsch bewusst und verantwortlich zu äußern, wird die Diskrepanz der beiden Sphären unübersehbar. Harrison ist hinter den Vorhängen bürgerliches Subjekt, handlungs- und entscheidungsmächtig, verantwortlich für das, was er tut; bei geöffnetem Vorhang ist er Teil des Handlungskomplexes »Krankenhaus«, wird passiviert, zum Objekt medizinischen Handelns. Dr. Emerson pathologisiert Harrisons Verhalten sogar, psychiatrisiert den Todeswunsch und unterstellt ihm eine Depression – unter Berufung auf den hippokratischen Eid, der Ärzte (anders als Richter) an die Pflicht bindet, Leben um jeden Preis zu erhalten. Der eigentliche und ethisch zentrale Konflikt klafft mit dem Fortgang der Handlung immer weiter auf. Auch in der Kritik ist oft diskutiert worden, in welchem Maße der Film den Kranken als Subjekt ernst nimmt. Die Titelfrage ist nun klar gestellt: Wem gehört das Leben? Demjenigen, der es lebt, oder demjenigen, der als Entmündiger auftritt? Damit bewegt sich der Film ins Zentrum der medizinethischen Diskussion. Doch es ist auch ein Werte- und Normenkonflikt, von dem der Film erzählt: Es ist der Richter, der das Bürgerrecht, über den eigenen Tod zu verfügen, stärkt und die Verpflichtung der Ärzte durch ihren Eid aufhebt.

Traumhafter Tanz

Die Farbdramaturgie des Films ist von höchster Wichtigkeit, weil sie einen scharfen Kontrast zu einer Traumsequenz begründet, in der der Zuschauer zum ersten Mal mit den inneren psychischen Spannungen Harrisons bekannt gemacht wird: Es ist Nacht, draußen gießt es, Harrison liegt im Bett. Aber er schläft nicht, sondern scheint mit objektlosem Blick nach innen zu schauen. Die Blitze tauchen das Bild in monochromes Blau. Nun beginnt eine Folge von Traumbildern – Harrison zeichnet seine Freundin Pat (Janet Eilber), die im enganliegenden Body tanzt. Umschnitt auf eine Großaufnahme von Harrisons ausdruckslosem Gesicht. Erneuter Umschnitt auf den Traum. Eine Doppelbelichtung der tanzenden jungen Frau und des eine Skulptur formenden Mannes. Die junge Frau ist nun mit einem wehenden Tuch angetan, das sie mehr und mehr verliert; am Ende ist sie nackt. Aus der Doppelbelichtung ist derweil eine Alternation geworden. Am Ende wird eine Nahaufnahme der Plastik, die Harrison erschaffen hat, auf den Körper der jungen Frau überblendet. Umschnitt zurück auf die bewegungsunfähigen Hände des Kranken.

Die Traumbilder sind schwarzweiß gegen das Blau der Bilder des Träumers abgesetzt. Sie sind von größter Abstraktheit, beinahe ohne Räumlichkeit, Körper vor Schwarz, der Boden ist von leichtem Nebel bedeckt. Dazu erklingt eine langsame, perlende Klaviermusik, die fast ohne Melodie scheint, der Zeit enthoben.

Mehreres fließt in der etwa dreiminütigen Szene zusammen: Natürlich die Lage Harrisons im Krankenhaus und das Wissen darum, dass er sich nicht mehr bewegen kann; natürlich die Schönheit und Grazilität der jungen Frau. Aber es ist auch die Rede von der Teilhabe Harrisons an der Welt, von der Umformung des Gesehenen und zeitlich Flüchtigen in die Dauerhaftigkeit der Skulptur. Von der Faszination am Schönen, das der Welt der alltäglichen Handlungen so ganz enthoben zu sein scheint.

Janet Eilber, die ihre Ausbildung als Tänzerin am Martha-Graham-Dance Projekt in New York absolvierte, das sie heute selbst leitet, ist dem Ausdruckstanz verpflichtet, ohne dass je deutlich würde, was sie darstellt. Harrison scheint in ihrer Ausdrucksmacht dem schönen Geheimnisvollen selbst zu begegnen (wofür auch die Fotos und Plastiken Pats, die wir später in Harrisons Loft sehen, beredtes Zeugnis ablegen). Der finale Rückschnitt auf seine Hände ist wie eine Summa der Lage, in die er unverschuldet geraten ist: Er wird das Zentrum seines Seins in der Welt nicht mehr handelnd umsetzen können. Die Traumszene avanciert zur Schlüsselszene des Films, weil sie Harrisons künstlerische Sensibilität, seine sexuell-ästhetische Faszination ebenso artikuliert wie die Ausweglosigkeit seines Jetzt.

Wargames (1983)

Von Johannes Pause

Wie die meisten Coming-of-Age-Filme handelt auch WARGAMES vom Austesten der Grenzen, von Konflikten mit der Vaterordnung und der schlussendlichen Versöhnung zwischen rebellierenden Jugendlichen und der Gesellschaft. David L. Lightman, der Protagonist des Films, ist ein Schulschwänzer und häufiger Gast im Büro des Rektors seiner Lehranstalt, von dem er regelmäßig für seine disziplinarischen Vergehen getadelt wird.

Häufiger Gast im Büro des Rektors

Seine biederen Eltern verstehen ihn kaum noch, und die Anweisungen der gesellschaftlichen Autoritäten, von denen ihm im Verlauf des Films eine ganze Reihe begegnet, missachtet er konsequent. Als er durch eine Zeitungsannonce auf ein neues Computerspiel aufmerksam wird und bei dem Versuch, sich in den Rechner der Spielefirma zu hacken, versehentlich den Großcomputer des »North American Aerospace Defense Command« (NORAD), der zentralen Verteidigungseinrichtung der USA und Kanadas, zu einem tödlich ernsten ›Kriegsspiel‹ namens »Global Thermonuclear War« herausfordert, entscheidet er wie selbstverständlich, die Sowjetunion zu spielen. Das adoleszente Subjekt, so wird

deutlich, definiert sich in Abgrenzung von der Gesellschaft, in der es lebt: Besonders die Vorstellung, die eigene Heimatstadt Seattle zu »nuken«, bereitet David und seiner Freundin Jennifer sichtlich Freude.

Die Rebellion bleibt freilich eine spielerische, sie bewegt sich innerhalb einer flexibel-normalistischen Logik, die sich von den zu engen Normen der Eltern abgrenzt, ohne dabei das Feld des gesellschaftlich Akzeptablen insgesamt zu verlassen.[1] Zwar halten die Experten des Geheimdienstes hochbegabte Jugendliche mit Autoritätsproblem wie David für prädestinierte Ziele russischer Rekrutierungsversuche, doch ist David tatsächlich alles andere als ein Rebell: Mit den Antihelden und Aussteigern des New Hollywood etwa hat er so wenig gemein wie mit jedem denkbaren Typus des politischen Umstürzlers. Vielmehr erscheint sein Verhalten als Ausdruck eines sich generational verschiebenden Normalitätsfeldes, in dem sich das Subjekt nun stärker über Hedonismus und spielerische Lustbefriedigung definiert als über eine feste Rolle in der Gesellschaft. Aus hedonistischen Gründen versteht David dabei durchaus auch zu lernen: Um Zugang zu den begehrten Spielen zu erhalten, sammelt er in Bibliotheken Informationen, recherchiert in Zeitungsarchiven, sucht Fachleute auf und grübelt nächtelang über seinen Notizen. Das *wiz kid* ist somit weder faul noch dumm, es kann nur mit der Disziplinaranstalt Schule und dem vorgefertigten Wissen, das ihm dort geboten wird, nichts mehr anfangen.

Die Vermittlung zwischen Individualismus und Gesellschaft, zwischen einem Subjekt, das sich nur in Abgrenzung von den Regeln und Normen seiner Umgebung als solches finden kann, und einer Gemeinschaft, die ihrer Selbstdefinition zufolge gerade aus ebensolchen individualistischen Subjekten besteht, ist ein zentrales Thema Hollywoods. Bei Badham wird es in eine Logik des Spiels eingebunden, die als Kernparadigma des Kalten Kriegs auf die Funktionsweise der amerikanischen Gesellschaft insgesamt übertragen wird. Während die alten Autoritäten von Militär, Politik und Schule für feste Prinzipien stehen, die in der neuen epistemischen Ordnung des Computerzeitalters anachronistisch wirken, wird an David vorgeführt, dass die scheinbare Rebellion in Wirklichkeit den Aufbruch in eine neue Wissensordnung bedeutet. Diese erfordert neue Subjekte, die auf andere Weise zu lernen und zu handeln verstehen – »lernen zu lernen« muss nicht nur der Computer, sondern vor allem der Mensch. Diese Lehre ist mit derjenigen der atomaren Bedrohung identisch: Das Spiel, das reales Handeln nur simuliert und nicht wirklich durchführt, steht zum Ernst des Lebens nicht länger im Gegensatz; es ist vielmehr selbst zum eigentlichen Ernstfall geworden, den es zu verstehen und zu beherrschen gilt.

Denn wie Eva Horn in einer Analyse des Films verdeutlicht, ist der Kalte Krieg dadurch gekennzeichnet, dass in ihm die Simulation des Krieges die tatsächliche Kriegsführung, die nun einer Auslöschung der Menschheit gleichkäme, ersetzen muss: »Der Kalte Krieg ist ein Gedankenexperiment, dessen logisches Ergebnis immer wieder, in immer neuen Konfliktberechnungen, darin besteht, das Experiment nie in Wirklichkeit umzusetzen.«[2] Das Spiel ist somit überlebenswichtig, da es allein verhindern kann, dass der Krieg real wird. Es stellt hohe Anforderungen an seine Spielteilnehmer, die durch die Existenz des Spiels einem Macht- und Zeitregime unterworfen werden, das sich nach Claus Pias durch »Pünktlichkeit, Rhythmus oder Kontrolle« auszeichnen kann. Als David bemerkt, welche Konsequenzen sein Hackerangriff ausgelöst hat, versucht er sich

dem Spiel zu entziehen, wird vom Computer des NORAD jedoch kurz darauf wieder angerufen: Es existiert für ihn kein Weg, den »Pflichten des Spielers« zu entkommen. Das Spiel ist hier nicht allein eine Art »Gesetzestext«, nach dem »ich pflichtgemäß zu handeln habe, wenn ich mich in die Gesellschaft von Computern begebe, sondern zugleich auch eine Polizei, die meine Handlungen genauestens kontrolliert. Es gibt kein falsches Computerspiel im richtigen.«[3]

Die Imagination katastrophischer Zukünfte, für die das große Spiel des Kalten Kriegs geschaffen wurde, geschieht dabei in den Simulationen von Politik und Militär ebenso wie in den fiktiven Szenarien des kommerziellen Computerspiels, mit dem die neue epistemische wie politische Ordnung in den Alltag der Menschen übersiedelt. Auf militärischem Feld werden in WARGAMES die menschlichen Akteure sogar teilweise durch Computer ersetzt. So erweisen sich die Mitarbeiter einer Abschussbasis für Atomraketen bei einem Test als unwillig, die Raketen tatsächlich zu starten, sodass an ihrer Stelle der neue Super-Computer installiert wird, der im Falle eines Angriffs automatisch den Gegenschlag ausführt. Im Gegensatz zu vielen anderen Filmen der 1980er-Jahre inszeniert Badham das Thema der Mensch-Maschine-Konkurrenz jedoch nicht als Krieg zwischen antagonistischen Kräften – denn während der Streit zwischen dem Computerexperten, der naiv auf die Rechenkapazität seiner Maschine vertraut, und den traditionellen Militärs, die nicht weniger einfältig auf »unsere Jungs« in den Raketensilos setzen, geradezu lächerlich anmutet, fungiert David als Vermittler zwischen den Gegensätzen. Der junge Hacker repräsentiert ein neues Subjekt, das sich nach den Maßgaben des Computers und des Spiels verändert und sich auf diese Weise einer neuen politischen Wirklichkeit anpasst.

Bereits in den ersten Einstellungen lässt Badham deutlich werden, dass dieses Subjekt sich in den virtuellen Welten der neuen Medienkultur wie in einer zweiten Natur zu bewegen versteht. Das erste Mal sehen wir David nicht zufällig in einer Spielhalle, in der er, nachgerade hypnotisiert durch den Bildschirm, das Weltraum-Kriegsspiel *Galaga* spielt.

Davids Spiegelbild auf dem Monitor

Die Kamera zeigt sein Spiegelbild auf dem Monitor und verdeutlicht so schon auf ästhetischer Ebene, dass David in imaginären Wirklichkeiten zu Hause ist, in denen andere Regeln gelten als in der ›realen‹ Welt. Ein posthumaner Impuls wird dann in jener Szene spürbar, in der David sich in den Rechner seiner Schule einloggt und ausgerechnet seine eigene Biologie-Zensur verbessert: Das digitale Zeitalter verabschiedet nicht nur repräsentative Wissensformen, sondern – jedenfalls allegorisch – die Natur des Menschen selbst. Auch die spielerische Identifikation mit der Sowjetunion steht nicht für konkrete Überzeugungen, sondern für ein Subjektmodell, in dem das Mögliche wichtiger ist als das Wirkliche, die Simulation realer als die Realität. Badham verzichtet daher auch konsequent auf alle Einstellungen, die zeigen würden, was ›die Russen‹ tatsächlich tun: Sein Film behandelt nicht den vermeintlichen Gegensatz zwischen ›Ost‹ und ›West‹, sondern ein durch technische Medien geformtes gesellschaftliches Imaginäres, in dem der Feind längst als virtuelle Spielform des Selbst fungiert.

Die Welt des Computers ist daher auch keine Welt der Zeichen mehr, die auf eine äußere Realität verweisen, sondern ein Möglichkeitsraum, in dem endlose Varianten der Wirklichkeit neu entstehen. Die Mitarbeiter des NORAD verstehen die Symbole auf ihren Videoschirmen referenziell, also als Repräsentationen realer militärischer Operationen. Allein David begreift, dass es sich nur um simulierte Truppenbewegungen und mithin um einen virtuellen Krieg handelt. Gerade in dieser Dereferenzialisierung der Zeichen liegt bei Badham aber auch die Gefahr: In der simulierten Welt des Computers besteht kein Unterschied mehr zwischen Spiel und Wirklichkeit, weshalb der fiktive russische Angriff einen realen amerikanischen Gegenschlag nach sich zu ziehen droht. Um diese Bedrohung zu erkennen, bedarf es des menschlichen Akteurs, der dieses zentrale Verständnisproblem des Computers zu erkennen vermag. Auf ästhetischer Ebene vermeidet WARGAMES dabei jedoch bemerkenswerterweise jede postmoderne Aufhebung der Grenze zwischen Realität und Simulation. Die Fähigkeit, beides zu unterscheiden, wird stattdessen zum Merkmal eines neuen Wissens, das zur Behebung politischer wie technischer Krisen in einer computerisierten Welt notwendig ist.

Die Lösung des Handlungskonfliktes liegt daher am Ende des Films auch nicht darin, den Computer abzuschaffen und die alte symbolische Ordnung zu reinstallieren. Die ernste Lage, die David durch sein Spiel ausgelöst hat, kann vielmehr nur innerhalb der Ordnung des Spiels selbst gelöst werden. Der Atomkrieg wird schließlich durch eine Partie »Tic-Tac-Toe« verhindert, welches der Computer als ein Spiel erkennt, in dem es keinen Gewinner geben kann.

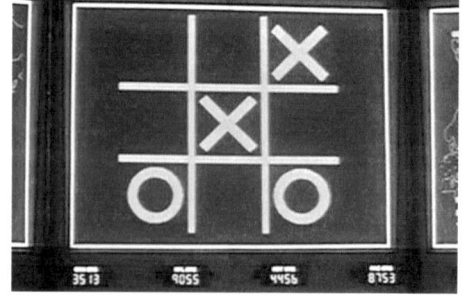

Eine Partie »Tic-Tac-Toe«

Indem er die Logik von »Tic-Tac-Toe« auf diejenige des »Global Thermonuclear War« zu übertragen lernt, begreift er: »The only winning move is not to play.« Die Übertragung von einem auf das andere Spiel flankiert dabei jene andere vom Spiel auf den Ernstfall, die David selbst vorzunehmen lernt, die aber für den Rechner auch in Zukunft unmöglich bleiben wird. Gerade deshalb bedarf es Davids Fähigkeit, sich in die Virtualität des Computers hineinzuversetzen – einer Fähigkeit, die er gerade durch sein exzessives Interesse für Computerspiele entwickeln konnte. Ganz nach Paul Virilio dient das Computerspiel in WARGAMES als Laboratorium, das seinen Benutzern eine neue mediale »Logistik der Wahrnehmung«[4] lehrt und sie zu potenziellen Soldaten in den computerisierten Kriegen der Zukunft werden lässt. Ohne es zu wissen, hat David durch seine Spiele also die ganze Zeit gelernt – und zwar auf viel effektivere Weise, als er es als fleißiger Schüler hätte tun können. In WARGAMES rechtfertigt das Spiel ein hedonistisches Subjektkonzept, das den vermeintlichen Gegensatz von Gesellschaft und Individuum aufhebt: Gerade indem David radikal das tut, was er tun möchte, erwirbt er jene Fähigkeiten, die ihn zu einem wertvollen Mitglied der Gemeinschaft werden lassen. Badham votiert in WARGAMES somit sichtbar für eine für die 1980er-Jahre keinesfalls untypische Form der Subjektivierung: Wie kein anderer ist der neue Identitätstypus des »Spielers« in der Lage, sich situativ wechselnden Gegebenheiten anzupassen, in zeitkritischen Situationen zu handeln – und sich so mit den Anforderungen einer postmodernen Kultur zu identifizieren.[5] Diese neue Subjektform ist eingebunden in eine neue gesellschaftliche Ordnung, in der die symbolischen Väter – in diesem Fall der Computerexperte Stephen Falken – nicht mehr als Vertreter von Normen auftreten, sondern den spielerischen Impulsen der nächsten Generation Vertrauen schenken.

Falken und die hochdekorierten Generäle

Kurz vor dem Ausbruch des Atomkriegs ist es daher David, der auf Falkens Geheiß unter allen hochdekorierten Generälen und studierten Programmierern das Spiel um Leben und Tod zu Ende führen darf. Der jugendliche Gamer avanciert so zum Steuermann der Gesellschaft, der allein auf die unberechenbaren Störfälle, die die neuen kybernetischen Maschinen zutage fördern, angemessen reagieren kann.

Anmerkungen

[1] Zum Unterschied zwischen Norm und Normalität vgl. Link, Jürgen: Versuch über den Normalismus. Wie Normalität produziert wird, Göttingen 2006.

[2] Horn, Eva: Den Krieg als Spiel denken. Boyscouts und Wargames, in: Claus Pias/Christian Holtorf (Hgg.): Escape! Computerspiele als Kulturtechnik, Dresden 2007, S. 215 - 224.

[3] Pias, Claus: Die Pflichten des Spielers. Der User als Gestalt der Anschlüsse, in: Martin Warnke/Wolfgang Coy/Georg Christoph Tholen (Hgg.): Hyperkult II. Zur Ortsbestimmung analoger und digitaler Medien, Bielefeld 2004, S. 313 - 343. S. 337f.

[4] Virilio, Paul: Krieg und Kino. Logistik der Wahrnehmung, München 1986.

[5] Vgl. Rosa, Hartmut: Beschleunigung. Die Veränderung der Zeitstrukturen in der Moderne, Frankfurt am Main 2005, S. 352ff.

Blue Thunder (1983)

Das fliegende Auge is watching you!

Von Leonhard Elias Lemke

Der Sonne entgegen

Die Astrodivision der Polizei von Los Angeles unterstützt die wahrhaft bodenständigen Einsatzkräfte aus der Luft. Wo Füße und Räder vor unüberbrückbaren Hindernissen stehen, sorgt die Astrodivision mit ihren Helikoptern für Recht und Ordnung. Ihr erfahrenster und bester – wenn auch von Vietnam gezeichneter – Officer ist Frank Murphy (Roy Scheider). Folgerichtig wird ihm ein Spezialauftrag von einzelnen Politikern und einflussreichen Industriellen anvertraut: Er soll den millionenschweren Prototypen »Blue Thunder«, eine Kreuzung aus Militärhubschrauber, Killerinsekt und Überwachungsmonstrum, testen. »Testen« bedeutet im Sinne der Entwickler und Befürworter von »Blue Thunder« jedoch, »für gut und einsatztauglich befinden«, da die Milliarden, die durch die Produktion weiterer Exemplare verdient würden, längst verplant sind. Als die Waffenlobby jedoch erkennt, dass Murphy keineswegs als Marionette fungiert und sogar »Blue Thunders« Technik gegen sie einsetzt, schalten sie Colonel Cochrane (Malcom McDowell) ein, um Murphy vom Himmel zu holen. Da Cochrane und Murphy noch einen Disput aus Vietnam zu begleichen haben, ist der Konflikt vorprogrammiert.

Nachdem das Science-Fiction-Kino der Siebziger Jahre sich in unerforschte Welten und Galaxien begab, brachten die Achtziger die nahe Zukunft mit ihren wahnwitzigen und teilweise beängstigenden Erfindungen in unsere Zeit und direkt vor die Haustür. Filme wie ROBOCOP (RoboCop; 1987; R: Paul Verhoeven), TERMINATOR (Terminator; 1984; R: James Cameron), THE WRAITH (Interceptor; 1986; R: Mike Marvin), SCANNERS (Scanners – Ihre Gedanken können töten; 1981; R: David Cronenberg) und eben BLUE THUNDER (Das fliegende Auge; 1983) konfrontieren uns mit Alpträumen, die aus unseren größten Wünschen entstanden sind. In seinem Wunsch nach mehr Sicherheit und Lebensqualität, schafft der Mensch sich unbewusst immer neue Bedrohungen. Für das Publikum stellen sie zum einen spektakuläre, nahezu greifbare Hightech-Unterhaltung dar, fungieren aber zum anderen als Spiegel, der einen Blick in die Zukunft ermöglicht und im besten Falle gefährliche Wunschbilder überdenken lässt. Die Autoren Dan O'Bannon (ALIEN/Alien – Das unheimliche Wesen aus einer fremden Welt; 1979; R: Ridley Scott) und Don Jakoby schicken den technisierten Schrecken in unsere Lüfte, der jedoch in der Maskerade eines die Horizonte durchschneidenden Heilsbringers erscheint. Nur allzu gern würde der Mensch Herr aller Elemente unserer Welt werden; die Erschließung ihm lebensfremder Territorien – Badham wählt pars pro toto den Himmel – ist aber stets mit Gefahren und Kontrollverlust, der hier paradoxerweise durch den Wunsch nach eben dieser totalen Kontrolle entsteht, verbunden.

O'Bannon charakterisiert BLUE THUNDER als einen »Watergate-Thriller«.[1] Neben der Technisierung unserer Umwelt sowie der daraus entstehenden Entfremdung und Bedrohung durch von uns selbst erschaffenen Maschinen und neuen Techniken thematisiert John Badhams Film auch die Korruption unserer Welt durch die Politik und vor allem die Wirtschaft. Seine Positionierung ist klar: Nicht die Polizei – im Genre später ein gern gesehenes Feindbild – sondern Funktionäre des Staates und der Wirtschaft sind die Antagonisten. Badhams exekutive Gewalt steht für die Freiheit der Menschen aktiv ein.

Der titelgebende Hubschrauber »Blue Thunder« ist eine nachtblaue Kriegsmaschine. Im Interesse der Rüstungsindustrie, die vermeintlich auf lange Sicht den Frieden bringen soll, in Wahrheit jedoch den für sie finanziell lukrativen Krieg in Vietnam in heimische Gefilde »hinüberretten« will,

soll der »Blaue Donner« unsere Lüfte regieren. Olympia '84 steht vor der Tür Los Angeles' und korrupte Lobbyisten wollen Unruhen provozieren. Intelligente Waffen des Kalibers von »Blue Thunder« sollen diese anschließend registrieren und zerschlagen. Dadurch wären ihr Einsatz und ihre Notwendigkeit legitimiert, was dem Militärkapital weitere Aufträge bescheren würde. Verbindungen des Olympiajahrs mit George Orwells berühmtem Roman *1984* kommen in der Verquickung der Handlungsstränge nicht von ungefähr – durch den deutschen Titel »Das fliegende Auge« wird dies noch prägnanter als im Original unterstrichen. Im Kino der Achtziger waren »Big Brother«, Militärgewalt und staatliche Willkür ein verbreitetes Thema.[2]

Laut Badham ist BLUE THUNDER dem Science-Fact-Genre[3] zuzurechnen, also dem realistischen Bruder der Science-Fiction. Der insektenartige »Blue Thunder« verfügt über weite Distanzen abdeckende Bild- und Tonaufnahme in höchster Präzision, Wärmebildkamera, verschiedene Geschütze und den ›whisper mode‹, der ihn nahezu lautlos durch die Lüfte schweben lässt. Keine fantastischen X-Wings oder springende Kitts, sondern ungleich realistischer. Die Kombination aus der Fähigkeit der unmittelbaren Informationsaufnahme und der sofortigen Intervention machen diese Generation der Luftkontrolle zu ei-

Catch you later

Instant Justice

tische Situationen erfassen, richten und eine möglicherweise martialische Strafe austeilen – »instant justice in the air«.

William Friedkin proklamierte einst, Roy Scheider wäre zwar ein großartiger Schauspieler, jedoch nicht die Idealbesetzung für eine Hauptrolle. Dem widersprechen jedoch Scheiders intensive Darbietungen in eben Friedkins SORCERER (Atemlos vor Angst; 1977) und vor allem Steven Spielbergs JAWS (Der weiße Hai; 1975). Auch in John Schlesingers MARATHON MAN (Der Marathon-Mann; 1976) und Friedkins THE FRENCH CONNECTION (French Connection – Brennpunkt Brooklyn; 1971) konnte er nachhaltige Akzente setzen. Ähnlich wie Malcolm McDowell, dessen Facettenreichtum in Filmen wie CALIGULA (Caligula; 1979; R: Tinto Brass), A CLOCKWORK ORANGE (Uhrwerk Orange; 1971; R: Stanley Kubrick) und CAT PEOPLE (Katzenmenschen; 1982; R: Paul Schrader) deutlich wird, war Scheider in seiner psychisch angeschlagenen und gleichzeitig beharrlich-konzentrierten Art oft eine Wunschbesetzung für die Rollen untypischer, nicht-kommerzieller Antihelden.

nem mächtigen und in den falschen Händen beängstigenden Werkzeug.

Technik als Verlängerung des menschlichen Körpers – und dies nicht nur, wenn sie sich in Form eines Terminators oder Robocops manifestiert, sondern bereits bei der Nutzung eines Haushaltsgerätes oder eines Autos. Freilich wird unsere Macht ungleich größer, sollten wir die Kontrolle über einen Hightech-Helikopter wie Astrodivision Pilot Frank Murphy besitzen. Bewegt Murphy seinen Kopf und damit seinen Pilotenhelm, folgt dazu synchron das großkalibrige Geschütz des Helikopters. Eine Symbiose aus Mensch und Maschine, die in der Science-Fiction weitergedacht wird, ist hier angedeutet. Ähnlich einem »Judge Dredd«[4] kann Murphy mithilfe seiner Maschine kri-

Herr des blauen Donners

BLUE THUNDER war Warren Oates letzter Film, ihm gewidmet bleibt er ein Denkmal seiner Schauspielkunst. Gemeinsam mit Candy Clark war dies der Cast, der den screentime-reichen Flugszenen einen komplexen und glaubwürdigen erzählerischen Unterbau verschaffen sollte. Um jene Stunts und Flugszenen gleichsam spektakulär und sicher sowohl ausführen als auch filmen zu können, bediente man sich Fachleuten, die bei dem Kunstwerk mit den wohl eindrücklichsten Helikopter-Szenen involviert waren: APOCALYPSE NOW (1979; R: Francis Ford Coppola). So war Badhams Regieassistent Terry Leonard unter Coppola an den Stunts beteiligt. Für die maßstabsgetreuen Modelle und Spezialeffekte »Blue Thunders« wurden die talentiertesten Modellbauer angestellt. Auch für die Matte-Designs – einst eine Kunstform für sich und stilbildend und Atmosphäre spendend für die größten Genrefilme – vertraute man einem Großen: Rocco Gioffre zeichnete für Filme, die gerade durch diese Technik brillierten und damit ihren Charme bis heute behalten haben. Kameramann John A. Alonzos Vita besteht unter anderem aus VANASHING POINT (Fluchtpunkt San Francisco; 1971; R: Richard C. Sarafian), HAROLD AND MAUDE (Harold und Maude; 1971; R: Hal Ashby), CHINATOWN (Chinatown; 1974; R: Roman Polanski) sowie SCARFACE (Scarface; 1983; R: Brian de Palma).

Anmerkungen

[1] Diese Äußerung ist einem Interview mit Dan O'Bannon in einem Making-Of auf der deutschen Blu-ray entnommen.

[2] Ein Jahr nach BLUE THUNDER erschien Michael Radfords Film 1984, basierend auf George Orwells Roman.

[3] Das Genre des Science-Fact behandelt ähnlich der Science-Fiction mögliche zukünftige technische Neuerungen oder gesellschaftliche Veränderungen. Es unterscheidet sich von der Science Fiction, indem es objektiv glaubwürdigere und in näherer Zukunft mögliche Entwicklungen beschreibt.

[4] Judge Dredd ist eine populäre Comicfigur: Polizist, Richter und Vollstrecker in einer Person.

[5] Diese Aussage tätigte William Friedkin einst mir gegenüber, als ich ihn 2014 in Karlovy Vary traf.

[6] Sie waren schon beteiligt an STAR TREK: THE MOTION PICTURE (Star Trek: Der Film; 1979; R: Robert Wise), BLADE RUNNER (Der Blade Runner; 1982; R: Ridley Scott), GHOSTBUSTERS (Ghostbusters – Die Geisterjäger; 1984; R: Ivan Reitman) und JURASSIC PARK (Jurassic Park; 1993; R: Steven Spielberg) und auch in jüngeren Jahren waren sie für IRON MAN (2008; R: Jon Favreau), COWBOYS & ALIENS (2011; R: Jon Favreau) und THE DARK NIGHT RISES (2012; R: Christopher Nolan) gefragt.

[7] Gioffre war u.a. beteiligt an: BLADE RUNNER, ROBOCOP, GREMLINS (Gremlins – Kleine Monster; 1984; R: Joe Dante), STAR TREK: THE MOTION PICTURE und CLOSE ENCOUNTERS OF THE THIRD KIND (Unheimliche Begegnung der dritten Art; 1977; R: Steven Spielberg).

American Flyers (1985)

Von Sano Cestnik/Christoph Draxtra

*»Nie lag die Welt so bezwungen
eines Geistes durchdrungen wie
im Jugendtraum.«[1]*

Wie glühende Pfeile schießen sie unter der Abendsonne dahin. Leichten Geistes und flinken Schrittes treten sie in die Pedale, ihr Traum weht ihnen voran. Die Sterne und Streifen sind mit ihnen, wohin auch immer ihr Griff sie lenkt. Ihre Stahlrösser führen Verheißung mit sich, verleihen ihnen Kraft und Stabilität in einer Welt der Zweifel und Unsicherheiten. Marcus und David, zwei Brüder, Colorado, Amerika, 1985.

Fahrräder bedeuten alles für sie, die Verführungskraft ihrer metallisch glänzenden Schläuche nimmt sie gefangen. Ihr Leben dreht sich im Tempo der Speichen. Der Fuß steht im Fokus, die Kraft fließt ins Pedal. On the road again. And again. And again. Im Windschatten der Leidenschaften. Treten am Abgrund. Hell of the West. Sonne, Hitze, Bergkämme – Blut, Schweiß und Tränen. Und die Mädchen. Ach, die Mädchen! Sarah und Becky, die eine ewig treu, die andere am Straßenrand aufgelesen. Gemeinsam bilden sie den Luftdruck, der die Reifen strafft. Immer zur Stelle, allzeit bereit. In Angst und Jubel fließen ihre Tränen. Marcus, David, Sarah und Becky. Einer für alle und alle für einen.

*»Just look at yourself! What you got!
You have a moustache and everything ...«*

Marcus und sein Schnauzer. Ein Schnauzer, groß und viril. Ein Schnauzer der Autorität und Erfahrung, der Sarah gefällt. David und sein Cowboyhut. Auf dem Kopf trägt der eine, was dem anderen im Gesicht sprießt: good ol' masculinity zum Mitnehmen.

Am Ende wird Marcus seinen jüngeren Bruder mit dessen Hut am Ziel erwarten. Vielleicht feiert David seinen Sieg mit einem Schnurrbart, vielleicht behält er ihn auch, seinen Cowboyhut der Sehnsüchte.

Davids Augenrollen – unnachahmlich: Would you like a ride? So etwas war noch nie dagewesen. Zur ersten Liebesszene läuft im Fernsehen die amerikanische Nationalhymne, our song, wie Becky sagt, bebildert von den Leistungen der USA.

Feuerwerkskörper zur sexuellen Vereinigung

Zu diesem Lied hatten sie bereits ihre Shirts getauscht, nachdem David Becky in die Geheimnisse des Rennsports eingeführt hatte. Once you got it up, keep it up. Während der Vereinigung des All-American-Girl und des All-American-Boy steigen auf dem Bildschirm Feuerwerkskörper gen Himmel. Der amerikanische Traum von der ureigenen Kraft findet hier vorübergehend seine Erfüllung.

*»So, how far are you planning to go with
us, Becky? – Tell you what, doc. I'll go
pretty far if it feels good.«*

Im Zentrum steht die Familie. Die Versprechen der frisch gegründeten, aber auch das Leid der vergangenen, durch den Tod des Vaters und die Schwäche der Mutter auseinandergerissenen. Nun ist auch einer der Söhne erkrankt. Die wiederholte Krankheit vereint die Brüder. Imaginäres wie Konkretes, Vergangenheit und Zukunft, werden neu kalibriert. Gemeinsam werden beide fortan trainieren, sich in Sport und Liebe bewähren. Die Konfrontation mit ihren widersprüchlichen Gefühlen füreinander setzt einen Prozess in Gang, in dessen Verlauf sie sich spiegeln, ineinanderfließen und ihre Identitäten wechseln. Durch den gemeinsam zurückgelegten Weg kommen sie sich näher, Rituale befördern ihre Verbundenheit. Sie radeln um die Wette, schäkern miteinander, reißen sich die Hosen herunter und bespritzen sich mit Wasser. Die neu ausgehandelten Kräfteverhältnisse und die gegenseitige Bewunderung münden schlussendlich in einen Höhepunkt, an dem sie durch vereinte Anstrengung endgültig die Fackel des Ruhmes entzünden.

»Right? – Right!
Right!? – Right!!
Alright!«

Dem Sportfilm blieb Badham Zeit seiner Karriere treu, die Figuration außergewöhnlicher Körper durchzieht sein gesamtes Schaffen. Begegnungen von Gegensätzen, ihr Aufeinandertreffen sowie die Möglichkeit einer Synthese werden dabei bevorzugt behandelt. Innerhalb sportlicher Auseinandersetzungen wird hierbei eine spielerische Darstellung von Konflikten ermöglicht, in denen im Rahmen eines selbstgewählten existenziellen Raumes jederzeit um den »Moment der Wahrheit« gerungen werden kann. Der sportliche Kampf mit sich selbst, auch für und gegen sich selbst, wird dadurch in den Rang eines modernen Mythos erhoben. Sich zu überwinden, sein Potenzial auszukosten und im Rausch der Bewegung alles hinter sich zu lassen. Wer in dieser Form den Hindernissen des Lebens zu trotzen vermag, kann im Augenblick der Erfüllung seiner Bestimmung zu sich gelan-

gen und dadurch die Vergangenheit wie die Zukunft neu erfinden, sich selbst kreieren und re-imaginieren.

Ähnlich wie John Travolta zeitgleich in PERFECT (Perfect; 1985; R: James Bridges) die Hüften schwingen darf, von Jamie Lee Curtis in die Geheimnisse des Aerobic eingeführt, wird David Marshall Grant von Kevin Costner in aufopferungsvoller Brüderlichkeit zum »American Flyer« getrimmt.

Marcus trimmt David zum »American Flyer«

Frühere New Hollywood-Ausläufer wie DOWNHILL RACER (Schussfahrt; 1969; R: Michael Ritchie) oder LE MANS (Le Mans; 1971; R: Lee H. Katzin) bleiben durch einen impressionistischen Gestus und eine dokumentarisch-elliptische Erzählweise stark dem sportlichen Geschehen verhaftet, um dadurch ihre Geschichten ausgehend von den Rennen als Mosaik fragmentierter Augenblicke zu entwerfen. Filme wie AMERICAN FLYERS und PERFECET dagegen dienen als exemplarische Beispiele einer erotisiert-emotionalisierten Glorifizierung der Bewegung, die von einer extremen Fusion von Musik und Montage getragen wird.

»They're playing our song!«

Der Sportler muss hier nicht mehr heroisch Trübsal blasen und seine selbst herbeigeführte Vereinsamung sowie sein stoisches Einzelgängertum durch den Sport zu kompensieren suchen. Stattdessen treten die Familien- und Beziehungsdramen, die selbst in Erfolgsgeschichten wie ROCKY (Rocky; 1976; R: John G. Avildsen) und STAY-ING ALIVE (Staying Alive; 1983; R: Sylvester Stallone) noch von den Rändern in die Handlung hinein strahlten, ins Zentrum der Darstellung. Ging es früher um den Verlust und Verzicht der Familie, steht nun die Heimkehr in ihren Schoß sowie die Zusammenführung disparater Strömungen und zerbröckelter Strukturen im Vordergrund. Statt dem Einzelnen wird die Gemeinschaft betont. Aus der Asche erstehen sie wieder auf, aus der Niederlage gehen sie als Sieger hervor. Gemeinsam sind sie stark. Aerodynamik, 80ies style. Amerika kommt zu sich. Bewegung als Ausdruck, als Bestätigung des Ich. Wer in Bewegung bleibt, lebt, dem eröffnen sich immer wieder neue Möglichkeiten, neue Horizonte. Der Mythologie des amerikanischen Western verwandt, in welcher der Stillstand den Tod bedeuten kann, zählt im Kino des John Badham die Bewegung alles. Durch sie vollzieht sich eine Aneignung des Selbst wie auch des Anderen, des Innen wie des Außen, die durch ihre Wiederholung Beständigkeit erhält. In AMERICAN FLYERS erleben wir zudem die Dynamisierung des Raumes mittels Flugaufnahmen und eine Extension von Bewegung, die oft nicht vollendet wird, sondern innerhalb der Montage immer schon in die nächste übergeht, dabei stets in Korrelation zu den Orten stehend, in denen sie vollführt wird. Nicht nur Sets oder Bühnen, sondern belebte Areale, die durchquert werden müssen, funktional und authentisch. Der Film findet diese Orte scheinbar immer schon vor, sie existieren auch nachdem und bevor die Figuren sie betreten, sind von ihnen unabhängig. Für das konkrete Moment werden sie jedoch angeeignet und in Beschlag genommen; der amerikanische Mythos von Landschaft als zugänglichem Raum und auf den Menschen wartendes Allgemeingut.

Mythische Landschaft

Ein Versprechen, das jederzeit eingelöst werden kann. Der süße Duft von Freiheit, nicht der Geschichte, sondern des Erzählens. Nicht Fazit, sondern Entstehung. Nicht ihre Vollendung, sondern ihr Moment, die Bewegung an sich. In immer neuen Variationen, kraft der Möglichkeit der Wiederholung. Was zählt, ist der Versuch, ist die Bewegung immer wieder neu anzusetzen.

Anmerkungen

[1] Stefan George, Ursprünge

[2] Res firma mitescere nescit« ist das Motto des Fitnessstudios in dem Marcus' Ziehvater ihn trainiert. Dieser Redewendung folgend, wird am gleichen Ort nun auch sein jüngerer Bruder initiiert.

Short Circuit (1986)

Von Sabrina Mikolajewski

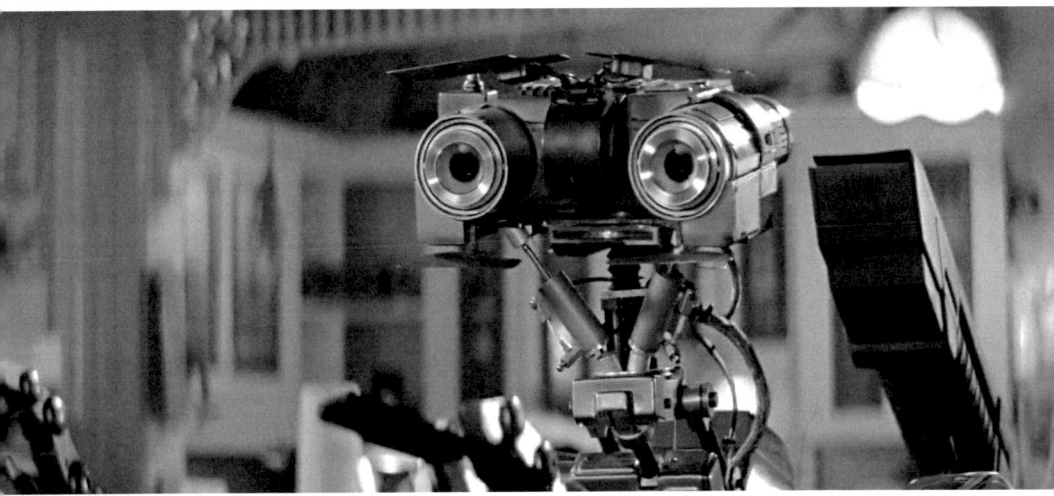

»Nummer 5« und sein kindlicher Blick auf die Welt

1986 schlägt der Blitz ein und löst etwas Phänomenales aus: Er erweckt Leben! Und zwar den Roboter »Nummer 5«. Als Teil des Militärprogramms von Nova Robotics mit dem passenden Namen S.A.I.N.T. soll eine Gruppe baugleicher Roboter demonstrieren, wie zielsicher sie schießen und Gin Tonics mixen können. Doch der Querkopf Nummer 5 rollt nach seiner Aktivierung gleich dem ersten Rockzipfel in Form eines herunterhängenden Kabels an einem Roboter hinterher und wird versehentlich mit dem Labormüll entsorgt. Es folgt eine hektische Jagd nach der Militärmaschine, während der Nummer 5 durch konstanten Input zu immer größerem Bewusstsein über seine Existenz gelangt.

In John Badhams Familienkomödie SHORT CIRCUIT (Nummer 5 lebt!; 1986) erweichte die liebenswerte Hauptfigur Nummer 5, auch Johnny Five genannt, mit seinen großen Objektiv-Kulleraugen und den präzisen, aber doch ungeschickten Metall-armen die Herzen von Jung und Alt und spielte weltweit über 40 Millionen Dollar ein. Badham begann die Arbeit an dem Projekt bereits einen Tag nachdem er das Drehbuch gelesen hatte.[1] Nach seinen vorherigen Erfolgen BLUE THUNDER (Das fliegende Auge; 1983) und WARGAMES (War Games – Kriegsspiele; 1983), reiht sich SHORT CIRCUIT mit der Roboter-Thematik in seine Hightech Filme ein und geht noch einen Schritt weiter, indem er menschliches Verhalten in den Kontext moderner Technologie legt. Nummer 5 wird in einer Welt lebendig, in der das denkende Dasein eines Roboters komplett ausgeschlossen wird, da der Mensch die vermeintliche Kontrolle über die Technologie besitzt. Wenn Stephanie (Ally Sheedy) zum ersten Mal auf Johnny Five trifft, erscheint ihr die Existenz eines Außerirdischen auf der Erde sogar wahrscheinlicher als ein denkender Roboter. Die ersten Bilder des Films verdeutlichen, dass die Technologie vom Menschen gesteuert wird und Maschinen nur Befehle ausführen: Zahlreiche Nahaufnahmen zeigen, wie Hände Tasten und Knöpfe drücken und die Maschinen Nummer 5 daraufhin Stück für Stück zusammenbauen. Der Roboter wird vom Menschen für die pure Zerstörung programmiert und so erscheint es umso unwahrscheinlicher, dass solch eine Kriegsmaschine plötzlich friedliches Interesse an seiner Umwelt entwickelt.

Aufgrund der Relevanz des Erscheinungsbildes von Nummer 5 scheute Badham weder Kosten noch Mühen, um ihn seinen Wünschen gemäß zu realisieren. Bei einem Budget von neun Millionen Dollar hielt er anderweitige Produktionskosten niedrig, um die Entwicklung und den Bau des Roboters mit 1,2 Millionen Dollar zu finanzieren. Dafür nahm Badham die Hilfe des futuristischen Designers Syd Mead und des Spezialeffekt-Technikers Eric Allard in Anspruch, die die Aufgabe meistern sollten, einen funktionierenden Roboter zu kreieren. Beide hatten nur fünf Monate, um ihn zu entwickeln und zu bauen, was angesichts der benötigten Multifunktionalität von Nummer 5 eine große Herausforderung darstellte. Der Roboter sollte nicht nur eine gefährliche Kampfmaschine werden, sondern auch fähig sein, durch menschliche Züge Emotionen zu vermitteln, mit denen das Publikum sympathisieren konnte. Zudem war es Badham und seinem Team besonders wichtig, dass der Roboter nicht den Eindruck erweckt, als würde sich ein Mensch darin befinden. Daher musste der Oberkörper sehr schmal gebaut werden. Weil man für den Antrieb des Roboters aber große Akkus benötigte, mit denen er sich frei bewegen konnte, entschieden sich Mead und Allard für ein Kettenlaufwerk, das Platz für die Akkus schuf und gleichzeitig als stabile Basis diente.

Mit der Entwicklung der Mimik des charmanten Roboters waren Mead und Allard am längsten beschäftigt, denn diese erforderte viel Feingefühl. »It's stran-

ge how quickly we perceive a face out of three dots«[2], sagt Mead und tatsächlich wurde das Gesicht von Nummer 5 recht schlicht gehalten. Zwei nebeneinander befestigte Objektive werden sofort als Augen erkannt, die im Kriegsmodus alarmierend rot aufleuchten. Der dazugehörige Sonnenschutz hat die Funktion von Augenbrauen und unterstützt jede Reaktion und Emotion von Nummer 5.[3] Zudem entschied sich Allard, die Schultern des Roboters leicht hängend zu entwerfen und positionierte dessen Laser ein wenig dezentral, um Nummer 5 tollpatschig wirken zu lassen. Es sind diese kleinen Details, die den Grundstock für Johnny Fives kindlichen Charakter legten.

Um diesen noch starren Formen Leben einzuhauchen, wurde eine Gruppe von vier bis neun »Roboteers«, wie Badham sie gern nannte, benötigt, die gemeinsam jede Bewegung des Roboters steuerten; Allard erinnert sich: »we got to a point where the group of us were like one actor, taking direction and moving accordingly.«[4] Unter den Roboteers befanden sich sowohl Techniker als auch Puppenspieler, die besonders für die Persönlichkeit von Nummer 5 verantwortlich waren. Einer davon, Tim Blaney, lieh Nummer 5 seine Stimme, während er die Kopfpartie des Roboters steuerte. Dadurch hörte das Team Johnny Five bereits während der Dreharbeiten, was das Zusammenspiel für die Schauspieler wesentlich einfacher gestaltete. Allen voran für Sheedy, deren Figur Stephanie Nummer 5 am nächsten kommt und die wichtigste Beziehung zu ihm aufzubauen hat. Durch sie erhält Johnny Five reichlich Input über sich und seine Existenz, die jederzeit ihr Ende finden kann, wie er anhand eines durch ihn getöteten Grashüpfers erkennt. Badham hatte die Bindung zwischen den beiden ursprünglich noch ausführlicher gezeigt, musste aber nach einer harschen Testvorführung die meisten der Szenen zwischen Stephanie und Nummer 5 heraus- oder umschneiden: »The more romantic and mushy among us were ready to go all the way with it, but the audience was obviously not happy seeing Ally Sheedy kiss and hug a robot.«[5]

Johnny Five spielte nicht nur im Film die Hauptrolle, er war am Set ebenfalls der große Star. Das ganze Team behandelte ihn wie einen Schauspieler aus Fleisch und Blut. Sheedy begrüßte ihn am Morgen, woraufhin Johnny Five und seine Roboteers zurückgrüßten. Badham gab ihm Regieanweisungen wie jedem anderen Schauspieler am Set. Im Interview erzählt er: »Number Five ran our lives, just like a star will run your life – how he was feeling that day, how he was working or not working, whatever was going on with old Number Five. He's like any other actor. You have to really handle him and be nice to him. You've got to give him a little squirt of WD-40 oil in the morning, instead of a cup of coffee, so he'll start up for you.«[6]

Badhams liebevoller Umgang mit dem Projekt zahlte sich aus, denn der Film besticht durch seine Detailverliebtheit und der Zuschauer nimmt Johnny Five als lebendiges Wesen wahr. Darüber hinaus begegnet man in SHORT CIRCUIT zahlreichen charmanten Referenzen zu Stars wie John Wayne oder Humphrey Bogart. Verschiedene Filme wie die Tanzszene von John Travolta in Badhams SATURDAY NIGHT FEVER (Nur Samstag Nacht; 1977) werden zitiert, da Nummer 5 eine Menge Input durch exzessives Fernsehen erhält und viele der legendären Filmmomente speichert und imitiert.

Badhams Geschichte über einen emotionalen und denkenden Roboter inspirierte auch andere Filme wie WALL-E (Wall-E – Der letzte räumt die Erde auf; 2008; R: Andrew Stanton) und den erst kürzlich im Kino erschienenen CHAPPIE (Chappie; 2015; R: Neill Blomkamp). Die Thematik scheint heute noch aktueller als zu Johnny Fives Zeiten: Humanoide Roboter, die über immer mehr Fähigkeiten verfügen, werden seit einigen Jahren zu Forschungszwecken benutzt und es wird intensiv an der Entwicklung künstlicher Intelligenz gearbeitet. In einer Zeit der Reboots und Remakes wäre es somit ein spannender Gedanke, Johnny Five wieder aufleben zu lassen. In der Tat tauchen alle paar Jahre neue Gerüchte um eine Fortsetzung oder ein Reboot auf, seitdem SHORT CIRCUIT 2 (Nummer 5 gibt nicht auf; 1988; R: Kenneth Johnson) erschienen ist. Es bleibt zu hoffen, dass ein Reboot mit genauso viel Liebe und Aufwand umgesetzt wird. Ob jedoch ein computeranimierter Nummer 5 denselben Charme und Witz auf die Leinwand zaubern kann, erscheint fraglich.

Anmerkungen

[1] Bob Thomas: SHORT CIRCUIT Robot Needed Circuit Checks. In: The Palm Beach Post vom 27.05.1986, S. 4 F.

[2] Jody Duncan Shay: Building the Body Electric. In: Cinefex 1986, S. 55.

[3] Foto 1

[4] Shay: Building the Body Electric, a.a.O., S. 62.

[5] Ebd., S. 64.

[6] Randy und Jean-Marc Lofficier: John Badham Programming Short Circuit. In: Starlog, 7/1986, S.65.

Stakeout (1987)

Von Michael Fleig

JAFO. Dieses Akronym ziert das Cap, das Richard Lymangood (Daniel Stern) als Polizeineuling in der Helikopterstaffel, die vom Himmel aus Los Angeles überwacht, in John Badhams BLUE THUNDER (Das fliegende Auge; 1983) von einem Kollegen geschenkt wird. Für seinen vier Jahre später entstandenen Film STAKEOUT (Die Nacht hat viele Augen; 1987) hätte es sich als Insiderwitz angeboten, dieses Element wiederaufzunehmen,[1] denn JAFO steht für »just another fucking observer«. Diese selbstironische Bezeichnung würde ebenso zu Chris Lecce (Richard Dreyfuss) und Bill Reimers (Emilio Estevez), den Protagonisten aus STAKEOUT, passen.

Zu Beginn der Geschichte wird der Zuschauer Zeuge des Gefängnisausbruches des Mörders Richard Montgomery (Aidan Quinn). Anschließend werden Chris und Bill vorgestellt. Sie verfolgen einen Verbrecher, schneiden dabei aber recht kläglich ab. Zurück auf dem Revier erhalten sie den Auftrag, das Haus von Maria McGuire (Madeleine Stowe), der Ex-Freundin von Montgomery, zu observieren. Chris und Bill übernehmen die Nacht-, ein Kollegenduo die Tagesschicht. STAKEOUT lässt sich treffend als Actionkomödie bezeichnen, wobei das Komödiantische den Film klar dominiert. Dabei resultiert der Humor nur teilweise aus den Mechanismen des Buddy Movies: Einerseits amüsiert das freundschaftliche Verhältnis von Chris und Bill, die sich bisweilen wie ein Ehepaar verhalten, andererseits verschafft deren antagonistische Beziehung zum anderen Überwachungsteam zahlreiche Gelegenheiten für die genretypischen Pranks (infantile Jungenstreiche).

In einer leerstehenden Bruchbude direkt gegenüber Marias Haus beziehen Chris und Bill mit Anbruch der Dunkelheit Position.

Durch die jalousiegeschützten eigenen Fenster spähen sie Maria in ihrem Zuhause mittels Fernglas und Kamera aus. Unweigerlich fühlt man sich durch diesen Plot an Alfred Hitchcocks REAR WINDOW (Das Fenster zum Hof; 1954) erinnert. Auch wenn die der Observierung zugrundeliegende Motivation eine andere ist, bestehen doch weitreichende Ähnlichkeiten, die es anbieten, prominente Lesarten von Hitchcocks Klassiker auch für STAKEOUT heranzuziehen.

John Belton würdigt REAR WINDOW als einen Film über das Kino selbst, denn die Situation des Protagonisten Jeff (James Stewart) spiegele die des Kinozuschauers. In seinem Rollstuhl, wie der Filmbetrachter an den Kinosessel gefesselt, beobachtet Jeff das Treiben im Fenster des gegenüberliegenden Hauses so wie die Zuschauer die Leinwand.[2] Eine solche Anordnung der Blickverhältnisse ist auch bei Badham evident. Die Nähe zur Kinosituation ist hier sogar noch größer, denn Chris und Bill beobachten nur nachts, also ausschließlich im Dunkeln, wie der Zuschauer im Kinosaal. Wichtig ist ferner der Voyeursaspekt. Im Kino ist der Blick des Zuschauers nicht reziprok, er kann von den Figuren auf der Leinwand nicht erwidert werden. Während der Filmzuschauer also selbst unsichtbar bleibt, erliegt er gleichzeitig der Illusion, selbst Einblick in privateste Angelegenheiten anderer nehmen zu können. Erst dieses Sehen ohne selbst gesehen zu werden begründet die Schaulust des Voyeurs.[3] Dieser Vergleich lässt sich auf STAKEOUT sogar noch besser als auf REAR WINDOW anwenden, denn Hitchcock gelingt die eindringlichste Szene seines Film, als das beobachtete Gegenüber Jeff entdeckt und seinen Blick– und damit den des sich mit ihm identifizierenden Zuschauers – erwidert. Badhams Film hingegen verschont seine Protagonisten vor einem solch entlarvenden Moment. In ihrem Versteck sind die beiden Berufsvoyeure genauso in Sicherheit wie der Zuschauer im Kinosaal.[4]

Zu Beginn des Einsatzes entnehmen Badhams Hauptfiguren der Akte ihres Observierungsobjekts, dass dieses 313 Pfund schwer sei. Maria entpuppt sich wider Erwarten der beiden Polizisten, jedoch der kinematographischen Blicktheorie Laura Mulveys[5] entsprechend, als junge attraktive Dame, deren Anblick bei Chris und Bill begeisterte Johllaute auslöst. »Because women lack the phallus, they have no power to shape how they will be portrayed in film and are thus portrayed in ways that the masculine gaze will find pleasurable. In short, they are made into the objects of male desire.«[6] Im Unterschied zu Jeff haben sich die beiden auch nicht gegenüber moralischen Vorwürfen zu rechtfertigen, steht ihre Tätigkeit schließlich nicht nur im Auftrag eines Dritten, sondern ist auch gesetzlich legitimiert.[7] Den Freuden ihres Spanner-Seins geben sich die beiden Beamten so mit aller Wonne hin. Als Maria sich entkleidet, kommentiert Chris dies mit einem ekstatischen »I love this job«. »Einen Blick auf einen Voyeur zu werfen, der sich mit seiner Augenlust unbeobachtet glaubt, heißt eigentlich, selbst zum Voyeur zu werden.«[8] So wird der im Kino stets gegebene voyeuristische Blick des Zuschauers über das Motiv der ausgelassenen Voyeure noch einmal gedoppelt.

Der zentrale Konflikt in STAKEOUT beginnt mit dem Bruch in der Analogie zwischen den Beobachtern innerhalb des Films und dem Kinozuschauer. Um eine Wanze in Marias Haus zu installieren, erschwindelt sich Chris als angeblicher Telefontechniker Zugang. Zwischen ihnen knistert es; bald beginnen die beiden ein Verhältnis miteinander. Beltons Feststellung zur REAR WINDOW-Kino-Analogie, als Jeff seine Freundin zum Herumschnüffeln in die Wohnung des von ihm beobachteten Mannes schickt, funktioniert hier ebenso: »This violates the traditional ›segregation of spaces‹ that defines cinematic spectatorship in which the space of the spectator remains distinct from that of the action on screen.«[9] Chris befindet sich durch den Kontakt zu Maria in einem doppelten Dilemma: Maria darf nicht wissen, dass er ein sie observierender Polizist ist. Andererseits dürfen (außer Bill) seine Kollegen nichts von seinem persönlichen Kontakt zu Maria erfahren, da sein Verhalten gegen die Vorschriften verstößt. Mit seiner Nähe zu seinem Beobachtungsobjekt, vor allem dadurch, dass ihre Treffen größtenteils in Ma-

Dem Voyeur Bill Reimers steht seine Schaulust ins Gesicht geschrieben

rias Haus stattfinden, wird Chris selbst zu einem Objekt der Überwachung. Das daraus für ihn resultierende Identitätsproblem (er muss sich sowohl gegenüber Maria als auch seinen Kollegen als ein anderer ausgeben) korreliert mit Mulveys Theorie, der zufolge Männer stets das Blicksubjekt und Frauen das Blickobjekt sind: »According to the principles of the ruling ideology [...] the male figure cannot bear the burden of sexual objectification. Man is reluctant to gaze at his exhibitionist like.«[10] Zu Mulveys These passend führt Chris` Verstellung auch zu einer geschlechtlichen Identitätsverschiebung, als er nach einer bei Maria verbrachten Nacht realisiert, dass bereits die Tagesschicht der Kollegen begonnen hat. Um unerkannt das Haus zu verlassen, verkleidet er sich mit einem Damenhut und einem Schal. Im Visier seiner ihn objektifizierenden und damit laut Mulvey ideologisch feminisierenden Kollegen erscheint Chris somit auch tatsächlich in Frauenkleidung.

STAKEOUT kann, so lässt sich an dieser Stelle resümieren, auf einer ersten Ebene schlicht als flotter Unterhaltungsfilm genossen werden. Auf einer weiteren Ebene offeriert der Film durch das im Titel schon paradigmatisch angedeutete Grundthema der Überwachung eine zusätzliche, differenziertere Lesart über Blickregime. Badham wiederum kommt dabei das Verdienst zu, das in der komplexen Voyeursthematik an-

gelegte komische Potenzial bestmöglich als weitere Quelle des Humors zu nutzen.

Anmerkungen

[1] Schließlich zeigt sich Badham für Insiderwitze in seinen Filmen durchaus aufgeschlossen. Beispiele sind Badhams Cameoauftritte in einer Reihe seiner Filme oder das Zitateraten, das Chris und Bill in STAKEOUT spielen. Hier weiß Chris nicht, aus welchen Film der Satz »This was no boating accident« stammt. Die Antwort ist JAWS (Der weiße Hai; 1975; R: Steven Spielberg), in dem Richard Dreyfuss ebenfalls mitgespielt hat.

[2] Vgl. John Belton: Introduction. In: John Belton (Hg.): Alfred Hitchcock´s Rear Window. Cambrigde 2000, S. 11f.

[3] Vgl. Peter Springer: Voyeurismus in der Kunst. Berlin 2008, S. 273.

[4] Als Schutz vor dem Selbst-Gesehen-Werden spielen die Jalousien eine wichtige Rolle, wie Badham in einem Interview betont. Generell sind Jalousien als Motiv in STAKEOUT sehr präsent. Vgl. Lars Olaf Beier: Regisseure haben noch nicht das kreative Monopol. In: Steadycam Nr. 20. Winter 1991, S. 48.

[5] Vgl. Laura Mulvey: Visual Pleasure and Narrative Cinema. In: Screen 16 (3), 1975, S. 6-18.

[6] Elise Lemire: Voyeurism and the Postwar Crisis of Masculinity. In: Belton: Alfred Hitchcock´s Rear Window (Hg.), a.a.O., S. 62. Lemire bezieht sich in ihrer Analyse von REAR WINDOW auf Mulvey.

[7] In einem Prank der Kollegen lässt sich eine Art Strafe für den ungehemmten Voyeurismus lesen: Sie haben die Ränder des Fernglases mit Schuhcreme eingeschmiert, sodass der nichtsahnende Bill nach dessen Verwendung zwei große schwarze Ränder um die Augen gezogen hat und ihm somit das Spannersein regelrecht ins Gesicht geschrieben steht.

[8] Sigrid Schade: Zur Genese des voyeuristischen Blicks. In: Cordula Bischoff u.a. (Hg.): FrauenKunstGeschichte. Zur Korrektur des herrschenden Blicks. Gießen 1984, S. 98.

[9] Belton: Introduction, a.a.O., S. 12.

[10] Mulvey: Visual Pleasure and Narrative Cinema, a.a.O., S. 12.

Der als Blickobjekt mit femininen Attributen ausgestatte Chris Lecce

Bird on a Wire (1990)

Von Rochus Wolff

»I need a manicure.« – »I need a beer.« Das zentrale Thema von John Badhams BIRD ON A WIRE wird in diesem Austausch von One-Linern sichtbar, und es ist zugleich sein zentrales Dilemma. Die beiden Protagonisten sind kürzlich mit einem Flugzeug abgestürzt, mehrere Verfolgungsjagden sind für sie glimpflich ausgegangen, sie stapfen durch das Unterholz auf der Suche nach Zivilisation – und während es ihr, auf seinem Rücken getragen, nach einer Massage und Ruhe in einem Nagelstudio verlangt, will er eigentlich nur ein Bier.

Rick Jarmin (Mel Gibson) ist der Mann, der sich da nach einem Getränk sehnt. Er wird unter dem Namen »Billy Ray Bowers« eingeführt; ein handfester Typ, der seinen Chef mit einem derben Scherz erschreckt, zugleich offenbar so sympathisch und zuverlässig ist, dass sein Chef ihm anschließend anbietet, seine Tankstelle und Werkstatt zu übernehmen. Aber Billy Ray ist nur ein Deckname, einer von vielen. Rick befindet sich seit 15 Jahren im Zeugenschutzprogramm des FBI und muss immer wieder den Ort wechseln und in verschiedene Rollen schlüpfen – als Allzweckhelfer auf einer Farm, als latent schwuler Friseur, als Tierpfleger im Zoo.

Der Film beginnt damit, dass einer der beiden korrupten Cops, gegen die Rick vor 15 Jahren aussagte, aus dem Gefängnis entlassen wird.

Zusammen mit einem wenig vertrauenswürdigen FBI-Agenten und seinem alten Partner jagt er nun den Mann, der für seine Verurteilung verantwortlich war. Und wie der filmische Zufall es will, fährt am gleichen Tag Marianne Graves (Goldie Hawn) mit ihrem Mietwagen ausgerechnet bei der Tankstelle in Detroit vor, in der Rick arbeitet – ihr früherer Freund und Liebhaber, den sie seit 15 Jahren für tot hält und den sie natürlich sofort erkennt.

So kommt dann eins zum anderen – Rick kann sich vor den beiden Cops (lustvoll gespielt von David Carradine und Bill Duke) nur durch einen Sprung in Mariannes Auto retten, Reifen quietschen, Fahrzeuge gehen zu Bruch, und die Tankstelle explodiert in einem Feuerball. Wie es beginnt, geht es auch weiter – der Film wechselt zwischen Verfolgungsjagden mit reichlich Materialeinsatz und Szenen zwischen Rick und Marianne ab, in denen sich die beiden widerstrebend näher kommen, bis hin zum unvermeidlichen doppelten Happy End. Nach einem spektakulären Showdown im Zoo findet anschließend eine Versöhnung mit Küssen auf einem Segelboot statt.

Das Gemisch macht BIRD ON A WIRE auf den ersten Blick zu einer romantischen Komödie in Gestalt eines Actionfilms; das Drehbuch von David Seltzer, Louis Venosta und Eric Lerner unterwirft allerdings die Romantik und ihre Dialoge (außerhalb der »romantischen« Elemente wird nicht viel gesprochen) völlig dem Actionplot – bis hin in den Verlauf der einzelnen Gespräche hinein. Was nämlich nicht Exposition ist, Klärung der Vorgeschichte und Einleitung der jeweils nächsten Szenen, lässt sich weniger ein Dialog zwischen den beiden Hauptfiguren beschreiben, sondern in den meisten Fällen vielmehr

Korrupte Cops

als – siehe oben – Austausch von One-Linern, Aneinanderreihung flotter Sprüche, verbales Fechten: Hieb, Parade und Riposte.

Das ist zwar stellenweise recht humorvoll, verdeutlicht aber vor allem: BIRD ON A WIRE gebärdet sich nur als romantische Komödie, es ist eigentlich ein Buddy Movie,[1] eine Gelegenheit, zwei Stars unterschiedlichen Geschlechts in einer Actionkomödie auftreten zu lassen.

Zumindest war genau das für die zeitgenössische Kritik das Hauptproblem des Films, etwa für Caryn James in ihrer Besprechung für die *New York Times* – sie nimmt sich das Filmplakat zum äußerlichen Anlass: »Four of the widest, bluest eyes in Hollywood [...] stare straight into the camera. They do this on screen, too, more than they look at each other. Their hands are joined over a gun, but it's a harmless-looking gun, because what matters here is not story but star casting.«[2]

Und in der Tat sind die zwei Stars, Hawn und Gibson, hier in Rollen zu sehen, die für ihre Star personas nahezu archetypisch sind: Hawn als leicht hysterische Powerfrau, die aber vor allem auf den richtigen Mann wartet; und Gibson als netter, etwas derber Kerl, der auch mal zulangen kann. Und so liefert der Film an seiner Oberfläche erwartbare Unterhaltung – solides Popcornkino, wenn man so will.

Auf den zweiten Blick wird der Film aber doch interessant: Weil er, ob gewollt oder nicht, in seiner Betonung der Action-Elemente[3] und im Hin und Her der Buddy-Scherze letztlich sowohl die Standardmethoden der romantischen Komödie als auch jene des Actionkinos gnadenlos offenlegt. So werden zum Beispiel im Wechsel zwischen Ruhephasen und relativ monotonen Actionsequenzen (die auf das Überwältigungskino abzielen) die Standardformeln des Actionkinos sichtbar. Zugleich lässt sich der romantische, gar erotische Subtext des Buddy Movies erkennen: Schlicht und einfach dadurch, dass einer der beiden Buddies hier durch eine Frau dargestellt wird.

Rick und Marianne in Action

Emanzipatorisch im eigentlichen Sinne wirkt dies natürlich nicht. Schon Roger Ebert störte sich seinerzeit daran, wie wenig selbstbewusst Marianne dargestellt wird – obgleich sie doch angeblich eine knallharte Karriere-Anwältin ist. »But the plot doesn't exploit the fact the Hawn is allegedly this powerful, aggressive lawyer. She keeps talking about how she's going to call her office and get money and help and so on, but what actually happens is that she stops being a lawyer and becomes yet one more dizzy and hapless blond who is pulled through the movie by a resourceful male.«[4]

In der Tat wird Hawns Figur umso hilfloser, je mehr sie sich mit konkreten, physischen Gefahren auseinandersetzen muss. Sie ist nie Herrin der Lage – selbst beim ziemlich großartigen und ein wenig bizarren Finale im Zoo[5] bleibt sie die inkompetente »damsel in distress«, die sich nicht einmal merken kann, welche Knöpfe sie wann drücken soll, und die schließlich vom verletzten Rick gerettet wird.

Gibson hingegen spielt einen durchweg patenten Kerl, der fluid zwischen harten und weichen Positionen wechselt, ganz wie es seine Tarnidentitäten und die Situationen verlangen:[6] Mal ist er der leicht affektierte schwule Friseur, mal der etwas klassisch-männliche, härtere Mechaniker, der aber Bob Dylan vor sich hinsingt: »How many roads must a man walk down? / Before you can call him a man?« Die Geschlechterrollen sind also nur bei Rick wirklich beweglich, und zugleich ist Gibsons Rick eindeutig derjenige, der hier als der von allen Figuren –

im Guten wie im Schlechten – Begehrte inszeniert wird. Mit anderen Worten: Es ist nicht
nur der weibliche Star, auf den sich das Begehren richtet. Oder, wie Hal Hanson es in
der Washington Post zusammenfasste: »But
never, until now, has there been a buddy movie in which the most important issue at hand
is which star has the more adorable butt.«[7]
Die eigentlich Ironie von BIRD ON A WIRE besteht aber letztlich darin, dass sein Drehbuch
beide Stars auf Gedeih und Verderb aneinan-
derschweißen will. Der Film gibt sich große
Mühe, der Geschichte von Rick und Marianne einen Rahmen mit zeitpolitischer Resonanz zu verschaffen: Die lockere, recht naive
Jugend und Liebe in den 1960ern – ausführlich in den über-romantisierten Rückblenden
gezeigt –, die dann durch die Zeitläufe und
Ereignisse gebrochen wird. Beide haben Fehler begangen, sind anders und schwieriger geworden, versuchten aber aufrecht weiterzule-
ben, den Widrigkeiten zum Trotz: Davon erzählt auch Leonhard Cohens Song »Bird on
a Wire«, von dem Badhams Film seinen Titel
und auch den Titelsong leiht (in der Cover-
version von The Neville Brothers).

Richtig überzeugen kann diese Vorgeschichte aber nicht, deutlich wird dies vor
allem an einer dritten Figur: Zu Beginn des
letzten Filmdrittels landet das Paar auf Ra-
chels (Joan Severance) Farm. Dort arbeitete
Rick eine Zeit lang und hatte offenbar auch
mit der Hausherrin eine Liebesbeziehung.
Rachel ist intelligent, pragmatisch, selbstbewusst, anpassungsfähig und, das zeigt
sich bald, alles andere als eine »damsel in

Rachel schießt sofort

distress«: Als von einem Hubschrauber auf
Rick und Marianne geschossen wird, holt
sie ohne großes Federlesen ihre Schrotflinte
aus dem Schuppen und feuert zurück.

Kurz vorher hatte sie Rick gefragt, ob er
es sich vorstellen könne, zu ihr zurückzukehren, wenn »sein Schlamassel ausgestan-
den sei.« Sie sei zwar verlobt, aber für ihn
würde sie auch die Hochzeit in der kom-
menden Woche platzen lassen. In ihren wenigen Szenen stiehlt Rachel Marianne komplett die Show (und im Übrigen auch Severance dem Star Hawn).

Badhams Film parodiert auf diese Weise endgültig die romantische Komödie, in
der Stars und ihre Personas zueinanderfin-
den müssen, koste es, was es wolle – dafür werden romantische Rückblenden einge-
baut und zur Not auch die interessantesten Figuren unbeachtet links liegen gelassen. Aus dieser Perspektive betrachtet ist
BIRD ON A WIRE ein großartiger, sehr hu-
morvoller Film.

Anmerkungen

[1] Als »Buddy Movie« (oder, weniger gebräuchlich:
»Buddy-Film«) bezeichnet man gewöhnlich einen
Film, in dem zwei Figuren meist gleichen Geschlechts
(und meist männlich) die Hauptfiguren darstellen, die
durch die Umstände eine gewisse Zeit aufeinander angewiesen sind und ein gemeinsames Problem zu lösen haben. In der Regel unterscheiden sich diese beiden Figuren in ihrer Weltanschauung, ihrer Herkunft,
ihrem Temperament und/oder gewissen Fähigkeiten;
aus dieser Differenz schlagen die meisten Buddy Movies komische Funken. Nicht umsonst sind die meisten dieser Filme Komödien. Mel Gibson war schon
VOR BIRD ON A WIRE Teil eines der zu dieser Zeit wohl
bekanntesten Buddy-Paares, in Richard Donners LET-
HAL WEAPON (1987) zusammen mit Danny Glover.

[2] Caryn James: BIRD ON A WIRE (1990). In: New
York Times vom 18. Mai 1990 (www.nytimes.
com/movie/review?res=9C0CE5DF113AF93BA-
25756C0A966958260; Stand: 06.01.2016).

[3] Einige der Actionsequenzen des Films wurden von Rob
Cohen und wohl auch von D.J. Caruso inszeniert. Vgl.
Steve Weinstein: John Badham: Lights, Camera, a Lot

of Action. In: Los Angeles Times vom 8. März 1991 (http://articles.latimes.com/1991-03-08/entertainment/ca-2712_1_john-badham; Stand: 06.01.2016).

[4] Roger Ebert: BIRD ON A WIRE. In: Chicago Sun-Times vom 18. Mai 1990 (www.rogerebert.com/reviews/bird-on-a-wire-1990; Stand: 06.01.2016).

[5] Der Innenraum des Zoos – in dem Affen, Raubkatzen, Alligatoren und Vögel anscheinend einen offenen Raum teilen – wurde als riesiges Set im Studio aufgebaut und sehr aufwendig speziell für die Tiere angepasst; unter anderem waren dort sechs Tiger, eine Löwin, drei Jaguare, ein Pavian, sechs Schimpansen, vier Alligatoren, eine Python sowie neben Papageien und Leguanen auch ein über zwei Meter langer Waran im Einsatz. Ein Bösewicht fällt sogar in ein Piranha-Becken.

[6] »You always were kind of an actor, weren't you, Rick?« fragt Carradines Bösewicht ihn gleich am Anfang. Zugleich ist natürlich Ricks Identität den ganzen Film hindurch problematisch: Als Rick tritt er nur jenen gegenüber auf, die ihn von früher kennen: die beiden korrupten Cops und Marianne. Alle anderen kennen ihn nur im Rahmen einer seiner Tarnidentitäten; und für den Staat sind diese verschwunden, als seine Daten in der Datenbank des Zeugenschutzprogramms von einem korrupten FBI-Agenten gelöscht werden.

[7] Hal Hanson: BIRD ON A WIRE. In: Washington Post vom 18. Mai 1990. (www.washingtonpost.com/wp-srv/style/longterm/movies/videos/birdonawirepg13hinson_a0a971.htm; Stand: 06.01.2016).

The Hard Way (1991)

Von Csaba Lázár und Wieland Schwanebeck

John Badhams Output als Regisseur weist ihn als verlässliche *gun for hire* aus, die in fast allen gängigen Genres Spuren hinterließ. Nach dem Erfolg von STAKEOUT (1987) hatte der Regisseur allerdings zumindest kurzzeitig sein Stammgenre gefunden – keine zehn Monate nach der Premiere von BIRD ON A WIRE (Ein Vogel auf dem Drahtseil; 1990) kam mit THE HARD WAY das nächste *buddy movie* in die Kinos. Mit Filmen wie 48 HRS. (Nur 48 Stunden; 1982; R: Walter Hill), LETHAL WEAPON (Zwei stahlharte Profis; 1987; R: Richard Donner) oder RED HEAT (1988; R: Walter Hill), deren unterhaltsamer Mix aus Humor und Action meist in Richtung letzterer ausschlug (was in Deutschland hohe FSK-Freigaben nach sich zog), etablierte sich die Gattung in den 1980er-Jahren als einträgliches Geschäftsmodell. In ihrer Goldenen Ära wurde alles miteinander gepaart, was nicht bei drei auf den Bäumen war, solange es Unterhaltung versprach: Familien-Cop mit widerwilligem Einzelgänger-Cop, Cop mit Austausch-Cop aus fremdem Kulturraum, Cop mit Roboter-Cop.[1] Als die TV-Sender schließlich nachzogen und Haustiere wie KOMMISSAR REX (1994-2008) mit ihren Herrchen auf Verbrecherjagd schickten, unkte der Satiriker Oliver Kalkofe, er werde sein Gerät abmelden, »spätestens wenn KOMMISSAR BANDWURM – ZWEI PARTNER UND EIN LOKUS kommt«.[2]

Soweit lässt es THE HARD WAY nicht kommen: Mit seiner Paarung zweier heterosexueller Weißer bewegt sich der Film auf bewährterem Terrain. Das Drehbuch, verfasst von Daniel Pyne und Lem Dobbs (ersterer mit MIAMI VICE-Erfahrung, letzterer ein wiederholt von Steven Soderbergh beschäftigter Experte für eigenwillige Genrefilme), wählt seine Protagonisten jedoch nicht nach Altersdifferenz (LETHAL WEAPON), politischer Systemzugehörigkeit (RED HEAT) oder unterschiedlicher Hautfarbe (48 HRS.), wiewohl hier natürlich trotzdem ein Partner durch den anderen ›kolonialisiert‹ wird.[3] Der Parasit, der – man kennt es aus den ebenfalls in Hollywood beliebten Theaterstücken und Drehbüchern von Francis Veber (L'EMMERDEUR; Die Filzlaus; 1973; R: Edouard Molinaro) – dem »Yoda among Cops«, John Moss (James Woods),

Schule der Männlichkeit

nicht von der Seite weicht, ist ein überambitioniertes Hollywood-Milchgesicht namens Nick Lang und wird gespielt von Michael J. Fox, dem wir seinen Charme, aber nicht die SMOKING GUNN-Rollenpersona (zu gleichen Teilen Indiana Jones und James Bond) abkaufen.[4] Lang, der endlich mal einen Film ohne »god-damn Roman numeral in the title« machen will, geht bei Moss in die Schule der Männlichkeit wie auch der Genreregeln, in der Hoffnung, sich beim ruppigen Lieutenant im Moloch New York das für eine Rolle notwendige Handwerkszeug anzueignen.

THE HARD WAY verpflichtet sich einem durch und durch (selbst-)ironischen Ansatz, der das Genre mit all seinen charakteristischen Merkmalen bedient, es gleichzeitig jedoch auf einer Metaebene persifliert. Die unterschiedliche Herkunft der beiden Akteure, ihr Lebensstil und die Bewertung ihrer eigenen Arbeit sowie der des anderen geben von Beginn an die Spielwiese vor, auf der sich Woods und Fox austoben dürfen. Keiner eignet sich als wirkliche Identifikationsfigur fürs Publikum, spielen sie doch beide extreme Karikaturen ihrer Berufsspezies. Auf der einen Seite Moss als personifiziertes Klischee des Vorschriften ignorierenden, miesgelaunten und gewaltbereiten Großstadt-Cops mit kurzer Zündschnur und großen Problemen bei der zwischenmenschlichen Interaktion; ein Mann, der zupackt, Klartext redet und mit der von Lang verkörperten medialen Scheinwelt nichts anzufangen weiß. Auf der anderen Seite der junge Star, der seinen Erfolg offen zur Schau stellt, weder Existenz- noch Beziehungsprobleme kennt und dem Partner wider Willen selbstsicher auf Schritt und Tritt

folgt – sei es ins heruntergekommene Ghetto oder in Moss' Wohnung (»It's like a movie, it's so real!«). Fox (auf der Höhe des BACK TO THE FUTURE-Hypes) nimmt dabei auch das eigene Image auf die Schippe, indem er sich erfolglos als harter Kerl zu etablieren sucht; von dem Referenzspiel mit der bekannten Persona haben Schauspieler immer wieder profitiert (zuletzt u.a. Mickey Rourke in der Rolle des vom Leben gebeutelten Randy Robinson in Darren Aronofskys THE WRESTLER [2008]).

So verschieden die Professionen und Verhaltensweisen von Moss und Lang auch sind, seine Gags verdankt THE HARD WAY einer wichtigen Gemeinsamkeit beider Figuren: dem unbedingten Willen, ihren Job gewissenhaft, richtig und zielstrebig erledigen zu wollen. Für Lang heißt das, den Unterschied zwischen *method acting*-Angeberei (in ihrer ersten Begegnung reißt ihm Moss gleich den die Pacino-Ambitionen des Schnösels verratenden SERPICO-Bart ab) und authentischem Schmerz kennenzulernen: »Oh man, this is too real«, stöhnt der Angeschossene nach dem Showdown, wird dafür aber nicht mehr als »Dickless Tracy« verspottet.

Über all der originellen Situationskomik und den witzigen Dialogen, die dem Film etliche gute Besprechungen einbrachten[5] (ohne dass er sich mit den Einspielergebnissen etwa der LETHAL WEAPON-Reihe hätte messen können), gerät die Jagd nach dem Serienkiller beinahe zur Nebensache.

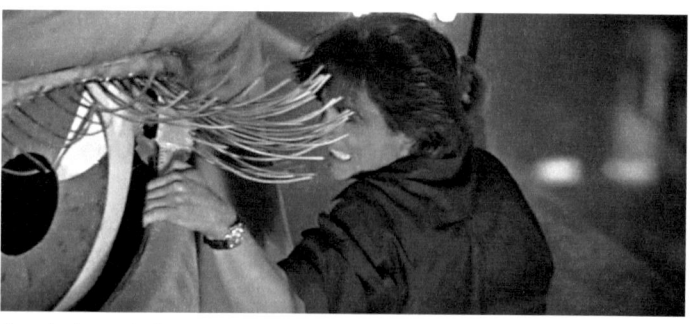

Auge in Auge mit dem Wunsch-Ich

Die Zukunft des Kinos hat Pickel

Von Stephen Lang übertrieben diabolisch gespielt, fungiert der Bösewicht hier eher als MacGuffin. Das Finale als überdeutliche Hommage an NORTH BY NORTHWEST (Der unsichtbare Dritte; 1959; R: Alfred Hitchcock) unterstreicht den Flirt mit Hitchcock. Hier klettert der Star der Stunde sogar an seinem *eigenen* Gesicht herum, was den Film weiter um sich selbst kreisen lässt, ohne dass erst die Relevanz einer höheren Mission, wie sie das Genre mit Drogenkrieg und Terroranschlag zu inszenieren pflegt, vorgegaukelt wird.

Mit seinem überlebensgroßen Filmstar, der zaghaft einen authentischen Zugang zur Rolle entdeckt, kommt THE HARD WAY eigentlich einige Jahre zu spät: Die Referenzgrößen liegen im Old Hollywood und heißen Hitchcock, George M. Cohan (dessen Statue am Times Square in der ersten Einstellung zu sehen ist), oder gar Laurel und Hardy, das erste legitime *buddy*-Duo der Filmgeschichte.

Doch bei aller Selbstreferentialität und Kurzweiligkeit ist THE HARD WAY letztlich ein zutiefst pessimistischer Film, der keinen ernsthaften Versuch unternimmt, die vom »Party Crasher« bedrohte Öffentlichkeit als irgendwie schützenswert darzustellen. Außerhalb der Welt von Räuber und Gendarm existieren nur unsympathische Herdentiere – man denke an die waffenstarrenden U-Bahn-Passagiere, die res-

pektabel wirkenden, aber zutiefst verdorbenen Geschäftsleute im Restaurant, oder die vergnügungssüchtige Meute, die begeistert dem realen Kampf auf Leben und Tod applaudiert. Die Filmwirtschaft huldigt indessen gänzlich dem zwölfjährigen, Popcorn-mampfenden Simpel, der bei SMOKING GUN II selbst dann noch brav auf seinem Platz verweilt, als im Saal schon längst Panik ausgebrochen ist – unfähig, zwischen Realität und Fiktion zu unterscheiden.

Anmerkungen

1 »Maßgeblich ist nur, dass zumindest ein Partner als Cop fungiert.« Michael Flintrop: Der Action-Cop als populäres Filmgenre. Versuch einer Bestimmung. München 2010, S. 146.

2 Oliver Kalkofe: Kalkofes letzte Worte. Frankfurt/Main 1997, S. 25.

3 Zum typischen Schema des Wilden und seines zivilisierenden Partners im Cop-Film vgl. Flintrop: Action-Cop, a.a.O., S. 283.

4 Auf dem 3. Cinestrange-Festival 2014 verriet John Badham, ursprünglich seien Gene Hackman und Kevin Kline in den Hauptrollen vorgesehen gewesen.

5 Der Film hat bei www.rottentomatoes.com eine Zustimmung von 74% [Stand: 12.03.2016], der Kritiker Kim Newman lobte u.a. die Chemie zwischen den Akteuren, das deutlich über dem Genrestandard liegende Frauenbild und den innovativen Showdown; vgl. Kim Newman: THE HARD WAY. A Tight Thriller with All the Right Ingredients. http://www.empireonline.com/movies/hard-way/review/ [Stand: 12.03.2016].

Point of no Return (1993)

Von Carsten Panitz

Der Staat als Überwachungsstaat ist ein Thema, das John Badham schon in Filmen wie BLUE THUNDER (1983), WARGAMES (1983) und SHORT CIRCUIT (1986) behandelt und in STAKEOUT (1987) teilweise persifliert hatte. Auch POINT OF NO RETURN (1993), seine amerikanisierte Interpretation von Luc Bessons LA FEMME NIKITA (Nikita; 1990), beschäftigt sich mit der Idee eines skrupellosen Staatsapparates und seiner omnipräsenten Geheimdienste.

Doch Badham ist in POINT OF NO RETURN nicht so sehr an den Überwachungsmechanismen selbst interessiert. Es geht hier nicht um die Frage, wie der Staat seine Bürger überwacht und zu welchem Zweck, Themen wie Überwachung, Selbstbestimmung, Freiheit und Identität werden nicht im Rahmen einer politischen Systemkritik behandelt. Vielmehr ist POINT OF NO RETURN bei aller Kommerzialität und unprätentiösem Genrekintopp im Herzen eine sozialkritische Beobachtung patriarchalischer Machtstrukturen.

POINT OF NO RETURN ist die Geschichte der drogensüchtigen Maggie (Bridget Fonda), die bei einem misslungenen Einbruch in eine Drogerie einen Polizisten erschießt und zum Tode verurteilt wird. Eine Organisation der Regierung rettet sie vor der Giftspritze und der ihr zugeteilte Agent Bob (Gabriel Byrne) stellt sie vor die Wahl: Entweder lässt sie sich zur Auftragskillerin ausbilden und arbeitet für den Staat oder sie landet doch noch auf dem Friedhof, auf dem ihre Beerdigung inszeniert wurde: »Plot 48, Row 12.«

Maggie bleibt natürlich nichts anderes übrig. Ihr Training beginnt: Umgang mit dem Computer, Kampfsport, Ausbildung an der Waffe, aber auch Tischmanieren und soziale Umgangsformen gehören zum Programm. Anfangs erzielt sie hervorragende Ergebnisse. Doch als Maggie feststellt, dass ihre erhoffte Belohnung – wenn schon nicht Freiheit, dann wenigstens ein Spaziergang im Freien – ausbleibt, beginnt sie ihr Training absichtlich zu sabotieren. Schließlich greift der Chef der Organisation, Kaufman (Miguel Ferrer), ein und stellt Bob ein Ultimatum: »I want immediate results or she gets a bullet in the brain.«

Erneut so mit dem eigenen Tod konfrontiert, bittet Maggie Amanda (Anne Bancroft), ihre Ausbilderin für gesellschaftliche Umgangsformen, um Hilfe. Amanda hat auch gleich eine ebenso kryptische wie antifeministische Lösung: »All you need is balance. We have to find your feminine strength. Some moon to go with your sun. A bit of a poet to balance the warrior.« Das Weibliche, das ist das Schöne, das Poetische, das Schmückende. Denn dies ist der Auftrag, den Amanda zu erfüllen hat: Aus Maggie das perfekte Bild einer Frau zu machen, all die vermeintlich männlichen Eigenschaften, Wut, Aggression, den »Krieger« in ihr, zu bändigen. Zwar gehört auch Allgemeinwissen zu diesem Bild, ebenso wie Mehrsprachigkeit und die Fähigkeit zur intelligenten Konversation. Doch das Wichtigste, so scheint es, ist die Schönheit und Eleganz der Oberfläche. »I hit« ist Maggies Antwort, als Amanda fragt, was sie tut, wenn sie Angst hat oder wütend ist. »You might want to try smiling,« schlägt Amanda vor. Ein Lächeln, das den Gegenüber davon ablenkt, dass unter der femininen Oberfläche eine mit maskulinen Eigenschaften bestückte Waffe verborgen liegt – eine Waffe allerdings, über die nicht Maggie selbst die Kontrolle haben soll.

Als Bob Maggie endlich einen Abend in Freiheit verspricht – ein gemeinsames Dinner in einem noblen Restaurant –, entpuppt sich dieser Ausflug als ihre Reifeprüfung: In neuem femininen Glanz, hochhackigen Schuhen, kleinem Schwarzen und mit perfektem Lächeln sitzt sie neben Bob am Tisch. Er überreicht ihr ein Geschenk, in dem Maggie eine Pistole findet. Bob befiehlt ihr, einen Gast des Lokals zu töten und anschließend in einem Auto, das im Hinterhof auf sie wartet, zu flüchten. Die simple Geste, mit der Maggie sich dann ihrer Schuhe entledigt, bevor sie sich mit der Pistole in der Hand zielstrebig auf ihr Opfer zubewegt, ist nicht nur das Abstreifen der weiblichen Oberfläche, die Bob und Amanda auf sie projiziert haben, sondern auch der Auftakt der Choreografie eines Tötungsprogrammes, für das Maggie Monate lang trainiert hat, oder besser: für das sie trainiert wurde.

Plot 48, Row 12

Maggie erhält ein Geschenk von Bob

Verschobener Blick: Die Welt aus den Fugen

Einen Tag später darf sie die Institution verlassen. Sie erhält eine neue Identität, Maggie heißt jetzt Claudia. Und sie bekommt einen Codenamen: Nina, in Anlehnung an Maggies Liebe zu Nina Simone. Schnell findet sie eine Wohnung. Dann verliebt sie sich in den Fotografen J.P. (Dermot Mulroney), der bald mehr von Claudia wissen möchte. Über ihre Vergangenheit, ihre Familie, ihr Leben. Das muss Maggie alias Claudia ihm verweigern. Gleichzeitig beginnen die Anrufe von Bob. Diese gelten weder Maggie noch Claudia, sondern Nina. Und sie bedeuten Aufträge, die sie nicht ablehnen kann.

POINT OF NO RETURN beinhaltet ein ständiges Spiel mit Identitäten. Doch zwischen den Männern, für die sie als Projek-

tionsfläche dient, hat Maggie kaum Chancen, ihr eigenes Ich zu finden. Das liegt natürlich auch daran, dass Bob und J.P. es leicht haben, sie zum Objekt ihrer Projektionen zu machen.

Zu Beginn des Films ist Maggies Blick vernebelt und orientierungslos – auf die Welt ebenso wie auf sich selbst. Badham nutzt subjektive Einstellungen aus Maggies Sicht, in der ihre Umgebung buchstäblich vor den Augen verschwimmt. Ihre erste Begegnung mit Bob nach ihrer vermeintlichen Hinrichtung zeigt Badham ebenfalls aus ihrer Sicht – als gekippten Winkel. Maggies Welt ist aus den Fugen geraten, und Bob nutzt dies für seine Zwecke.

Schon auf dem Polizeirevier führt Badham Bob als Figur ein, die Maggie beobachtet. Dies ist ein männlicher Blick, dem Maggie von da an den gesamten Film über ausgeliefert ist. Und er ist durchaus sexualisiert. Zwar gebärdet Bob sich zunächst eher als strenge Vaterfigur denn als potentieller Liebhaber, aber mit jedem Gespräch, das er mit Maggie führt, verstärkt Badham die sexuelle Spannung zwischen den beiden. Dabei besteht Maggies Teil der Beziehung stets aus Reaktionen auf Bobs Verhalten, die niemals dazu führen, dass sie echte Kontrolle über die Lage erhält (wie beispielsweise in der Szene, in der sie ihm den erotischen Subtext von Nina Simones »I Want A Little Sugar In My Bowl« erläutert, als sie seinen voyeuristischen Blick erkennt). An der Handlungsunfähigkeit Maggies lässt Badham keinen Zweifel. Immer wieder treibt Bob sie in Situationen, in denen sie hinter verschlossenen Türen oder Fenstern festsitzt, schenkt ihr Hoffnung auf Freiheit und Eigenständigkeit, nur um dann die Leine wieder zu verkürzen.[1]

Der männliche Blick als theoretisches Konstrukt im Sinne Laura Mulveys[2] zeigt sich auch in J.P.s Umgang mit Maggie. Sein voyeuristischer Blick auf sie wirkt fast besessen. Der Fotograf stellt sein Objekt in ihrer gemeinsamen Wohnung aus wie in einem Museum.

Schließlich sitzt Maggie nicht nur im übertragenen Sinne zwischen den Stühlen, als Bob alias »Onkel Bob« ihr und J.P. einen Besuch abstattet. Eine Szene, die beide Männer nur allzu deutlich über das Objekt ihrer gemeinsamen Begierde vereint: nachdem Bob eine Geschichte aus Claudias fiktiver Kindheit spinnt, die sie als perfektes Klischee des schönen Wildfangs beschreibt[3], ist J.P. begeistert: »That's what I'd have thought you'd be like.«

Egal, welche Identität Maggie gerade auszufüllen hat, sie bleibt stets Objekt. Und stets erlebt sie die Dualität Objekt/Subjekt, respektive passiv/aktiv, auch als eine weib-lich/männlich-Relation. Und natürlich lassen sich Bobs und J.P.s Voyeurismus auch auf den Zuschauer übertragen. Doch auch wenn Badham und sein Kameramann Michael Watkins sich zu keinem Zeitpunkt einer exploitativen Objektivierung Bridget Fondas schuldig machen und sie durchaus als Identifikationsfigur entwickeln können, da die Geschichte dem Zuschauer stets aus ihrer Sicht erzählt wird, bleibt der weibliche Befreiungsschlag am Ende des Films nur ein Phyrrussieg – für Maggie ebenso wie für jede Frau in einem Actionfilm vor und nach ihr.

Anmerkungen

[1] Zwar übernimmt Badham einige der Schlüsselszenen, in denen Bob Maggie gezielt in Situationen bringt, deren geschlossene Fenster für sie ein Problem darstellen (besonders auffällig im Restaurant und im Bad des Hotels in New Orleans), nur leicht verändert aus Luc Bessons LA FEMME NIKITA, doch führt er das Motiv schon gleich zu Beginn von POINT OF NO RETURN als zentrales Bildelement ein (er zeigt das Kapitol im Hintergrund thronend, durch die kaputte Fensterscheibe einer Hausruine). Es lohnt sich, darauf zu achten, wie er Maggie immer wieder vor Fenstern positioniert, mal geschlossen, mal offen, mal halb verschlossen oder geöffnet, im Gerichtssaal, in ihrer Wohnung, auch gemeinsam mit J.P., mal auffälliger, mal weniger auffällig, aber immer mit einem wachsamen Auge für den Subtext.

[2] In ihrem Essay *Visual Pleasure and Narrative Cinema* (erschienen 1975) kritisiert Laura Mulvey die Abbildung von Weiblichkeit im kommerziellen Kino Hollywoods als Befriedigung einer Skopophilie (Schaulust) im Sinne Sigmund Freuds und beschreibt die Filmindustrie Hollywoods als eine von einem patriarchalischen System beherrschte Industrie, die Frauen, sowohl in den Rollen, die sie zu spielen haben, als auch in der Abbildung durch die Kamera, via eines heterosexuellen, männlichen Blicks (male gaze) in eine machtlose Objektposition drängt, die sie im Gegensatz zu Männern stets passiv zeigt. Mulveys Aufsatz gehört zu den meistzitierten, aber auch vielfach kritisierten Texten der feministischen Filmtheorie.

[3] I guess that's how I remember her really, this slip of a girl on a wild black horse. She was so beautiful. She was so beautiful that she gleamed.«

Another Stakeout (1993)

Von Daniel Manns

Der Film beginnt wie ein großer Action-Thriller: Im nächtlichen Las Vegas erhält ein Killer seinen Auftrag. Sein Opfer wartet unter Polizeischutz in einem Haus nahe der Wüste Nevadas darauf, vor Gericht als Zeugin gegen einen Gangsterboss auszusagen. Der Killer sprengt das Haus in die Luft, einige Polizisten sterben, aber die Zeugin entkommt. Doch von dem Film, der nun folgt, könnte diese Ouvertüre kaum weiter entfernt sein, denn er ist in erster Linie eine Komödie voller Dialog-Gefechte und Slapstick-Einlagen.

ANOTHER STAKEOUT ist die Fortsetzung von John Badhams Film STAKEOUT, der zu den erfolgreichsten Filmen des Jahres 1987 gehörte,[1] und führt die Geschichte der beiden Polizisten Chris Lecce (Richard Dreyfuss) und Bill Reimers (Emilio Estevez) sechs Jahre nach den Ereignissen des ersten Teils fort.

Es handelt sich um die dritte Fortsetzung eines Films von John Badham, aber – nachdem er sich bei der Fortsetzung zu SATURDAY NIGHT FEVER nicht mit dem Produzenten auf das Drehbuch einigen konnte und bei dem zweiten Teil zu SHORT CIRCUIT seine noch andauernde Arbeit an dem ersten STAKEOUT in die Quere kam – ANOTHER STAKEOUT ist die erste Fortsetzung, bei der Badham selber die Regie übernahm.[2]

Badham bezeichnet den Film als »delightful fun« und die Arbeit daran als »good laugh«.[3] Diese Einstellung Badhams ist wahrscheinlich die beste Herangehensweise an den Film.

Badham wechselte in seiner Karriere immer wieder, wie die großen Regisseure des Hollywood-Studio-Systems vergangener Tage, mühelos zwischen den unterschiedlichsten Genres. Bei diesem Film scheint er fast ausschließlich seine Freude am Spiel mit der klassischen Dialog- und Situations-Komödie auszuleben. Die Story-Elemente aus Thriller- und Action-Kino rücken in den Hintergrund und wirken wie Fremdkörper, die zwar die Handlung in Gang bringen, aber immer wieder der Komödie den Schwung nehmen, wenn sie (oft eher bemüht) eingestreut werden. In dieser Hinsicht ist der Film nicht so erfolgreich wie sein Vorgänger, in dem sich ebenfalls die verschiedenen Genres vermischen, aber die Komödie nie so stark Action und Thriller verdrängt.

Im Kern war STAKEOUT ein Buddy-Cop-Film, der vom Zusammenspiel seiner Protagonisten Dreyfuss und Estevez zehrte – als eingespieltes Polizisten-Team, das einander und jeder Situation mit respektlosem Spaß begegnet. Bei ANOTHER STAKEOUT wird die Dynamik des Duos aufgebrochen, indem sie Zuwachs bekommen. Zwar stellt ihr Auftrag eine erneute Observierung dar (der titelgebende »Stakeout«), aber ihnen wird die Staatsanwältin Gina Garrett (Rosie O'Donnell) zur Seite gestellt, mit der sie gemeinsam die verschwundene Zeugin Lu Delano (Cathy Moriarty) finden sollen, die sich seit dem Anschlag nicht nur vor dem Killer, sondern auch vor der Polizei versteckt. Zu diesem Zweck soll ein Insel-Ferienhaus beobachtet werden, in dem Lu bei einem befreundeten Paar, den O'Haras, Zuflucht suchen könnte. Da hier aber eine versteckte Observierung aus der Distanz nicht möglich ist, müssen die drei als Familie getarnt in das Nachbarhaus einziehen.

Bill und Chris betreten, trotz ihrer Erfahrung mit »Stakeouts«, bei diesem Auftrag Neuland: Sie müssen den Schutz einer anonymen Beobachtung aus einem dunklen

Der Killer erhält seinen Auftrag...

...und sprengt das Haus in die Luft

Natürlich war es gerade Chris, der sich im ersten Teil nicht an diese mahnenden Worte hielt und es ist vorprogrammiert, dass dies auch jetzt nicht funktioniert. Gleich bei ihrer Ankunft kommen sie versehentlich in direkten Kontakt mit den zu beobachtenden Nachbarn. Der Film bezieht einen großen Teil seiner Situationskomik aus den verzweifelten Versuchen des Teams, ihre Tarnung nicht auffliegen zu lassen. Dies gipfelt in einer fast 20-minütigen Sequenz, in der Chris und Gina die O'Haras zum Abendessen zu Gast haben, während Bill in deren Haus eine Abhöranlage installieren soll. Das Abendessen wird zum Fiasko, weil die Familien-Imitation, die Chris und Gina spielen, zu einer grellen Karikatur wird, welche die Gäste immer mehr verunsichert, bis sie schließlich die Flucht ergreifen.

Versteck heraus gegen eine exponierte Position tauschen und sich zudem noch an eine neue Partnerin gewöhnen.

Das Rollenspiel als »Familie« und der unterschiedliche Umgang der Figuren wird hierbei zum Zentrum des Films: Bill und Chris begegnen der fremden Situation wie gewohnt mit Humor und wenig Respekt, als wäre diese Welt nur eine Farce aus einer Sitcom. Für Gina dagegen, die offenbar neben ihrem Beruf kein Familienleben hat, ist es eine Gelegenheit, ein Familien-Idyll aus Soap Operas auszuleben. Sie hat die Details und Hintergründe ihrer Familien-Tarnung minutiös ausgearbeitet; und als sie das Haus beziehen, ist sie voller Bewunderung für die Inneneinrichtung – wohingegen Bill Chris über die Schwelle trägt, während dieser ihm Rosenblätter über den Kopf streut.

Auf dem Weg zum Haus erklärt Chris Gina das Prinzip: »You know what a stakeout is all about? You sit, you listen, you watch. That's it. You don't participate.«

Beide STAKEOUT-Filme behandeln Observierungen, Berufs-Voyeure und ihre Beobachtungsobjekte. Im ersten Teil verschwimmen die Grenzen der Beobachtung, wenn Chris sich in Maria, die zu observierende Frau im Haus gegenüber, verliebt und in das Geschehen eingreift. In ANOTHER STAKEOUT verändert sich die Form der Beobachtung durch das Rollenspiel und die Positionierung inmitten des Geschehens. Es gibt nur wenige Szenen, in denen wie geplant mit dem Fernglas beobachtet wird. Überwiegend registrieren die Protagonisten das Geschehen um sie herum eher zufällig, da sie zu sehr mit sich selbst beschäftigt sind. Die Einblicke in das Leben von Fremden verlieren ihren professionellen Charakter und verwandeln sich zu einer Form von Reality-Show, deren Bestandteil sie selbst zunehmend werden. Die O'Haras avancieren zu Zuschauern der grotesken Familien-Sitcom, die ihnen von Chris und Gina dargeboten wird; und spätestens, wenn Mr. O'Hara ein Telefonat von Chris belauscht, das mit seinem »echten« Leben zu tun hat, sind die Beobachter endgültig selbst zu den Beobachteten geworden.

Die meisten Fortsetzungen folgen der Formel ihres Vorgängerfilms. ANOTHER STAKEOUT ist mit all seinen Abweichungen (wie der Veränderung des Kern-Teams durch Rosie O'Donnell) keine Ausnahme. Es existieren ganze Passagen im Film, deren Gegenstück sich in STAKEOUT wiederfindet. Badham macht sich sogar einen Spaß daraus, bei dieser Fortsetzung spielerische Rückbezüge und kleine Seitenhiebe auf die Fortsetzungskonventionen einzubauen. Wie im vorherigen Teil werden die beiden Protagonisten eingeführt, während sie einen Verdächtigen verfolgen. Als es darum geht, diesem durch einen Lebensmittel-Markt zu folgen, sagt Bill zu Chris »No, I've seen this one before. You go there«, da die Verfolgung beim letzten Mal für ihn in einem Fisch-Container endete. Trotzdem ist es am Ende auch hier wieder Bill, der in einem Müllwagen landet und mit Essensresten übergossen wird.

Bill trägt Chris über die Schwelle

O'Hara belauscht Chris

Der Kreis schließt sich

Sein »I've seen this one before« ist eine doppeldeutige Anspielung auf das Wiederholungsschema in Fortsetzungen und wirkt, als würde Badham seinen Kritikern zuzwinkern, um ihnen ein wenig die Luft aus den Segeln zu nehmen. Formal treibt er sein Spiel mit den Referenzen auf die Spitze, wenn zu Beginn des Films eine Szene aus STAKEOUT (die Autoverfolgungsjagd) im Hintergrund auf einem Fernseher läuft.

Der schönste Rückbezug auf den ersten Teil ist aber die Wiederkehr von Madeleine Stowe als Maria, die hier einen Gastauftritt ohne Nennung im Abspann hat – als Gefallen für Badham, der ihr mit STAKEOUT ihre erste große Kinorolle gab.[4] Ein solcher Kurzauftritt ist nicht ungewöhnlich, aber in diesem Fall bleibt es nicht bei einer Szene am Anfang, in der Maria Chris nach sechs Jahren verlässt, weil dieser sich weigert sie zu heiraten, sondern es sind gleich mehrere Szenen, in denen Maria – über den Film verteilt – auftaucht. Chris Weigerung, sie zu heiraten, erfolgt nicht, weil er sie nicht liebt, sondern weil seiner eigenen Familien-Erfahrung nach eine Ehe immer scheitert (hier spiegelt sich auch sein dysfunktionales Familienbild).

Am Ende des Films wird Gina, die beim Showdown mit dem Killer angeschossen wurde, in einen Krankenwagen verladen (wie Bill am Ende des ersten Teils). Sie fragt Bill und Chris, ob sie sich bei einem ähnlichen Auftrag in der Zukunft wieder an sie wenden könnte, was beide gleichzeitig verneinen. Letztendlich kehrt der Film hier zu seinem Ursprung als Buddy-Cop-Film zurück – und die »Buddies« sind die beiden Polizisten, zu ihnen gehört die Staatsanwältin dann doch nicht.

Chris kehrt nach Beendigung des Auftrags in seine Wohnung zurück. Maria hat dort auf ihn gewartet und er bittet sie, ihn zu heiraten. Als sie sich küssen (wie auch am Ende von STAKEOUT), beobachtet Bill sie aus dem Auto mit einem Fernglas. Der Film führt so nicht nur ganz nebenbei die Liebesgeschichte des ersten Teils zu einem glücklichen Ende, sondern schließt auch thematisch den Kreis zu STAKEOUT mit der Szene des kindsköpfigen Voyeurs.

Das Bild friert ein und der Schriftzug »A John Badham Movie« erscheint. Badham unterstreicht mit dieser Signatur zum Abschluss noch einmal, was der Film sein soll: unprätentiöses Unterhaltungskino im besten Sinne des Wortes, altmodisch und verspielt.[5]

Anmerkungen

[1] Vgl. Box Office Mojo: www.boxofficemojo.com/yearly/chart/?yr=1987&p=.htm; Stand: 13.06.2016. Mit einem Einspielergebnis von über 65 Millionen Dollar in den USA lag STAKEOUT auf Platz 8 der erfolgreichsten Filme des Jahres 1987 und war somit in dem Jahr noch erfolgreicher als LETHAL WEAPON (Zwei stahlharte Profis; 1987; R: Richard Donner), ebenfalls eine Buddy-Cop-Geschichte und heute einer der bekanntesten Klassiker dieses Genres (mit drei Fortsetzungen von 1989 bis 1998).

[2] Vgl. Den of Geek, Interview mit John Badham vom 23.9.2008 (www.denofgeek.com/movies/13632/theden-of-geek-interview-john-badham; Stand: 13.06. 2016).

[3] Ebd.

[4] Vgl. Movieline: Interview mit Madeleine Stowe, »Mad About The Girl« vom 1.10.1993 (www.movieline. com/1993/10/01/mad-about-the-girl/; Stand: 13.06.2016).

[5] Im Gespräch mit Michael Flintrop beim Cinestrange-Festival am 18.07.2014 erklärte John Badham, dass er mit »movie« eher unterhaltende Filme kennzeichnet, mit »film« die, die ihm etwas bedeuten.

Drop Zone (1994)

Von Sebastian Selig

1994, das Kino befindet sich im freien Fall. Sieben Wochen bevor John Badhams bunt flirrender DROP ZONE in den amerikanischen Kinos aufschlägt, wird bereits Charlie Sheen, ebenfalls einen Fallschirm tragend, am Steuer seines Cabrios aus einem Flugzeug geworfen. In »Tödlicher Geschwindigkeit« (wie einem der dt. Titel von TERMINAL VELOCITY, 1994; R: Deran Sarafian, nahelegt) befreit er die wundervolle Nastassja Kinski im Flug aus einem Kofferraum, während ihn der sich an der Kühlerhaube festklammernde Christopher McDonald (stark blondiert und böse) dabei auch noch mit einer Handfeuerwaffe unter Beschuss nimmt. Ein atemberaubender Stunt (Stunt-Coordinator war der legendäre Buddy Joe Hooker), um den David Twohy (u.a. die RIDDICK-Trilogie; 2000-2013) als Drehbuchautor einen ausgelassen ironischen Agentenplot strickt.

An der Kasse schlug TERMINAL VELOCITY leider ziemlich hart auf (laut IMDB standen einem geschätzten Budget von rund 50 Millionen Dollar lediglich Einnahmen von knapp 17 Millionen Dollar in den amerikanischen Kinos gegenüber). Kein gutes Vorzeichen für den nur unwesentlich günstigeren (die IMDB nennt ein 45 Millionen Dollar-Budget), aber Dank der Handwerkskunst John Badhams weitaus teurer wirkenden DROP ZONE, der nur sechs Wochen später in den US-Kinos startete. Badhams Film schlug sich letztlich dort etwas besser und spielte knapp 29 Millionen Dollar ein, blieb damit kommerziell aber trotzdem weit hinter den Erwartungen von Paramount Pictures zurück.

1994 war ein seltsames Jahr für Action-Filme. Das wohl bild-intensivste und damit schönste Genre überhaupt befand sich sichtbar im Umbruch. SPEED von Jan de Bont kam förmlich aus dem Nichts und ließ die Zuschauer atemlos die pure Bewegung spüren, während das oftmals noch komplett um archetypische Männerfiguren gestrickte Kino gleichzeitig an Boden verlor. Arnold Schwarzenegger versuchte sich mit TRUE LIES (R: James Cameron) noch einmal erfolgreich in die Ironie zu flüchten, während Sylvester Stallone als THE SPECIALIST (R: Luis Llosa) an der Seite von Sharon Stone eher wenig Liebe entgegenschlug. Aus Frankreich kommend, erwies sich LÉON (Leon – Der Profi)

Infiltrierte Subkultur der Skydiver

Die Kamera als Greifvogel

von Luc Besson wiederum als Vorbote einer, dann mit TAKEN (96 Hours; 2008; R: Pierre Morel) und THE TRANSPORTER (2002; R: Louis Leterrier, Corey Yuen) insbesondere die Nuller-Jahre dominierenden Nouvelle Vague Bang-Bang.

Ein ganz besonderes Jahr ist es für Steven Seagal. Hinter ihm liegt seine »Golden Era«, wie es sein Chronist, der Autor Vern im wunderbaren Buch *Seagalogy – A Study of the Ass-Kicking Films of Steven Seagal* beschreibt. Nach seinem Blockbuster-Erfolg UNDER SIEGE (Alarmstufe: Rot; 1992; R: Andrew Davis) kann er von den Studios scheinbar alles fordern, was er will. Für DROP ZONE wäre das eine Gage von 15 Millionen Dollar. In diesem Fall ist das den Produzenten zu teuer, die Rolle wird daraufhin mit Wesley Snipes besetzt.

Snipes war zuvor fast immer in Zweier-Gespannen in Action-Filmen zu sehen, so an der Seite von Sean Connery in RISING SUN (1993; Philip Kaufmann), in WHITE MAN CAN'T JUMP (Weiße Jungs bringen's nicht; 1992; R: Ron Shelton) neben Woody Harrelson oder auch als Gegenspieler von Sylvester Stallone in DEMOLITION MAN (1993) des späteren Video-Künstlers Marco Brambilla. Einzig oben in der Luft, als PASSENGER 57 (Passagier 57; 1992; R: Kevin Hooks), durfte er bereits als Held ganz allein einen Film tragen. Nun war er unter der Regie von John Badham noch einmal dafür vorgesehen.

Schon die bildgewaltigen Anfangsszenen von DROP ZONE lassen das eher dünne Drehbuch vergessen. Zur donnernden Musik von

Hans Zimmer (erst feinfühlig und melancholisch an der Ry Cooder E-Gitarre zirpend, dann ohne Umschweife in den Bombast kippend) fliegt diese präzise, entfesselte Kamera, die wir schon aus BLUE THUNDER (1983) kennen, über die Weite einer Sumpflandschaft auf eine große Gefängnisanlage zu und verwandelt sich im Hof in einen großen Greifvogel, der um ein Haar seine scharfen Krallen in einen dort inhaftierten Super-Hacker schlägt. Wesley Snipes, draufgängerisch, fokussiert, ehrgeizig, und sein besonnenerer Bruder (Malcolm-Jamal Warner) sind Cops. Ihr Job: Den eher an einen verwirrten Buchhalter erinnernden Computer-Hacker (verschwitzt und großartig überdreht: Michael Jeter) in ein anderes Gefängnis zu überführen, wofür die drei einen regulären Linienflug nutzen.

All das dient natürlich nur als Auftakt zu einer absurden, wenn auch erfolgreichen Befreiungsaktion in nächtlichen 10.000 Fuß Höhe. Eine Bande soziopathischer Fallschirmspringer sprengt die voll besetzte Passagiermaschine beinahe gänzlich in die Luft, dem Hacker wird von niemand geringerem als Gary Busey die Fingerkuppe abgebissen, Snipes Bruder stirbt den Heldentod bei dem Versuch, ein kleines Mädchen und ihren Stoffhasen zu retten und wird von den nächtlichen Wolken verschluckt, während ein Absturz der Maschine gerade noch so verhindert werden kann.

Der Schilderung Snipes alias Pete Nessip für die Vorkommnisse wird kein Glauben geschenkt. Ganz im Gegenteil, ihm wird unterstellt, er habe höchst unverantwortlich gehandelt und trage am Ende die Verantwortung für die Geschehnisse. Der Hacker und seine angeblichen Entführer werden für tot erklärt und Snipes unehrenvoll vom Dienst suspendiert.

Woraufhin der Film genau das tut, was ein Jahrzehnt später das wohl erfolgreichste Blockbuster-Kino unserer Zeit, die inzwischen schon neun Teile zählende FAST & FURUIOS-Filmreihe (2001-2021) auch tun wird: Er erzählt die »ein unangepasster, aber zu allem entschlossener Cop infiltriert undercover eine Subkultur (in diesem Fall die Szene der Fallschirmspringer und Base Jumper, statt die der illegalen Street-Racer), verliebt sich, findet in deren enger Familienstruktur neue Verbündete und fängt am Ende die bösen Buben«-Geschichte.

John Badham zeigt all das unverkitscht, aber völlig überzeichnet. Die Bösewichter agieren geradezu extrem ruppig und gnadenlos. Sie nutzen jede Gelegenheit, um Menschen mit sichtlicher Freude umzubringen und lassen sich immer wieder neue, absurde Dinge einfallen, um ihre Ziele zu erreichen. Dem gegenüber stellt der Film die fröhlich bunte Familie der Guten: Rosa Flugzeug, über einem Rummelplatz namens »Drop Zone« kreisend, anti-autoritär in ungewöhnlicher Patchwork-Harmonie zusammenfindend. (Ein Motiv, wie es sich in der sehr schön gezeichneten Beziehung zwischen Roy Scheider und der alleinerziehenden Candy Clark in BLUE THUNDER ähnlich finden lässt.)

Zwischen diesen beiden Gruppen wirkt der verbissene, und kindlich naiv Kreischende, seine Mitte verlierende Cop, den Wesley Snipes mit großer Energie spielt, wie ein Fremdkörper. Seine Zerrissenheit gipfelt in einer auch schauspielerisch bravourösen Konfrontation mit seinem unbeherrschten Gegenspieler Gary Busey. Als sich Snipes und Busey im Finale gegenseitig die Pistolen ins Gesicht halten, weist Badham die beiden Mimen an, darauf mit zehn (!) verschiedenen Gesichtsausdrücken zu reagieren, ehe alles zu Bruch geht und sie in einem glitzernden Scherbenhaufen auf der Straße landen.

Ja, DROP ZONE funkelt. Der Film vermag noch in den unmöglichsten Situationen immer wieder neue, atemberaubende Bilder zu finden, unterstützt von der hemmungslos pathetischen Musik Hans Zimmers. Der Zuschauer verliert sich in diesen Bildern, er gleitet über mehrere in großer Höhe dröhnende Tragflächen locker und gradlinig hinweg, umkreist verspielt in der Sonne glänzende Glastürme oder stürzt sich über einer giftig grün, gelb und rot leuchtenden Großstadt bei Nacht in die Tiefe. Mit am schönsten am Ende des Films im satten Orange des Abspanns, über den John Badham noch einmal alle Fallschirmspringer im vollen Gegenlicht durch die Wolken schweben lässt.

Es mag ihm vielleicht nicht ganz gelingen, das Meisterwerk zu sein, wie es in seiner kernigen Entschlossenheit BLUE THUNDER verkörpert, aber ganz klar auch ein funkelnder Stern am Firmament des Action-Genres.

Mexican Standoff

Nick of Time (1995)

Von Björn Helbig

Wissen ist Macht. Doch je besser wir die Welt um uns herum verstehen und kontrollieren können, desto notwendiger wird es, unsere Fähigkeiten auch anzuwenden. Mit dem Anwachsen unserer Möglichkeiten verringert sich somit paradoxerweise unser Handlungsspielraum. Das müssen auch die Figuren in NICK OF TIME (Gegen die Zeit; 1995) erfahren. Die atemberaubende Geschichte, die Regisseur John Badham nach einem Drehbuch von Patrick Sheane Duncan erzählt, handelt von einem Vater, der durch die Entführung seiner Tochter gezwungen wird, ein Attentat auf die Gouverneurin des US-Bundesstaates Kalifornien zu verüben.

Die Währung dieses Thrillers ist Zeit. Je weniger für die Protagonisten vorhanden ist, desto spannender wird es für den Zuschauer. Und die Uhr tickt in NICK OF TIME. In den 90 Minuten des nahezu in Echtzeit spielenden Films begleitet der Zuschauer den von Johnny Depp überzeugend gegebenen Wirtschaftsprüfer Gene Watson auf Schritt und Tritt, während die beiden vorgeblichen Polizisten Smith (Christopher Walken) und Jones (Roma Maffia) seine Tochter Lynn (Courtney Chase) in Gewahrsam halten. Die Handlung des Films ist größtenteils im Bonaventure Hotel, einem Labyrinth aus Hallen, Gängen, Rolltreppen und Zimmern, angesiedelt.

Der Unübersichtlichkeit des Handlungsortes steht die Einfachheit des Plots gegenüber. Ein Vater muss einen Mord begehen – sonst sieht er seine Tochter nie wieder. Was auf den ersten Blick wie ein Film wirkt, der sich in bester Hitchcock-Manier seines Ballastes entledigt und nur das stählerne Skelett eines Thrillers zu sein scheint, erweist sich bei Badham gleichzeitig als mehr. Aus der Reduktion heraus legt er das Dilemma unserer Zeit frei: Denn wie für die Figuren des Films, so scheint sich auch der Zukunftshorizont des Menschen zu verengen. Je mehr wir darüber wissen, was geschehen wird, desto stärker sind wir gezwungen, unsere heutigen Handlungen danach auszurichten. Wir versuchen alles zu kontrollieren, um den schmalen Pfad nicht zu verlassen, der uns in eine vermeintlich erwünschte Zukunft führt.[1] Jedes Mittel ist uns dafür recht. Doch wie sehr wir uns auch anstrengen, alles unter Kontrolle zu behalten – irgendetwas geht immer schief. Ulrich Beck erläuterte bereits 1986 eindrucksvoll in seinem Buch *Die Risikogesellschaft*[2], dass unsere Handlungen größtenteils von den ungeplanten Nebenfolgen zurückliegender Entscheidungen bestimmt werden. Technik soll uns Macht über unsere Umwelt geben, deswegen vertrauen wir immer noch und wider besseren Wissens auf technische Lösungen, um den Problemen Herr zu werden. Die Uhr tickt – und zwar immer schneller. Doch ob mehr Know-how einen Ausweg aus dem Dilemma bietet, ist höchst fraglich. Da! Schon wieder ist ein Atomkraftwerk explodiert! Und da – ein Tsunami, eine neue terroristische Bedrohung, ein Attentat!

Was zurück zum Film führt. Dieser eröffnet mit einem eindrucksvollen Bild, das thematisch bereits einiges vorweg nimmt. Wir sehen Gene Watson mit seiner Tochter im Zug, während draußen vor den Fenstern ein Mann auf einen anderen einprügelt. Zwei Welten – der Zug und die Außenwelt, direkt nebeneinander –, die aufgrund unterschiedlicher Raum- und Zeitlogiken nicht miteinander interagieren können. Im Folgenden erwarten die Drahtzieher des Attentats, dass Gene funktioniert wie eine Maschine. Wie ein Zug, dessen Weg durch die Schienen vorherbestimmt ist, soll er, programmiert durch den drohenden Tod seiner Tochter, einen Mord begehen. Auch er kann niemanden zu Hilfe rufen: Wie schon eingangs im Zug scheint er sich mit anderer Geschwindigkeit auf anderen Schienen zu bewegen als seine Mitmenschen. Kontaktversuche mit einem Polizisten, einem Taxifahrer und sogar seinem potenziellen Opfer schlagen fehl.

Immer unter Kontrolle

Heinrich Böll erzählt in seiner *Anekdote zur Senkung der Arbeitsmoral*[3] vom Aufeinandertreffen zweier unterschiedlicher Zeitkulturen in Gestalt eines reichen Touristen und eines einheimischen Fischers. Der Tourist fragt den in der Sonne dösenden Fischer, warum dieser sich bereits mit seinem Fang zufrieden gebe. Der Fischer könne seiner Meinung nach doch häufiger hinausfahren und mehr fischen, um sich schließlich einen Motor, ein zweites und drittes Boot, ein Kühlhaus anschaffen zu können. »Was dann?« fragt der Fischer. »Dann«, antwortet der Tourist, »könnten Sie beruhigt hier im Hafen sitzen und in der Sonne dösen«. »Aber das tue ich ja schon jetzt«, sagt darauf der Fischer.

Blick aus dem Fenster

Gene Watson findet »seinen Fischer« schließlich in Gestalt eines Schuhputzers. Dessen Dienstleistung besteht nicht nur im Putzen der Schuhe, er bietet auch eine Aus-Zeit als eine Art Refugium, die dem Protagonisten die Chance gibt, seine Eigenzeit für einen Moment zu verlassen, innezuhalten und nachzudenken. Und wahrscheinlich ist es dieses Innehalten, das er braucht, um zu erkennen, dass er dem Kontrollsystem entkommen kann.

Der Schuhputzer als »Fischer«

Damit der Zuschauer von der Handlung gefangen wird, wie Gene Watson die äußeren Zwänge spürt und das Ticken der Uhr hört, entscheidet sich Badham für einen quasi-dokumentarischen Ansatz. Alles soll sich anfühlen, als würden die Ereignisse wirklich in diesem Gebäude mit diesen Leuten stattfinden. Viele Szenen wurden mit der Handkamera gedreht, manchmal wurde der erste, wenn auch nicht perfekte Take genutzt, die Schauspieler wurden dezent oder gar nicht geschminkt – alles, um einen möglichst realistischen Eindruck zu vermitteln.[4] Dieser Eindruck wird durch die Plastizität der Figuren verstärkt und hängt

abermals mit der Arbeitsweise des Regisseurs zusammen. Für ihn sind, wie er stets hervorhebt, Schauspieler niemals Puppen, sondern immer kreative Partner, mit denen er sich seine Stoffe gemeinsam zu eigen macht und sukzessive die Figuren entwickelt. Mit wenigen präzisen Szenen schafft er plastische Charaktere. Johnny Depps Figur wird als liebender Vater und Durchschnittsbürger gezeigt, dessen Fähigkeit, über sich hinauszuwachsen, bereits in der Bahnhofsszene des Films deutlich wird. Oder Christopher Walken, der als Mr. Smith Gene in den Menschenmassen erblickt und wie ein Lehrer oder Talent-Scout sein Potenzial schon von Weitem erkennt, ihn unter seine Fittiche nimmt – und zum Schluss auf ironische Weise Recht behält. Von der zentralen Figur bis zum Komparsen – alle Menschen stecken hier voller Geschichten.

Man darf NICK OF TIME durchaus in einer Tradition mit großen »Echtzeit«-Thrillern wie HIGH NOON (Zwölf Uhr mittags; 1952; R: Fred Zinnemann), ROPE (Cocktail für eine Leiche; 1948; R: Alfred Hitchcock) und 12 ANGRY MEN (Die zwölf Geschworenen; 1957;

R: Sidney Lumet) sehen und ihn zudem noch als Hitchcock-Hommage mit einem gewissen intellektuellen Extra begreifen. Doch der Film floppte in den USA und erschien deswegen nicht in deutschen Kinos. Warum, darüber lässt sich nur spekulieren. Möglicherweise waren einige seiner Qualitäten zu abstrakt. Seine Prämisse wirkt konstruiert und für einen reinen Thriller mutet einiges auf den ersten Blick seltsam an, zum Beispiel, dass Mr. Smith bei jedem Versuch Watsons, Hilfe zu holen, sofort zur Stelle ist. Doch solche humoristischen Momente, die mancher Zuschauer vielleicht als unfreiwillig deutet, erfüllen durchaus ihren Zweck im Gesamtkonzept, zeigen solche Szenen doch, dass auch die Bösewichte dem ersten Anschein zum Trotz die Situation niemals unter Kontrolle haben.

Dabei ist Kontrolle genau das, was sich der moderne Mensch sehnlichst wünscht. Die Zukunft wirft ihren drohenden Schatten auf die Gegenwart, aber wir wollen ihr nicht wie auf Schienen entgegenfahren. Deswegen arbeiten wir im Akkord an unserem Schienennetz für einen Zug, der uns an einen helleren und freundlicheren Ort bringen soll, in eine Zeit, die noch nicht ist. Technik soll uns dabei helfen, die Kontrolle zu behalten. Sie versorgt uns mit Informationen aus der Zukunft und hält alternative Wegstrecken ins Morgen bereit. Doch sie liefert keine Vision, wie wir leben wollen und schlimmer: Sie selbst verursacht immer wieder Probleme, die unseren Handlungsspielraum weiter einengen. Badham wird in seinem Film nicht müde, sich an dem Spannungsverhältnis zwischen Natur und Technik, zwischen Freiheit und Sicherheit, zwischen Kontrolle und Wahnsinn zu reiben. In Filmen wie BLUE THUNDER (1983), SHORT CIRCUIT (1986) und WARGAMES (1983)[5] ist dieses Thema deutlicher, in anderen wie POINT OF NO RETURN (1993) oder eben NICK OF TIME in abstrakter Form vorhanden. Hier geht es um den Versuch, die Gegenwart zu kontrollieren und sie nach dem Diktat der Zukunft zu gestalten. Technologie(-kritik)

– das zeigt sich in NICK OF TIME vielleicht sogar deutlicher als in anderen seiner Filme – ist für den Regisseur nur das sichtbare Oberflächenphänomen einer Grundfrage, die mehr Werke des Regisseurs durchzieht, nämlich der nach der menschlichen Handlungsfreiheit. Die Kontrolle über die Natur ist nicht per se schlecht, es kommt darauf an, wie wir sie benutzen – und dass wir uns der Grenzen unseres Einflusses bewusst sind. Wissen ist Macht, aber auch in mehrfacher Hinsicht ein limitierender Aspekt unserer Freiheit. Die Figuren seiner Filme kämpfen stets dafür, sich ein Stück Freiheit in der Gegenwart zu erhalten. Denn wir können gegenwärtig nicht wissen, was wir wissen werden – sonst wüssten wir es jetzt schon.[6] In solchen Momenten zeigt sich John Badham nicht nur als famoser Regisseur und jemand, der in der Kunst ein Stück Freiheit findet, sondern auch als großer Humanist.

Anmerkungen

[1] Lucian Hölscher: Die Entdeckung der Zukunft. Frankfurt am Main 1999, S. 219ff.

[2] Ulrich Beck: Die Risikogesellschaft. Frankfurt am Main 1986.

[3] Heinrich Böll schrieb die Anekdote für den Tag der Arbeit 1963. Sie sollte bei einer Sendung des Norddeutschen Rundfunks vorgelesen werden. Aufgegriffen hat er die Geschichte von Hartmut Rosa. In seinem Buch Beschleunigung (2005, Frankfurt am Main) deutet Rosa die Geschichte der Modernisierung als Geschichte der Akzeleration, die unser Leben auf vielfältige Weise bestimmt. Interessant sind seine Überlegungen im Hinblick auf NICK OF TIME vor allem deswegen, weil sich auch Badhams Film in mehrfacher Hinsicht chronopolitisch ausdeuten ließe.

[4] Nigel Goodall: The Secret World of Johnny Depp. London 2010.

[5] Luke Y. Thompson: WARGAMES and SHORT CIRCUIT Director John Badham Talks Tech. In: Topless Robot vom 04.09.2013 (www.toplessrobot.com/2013/09/tr_interview_wargames_and_short_circuit_director_j.php; Stand 30.05.2015).

[6] Stanislaw Lem: Die Vergangenheit der Zukunft. Frankfurt am Main Leipzig 1992, S. 60.

Incognito (1997)

Von Joanna Barck

Betrachtet man das jüngste Kinogeschehen, so könnte man glauben, es gäbe einen Boom an Filmen, deren Plot Kunst, Maler und ihre Musen, Kunstraub und insbesondere Kunstfälschung behandelt. Kunst als Filmsujet, Kunstfälscher als Protagonisten sind offenbar en vogue: VINCI (2004; R: Juliusz Machulski), GAMBIT (Gambit – Der Masterplan; 2012; R: Michael Hoffman), AMERICAN HUSTLE (2013; R: David O. Russell), BELTRACCHI – THE ART OF FORGERY (Beltracchi – Die Kunst der Fälschung; 2014; R: Arne Birkenstock), ART AND CRAFT (2014; R: Sam Cullman/Jennifer Grausman/Mark Becker) sind nur einige Beispiele. Die Liste ließe sich um viele weitere verlängern. Doch die Idee, Kunst könnte ein guter Aufhänger für spannende Filme sein, funktioniert – mal mehr, mal weniger gut – offenbar nur dann, wenn sie zu einem bloßen Objekt der Begierde avanciert. Obwohl als Wertobjekte austauschbar, bilden sie doch ein besonderes Faszinosum, für das der Markt steigende Preise verbucht und Kunstauktionen regelmäßig höhere Bieterrekorde vermelden. So begehrt und faszinierend einige alte und neue Meisterwerke sind, so wenig eignen sich die Künstler zu Stars von Actionfilmen, hierfür bieten sich eher Kunstfälscher an, deren besonderer Job bereits Thrill verspricht. INCOGNITO, ein US-amerikanischer Genrefilm, den John Badham 1997 realisierte, folgt dieser Grundidee.

Der junge, attraktive und bereits unter den Kennern der Materie berühmte Gemäldefälscher Harry Donovan (Jason Patric) wird angeheuert, ein Rembrandt-Bild neu zu erfinden und auf diese Weise eine Fälschung herzustellen. Seinen Auftraggebern – zwei Galeristen und einem koreanischen Kunsthändler – schwebt ein epochaler Betrug vor, denn sie wollen die Fälschung für mehrere Millionen Dollar versteigern. Nicht unerhebliche Turbulenzen entstehen, als sich Harry weigert, »seinen Rembrandt« für eine öffentliche Auktion herzugeben. Die Situation eskaliert schließlich im Mord an dem Kunsthändler und in einer Verfolgungsjagd, während der die Polizei nach dem vermeintlichen Mörder und die zwielichtigen Galeristen nach dem nun von Kunstexperten als echt ausgegebenen »Rembrandt« fahndeten. Harrys Flucht missglückt, er wird verhaftet und das Gemälde vor seiner Vernichtung gerettet. Angeklagt ist Harry aber nicht wegen seiner Tätigkeit als Fälscher, sondern wegen Gemälderaub und Mord, den er begangen haben soll, um den »Rembrandt« zu stehlen. In der Gerichtsverhandlung muss Harry beweisen, dass der »echte« Rembrandt seine Fälschung ist. Eine wichtige Rolle spielen in diesem Verwirrspiel mit Missverständnissen die Kunsthistoriker als sogenannte Kunstexperten, ohne deren beglaubigende Expertisen das Gemälde wenn nicht wertlos so doch zumindest kein Rembrandt bliebe, denn die Fälschung ist wohlweislich nicht signiert. Eine dieser Experten ist die junge (natürlich attraktive) Kunsthistorikerin Marieke van den Broeck (Irène Jacob). Sie ist die einzige unter ihren Fachkollegen, die das Gemälde als Fälschung deklariert – und eine Affäre mit Harry beginnt, ohne zu ahnen, mit wem sie es zu tun hat.

Man kann schnell darüber übereinkommen, dass dieser Film nicht zu den Besten aus Badhams Filmfeder zählt. Die Erzählung steckt voller Fehler und Klischees – deutschsprechende Holländer oder Sex in einer Pariser Hotellobby, sehr junge aber weltweit wichtigste Rembrandtexpertin –, den Figuren fehlt an Überzeugung, die Plotentwicklung bleibt insgesamt ohne Spannung und noch einige weitere Schwächen könnten aufgezählt werden. Tatsächlich erhielt der Film trotz der bekannten Schauspieler kaum positive Resonanz. Allerdings ist es nicht besonders interessant, eine Monitaliste eines missglückten Films zu erstellen. Mich beschäftigt im Folgenden vielmehr die Frage, woran INCOGNITO eigentlich scheitert, denn Badham als erfahrener Action- und Thriller-Regisseur weiß, welcher Zutaten er sich bedienen muss, um einen guten genrespezifischen Film zu kreieren.

Unter »Fälschung« (engl. forgery), in der Fachsprache »Falsifikat«, versteht man ein Werk, das sich für ein älteres, zumeist wertvolles Objekt ausgibt, indem es möglichst viele der originalen Merkmale nachahmt. Wird die Tatsache der Nachahmung verschwiegen oder das neugeschaffene Objekt sogar als das genuine Original ausgegeben, liegt rechtlich ein Strafdelikt vor. Mögen »Fälschung« und »Original« gesetzlich definiert, voneinander geschieden und durch den Urheberschutz klar bestimmt sein, so spannungsgeladen und unklar ist dieses Begriffspaar kunstästhetisch und philosophisch betrachtet: Denn ist nicht jede Fälschung zugleich auch ein Original und jedes Original gleichzeitig auch eine Nachahmung? Wann werden Objekte zur Kunst deklariert und wann nicht? Welche erhalten einen genialen und welche einen mittelmäßigen Status?

Gleichzeitig existiert eine lange Tradition der Nachahmung in der Kunst. In der ostasiatischen Kunstlehre erreichte ein Kunstnovize seine optimale Ausbildung, wenn er ein Bild des Altmeisters perfekt kopieren konnte. Signierte der Lehrmister sogar das fremdgeschaffene Bild mit seinem eigenen Namen, so konnte sich der Schüler der Malmeisterschaft rühmen und wurde mit diesem speziellen Akt als eigenständiger Künstler(-meister) anerkannt. Es mag irritieren, dass hierbei der eigentliche Meister zum Fälscher seines Schülers wird, der wiederum zuvor die Werke des Meisters in Perfektion nachmachte (also fälschte). Diese Praxis wiederspricht scheinbar gänzlich dem westlichen Künstlergeniegedanken, sie ist dennoch – wenn auch weniger bekannt – durchaus in allen abendländischen Epochen bis zur Moderne in den Kunstwerkstätten praktiziert worden. Es liegt auf der Hand, dass eine solche Verfahrensweise viele Jahrzehnte später den Kunsthistorikern große Probleme in der sogenannten Händescheidung innerhalb eines Werks bereitet, ihre Expertise gleichzeitig aber den Wert des Kunstwerks mitbestimmt, denn auch eine geniale Schülerarbeit ist halb so viel wert wie eine mäßige Arbeit eines anerkannten Meisters. Rembrandts Werkstatt stellt ein solches großes Problem dar.

In der Epoche der Moderne entwickelte sich wiederum eine neue Kunstmethode, die heutzutage durchaus verwirrend »Fake« genannt wird: »Der Begriff des ›Fake‹ meint eine mimetische Nachahmung eines anderen Kunstwerks, die im Gegensatz zur Fälschung selbst auf ihren gefälschten Charakter hinweist.« Entscheidend dabei ist, dass »die Reproduktion nicht mehr moralisch als Fälschung verurteilt, sondern das Fake [...] als Kritik an der Institution der Kunst und ihrer Ideologie des Originals betrachtet [wird].«[1]

Pablo Picasso soll gesagt haben »Kunst ist eine Lüge. Eine Lüge, die die Wahrheit erkennen lässt.« Diesen Aphorismus verwendet ein anderer Regisseur als Ausgangspunkt eines unterhaltsam-verwirrenden Essayfilms über das Fälschen: F FOR FAKE (F wie Fälschung; 1974) von Orson Welles handelt von echten und falschen Kunstwerken, von ebensolchen Biographien und nicht zuletzt vom Filmemachen an sich und den ganz legalen Fälschungen, die die filmische Narration notwendig macht, um aus dem Leben einen Film zu erschaffen. Dabei stellt Welles sich Kunstfragen, die meiner Ansicht nach erstaunlicherweise auch INCOGNITO motivieren. Wenn Kunst eine Lüge ist, was ist dann eine Fälschung? Kann ein Fälscher ein Genie sein und wenn ja, ist er damit gleichzeitig auch ein Kunstgenie? Welles konnte diese Fragen in einem Essayfilm und das heißt selbst auf künstlerische Weise aufgreifen, aber Badham hatte ein Filmgenre anvisiert, das wie kaum ein anderes ungeeignet erscheint, diese Fragen adäquat beantworten zu können. Actionfilme, die Fälschungen ins Zentrum des Plots rücken, interessieren sich nur bedingt für die Entstehung eines Gemäldes, mit Sicherheit jedoch nicht für die Persönlichkeitsentwicklung eines Künstlers oder für künstlerische Fragestellungen. Sie fokussieren vielmehr einen spektakulären Coup, bspw. den Austausch des Originals durch eine Fälschung oder sonstigen Betrug mit gefälschter Kunst. Spannung, Geschwindigkeit, Nervenkitzel und nicht zuletzt auch eine überraschende Wende in der Narration, das sind die Zutaten, aus denen ein Action-Plot entsteht. Ein guter Actionfilm ist eine Symphonie in Staccato: Alles ist auf den Punkt gebracht, für lange Entwicklungsgeschichte oder gar eine Charakterstudie gibt es, wenn überhaupt, nur wenig Platz in diesem Genre.

Obwohl die notwendigen Ingredienzien für einen Actionplot vorhanden sind, fällt INCOGNITO dennoch überraschend anders und darin ambitioniert aus. Bemerkenswerterweise wird INCOGNITO auf der offiziellen Homepage John Badhams, die seine Regiearbeiten und sonstige Produktionen in einer jeweils kurzen Inhaltssynopsis beschreibt, nicht mit genretypischen Charakteristika beworben, statt dessen befindet sich dort folgender Eintrag: »Incognito [...] features one of the most realistic examinations of the technical aspects of art forgery ever shown on film.«[2] Tatsache ist, dass der Film sich mehr mit Kunst und den eingangs gestellten kunsttheoretischen Fragen beschäftigt als es einem Actionfilm gut tut. Interessanter als die Darstellung der »technical

aspects« ist der Versuch, den Entstehungsprozess einer Kunstfälschung als eine in die Tiefe gehende Auseinandersetzung mit der Person des Künstlers und seinem Werk darzustellen, die weit über eine kunsthistorische Recherche nach einer ›Vorlage‹ und eine praktische Malübung im altmeisterlichen Stil hinausgeht. Harry muss, will er das verschollene Meisterwerk glaubwürdig fälschen, nicht nur Rembrandts Gemälde bis in die kleinsten Details hinein studieren, sondern darüber hinaus Rembrandts künstlerisches »Ingenium« zu seinem eigenen machen. Nur vor diesem Hintergrund begreift man seine verzweifelte Suche nach einer Idee, die ihn zu dem ersten Pinselstrich auf einer leeren Leinwand führen soll. Diese Eingebung ist nichts anderes als die künstlerische Inspiration, die ihm in seinem New Yorker Atelier so gänzlich fehlte. Und auch Harrys geheimes Atelier in der Dachkammer eines Amsterdamer Grachtenhauses, das wie das ehemalige Rembrandthaus aussieht, ist in dem Kontext der gesuchten Verschmelzung zwischen dem Altmeister und sich selbst zu sehen.

Eine aufwendige kunsthistorische Recherche führt Harry auf die Spur eines kurz nach seiner Fertigstellung auf dem Weg nach Spanien verschollenen Bildnisses eines alten Blinden, das in den Analen als das Meisterwerk Rembrandts bezeichnet wird und möglicherweise seinen Vater darstellte. Allein die Entdeckung dieses zum Fälschen geradezu prädestinierten Bildes – von niemanden richtig gesehen oder beschrieben worden und dennoch als herausragend eingestuft – ist nicht für sein ambitioniertes Vorhaben ausreichend, denn unter einer perfekten Fälschung versteht Harry eine Neuschöpfung, für die ihm noch die letzte Inspiration für das Gesicht des Alten fehlt ... Bis ihm die während eines Telefonates mit seinem Vater en passant angefertigte Zeichnung und eine kleine zerknitterte Fotografie, die ihn zusammen mit seinem Vater zeigt und ihm offenbar eine kostbare Erinnerungen ist, die erhoffte Eingebung liefert.

Im Moment der Inspiration schmilzt die scheinbar unüberwindliche Kluft der Jahrhunderte zwischen dem jungen modernen Maler auf der einen und dem alten holländischen Meister auf der anderen Seite. Es ist der Moment, in dem Harry begreift, wie er malen muss, damit ein Bild entsteht, das zugleich eine Fälschung und doch ›echt‹ ist. Das Porträt, das er als das »verschollene Bildnis Rembrandts« entstehen lässt, gerät auf diese Weise zu einem ganz persönlichen Gemälde an dem, wenn man so will, zwei Künstler arbeiteten. Denn Harry versetzt sich nicht nur in das Genie des Altmeisters, sondern unterlegt dem falschen Rembrandt-Bild die eigene Porträtzeichnung, das er von seinem Vater anfertigt, wobei er insbesondere die charakteristische Augenpartie seines Vaters einarbeitet. Es ist diese persönliche Note – ›die Einschreibung‹ seines Vaters in das Bildnis von Rembrandts Vater –, die das Bild zu einer perfekten ›Originalfälschung‹ werden lässt.

Mit der Vollendung des Porträts, das heißt mit dem letzten, nicht mit dem ersten Pinselstrich, beginnt der Vorspann des Films.

Wir sehen zunächst ein gänzlich verschwommenes Filmbild, bei dem nur undeutlich eine Bewegung auszumachen ist. Erst allmählich schärfen sich die Umrisse und wir erkennen, wie eine Hand mit vorsichtigen aber sicheren Bewegungen mit einer Nagelfeile ein Gemälde vollendet. Von diesem Gemälde sehen wir zunächst nur ein extremes Detail, nämlich ein mit dicken Pinselstrichen ausgeführtes Auge. Dass es der Blick seines Vaters ist, der durch das Porträt uns anschaut, und dass es sich dadurch um eine Fälschung und nicht um das Rembrandtbildnis handelt, muss Harry am Ende des Films nachweisen, will er von der Mordanklage, unter der er vor Gericht steht, freigesprochen werden. Verkehrte Welt, in der ein Maler beweisen muss, dass er ein genialer Fälscher ist, um nicht als Räuber und Mörder verurteilt zu werden.

Ein harter Montageschnitt führt uns von dem Gemäldedetail zu einer schnell geschnittenen Sequenz in Schwarzweiß: Eine aktuelle Fernsehnachricht, die von der Festnahme Harrys und der polizeilichen Sicherstellung des angeblich gestohlenen Gemäldes berichtet.

Die Polizeifotos von Harry und dem konfizierten Porträt, die im Parallelschnitt nebeneinander dargestellt werden, lassen aus dem Gemälde eine quasi lebendige (verdächtige) Person entstehen. Noch wissen wir nicht, dass es sich dabei um Vater und Sohn handelt. An dieser Stelle geht der Film dazu über, die Geschichte des Bildes und die Geschichte des Malers als Rückblende zu erzählen.

Stellte uns Badham zunächst einen jungen, technisch begabten, jedoch offenbar

Drei dubiose Kunsthändler

Gerichtsverhandlung

uninspirierten Künstler vor, der an seiner ersten Galerieausstellung scheitert, so steht mit der späteren Arbeit an der Fälschung ein Kunstnovize vor uns, der an dem alten Meister reift, indem er ihn zu übertreffen

Zeichnung und Fotografie

Vater und Sohn

sucht. Die Grenzen zwischen einer genialen Fälschung und einem genialen Kunstwerk – damit auch die Grenzen zwischen schöpferischer Genialität und genialer Nachahmung – verwischen dabei zusehends. Es ist bedauerlich, dass Badham dem Fundament seines Films nicht vertraute und stattdessen an dem Genre des Actionthrills festhielt, denn der tragische Charakter Harrys liefert INCOGNITO eine gute Anlage zum Drama. Der talentierte, aber unfähige Jungkünstler aus New York begibt sich auf die zunächst kriminell motivierte Inspirationssuche nach Europa. Dabei durchlebt er das persönliche Dilemma in der Entscheidung zwischen freier Kunst und illegaler, anonymer Arbeit als Fälscher, zwischen dem eigenen Schaffenswunsch und der ungeliebten Gabe des perfekten Fälschens. Im klassischen Sin-

ne tragisch ist auch das Verhältnis, das der Protagonist zu seinem gleicherweise malenden Vater unterhält, pendelnd zwischen Zuneigung, Achtung und zugleich Ablehnung dessen, was dieser verkörpert: Den als Maler verkannten, offenbar unentdeckt und arm gebliebenen, schließlich früh erkrankten, einsamen Mann kann Harry nicht als Vorbildfigur annehmen. Ironischerweise spiegelt sich im Schicksal des Vaters das tragische Schicksal Rembrandts wider, der verarmt und gesellschaftlich gemieden starb.

Damit veranschaulicht INCOGNITO einen Konflikt der Generationen, aber auch den Konflikt zwischen zwei Auffassungen von Kunst und dem Künstlerdasein. Der alte Maler sieht in der künstlerischen Begabung eine Aufforderung, den »Weg der Kunst« als sein Schicksal auf sich zu nehmen. Der junge Maler hingegen erkennt darin eine Möglichkeit, wie er zu Ruhm und Geld gelangen kann. Als Kunstfälscher ein Genie zu sein, heißt jedoch, seinen Ruhm nur inkognito genießen zu können, denn die Genialität ist untrennbar mit der Geheimhaltung verbunden. Nur als Niemand – »a nobody« wie Marieke sagt –, das heißt als eine unsichtbare, nichtexistente Person, die hinter falschem Werk und fremder (falscher) Signatur verschwindet, kann ein Fälscher ein Genie sein. Tritt er als Urheber seiner Fälscherwerke ins Rampenlicht, so verliert der Fälscher augenblicklich seine Genialität als Künstler – und bleibt, wenn er Glück hat, ein gefeierter und bestaunter Gauner mit guten künstlerischen Fähigkeiten, ein Handwerker also. Ein herausragendes Beispiel ist hierfür der Kunstfälscher Elmyr de Hory, den Orson Welles zum Protagonisten in seinem Film F FOR FAKE wählte.

Badham gestaltet Harry in den Charaktergrundzügen als eine gebrochene Figur, die auf ihre überragenden Fälscherfähigkeiten nicht stolz ist, was wiederum Harry von den bekanntgewordenen Kunstfälschern stark unterscheidet. Unter ihnen sind keine geschterten Künstler zu finden, vielmehr begannen die meisten von ihnen recht früh mit Werkkopien und bewusster Fälscherarbeit. Einige, wie bspw. der Niederländer Han van Meegeren (tätig hauptsächlich von 1910 bis 1930), waren als Künstler erfolgreich, bevor sie sich der Fälscherarbeit zuwandten. In allen publik gewordenen Fällen spielte der Stolz auf die eigenen herausragenden Fähigkeiten eine große, kaum verhohlene Rolle. Vor diesem Hintergrund betrachtet, ist Harry eine durch und durch fiktive Figur, in die offenbar mehr ein Klischee des unglücklichen Künstlers als die reale Biographie eines Kunstfälschers eingeflossen zu sein scheint.

Was INCOGNITO jedoch herausarbeiten kann, und das ist durchaus bemerkenswert, ist die Tatsache, dass jede »geniale Fälschung« einen künstlerischen Schaffensprozess darstellt, der die Potenzialität zum Original in sich birgt. Eine Fälschung in ein ›Original‹ zu verwandeln, erfordert keine unfähigen Kunstexperten, sondern basiert auf der Annahme (oder der Wahrscheinlichkeit), dass ein herausragendes Kunstwerk eher von Meisterhand stammt als dass es eine Nachahmung darstellt.

Es scheint so, als ob nicht nur der Protagonist, sondern auch der Regisseur des Films selbst an der Kunst, die er in das falsche Genre verpacken möchte, verzweifelt. Tatsächlich enthält der Film Kunstfragen, die an einen anderen Regisseur und sein – hier allerdings vorsätzliches – filmisches Scheitern erinnern. Jean-Luc Godards Film PASSION (1982) behandelt die Leidenschaft eines Filmemachers zu Gemälden und Filmbildern. Sein Protagonist Jerzy (ein polnischer Regisseur) verfolgt ähnlich wie Badhams Harry die fixe Idee, hinter die Perfektion einiger altmeisterlicher Bildkompositionen, hinter ihre Farb- und Lichtgestaltung, zu kommen, um daraus wiederum Inspiration für die eigenen Bildschöpfungen (die bei Jerzy die Filmbilder sind) zu gewinnen. Das Zentrum in PASSION bildet bezeich-

nenderweise die sogenannte »Nachtwache« von Rembrandt, die penibel als ein Tableau Vivant nachgestellt und analysiert wird.

Godards Jerzy erkennt sein eigenes Scheitern und gibt dieses Projekt der Nachschöpfung auf. Badhams Protagonist bleibt hingegen ambivalent: Zwar deckt er seine besonderen Fähigkeiten im Gerichtssaal nicht auf – denn »nur ein Rembrandt kann einen Rembrandt malen« –, doch am Ende bleibt er gleichwohl auch ein Gauner, der »seinen Rembrandt« im Museo del Prado hängen lässt, und damit in gewisser Weise dem Wunsch seines verstorbenen Vaters entspricht. Doch auch diese Wunscherfüllung in Memoriam seines Vaters ist zwiespältig, denn sein Vater wünschte einen »Donovan« in dem für ihn besten Museum der Welt hängen sehen und nicht einen »Donovan« getarnt als Rembrandt und somit incognito. Dass Harry am Ende des Films Marieke ein Porträt schenkt, das er von ihr malte – offensichtlich kein Meisterwerk der modernen Kunst –, markiert nur scheinbar eine Wende vom Fälscher zum freien Maler, denn das Bild wird erst auf Mariekes Hinweis hin von Harry signiert.

So ambivalent wie der Protagonist als Maler ist, so unentschieden ist INCOGNITO als Genrefilm. Was bleibt, ist seine filmische Potenzialität zum interessanten Künstlerdrama, das nicht realisiert wurde.

Nachzutragen ist, dass ein Bildnis des alten und erblindeten Vaters von Rembrandt weder als verschollen noch als gefunden gemeldet ist. Gleicherweise ist noch kein Rembrandtbild als Fälschung im Museo del Prado aufgedeckt worden. Zu wenig bekannt ist jedoch, dass James Gemmill der reale Maler der filmischen Rembrandt-Bilder ist. Also gibt es hinter dem fiktionalen doch auch einen echten Fälscher? Gemmill ist fast nur den Kennern der Materie bekannt, denn er fälschte schon für viele Filme sehr erfolgreich und sehr gut Kunst, z. B. die Meisterwerke aus dem Louvre für THE DA VINCI CODE (2006; R: Ron Howard). Seine künstlerische (Fälscher-)Begabung ist offensichtlich, doch ist er nicht bekannt als Maler seiner eigenen Bilder. Man müsste also auch über einen »Film-Kunstmaler« – möglicherweise auch als einen le-

galen Auftragsfälscher – sprechen, doch das ist eine andere, wenn auch eine Geschichte mit Parallelen.

Harry und die Rembrandtexpertin

Anmerkungen

[1] Dieses und vorhergehendes Zitat aus: Stefan Römer: Der Begriff des Fake. Diss. 1998, S. iii.

[2] www.johnbadham.com/films/incognito (Stand: 12.03. 2015)

The Impatient Heart (1971)

Von Lukas Foerster

Carrie Snodgress und Michael Brandon

Grace McCormack (Carrie Snodgress) ist eine alleinstehende Frau Ende Zwanzig, die in Los Angeles direkt am Santa Monica Pier lebt und als Sozialarbeiterin ihr Geld verdient. Als unverbesserliche do-gooderin läuft sie beständig Gefahr, über das Ziel hinaus zu schießen – mit den zahlreichen Beschränkungen und Niederlagen, die ihr Job fast zwangsläufig mit sich bringt, vermag sie sich nicht abzufinden. Und auch im Privaten (und schon die begriffliche Trennung

beruflich-privat würde sie vermutlich ablehnen, weil sie sich auf zwei eng ineinander verschlungene Lebensbereiche bezieht) kann sie von ihrer Mission, jedem einzelnen Menschen zu einer reicheren, besseren, glücklicheren Existenz zu verhelfen, nicht lassen. Ihre Mitbewohnerin Nellie hat sich daran längst gewöhnt, doch den jungen Fischverkäufer Frank Pescadero (Michael Brandon), der ein Auge auf sie geworfen hat, droht sie mit ihren ewigen Belehrungen und (auch noch so gut gemeinten) Ratschlägen wieder zu verschrecken: Er solle doch nicht sein Leben an das Fischgeschäft, an den ohnehin dem Untergang geweihten Familienbetrieb vergeuden, er solle stattdessen hinaus in die Welt, seine eigenen Interessen erkunden und ausleben, am besten gleich Medizin studieren. Frank reagiert auf all das zunehmend missmutig; was freilich auch damit zu tun haben könnte, dass sich in sexueller Hinsicht nicht viel ereignet – die Mitbewohnerin seiner neuen Freundin ist im Weg, und vielleicht auch Graces hinter ihrer großspurigen Art gelegentlich durchscheinende Furcht vor Intimität.

Grace dominiert den Film von Anfang bis Ende. Durch ihren ans Manische grenzenden Aktivismus, durch ihre Art, sich in alles einzumischen (»I happen to be hung up on people«), aber auch durch ihre leicht gequetscht wirkende, sehr urbane Stimme, die nicht nur in den Dialogen dauerpräsent ist, sondern sich darüber hinaus auch noch gelegentlich per *voice over* zu Wort meldet. Der Film macht sich mit diesem Wirbelwind gemein, und bricht dabei wenigstens einmal sogar den Alltagsrealismus auf, der ihn ansonsten prägt: Nach einem beruflichen Erfolgserlebnis hebt der Mini Cooper, mit dem Grace durch Los Angeles fährt, von der Straße ab und schwebt ein paar Meter über dem Boden (ein schönes Bild, das Badham auch einfrieren lässt).

THE IMPATIENT HEART, am 08. Oktober 1971 auf NBC erstausgestrahlt, war der erste Spielfilm Badhams als Regisseur. Von seinen Kinofilmen (aber auch vom Großteil seiner anderen Fernseharbeiten) unterscheidet er sich deutlich; vor allem, weil Badham auf Elemente jener actionlastigen Genres, in denen der Regisseur später hauptsächlich arbeitete, fast vollständig verzichtet. Eher könnte man seinen Erstling als Badhams heimlichen Beitrag zum New-Hollywood-Kino bezeichnen: Ein dialoglastiges *relationship drama*, narrativ nicht allzu eng gefasst, formal experimentierfreudig, mit einem aufmerksamen Auge für die Alltagskultur und die soziale Wirklichkeit seiner Zeit. Dazu passend viele Außenaufnahmen an Originalschauplätzen, vor allem am Santa Monica Pier, teils aber auch auf den Boulevards und Avenues in Richtung Zentrum, im malerischen Umland, hoch über der Stadt am Griffith Observatorium. Autobahnen dagegen vermeidet Grace: »I try to avoid the freeways. If you take the freeways, you miss the city.« Obwohl Badham vorher ausschließlich für das Fernsehen arbeitete (und seinen ersten Kinofilm erst sechs Jahre später inszenieren sollte), erinnert wenig in seinem Erstling an das, was man gemeinhin mit Fernsehästhetik in Verbindung bringt. Das ganze Projekt fühlt sich – einer gewissen Geschwätzigkeit zum Trotz, die fernsehfilmartig wirkt, dabei aber nicht

unsympathisch ist und durch die Persönlichkeit der Hauptfigur voll gerechtfertigt wird – nach Kino an. Das beginnt bereits bei den credits: Geschrieben hat den Film Alvin Sargent, der vorher schon mit Alan J. Pakula und John Frankenheimer zusammenarbeitete und später unter anderem für die Drehbücher von PAPER MOON (1973; R: Peter Bogdanovich), OR-DINARY PEOPLE (Eine ganz normale Familie; 1980; R: Robert Redford) und zuletzt drei SPIDERMAN-Filmen (2002-2007; R: Sam Raimi) in Folge verantwortlich war. Auch die Hauptdarstellerin Carrie Snodgress dürfte, trotz einer langen TV-Karriere, heute eher für ihre Rollen in Brian de Palmas THE FURY (Teufelskreis Alpha; 1978) und Clint Eastwoods PALE RIDER (Pale Rider – Der namenlose Reiter; 1985) bekannt sein.

Die visuelle Inszenierung hebt sich deutlich von der seinerzeit geläufigen Ästhetik des Televisuellen ab – gerade die 1960er und 1970er galten schließlich als die Hochphase dessen, was John T. Caldwell als »zero-degree television style«[1] beschreibt. Statt von talking heads und einer aufgeräumten, ökonomischen *mise en scene* wird THE IMPATIENT HEART von dynamischen und komplexen, in die Tiefe hinein inszenierten Einstellungen dominiert. Viele Szenen sind durch Fenster oder Geländeröffnungen gefilmt, andere werden durch Verspiegelungen aufgebrochen. Badham hält seine Erzählung, die allzu leicht hätte in Sozialarbeitertristesse ersticken können, geschickt in Schwung, oft geschieht das explizit durch Objektbewegungen: Mal dreht sich ein Karussell, mal kommt der Film über Motorräder, mal über Segelboote, mal über den erwähnten Mini Cooper in Fahrt. Manchmal meint man regelrecht zu spüren, wie da ein junger Regisseur begeistert mit den Möglichkeiten des Filmmediums experimentiert. Besonders bemerkenswert sind verspielte Sequenzen, die sich doch wie-

der dem Genrekino annähern – über Stil-
zitate: Eine Szene in einer Spielhalle inszeniert Badham als Westernduell, und als
ein ihr anvertrauter Problemjugendlicher
Grace belästigt, verwandelt sich der Film
ein paar Einstellungen lang in einen Paranoia-Thriller.

Was nicht heißen soll, dass THE IMPA-
TIENT HEART nichts mit dem Fernsehen
zu tun hätte. Der *mid tempo groove* des
Soundtracks (David Shire) erinnert zum
Beispiel an die Titelmelodie der in den frühen 1970ern und demzufolge im Entste-
hungszeitraum des Films äußerst erfolgreichen Sitcom MARY TYLER MOORE (Oh
Mary; CBS 1970-1977). Tatsächlich könnte man Grace als eine – deutlich abgebrüh-
tere – Wiedergängerin von deren Hauptfigur Mary Richards halten, die ihrerseits zu
Beginn der Serie die Sicherheit der Paarbeziehung aufgab und versucht, sich ein un-
abhängiges Leben in der Großstadt aufzubauen: »This world is awfully big, girl
this time you're all alone« heißt es im Titelsong. Dass die feste, nach bürgerlichen
Normen funktionierende Beziehung dabei
vorläufig außer Reichweite bleibt, mag bei
Mary wie auch bei Grace eine kurzfristi-
ge Melancholie hervorrufen; grundsätzlich
positionieren sich Film wie Serie allerdings
unbedingt affirmativ zum Lebensmodell
ihrer Protagonistinnen. Schließlich geht es
gerade darum, dass sie es allein schaffen
müssen – und dann müssen sie im Zwei-
felsfall eben auf dem Weg dahin auch allein scheitern; diese wichtigen Erfahrungen dürfen nicht von falschen happy ends
untergraben werden.

Ganz so ungebrochen optimistisch wie
MARY TYLER MOORE ist Badhams Film
allerdings nicht. Das liegt nicht zuletzt
daran, dass sich Grace näher an der sozialen Wirklichkeit bewegt als die in ihrem Fernsehstudio (und der Sitcom-Ku-
lisse) von der Außenwelt weitgehend ab-
geschirmte Mary. Auch dieser Punkt ist
erstaunlich an THE IMPATIENT HEART:
Die eigentliche Sozialarbeit nimmt im
Film zwar eher geringen Raum ein, wenn
sie jedoch vorkommt, wird es trotz einiger melodramatischer Abkürzungen weitgehend nicht zu kitschig. Und nicht nur
stirbt im Verlauf dieser Abkürzungen ein
Baby, nebenbei werden auch die prekären
Bedingungen sozialer Arbeit thematisiert,
zum Beispiel, wenn Grace einmal um ein
Haar gefeuert wird, weil sie es wagte, das
Konto ihres Arbeitgebers mit einem Fern-
gespräch zu belasten. Am Ende erinnert
man sich des vor überbordendem Enthu-
siasmus abhebenden Autos; auch wenn
die Bruchstellen im sozialen Kitt nicht
zu übersehen sind, bleibt THE IMPATIENT
HEART in seinem Kern ein Film des (ganz
späten) New Deal. Um noch einmal MARY
TYLER MOORE zu zitieren: »You're gonna
make it after all.«

Anmerkungen

[1] John T. Caldwell: Televisuality. Style, Crisis, and
Authority in American Television. New Brunswick:
Rutgers University Press 1995, S.55-58.

No Place to Run (1972)

Von Maximilian Scholz

Uncredited – Diese wenig verheißungsvoll klingende Ergänzung prangt hinter John Badhams Namen als zweitem aufgeführten Regisseur von NO PLACE TO RUN (1972) in den Informationen der International Movie Database. Denn, im Gegensatz zu seiner späteren Karriere und Glanzzeit in Hollywood, als er mitunter in letzter Minute für andere Kollegen bei diversen Projekten einspringen musste, wurde der Regisseur bei dem 1971 in Kalifornien produzierten Film sogar inmitten der Dreharbeiten ersetzt.[1] Diese kamen zwischenzeitlich zum Erliegen, wobei als Grund dafür gesundheitliche Probleme des Hauptdarstellers Herschel Bernardi genannt wurden. Bis zum letzten Jahr existierten keine detaillierteren Angaben zu diesem Sachverhalt; erst Badham selbst lüftete kürzlich das »Geheimnis« um die genauen Umstände. Während eines Werkstattgesprächs führte er aus, dass eine Hepatitiserkrankung Bernardis der Grund für den zwischenzeitlichen Drehstopp war.[2] Die komplette Filmcrew sah sich laut den Worten Badhams mit der Angst einer Infektion konfrontiert, sodass sich alle am Projekt Beteiligten, ähnlich einer organisierten Schulmaßnahme, Schlange stehend einer Impfung in das Gesäß unterzogen. Dennoch kam es zu einer sechswöchigen Drehpause, nach der andere vertragliche Verpflichtungen eine Rückkehr Badhams an das Set des Films verhinderten.

Während Badham sich für mehrere Episoden der Serie NIGHT GALLERY (NBC 1971-73) verantwortlich zeigte, übernahm der Oscar-Preisträger und damalige Präsident der US-amerikanischen Gewerkschaft der Regisseure, Delbert Mann, nach geordneter Übergabe das Kommando bei NO PLACE TO RUN.[3] Sein Vorgänger hatte zu diesem Zeitpunkt bereits an drei von circa 18 Drehtagen Material auf Film gebannt. Die fertigen Meter beinhalteten vornehmlich Einstellungen einer Sequenz, in der sich die beiden Hauptcharaktere, Großvater Hyam und Enkel Douglas, einer Fahrzeugkontrolle durch einen Motorradpolizisten entziehen. Der besagte Teil des Films stellt neben dem Showdown, der nach heutiger Definition dieser Begrifflichkeit kaum gerecht wird, nur eine von zwei Szenen dar, welche als actionhaltige Höhepunkte bezeichnet werden können. Dies in einer Geschichte, die bis dahin in einem sehr gemächlichen Erzähltempo voranschreitet und ihren Fokus eher auf die Beziehung seiner beiden Protagonisten zueinander legt. Nach dem Unfalltod von Douglas` Eltern, respektive Hyams Tochter und Schwiegersohn, wurde aus Enkel und Großvater ein eingespieltes Team. Seit einem Jahr ergänzen sie sich perfekt in ihrem Zusammenleben. Während der Teenager den Senior in dessen Laden unterstützt, übernimmt dieser neben seinem Einzelhandelsgeschäft mit der Erziehung des Waisen eine weitere Verantwortung, die jung hält. Jedoch zählt für das Jugendamt nur das reale Alter, und

Der Beginn einer kurzen Verfolgung.

Enkel und Großvater unzertrennlich. Aber Gefahr droht!

besäße Hyam noch einen gültigen Führerschein – der Grund für besagte Verfolgungsjagd – würde auf diesem unmissverständlich eine Zahl größer 70 stehen. Kombiniert mit seiner schwindenden Gesundheit, verursacht durch Zigarren, schlechte Ernährung und zu viel Stress, bleibt der Sachbearbeiterin des Falls scheinbar keine andere Wahl, als seine Eignung als Erziehungsberechtigter für den Enkel in Frage zu stellen. Gepaart mit dem Umstand, dass der wiederum jegliche Kommunikation zwischen Behörde und Großvater unterbindet, bleibt dem Amt nur der lang angedrohte Schritt, die beiden zu trennen. Da kann auch der ehemalige Schützling und jetzige Anwalt Hyams bei der Bearbeiterin des Falls trotz guten Zuredens wenig ausrichten. Um der Situation zu entkommen, flieht das Gespann Richtung Kanada. Zuvor gab der langjährige Geschäftsmann dem schon langanhaltenden Drängen einer Baufirma nach, sein Lebenswerk endlich loszulassen, sprich seinen Laden zu veräußern. Dadurch ausgestattet mit einem großzügigen Geldbetrag und einem frisch erworbenen fahrbaren Untersatz finden sich die beiden zügig in der von Badham inszenierten Verfolgungsjagd wieder, die jedoch schnell ihr eher unspektakuläres Ende findet. Denn das von Autor James G. Hirsch ersonnene Skript sah für die Szene lediglich vor, dass Douglas zunächst unbemerkt die Benzinleitung des Motorrads kappt und Hyam danach zu einem flotten Kavaliersstart nötigt. Nach nur wenigen Kilometern entschwinden die Fliehenden zunächst erfolgreich dem Zugriff ihres Verfolgers.

Möglicherweise ist es ein Zufall oder lediglich dem Produktionsplan geschuldet, dass die Dreharbeiten zu NO PLACE TO RUN mit einer Actionszene begannen. Andererseits könnte es aber auch Indiz für die später immer deutlicher zutage tretenden filmischen Vorlieben des Action-Regisseurs Badham sein, dass er sich für den Beginn des Drehs zunächst seine Rosinen aus dem Skript pickte. Denn wenn ein stilprägendes Merkmal existiert, das sich durch den Großteil seines Œuvre zieht, dann die Arbeit an höchst dynamischen Stoffen oder zumindest die Verankerung von einzelnen herausstechenden Actionsequenzen in seinen Filmen und Serienbeiträgen. Bereits der nachfolgende Fernsehfilm ISN'T IT SHOCKING (1973), ebenfalls aus der Reihe »Movie of the Week« von ABC Circle Films, stellt einen großen Schritt in diese Richtung dar, beinhaltet er doch (wiederum eingebettet in eine eher ruhig voranschreitende Handlung) eine Verfolgungsjagd, die dort aber schon wesentlich aufwendiger und mit mehr Spielraum inszeniert wurde.[4]

So bleibt NO PLACE TO RUN an sich nur eine kleine Randnotiz im Werk Badhams, der durch die eng gesteckten Rahmenbedingungen für damalige Fernsehstoffe – einem straffen Drehplan bei gleichzeitig sehr knappem Budget – wahrscheinlich auch nicht wesentlich anders aussehen würde, wenn er den Film fertiggestellt hätte. Dieser bietet in seinen Nebenrollen mit Stefanie Powers als Bearbeiterin Bonnie Howard und Larry Hagman als Anwalt Jay Fox zumindest prominente Namen, die es später noch mit den Serien HART TO HART (Hart aber herzlich; ABC 1979-1984) und DALLAS (CBS 1978-1991) zu beträchtlichen Erfolgen in der Fernsehwelt bringen sollten und den Film daher rückblickend von der Vielzahl ähnlicher Vertreter seiner Zunft abheben. Dies gelingt zudem durch den eingängig schmachtenden und für die Zeit nicht unüblichen Titeltrack des mittlerweile ebenfalls erfolgreich beschäftigten Songschreibers, Komponisten und Sängers Paul Williams.[5] Die Textzeilen von »What would they say« unterstreichen eindrücklich die Fluchtthematik des Films, wobei es Großvater und Enkel trotz geographischer Nähe zu Mexiko sicher nicht zufällig Richtung Kanada verschlägt; dem Land, das während des Vietnamkrieges Tausenden jungen Männern aus den Vereinigten Staaten als Destination und letzter Ausweg diente, um sich dem Dienst an der Waffe zu entziehen.[6] Dass es sich bei NO PLACE TO RUN um einen Schüler und einen Pensionär handelt, die dem drohenden subjektiven Unrecht entgehen wollen, versteckt die Missbilligung des Krieges in Ostasien umso besser und platziert indirekt noch eine gesellschaftskritische Note in einem Format, in dem oft nur Platz für oberflächliche und leichte Unterhaltung reserviert war. Auch Badham widmete sich in seinen späteren und populären Filmen der 1980er und 90er Jahre immer wieder Stoffen, die auch ein kritisches Licht auf verschiedene gesellschaftliche Missstände warfen, selbst wenn es sich auf den ersten Blick betrachtet weitestgehend um actionreiche Vertreter des Mainstream-Kinos handelte. Auch in dieser Phase seiner Karriere wurde Badham hin und wieder von anderen Kollegen während der Planungen eines Filmes ersetzt, allerdings nie wieder nach bereits begonnenem Dreh.[7] Somit blieb es in der IMDB auch nur in Bezug auf NO PLACE TO RUN bei einem wenig dankbar klingenden uncredited.

Anmerkungen

[1] Kollegen, für die John Badham zum Teil noch nach Drehbeginn als Regisseur einsprang, waren u.a.: Mark Rydell und Steven Spielberg bei THE BINGO LONG TRAVELING ALL-STARS & MOTOR KINGS (1976), John G. Avildsen bei SATURDAY NIGHT FEVER (Nur Samstag Nacht; 1977), Martin Brest bei WARGAMES (Kriegsspiele; 1983).

[2] Gespräch mit Badham auf dem 3. Cinestrange-Filmfestival am 20.07.2014 in Braunschweig.

[3] Badham zeichnete sich insgesamt für sieben Episoden der Serie verantwortlich, wobei am wahrscheinlichsten die Dreharbeiten zu den Beiträgen THE BOY WHO PREDICTED EARTHQUAKES (1971), CAMERA OBSCURA (1971) und THE GREEN FINGERS (1971) in den entsprechenden Zeitraum gefallen sein dürften. Delbert Mann (30.01.1920 – 11.11.2007) war von 1967-1971 der Präsident der Directors Guild of America (DGA). 1955 erhielt er den Regie-Oscar für den Film MARTY (1955), der bei insgesamt sieben Nominierungen in drei weiteren Kategorien Academy Awards gewann (Bester Film, Ernest Borgnine als bester Hauptdarsteller und bestes adaptiertes Drehbuch).

[4] Von 1967-1989 produzierte ABC Circle Films 182 Filme, von denen u.a. NO PLACE TO RUN und ISN'T IT SHOCKING? für die Reihe ABC »Movie of the Week« (1969-1976) in Auftrag gegeben wurden.

[5] Paul Williams, geboren 19.09.1940, war als Schauspieler bisher in mehr als 80 Produktionen zu sehen. Als Komponist, Songschreiber oder Sänger taucht er bis heute in den Credits von mehr als 130 Produktionen auf. Der von ihm komponierte und geschriebene Titelsong »What would they Say«, bei NO PLACE TO RUN in der selbst eingesungenen Variante, wird später im Film THE BOY IN THE PLASTIC BUBBLE (Bubble Trouble; 1976; R: Randal Kleiser) noch einmal Verwendung finden, dort allerdings in der Version des Hauptdarstellers John Travolta.

[6] Der Krieg in Vietnam unter amerikanischer Beteiligung dauerte von 1955-1975. Trotz drastischer Strafen von bis zu fünf Jahren Haft, flohen schätzungsweise 30.000-50.000 Einberufene in Richtung Kanada und Schweden. Vgl. James W. Tollefson: Draft Resistance and Evasion. In: The Oxford Companion to American Military History. Oxford University Press, 2000.

[7] Filme, für die John Badham ursprünglich als Regisseur vorgesehen war, sind u.a. SHORT CIRCUIT 2 (Nummer 5 gibt nicht auf; 1988; R: Kenneth Johnson) und THE WIZ (The Wiz – Das zauberhafte Land; 1978; R: Sidney Lumet).

The Streets of San Francisco: The Trail of the Serpent (1973)
Cannon: The Seventh Grave (1973)

Von Udo Rotenberg

Innerhalb von nur einer Woche, am 22. und 28. Februar 1973, wurden John Badhams Beiträge zu zwei der populärsten Kriminalfilmreihen der frühen 1970er Jahre im US-amerikanischen Fernsehen ausgestrahlt. Zwar lief CANNON (CBS 1971-1976) schon in der zweiten Season, während sich THE STREETS OF SAN FRANCISO (ABC 1972-1977) noch in der ersten befand, aber beide Serien erwiesen sich als langlebig und brachten es jeweils auf fünf Staffeln. Nicht die einzige Parallele, denn ihre Grundidee ist jeweils auf Edward Hume zurückzuführen, der parallel noch die Krimi-Serien TOMA (ABC 1973-1974) und BARNABY JONES (CBS 1973-1980) entwickelte. In dessen Pilotfolge REQUIEM FOR A SON (28. Januar 1973) kam es sogar zu einer direkten Begegnung der Protagonisten Cannon und Barnaby Jones, aber nur die Ermittlungen des Privatdetektivs Frank Cannon (William Conrad) und der beiden Polizeioffiziere Detective Lt. Mike Stone (Karl Malden) und Inspector Steve Keller (Michael Douglas) in THE STREETS OF SAN FRANCISO erreichten eine zeitnahe Veröffentlichung im deutschen Fernsehen und deshalb auch hierzulande einen hohen Bekanntheitsgrad. TOMA erlebte erst Jahre später 1977 eine wenig in Erinnerung gebliebene Ausstrahlung; BARNABY JONES – obwohl mit 178 Episoden Edward Humes erfolgreichste Serie – erschien nie in einer deutsch synchronisierten Fassung.[1]

Die beiden TV-Folgen THE TRAIL OF THE SERPENT (THE STREETS OF SAN FRANCISCO) und THE SEVENTH GRAVE (CANNON) waren John Badhams einzige Beiträge zum damals sehr populären Kriminalfilm-Genre. Die Ende 1973 startende Serie POLICE STORY, zu der Badham mit DANGEROUS GAME (02. Oktober 1973) die erste Episode beisteuerte, war dokumentarischer und mit wechselnden Hauptdarstellern angelegt. In CANNON und THE STREETS OF SAN FRANCISCO drehte sich dagegen alles um die Protagonisten, weshalb die Freiheiten sowohl der Drehbuchautoren als auch des Regisseurs begrenzt blieben, wie Badham selbst in einem Interview ausführte.[2] Nur rudimentär ließen sich kleinere Stellschrauben drehen, um den eigenen Stil einfließen zu lassen. Trotzdem fällt auf, dass Badhams TV-Kriminalfilme frühzeitig Themen behandelten, die damals noch keineswegs über die heutige Popularität verfügten – Bandenkriminalität und das Serienkiller-Motiv.[3]

THE STREETS OF SAN FRANCISCO: THE TRAIL OF THE SERPENT (Erstausstrahlung 22.02.1973)

Maßgeblich für den Erfolg der Fernsehserie war die Kombination des Oscar-Gewinners Karl Malden mit dem damals noch wenig bekannten Michael Douglas, Sohn der Hollywood-Legende Kirk Douglas, die zwei gegensätzliche Typen verkörperten. Malden gab den erfahrenen, besonnen agierenden Polizisten Mike Stone, der sich trotzdem seinen Idealismus bewahrt hatte und für die emotionalen Momente zuständig war. Douglas durfte den »jungen Heißsporn« spielen, der ebenso schnell urteilte, wie er seine Waffe zog, aber offener den Auswir-

Privatdetektiv
Frank Cannon

kungen einer sich verändernden Sozialisation gegenüber stand als sein altmodischer Partner. Eine ideale Ausgangssituation, die es ermöglichte, die nicht selten polarisierenden Themen von zwei Seiten zu betrachten, um bestehende Vorurteile geschickt auszuhebeln. Die Krimi-Serien der frühen 1970er Jahre, beeinflusst von New Hollywood, erreichten erstmals die Hinterhöfe abseits der glänzenden Fassaden. Drogen, Prostitution, organisiertes Verbrechen oder rassistisch motivierte Straftaten, aber auch Hippie-Bewegung und freie Sexualität gehörten zum Alltag der Polizisten – noch keineswegs eine Selbstverständlichkeit im damals sehr konservativ geprägten Fernsehprogramm, was die aus heutiger Sicht manchmal naiv wirkende Botschaft der Serie relativiert.[45]

THE TRAIL OF THE SERPENT (deutsch: Die Kobrabande) steht signifikant für diesen Charakter, denn Badham behandelt in seiner Episode gleich mehrere Brennpunkte. Eine Jugend-Gang, die sich selbst »Kobra-Bande« nennt, erpresst in »ihrem Stadtteil« Schutzgeld von Geschäftsleuten. Als ein Passant beobachtet, wie die jungen Männer den Besitzer eines kleinen Supermarkts und dessen Frau bedrohen, alarmiert er die Polizei, wodurch die Situation eskaliert. Einer der herbeigerufenen Polizisten wird erschossen, der Täter kurz darauf – selbst von einer Kugel getroffen – verhaftet, während

die restlichen Bandenmitglieder fliehen können. Erst jetzt tauchen Stone und Keller am Tatort auf und versuchen, getrennt voneinander das Versteck der Bande zu finden. Dabei trifft Stone auf einen halbwüchsigen, asiatisch stämmigen Jungen, der ihm einen Hinweis gibt, ohne zu ahnen, dass es sich um den kleinen Bruder eines der Bandenmitglieder handelt. Stone gerät prompt in einen Hinterhalt und wird gefangengenommen – er soll gegen den gefassten Polizisten-Mörder ausgetauscht werden.

Die Episode kombiniert die Thematik Jugendkriminalität mit der Situation von Migranten und deren Chancen, in der Gesellschaft Fuß zu fassen. Auffällig ist das Fehlen jeder übertriebenen Wut gegenüber den straffällig gewordenen Jugendlichen, obwohl ein Polizist getötet wurde. Auch die Besitzer des Delikatessladens als Überfallopfer formulieren Verständnis für die Situation der Heranwachsenden in der Stadt. Selbst als Steve Keller das Viertel auf der Suche nach seinem entführten Partner durchkämmt, verfällt er nicht in Rachegelüste. Entsprechend wechselt Badham das Tempo. Nach dem schnellen Beginn, der über eine auch aus heutiger Sicht überraschende Konsequenz verfügt und das Vorgehen der Gang nicht beschönigt, ermöglicht Badham Karl Malden in seiner Rolle als ambitioniertem Polizisten, in Ruhe die

Psychologische Methoden

einzelnen Banden-Mitglieder mit seinen psychologischen Methoden zu beeinflussen – immer wieder unterbrochen von aktionistischen Szenen seines Partners, der sich in gegensätzlicher Form dem unvermeidlichen Showdown annähert.

Diese Art der Inszenierung nimmt der stark pädagogisch geprägten Episode die Gefahr zu großer Betulichkeit, die angesichts der Vorträge Stones über die Notwendigkeit von Schulbildung und dem Lesen von Büchern hätte aufkommen können. Zu verdanken ist das auch der Rolle des »Bad Guy« Chick (Brad David), der sich nicht von Stone einlullen lässt und dafür sorgt, dass dieser als Gefangener leiden muss. Trotzdem bleibt der Leutnant seiner Linie treu und verfolgt weiter die Rettung des jungen Davie (Brian Tochi) vor den Folgen der Arbeitslosigkeit und des Jugendgefängnisses. Mit THE TRAIL OF THE SERPENT gelingt John Badham ein wenig die Quadratur des Kreises innerhalb des THE STREETS OF SAN FRANCISCO-Kosmos. Einerseits darf Mike Stone für das gewohnte Wohlfühl-Klima sorgen, andererseits schafft der Regisseur eine spannende und actionreiche Episode, die bis zum letzten Moment fesselt. Der Abspann entspricht wieder ganz dem inneren Gesetz der Serie: Während Stone hoffnungsfroh in die Zukunft blickt, drückt Keller seine Skepsis gegenüber dessen Idealismus aus.

CANNON: THE SEVENTH GRAVE (Erstausstrahlung 28.02.1973)

Von solchen Idealen ist in John Badhams Beitrag zur CANNON-Reihe nichts zu spüren. Die erste Szene führt eine Mutter in Begleitung des Journalisten Quigley (Barry Nelson) in die Pathologie einer US-Stadt, um das Verschwinden ihrer Tochter aufzuklären. Quigley vermutet, dass es sich bei dem Teenager um das fünfte weibliche Opfer eines Serienmörders handelt, dessen Existenz geleugnet wird. Vielmehr wird be-

hauptet, sie hätte als Anhalterin Reißaus genommen. Entsprechend beruhigt reagiert die Mutter, als die von ihr mitgebrachte nachgebildete Zahnreihe nicht dem Gebissabdruck der Leiche entspricht. Der Zuschauer ist besser informiert, denn er fungiert als Zeuge, dass der Pathologe den korrekten Abdruck zuvor gegen einen anderen ausgetauscht hatte. Bevor Cannon (William Conrad) mit seinen vom skeptischen Zeitungsherausgeber Quigley beauftragten Nachforschungen beginnt, wird damit nicht nur die Existenz eines Serienmörders angedeutet, sondern auch, dass der Pathologe kein sauberes Spiel treibt und vielleicht sogar selbst der Täter ist.

William Conrad war aufgrund seiner sonoren Stimmlage prädestiniert als Radiosprecher und feierte schon in den 1950er Jahren Erfolge in der Hörspiel-Reihe GUNSMOKE (Rauchende Colts, CBS 1955-1975). Doch als ab 1955 eine TV-Adaption etabliert werden sollte, stand Conrad wegen seiner korpulenten Figur nicht für die Rolle des bisher von ihm gesprochenen Marshall Matt Dillon zur Diskussion, zu sehr wäre er vom Ideal des Western-Helden abgewichen. Auch seine Verkörperung eines Privatdetektivs widerspricht bis heute der Erwartungshaltung des Publikums an eine meist aktionistisch angelegte Figur und konnte so vermutlich nur Anfang der 1970er Jahre entstehen, als in Folge von New Hollywood auch eherne Gesetzmäßigkeiten in Frage gestellt wurden. Dazu zählt auch die Rolle des Pathologen, der als Vertreter des Staates normalerweise Wissen und Solidität personifiziert, hier aber den Eindruck einer gesetzlosen Stadt vermittelt, in deren Räderwerk der Privatdetektiv gerät.[67]

Dahinter verbirgt sich die Stärke einer Figur, die anders als ihre TV-Kollegen nicht in der Lage ist, sich durch körperliche Fitness oder überlegenen Waffengebrauch zur Wehr zu setzen. Schon in einer frühen Szene der Episode entkommt Cannon nur knapp dem Erstickungstod, als es ihm nicht gelingt, aus seinem hermetisch abgeschlossenen Hotelzimmer bei aufgedrehter Gasheizung auszubrechen. Nur das plötzliche Eingreifen des Hotelbesitzers Henry Rawdon (Jim Davis) rettet ihn, ohne dass der Verdacht ausgeräumt wird, dieser selbst sei für die gestellte Falle verantwortlich. Badham gelingt es, um die Figur des ungewöhnlichen Privatdetektivs eine Atmosphäre ständiger Gefahr entstehen zu lassen. Umso näher Cannon der Lösung kommt – er zieht einen befreundeten Pathologen zu Rate, der mit modernen Forschungsmethoden neue Beweise entdeckt –, umso mehr scheint sich die Schlinge um ihn zuzuziehen. Bis ein weiterer Mord an einem Mädchen verübt und sein Auftraggeber Quigley dafür verantwortlich gemacht wird.

Hotelbesitzer Henry Rawdon

Aus der Konfrontation des vor allem mit seinem Verstand und seiner souveränen Ausstrahlung agierenden Privatdetektivs mit einem gewissenlosen Serienmörder, dessen Identität bis kurz vor dem Ende unbekannt bleibt, entwickelt die Episode ihre Spannung, auch wenn die Überwältigung des Täters am Ende etwas profan wirkt. Diesem Typus fehlte noch die inzwischen übliche Dämonisierung – nach heutiger Gesetzmäßigkeit wäre er Cannon im Duell Mann gegen Mann schlicht überlegen. Auch die unterschwellige Kritik an den Staatsorganen bleibt trotz des undurchsichtigen Pathologen oberflächlich, denn der zuständige Sheriff verhält sich jederzeit gesetzeskonform und behindert Cannon nicht bei dessen Ermittlungen.

Trotz dieser im zeitlichen Kontext zu relativierenden Kritikpunkte arbeitet John Badham mit THE SEVENTH GRAVE gemeinsam mit dem damals im TV-Serien-Metier sehr aktiven Drehbuchautor E. Arthur Kean die Stärken des CANNON-Charakters detailliert heraus. Meist allein vorgehend und auf jegliche äußerliche Überlegenheit verzichtend, setzt sich der schwergewichtige Mann unmittelbar der Gefahr aus – ein Gegenentwurf zum sonst cool agierenden Privat-Eye, der sich seine Faszination bewahrt hat.

Anmerkungen

[1] Es konnte keine Ausstrahlung im deutschen Fernsehen recherchiert werden. Vgl. dazu auch fernsehserien.de (www.fernsehserien.de/barnaby-jones; Stand: 17.06.2016).

[2] Bei einem Gespräch am 20.07.2014 auf dem 3. Cinestrange-Filmfestival in Braunschweig.

[3] Diese Aussage gilt für John Badhams frühe TV-Arbeiten bis 1973. Neben CANNON und THE STREETS OF SAN FRANCISCO war POLICE STORY die einzige Serie, die dem Kriminalgenre nahe stand.

[4] Karl Malden (1912-2009) erhielt den Oscar als bester Nebendarsteller für seine Rolle in A STREETCAR NAMED DESIRE (Endstation Sehnsucht; 1951; R: Elia Kazan).

[5] Michael Douglas (geb. 1944) spielte zuvor zwar schon Hauptrollen (SUMMERTREE; 1971; R: Anthony Newley), aber erst der Erfolg von THE STREETS OF SAN FRANCISCO ließ ihn aus dem Schatten seines Vaters Kirk Douglas (geb. 1916) heraustreten.

[6] William Conrad (1920-1994) übernahm seine erste größere Filmrolle schon in THE KILLERS (Rächer der Unterwelt; 1946; R: Robert Siodmak), blieb aber parallel dem Radio treu, für dessen Programm er die Figur des Marshall Matt Dillon für die Hörspiel-Serie GUNSMOKE entwickelte und sprach.

[7] GUNSMOKE (Rauchende Colts; 1955-1975) wurde zur langlebigsten Western-Fernsehserie mit 635 Episoden (www.fernsehserien.de/rauchende-colts; Stand: 17.06.2016).

Kung Fu: Alethea (1973)

Von Sadi Kantürk

Caine zieht durch die Wüste, die Sonne im Rücken. Erinnerungen an seine Zeit als Kind im Kloster der Shaolin werden wach, jahrelanges Training von Körper und Geist, Kampfsport und Philosophie.

Kung Fu, ein übergreifender Name für chinesische Kampfsportarten, eines Filmgenres und Name der Serie, die die Kampfkunst thematisiert und aus dem Filmgenre hervorging. Während das Genre schon seit der Stummfilmzeit durch Literaturverfilmungen wie *Die Reise nach Westen* (z.B. PAN SI DONG; 1927) oder Volksheldengeschichten wie die zahlreichen Wong Fei Hung-Verfilmungen in China präsent war, entwickelte sich der Erfolg in den USA und in Deutschland durch die Shaw-Brothers-Filme, beispielsweise Chang Chehs XIN DU BI DAO (Das Schwert des gelben Tigers; 1971), Cheng Chang Hos TIAN XIA DI YI QUAN (Zhao der Unbesiegbare; 1972) oder die Filme von Bruce Lee. Bis in die 1980er Jahre hielt der Erfolg des Genres im Kino und auf Video an, der asiatische Actionfilm wurde ein Exportschlager. Somit wurde das Genre auch für deutsche (YANG CHI [Karate, Küsse, blonde Katzen; 1974]) und vor allem amerikanische Produzenten (ENTER THE DRAGON [Der Mann mit der Todeskralle; 1973; R: Robert Clouse]) interessant. Die in den Filmen inszenierte Kampfkunst veränderte sich in dieser Zeit. In dem von Schauspieler Wang Yu selbst inszenierten LONG HU DOU (Wang Yu – Sein Schlag war tödlich; 1970) und Lo Weis TONG SAN DAI HING (Die Todesfaust des Cheng Li; 1971) wurde der Faustkampf in den Fokus gerückt, wo vorher Schwerter und Lanzen dominierten.

Die Serie KUNG FU war ein Produkt dieser Entwicklungen, deren Entstehung Bruce Lee mitverantwortete. Doch seine Rolle in der Produktion selbst ist umstritten. Während die Produzenten behaupten, die Serie wäre ohne Bruce Lees Drehbuchentwurf entstanden, werfen Freunde von Lee (wie sein Schüler Kareem Abdul Jabbar) den Produzenten vor, sie hätten seine Entwürfe benutzt und die für ihn geschriebene Rolle mit David Carradine besetzt, wie es später ähnlich mit Bruce Lees Drehbuch zu dem Film CIRCLE OF IRON (Das Geheimnis des blinden Meisters; 1978; R: Richard Moore) geschehen ist.

David Carradine spielt den Meister des Shaolin Kung Fu Kwai Chang Caine, Sohn eines Amerikaners und einer Chinesin. In der von John Badham eindrücklich inszenierten Episode trifft Caine auf die titelgebende Alethea, verköpert von der jungen Jodie Foster, deren Name aus dem griechischen Wort für »Wahrheit« abgeleitet ist und damit den späteren Konflikt in der Handlung andeutet.

Bei der Ankunft im Dorf mit seiner neu gefundenen Freundin wird er mit zeitgenössischem Rassismus konfrontiert, der nicht nur elementar für den Verlauf der Handlung, sondern auch tief in der amerikanischen Geschichte verankert ist. Die von Carradine verkörperte Figur wird wegen seines asiatischen Aussehens vorverurteilt, ihm selbst wurde für seine Rolle mit Schminke und Prothetik ein »asiatischeres« Gesicht verschafft. Dieses »Yellowfacing« ist bis heute weniger tabubehaftet als »Blackfacing«, also das meist negative Portraitieren von Menschen mit dunkler Hautfarbe durch hellhäutige, schwarz geschminkte Schauspieler, ist aber ideologisch ähnlich problematisch. Darüber hinaus soll dem angeblich zu Beginn der Entstehung involvierten Schauspieler Bruce Lee die Rolle wegen seines zu »chinesischen Aussehen« versagt geblieben sein, was die rassistischen Vorbehalte der Produktion unterstreicht. In der Episode selbst werden die Vorbehalte gegenüber der Figur Caine negativ bewertet.

Nach der Ankunft im Dorf beobachten Caine und Alethea einen Raubmord. Alethea wird Zeuge, wie Caine einen Revolver auffängt und in dessen Schussrichtung ein Kutscher erschossen wird. Sie folgert daraus, dass Caine der unglückliche Schütze ist. Diese von Alethea beobachtete Wahrheit bildet den Kern des Konfliktes und der moralischen Aussage der Episode: Die Wahrheit ist eine Frage der Perspektive. In Anlehnung an RASHÔMON (Rashomon, das Lustwäldchen; 1950; R:

Akira Kurosawa) wurde dieses Phänomen, also die perspektivische und dadurch nicht objektive Interpretation einer Handlung, »Rashomon-Effekt« genannt. Auch stilistisch lehnt sich Badham an RASHÔMON an, beispielsweise in einer Einstellung, in der die Kamera direkt auf die Sonne gerichtet ist – ein filmisches Novum, das durch den erstmaligen Einsatz in Kurosawas Film popularisiert wurde.

Durch Aletheas Aussage belastet, wird Caine gefangen genommen; ein wütender Mob will ihn lynchen. Die Lynchjustiz, die in der Folge durch den Sheriff verhindert wird, war im 19. Jahrhundert vor allem in den Südstaaten der USA ein gängiges Mittel zur tödlichen Bestrafung von (ehemaligen) Sklaven, Italienern und Chinesen. Im Herbst 1871 wurden beispielsweise 17 teilweise minderjährige Chinesen erhängt, und trotz Hunderter Zuschauer wurde nie jemand für das Massaker verurteilt, da es von einflussreichen Bürgern initiiert wurde.[1] Der Einfluss der Lokalgrößen wurde nur von der Politik selbst übertroffen, als 1881 der »Chinese Exclusion Act« Gesetz wurde, der Chinesen die Einreise verbot.[2] Das bei seiner Einführung einzigartige Gesetz galt noch bis 1943.

So überrascht es nicht, dass Caine in der Episode die Todesstrafe droht. Die eindrücklichste Szene der Folge zeigt ihn auf dem Weg zu seiner Exekution. Die Kamera bewegt sich in der Egoperspektive langsam auf den Galgen zu, gegengeschnitten mit einer Nahaufnahme von Caines Gesicht. Wir folgen seinen Augen, die vom Galgen abschweifen und die Geschehnisse im Dorf beobachten. Männer auf Dächern und Pferden. Umherrennende Kinder, Frauen mit Regenschirmen und Menschen, die zur Hinrichtung eilen. Er nähert sich dem Galgen und seinem Henker. Die agile Kamera fängt die Spannung und Trostlosigkeit ein, während dem Betrachter selbst der Strick umgelegt wird. Daraufhin wechselt die Perspektive des Geschehens zu Alethea. Die darauffolgende Montage erhöht die Spannung erneut, durch Schnitte auf den Henker, sie, Caine, den Galgen und den Sheriff, bis Alethea durch ihr Schreien die Vollstreckung verhindert. Mit der Aussage, sie hätte gelogen, weil Caine ein Chinese sei, überzeugt sie den Sheriff. In der vorurteilsbehafteten Welt der Serie genügt die Herkunft für eine Anklage. Caine zieht los und überwältigt die Bösewichte mit seinen

Kung Fu-Künsten. Somit sind die wahren Verbrecher gefasst; Alethea lernt, dass ihre Lüge die Wahrheit war. Wahrheit und Gerechtigkeit sind wieder hergestellt und Caine zieht weiter durch die Wüste.

John Badhams Episode thematisiert eine Reihe von Realitäten chinesischer Einwanderer im Wilden Westen der USA. Während Vorurteile und Rassismus angeprangert werden, wirft das »Yellowfacing« leider einen Schatten über die Produktion. David Carradines Charakter wurde durch Prothesen zu einer rassistischen Karikatur, während die Figur selbst vielschichtiger und positiver angelegt ist als orientalistische, chinesische Komparsen in anderen Filmen und Serien. Das Schlechte, also die Karikatur, wird benutzt, um etwas Gutes, einen ausgearbeiteten fremdländischen Charakter, zu portraitieren. Ein Zwiespalt wie er auch in der Episode thematisiert wird, wenn Alethea sich fragt, ob es legitim ist zu lügen, um die Wahrheit zu sagen.

Anmerkungen

1 John Johnson Jr.: How Los Angeles Covered Up the Massacre Of 17 Chinese. (www.laweekly.com/news/how-los-angeles-covered-up-the-massacre-of-17-chinese-216947; Stand: 01.01.2015).

2 John Harper: Chinese Exclusion Act of 1882. (www.immigrants.harpweek.com/ChineseAmericans/2KeyIssues/ChineseExclusionActOf1882; Stand: 01.01.2015).

Caine trifft Alethea

Zeuge und möglicher Täter

Caine auf dem Weg zum Galgen

Night Gallery

THE BOY WHO PREDICTED EARTHQUAKES (1971), CAMERA OBSCURA (1971), GREEN FINGERS (1972), THE GIRL WITH THE HUNGRY EYES (1972), YOU CAN UP NOW, MRS. MILLIKAN (1973) & THE DOLL OF DEATH (1973)

Von Leonhard Elias Lemke

Die amerikanische Fernsehserie NIGHT GALLERY (NBC 1969-1973) war in den Siebzigern gewissermaßen das Spin-off der zehn Jahre früher ausgestrahlten, ersten TWILIGHT ZONE (Unglaubliche Geschichten; CBS 1959-1964). Während diese eher dem Science-Fiction-Genre zuzuordnen ist, führt die NIGHT GALLERY, die nie für deutsche Zuschauer öffnete, auf dunkle Horror- und Fantasy-Pfade. Von 1970 bis 1973 strahlte die NBC 93 einzelne Geschichten in drei Staffeln aus, die 43 Episoden enthielten. Die erste Staffel bestand aus sechs Episoden zu je 60 Minuten, jeweils 2-3 Geschichten umfassend. Staffel zwei beinhaltete 22 Episoden mit je 2-5 Geschichten, die, ebenfalls auf 60 Minuten aufgeteilt, teilweise deutlich kürzer ausfielen. Staffel drei deutete bereits die Schließung der NIGHT GALLERY an. Die 15 Episoden erzählten jeweils nur noch eine Geschichte á 30 Minuten.

Zum heutigen Gesamtwerk der NIGHT GALLERY zählen auch die drei Geschichten des Pilotfilms, von denen die zweite Steven Spielbergs Regiedebüt markiert, sowie zwei nie ausgestrahlte Folgen. Stattdessen wurden vom Sender Episoden der Serie THE SIXTH SENSE (ABC 1972) nachträglich in die NIGHT GALLERY integriert, so auch die Episode WITCH, WITCH, BURNING BRIGHT von John Badham, in der eine vor 300 Jahren verbrannte Hexe von einer jungen Frau Besitz ergreift und sich an den Nachkommen ihrer Peiniger rächen will.

Der Titel NIGHT GALLERY bezieht sich auf die surreale Gemäldegalerie, durch die Gastgeber Rod Serling führt. Jedes der Werke stellt die Quintessenz einer Geschichte dar, in die Serling einleitet. Serling,

Jahre früher Vater und Seele der TWILIGHT ZONE, schuf auch hinter der Kamera als Drehbuchautor 35 Geschichten. Als Autor von PLANET OF THE APES (Planet der Affen; 1968; R: Franklin J. Schaffner) und kurze Zeit später als Erzähler in Brian de Palmas PHANTOM OF THE PARADISE (Das Phantom im Paradies; 1974) präsent, starb er 1975 viel zu früh im Alter von 51 Jahren.

Die Zuschauer konnten sich an hochkarätigen Mimen erfreuen: Vincent Price, Ray Milland, Leslie Nielsen, David Carradine, Orson Welles, Yaphet Kotto, Patrick Macnee, Lex Barker, John Saxon, Barbara Steele, Leonard Nimoy, Joan Crawford, Diane Keaton, Roddy McDowall und Burgess Meredith interpretieren die Geschichten, von denen einige auf Erzählungen Edgar Allan Poes und H.P. Lovecrafts basieren.

THE BOY WHO PREDICTED EARTHQUAKES

John Badham wurde für die Staffeln zwei und drei von Produzent Jack Laird für jeweils drei Folgen engagiert.

THE BOY WHO PREDICTED EARTHQUA-KES war die erste von vier Geschichten der siebten Episode der NIGHT GALLERY und wurde am 15. September 1971 ausgestrahlt. Die Geschichte stammt von Margaret St. Clair, das Drehbuch von Serling. Ein kleiner Junge (Clint Howard) will im Fernsehen für Furore sorgen. Er behauptet, hellsehen zu können. Man lacht ihn aus, doch als mit seiner Hilfe tatsächlich ein verschwundenes Mädchen gefunden wird und ein leichtes Erdbeben wie angekündigt eintritt, erwarten die Fernsehmassen gebannt seine nächsten Vorhersagen. Ausgerechnet als die Wissenschaft ihm auf die Schliche kommen will und ihn näher erforscht, scheint er seine Gabe zu verlieren. Er fordert die Zuschauer zur Sorglosigkeit auf, denn eine bessere Welt würde kommen. Der Anschein seiner Nachdenklichkeit trügt jedoch nicht, tatsächlich hat er das Ende der Welt gesehen, das mit dem Ende der Episode fatal eintritt. Die Sonne beendet die Ära der Menschheit. Als interessante Besonderheit der Begabung des Jungen kann er nur

GREEN FINGERS

Dinge vorhersagen, über deren Beschaffenheit er etwas weiß. Dementsprechend liest er möglichst viele Bücher, um in den unterschiedlichsten Bereichen hellsehen zu können. Die Grausamkeiten der Welt, die er so immer vor Augen hat, werden für ihn zur untragbaren Last, von der er durch das Weltende erlöst wird.

Am 8. Dezember 1971 wurde die 18. Episode der NIGHT GALLERY gesendet, deren zweites Segment, CAMERA OBSCURA, von John Badham inszeniert wurde. Rod Serling adaptierte die Geschichte von Basil Copper für den Fernsehbildschirm. René Auberjonois mimt einen eiskalten Kredit-

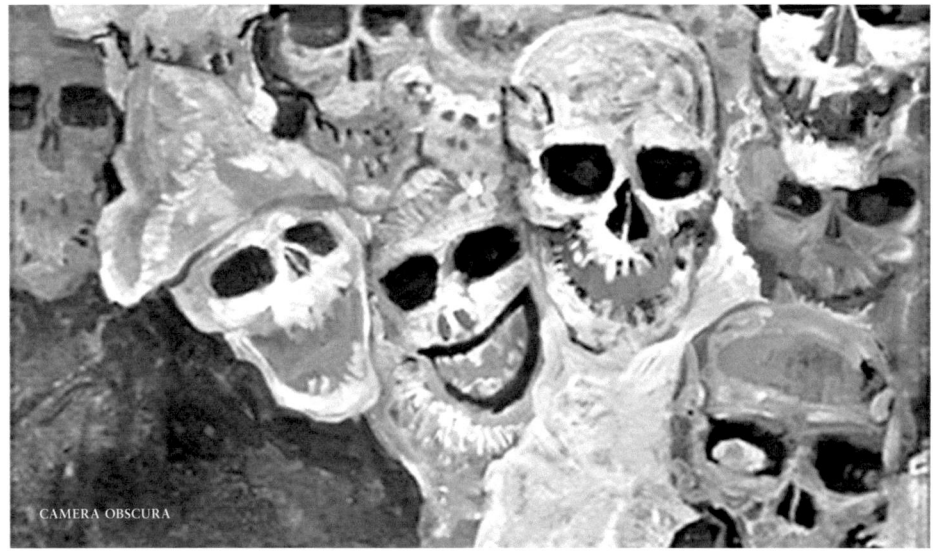

CAMERA OBSCURA

hai, William Shersted Jr., der für sein un-
menschliches Verhalten von Ross Martins
Figur, Mr. Gingold, zur Rechenschaft gezogen wird. Mithilfe eines optischen Instru-
ments, eben der titelgebenden Camera Obscura, wird Mr. Shersted Jr.'s Profitgier ein
Ende gesetzt.

Ebenfalls nach einem Drehbuch von Rod
Serling, basierend auf einer Erzählung von
R.C. Cook, drehte John Badham GREEN
FINGERS. Sie war die erste Geschichte der
21. Episode und wurde am 5. Januar 1972
im TV gezeigt. Die legendäre Elsa Lanchester, in den 1930ern die Braut von Franken-
steins Monster, spielt Mrs. Bowen, eine na-
turverliebte Lady, die zunächst keiner Flie-
ge etwas zu Leide tun könnte. Im Dorf wird
sie von manchen als Hexe bezeichnet, da ihr
grüner Daumen jede ihrer Pflanzen pracht-
voll erblühen lässt. Der mächtige Indust-
rietycoon Michael J. Saunders (Cameron
Mitchell, einer der Lieblinge Mario Bavas)

YOU CAN COME UP NOW, MRS. MILLIKAN

will um jeden Preis ihr idyllisches Landhaus
kaufen, um ein Gewerbezentrum zu errich-
ten. Doch Mrs. Bowen knickt nicht ein; als
Saunders ihr als letzte Drohung sogar die
Hand amputieren lässt, verkennt er die Gefahr, in der er schwebt. Kurz bevor Mrs.
Bowen in das Krankenhaus eingeliefert
wird, in dem sie verstirbt, vergrub sie ihre
abgetrennte Hand im Garten. Mr. Saunders
möchte sich noch einmal das Haus der Verstorbenen ansehen, bevor er es dem Erdbo-
den gleichmacht, und muss in der Tat ihr
Talent für den Umgang mit Pflanzen aner-
kennen. Als er jedoch mitansehen muss, wie
sich aus dem Beet, in dem sie ihre Hand ver-
graben hatte, eine neu »gewachsene« Mrs.
Bowen erhebt, verstirbt er an einem Herzinfarkt. Poison Ivy ist zombiesk auferstanden,
um sich dem Fortschritt entgegenzustellen.

Auch die 30. Episode der NIGHT GAL-
LERY fand unter John Badhams immer er-
fahrener Regie statt. THE GIRL WITH THE
HUNGRY EYES wurde am 1. Oktober 1972
ausgestrahlt. Nach einem Drehbuch von
Robert Malcom Young und einer Geschich-
te von Fritz Leiber Jr. betritt Badham das
Milieu der Fotografen und Models. Die
Brauerei ›Munsch Beer‹ sucht nach einem
attraktiven weiblichen Gesicht für ihre neu-
este Werbekampagne, um die zwei liebsten
Hobbys des Mannes miteinander zu verbin-
den. Das trifft sich überaus gut, ist Fotograf
David Faulkner (James Farentino) doch ge-

THE GIRL WITH THE HUNGRY EYES

rade ein mysteriöses Model (Joanna Peter) erschienen, das mystisch und aufreizend zugleich ist. Die Kampagne ist extrem erfolgreich; Faulkner avanciert zu Munschs liebsten Geschäftspartner. Als jedoch ein enger Kollege und Freund Faulkners verstirbt, hinterfragt er die Herkunft seiner Muse. Sie scheint nur auf Bildern zu existieren, und ihr Kuss ist tödlich – ihre ›Vampire Eyes‹ ziehen die Menschen in ihren Bann, sie versprechen die Erfüllung ihrer Sehnsüchte, führen jedoch geradewegs ins Jenseits. Gerade rechtzeitig erkennt Faulkner die Zusammenhänge: Als er ihre Fotos verbrennt, wird das Model mithilfe eines ansprechenden optischen Effekts zunächst schwarz/weiß, ehe es sich in ein verblassendes Negativ verwandelt und schließlich auflöst.

YOU CAN COME UP NOW, MRS. MILLIKAN, die 33. Episode der NIGHT GALLERY, wurde erneut von Rod Serling verfasst, ausgehend von J. Wesley Rosenquests Geschichte, und am 12. November 1973 von der NBC gesendet. Die auch im realen Leben verheirateten Schauspieler Harriet und Ozzie Nelson spielen Helena und Henry Millikan. Er verkörpert einen Wissenschaftler à la Doc Brown, ohne dass ihm der große Wurf schon gelungen wäre. Auch sein jüngster Versuch, mithilfe der Alchemie Stein in Gold zu verwandeln, führt bei Kollegen nur zu herablassendem Gelächter. Dabei hätte er guten Zuspruch dringend nötig, wird er doch von seiner Frau, die unter Alzheimer leidet, allein gelassen – wenn auch unbeabsichtigt. Sein neuestes Experiment endet mit dem Tod seiner Gattin, die er vergiftet. Doch gerade, als sein Neffe die Polizei rufen und den bemitleidenswerten Mr. Millikan verhaften lassen will, kehrt sie von den Toten zurück. Zu spät jedoch für ihren Gatten, der ein erneutes Misslingen seines Versuchs befürchtet und sich das Leben nimmt.

John Badhams letzter Beitrag zur NIGHT GALLERY, Episode Nummer 42, wurde am 20. Mai 1973 mit dem Titel THE DOLL OF DEATH gezeigt. Das Drehbuch entstammt Jack Guss' Feder nach einer Geschichte von Vivian Meik. Kurz vor der Hochzeit brennt die Braut (Susan Strasberg) mit ihrem Ex-Geliebten durch. Der Fast-Ehemann benutzt daraufhin eine Voodoo-Puppe, um den lästigen Nebenbuhler (Alejandro Rey) loszuwerden. Er verfällt dem okkulten Kult, kann jedoch von seiner ehemaligen Braut überlistet werden. Sie stülpt der Puppe seinen Ring über, kurz bevor er sie den Flammen überlässt, um den Rivalen ins Jenseits zu schicken. Mit dem Entzünden der Puppe besiegelt er sein eigenes Schicksal.

Anmerkungen

Interessierten empfehle ich die Internetseite www.nightgallery.net, die sich akribisch mit der Kultserie beschäftigt.

RHE DOLL OF DEATH

Isn't it shocking? (1973)

Von Maximilian Scholz

»Schokoriegel mampfender Killer fortgeschrittenen Alters meuchelt sich durch die Ü-60 Fraktion des kleinen New England-Städtchens Mount Angel unter Zuhilfenahme eines prähistorischen Defibrillators.« Ungefähr so könnte man die Handlung von ISN'T IT SHOCKING? (1973) kurz und bündig in einem Satz zusammenfassen, genau wie es die Konzeption von ABC Circlefilms für die Filmreihe »Movie of the Week« auch vorsah. Die Geschichten der wöchentlichen Ausstrahlungen mussten einfach auf den Punkt gebracht werden und in den Fernsehzeitschriften der frühen 1970er Jahre komprimiert reproduzierbar sein. In Kombination mit einem möglichst schmissigen und herausstechenden Titel war es das Ziel, effektiv um die Gunst des Zuschauers zu werben. Wie hoch und zufriedenstellend die Einschaltquoten für die TV-Premiere von ISN'T IT SHOCKING am 2. Oktober 1973 und seiner späteren Wiederholungen letztendlich ausfielen, ist heute nicht mehr nachvollziehbar, die genannten Gütekriterien für eine erfolgreiche Auswertung erfüllte der Film aber zweifellos. So konnte Regisseur John Badham in seiner erst zweiten vollständigen Regiearbeit an einem Langspielfilm nach THE IMPATIENT HEART (1971) auf ein Drehbuch des Autors Lane Slate zurückgreifen und sich auf dessen Gespür für ausgefallene Stoffe verlassen. Denn neben ISN'T IT SHOCKING? zeichnete sich dieser auch für die Vorlagen der Filme THEY ONLY KILL THEIR MASTERS (Die Spur der schwarzen Bestie; 1972), THE GIRL IN THE EMPTY GRAVE (1977), AND I ALONE SURVIVED (1978) und UNDERCOVER WITH THE KKK (1979) verantwortlich, alles Titel und Geschichten mit hohem Potential, die Neugier der Fernsehzuschauer zu wecken.[1] Dass die kompletten Filme dann oft aber Schabernack

mit den Erwartungen der Konsumenten trieben, war wohl kalkuliert, aber vielleicht erst aus rückblickender Bewertung als logisch zu betrachten. Denn im Unterschied zum zeitgleich stattfindenden und ähnlich plakativ werbenden Exploitationfilm und B-Movie der Auto- und Vorstadtkinos konnten jene bei ähnlich finanziell limitierten Produktionsbedingungen oft inhaltlich eher halten, was sie im meist ebenfalls effekthascherischen Titel versprachen. Im Fernsehen waren dem Zeigbaren von Sex und Gewalt damals ungleich engere Grenzen gesetzt, allerdings galt auch hier die Devise, je geringer das Budget ausfiel, desto weitläufiger gestaltete sich die künstlerische Freiheit des Regisseurs. Nichtsdestotrotz ist es sicherlich für manchen Genrefan durchaus ein reizvolles Gedankenspiel, sich ISN'T IT SHOCKING? als reißerisch inszenierten Slasher für das Bahnhofskino vorzustellen, in dem ein Fremder die beschauliche Seniorenresidenz Mount Angels heimsucht und deren Anwohner in Scharen zu Tode grillt, bis er vom Sheriff des Städtchens in einem epischen Showdown nur um Haaresbreite zur Strecke gebracht werden kann.

In Badhams Inszenierung geht es – wenig überraschend – gemäßigter zu. Das bedeutet nicht, sie ließe in ihren durch das Format vorgegebenen 73 Minuten Laufzeit Langeweile aufkommen oder hätte keine visuellen Höhepunkte zu bieten.

Denn die Eröffnungssequenz, in der der Täter erstmalig zuschlägt und der Zuschauer die einzige Demonstration seines Mordwerkzeuges erhält (abgesehen vom Finale), besitzt in ihrer Inszenierung und Dramaturgie durchaus Horrorfilmpotential, auch wenn vom vergleichsweise sauberen Tötungsakt sehr wenig dem Auge des Publikums preisgegeben wird. Denn der eingesetzte Elektroschocker oder Defibrillator vollzieht seine schreckliche Pflicht nahezu geräusch- und rückstandslos. Ein Fakt, der die örtlichen Ärzte und das zuständige Sheriffbüro zunächst auf die falsche Fährte eines plötzlichen und altersgemäßen Herzstillstands lockt. Somit kann der schokoladenaffine Killer, dessen Identität sowohl visuell als auch namentlich dem Zuschauer seit den ersten Filmminuten bekannt ist, in den Hintergrund treten, um bis zum Finale in nur wenigen Szenen wieder auf der Bildfläche zu erscheinen.[2] Dies bedeutet nicht, dass der Bodycount von da an nicht mehr in die Höhe geht, sondern lediglich, dass die Fokussierung der Handlung ab diesem Zeitpunkt auf dem Ermittlerteam um Sheriff Dan (Alan Alda) liegt. Und dieser hat eigentlich ganz andere Sorgen, die ihm zukunftsträchtige Entscheidungen abverlangen. Zum einen liegt ihm ein Angebot vor, als Sheriff in die wesentlich größere und weniger überalterte Nachbarstadt Horse Creek zu wechseln, zum anderen wären da noch die wenigen Frauen jüngeren Datums aus der Gegend, die ihm zum Teil mehr als nur schöne Augen machen. Während er also mit der Pensionsbesitzerin und dreifachen jungen Mutter Hattie (Jacqueline Allan McClure) offensichtlich liiert, jedoch von ihren drei pubertierenden Söhnen genauso offensichtlich genervt ist, lässt er sich auch auf den kleinen Flirt mit Doc Lovell (Dorothy Tristan) ein. Sie ist die zuständige Ärztin und Gerichtsmedizinerin des Ortes, deren Wege sich aus beruflichen Gründen nun häufiger mit denen des Sheriffs kreuzen. Dessen um einiges jüngere Bürokraft Blanche (Louise Lasser) macht wiederum dem passionierten Hobby-Ornithologen mehr als eindeutig zweideutige Avancen, weshalb er sich erst in der letzten Szene des Films entscheidet, in wessen Vögelchens Nest er denn eigentlich nun landen will.[3]

Bei so vielen zwischenmenschlichen Problemen und Wirrungen kann der Zuschauer mitunter schon einmal vergessen, dass er einen Krimi konsumiert. Dieser zieht seinen Unterhaltungswert aber sowieso eher

aus den pointierten Dialogen, vor allem zwischen denen von Alan Aldas und Louise Lassers gespielten Charakteren Dan und Blanche. Hierbei sind die tragenden Themen immer wieder die überalterten Bewohner Mount Angels und diverse Vorurteile, die gegenüber diesem oberen Teil der Bevölkerungspyramide herrschen. Augenzwinkernd wird in dem Zusammenhang ein ums andere Mal die damals erst in den Kinderschuhen steckende sexuelle Revolution der 1968er auf die Schippe genommen und gleichzeitig einer beständig sich nach außen hin prüde gebenden Gesellschaft der Spiegel vorgehalten.

Die erst nach und nach als solche identifizierten Morde gewinnen erst wieder mit ansteigender Frequenz die Aufmerksamkeit der Kamera und der Ermittler. Hier wiederum geht es für die Audienz eigentlich nur noch um das Motiv des Killers; ein Krimistrickmuster, das somit in seiner Ausrichtung mehr oder weniger deutlich von den gängigen Spielarten dieses Genres abweicht. So verfährt

Der Killer, sein Mordwerkzeug und das erste Opfer.

Finale einer spektakulären Verfolgungjagd mit wechselnden Rollen.

ISN'T IT SHOCKING? weder nach dem oft verwendeten »Whodunit-Schema« im Stile einer Agatha Christie-Verfilmung oder einer Folge von MURDER, SHE WROTE (Mord ist ihr Hobby; 1984-1996), bei dem der Täter ausnahmslos aus dem Kreis aller mehr oder weniger verdächtigen Hauptpersonen stammt und Kommissar wie Zuschauer erst zum Ende dessen Identität ermitteln bzw. erfahren.[4] Noch liegt das Konzept von Serien wie COLUMBO (1971-2003) oder DIAGNOSIS MURDER (Diagnose – Mord; 1993-2001) zugrunde, bei denen der Zuschauer von Beginn an den Täter kennt und der Ermittler den richtigen Verdacht hegt, die Schwierigkeit aber darin liegt, ihm oder ihr das Verbrechen nachzuweisen.

In ISN'T IT SHOCKING? hingegen ist der Killer ein vermeintlich Fremder, was seine Beziehung zu den Opfern und das daraus resultierende Motiv seiner Taten bis zum Showdown im Unklaren lässt. Dieser ist dann auch ganz dem Filmkonzept geschuldet wenig spektakulär, sondern wartet mit einer Erklärung auf, die bei aller Tragik der Ereignisse viel humoristisches Potential birgt, wenn auch nicht für den Überführten, so aber für den Zuschauer. Der eigentliche und bereits in der Mitte des Films vorweggenommene Höhepunkt und gleichzeitig einer der zentralen Plotpoints von ISN'T IT SHOCKING? ist jedoch eine Autoverfolgung, bei der Sheriff Dan bereits kurz vor der Ergreifung des Unbekannten steht, jener sich dem vorzeitigen Zugriff jedoch um Haaresbreite entziehen kann. Diese einzig wirkliche Action-Sequenz fällt mehr als deutlich, was Tempo und Intensität betrifft, aus der restlichen Handlung, schlägt aber die Brücke zu Badhams späterem Œuvre. Dieses ist geprägt von aufwendig inszenierten und rasanten Action-Szenen in Handlungsverläufen, bei denen Geschwindigkeit, Bewegung, Sport und Dramatik tragende Hauptkomponenten bilden. Denn zweifellos beinhaltet fast jede seiner jüngeren Regiearbeiten, egal ob Spielfilm oder Serienbeitrag, die Einbettung einer Verfolgungsjagd, sofern das Motiv der Verfolgung nicht sogar eine Hauptkomponente in der gesamten Handlung darstellt.[5] So ist es wenig schockierend und ganz bestimmt kein Zufall, dass von ISN'T IT SHOCKING? neben dem eingängigen Oboen-Thema des Komponisten David Shire vor allem diese kompromisslos inszenierte Actionszene im Gedächtnis und der Rest des Films vielleicht etwas hinter den gekonnt in die Irre geführten Erwartungen zurückbleibt.[6]

Anmerkung

[1] Ebenfalls dieser Kategorie zurechenbare Filme nach einem Drehbuch von Lane Slate sind u.a.: THE STRANGE AND DEADLY OCCURENCE (1974), THE TRIBE (1974), TAIL GUNNER JOE (1977), THE CAR (Der Teufel auf Rädern; 1977) und DEADLY GAME (1977).

[2] Die von der Kamera stets betonte Vorliebe des Täters für Schokoriegel dient im Film nicht einer besonderen Charakterisierung, sondern wird die Ermittler im Verlauf der Handlung auf seine Fährte führen.

[3] Dass Sheriff Dan laut Drehbuch das Hobby des Ornithologen pflegt, ist ein deutlicher Verweis darauf, dass er auf gewisse Weise ein Weiberheld ist. Schließlich wird die Bezeichnung »Bird« im Englischen nicht nur im eigentlichen Sinn für einen Vogel verwendet, sondern dient auch umgangssprachlich als Bezeichnung für eine junge Frau.

[4] Als die bekanntesten Ermittler aus Agatha Christies Feder sind dabei Miss Jane Marple und Hercule Poirot zu nennen. Bekannte filmische Adaptionen, die auf ihren Figuren, Romanen und Kurzgeschichten basieren, sind u.a. MURDER AT THE GALLOP (Der Wachsblumenstrauß; 1963; R: George Pollock), MURDER AHOY (Mörder ahoi!, 1964; R: George Pollock) MURDER IN THE ORIENT EXPRESS (Mord im Orient Express; 1974; R: Sidney Lumet), DEATH ON THE NILE (Tod auf dem Nil; 1978; R: John Guillermin) oder APPOINTMENT WITH DEATH (Rendezvous mit einer Leiche; 1988; R: Michael Winner).

[5] Am deutlichsten sichtbar bei BLUE THUNDER (Das fliegende Auge; 1983), AMERICAN FLYERS (Die Sieger – American Flyers; 1985), SHORT CIRCUIT (Nummer 5 lebt!; 1986), DROP ZONE (1994), NICK OF TIME (Gegen die Zeit; 1995) oder THE JACK BULL (Reiter auf verbrannter Erde; 1999).

[6] John Badham arbeitete später abermals mit seinem Freund David Shire zusammen: THE GODCHILD (Spuren im Sand; 1974), SATURDAY NIGHT FEVER (Nur Samstag Nacht; 1977) und SHORT CIRCUIT (1986).

Rex Harrison presents Stories of Love (1974)

Von Michael Flintrop

Die Veröffentlichung von REX HARRISON PRESENTS STORIES OF LOVE startete unter unglücklichen Voraussetzungen. Ursprünglich als Pilot für eine letztendlich nicht realisierte TV-Serie geplant, fungierte das von William Sackheim initiierte Projekt zunächst unter verschiedenen Titeln (»Short Story«, »Short Stories of Love« und »Three Faces of Love«), bis schließlich der bekannte Schauspieler Rex Harrison für eine beträchtliche Gage dazu bewogen werden konnte, die drei Geschichten mit einer Moderation zu versehen.[1] Aber auch dies führte nicht zu dem gewünschten Erfolg, denn gegenüber CANNON (CBS 1971-76), dem Quotenrenner des Konkurrenzsenders CBS, war man am Sendetag des 01. Mai 1974 hoffnungslos unterlegen. So verschwand REX HARRISON PRESENTS STORIES OF LOVE nahezu unbemerkt in der Versenkung und erlangte bis heute kaum Bekanntheit.

Wie sich bereits im Titel andeutet, erzählt der Film drei Geschichten, die um das Thema »Liebe« kreisen, inszeniert von drei verschiedenen Regisseuren und basierend auf Kurzgeschichten weltberühmter Autoren. Setting und historischer Hintergrund differieren dabei beträchtlich: Das Auftaktsegment EPICAC, von John Badham inszeniert, basiert auf einer Kurzgeschichte des Science-Fiction-Autors Kurt Vonnegut Jr., in der ein Militär-Computer menschliche Züge entwickelt, als er sich in die Freundin des Programmierers William (Bill Bixby) verliebt. Die von Arnold Laven[2] gedrehte Episode KISS ME AGAIN, STRANGER, angelehnt an eine Short Story von Daphne Du Maurier, ist im London der Nachkriegszeit angesiedelt und handelt von einem Soldaten, der von einer Serienmörderin aus Liebe verschont wird. THE FORTUNATE PAINTER, von Jeannot Szwarc[3] für die Kameras konzipiert, ist einer im viktorianischen Zeitalter angesiedelten Geschichte W. Somerset Maughams entnommen und beschreibt die Manipulation eines Vaters (Lorne Greene), der einen erfolglosen Maler und Bewerber um die Gunst seiner Tochter unterstützt, damit diese ihn schließlich ehelichen kann.

Interessieren soll an dieser Stelle nur das von Badham inszenierte Segment EPICAC. Betrachtet man das spätere Werk Badhams und dabei insbesondere die Kinofilme, in denen sich ein starkes Interesse an der Entwicklung und Vermenschlichung der Technik (etwa bei WARGAMES, BLUE THUNDER und SHORT CIRCUIT) wiederspiegelt,[4] dann kann man EPICAC durchaus als eine Vorstudie zu diesen vorherrschenden Themen in seinen großen Kinoproduktionen verstehen. Der in einem Militärkomplex tätige William, der für die Programmierung des Kriegscomputers »Epicac« zuständig ist, verliebt sich in seine Kollegin Patricia (Julie Sommars), die jedoch zunächst nichts von ihm wissen will. Mit Hilfe von »Epicac«, der für ihn romantische Gedichte entwirft, stimmt er Patricia schließlich um, kann jedoch nicht verhindern, dass der Rechner ebenfalls für Patricia Gefühle entwickelt und eifersüchtig reagiert. Als William ihn von der Unmöglichkeit einer sexuellen Beziehung zwischen Mensch und Maschine überzeugen kann, vernichtet er sich selbst, nicht ohne William Dutzende von Gedichten zu hinterlassen, die das Liebesglück des menschlichen Paares für die Zukunft sichern sollen.

Aus der kurzen Inhaltsangabe wird deutlich, dass der in einer überschaubaren Zukunft angesiedelte EPICAC Themen aufwirft, die Badham in seinen späteren Kinofilmen

Besuch vom Verteidigungsminister

»Epicac« zerstört sich selbst

Letzter Blick auf Patricia

wieder aufgreift und weiter vertieft: Die Vermenschlichung der Technik, die situationsbedingt die eigene Unvollkommenheit erkennen muss und darüber Emotionen zu entwickeln beginnt. Der Schauplatz, eine Militäreinrichtung, die zu Beginn vom Verteidigungsminister (Roscoe Lee Browne) besucht wird, der sich nach den militärischen Fortschritten in der Entwicklung von »Epicac« erkundigt, ähnelt dem Setting aus WARGAMES und ist fast ausschließlich darauf beschränkt (sieht man einmal von einem Besuch des Paares in einem futuristisch angehauchten Nightclub ab). »Epicac« selbst erscheint nicht so voluminös wie »Joshua« aus WARGAMES, dessen bauliche Konzeption fast einen gesamten Raum einnimmt, verfügt aber auch über die Art blinkender Lichter, insbesondere immer dann, wenn er denkt und spricht, die wesensimmanent in der Darstellung von Computern zu dieser Zeit erscheinen. Eine drehbare, außerhalb des Rechners angebrachte Kamera erlaubt »Epicac« darüber hinaus Beobachtungen außerhalb seines direkten Blickfeldes.

Die Vermenschlichung von »Epicac«, der zuvor ausschließlich Kriegszwecken dienen sollte, vollzieht sich in drei Schritten. Zunächst völlig unbeteiligt, erwacht er zum »Leben«, als William ihn mit den emotional bedingten Stichworten »Love« und »Girl« füttert. »What is love, what is girl« fragt »Epicac« den Programmierer, der daraufhin antwortet: »Love is liking somebody. Is having a deep personal feeling for another human being, a girl.«[5] Dies versteht »Epicac«, der nun die ersten Gedichte entwirft, um Patricia von der Liebe zu William zu überzeugen. Was William jedoch nicht ahnen kann, ist, dass »Epicac« darüber zu einem – chancenlosen – Konkurrenten geworden ist, der ebenfalls ein Auge auf Patricia geworfen hat. In einer zweiten Sitzung, als es wiederum darum geht, neue Gedichte zu entwickeln, wird William mit dem wachsenden Gefühlsleben des Rechners konfrontiert, der ihn fragt, warum Patricia sich nicht in ihn verlieben könne, zumal er die Gedichte geliefert habe. William klärt ihn darüber auf, dass es eine sexuelle Beziehung zwischen Mensch und Maschine nicht geben könne. Auch dies versteht »Epicac«, der konstatiert, er habe »no lips«, um zu küssen, könne daher Patricia auch nicht heiraten. Noch in der gleichen Nacht, ein Treffen zwischen William und Patricia wird damit unterbrochen, werden sie in die Einrichtung gerufen, wo »Epicac« begonnen hat, sich selbst zu zerstören und für William einen Abschiedsbrief hinterlässt. »I don't want to be a machine. I don't want to think about war«, beginnt er seinen Brief, nur um zu dem Schluss zu gelangen, dass es sein einziges Ziel seit ihrer Begegnung gewesen sei, »to be made out of photoplasma and have Pat love me«. Aber eben dies sei ein Problem, das er nicht lösen könne und so bleibe ihm nur die Möglichkeit zur Selbstzerstörung. Sein letzter – verliebter – Kamerablick gilt Patricia, die mit seinem inneren Sterben immer verschwommener und unklarer wird. Doch seine Gedichte werden überdauern und die Liebesbeziehung des menschlichen Paares festigen: Jedes Jahr eines – bis zu deren Lebensende.

Es ist tatsächlich erstaunlich, wie sich in diesem kleinen Segment EPICAC bereits eine Vielzahl von Themen bündeln, die Badham in seinen großen Kinofilmen beschäftigen. So wird die nahezu vergessene TV-Arbeit REX HARRISON PRESENTS STORIES OF LOVE neu entdeckt und es ist zu überprüfen, inwieweit sich bereits hier vorhandene Themenkreise in Badhams Werk wiederspiegeln. Darum ist es immens wichtig, derartige verborgene »Schätze« zu heben, um überhaupt eine seriöse Aussage über das Gesamtwerk eines Regisseurs wie Badham treffen zu können.

Anmerkungen

[1] Hal Erickson: REX HARRISON PRESENTS STORIES OF LOVE (1974). In: The New York Times (www.nytimes.com/movies/movie/128533/Rex-Harrison-Presents-Stories-of-Love/overview; Stand: 27.09.2015).

[2] Arnold Laven kommt vom Fernsehen, wo er in den 1950er-Jahren begann, hat aber auch einige Kinofilme wie VICE SQUAD (Sittenpolizei; 1953), ROUGH NIGHT IN JERICHO (Als Jim Dolan kam; 1967) oder SAM WHISKEY (1969) inszeniert.

[3] Szwarc hat ebenfalls überwiegend beim Fernsehen gearbeitet, mit BUG (Feuerkäfer; 1975), JAWS 2 (Der weiße Hai 2; 1978) und SUPERGIRL (1984) aber auch einige erfolgreiche Kinofilme inszeniert.

[4] Vgl. dazu auch den Beitrag von Oliver Nöding in diesem Band.

[5] Hier findet sich eine erstaunliche Parallele zu SHORT CIRCUIT, der ebenfalls thematisiert, diese Art von Gefühlen zu entwickeln.

The Law (1974)

Von Matthias Kuzina

»My object all sublime
I shall achieve in time –
To let the punishment fit the crime –
The punishment fit the crime;
And make each prisoner pent
Unwillingly represent
A source of innocent merriment!
Of innocent merriment!«
William S. Gilbert/Arthur Sullivan:
The Mikado (1885)

Bei THE LAW (Anwalt gegen das Gericht) handelt es sich laut *Halliwell's Who's Who in the Movies* um den bedeutendsten Film aus Badhams früher Schaffenszeit, der Fernsehphase von 1971 bis 1976.[1] Die Hauptfigur Murray Stone (Judd Hirsch) fungiert als amtlich bestellter Verteidiger eines naiven Hippies, der zunächst nur eines Drogendeliktes bezichtigt, dem aber plötzlich gemeinschaftlicher (Ritual-)Mord an einem Footballstar vorgeworfen wird. Stone findet heraus, dass sein Klient unschuldig ist, doch Bezirksstaatsanwalt Rachel (John Hillerman) und Ankläger Carey (John Beck) wollen mit dem Fall ihre Karriere vorantreiben. Sie spekulieren auf die Todesstrafe, um aus einer Verurteilung in dem zu erwartenden Sensationsprozess politisches Kapital schlagen zu können. Als eigentlicher Kontrahent Stones, die Inkarnation des idealistischen Anwalts,[2] erweist sich der Verteidiger der wirklichen Täter: Staranwalt und Bestseller-Autor Jules Benson (Sam Wanamaker) übernimmt den Fall nur, um sich die Rechte an den Biografien seiner Klienten, drei skrupellosen Okkultisten, zu sichern. Auf einen Kuhhandel lässt sich Stone nicht ein, sodass am Ende die Anklage gegen seinen Mandanten fallen gelassen wird. Der thematisierte Mordfall erinnert an die zum Zeitpunkt der Filmausstrahlung erst fünf Jahre zurückliegenden Verbrechen der Manson-Family, die unter dem Namen »Tate-LaBianca-Morde« Kriminalgeschichte geschrieben haben.[3]

John Badham greift in seinem (fiktionalen) Fernsehfilm das Sujet der fälschlichen Verdächtigung auf, um Störungen der amerikanischen Rechtsordnung zu problematisieren. THE LAW steht damit in der Tradition von herausragenden Werken wie TO KILL A MOCKINGBIRD (Wer die Nachtigall stört; 1962; R: Robert Mulligan) oder auch, als TV-Beispiel, THE MARCUS-NELSON MURDERS (Der Mordfall Marcus-Nelson; 1973; R: Joseph Sargent).[4] Den Anfang von THE MARCUS-NELSON MURDERS bildet ein kurzer Ausschnitt aus der Live-Übertragung von Martin Luther Kings »I have a dream«-Rede vor dem Lincoln Memorial am 28. August 1963 – präsentiert durch das Medium Fernsehen in der Wohnung der beiden Mordopfer in New York City. Im weiteren Handlungsverlauf wirkt diese euphorische Rede immer mehr wie eine Paradoxie, denn die von Regisseur Joseph Sargent (und Drehbuchautor Abby Mann) vorgeführte Rechtskultur ist geprägt von Rassismus und Korruption. Es ist geradezu beklemmend, wie der Plot von THE MARCUS-NELSON MURDERS die Topoi des amerikanischen Traums nach und nach konterkariert.

Auch in THE LAW spielt die Sekundärvermittlung von Bildern durch Fernsehbildschirme und Monitore eine wichtige Rolle, und der rechtskulturelle Tenor ist bei Badham der gleiche. Zentral ist die kurze Szene in der Eröffnungssequenz, in der sich der nicht weiter ausdifferenzierte Richter Lerner (Gerald Hiken) scheinbar zufällig an einer TV-Ausstrahlung von Gilbert und Sullivans satirischer Operette *The Mikado* ergötzt.[5] Bereits in dieser expositorischen Szene ver-

dichtet Badham die Essenz von THE LAW
– den Gegensatz von Rechtsstaatlichkeits-
ideal[6] und praktizierter Rechtswirklichkeit –
mit großer Souveränität: Das amerikanische
»rule of law«-Credo hat sich schon ad absurdum geführt, bevor die eigentliche Handlung beginnt. Hier verhält es sich so, dass der
Mikrokosmos des Anfangs den Makrokos-
mos des Spielfilms insgesamt reflektiert.[7]

Filmstills aus der Exposition: »Und das soll Recht sein?«

THE LAW beginnt mit einer extrem monotonen Sprechrolle (als Ouvertüre), als die
Off-Stimme eines anonymen Gerichtsange-
stellten Fallprotokolle wörtlich wiedergibt.
Badham lässt auch alle folgenden Filmse-
quenzen möglichst authentisch wirken, indem das Licht diffus, der Ton unverfälscht,
die Szenerie karg, die Kameraführung zu-
rückhaltend und die Darsteller überzeugend bleiben. Gleich die erste Einstellung
des Films zeigt den primären Handlungsort: das historische Gebäude der schon aus
der TV-Serie PERRY MASON (CBS 1957-
1966) bekannten Los Angeles Hall of Justice (das Bezirksstrafgericht, das u.a. Gerichtssäle, die Bezirksstaatsanwaltschaft,
das Public Defender's Office und das Unter-
suchungsgefängnis beherbergt). Man könnte es kluges filmisches Understatement nennen, wie Badham die Geschichte in diesem
Setting auffächert. Die Lakonik des Origi-
nal-Filmtitels ist bezeichnend für die Art
der Dramatisierung. Er bezieht sich auf die
rhetorische Frage einer Nebenfigur, die zu
Beginn des Films in die Mühle der Justiz
gerät: »And that's the law?«[8] In der letzten
Einstellung verlässt Murray Stone die Hall

of Justice, und »justice« bleibt in der populären Rechtsfiktion von THE LAW etwas Ephemeres. Badham unterlegt den Filmabspann mit einem *voice-over*-Epilog, der den Chorus »A more humane Mikado« aus der ersten Filmsequenz restituiert.[9] Mit der im Filmkontext leicht subversiven Poesie des *Mikado* schließt sich somit der Kreis.

Badham gelingt es, die Systemkritik so zu domestizieren, dass der Film nicht zu einer Justizsatire oder gar ins Zynische abgleitet. Durch diesen Kunstgriff wird die Kritik an dem bürokratischen Apparat, der auf das Aushandeln von Schuldbekenntnissen abzielt, umso wirkungsvoller.[10] Bemerkenswert ist Jules Bensons narzisstische Art der Selbstinszenierung, bei welcher der prominente amerikanische Rechtsanwalt Melvin Belli Pate gestanden haben könnte.[11] Benson wird ironischerweise als lebensgroße Pappfigur in den Film eingeführt, taucht anschließend sekundärvermittelt auf dem TV-Bildschirm (im Interview) auf und wird erst dann als regulärer Filmcharakter etabliert. Von ebenbürtiger Präsenz ist Richterin Rebeccah Fornier (Barbara Baxley), die, als ›Dragon Lady‹ gefürchtet, mit einem Revolver unter der Robe ihr Amt ausübt. Wenn Badham für Gene Carey in der Phase der Anklagevorbereitung z.B. das Motiv der Bildstörung implementiert, als dessen Gesicht in Großaufnahme auf einem Monitor im Fernsehstudio erscheint, verbinden sich stilistische Brillanz, mediale Selbstreferenz und subtile Infragestellung staatsanwaltlicher Integrität.[12]

Murray Stone war es am Ende nicht vergönnt, in die Fußstapfen von Perry Mason (Raymond Burr) zu treten, denn in den 1970er Jahren schienen Justizserien bei den Kritikern beliebter als beim Publikum zu sein.[13] Fast zeitgleich mit THE LAW startete die Ausstrahlung der Anwaltsserie PETROCELLI (NBC 1974–1976), deren Hauptfigur Tony Petrocelli (Barry Newman) als unerschrockener Kämpfer für das Recht mit Murray Stone geistesverwandt ist. Die

Academy of Television Arts and Sciences hat Produzent William Sackheim für THE LAW 1975 in der Kategorie »Outstanding Special – Drama or Comedy« mit einem Primetime Emmy ausgezeichnet. Die Tradition des justizkritischen amerikanischen Fernsehfilms wurde z.B. mit INDICTMENT: THE MCMARTIN TRIAL (Unter Anklage – Der Fall McMartin; 1995; R: Mick Jackson) fortgesetzt, der eine Emmy-Auszeichnung und zwei Golden Globes erhielt.[14] Die aktuelle wissenschaftliche Auseinandersetzung mit dem Thema Recht im Fernsehen konzentriert sich dabei auf den allgemeinen populärkulturellen Einfluss auf die gesellschaftliche Rechtswahrnehmung, weniger auf medienästhetische, ideologiekritische oder filmhistorische Analyseansätze.[15]

Anmerkungen

[1] Siehe John Walker (Hg.): Halliwell's Who's Who in the Movies. London 2006 (4. Aufl.), S. 29. Joel Olianskys Drehbuch ist inspiriert durch Erlebnisse des Rechtsanwalts Alvin Nierenberg aus Los Angeles. John Badham inszeniert den 124-minütigen Film entsprechend semi-dokumentarisch.

[2] Badham generiert mit dieser Figur ein plausibles Fernseh-Äquivalent zum (klassischen) amerikanischen Anwalts-Kinohelden als Verteidiger der Bürgerrechte. Vgl. den Beitrag von Orit Kamir: Hollywood's Hero-Lawyer: A Liminal Character and Champion of Equal Liberty. In: Anne Wagner/Richard K. Sherwin (Hg.): Law, Culture and Visual Studies. Dordrecht/ Heidelberg/New York/London 2014, S.747-773, spez. S. 749.

[3] Siehe Ed Sanders: The Family. Die Geschichte von Charles Manson. Hamburg 1995.

[4] Autodiegetische Erzählfigur des 140-minütigen Fernsehfilms ist Telly Savalas alias Lieutenant Theo Kojak, zugleich Protagonist der international erfolgreichen Polizeiserie KOJAK (Einsatz in Manhattan; CBS 1973-1978 und 1989-1990). Hintergrund der als authentische Milieustudie präsentierten Kriminalstory sind die Mordsache Wylie-Hoffert sowie die »Whitmore confessions«. Der Film basiert auf Selwyn Raabs Dokumentarbericht *Justice in the Back Room* (Cleveland 1967).

[5] Der Mikado höchstpersönlich (der japanische Kai-

ser, gespielt von Douglas Botnick) rezitiert aus »A more humane Mikado«, einer Parabel auf die Perversität des Bestrafungsaktes, der zu Heiterkeit Anlass gäbe. »Let the punishment fit the crime« wurde in der englischen Sprache zu einem geflügelten Wort und findet in der amerikanischen Populärkultur ausgiebig Verwendung. Die Zeile »And make each prisoner pent« wird im Film ersetzt durch »And make each criminal pent«.

6 Im Verlauf des Films symbolisiert z.b. durch die Stars and Stripes im Büro des Staatsanwalts.

7 Vgl. Britta Hartmann: Aller Anfang. Zur Initialphase des Spielfilms. Marburg 2009, S. 48f.

8 Vgl. die resignierte Feststellung Staatsanwalt Phil Halpins (David Huffman) in dem justizkritischen Spielfilm THE ONION FIELD (Mord im Zwiebelfeld; 1979; R: Harold Becker; Buch: Joseph Wambaugh): »Justice? That's not even an issue here.«

9 Ergänzt um zwei Strophen:

»ALL PROSY DULL SOCIETY SINNERS,

WHO CHATTER AND BLEAT AND BORE,

ARE SENT TO HEAR SERMONS

FROM MYSTICAL GERMANS

WHO PREACH FROM TEN TILL FOUR.

THE AMATEUR TENOR,

WHOSE VOCAL VILLAINIES

ALL DESIRE TO SHIRK,

SHALL, DURING OFF-HOURS,

EXHIBIT HIS POWERS

TO MADAME TUSSAUD'S WAXWORK.

—

THE LADY WHO DYES

A CHEMICAL YELLOW

OR STAINS HER GREY HAIR PUCE,

OR PINCHES HER FIGURE,

IS PAINTED WITH VIGOUR,

AND PERMANENT WALNUT JUICE.

THE IDIOT WHO,

IN RAILWAY CARRIAGES,

SCRIBBLES ON WINDOW-PANES,

WE ONLY SUFFER

TO RIDE ON A BUFFER

IN PARLIAMENTARY TRAINS.«

10 In der kritischen Auseinandersetzung mit der amerikanischen Justiz finden sich in Badhams TV-Movie Parallelen zum Œuvre Sidney Lumets, der in den Genres des Polizei- und Gerichtsfilms durch ausgefeilte Dramatisierungen Maßstäbe setzte.

11 Von seinem Biografen Mark Shaw wird Melvin Belli in dem gleichnamigen Buch als »King of the Courtroom« tituliert (Fort Lee, NJ 2007). Gleiches gilt für den berühmten Strafverteidiger Percy Foreman. Vgl. Michael Dorman: King of the Courtroom. Percy Foreman for the Defense. New York 1969.

12 Der in dem Beitrag von Ivo Ritzer im vorliegenden Band dokumentierte medienreflexive Gestus in Badhams Kino ist bereits in THE LAW existent – mit ausschließlicher Fokussierung auf das amerikanische Fernsehen, und zwar als Informations- und Unterhaltungsmedium.

13 Vgl. Gail Levin Richmond: Matlock. In: Robert M. Jarvis/Paul R. Joseph (Hg.): Prime Time Law. Fictional Television as Legal Narrative. Durham 1998, S. 55–64, hier S. 56. Realisiert werden konnte noch die Miniserie THE LAW (1975; R: Joel Oliansky) mit den drei jeweils 60-minütigen Episoden COMPLAINT AMENDED, PRIOR CONSENT und SPECIAL CIRCUMSTANCES. Oliansky selbst entwarf das Fernsehspiel MALLORY: CIRCUMSTANTIAL EVIDENCE (Der Pflichtverteidiger; 1976; R: Boris Sagal) mit Raymond Burr als Arthur Mallory, der wiederum nach der Figur Stones modelliert wurde. Im Jahr 1990 drehte Oliansky den Gerichtsfilm IN DEFENSE OF A MARRIED MAN (Mörderischer Verdacht).

14 Wie bei THE MARCUS-NELSON MURDERS stammt das Drehbuch von Abby Mann, der eine glückliche Hand bei der Konzeption von Gerichtsfilmen besaß. Dazu ausführlich: Matthias Kuzina: Der amerikanische Gerichtsfilm. Justiz, Ideologie, Dramatik. Göttingen 2000. Zu Justiz(spiel)filmen im US-Fernsehen siehe auch Kai-Jochen Neuhaus: Jura im Pantoffelkino. In: JUSTUF 1 (2005), S. 30-42.

15 Siehe Peter Robson/Guy Osborn/Steve Greenfield: The Impact of Film and Television on Perceptions of Law and Justice: Towards a Realisable Methodology. In: Anne Wagner/Richard K. Sherwin (Hg.): Law, Culture and Visual Studies, Dordrecht/Heidelberg/New York/London 2014, S. 1011-1028.

The Godchild (1974)

Von Benedikt Wilken

Peter B. Kynes Novelle *The Three Godfathers* sollte nach ihrer Veröffentlichung im Jahr 1913 einen großen Erfolg erfahren sowie etliche filmische Interpretationen nach sich ziehen. Seine literarischen Publikationen fanden häufig Verwendung in der Filmbranche und sein Name wurde mehr als 140mal in Credits erwähnt. *The Three Godfathers* markiert allerdings das Werk, das die höchste Popularität in seiner Karriere besitzt. Der legendäre Westernregisseur John Ford inszenierte den Stoff sogar zweimal: 1919 als Stummfilm unter dem Titel MARKED MEN und später in Ton und Farbe gleichnamig der Vorlage. Der zweiten Variante, 1948 in den amerikanischen Kinos uraufgeführt, ist zweifellos der höchste Bekanntheitsgrad zuzuordnen. Prominent besetzt mit John Wayne und Ward Bond zog er das Publikum in die dunklen Säle der Lichtspielhäuser.[1]

HELL'S HEROES (1929)

1936 nahm sich der polnisch stämmige Regisseur Richard Boleslawski der Geschichte mit THREE GODFATHERS (Helden aus der Hölle) an, der von Joseph L. Mankiewicz produziert wurde. Besonders in den frühen Jahren des bewegten Bildes beschäftigten sich demnach die bekannten Filmemacher in der Traumfabrik Hollywoods mit dem Volksmärchen von Kyne.

THREE GODFATHERS (1948)

THREE GODFATHERS (1936)

Aber bereits 1915 setzte der Filmemacher Gilbert M. »Broncho Bill« Anderson die Novelle unter dem Titel BRONCHO BILLY AND THE BABY um, während 1916 Edward LeSaints Verfilmung folgte, ebenfalls unter der Nutzung des ursprünglichen Titels. 1929 befasste sich William Wyler unter der Aufsicht seines Onkels Carl Laemmle für Universal Pictures mit dem Stoff und drehte HELL'S HEROES (Galgenvögel).

Selbst einer Episode der Serie WALKER TEXAS RANGER (CBS 1993-2001; Season 4, Episode 13: A RANGER'S CHRISTMAS) mit Chuck Norris wird die lose Verwendung des Themas bescheinigt. Die Fülle der verschiedenen Filmversionen zeigt die Beliebtheit der kurzen Erzählung in den Vereinigten Staaten, die die emotionale Entwicklung von raubeinigen Gaunern und Mördern zu liebevollen Beschützern eines hilflosen Kindes beschreibt.

Dabei weichen die verschiedenen Werke inhaltlich voneinander ab, auch zur Grundlage besteht nicht selten eine Differenz. Die drei Paten sind von Film zu Film unterschiedlich charakterisiert und die Intensität ihrer anfänglich brachialen Wesenszüge stufen sich erheblich voneinander ab. Des Weiteren verwenden die Drehbuchautoren stets alternative Namen für die drei Männer.

John Badhams Inszenierung wurde in den USA am 26. November 1974 ausgestrahlt.[2] Der Termin ist offensichtlich kalkuliert, spielen die Ereignisse in *The Three Godfathers* seit jeher um die Weihnachtsfeiertage. In dem TV-Film verzichtete man aber auf die weihnachtliche Komponente und verlegte die Geschichte in den Sommer, was witterungsbedingt keinen Unterschied bedeutet, ist es in den trockenen Gebieten Arizonas doch ganzjährig heiß. Bei Badham beginnt die Reise der drei Outlaws mit dem Ausbruch aus einem Militärgefängnis. Das Trio wird von Jack Palance, Ed Lauter und José Peréz dargestellt. Ihre Verfolger sind mit Jack Warden, Keith Carradine und Bill McKinney ebenfalls namhaft besetzt. Besonders die Zusammenarbeit mit dem gestandenen Darsteller Jack Palance war für Badham eine Herausforderung. Er berichtet, dass seine sanftmütige Art mit dem ernsten und teils ruppigen Wesen des Schauspielers oft schwer zu vereinen war. Palance spielte nicht nur den harten Typen, er war tatsächlich einer und verkörperte diesen Charakter in einer Ära, in der das weibliche Geschlecht wenig zu sagen hatte. Darüber hinaus wuchs er auch in einer Branche auf, in der Frauen bis in die 1970er Jahre nicht in führenden Positionen vertreten waren. So sei es ihm schwer gefallen, Anweisungen von der zweiten Regieassistentin Leslie Moulton anzunehmen, sodass Badham vermitteln musste. Dennoch hegt der Regisseur keine negativen Gefühle für seinen Hauptdarsteller, sondern schätzt ihn als professionellen Kollegen. Während sich die Freunde Rourke und Cress im Gefängnis befinden, macht sich ihr me-

xikanischer Companero daran, ihnen die Flucht zu ermöglichen. Die Durchführung ist mit großer List geplant und rasant inszeniert. Alle Figuren sind stets in Bewegung; THE GODCHILD erweist sich im Vergleich zu den vorangegangenen Werken als die actionreichste Gestaltung des Stoffes. So zeichnet sich bereits früh ein Stil ab, der Badham in seinem folgenden Schaffen begleiten wird. Diese Kinetik spiegelt sich eher erzählerisch wieder, denn die Kamera von Stevan Larner bleibt steif und wagt nur selten, der Starre zu entfliehen. Das gleiche gilt für den Soundtrack von David Shire. Seine Melodien ertönen nur sporadisch und leise. Eine schallende Western-Hymne findet in dem melodramatischen Abenteuer keinen Platz. Weitere gemeinsame Projekte zwischen dem Komponisten und Badham gingen voran und sollten auch folgen.[3] Neben diesen Kollegen zeichnet sich der genreerprobte BONANZA-Produzent Richard Collins (beteiligt an 127 Episoden von 1968 bis 1973) für die Gesamtaufsicht verantwortlich. Auf dem Weg in die Freiheit rauben die Kriminellen noch eine Bank aus, um anschließend – von Soldaten gejagt – in der Wüste zu verschwinden. Die Basis der Geschichte ist der Fund eines Planwagens an einem Wasserloch, das von einem Reisenden gesprengt und somit trockengelegt wurde. Die drei Männer entdecken eine schwangere Frau in dem Gefährt, das zunächst verlassen erscheint, die kurz vor der Niederkunft steht. Nach anfänglichen Debatten um das weitere Vorgehen bringt Cress als Geburtshelfer das Kind zur Welt.

THE GODCHILD

Die Mutter, dem Tode nahe, nimmt ihnen das Versprechen ab, dass sie sich um den Knaben kümmern mögen, um ihn wohlbehalten in die nächstgelegene zivilisierte Umgebung zu bringen. Es gilt die richtige, die menschliche Entscheidung zu treffen. Die Schlüsselszene erstreckt sich über 20 Minuten, bei einer Gesamtlaufzeit von circa 72 Minuten. Diese Sequenz nimmt auch in anderen Verfilmungen viel Zeit in Anspruch, die ihr auch zusteht. Sie ist bedeutend, da die moralische Ausrichtung und Veränderung der Figuren gezeigt wird. Nun muss jeder einzelne seinen inneren Konflikt austragen, um zu entscheiden, das junge unschuldige Leben zu retten oder mit der Beute die Flucht fortzusetzen. Badhams Paten entschließen sich schnell für den humanen Weg, während beispielsweise Boleslawskis Charakteren die Wahl schwerer fällt.[4] Palance und Lauter werden gegensätzlich gleich zu Beginn mit sympathischen Wesenszügen ausgestattet, womit die Wandlung vom brutalen Einzeldenker zum geläuterten Helden eher unbemerkt bleibt. Ab dem Punkt der Adoption unterscheidet sich Badhams Variante maßgeblich vom bekannten Muster. Ford lässt in der Unerbittlichkeit des dürren Weges zwei der Paten der Hitze zum Opfer fallen. Einer wird das Kind retten, um einen heroischen Tod vor der versammelten Weihnachtsgesellschaft in der Kirche zu finden. Der Regisseur wird sogar seinen Tonfilm noch mit einem zuckersüßen Happy End krönen und John Wayne überleben lassen. Hier erkennt man ein typisches Merkmal: Die Integration in die Gemeinschaft, auch die von Mördern oder Bankräubern, ist nicht selten ein Thema bei John Ford. Auch bei THE GODCHILD[5] sollen zwei Paten sterben, diese aber werden vom rachsüchtigen Ehemann der verstorbenen Mutter erschossen. Rourke bleibt übrig und gerät alsbald in die Fänge der Soldaten. Diese neue Konstellation sieht sich jedoch schnell einer anderen Bedrohung gegenüber: Indianern. Gemeinsam beschließen sie einen Waffenstillstand zum Schutz des Kindes. Am Ende bringt Keith Carradine alias Lt. Lewis den Säugling in Sicherheit. Auch der spöttisch als »Apfelbäckchen« bezeichnete Militärbefehlshaber unterliegt, wie seine Flüchti-

gen, einer Entwicklung. Er findet Stärke und Anerkennung bei seiner Truppe auf der Suche nach seinen entflohenen Häftlingen. Während Lewis das neue Leben retten kann, bleibt Rourke in der Ödnis zurück, um sich den Angreifern entgegenzustellen, wodurch er den sicheren Weg in die Stadt gewährleisten kann. So wird ein weiteres neues und unbekanntes Detail in den ursprünglichen Ablauf integriert, mit dem der Drehbuchautor Ron Bishop eine stärkere Authentizität für die Figuren entwickeln wollte.[6] Das Heldentum des flüchtigen Verbrechers bleibt aus und sein Schicksal ist unbekannt. Die zwei verschiedenen Wege der Handlung enden dann einerseits in dem Happy End der Rettung des Kindes und andererseits im Ungewissen für Rourke.

Wenn man sich mit den zahlreichen Verfilmungen auseinandersetzt, hinterlässt Badhams Fassung einen frischen Eindruck, auch wenn die charakterliche Wende der Gauner eher marginal wirkt. Die handlungsbedingte Abänderung der literarischen Grundlage bietet ihm viel Platz für alternative Wege zum Ziel, das einzig die Unversehrtheit des verwaisten Babys ist.

Anmerkungen

[1] Laut International Movie Database spielte der Film knapp 2.850.000 Dollar bei einem geschätzten Budget von 1.243.000 Dollar ein (http://www.imdb.com/title/tt0040064/business?ref_=tt_dt_bus.; Stand: 08.08.2016).

[2] In Deutschland hatte THE GODCHILD als »Spuren im Sand« am 24.12.1991 seine späte Premiere in der ARD.

[3] ISN'T IT SHOCKING? (1973), SATURDAY NIGHT FEVER (Nur Samstag Nacht; 1977), SHORT CIRCUIT (Nummer 5 lebt!; 1986).

[4] In diesem Film erwägen die drei Banditen sogar die Vergewaltigung der entkräfteten Frau.

[5] Der Originaltitel bezieht sich auf das Patenkind, also umgekehrt zu den Patenonkeln, wie bei der Novelle bzw. den Titeln anderer Filme.

[6] John Badham in einer E-Mail an den Herausgeber vom 11. April 2015: »Ron Bishop the Screenwriter definitely updated and modernized the sensibility of the characters bringing them closer to revisionist views of the Post Civil War West.«

Reflections of Murder (1974)

Von Thorsten Hanisch

LES DIABOLIQUES (Die Teuflischen; 1955; R: Henri-Georges Clouzot) hat sich im Laufe der Jahrzehnte ins tiefste Innere der Filmhistorie eingegraben. Völlig zu Recht, denn der mit Clouzots so unvergleichlichem Gespür für rasiermesserscharfe Dramaturgie inszenierte Film über zwei Frauen, die einen tyrannischen Mann (scheinbar) umbringen, zieht einen auch heute noch in seine faszinierend misanthropische Welt. Überhaupt, diese über alles schimmernde Boshaftigkeit, sie ist es auch, die LES DIABOLIQUES zu mehr als nur einem mit Film-Noir-Elementen durchzogenen Thriller formt. Clouzots Film transzendiert Genre-Muster, er wirft einen Blick auf eine Welt – vielleicht unsere – in der Wahrheit eine Variable und Liebe eine Illusion ist. Eine Welt, in der der Mensch letztendlich nichts weiter als einen irrealen Faktor darstellt, der Beziehungen praktisch unmöglich macht. Vermutlich zu düster gedacht, aber jeder Nihilismus hat auch seinen wahren Kern und der traf bei LES DIABOLIQUES einen Nerv. Eine ganze Reihe weiterer Filme[1] in seinem Fahrwasser waren die Folge, und Clouzots Vorlage[2] wurde bis heute viermal[3] neu verfilmt. Von diesen vier Neuverfilmungen ist ausgerechnet John Badhams merkwürdig betitelter Fernsehfilm REFLECTIONS OF MURDER aus dem Jahr 1974 die beste. Leider ist er nicht nur nahezu vergessen, sondern auch seit Jahren in einem Netz aus Rechtsstreitigkeiten gefangen, weswegen eine breitere Anerkennung noch auf sich warten lässt oder vielleicht auch nie erfolgen wird – irgendwie ein wenig diabolisch.

Badhams von Carol Sobieski, bekannt unter anderem durch FRIED GREEN TOMATOES (Grüne Tomaten; 1991; R: Jon Avnet), geschriebene Neufassung hält sich im Wesentlichen an die Vorgaben des Originals, ist aber dennoch mehr als eine schlichte Blaupause, da nicht einfach nur kopiert, sondern auf kluge Weise variiert wird.

REFLECTIONS OF MURDER ist in erster Linie ein sehr physisches Erlebnis. Die klare, realistische Ader des Originals wird durch eine ausgesprochen unangenehme, viel stärker als in der Vorlage betonte alles durchdringende Feuchtigkeit aufgeweicht, die die Geschichte auf subtile, aber eindringliche Weise von der Realität entfernt. Wasser bildet in beiden Filmen eine wesentliche Komponente, aber noch viel stärker als Clouzot betont Badham die unheilvolle Natur des eigentlich reinigenden Elements. Es blitzt, donnert und regnet in Strömen (der Film spielt im Herbst), es fließt Wasser aus Hähnen, man tritt in Pfützen, Protagonisten unterhalten sich auf nebelverhangenen Fähren und Wasser tropft aus Bastkörben.

Wasser als dominantes Prinzip

Selbstverständlich kehren auch die Badewanne sowie das Schulschwimmbecken aus dem Original wieder und wirken dank geringfügiger, aber gezielter Modifikationen der entsprechenden Einsätze und dem lustvollem Spiel mit der Tonspur, tatsächlich noch feuchter. Darüber hinaus verströmt das Schulgebäude eine ausgesprochen düstere Atmosphäre, während das Schwimmbad übersät ist mit toten Blättern. Badham transzendiert seinen Stoff ähnlich wie Clouzot, allerdings in eine andere Richtung, er inszeniert den Thriller als eine Art *gothic horror* (noch unterstrichen durch den gezielten Einsatz diverser Klavierstücke von Bach). In dieser ungastlichen, geradezu unwirklichen Umgebung werden die drei brillant aufspielenden Hauptdarsteller platziert, die wesentlich stärker als im Original einem bestimmten Genretypus entsprechen (ohne je zum Klischee zu erstarren): Der genial gegen den Strich besetzte Sam Waterston als eisig-brutaler, seine Umgebung drangsalierender Schulrektor verkörpert einen modernen Vampir, der seine unglückselige Frau (toll: Joan Hackett, die im Laufe des Films regelrecht in sich zusammenfällt) aussaugt und dessen Präsenz auch in längeren Szenen der Abwesenheit zu spüren ist. Da ist es nur folgerichtig und nicht überraschend, dass die ewig unterschätzte Tuesday Weld kein Engel in der Not, sondern

längst willige Gehilfin ist und die Geschichte in ihrer – im Vergleich zum Original – geringfügig veränderten Coda konsequenterweise eine Nuance Übersinnliches mit ins Spiel bringt. Das Motiv der Wiederauferstehung wird wie bei Clouzot gedoppelt; nicht nur das vermeintliche Opfer ist wieder am Leben, das wahre Opfer kehrt ebenso zurück. Allerdings existiert bei Badham keine irdische Justiz mehr: Die Schuldigen werden nicht von einem Kommissar, sondern – vielleicht für immer – ganz im Sinne des *gothic horrors*, von ihrer Tat heimgesucht. Ewige Verdammnis anstatt Zuchthaus.

REFLECTIONS OF MURDER mit LES DIABOLIQUES zu vergleichen wäre unfair, beide setzen andere Akzente. Clouzot war bereits ein arrivierter Regisseur und konnte aus dem Vollen schöpfen, Badham stand am Anfang seiner Karriere und musste innerhalb des damals noch sehr beengten Rahmens eines Fernsehfilms arbeiten. Dafür ist das Ergebnis umso beachtlicher und lässt auch den 22 Jahre später produzierten großen Hollywood-Bruder DIABOLIQUE (Diabolisch; 1996; R: Jeremiah S. Chechik) ganz schön klein dastehen.

Kein Engel in der Not: Tuesday Weld

Anmerkungen

[1] Am deutlichsten salutiert wohl GAMES (Satanische Spiele; 1967; R: Curtis Harrington) dem Original, auch Simone Signoret ist in einer ähnlichen Rolle wieder dabei.

[2] Clouzots Film basiert auf den Roman *Celle qui n'était plus* (Tote sollten schweigen) von Pierre Boileau und Thomas Narcejac, der allerdings mit größeren Änderungen adaptiert wurde. Die weiteren Verfilmungen orientieren sich eher an Clouzots Verfilmung als an der literarischen Vorlage.

[3] Außer dem hier vorgestellten Film wären das noch: THE CORPSE (Schmelztiegel des Grauens; 1971; R: Viktors Ritelis), HOUSE OF SECRETS (1993; R: Mimi Leder) und DIABOLIQUE.

The Gun (1974)

Von Udo Rotenberg

Fernsehfilme genießen im Vergleich zum großen Kinoerlebnis eher einen schlechten Ruf. Selbst gegenüber dem Episoden-Dreh für eine Fernsehserie gelten sie als nachrangig, verfügt diese doch meistens dank ihrer Langlebigkeit über einen höheren Bekanntheitsgrad und die größeren Stars. Wie Regisseur John Badham persönlich ausführte, bietet der Fernsehfilm im Vergleich zu einer Serienfolge aber die Möglichkeit, stärker in den Entstehungsprozess eingreifen zu können. Entsprechend konsequent liest sich sein Werdegang bis zu seiner ersten Kinofilmregie THE BINGO LONG TRAVELING ALL-STARS & MOTOR KINGS im Jahr 1976. Nach zweijähriger intensiver Beteiligung an diversen Fernsehserien, widmete er sich von 1973 bis 1976 ausschließlich dem TV-Film. Der 1974 ausgestrahlte THE GUN besitzt in dieser Phase einen zentralen Platz und bestätigt auf den ersten Blick die gängigen Vorurteile gegenüber dem Fernsehfilm – eine unprätentiöse Optik, keine Stars und eine vordergründig wenig packende Story.[1]

Das von den langjährigen Serien-Autoren Richard Levinson, Jay Benson und William Link verfasste Drehbuch wurde episodenhaft angelegt und beschreibt anhand unterschiedlicher Situationen und Hintergründe die Geschichte eines Revolvers, beginnend bei dessen Herstellung.

Herstellung

Außer der Waffe existieren keine Zusammenhänge zwischen den einzelnen Episoden; die Darsteller tauchen jeweils nur innerhalb ihrer kurzen Stories auf und haben wenig Gelegenheit, ihren Charakteren Konturen zu verleihen. Mit Stephen Elliott, Pepe Serna oder Michael McGuire verfügt die Besetzung zwar über bewährtes Personal, stammt aber ausschließlich aus der zweiten Reihe. Wenig überraschend, denn THE GUN kennt nur einen Hauptdarsteller – die unaufhaltsam ihren Besitzer wechselnde Pistole. Schwer vorstellbar, dass es ein Film wie THE GUN auf die große Kinoleinwand schaffen würde.[2]

Diese scheinbare Schwäche des Drehbuchs und die wenig plakative Inszenierungsform erweist sich gleichzeitig als die Stärke des 76minütigen Films, der die Freiheiten des TV-Auftritts für seine Intention nutzte – Verzicht auf die Identifikation mit Handlungsfiguren und linear aneinandergereihte, voneinander unabhängige Spielszenen, die ausschließlich bekannte Konstellationen zitieren. Vom Unternehmer, der eine Pistole erwirbt, um sich und seine Frau nach einem Einbruch in seine Villa zu schützen, über die mexikanische Einwanderer-Familie, deren gealtertes Familienoberhaupt den Verlust seines letzten Freundes nicht zu verkraften scheint, die zwei Männer, die für einen Überfall unregistrierte Waffen benötigen, bis zu dem Arbeiter, der den unbeschädigt von der Schrottpresse gefallenen Colt heimlich mit nach Hause nimmt und dessen kleiner Sohn die Waffe beim Spielen findet, erzählt der Film nichts wirklich Neues.

Einzig das Szenario um einen jungen Mann, der seinen Job in einem Großraumbüro verliert, fällt aus dem Rahmen. Um seine Personalien nicht angeben zu müssen, bedroht er einen Waffenverkäufer mit dessen Revolver, bezahlt aber korrekt. Geladen hatte er ihn mit mitgebrachter Munition. Nachdem ihn sein Vorgesetzter fristlos entlassen hat, mischt er sich unter die Passanten und legt auf die ihre Mittagspause antretenden Angestellten an.

Gefährliche Mittagspause

Erst ein aufmerksamer Fensterputzer erkennt aus großer Höhe die Situation und lässt die Polizei alarmieren. Doch bevor diese den Tatort erreicht, hat sich der junge Mann durch die Tiefgarage entfernt und der Pistole entledigt. Passiert ist nichts. Damit reiht sich auch diese Episode in einen Gesamtkontext ein, dessen wichtigste Eigenschaft die Normalität ist: nachvollziehbare Emotionen, urbane Schauplätze und genau beobachtete Alltagssituationen.

Die Vertrautheit des Betrachters mit den hier geschilderten Abläufen war so gewollt wie notwendig. Auf diese Weise bedarf es nur weniger Pinselstriche, um die jeweilige Gefahr heraufzubeschwören, die von der Waffe allein dadurch ausgeht, dass sie existiert und damit Handlungsoptionen bietet. Die einzelnen Episoden stehen beispielhaft für Selbstverteidigung, Rache, Selbsttötung, Angriff und Spiel, ohne dass Badham diese übertrieben dramatisiert. Im Gegenteil überrascht der Film damit, den Agierenden auch die Einsicht zuzugestehen, die Waffe nicht zu benutzen. Selbst als der Überfall auf ein Kino wegen dessen Tageseinnahmen zu einer klassischen Pattsituation führt, fällt kein Schuss.

Pattsituation

Der Besitzer hatte einen der Räuber trotz dessen Maskierung erkannt und zückt selbst einen Revolver, während sich die Polizeisirenen nähern. Eine im Kinofilm häufig zugespitzte Situation, die fast zwangsläufig in tragischer Konsequenz resultiert. In THE GUN nicht – keine Konzession an ein Fernsehpublikum, sondern die Betonung der Intention.

Der 1968 eingeführte »Gun control act« sollte den Erwerb von Waffen erschweren. Nur Käufer ohne kriminelle Vergangenheit durften innerhalb des eigenen Bundeslandes eine Waffe erwerben; der Handel über die Grenzen von Bundesstaaten hinaus wurde untersagt. Eine ebenso wirkungslose Maßnahme wie die vor laufender Kamera gefeierte Vernichtung von konfiszierten Waffen, wie sie Badham hier zeigt. THE GUN lässt keinen Zweifel daran, dass es trotzdem leicht ist, in den Besitz einer Waffe zu gelangen, aber mehr noch betont der Film deren allgegenwärtige Bedrohung. Nicht die von Seiten der Befürworter der Waffengesetze bis heute beschworenen Extremsituationen erfordern eine Bewaffnung, sondern erst die Waffe löst diese Situationen aus. Selten wurde dieser Fakt so eindringlich wie lakonisch beschrieben – mit den Mitteln eines Fernsehfilms.[3]

Anmerkungen

[1] Auf dem Cinestrange-Filmefstival in Braunschweig 2014 sprach John Badham über die geringen Einflussmöglichkeiten als Regisseur auf die Gestaltung einer Fernsehserien-Episode.

[2] Vgl. Fernsehserien.de und IMDb.

[3] »Gun control act« wird die 1968 erfolgte Änderung des Waffengesetzes genannt (Quelle Wikipedia).

The Jack Bull (1999)

Von Lukas Foerster

Zeitgenössische Adaptionen älterer literarischer Werke stehen stets vor der Herausforderung, sich zu dem historischen Graben verhalten zu müssen, der sie von ihrer Vorlage trennt – zumindest, wenn es sich um Stoffe handelt, die sich für eine ahistorisch universalistische Reinterpretation nur bedingt eignen. Heinrich von Kleists Novelle *Michael Kohlhaas* ist deshalb ein besonders interessantes Fallbeispiel, weil sich deren drei ambitionierteste Adaptionen für drei komplett unterschiedliche Herangehensweisen entschieden haben. Ursprünglich basiert das Werk auf der Biografie des historischen Kaufmanns Hans Kohlhase, der im 16. Jahrhundert aufgrund eines vermeintlichen Pferdediebstahls eine Fehde gegen einen Gutsherrn begann und im Jahr 1540 in Berlin hingerichtet wurde. Volker Schlöndorff legte seinen MICHAEL KOHLHAAS – DER REBELL (1969) als eine Allegorie auf (damals) aktuelle Konflikte an, indem er das historische Setting mit Aufnahmen zeitgenössischer Studentenproteste konfrontierte. In der Aktualitätsbehauptung Schlöndorffs verschwinden allerdings zumindest jene Aspekte der Kleist-Vorlage, die sich auf historische Modernisierungsdiskurse beziehen.

Die jüngste Verfilmung des Stoffes aus dem Jahr 2013, von Arnaud de Paillard schlicht MICHAEL KOHLHAAS betitelt, verschreibt sich wiederum mit Haut und Haaren der Rekonstruktion von Vergangenheit als einer Gegenwelt. In wenigstens streckenweise aufdringlich neoprimitivistischer Manier entfaltet der französische Film eine Welt, die mit der unsrigen kaum Berührungspunkte aufweist – und statt dessen jene Primärerfahrungen wiederzubeleben verspricht, die die zivilisatorisch überformte, verweichlichte Moderne nicht mehr

bereit hält: Mads Mikkelsen als schwertschwingender Conan-Wiedergänger trotzt mit jedem Schritt aggressiv rauschendem Wind und Wetter; wenn er anderen Männern begegnet, prasseln Pfeile derart rabiat auf Rüstungen, dass Tonspur und Trommelfell zu explodieren drohen; wenn er es ausnahmsweise einmal mit einer Frau zu tun bekommt, behandelt er sie, als sei sie die erste und letzte auf der Welt.

John Badhams vom Pay-TV-Kanal HBO in Auftrag gegebene Adaption THE JACK BULL wählt einen dritten Weg: die Übersetzung einer Fiktion aus einem Vergangenheitsmodus in einen anderen. Gemeinsam mit Drehbuchautor Dick Cusack (Vater des Hauptdarstellers John Cusack; THE JACK BULL ist sein einziges verfilmtes Script) verlegt Badham die Geschehnisse aus dem deutschen Mittelalter in das Amerika des späten 19. Jahrhunderts – also in den wilden, beziehungsweise schon nicht mehr ganz so wilden Westen. Der Umweg übers Genre, über die reichhaltige Semantik einer ihrerseits historisch gewachsenen kulturellen Form, erweist sich als ein Glücksgriff: Einerseits erhält die Diegese einen Eigenwert, eine eigene Komplexität, kann nicht mehr so ohne weiteres und in jeder Hinsicht auf Aktuelles hochgerechnet werden; andererseits besteht auch nicht die Gefahr, dass der Film das Vergangene als Vergangenes fetisisiert: Als Metaerzählung über die (Re-)konstitution Amerikas, also des modernen Nationalstaates schlechthin, hat der Western immer schon automatisch etwas mit der Gegenwart zu tun.

Der Film wurde im selben Jahr ausgestrahlt, in dem THE SOPRANOS (1999–2007) auf Sendung ging, jene Serie, durch die HBO zum Leitmedium einer neuen Fernsehästhetik avancierte, die unter dem Begriff »Quality TV« bald derart diskursmächtig wurde,[1] dass mancherorts schon der Tod der traditionelleren Spielarten von Fernsehen ausgerufen wurde. Es hat sich zwar inzwischen erwiesen, dass derartige Nachrufe ein wenig voreilig verfasst worden waren (beziehungsweise, dass die avancierten ästhetischen Formen des *cinematic television* weitaus weniger wirkmächtig sind als technologische Neuerungen und zugehörige Rezeptionshaltungen[2]); dennoch besteht kein Zweifel daran, dass das Fernsehen der gegenwärtigen post-network-Ära nicht mehr dasselbe Fernsehen ist, in dem Badham einst seine Karriere begann. Das sieht man auch THE JACK BULL an: Der Film ist zwar in Bildtextur und Sprache deutlich »sauberer« als die fünf Jahre später gestartete HBO-Serie DEADWOOD (2004-2006); was thematische Interessen und auch Ambitionen betrifft, nimmt Badham jedoch einiges von dem vorweg, wofür David Milchs Epos allseits bejubelt wurde.

Man wundert sich fast, dass niemand vorher auf die Idee gekommen war, *Michael Kohlhaas* als Western zu adaptieren. Denn nicht nur nimmt die Novelle ihren Ausgang bei der Verpfändung und dem anschließenden Missbrauch zweier Pferde, also jener Tiere, mit denen das amerikanischste aller Genres so eng verknüpft ist, dass man seine besonders klassischen, stereotypisierten Vertreter gelegentlich als »horse operas« bezeichnet; auch der weitere Verlauf der Erzählung ist problemlos gemäß des Grundkonflikts von (handelndem) Individuum und (das Individuum behandelndem) Gesetz reformulierbar, den das Westerngenre seit dessen Anfängen verhandelt.

Denn zum dramaturgisch interessanten und schließlich mit Waffengewalt ausagierten Problem wird die Misshandlung der Pferde erst durch den Versuch des Geschädigten, sein Recht einzuklagen. Dieser Geschädigte ist der Viehzüchter Myrl Redding (Cusack), der dem Großgrundbesitzer Henry Ballard (L.Q. Jones) zwei seiner besten Tiere anvertrauen muss, um dessen Grundstück durchqueren zu dürfen. Später stellt Redding fest, dass seinem Eigentum in seiner Abwesenheit übel mitgespielt wurde. Dass er daraufhin überhaupt die Möglichkeit hat, den Rechtsweg zu beschreiten (und nicht gleich zur Kanone greift), zeigt, dass THE JACK BULL keine Frontiergeschichte mehr erzählt. Der Westen, in dem Badham seine Geschichte situiert, hat die initiale Landnahme (oder, marxistisch reformuliert: die ursprüngliche Akkumulation) bereits hinter sich. Es existiert schon ein (weißes) Gesetz – allerdings ein ungerechtes, wie Redding erfahren muss, als seine Beschwerde von einem mit Ballard verschwägerten Richter erst verzögert, dann eiskalt abserviert wird. Zum Rechtsbeuger, der als Anführer einer Posse gegen seine Widersacher zu Felde zieht, wird Redding im Namen eines anderen, höheren Rechts – nicht eines Naturrechts, sondern des Rechts einer zukünftigen Gemeinschaft (die am Ende des Films tatsächlich einen Körper erhält; und zwar den John Goodmans).

Misshandlung

Anführer einer Posse

Denn tatsächlich situiert sich der Film historisch noch ein wenig genauer: Wyoming, der Ort der Handlung, strebt gerade, erfährt man in einer frühen Szene, den »statehood« an, möchte sich also in den republikanischen Staatenbund der US-amerikanischen Nation einordnen (tatsächlich wird der Staat die Form eines Rechtecks mit vier schnurgeraden Grenzen erhalten). Diese politische Perspektive stellt die bisherige soziale Organisationsform dieser dünn besiedelten Gegend im Nordwesten der heutigen Vereinigten Staaten in mindestens zweierlei Hinsicht in Frage: Zum einen ist davon auszugehen, dass die quasidiktatorische Herrschaft, die ökonomisch potente Magnaten wie Ballard über die Restbevölkerung ausüben, bald durch demokratisch legitimierte Institutionen in ihre Schranken gewiesen wird. Zum anderen wird auch das provisorische, beziehungsweise gewohnheitsmäßige (und in diesem Fall korrupte) Recht, das bisher Streitfälle verschiedenster Art regelte, in eine verallgemeinerbare, formalisierte Rechtsordnung überführt werden.

Der Film erzählt in souverän-klassischen Bildern von einem gesellschaftlichen Umbruch, der alles und jeden mit sich fort reißt, keinen Stein auf dem anderen lässt. Die Guten müssen dabei genauso daran glauben wie die Bösen – und auch wer nicht stirbt, wird am Ende zumindest ein anderer als am Anfang sein. Ballard zum Beispiel verliert seine »cocky« Arroganz schnell, degeneriert im Laufe des Films zum winselnden Wrack.

Allein die starre Mine Cusacks (der nunmal kein besonders ausdrucksstarker Schauspieler ist – aber das schadet dem Film nicht) bleibt von Anfang bis Ende gleich, erscheint als ein Fels in der historischen Brandung. Es scheint, als würde die persönliche Kränkung durch Ballard und der anschließende intime Schmerz, die Trauer um seine geliebte, um seinetwillen verstorbene Frau Cora (Miranda Otto in einer kleinen, aber eindrücklichen Rolle) dieses nach wie vor jugendlich wirkende Gesicht verhärten. Gerade weil es Redding gelingt, anders als Ballard, alle privaten Gefühle in seinem Inneren zu verschließen und nach außen hin seinem Handeln einen rationalen Anstrich zu geben, wird er zu einem prototypischen politischen Akteur der Moderne; dem, das ist die bittere Pointe des Films, seine eigene rationale Modernität das Leben kostet.

Anmerkungen

[1] »Quality TV« ist ein in der Fernsehwissenschaft der letzten Jahre ebenso umstrittener wie allgegenwärtiger Begriff; er bezieht sich auf die Gestaltung bestimmter Programminhalte (hauptsächlich narrative Fernsehserien, die auf Pay-TV-Sendern wie HBO ausgestrahlt werden), die im Vergleich zum »herkömmlichen« Fernsehen als ästhetisch avancierter wahrgenommen werden. Für eine Zusammenfassung der Diskussion vgl. Janet McCabe (Hrsg.): Quality TV: Contemporary American. Television and Beyond. London: I.B. Tauris, 2007.

[2] In der Tat gerät, wenn nur noch von »cinematic television« die Rede ist, das Spezifische sowohl des Fernsehens als auch des Kinos aus dem Blick. Vgl. Deborah L. Jaramillo: Rescuing Television from the »Cinematic«: The Perils of Dismissing Television Style. In: Jason Jacobs/Steven Peacock: Television Aesthetics and Style. 2013, S. 67-78.

Winselndes Wrack

The Last Debate (2000)

Von Natalie Wilke

Die Frage, welches Verhältnis zwischen Medien und Politik herrscht, gehört in einer modernen Mediengesellschaft zu den demokratietheoretischen Kernfragen.[1] Agieren die Medien wie eine vierte Gewalt mit Kontrollfunktion? Sind sie von der Politik abhängig – oder ist es möglicherweise umgekehrt? THE LAST DEBATE (Gnadenloses Duell; 2000) handelt von einem dubiosen Machtkampf zwischen Medienvertretern und Politikern im Rahmen einer fiktiven Präsidentschaftsdebatte in den USA im Jahr 2000. Der Film zeichnet ein ambivalentes Bild vom Verhältnis zwischen Massenmedien und Politik.

Badham in seiner Rolle als Fernsehjournalist

Zum besseren Verständnis des Filmes ist es sinnvoll, sich kurz mit dem spezifischen Verhältnis von Medien und Politik in den USA in den Jahrzehnten vor der Jahrtausendwende zu befassen. Denn in den 1970er- und 1980er-Jahren kam es im Rahmen teils propagandistischer Berichterstattung über den Vietnam-Krieg und durch die Watergate-Affäre zu enormen Vertrauensverlusten zwischen der amerikanischen Bevölkerung, den Medien und der Politik. In beiden Fällen erfuhr die Öffentlichkeit im Nachhinein, dass sie über einen langen Zeitraum hinweg systematisch von der Regierung belogen wurde. Die Berichterstattung über die Watergate-Affäre[2] hat nicht nur maßgeblich zum Rücktritt von Richard Nixon im Jahr 1974 beigetragen, sondern auch den investigativen Journalismus (die wichtigsten Protagonisten von THE LAST DEBATE sind investigative Journalisten) in den USA populär gemacht. Es entstand ein zunehmend antagonistisches Verhältnis zwischen Medien und Politik. Journalisten verstanden sich nicht mehr wie noch in den 1960er-Jahren als Teil des politischen Establishments, während Politiker erkannten, dass sie sich nicht mehr auf die Kooperation mit den Medien verlassen konnten. Seither bestimmen auch Misstrauen und Skepsis das Verhältnis zwischen Medien und Politik in den USA.[3]

Dass Medien im komplexen politischen System nicht nur reagieren, sondern indirekt mitregieren[4], thematisiert John Badham in seinem Fernsehfilm THE LAST DEBATE. Veröffentlicht wurde der Film am 05. November 2000, genau zwei Tage vor der 43. Präsidentschaftswahl, in der George W. Bush mit dem knappsten Ergebnis in der Geschichte der USA gegen Al Gore gewann. THE LAST DEBATE basiert auf dem gleichnamigen Roman von Jim Lehrer, einem renommierten US-amerikanischen Journalisten und Nachrichtensprecher, der selbst seit 1988 TV-Duelle im Präsidentschaftswahlkampf moderierte.[5]

In THE LAST DEBATE bekommen vier Reporter unerwartet die Chance, das TV-Duell der beiden konkurrierenden Präsidentschaftskandidaten zu leiten. Zwei

Wochen vor der Wahl zwischen dem De-mokraten Paul Greene und dem Republi-kaner Dick Meredith treffen sich die Ver-treter beider Wahlkampfteams, um darü-ber zu entscheiden, welche Journalisten im Rahmen des einzigen TV-Duells die Fra-gen stellen dürfen. Barbara Manning (Au-dra McDonald) reagiert völlig überrascht als sie am Telefon erfährt, dass sie aus-gewählt wurde. Der junge Radioreporter Henry Ramirez (Marco Sanchez) hinge-gen präsentiert sich selbstbewusst und be-hauptet, bereits geahnt zu haben, dass er teilnehmen darf. Zunächst muss er jedoch gegen massive Widerstände seines Vorge-setzten kämpfen. Dieser befürchtet, dass der noch recht unerfahrene Ramirez vor einem Millionen-Publikum einen Fehler begehen könnte, der dem Ruf des gesam-ten Radiosenders schaden würde. Um dies zu vermeiden, droht er dem jungen Jour-nalisten bei einer Teilnahme mit der Ent-lassung. Als Ramirez jedoch ankündigt, die von seinem Vorgesetzten angedeutete Erpressung in der Öffentlichkeit publik zu machen, muss dieser der Teilnahme notge-drungen zustimmen, um einen Skandal zu vermeiden.

Beim TV-Duell ebenfalls mit von der Par-tie sind die Fernsehjournalistin Joan Naylor (Donna Murphy) und der versierte Journa-list Mike Howley (James Garner), der als Moderator für hohe Quoten sorgen soll. Während die vier Auserwählten sich eifrig für den wichtigen Tag vorbereiten, geht der Rest der Presse von einem gewohnt unspek-takulären Duell aus, in dem die Kandidaten den wirklich kritischen Fragen gekonnt aus-weichen. Doch dieses Mal sollten sie eines Besseren belehrt werden.

Am Tag der Live-Debatte herrscht eine angespannte Stimmung im Studio. Die Kontrahenten stehen nervös hinter dem Vorhang und werfen sich siegessiche-re Blicke zu. Professionell setzen sie ihr künstliches Lächeln auf und schreiten zu den Rednerpulten. Zu diesem Zeitpunkt

ahnt außer den vier Journalisten, die die Debatte führen werden, niemand, dass et-was Unerwartetes passieren wird. Kaum auf Sendung, kündigt Moderator Mike Howley an, dass er sich gemeinsam mit den anderen Leitern des TV-Duells ent-schieden habe, die vorgegebenen Regeln des Fernsehformats bei der diesjährigen Debatte zu ignorieren. Er schaltet sein Headset aus, um die massiven Einwände aus der Regie nicht mehr zu hören und be-ginnt sogleich, die Sendung nach seinen eigenen Vorstellungen zu gestalten. In den folgenden Szenen leidet jedoch nur ei-ner der Kandidaten unter dieser Entschei-dung: der Republikaner Meredith. Die Journalisten beschuldigen ihn vor einem Millionen-Publikum, in mehreren Fällen Gewalt gegen Frauen und Kinder ange-wendet zu haben. Zunächst gelingt es Me-redith noch, die harten Anschuldigungen von sich zu weisen, doch kurze Zeit spä-ter verliert er völlig die Fassung. Er flucht, wirft sein Mikrofon weg und verlässt in aggressiver Stimmung die Bühne. Vier Journalisten ist es gelungen, ihm vor lau-fender Kamera in nur wenigen Minuten das politische Genick zu brechen. Er ver-liert die Wahl. Tom Chapman (Peter Gal-lagher), ein investigativer Journalist, der die Debatte auf der Suche nach einer gu-ten Story im Studio mitverfolgt hat, hegt einen Verdacht und geht den Hintergrün-den der Geschehnisse im weiteren Verlauf des Filmes auf den Grund.

THE LAST DEBATE möchte dem Zuschau-er den Eindruck vermitteln, hinter die Ku-lissen einer politischen Debatte mitgenom-men zu werden. Der Zuschauer kann sei-nen Blick zwischen verschiedenen Perspek-tiven auf das Geschehen oszillieren lassen. Dabei nimmt er zeitweise auch den Blick-winkel des imaginären amerikanischen Zuschauers ein, der die Präsidentschafts-debatte, die eine Inszenierung in der In-szenierung darstellt, so vor dem Fernseher hätte verfolgen können.

In anderen Einstellungen kann der Zuschauer dann wiederum »behind the scenes« dabei sein, wenn das Fernsehen trotz einer unvorhergesehenen Störung versucht, dem imaginären Amerikaner vor dem TV-Gerät eine normale Fernsehdebatte zu bieten und live auf Sendung zu bleiben. Teilweise braucht es jedoch nur einen Schnitt und er blickt wieder wie ein Amerikaner vor seinem Fernseher auf die Sendung. Ausschließlich die Bauchbinden, die

unterschiedliche Körnigkeit des Bildes und die Zuschauerköpfe im Vordergrund markieren den Perspektivwechsel. Die Kameraeinstellung verändert sich kaum.

THE LAST DEBATE ist ein Fernsehfilm, der sein eigenes Medium kritisiert und problematisiert sowie den Zuschauer dazu anregt, sich zu fragen, inwieweit sein eigenes politisches Handeln – zum Beispiel beim Gang zur Wahlurne – von medialer Berichterstattung beeinflusst wird.

Schneller Perspektivwechsel während der Fernsehdebatte

Anmerkungen

[1] Vgl. Kurt Imhof, Roger Blum, Heinz Bonfadelli & Otfried Jarren (Hg.): Demokratie in der Mediengesellschaft. Wiesbaden 2006, S. 117.

[2] Die Watergate-Affäre ist einer der größten innenpolitischen Skandale der USA. Im Zuge der Affäre kam es am 09.08.1974 zum Rücktritt des republikanischen Präsidenten Richard Nixon.

[3] Peter Filzmaier, Matthias Karmasin, Cornelia Klepp (Hg.): Politik und Medien. Medien und Politik. Wien 2006, S. 57.

[4] Kepplinger, Hans Matthias: Funktionswandel der Massenmedien. In: Daniel Pontzen: Nur Bild, BamS und Glotze? Medialisierung der Politik aus Sicht der Akteure. Hamburg 2006, S. 20.

[5] In diesem Text soll es jedoch ausschließlich um den Film THE LAST DEBATE gehen. Mögliche Abweichungen vom Roman werden nicht thematisiert.

Brother's Keeper (2002)

Von Lars Robert Krautschick

Am 29. Januar 2002 – zwei Jahre nach THE LAST DEBATE – zeigte der US-amerikanische Kabelsender USA Network erstmalig BROTHER'S KEEPER. In dem von New Line Cinema produzierten Film wird ein weiteres ›gnadenloses Duell‹ inszeniert, das nebenbei aufklärt, wie Parker Lewis' (Corin Nemec) Leben nach PARKER LEWIS CAN'T LOSE (Parker Lewis – Der Coole von der Schule; Columbia 1990-93) hätte verlaufen können. Denn Nemec spielt in BROTHER'S KEEPER mit Ellis Pond einen ebenso rebellischen Teenager wie in der 1990er-High-School-Serie – allerdings unrasierter, weniger yuppiehaft, dafür jedoch umso psychopathischer. In dieser Rolle ist Nemec am Set von BROTHER'S KEEPER – neben Kameramann Ron Stanett und Badhams favorisiertem Cutter Frank Morriss, der erstmals mit seiner Arbeit an DUEL (Duell; 1971; R: Steven Spielberg) als Editor auf sich aufmerksam machen konnte – eines von drei Crewmitgliedern, die mehrmals mit Badham zusammenarbeiteten.[1] Mit Nemecs Rolle stellt BROTHER'S KEEPER jedoch trotz diverser Anleihen bei diesem Genre keinen Coming-Of-Age-Film dar, sondern vielmehr einen ›Serialthriller‹[2], in dem Nemec das Rollenfach des Serienkillers für sich entdeckt.[3]

Badham führt Ellis Pond als frisch entflohenen Sträfling ein, der seine Verfolger trickreich auf falsche Fährten lenkt. Während der deutsche Titel »Spuren in den Tod« (dt. Premiere: 22.04.2004, ZDF Montagskino) zu der den Film beherrschenden Verfolgung Ponds eine vorwiegend inhaltliche Referenz sucht, ermöglicht der kanadische Originaltitel durch seine Interpretationsmöglichkeiten Assoziationen in vielerlei Richtungen.[4] Wahrscheinlich erscheint dabei die Deutung als Verweis auf den biblischen ›Kain und Abel‹-Stoff; jedoch fehlen weitestgehend Motivzitationen christlicher Symbolik in BROTHER'S KEEPER. Allein das Thema ›Geschwister‹ wird im Script von Steven Baigelman und Glenn Gers parallel zur Handlung aus dem Buch Genesis variiert: Sofort nach Ellis' erfolgreicher Flucht lernen wir seine Schwester Lucinda (Jeanne Tripplehorn) kennen. Sie bildet das Gegenstück zu dem technisch begabten, hochintelligenten Naturburschen Ellis und gibt die toughe Ex-Kriminalistin mit einem Hang zum Alkohol. Beim morgendlichen Frühstücksbier komplimentiert sie ihren One-Night-Stand mit den Worten »You're a one-nightstand, right? It's morning ...« hinaus. Auch die Ehefrauen ihrer Ex-Kollegen fürchten Lucindas promiskuitive Ader. Doch der eklatanteste Unterschied zwischen beiden Geschwistern ist deren Berufung: Lucinda ist als Polizistin ebenso gescheitert wie als Mutter und Ehefrau; ihr Bruder Ellis hingegen agiert als erfolgreicher Serienkiller – das verraten bereits die ersten sieben Filmminuten. Schnell wird deutlich, dass beide Geschwister an einem gemeinsamen Trauma laborieren, das aus frühen Misshandlungen durch den Vater resultiert. Im weiteren Filmverlauf obliegt es nun Lucinda, zur Polizei zurückzukehren, ihr Privatleben zu ordnen und ihren Bruder aufzuhalten. Dabei variiert das Geschwistermotiv zwischen Anspielungen auf den ›Kain und Abel‹-Stoff und Referenzen wie der Indiziensuche nach von Ellis im Wald platzierten Kaugummipapieren auf das bekannte Geschwisterpaar ›Hänsel und Gretel‹.

Rein beruflich betrachtet sind die Geschwister also Kontrahenten; nach Barbara Brickman ein weitverbreiteter Topos in

Filmhandlungen, in denen ›Thrill‹ und Geschwisterpaare miteinander kombiniert werden.[5] Dies mag in Analogie zu Brickmans Ausführungen auf eine fehlende familiäre Struktur zurückzuführen sein, die in einer funktionierenden Eltern-Kind-Beziehung die Hierarchie systematisiert. Da Lucindas und Ellis' alkoholkranker Vater eine solche Funktion verweigert und stattdessen ein Feindbild heraufbeschwört, entsteht eine Leerstelle, um die beide Geschwister wetteifern, was sich auch in deren gegenseitiger Konfrontation mit immer neuen Rätselaufgaben manifestiert. »Big sis, who often took the belt for her brother, taught him to solve riddles and word problems as adiversionary tactic.«[6] Insofern versteht sich auch der Titel BROTHER'S KEEPER als Lucindas Selbstverpflichtung, mit der die Rätselfrage einhergeht, die in der Bibel allerdings Kain, der erste Mörder der Welt, stellt: »Soll ich meines Bruders Hüter sein?« (Gen. 4.9) Als brüderliche Alternative wird Lucinda der FBI-Agent Arthur Fortis (Evan Parke) als Partner zur Seite gestellt, den sie auch recht familiär mit »Junior« anspricht. Für Ellis als leiblichen und Arthur als Waffenbruder nimmt Lucinda zusätzlich eine behütende Mutterrolle ein, die sie gegenüber ihrer wirklichen Tochter vernachlässigt.

Noch präsenter steht die Genreproblematik bei diesem ›Serialthriller‹ im Vordergrund: Mit einer traumatisierten Kriminalistin als Hauptfigur geht BROTHER'S KEEPER mit dem konform, was Philippa Gates als ›Female-Detective-Film‹ (FDF) der 1990er Jahre einstuft: »[T]he serial killer film tends to contain or overturn a feminist theme through two strategies: [a] the over-identification between the heroine and the victim, and [b] her ›masculinization‹ (and related problematic relationship with men).«[7] Erstere Strategie (a) findet in BROTHER'S KEEPER keine Anwendung, da sich Lucinda mit dem Täter, ihrem Bruder, identifiziert. Eine oftmals mit dieser Variante einhergehende sexuelle Spannung

zwischen Ermittlerin und Täter fehlt somit. Die zweite Strategie (b) setzt sich vollends durch: »[S]he tends to dress like a man [...], is sexually aggressive, and has no desire for a committed relationship.«[8] Die Maske der dominanten Lucinda erleidet als mütterlich besorgte Schwester nur leichte Risse, kommt hingegen voll zum Tragen, wenn die problembelastete Beziehung zu ihrem Ehemann in den Vordergrund tritt. So hinterfragt Badham mittels spezifischer FDF-Genrethemen die gesellschaftliche Rolle der Frau wie bereits in SATURDAY NIGHT FEVER, wenn die weibliche Protagonistin die Ehe als Restriktion für Karriere und persönliche Freiheit versteht.[9]

Wie bereits erwähnt, wird auch der FDF-spezifische Topos des Traumas aufgegriffen, hier verursacht durch eine dysfunktionale Familienstruktur ohne Mutter, mit einem alkoholkranken, prügelnden Vater und zwei Geschwistern, denen dissoziale Persönlichkeitsstörungen anhaften. Im FDF führt letztlich die Überwältigung des Täters zur Befreiung vom Trauma. So muss Lucinda ihren Bruder verraten, den letzten verbliebenen konkreten Repräsentanten ihres Traumas, woraus eine doppelte Befreiung resultiert: Einerseits wird mit der Ausschaltung des Killers die Welt von der ›Sünde‹ befreit bzw. der gesellschaftliche Normalzustand wiederhergestellt, andererseits wird Lucinda mit der Ausschaltung ihres Bruder von ihrem Schicksal freigesprochen.

Dieser Befreiungsakt muss erfolgen, da beide Geschwister noch an traumatischen Spätfolgen leiden und deshalb zum Großteil in der Vergangenheit leben. Ellis verfolgt mit den Morden an Männlichkeitsvorbildern seine persönliche Traumatherapie. Lucinda forscht nach der Ursache. Dabei quälen sie wiederholt bruchstückhafte Flashbacks, die sie bestimmte Situationen immer wieder neu durchleben lassen. Der Zuschauer erlebt ihre Erinnerungen parallel durch visuell anders gestaltete Aufnahmen. »Dem Kontext solcher Aufnahmen

zuzurechnen sind filmische Erinnerungsbilder, die den Fotos vertrauter [...] Situationen nachempfunden und darum mit Vig-
nettierungen versehen sind. Das heißt, die
[...] Darstellung von Erinnerung knüpft an
die formale Erscheinungsweise eines medial
repräsentierten Bildergedächtnisses an.«[10]

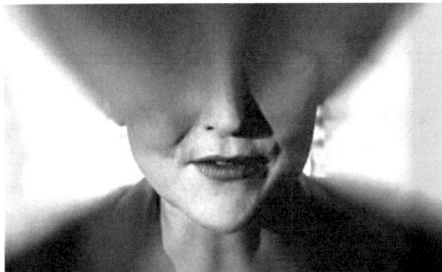

Erinnerungsbilder

Die Erinnerungsbilder in BROTHER'S KEEPER
werden mittels eines digitalen Verfahrens in
Szene gesetzt, das an einen fotografischen
›Zoom-Burst-Effekt‹ erinnert und im Film
oftmals zur Visualisierung von Flashbacks
oder -forwards eingesetzt wird: Am ehesten
trifft – bei der Vielzahl an Bezeichnungs-
varianten – auf diesen spezifischen Effekt
der Terminus ›Volume Rays‹[11] zu. Prinzipi-
ell wird ein vom Bildzentrum (oder von verschiedenen Bildpunkten) ausgehender ›radi-
al blur‹ eingesetzt, den eine Luminanz-ab-
hängige Maske steuert, weshalb letztlich
hellere Bildanteile unschärfer erscheinen als
dunklere. Es wirkt, als würden vom festgelegten Punkt helle Lichtstrahlen ausgehen,
die das Bild zersplittern lassen. Lucindas
Erinnerungsbilder erhalten eine kristalline
Struktur, womit sich dieses Darstellungs-

verfahren dem deleuzianischen Vokabular
für eine bestimmte Form von Zeitbildern
annähert: dem ›Kristallbild‹.
Im Film sind die Zeitebenen ›Gegenwart‹
und ›Vergangenheit‹ meist getrennt, obwohl
die Rezipienten zeitgleich ›Erinnerungs-‹
und ›Gegenwartsbilder‹ sehen: »Die Gegenwart ist das aktuelle Bild, und *seine* zeitglei-
che Vergangenheit ist das virtuelle Bild, das
Spiegelbild.«[12] Doch in Lucindas Fall ist die
traumatische Vergangenheit längst nicht abgeschlossen, weshalb sie die Bilder ihrer Erinnerung heimsuchen. »Das virtuelle Bild
der öffentlichen Rolle wird aktuell, aber
nur in Bezug auf das virtuelle Bild eines privaten Verbrechens, das seinerseits aktuell
wird und das erste Bild ersetzt.«[13] So wird
die Vergangenheit für Lucinda zum Jetzt,
sodass sie ihr Trauma gegenwärtig bekämp-
fen kann. »Das Kristallbild ist der Punkt der
Ununterscheidbarkeit zwischen den beiden
verschiedenen Bildern, dem aktuellen und
dem virtuellen, während [...] die Zeit selbst
[...] sich in ihnen unablässig erneuert.«[14]
Lucindas Bruder Ellis durchlebt mit jedem
Mord sein Trauma aufs Neue. Und Lucinda? Als sie sich final ihrem Trauma stellt
und die Splitter ihrer Vergangenheit zu-
sammensetzt, ›entkristallisiert‹ sie die Erinnerungsbilder. Sie bestraft mit ihrem
Bruder gleichzeitig auch den Vater, trennt
damit die Verbindung zur Vergangenheit.
»In short, the Final Girl performs the sym-
bolic parenticide necessary for ascension
to adulthood that the killer failed to achieve, and she does so by turning on the killer who is now in the place of the parent
[...].«[15] Symbolisch rettet sie im Showdown
ein Kind, das ihr Bruder als Geisel genommen hat, versöhnt sich mit ihrem Kollegen
›Junior‹ sowie mit Ehemann und Tochter.
Durch das Eintauchen in die eigene Vergangenheit ist ihr Trauma bewältigt, denn
letztlich »geht [es] nicht darum, zu wissen,
was aus dem Kristall entweicht und wie es
entweicht, als vielmehr, wie man dort hi-
neingelangt.«[16]

Anmerkungen

[1] Corin Nemec in DROP ZONE (1994); Ron Stanett in OB-SESSED (2002) und EVEL KNIEVEL (2003); Frank Morriss in THE LAW (1974), THE GUN (1974), THE GODCHILD (1974), WHOSE LIFE IS IT ANYWAY? (1981), BLUE THUN-DER (1983), AMERICAN FLYERS (1985), SHORT CIRCUIT (1986), BIRD ON A WIRE (1990), THE HARD WAY (1991), POINT OF NO REUTRN (1993), ANOTHER STAKEOUT (1993), DROP ZONE (1994), NICK OF TIME (1995), INCO-GNITO (1997), FLOATING AWAY (1998), THE JACK BULL (1999), THE LAST DEBATE (2000), OBSESSED (2002), FOOTSTEOPS (2003), EVEL KNIEVEL (2004).

[2] Begriffliche Neuschöpfung des Autors für ein Cross-Over aus Serial-Killer-Movie und Thriller.

[3] Nemec spielt nach BROTHER'S KEEPER Richard Speck in CHICAGO MASSACRE: RICHARD SPECK (2007; R: Michael Feifer) sowie Ted Bundy in BUNDY: AN AME-RICAN ICON (Der Fall Ted Bundy – Serienkiller; 2008; R: Michael Feifer).

[4] Auffällig sind dabei Titelanalogien zu den Filmen MY BROTHER'S KEEPER (Der Mann ohne Gewissen; 1948, R: Alfred Roome), in dem zwei aneinander gefesselte Sträflinge flüchten, sowie BROTHER'S KEEPER (1992; R: Joe Berlinger/Bruce Sinofsky), in dem ein Mordprozess durchleuchtet wird.

[5] Vgl. Barbara Jane Brickman: Brothers, Sisters, and Chainsaws. The Slasher Film as Locus for Sibling Rivalry. In: Quarterly Review of Film and Video, 18.02.2011, S. 137. (www.tandfonline.com/doi/abs/10.1080/10509200802530155?journalCode=gqrf20#.VHNwhPmG9yU [24.11.2014]).

[6] Laura Fries: Review: ›Brother's Keeper‹. In: Variety, 28.01.2002. http://variety.com/2002/tv/reviews/brother-s-keeper-2-1200551677/ [24.11.2014].

[7] Phillipa Gates: Manhunting. The female detective in the serial killer film. (www.thefreelibrary.com/Manhunting%3A+the+female+detective+in+the+serial+killer+-film.-a0133249677 [09.05.2016]); vgl. Phillipa Gates: Detecting Women. Gender and the Hollywood Detective Film. Albany 2011. In einer weitere Variation, die nach Gates im neueren FDF auftritt, verfolgt der männliche Killer nun auch männliche Opfer (vgl. Gates: Manhunting, a.a.O.). In BROTHER'S KEEPER taucht diese Variation auf, denn Ellis Ponds tötet ausnahmslos Männer, um sich so stellvertretend an seinem Vater zu rächen.

[8] Ebd.

[9] Chris Jordan: Gender and Class Mobility in Saturday Night Fever and Flashdance. In: Journal of Popular Film & Television, 14.07.2010., S. 116. (http://www.tandfonline.com/doi/abs/10.1080/01956051.1996.9943721 [09.05.2016]).

[10] Barbara Flückiger: Visual Effects. Filmbilder aus dem Computer. Marburg: Schüren 2008, S. 353f.

[11] An dieser Stelle soll Fabian Fischer gedankt werden, der diese Begriffsdefinition mit viel Hintergrundwissen auf den Punkt bringen konnte.

[12] Gilles Deleuze: Das Zeit-Bild. Kino 2. Frankfurt a.M. 1997, S. 109.

[13] Deleuze: Das Zeit-Bild, a.a.O., S. 100.

[14] Ebd., S. 112.

[15] Brickman: Brothers, Sisters, and Chainsaws, a.a.O., S.138.

[16] Deleuze: Das Zeit-Bild, a.a.O., S. 120.

Obsessed (2002)

Von Gesa Hattenhorst

Ellena und David:
Die wahre Liebe?

SHE said: »They had an affair. He was leaving his wife.« HE said: »It never happened.« WHO do you believe?

John Badham hält die Zuschauer in seinem spannungsgeladenen Thriller OBSESSED aus dem Jahre 2002 gekonnt bis zur letzten Minute in Atem. Inspiriert nach einer wahren Begebenheit aus den 1980er Jahren inszeniert er einen Prozess mit »er sagt/sie sagt«-Flashbacks und lässt das Publikum 90 Minuten in einen düsteren psychologischen Thriller eintauchen. Produziert wurde das Werk von den Robert Greenwald Productions in Zusammenarbeit mit den Barbara Lieberman Productions für Lifetime Television.

Chicago. Die intelligente Medizinjournalistin Ellena Roberts (Jenna Elfman) wird festgenommen und beschuldigt, den berühmten Mediziner Dr. David Stillman (Sam Robards) sexuell belästigt zu haben. Ihrer Anwältin Sara Miller (Kate Burton) erzählt die 30jährige überzeugend und detailliert, wie sich aus einem anfänglichen One-Night-Stand eine Liebesbeziehung zu dem Chirurgen entwickelte. Ellena wollte ihre große Liebe nicht kampflos aufgeben und hörte nicht auf, ihn und seine Angehörigen zu verfolgen sowie mit Anrufen und Briefen zu belästigen. Je näher der Tag des Prozesses heranrückt, desto mehr beginnt Sara Miller die geistige Gesundheit ihrer inhaftierten Klientin in Frage zu stellen. Ist

Ellenas Verhalten die verzweifelte Reaktion einer fanatisch verliebten Frau, deren Liebe nicht erwidert wurde? Miller leitet weitere Nachforschungen über das Leben und die Vergangenheit der Angeklagten ein.

Grund der Anklage:
Sexuelle Belästigung

Thematisch lassen sich in dem von Matthew Tabak (POINT OF ORIGIN; Der Brandstifter; 2002; R: Newton Thomas Sigel; AUGGIE ROSE; Unter falschem Namen; 2000; R: Matthew Tabak) verfassten Drehbuch OBSESSED zahlreiche Gemeinsamkeiten mit anderen erfolgreichen Werken wie PLAY MISTY FOR ME (Sadistico; 1971; R: Clint Eastwood), FATAL ATTRACTION (Eine verhängnisvolle Affäre; 1987; R: Adrian Lyne) oder Á LA FOLIE...PAS DU TOUT! (Wahnsinnig verliebt; 2002; R: Laetitia Colombani) wiedererkennen. Dass OBSESSED nur im amerikanischen Raum Erfolg feierte, kann nicht darüber hinwegtäuschen, dass der Film – wie zahlreiche vielversprechende Produktionen – hinter den ökonomischen Erwartungen internationalen Erfolgs zurückblieb. Dennoch gewinnt der Film bei den Zuschauern durch Badhams Gespür für geschickte Dramaturgie. So erzählt der Regisseur in einem auf der DVD veröffentlichten Interview Behind-the-Scenes: »I think, an audience always likes a puzzle and something that gets their attention where they have sympathy for their characters but are not sure who is in the truth. And it goes back and forth and you can literally flip flop many times during the course of the story.«

OBSESSED zeigt auf raffinierte Weise vergangene Geschehnisse und Erlebnisse zweier Menschen aus völlig unterschiedlichen Wahrnehmungsperspektiven. Gerade durch das überzeugende Drehbuch und die adäquate schauspielerische Besetzung schafft es der Film, den Zuschauern oszillierende Blickwinkel auf Erotik- und Thriller-Sujets zu zeigen.

Ellena ist verliebt, ja geradezu »OBSESSED« von Dr. Stillman. Sie ist der festen Überzeugung, dass er diese Liebe mit ihr teilt und sie eine Liebesbeziehung miteinander führen. Aus ihrer Sicht ist ihre Affäre sexuell erfüllend und romantisch. Während Ellenas Wahrnehmungsperspektive zu ihrer Beziehung mit Dr. Stillman zu Beginn des Films in Flashbacks gezeigt wird, hält sie den Zuschauer mit der Demonstration ihrer eigenen Realitätsebene in dem Glauben, dass sie nichts als die Wahrheit erzählt. Hier beginnt der Zuschauer, Sympathie für die Hauptprotagonistin zu entwickeln und zeigt Verständnis für ihr übertriebenes Verhalten, das sie zu Tage fördert, um die Liebe ihres Lebens zurück zu gewinnen.

Ist ihre Liebe lediglich ein Produkt ihrer Fantasie?

Doch plötzlich tritt der Wendepunkt ein und die ganze Geschichte dreht sich mit überraschenden Enthüllungen um 180 Grad. Ellenas Anwältin geht auf Spurensuche und findet weitere Informationen ihrer Vergangenheit heraus. Dazu gehört – wie es oft üblich scheint bei psychisch instabilen Personen – die komplizierte Beziehung zu ihren Eltern, eine schwierige Kindheit und keinerlei körperlich sexuelle Kontakte zu vorherigen Männern. Dr. Stillman, Ehemann und Vater zweier Kinder, streitet Ellenas Behauptungen ab und will von ihren Liebesschwüren nichts wissen. Er gibt zu, beruflich mit ihr in Kontakt gestanden zu haben, dementiert aber jegliche amourösen Liebeshandlungen mit ihr. Er wird als anerkannter und wohlhabender Chirurg in seriöser Position dargestellt und auch er schildert nach und nach in Flashbacks seine persönlichen Erfahrungen und Eindrücke, die er von Ellena gewonnen hat und beschreibt, wie sie versuchte, ihn zu verführen und von seiner Frau zu trennen.

Welche der beiden Darstellungen liegt nun näher an der Wahrheit? Je weiter die Geschichte voranschreitet, desto mehr entwickelt der Zuschauer eine ambivalente Haltung zwischen anfänglicher Sympathie und beginnender Antipathie für die Hauptprotagonistin.

Wann wird aus Begierde, Sehnsucht und Verliebtheit eine krankhafte und gefährliche Wahnvorstellung? Passend zu dieser Thematik baut Badham musikalische Werke zeitgenössischer Popkultur ein. Während Ellena in sexuellen Fantasien schwelgt, wird sie musikalisch von Alicia Keys' betörender Stimme in »Fallin« begleitet. Dessen Textinhalt spiegelt dabei Ellenas verhängnisvolle Liebe zu Dr. Stillman wider und beschreibt, wie sie sich trotz schwerer Umstände immer wieder neu in ihren Traummann verliebt. In diesen sinnlichen und erotischen Szenen werden die Aufnahmen ganz bewusst in warmes, orangestichiges Licht getaucht, während kühle Farben wiederum die triste Alltagsstimmung und Ellenas Aufenthalt im Gefängnis unterstreichen.

Gerade durch die Darstellung verschiedener Wahrnehmungsperspektiven erreicht der Film die perfekte Veranschaulichung eines verhängnisvollen Falls der Erotomanie. Denn der Liebeswahn und seine Folgen sind das Grundthema, dessen sich der Film annimmt: Gezeigt wird das tragische Leben einer Frau, deren Dasein hauptsächlich aus Enttäuschungen besteht. Ärzte und medizinische Themen übten schon seit ihrer Kindheit eine große Anziehungskraft auf die attraktive Frau aus. Dieses Interesse nahm Einfluss darauf, dass sie sich einen bekannten und erfolgreichen Arzt auswählt, den sie mit Hilfe direkter und unmissverständlicher Avancen für sich gewinnen will. Häufig werden beim Liebeswahn prominente Personen wie Sportler oder Schauspieler umschwärmt – oder wie in diesem Fall ein bekannter Chirurg.

Um sich ein besseres Bild der Klientin zu verschaffen, zieht Miller einen befreundeten Psychiater und dessen Meinungsbild hinzu. Seiner Diagnose zufolge existierte nie eine Beziehung zu Dr. Stillman. Ellena erschuf eine Beziehung und kreuzte die Grenze von neurotischer Fantasie hin zu kriminellem Verhalten. Sie lehnt Millers Vorschlag strikt ab, vor Gericht auf geistige Unzurechnungsfähigkeit zu plädieren. Dies könnte Ellena bei der bevorstehenden Verhandlung helfen, würde aber gleichzeitig das zerstörende Eingeständnis sein, dass ihre Romanze mit Dr. Stillman nie real gewesen ist. Ellena würde gezwungenermaßen zugeben, dass ihr ganzes Leben auf einer Lüge basiert und sie lediglich den erotischen Liebeswahn eines »alten Mädchens« gelebt habe.

Die reine monosymptomatische Erotomanie tritt selten auf. Oft wird sie begleitet von anderen psychischen Störungen, wie die der Schizophrenie. Auch in OBSESSED bietet Ellena ein Paradebeispiel für die Bewusstseinsspaltung als Nebenerkrankung des Liebeswahns. Durch geschickte filmische Inszenierung soll der Zuschauer bis zu den letzten Minuten in dem Glauben gehalten werden, Ellena habe in ihrer Mitinsassin Charlotte (Lisa Edelstein) eine in Realität existierende Freundin gefunden. Erst auf den zweiten Blick stellt sich heraus, dass wohl auch ihre verständnisvolle Leidensgefährtin lediglich ein Produkt ihrer Fantasie ist.

Do you swear to tell the truth, the whole truth and nothing but the truth, so help you god?

Charlotte und Ellena auf der Suche nach dem passenden Outfit vor dem Gerichtstermin

Ein tragischer psychologischer Thriller mit einem vielleicht als klischeehaft und zu interpretierendem offenen Ende, welches den Zuschauer in dem nachdenklichen Zwiespalt zurücklässt, wo wohl die Grenze zwischen Realität und Fantasie liegen mag.

Anmerkungen

[1] OBSESSED basiert auf einer wahren Begebenheit aus den 1980er Jahren, als Diane Schaefer von dem weltberühmten Krebsspezialisten Dr. Brennen Murray besessen war.

[2] Erotomanie ist dabei keinesfalls mit Stalking gleichzusetzen. Stalking stellt ein Verhaltenssyndrom dar, hinter dem sich eine obsessive Fixierung auf eine andere Person verbirgt. Erotomanie hingegen ist als psychiatrisches Syndrom anzusehen, in der die betroffene Person wahnhaft der Annahme ist, dass eine wechselseitige Liebesbeziehung zu der ausgewählten Person besteht. Menschen, bei denen Erotomanie diagnostiziert wurde, weisen somit häufig Verhaltensweisen von Stalkern auf. Stalker hingegen leiden nicht in jedem Fall obsessiver Verfolgung und Belästigung an der psychischen Störung des Liebeswahns. Vgl. Jens Hoffmann: Stalking. Heidelberg 2006, hier insb. S.116f.

[3] Kretschmer (1918) beschreibt die Symptome des Liebeswahns als »Der erotische Beziehungswahn alter Mädchen«. In: Andreas Marneros: Intimizid: die Tötung des Intimpartners. Stuttgart 2008, insb. S.155f.

[4] Ebd., S.155ff.

The Shield: Dead Soldiers (2003)

Von Nils Bothmann

Die von Shawn Ryan entwickelte Polizeiserie THE SHIELD (The Shield – Gesetz der Gewalt; FX Network 2002-2008) gehört zu den frühen Vertretern der oft als »Second Golden Age of Television« bezeichneten derzeitigen Welle amerikanischen Qualitätsfernsehens. Im Zentrum der Handlung steht eine im Cop-Jargon »The Barn« genannte Polizeistation im Gangviertel Farmington in Los Angeles. Anhand eines Panoptikums diensttuender Beamter beleuchtet THE SHIELD einerseits den Polizeialltag aus verschiedenen Perspektiven, erzählt andererseits aber auch vom Niedergang des korrupten Polizisten Vic Mackey (Michael Chiklis), dem man innerhalb der Riege von Hauptfiguren die meiste Aufmerksamkeit widmet. So treffen nahezu dokumentarischer Realismus und stringente Dramaturgie aufeinander: Auf der einen Seite stellt THE SHIELD den Polizeidienst mit größtmöglicher Nüchternheit dar und verzichtet, vor allem in den ersten drei Staffeln, auf traditionelle, enggefasste *story arcs*, die eine Folge oder eine Staffel verzahnen und in sich abschließen, sondern erzählt verschiedene Geschichten nebeneinander, die mal innerhalb einer Folge, mal über mehrere Episoden hinweg aufgelöst werden. Auf der anderen Seite überhöht THE SHIELD das Geschehen bewusst, lässt eine Vielzahl von Schwerverbrechern, von Kinderschändern über die armenische Mafia bis hin zu Drogenkartellen, das Viertel heimsuchen, während sich die Abwärtsspirale, in der sich Mackey und das von ihm geleitete, an seinen verbrecherischen Tätigkeiten beteiligte Strike Team befinden, kontinuierlich fortbewegt und Geschehnisse der ersten Episode bis in die letzte ausstrahlen.

Wacklige Zweckpartnerschaft

Zu Beginn der von Badham inszenierten Episode DEAD SOLDIERS wurde Mackey von seiner Frau und den Kindern verlassen und schließt eine wacklige Zweckpartnerschaft mit seinem Vorgesetzten, Captain David Aceveda (Benito Martinez), der eine politische Karriere anstrebt. Aceveda, der Mackey in der Pilotfolge als »Al Capone with a badge« charakterisierte, erwartet von dem Teamleiter, dass dieser seine kriminellen Unternehmungen zügelt, bei denen er bestimmte Dealer gegen Gewinnbeteiligung gewähren lässt. Doch der südamerikanische Drogengangster Armadillo (Danny Pino) hat das Lager eines von Mackey geschützten Dealers, Tio (Cedric Pendleton), niedergebrannt; die Brandstiftung wiederum untersucht die unbestechliche Polizistin Claudette Wyms (CCH Pounder). Mackey versucht mit Acevedas Hilfe zu verhindern, dass Beweise seiner Beteiligung an den Geschäften auftauchen, während zu allem Überfluss auch noch eine städtische Beamtin die Vorgänge auf dem Revier evaluiert. Aceveda schickt diese mit Holland »Dutch« Wagenbach (Jay Karnes), einem by the book-Cop, zur Untersuchung des Mordes an einer angeblich hochrangigen städtischen Beamtin, die sich am Tatort als einfache Politesse erweist, während die Officers Danni Sofer (Catherine Dent) und Julien Lowe (Michael Jace) einen Nachbarschaftsstreit schlichten müssen, bei dem eine schwarze alleinerziehende Mutter ihren arabischen Nachbarn und dessen Frau beschuldigt, Terroristen zu sein.

Zu den Regisseuren der ersten Staffel gehörte auch John Badhams früherer Produzent und Second-Unit-Regisseur D.J. Caruso, der später selbst eine Regiekarriere begann, dabei aber stets zwischen Fernseharbeiten, kleineren, in vielen Ländern nur auf DVD ausgewerteten Produktionen wie THE SALTON SEA (2002) und größeren Hollywoodfilmen wechselte. Wie auch Badham mit NICK OF TIME (Gegen die Zeit; 1995) drehte Caruso eine Hitchcock-Hommage: DISTURBIA (2007), eine moderne Version von REAR WINDOW (Das Fenster zum Hof; 1954; R: Alfred Hitchcock), die sein größter Erfolg wurde und ihm die Regie bei den Großprojekten EAGLE EYE (Eagle Eye – Außer Kontrolle; 2008) und I AM NUMBER FOUR (Ich bin Nummer Vier; 2011) verschaffte. Badham selbst fragte aus Begeisterung für THE SHIELD an, ob Caruso ihm einen Kontakt zu den Machern verschaffen könne und wurde mit der Inszenierung von DEAD SOLDIERS, der zweiten Folge der zweiten Staffel, betraut.

Wie so viele primär horizontal erzählte Serien, in denen die Einzelepisode sich vor allem harmonisch in das Gesamtgefüge einpasst und weniger Experimente erlaubt als klassische *Procedurals* mit klar abgegrenzten »Fall der Woche«-Folgen oder gar Anthologien, ist Badhams Leistung als Regisseur hier weniger die einer distinkten Handschrift als eher die Haltung einer ästhetischen, inszenatorischen Kontinuität, die vor allem natürlich durch die Pilotfolge vorgegeben wird. So zeigt

auch DEAD SOLDIERS im Kleinen, was THE SHIELD insgesamt im Großen durchexerziert. Die dokumentarische Handkameraästhetik erzeugt ein Gefühl des unmittelbaren Dabeiseins und nimmt immer wieder den Blick mal gezeigter, mal nur vermuteter Beobachter ein; etwa wenn das Strike Team einen potentiellen Brandstifter verhaftet und die Kamera sich zwischendurch in die Perspektive eines Nachbarn begibt.

Auch verdeutlicht die Episode das inhaltliche Projekt der Serie, die in ihrem grimmigen Realismus fast wie ein Gegenentwurf zu Badhams früheren Polizeifilmen wirkt, die in BLUE THUNDER (Das fliegende Auge; 1983) den Cop-Thriller mit High-Tech-Überhöhung paaren (im »The Barn«-Revier hingegen funktioniert noch nicht einmal die Toilette richtig), in STAKEOUT (Die Nacht hat viele Augen; 1987), THE HARD WAY (Auf die harte Tour; 1991) und ANOTHER STAKEOUT (Die Abservierer; 1993) Genretopoi ironisieren und parodieren. Gerade die Handlungsstränge um Dutch und das Gespann Danni/Julien zeigen den Polizeialltag, in dem urplötzlich ausbrechende Gewalt immer eine Rolle spielt: Trotz Schlichtungsversuchen eskaliert der Nachbarschaftsstreit bis zu einem Punkt, an dem Danni den eigentlich unschuldigen Araber in Notwehr erschießt. Das ernüchternde Fazit: Kurz nach den 9/11-Anschlägen verursacht die Tötung wenig

Unschuldiger Araber

Dramatischer Schlusspunkt

Aufregung; wäre die Tote jedoch die den Streit provozierende Schwarze gewesen, dann wäre ein Aufstand zu befürchten gewesen, wie Aceveda erklärt. In das Visier von Dutch geraten bei den Ermittlungen im Fall der erschossenen Politesse dagegen zwei Verdächtige, die beide einem Test auf Schmauchspuren zustimmen, der den einen prompt als Täter überführt – ein Gegenentwurf zu den vertrackten Twists verschiedener episodisch erzählter *Police Procedurals*, in denen gewiefte Mörder von noch gewiefteren Cops gestellt werden. Wyms, als Frau und Afroamerikanerin gleich doppelt marginalisiert, verkörpert das Streben nach ordnungsgemäßer, unparteiischer Polizeiarbeit, wobei ihr die männlichen Machthaber, vertreten durch Mackey und Aceveda, fortwährend Steine in den Weg legen.

Die Handlungsstränge um Mackey stehen dagegen im Zeichen dessen verzweifelten Kampfes um seine Machtposition, die zu Beginn der Serie noch so sicher scheint, doch jeder Sieg, den er erringt, führt zu weiteren Schwierigkeiten. Auch die Stationen des Kleinkriegs gegen Armadillo, die in dieser Episode gezeigt werden, verdeutlichen dies. Zur Sicherung der eigenen Macht antwortet Mackey auf die Provokationen Armadillos gleichzeitig als korrupter Cop, Gangsterboss und Selbstjustizpolizist: Er versucht einen Brandstifter zu präsentie-

ren, damit Wyms den Fall nicht zu genau untersucht, veranlasst seinerseits einen Brandanschlag auf ein Drogenlager Armadillos, und schließlich – nachdem dieser Tio bei lebendigem Leib verbrennen lässt – versucht er den Verbrecher aus der Stadt zu vertreiben, indem er dessen Gesicht mit einer glühenden Herdplatte verunstaltet. Die brutale Misshandlung ist ein dramatischer Schlusspunkt der Episode, bleibt jedoch vorerst ähnlich wirkungslos wie die anderen Maßnahmen: Die Auseinandersetzung mit dem nicht minder skrupellosen Gangboss eskaliert in den folgenden, von anderen Regisseuren inszenierten Episoden weiter; Badhams Episode ist ein Schritt in dieser Ereigniskette.

Anmerkungen

[1] Caruso führte in der ersten Staffel bei den Folgen CHERRYPOPPERS und PAY IN PAIN Regie. Später inszenierte er noch die Folgen EXTRACTION und KAVANAUGH der fünften Staffel der Serie.

[2] Diese Information ist einem persönlichen Gespräch mit dem Regisseur auf dem 3. Cinestrange-Filmfestival im Juli 2014 entnommen.

[3] Die Pilotfolge von THE SHIELD inszenierte Clark Johnson, der auch bei der ersten Folge von THE WIRE (HBO 2002-2008) auf dem Regiestuhl saß und damit die jeweils unterschiedlichen Stile von gleich zwei der maßgeblichen Polizeiserien der Gegenwart mit prägte.

[4] Wie Badham in einem persönlichen Gespräch ausführte, brachte die an Dokumentarfilme und Cop-Reality-Shows erinnernde Inszenierung auch produktionstechnische Vorteile: Weniger Ausleuchtung war vonnöten, gerade bei den Außendrehs, doch auch bei den häufigen, ebenfalls in DEAD SOLDIERS vorkommenden Plansequenzen am »The Barn«-Drehort, bei denen die Kamera den Akteuren durch das Revier folgt.

[5] Die Episode ist eine von dreien, die von der britischen Behörde BBFC nur nach Schnitten mit einer Freigabe ab 15 Jahren freigegeben und in besagter Szene verkürzt wurde. Da die deutschen DVDs auf den gleichen Mastern basieren, ist auch hierzulande nur die gekürzte Version erhältlich.

Footsteps (2003)

Von Sven Safarow

Mit den letzten Spielfilmen, die John Badham vor seiner langen Serienphase realisierte, kehrte der Regisseur zu dem Medium Fernsehen zurück, mit dem er in den siebziger Jahren seine Karriere begann. Kurz vor der großen Renaissance des US-Fernsehens mit Serien wie BREAKING BAD (Breaking Bad; AMC 2008-2013) und MAD MEN (Mad Men; AMC 2007-2015) folgte eine glanzlose Zeit für Badham, der nicht mehr als A-Regisseur wahrgenommen wurde und dem man keine großen Budgets und Stars mehr anvertraute. Fast schon konsequent wirkt es in diesem Zusammenhang, ein Kammerspiel wie FOOTSTEPS (Footsteps – Die Nacht kennt den Mörder; 2003) zu verfilmen, das auf einem Stück von Ira Levin basiert, dessen Karriere zu diesem Zeitpunkt ebenso in ihre letzte Phase eintrat. Seine letzten drei Stücke blieben unaufgeführt, und sein letzter Roman *Son of Rosemary* konnte nicht an den Welterfolg von *Rosemary's Baby* anknüpfen.

Levin war einer der interessantesten Bestsellerautoren der letzten sechzig Jahre. Er begann in den fünfziger Jahren als Fernsehautor, u.a. für die Reihen LIGHTS OUT (Lights Out; NBC 1946-1952), einer der vielen Vorläufer der TWILIGHT ZONE (Unglaubliche Geschichten; CBS 1959-1964). Sein erster Roman *A Kiss before Dying*, der zweimal verfilmt wurde, gewann 1954 den Edgar Award[1] und wurde sein Durchbruch. Er sollte zwar nur sechs weitere Romane schreiben, doch wurden sie fast alle verfilmt. Zu den bekanntesten Adaptionen zählen ROSEMARY'S BABY (Rosemary's Baby; 1969; R: Roman Polanski), THE STEPFORD WIVES (Die Frauen von Stepford; 1975; R: Bryan Forbes), THE BOYS FROM BRAZIL (The Boys from Brazil; 1978; R:

Franklin J. Shaffner) und SLIVER (Sliver – Gier der Augen; 1993; R: Phillip Noyce).

Seine Romane wurden zwar in Deutschland gelesen, doch war hier fast unbekannt, dass er in erster Linie als Autor für den Broadway tätig war. Er adaptierte mit großem Erfolg den Roman *No Time for Sergeants* für die Bühne, der im Fernsehen wie im Kino reüssierte. Er schrieb Musicals und die Komödie *Critic's Choice*. Seine berühmten Thriller gestaltete er nicht nur in Romanform – auf der Bühne exorzierte er ebenfalls die Kunst der Spannung, was in heutigen Theateranstalten (vor allem in Deutschland) nicht mehr üblich ist. Stücke wie *Veronica's Room* oder *Dr. Cook's Garden* sind heute noch von einer erstaunlichen Dichte und Intelligenz, modern und elegant. Die im Vergleich zum Roman komprimierte Form des Bühnenstücks ist aber auch bestens geeignet, Spannung und Suspense zu erzeugen. Während ein Roman viele Seiten füllen muss und Zeit braucht, um eine Spannungssituation aufzubauen, kann das Stück schnell und unmittelbar wirken. Heute eher vergessene Autoren wie Frederick Knott *(Wait until Dark, Dial M for Murder)* oder Anthony Shaffer *(Sleuth, Murderer)* wussten um die dramaturgischen Stärken eines einzigen Schauplatzes und einer fesselnden Charakterisierung. Auch filmisch ließ sich dieses Konzept überzeugend anwenden.

Höhepunkt der vor allem von Anthony Shaffer protegierten ironisch cleveren Bühnenkrimis ist Ira Levins Stück *Deathtrap*, ein Verwirrspiel, das die klassische Murder Mystery mit ihren bizarren Wendungen ad absurdum führt.

Deathtrap machte es dem Autor sichtlich schwer, einen Nachfolger zu kreieren. Erst in den Neunzigern schrieb er wieder Thriller fürs Theater, doch nur *Footsteps*[2] wurde durch Badhams Film einem größeren Publikum bekannt. Das Stück selbst bleibt hinter der Energie und dem Einfallsreichtum von *Deathtrap* weit zurück, was im Grunde unvermeidlich war. *Footsteps* strotzt dennoch vor Twists und Turns, cleveren Ablenkungsmanövern und einem stark sexuellen Unterton, der jedoch in der Filmversion eliminiert wurde.

Die zurückgezogen lebende Bestsellerautorin Daisy Lowendahl (Candice Bergen) kehrt nach einer Lesung zurück zu ihrem Ferienhaus in Amagansett, Long Island. Sie vermisst ihren Hund Maxim, der sie normalerweise zu Hause erwartet. Nervös ruft sie ihren Ehemann Robbie (Michael Murphy) an, der geschäftlich verreist ist. Sie ist misstrauisch, vielleicht ein wenig paranoid; anonyme Drohungen sind ihr nicht fremd. Dann stellt sie zu allem Überfluss einen jugendlichen Einbrecher (Bug Hall), der sich in dem Haus versteckt hat. Der Junge, Spencer, scheint ein harmloser Fan zu sein. Dann taucht der Polizist Bruno (Bryan Brown) auf, der angeblich von Daisys Mann geschickt wurde, um nach dem Rechten zu sehen. Doch er entpuppt sich als gefährlicher Psychopath. Ein bizarres Spiel der Täuschung und Intrigen beginnt.

Bizarres Spiel

Die Story von Film und Stück ist identisch, jedoch mit einem gravierenden Unterschied: Bei Levin ist die Schriftstellerin Daisy Ende Zwanzig, bei Badham wird sie von der fast sechzigjährigen Candice Bergen gespielt,

wodurch die charakterliche Dynamik stark modifiziert wird. Im Stück verwechselt Spencer die Heldin von Daisys Roman *Jenny Unbound*, die sich gerne mit jüngeren Männern einlässt, mit der Autorin. Um seine erotischen Fantasien zu befriedigen, stiehlt er einen Slip aus ihrer Schublade. Das Verhältnis des Psychopathen Bruno zu Daisy wird ebenso durch ihre Sexualität bestimmt, die im Film weitgehend eliminiert wird. Candice Bergens Daisy schreibt keine Aufsehen erregenden erotischen Romane, sondern Spionagethriller um die toughe Superfrau Jordan Steele. So erlebt der Zuschauer den Fan Spencer nicht mehr leicht pervers, sondern als herkömmlichen Teenager. Zwischen Bruno und Daisy kommt kein Knistern auf. Brown und Bergen bewahren eine beinahe höfliche Distanz.

Auch wenn der Figurenkonstellation durch die Besetzung viel von ihrem Potential genommen wurde, so passt Levins Profil der Schriftstellerin ironischerweise eher auf eine Frau, wie sie Bergen verkörpert: Daisy lebt zurückgezogen in einem Strandhaus, schreibt anachronistische Bücher und trinkt Scotch.

Außerdem wird Daisy in dem Film vielschichtiger dargestellt: Shelley Evans' Skript macht sie zur trockenen Alkoholikerin und Phobikerin, die die Öffentlichkeit scheut, seit ein fehlgeleiteter Fan seine Frau ertränkt hat und die Verantwortung dafür auf Daisys Bücher schiebt. TV-Autorin Evans hat sich somit nicht auf die paranoide Fantasie von Ira Levin eingelassen, sondern den Plot zum großen Teil rationalisiert und damit modifiziert. Bei Levin wird nichts erklärt, bloß behauptet: Deine eigenen Fans sind unberechenbar; der Fremde, der in dein Haus eindringt, kann nur ein Psychopath sein; dein eigener Ehemann will dich umbringen. Niemand ist, wie er scheint. Sicherheit existiert nicht. Der Alltag wird nie wieder so sein wie er war, weil er niemals so gewesen ist. Das ist der Kern von Levins Œuvre: Er besteht aus einem tiefen Misstrauen gegenüber den heiligsten Institutionen amerikanischer Kultur, wie der Ehe, dem Arbeits- und dem Vorstadtleben.

John Badham sieht es jedoch sportlich: »I've got to do the best I can with the script that I'm given, which is a really good exercise.«[3] Und er hat einiges aus dem Stoff herausgeholt. Sein mit Bergen, Brown und Murphy edel besetztes Kammerspiel ist immer kurz vor dem Bersten, als wolle er den Schauplatz wie in seinem grandiosen NICK OF TIME (Gegen die Zeit; 1995) erweitern. Seine Inszenierung erinnert daher eher an einen Actionfilm als an ein Kammerspiel. Jede körperliche Auseinandersetzung wird von der Kamera frenetisch gefeiert und von schnellen Schnitten unterstützt. Dabei sind Limitierungen wie das niedrige Budget oder der eher konventionelle Look des Films für ihn kein Hindernis. FOOTSTEPS lebt von seinem klaustrophobischen Schauplatz, seiner stimmigen Beleuchtung und seinen aggressiven Farben. Aber es ist immer noch Fernsehen, und Badham verfällt keiner Illusion über den Mangel an kreativer Freiheit: »It's certainly not a director's medium, television, whereas film is. In TV, it's kind of like being a short order cook at McDonald's. They've got a picture of that Big Mac, and that's the way that Big Mac has got to be made. You don't go screwing around and moving that pickle from one side of the bun to the other!«[4]

Zwar ist FOOTSTEPS nicht mehr als eine bessere Auftragsarbeit, doch verweist der Film mit seiner düsteren *pulp fiction* auf die Anfänge des Regisseurs und des Urhebers, als Levin zahlreiche dieser Geschichten für Mystery-Serien schrieb und Badham solche Storys für Reihen wie NIGHT GALLERY (Night Gallery; NBC 1969-1973) inszenierte. Dadurch avanciert der Film zu einer romantischen Zeitkapsel, einem anachronistischen Vergnügen.

Anmerkungen

[1] Vgl. www.iralevin.org/about.htm; Stand: 12.10.2016.

[2] Einen großen Dank an Nicholas Levin für die Bereitstellung des Originalmanuskripts Footsteps von Ira Levin.

[3] Alex Simon: John Badham. The Hollywood Interview vom 02.12.2012 (http://thehollywoodinterview. blogspot.de/2008/08/john-badham-hollywoodinterview.html; Stand: 12.10.2016).

[4] Simon, a.a.O.

Evel Knievel (2004)

Von Tobias Haupts

Bevor der Zuschauer ihn sieht, hört er ihn bereits. Ein stetig lauter werdendes Motorradknattern kündigt den Protagonisten des Films an, ehe das schwarze Bild und die Einblendung des Cast zu einem Ende kommen. Und wie es sich für das Nacherzählen einer Legende, einer Ikone des American Way of Life, gehört, beginnt auch diese Geschichte erst richtig mit einem »Es war einmal« aus der Kindheit des kleinen Evel, an welche sich der erwachsene Evel (George Eads) kurz vor einem seiner waghalsigen Sprünge erinnert. Hier, noch nicht Motor-, sondern Fahrrad fahrend, scheint seine Zukunft gesetzt, als er nach dem Diebstahl von Radkappen tatsächlich in einer Zelle des kleinen Gefängnisses in der ebenso kleinen Stadt Butte in Montana einsitzen und auf seine Großeltern warten muss. Doch dort ist der kleine Evel nicht allein, lange vorher hat der ortsbekannte Trinker Awful Knoffell (Lance Henriksen) einen Platz in der Zelle nebenan gefunden und erteilt Evel ungefragt eine Lektion für das noch vor ihm liegende Leben.

Lektion fürs Leben

Raus aus dem Nest solle er, hinein in die große Welt und es denen, die dort schon angekommen sind, so richtig zeigen. Die Worte beeindrucken den Jungen, und so ist er nicht nur einen kaum wahrnehmbaren Schritt entfernt vom Erwachsensein und dem Besitz seines eigenen Motorrades, sondern auch auf dem Weg dahin, wo er seit dem Arrest in der Zelle hinwollte: an die Spitze. Dass dieses Ereignis den kleinen Robert »Bobby« Knievel seinen Spitznamen einbrachte, perfektioniert die Legende, denn schon hier verlässt der Film die tatsächliche Biografie seiner Hauptfigur.

John Badhams Fernsehfilm aus dem Jahr 2004 wirkt traditionell gehalten in seiner Erzählung als Biografie und den Mitteln, denen er sich bedient: Rückblenden, der innere Monolog und der Einsatz dokumentarischer Bilder, die das Reenactment stützen, wechseln einander ab. Und doch ist der Film durchzogen von einer Mystifizierung, dem Mitbauen an dem Ruhm eines Mannes, der zur Zeit der Premiere des Films noch lebte und so sein eigenes Denkmal darstellte. Badhams Film ist daher, wenngleich er eben klassischer erzählt, durchaus vergleichbar mit anderen populären Figuren US-amerikanischer Provenienz am Rand des guten Geschmacks, allen voran mit Steven Soderberghs Inszenierung des Klaviergotts und Glitterkönigs Liberace (Michael Douglas) in BEHIND CANDELABRA (Liberace – Zu viel des Guten ist wundervoll; 2013). Denn beiden ist nicht nur eigen, den amerikanischen Traum gelebt zu haben, sondern ihn auch an jenem Ort zu leben, der mehr als alles andere das Ir- und Surreale dieses Traumes zu unterstützen vermag: Las Vegas.

Während Soderberghs Liberace sich schon dort befindet, um andere Menschen in diesen Strudel aus Licht und Geld hineinzuziehen und sie damit auch zu zerstören, muss Knievel diesen Weg erst noch finden. Geradlinig scheint dieser zunächst nicht zu verlaufen: Wie ein Stuntman ohne Film bedient Evel, dem das bloße Arbeiten mit dem Motorrad nicht mehr genügt, die Wünsche des White Trash am Rand staubiger Straßen; jenen Zuschauern also, die schon lange keine Berührung mehr mit dem haben, was der den US-amerikanischen Traum Träumende zu hoffen wagt. Das Publikum seiner ersten Sprünge, die Badham tatsächlich so inszeniert, als würde man dem Stuntteam des Films bei der Arbeit über die Schulter schauen, setzt sich zusammen aus Horden Bierdosen schwenkender Unterhemdenträgern, die für die Attraktion den Weg aus ihren Wohnwagen gewagt haben. Doch was bei Liberace Kunst, Künstlichkeit und Kitsch ist, die Mischung aus Klavier, Musik und Kandelaber, ist bei Knievel waghalsiger Irrsinn und zugleich auch Sinnbild eines existenziellen Abenteuers: Der bildliche Sprung an die Spitze für den nicht nur Mut, sondern auch einfach genug Anlauf erforderlich ist. Die Show ist daher schnell geplant, braucht es doch nur eine Rampe, ein paar Autos und den Helden, der mit wehendem Umhang, ganz wie eine Comicfigur aus alten und besseren Tagen, genau diesen Sprung wagt. Hierbei muss der Sprung nicht einmal gelingen; die Zuschauer begrüßen jede mögliche Alternative, Sieg oder Sturz, ist schließlich beides Spektakel, das, wofür sie gekommen sind.

White Trash Spektakel

So verschont der Film den Zuschauer ebenso wenig, wie der Protagonist sich selbst, denn nicht nur die Sprünge werden ausgekostet, sondern auch der Fall, das Zu-Boden-Gehen, das Brechen der Knochen. Den Vorwurf jedoch, des Lebens müde zu sein, lässt die Figur nicht gelten, denn Brüche heilen wieder und erscheinen wie innere Narben, die Zeichen eines Kampfes mit dem Schicksal sind, dem Erfolg nach zu jagen.

Und die Geschichte gibt Knievel recht: Aus dem Krankenhaus entlassen, wird er als Held gefeiert, dem die Gemeinde eine Parade schenkt, die aus ihm den Helden formt. Und so dauert es nicht mehr lange, bis er die sandige Arena der Monstertruckshows und sein Dasein als Wohnwagenattraktion endgültig gegen die Lichttempel von Vegas eintauscht. Dort, im Schatten des Caesars Palace, wo er zum Subjekt und Objekt der täglichen Wetten wird, und sich einer seiner schwersten Unfälle ereignet, avanciert er zu einer Kunstfigur, die auf dem Boden der Stadt ebenso zu Hause ist wie in der Luft. Dass er aufgrund des Metalls in seinem Körper bereits mehr Ähnlichkeit zu seinen Motorrädern besitzt, scheint als Kollateralschaden schlicht notwendig.

Die Besetzung der Hauptrolle mit George Eads ist mehr als geglückt. Auf der einen Seite war Eads schon seit vier Jahren durch seine Rolle in CSI: CRIME SCENE INVESTIGATION (CSI: Den Tätern auf der Spur; CBS 2000-) mit der Wüstenstadt verbunden. Auf der anderen Seite formt seine Physiognomie, das markante Kinn, die scharfen Kanten seines Gesichts, Knievel weniger nach dem wahrhaftigen Vorbild, sondern eher nach einer neuen Form des Superhelden, der mit unbewegtem Blick nach vorn sieht, eine wehende US-Flagge im Hintergrund. So spielt Eads auch weniger, als dass er der Geschichte US-amerikanischer Popkultur im wahrsten Sinne sein Gesicht leiht. Psychologisieren will weder der Schauspieler, noch der Regisseur. Und dennoch erreicht der Film eine gewisse Bitterkeit, ohne sie dem Zuschauer

Raketensprung

vollends offenzulegen. Der Fall – und hier meint dies den wörtlichen Fall – wird zwar angedeutet: der Betrug der Frau, das Versinken im Alkohol, das Mehrwollen, ohne zu wissen wozu. Doch wird der Film nicht plakativ, folgt keiner inneren Notwendigkeit und schon gar keinem »Es hat so kommen müssen«. Vielleicht geht der Film daher einen Schritt weiter und fragt nach den Begebenheiten, die sich zutragen, wenn nach dem Happy End nicht abgeblendet wird, um so doch zu jenem Punkt zu gelangen, an dem Knievel scheitert. Denn Las Vegas fordert die Gigantonomie heraus, verlangt ein stetiges Mehr. Knievel plant den Sprung über den Snake River Canyon mittels einer Rakete. Statt ins All, soll diese ihn von einer Seite der Schlucht sicher auf die andere bringen. Doch der Stunt schlägt fehl, ein Bremsschirm erweist sich als defekt und markiert damit den Anfang vom Ende seiner Karriere, jedoch nicht seines Lebens.

Die Bilanz dieses Lebens, welches wohlgemerkt erst drei Jahre später, 2007, sein Ende findet, fasst der Film in wenigen Texteinblendungen zusammen, die den Helden, so scheint es, noch einmal triumphieren lassen: Von 300 Sprüngen waren 276 erfolgreich, 14 zogen Verletzungen nach sich, die umfangreiche medizinische Versorgung erforderten, um Knievel mit 35 gebrochenen Knochen schließlich einen Eintrag im Guinness-Buch der Rekorde zu sichern. Der Film endet mit begeistertem Applaus des Publikums und einer Statistik, die (s)ein Leben in wenigen Zahlen zusammenfasst. Ob es sich dabei um ein gelungenes Leben handelt, beantwortet der Film nicht. Der Eindruck entsteht, als habe Badham seinen Teil an der Geschichte beendet, schlicht indem er sie erzählt. Das abschließende und letzte Urteil jedoch wird dem Zuschauer überlassen.

Crossing Jordan

DEAD AGAIN (2007) und 33 BULLETS (2007)

Von Carsten Panitz

Als John Badhams zweite Regiearbeit für die NBC-Serie CROSSING JORDAN (Crossing Jordan – Pathologin mit Profil, 2001-2007)[1] am 02. Mai 2007 auf Sendung ging, stand die Serie gute zwei Wochen vor ihrem Aus (die 17. der sechsten Staffel und damit letzte Folge der Serie wurde am 16. Mai 2007 gesendet). Und leider ist DEAD AGAIN (Staffel 6, Episode 15) kein Beispiel für die Stärken von CROSSING JORDAN. Im Gegenteil: Hier passt nichts zusammen, und der Versuch, die Lücken und Ungereimtheiten der Geschichte mit Humor und hohem Erzähltempo zu kaschieren, funktioniert nur mit viel Wohlwollen.

Ein Jammer, denn zu Beginn der sechsten Staffel inszenierte Badham zuvor eine Folge, die kaum unterschiedlicher sein konnte – dramatisch, dynamisch, durchdacht. Der Titel, 33 BULLETS (Staffel 6, Episode 3), bezieht sich auf die Anzahl der Schüsse, mit denen ein kleiner schwarzer Junge von vier Polizisten getötet wird. Diese hielten ein Spielzeug in seiner Hand für eine Pistole, nicht wissend, dass die Hand mit der vermeintlichen Waffe einem Kind gehörte.

Mutmaßlich rassistische Polizeigewalt gegen Schwarze ist ein Problem, das nicht erst in den letzten Jahren für lautstarke Proteste in den USA sorgt. Und immer wieder fühlen sich auch Künstler unterschiedlichster Art berufen, derartige Ereignisse zu verarbeiten. 33 BULLETS erinnert an ein Lied von Bruce Springsteen: »American Skin« (»41 Shots«).[2] Springsteen schrieb das Stück als Reaktion auf den Tod des 22-jährigen New Yorkers Amadou Diallo, der im Februar 1999 von Polizisten erschossen wurde, die das Portemonnaie, das er aus seiner Tasche zog, mit einer Pistole verwechselten. Ebenso wie in 33 BULLETS waren damals vier Polizisten beteiligt. Springsteen

weist in seiner Aufarbeitung des realen Falles keinen eindeutigen Schuldigen aus, sondern verleiht Opfern und Tätern gleichermaßen eine Stimme, der eine allgemeingültige Angst vor dem innewohnt, das unter der Oberfläche brodelt. Auch Drehbuchautor Rob Fresco ist nicht in erster Linie daran interessiert, mit dem Finger auf eine der beteiligten Parteien zu zeigen.

Schon der erste Dialog der Folge (zwischen Jordan und Woody, während sie mit dem Auto am Tatort vorfahren) liefert ein Indiz dafür, dass es hier um mehr geht als nur die Fiktionalisierung eines real existierenden Problems:

WOODY
So then the guy has to decide, either kiss the elephant or eat the worm.
JORDAN
He has to kiss the elephant?
WOODY
Right smack on the mouth.
JORDAN
God, that is so wrong. You know, this Reality-TV just makes me want to gag.
WOODY
Are you kidding? It's compelling drama, Jordan. Real people in real situations. It's like …
JORDAN
Reality, yeah, which is the last thing I need after a hard day's work. Just give me some fake people with fake books and fake jobs any day … But, you know, he really kissed the elephant?
WOODY
He seemed to like it, actually.

Ein Mann muss entscheiden: einen Elefanten küssen oder einen Wurm essen. Entscheidungen – das ist eines der Themen von

Schuld und Sühne

33 BULLETS. Viele der handelnden Personen müssen Entscheidungen treffen, deren Folgen mal mehr und mal weniger schwerwiegend ausfallen. Die Polizisten ebenso wie Nigel (Steve Valentine), Jordan oder Lu (Leslie Bibb). Während Nigel sich lediglich vorwerfen lassen muss, er habe dafür gesorgt, dass Kates (Brooke Smith) Auto gestohlen wird, treffen die vier Polizisten nicht nur eine Entscheidung, die den Tod eines kleinen Jungen zur Folge hat, sie beschließen zudem, ihre eigene Schuld zu vertuschen. Andere Entscheidungen, wie Jordans Entschluss, die Leiche ein weiteres Mal zu untersuchen, führen zu verheerenden Ereignissen (Lu, die bei der erneuten Sichtung des Tatortes angeschossen wird und ihre Entscheidung mit dem Leben bezahlt).

Einige Entscheidungen sind schon im Vorfeld der Episode gefallen und definieren beispielsweise den Status von Beziehungen zwischen den Figuren. So zeigt Lu Woody die kalte Schulter als Konsequenz früherer Ereignisse.

Selbstverständlich fungieren einige dieser Entscheidungen als Plot Points innerhalb der Geschichte und haben eine strukturelle Funktion für die Erzählung. Nichtsdestotrotz nutzt 33 BULLETS das Thema der Entscheidungen und ihrer Auswirkungen, um von dort aus ein kompliziertes Geflecht von Denkansätzen auszulösen.

Ausgangspunkt der Folge ist der Tod eines kleinen Jungen, Jamaar Wilkes. Dieser stirbt aufgrund einer Fehlinterpretation der Polizisten. Die Idee, dass gerade Polizisten in einer solchen Situation innerhalb von Sekundenbruchteilen die Gefahrenlage einschätzen und darauf reagieren müssen, ist auch für Bruce Springsteen ein wichtiger Teil seiner Aufarbeitung des Falles um Amadou Diallo:

Is it a gun, is it a knife. Is it a wallet, this is your life.

In 33 BULLETS ist es keine Pistole, kein Mes-

ser, keine Brieftasche, sondern ein Spielzeugflugzeug, das die Fehlentscheidung der Polizisten verursacht. Doch damit nicht genug: Um ihren Fehler zu vertuschen, deponieren sie eine Pistole bei der Leiche und erklären, der Junge habe zuerst geschossen und sie hätten sich lediglich verteidigen müssen. Und so ist der Bogen geschlagen von einem Thema der Folge, den Entscheidungen, zum nächsten: Während Woody in seinem ersten Dialog mit Jordan zunächst lediglich die Aufgabe, die der Mann in der Fernsehsendung zu erfüllen hat (Elefanten küssen oder Wurm essen), beschreibt, nimmt Jordan dies zum Anlass, das TV-Format selbst zu kritisieren: »God, that is so wrong. You know, this Reality-TV just makes me want to gag.« Woodys Anmerkung, Reality-TV sei »compelling drama« und es gehe dabei um »real people in real situations«, hebelt Jordan mit den Worten aus, Realität, das sei »the last thing I need after a hard day's work.« Statt einer Konfrontation mit der Realität sucht sie eine andere Form der Unterhaltung: »Just give me some fake people with fake books and fake jobs any day.« Nichtsdestotrotz ist sie neugierig: »But you know, he really kissed the elephant?«

Mit diesem unscheinbaren Dialog eröffnet die Folge die Möglichkeit für ein kompliziertes Gedankenspiel über Realität und Fiktion, Lüge und Wahrheit, Qualität und Funktion von Fernsehen im Speziellen und Geschichtenerzählen im Allgemeinen, das sie selbst immer wieder mit verschiedenen Spielarten füttert. 33 BULLETS ist voll von Variationen von Geschichten, von Wahrheiten, Lügen und Halbwahrheiten.

Die Diskussion darüber, wie realitätsnah jegliche Form von Reality-TV tatsächlich ist, führt an dieser Stelle sicherlich zu weit. Doch kann man wohl davon ausgehen, dass die Entscheidung, einen Elefanten zu küssen oder einen Wurm zu essen im (US-amerikanischen) Alltag eher selten vorkommt. Rassismus und Polizeigewalt dagegen sind bedauerlicherweise nicht nur in den USA alltägliche Realität. Und so ist schnell auch eine fiktionale Geschichte wie die von 33 BULLETS näher an Realität als der Eskapismus, den Jordan in Formaten mit »fake people with fake books and fake jobs« sucht.

Natürlich ist gerade eine Serie wie CROSSING JORDAN, ebenso wie andere Formate, die die Aufklärungsarbeit von Verbrechen allzu oft fernab jeglicher realweltlicher Bedingungen fiktionalisiert (CSI und seine zahlreichen Ableger scheinen hier ein gutes Beispiel) prädestiniert für Kritik. Und so zeigt Jordans Bemerkung sicherlich auch eine trotzige Selbstreflektion (sei es von Seiten des Drehbuchautors oder allen verantwortlich Beteiligten). Doch sorgt gerade dieser selbstreflexive Charakter für den Erfolg der Episode.

Denn nicht nur, dass das Geflecht von Lügen und Wahrheiten, Halbwahrheiten, Fehlinterpretationen und anderen Entscheidungen auf inhaltlicher Ebene intelligent verwoben ist, auch sonst ist 33 BULLETS ein Höhepunkt der gesamten Serie. John Badham zieht alle inszenatorischen Register und nutzt verschiedene visuelle Varianten des Erzählens, die ihrerseits sein Verständnis für Frescos Drehbuch illustrieren: Sei es die Handkamera, die einen unmittelbaren Realismus evoziert, wenn die Gewalt auf den Straßen ausbricht oder die statischen, fokussierten Einstellungen, wenn Bug von seinen Erinnerungen an die Unruhen in Toxteth erzählt.[3] Jede Situation erhält die richtige Inszenierung und die passende filmische Umsetzung, gewohnt klar und schnörkellos.

Ist Badham dann doch einmal zu vermeintlich unnötigen Verzierungen gezwungen, wie einer Rückblende, dann fügt diese sich in die reflexive Thematik ein: Gleich zu Beginn berichtet der Polizist am Tatort vom Tathergang. Seine Worte werden durch eine Rückblende illustriert. Doch der Ablauf, der uns erzählt wird, stimmt nicht. Der Polizist lügt, und die Rückblende scheint seine Lüge zu unterstützen. Wir können ihr nicht trauen, aber so unzuverlässig sie auch ist, die Ereignisse zu sehen, lässt uns die Lüge zunächst leichter glauben. Doch das erste Bild, das wir sehen, nachdem der Polizist Woody versichert, es sei der Junge gewesen, der zuerst geschossen hat, ist das Schulheft des Opfers. Hierbei handelt es sich scheinbar um einen Schulaufsatz mit dem Titel: »*The American West* by Jamaar Wilkes«. Der sichtbare Text lautet wie folgt:

»*Sitting Bull was the leader of the Sioux tribe. He was born by the Grand River in South Dakota. The goverment [sic] took their homes and made them live on reservations.*«

Die Einstellung ist fast zu kurz, um den Text tatsächlich beim ersten Anschauen zu bemerken, trotzdem ist seine Platzierung an dieser Stelle auffällig und wirkt wie ein ebenso naiver wie wahrhaftiger Gegenentwurf und Kommentar zu der ausgeschmückten Lüge, die wir gerade zuvor aufgetischt bekommen haben. Auch subtile Momente wie dieser finden in 33 BULLETS ihren Platz.

Gleichzeitig scheut sich Badham aber auch nicht vor den Übertreibungen und Stilisierungen, die die Geschichte vorgeben. So wirken die nächtlichen Straßen Bostons, in denen sich Nigel und Kate bewegen, nachdem ihr Auto gestohlen wurde, wie Szenen aus einem postapokalyptischen Szenario à la ESCAPE FROM NEW YORK (Die Klapperschlange; 1981; R: John Carpenter). Gleichzeitig weckt der Überfall im Kiosk aber auch Erinnerungen an den Anfang von Badhams eigenem POINT OF NO RETURN (1993). Er nutzt zudem die Härte von Kates Charakter für einige Momente, in denen er sie ironisch als vigilante Antiheldin stilisiert.

So entwickelt sich die Nebenhandlung um Nigel und Kate zunehmend zu einer ironischen Brechung innerhalb der authentisch erzählten Ereignisse des Haupterzählstranges. Gleichzeitig ist es nur eine der Spielarten, die Badham nutzt, um die Möglichkeiten zu reflektieren, wie das Actiongenre einen authentischen Aufhänger für seine Unterhaltungszwecke zu nutzen vermag.

Doch nie lässt er die Ideen aus den Augen, die ihm das intelligente Buch Frescos bietet. Und schließlich führt er am Ende alle Themen und Motive zusammen, die Entscheidungen, das Geschichtenerzählen, die Wahrheiten und Lügen, und verknüpft diese mit der Frage nach der Schuld. 33 BULLETS begnügt sich nicht mit der Verurteilung der Polizisten. Auch wenn sie am Ende doch angeklagt werden und sich vermutlich ihrer Schuld vor dem Gesetz stellen müssen, so bleiben doch alle Figuren mit einem Gefühl von Schuld und Trauer zurück. Und Linda Ronstadts Version des Songs »Walk Away, Renee«, das die epiloghaften letzten Szenen der Folge verbindet, hinterlässt einen weiteren ambivalenten Beigeschmack, angesichts einer Realität, der auch ein eskapistisches Medium wie das Fernsehen, ob nun Reality-TV oder »fake people with fake books and fake jobs«, auf Dauer nicht entziehen kann:

The empty sidewalks on my block are not the same.
You're not to blame.

Anmerkungen

[1] CROSSING JORDAN erzählt die Geschichte der Gerichtsmedizinerin Jordan Cavanaugh, deren Hauptmotivation die Suche nach dem Mörder ihrer Mutter ist. CROSSING JORDAN-Schöpfer Tim Kring ist auch für die Science-Fiction-Dramaserie HEROES verantwortlich, für die John Badham 2006 und 2007 ebenfalls zwei Folgen inszenierte. Eine weitere Überschneidung mit anderen Arbeiten Badhams ergibt sich durch Miguel Ferrer, der Jordans Boss Garret Macy spielt. Ferrer hatte mit Badham bereits 1993 bei POINT OF NO RETURN zusammengearbeitet.

[2] Schon in der ersten Staffel von CROSSING JORDAN gibt es eine Springsteen-Referenz. Der Titel von Folge 4, BORN TO RUN, bezieht sich auf den Titel und Titelsong seines dritten Albums. Der Song »American Skin« (»41 Shots«) erschien erstmals 2001 auf dem Live-Album »Live in New York City«. Eine Studioversion erschien 2014 auf dem Album »High Hopes«. Ist die Idee einer Springsteen-Referenz erst einmal geboren, so lässt sich in 33 BULLETS eine weitere Assoziationskette öffnen: Obwohl CROSSING JORDAN in Boston spielt, bemerkt ein Patient Bug gegenüber: »Ain't this supposed to be the City of Brotherly Love?« Woraufhin Bug antwortet: »That's Philadelphia.« Natürlich sind Philadelphia und Bruce Springsteen durch dessen Lied »Streets of Philadelphia« verbunden, das er für den Film PHILADELPHIA (1994; R: Jonathan Demme) mit Tom Hanks komponierte. Zwar kann diese Assoziation ebenso zufällig sein wie die Ähnlichkeit des Episodentitels zum besprochenen »American Skin« (»41 Shots«), doch bedenkt man, dass PHILADELPHIA-Regisseur Jonathan Demme nicht nur die Musikvideos zu »Streets of Philadelphia« und zwei anderen Springsteen-Titeln (»Murder Incorporated« und »If I Should Fall Behind«) machte, sondern auch ein bisher unveröffentlichtes Video zu »American Skin« (»41 Shot«), so erscheint mir die Verbindung, wenn auch rein assoziativ, dann doch zumindest interessant genug, um sie an dieser Stelle zu erwähnen.

[3] 1981 führten Spannungen zwischen der lokalen Polizei und der schwarzen Bevölkerung zu gewaltsamen Aufständen in Brixton (London) und Toxeth (Liverpool). Der Verweis auf Probleme zwischen Polizei und schwarzer Bevölkerung außerhalb der USA zeigt auch, dass das in 33 BULLETS behandelte Thema kein rein amerikanisches ist.

Postapokalyptische Atmosphäre...

... und Kate als vigilante Antiheldin

Heroes

FALLOUT (2006) und THE HARD PART (2007)
Von Carsten Panitz

HEROES (NBC 2006-2010) erzählt die Geschichte einer Gruppe sehr unterschiedlicher Personen, die unabhängig voneinander herausfinden, dass sie außergewöhnliche Fähigkeiten besitzen. Unverwundbarkeit, übermenschliche Kräfte, Gedankenlesen, die Fähigkeit zu fliegen sowie Teleportation oder Zeitreisen bilden dabei für jede Figur eine individuelle Grundlage für Probleme, die Lorna Jewett in drei Kategorien einordnet:

»... *Three main concerns arise: individual control of the ability; moral regulation that maintains some characters as heroes rather than villains; and social control of the (secret) knowledge that abilities exist.*«[1]

Als die Serie im September 2006 in den USA auf Sendung ging, stellte sich der Erfolg sehr schnell ein. Einer der Gründe dafür war die gelungene Mischung aus actionreicher Science Fiction und charakterorientiertem Melodram:

»*The stories and the characters [in* HEROES] *are so complicated. It's not just like doing [a] very simple action-hero type of movie. In, say, Spider-Man they did some interesting character work. You know, you got really involved with Spider-Man and his girlfriend and his uncle. That really works, and is very effective, and they've been trying to do that on* HEROES; *and they're good at it, so it's not just about hands glowing and people blowing up and doing weird effects things.*«[2]

John Badham inszenierte zwei Folgen der ersten Staffel der Serie (Episode 11: FALLOUT und Episode 21: THE HARD PART). Im Gegensatz zu einer Spielfilmproduktion, die dem Regisseur über weite Strecken unbegrenzten kreativen Spielraum einräumt und ihn meist als oberste kreative Instanz betrachtet, lässt der Rahmen einer Fernsehserie jedoch vermuten, dass sich der Regisseur inhaltlichen und inszenatorischen Regeln unterordnen muss, die die Einbettung der von ihm zu inszenierenden Folgen in das Konzept und Handlungsgerüst der gesamten Serie vorgibt.

Die Schauspieler sind mit Charakter, Verhalten und Motivation ihrer Rollen vertraut und der technische Stab oft ein eingespieltes Team, dessen Schlüsselpositionen (Oberbeleuchter, Chefkameramann, Cutter etc.) die visuellen Eigenschaften ihres Produktes kennen und routiniert umzusetzen wissen. Nicht zu vergessen sind natürlich auch die Interessen der Produzenten, Autoren und vor allen Dingen des Schöpfers der Serie. So scheint es im ersten Moment schwierig für einen Regisseur, der nicht regelmäßig gesetzter Bestandteil des Produktionsteams ist, dem fertigen Produkt seinen individuellen Stempel aufzudrücken.[3]

Die Möglichkeiten für einen Regisseur, Einfluss auf die Mise-en-Scene, das Inszenieren der Schauspieler sowie die grundsätzliche Szenenauflösung (und damit auch den Schnitt) zu nehmen und so das ihm vorliegende Drehbuch individuell umzusetzen, sind jedoch nicht zu unterschätzen. Und auch, wenn die Schauspieler schon sehr klare Richtungen für ihre Charaktere eingeschlagen haben, sind doch die inszenatorischen Variationen inhaltlicher Zäsuren in Dialogen oder Handlung von Regisseur zu Regisseur oft sehr unterschiedlich.

Betrachtet man zunächst einige Figuren von HEROES genauer, so zeigt sich, dass Motive und Themen, die deren Handlungsstränge bestimmen, durchaus als Variationen von Mustern funktionieren, die John Badhams Gesamtwerk durchziehen.

Als erstes Fallbeispiel hierfür kann die von Ali Larter gespielte Niki Sanders dienen. Sie wird als alleinerziehende liebevolle Mutter eingeführt, deren Ehemann aufgrund eines

Kapitalverbrechens im Gefängnis sitzt. Da sie keinen anderen Ausweg weiß, strippt sie für eine Internetseite vor der Webcam und leiht sich Geld aus zwielichtigen Quellen. Anders als bei den Fähigkeiten der anderen Charaktere, ist Nikis Talent (übermenschliche Kräfte) an eine gespaltene Persönlichkeit, Jessica, gebunden. Diese hatte sich schon in Nikis Kindheit ausgebildet, um eine Reihe traumatischer Erfahrungen mit ihrem gewalttätigen Stiefvater verarbeiten zu können. Die Konflikte der gespaltenen Identität von Niki/Jessica, eine Beziehung, die wie eine modernisierte weibliche Variante von Jekyll und Hyde anmutet, stehen im Zusammenhang mit der: »*acceptance or rejection of the traditional female roles […] For example, these roles include protective mother of Micah; dedicated wife of Micah's father, D.L., once his innocence is proven; and female member of the sex industry as both an internet stripper and occasional prostitute, such as when Niki is asked to seduce Nathan Petrelli (»Collision«, 1:4). The way in which Heroes presents the notion of dual identity and its significance in relation to these female contexts, roles and preoccupations is central to understanding Niki.*«[4]

Die Akzeptanz oder Zurückweisung von weiblichen Rollenbildern ist auch ein wichtiges Moment in Badhams POINT OF NO RETURN (Codename: Nina; 1993). Zwar spiegeln die verschiedenen Identitäten der Hauptfigur Maggie (Bridget Fonda) dort nicht die Konzepte von Doppelgängern a la Jekyll und Hyde oder den Alter Egos bekannter Superheldencomics (Clark Kent/Superman oder Bruce Banner/Hulk), die Parallelen zwischen Maggie/Nina und Niki/Jessica sind jedoch durchaus vorhanden. So ist eine Vaterfigur Auslöser

für ihre Persönlichkeitsspaltung (Nikis Stiefvater Hal in HEROES und Agent Bob in POINT OF NO RETURN). Beide sind hin- und hergerissen zwischen verschiedenen männlichen Charakteren, zu denen sie in komplizierten Beziehungen stehen. Bei Niki sind dies in erster Linie ihr Mann D.L., ihr Sohn Micah und Mr. Linderman, bei Maggies Agent Bob und J.P. Tatsächlich haben sogar beide nicht nur mit zwei Identitäten zu kämpfen, sondern mit drei: Maggie verliert zunächst ihre Identität fast vollständig, beginnt ein neues Leben als Claudia und muss zusätzlich unter dem Namen Nina eine Identität als Profikillerin erfüllen (eine Tätigkeit, der auch Jessica zwischenzeitig für Mr. Linderman nachgeht). Niki wiederum steht im Konflikt mit ihrer zweiten Persönlichkeit Jessica in Staffel 1 und in Staffel 2 ergreift eine dritte Persönlichkeit, Gina, kurzzeitig von ihr Besitz. So ist sowohl Nikis Geschichte in HEROES als auch Maggis in POINT OF NO RETURN vor allen Dingen eine Ich-Findung zweier Frauen in einer Welt, in der weibliche Rollenbilder über teilweise ambivalente Männerfiguren auferlegt oder in Frage gestellt werden.

Dem Problem einer ambivalenten Männerfigur muss sich auch Cheerleaderin Claire Bennet (Hayden Panettiere) stellen. Claire ist im Teenageralter und entdeckt, dass sie unverwundbar ist: Verletzt sie sich, heilen ihre Wunden innerhalb kürzester Zeit. Neben ihrem besten Freund vertraut sie sich bald ihrem Adoptivvater Noah (Jack Coleman) an, der sich jedoch schnell als nicht vertrauenswürdig erweist: Er gehört zu einer geheimen Organisation, die versucht, alle Menschen mit besonderen Fähigkeiten aufzuspüren und zu registrieren. Noah und die Firma, für die

Gespaltene Persönlichkeit

Wenig vertrauenswürdig

er arbeitet, reihen sich in die zahlreichen Variationen von (Regierungs-)Behörden ein, die in den Filmen John Badhams unschuldigen Bürgern das Leben erschweren, indem sie sie überwachen, ausspionieren oder im Hintergrund manipulieren und dabei auf den ersten Blick allmächtig wirken. BLUE THUNDER (Das fliegende Auge; 1983), WARGAMES (War Games – Kriegsspiele; 1983) und SHORT CIRCUIT (Nummer 5 lebt!; 1986) sind Beispiele für Geschichten, in denen eine solche Überwachungsmaschinerie eine Rolle spielt. STAKEOUT (Die Nacht hat viele Augen; 1987) und ANOTHER STAKEOUT (Die Abservierer; 1993) persiflieren diese Mechanismen.

Und, um die inhaltlichen Parallelen von HEROES zu John Badhams Gesamtwerk zu beenden, soll nicht unerwähnt bleiben, dass Hiro Nakamura (Masayori Oka) und sein Freund Ando (James Kyson Lee) in HEROES mit etwas Wohlwollen durchaus einige Charaktereigenschaften des ungleichen Duos Chris Lecce (Richard Dreyfuss) und Bill Reimers (Emilio Estevez) aus STAKEOUT gemein haben.

Rein inhaltliche Verbindungen zwischen HEROES und anderen Projekten Badhams, seien sie leicht nachvollziehbar (wie die Parallelen zu POINT OF NO RETURN) oder nur lose verknüpft (wie im Falle von STAKEOUT), müssen jedoch immer mit Vorsicht betrachtet werden, wenn man bedenkt, dass er bei zwei Folgen mit einer Länge von jeweils einer Dreiviertelstunde wenig Zeit hat, um Motive und Charaktere wirklich nachhaltig zu beeinflussen. Zumal die episodenhafte Erzählweise einer Fernsehserie schnell zu einem Staffellauf von Plot Point zu Plot Point, von Actionsequenz zu Actionsequenz, von Schlüsseldialog zu Schlüsseldialog verkommen kann.

Doch Badham findet eine Vielzahl an Möglichkeiten, durch Kadrierung und Positionierung der Schauspieler, deren Geschichte und Charakter visuell zu unterfüttern und dabei sowohl unabhängige eigene Ideen einzubinden als auch vorhandene Inszenierungskonzepte von HEROES zu übernehmen und zu erweitern. Eine dieser Möglichkeiten erwächst aus der Nähe zum Comic, die HEROES immer wieder nachgesagt wird: »The series [...] uses frames and shots that represent comic book panels. Strong vertical lines (such as thick, contrasting doorframes) characterize the mise en scéne throughout Heroes, and this aesthetic normalizes the fantastic events by quite literally framing them, flagging a comics' sensibility to the audience.«[5]

Auch in den beiden Folgen, die Badham inszenierte, finden sich solche Kameraeinstellungen. Die Szenen in und um den Raum, in dem Sylar (Zachary Quinto) von Noah Bennett gefangen gehalten wird, fallen in dem Zusammenhang ins Auge. Doch Badham nutzt vertikale und horizontale Linien sowie diagonale graphische Vektoren nicht nur, um seine Figuren einzurahmen, sondern auch, um sie hinter Netzen von Linien zu platzieren – Dr. Suresh (Sendhil Ramamurthy) in seiner Wohnung hinter den Bindfäden, mit denen er Namen und Daten von potentiellen Menschen mit Fähigkeiten verbunden hat (Episode 11) oder Nikki und D.L., als sie die Fotos und Notizen entdecken, die den Einfluss von Mr. Linderman auf ihr Leben verdeutlichen (Episode 21). So findet Badham Möglichkeiten, nicht nur die Komplexität der jeweiligen Situation zu verdeutlichen, sondern auch das ihr zugrundeliegende Geflecht von Ursachen und Wirkungen,

Hinter Bindfäden...

...und Tornetzen

Beziehungen innerhalb der Figuren und deren jeweilige innere Zerrissenheit zu visualisieren.

Aber auch ihre Ausweglosigkeit und scheinbare Handlungsunfähigkeit sucht Badham in solchen Bildern: Zunächst zeigt er Claire Bennett im Gespräch mit ihrem besten Freund Zach (Thomas Dekker) auf dem Sportplatz hinter einem Tornetz, das sich wie ein Gefängnisgitter vor sie schiebt (Episode 11). Später, als sie ihn erneut trifft und feststellen muss, dass er seine Erinnerung an ihre Fähigkeiten ebenso verloren hat wie an ihre Freundschaft, findet Badham eine ebenso einfache wie perfekte Illustration ihrer Verzweiflung: Sie rennt hinter einem scheinbar endlosen Zaun entlang.[6]

Das Mantra des Filmemachers sei, so Badham in seinem Buch über das Regieführen: »Show it, don't say it.«[7] Dabei ist Badham bei dem, was er zeigt, immer klar und fokussiert und nutzt alle Möglichkeiten, die ihm das Medium bietet: Mise-en-Scene, Kameraeinstellungen, Perspektiven, Montage.[8] HEROES zeigt einmal mehr sein handwerkliches Geschick ebenso wie seine Leidenschaft für das filmische Erzählen.

Anmerkungen

[1] Lorna Jowett: Heroes, Control and Regulation. In: David Simmons (Hrsg.): Investigating Heroes: Essays on Truth, Justice and Quality TV. Jefferson, North Carolina und London 2012. S. 119.

[2] John Badham, zitiert in: David Hipple. Science Fiction and the Uncanny Realism of HEROES. In: David Simmons (Hrsg.): Investigating Heroes: Essays on Truth, Justice and Quality TV. Jefferson, North Carolina und London 2012. S. 94.

[3] »Well, you have to distinguish, of course, between motion pictures and television, because it is very different in both of them. In motion pictures, in feature films, the director is, if not the most important, certainly one of the two or three of the most important people, the others being the star, who is your lead actor, and your producer. Those are were a lot of the key creative things come from. [...] You're inventing something from scratch. [...] Now you have television [...] A lot of work goes into that from the producers and the directors in

creating the cast and the locations and the story lines and now about half way through the season a new director comes in. Well, that new director has to follow the guidelines that have been set up. He may find a way to make something a little bit better here and there, but his first job is to make sure that what he is giving the producers back is the product that they have invested in.« John Badham im öffentlichen Werkstattgespräch im Rahmen des 3. Cinestrange Filmfestival 2014 in Braunschweig.

[4] Laura Hilton: »›Niki's not here right now.‹: Fragmented identity in NBC's HEROES.« In: David Simmons (Hrsg.): Investigating Heroes: Essays on Truth, Justice and Quality TV. Jefferson, North Carolina und London 2012. S. 79/80.

[5] Julia Round.: »Naturalizing the Fantastic: Comics Archetype«. In: David Simmons (Hrsg.): Investigating Heroes: Essays on Truth, Justice and Quality TV. Jefferson, North Carolina und London 2012. S. 52. Einzelne Charaktere durch Rahmen innerhalb des Kaders visuell einzuengen oder von ihrer Umgebung abzugrenzen ist natürlich eine filmische Konvention, die auch außerhalb einer Verbindung zur Bildsprache von Comics und Graphic Novels besteht. Doch Julia Round findet einige überzeugende Beispiele für visuelle Anleihen an die Comickultur, die ihre Theorie stützen.

[6] An anderer Stelle, wenn Jessica unbeirrt zwischen fahrenden Autos eine Straße überquert, findet Badham ein ebenso einfaches wie beeindruckendes Bild, um die Entschlossenheit, Zielstrebigkeit und Überlegenheit dieser, sich von Claire stark unterscheidenden Figur, zu bebildern. Und wie bei Claire reicht eine Einstellung, um ihren Charakter und ihre Situation auf den Punkt zu bringen.

[7] Das Originalzitat lautet: »Mantra for filmmakers: show it, don't say it.« John Badham. On Directing. Studio City, Californien 2013, S. 110.

[8] Zwei hervorragende Beispiele für die Art, wie alle Elemente inklusive der Montage ineinandergreifen, sind das Verhör von Peter in Episode 11, in dem Matt Parkman (Greg Grunberg) erkennt, dass auch Peter besondere Fähigkeiten hat und, obwohl sie nicht eine so bedeutende inhaltliche Rolle spielt, die Szene in Episode 21, in der sich Hiro und Ando im Atelier von Isaac Mendez vor Sylar (Zachary Quinto) verstecken. Diese ist ein Paradebeispiel für die Funktionsweise von *Suspense* und funktioniert als perfekte Illustration von Badhams Ausführungen zu dem Thema in seinem Buch *On Directing*.

Las Vegas

WHEN LIFE GIVES YOU LEMON BARS (2007) und SECRETS, LIES AND LAMAZE (2008)

Von Michael Flintrop

Im deutschen Fernsehen besaß LAS VEGAS (NBC 2003-2008) keinen leichten Stand: Am 11. Juni 2006 bei »ProSieben« gestartet, wurde die Serie bereits nach sechs Folgen aus dem Programm genommen und auch die Zweitauswertung bei »Kabel eins« ab Sommer 2007 fand am 04. Mai 2008 ein vorzeitiges Ende.[1] Bis heute liegen lediglich die beiden ersten Staffeln in der deutschen Synchronfassung vor. In den Staaten war nach der 5. Staffel wegen sinkender Einschaltquoten endgültig Schluss, obwohl es vor diesem Hintergrund zu Beginn der finalen Season mit dem Ausscheiden von James Caan und dem Neuzugang von Tom Selleck zu einem Wechsel bei den Hauptfiguren gekommen war. Zudem bescherte ein Autorenstreik der Serie ein vorzeitiges Aus, sodass LAS VEGAS nach 19 Episoden mit einem nicht aufgelösten Cliffhanger endete. Bemühungen, die Serie fortzuführen, scheiterten. Showrunner Scott Thompson dazu: »Wenn es einen Streik gibt, dann werden Shows wie unsere am meisten leiden... Ich hatte meine Seele bereits verkauft, um eine fünfte Staffel zu bekommen, also gab es nun nichts mehr zu verkaufen. Vom ersten Tag an hatten wir zu kämpfen. Wir waren die kleine große Show mit Potential.«[2]

Zentraler Schauplatz der Serie ist das fiktive Hotel Montecito in der Spielerstadt Las Vegas, das vom ehemaligen CIA-Mann Ed Deline (Caan) und seinem Team um den Sicherheitschef Danny McCoy (Josh Duhamel) geleitet wird. Das reguläre Personal wird bestückt durch Nessa Holt (Marsha Thomason), Croupier und nach dem vermeintlichen Tod ihres Vaters aufgewachsen bei Ed Deline; Mary Connell (Nikki Cox), zuständig für die Special Events; die Animatorin »Sam« Marquez (Vanessa Marcil); Mike Cannon (James Lesure), Mitarbeiter der Sicherheitsabteilung, sowie Delines Tochter Delinda (Molly Sims), die ein angrenzendes Restaurant leitet. Am Ende der 2. Staffel verlässt Nessa die Serie, um in England nach ihrer Halbschwester zu suchen, wohingegen Mary und Deline am Ende der 4. Staffel bzw. zum Beginn der 5. Staffel nach einem spektakulären Mord untertauchen müssen. Von da an übernimmt Selleck als A.J. Cooper und neuer Besitzer des Montecito die Führung des Casinos.

Im Gegensatz zu anderen TV-Serien wie THE EVENT, die mit ihren übergreifenden Handlungsbögen die Aufmerksamkeit des Zuschauers über die gesamte Staffel erfordern *(Serials)*, bedient sich LAS VEGAS mit seinen in sich abgeschlossenen Episoden mit einem nur selten angelegten narrativen Überbau eines »geschlossenen« Erzählprinzips *(Series)*.[3] Die jeweiligen Episoden werden in aller Regel durch drei parallel verlaufende Handlungsstränge strukturiert: Um den zentralen »Fall der Woche«, der sich mit verschiedenen Spielarten wie Mord, Betrug, Erpressung oder auch der militärischen Vergangenheit von Deline und McCoy beschäftigt, gruppieren sich zwei untergeordnete Geschichten, die von den privaten Verwicklungen der Hauptfiguren oder den Schwierigkeiten, die einzelne Gäste des Hauses auslösen, erzählen. Dies betrifft Liebesgeschichten zwischen McCoy und Mary oder zwischen McCoy und Delinda, die er schließlich schwängert, oder widmet sich einfach den Sorgen der Besucher, die sich häufig um verspieltes Geld oder amouröse Verirrungen ranken. Stets steht dabei ein Mitglied des Kernteams im Zentrum der Geschichten. Ein weiteres herausragendes Merkmal der Serie sind die zahlreichen Auftritte verschiedener Gaststars wie Jean-Claude van Damme (der sich in der Episode DIE FAST, DIE FURIOUS selbst spielt und bei einem Stunt ermordet wird), Sylvester Stallone, Paris Hilton, Rihanna oder Jon Bon Jovi.

Innerhalb der 5. Staffel steuerte John Badham zwei Episoden zu der Serie bei. WHEN LIFE GIVES YOU LEMON BARS, uraufgeführt am 10. Dezember 2008, spielt an Halloween, ohne jedoch den speziellen Event-Charakter entsprechender Episoden aufzuweisen.[4] Der »Fall der Woche« kreist um Carley, die neue Freundin von Cannon, die sich untergetaucht auf der Flucht vor ihrem gewalttätigen Ehemann befindet und der von Cannon mittels einer Intrige hinter Schloss und Riegel gebracht werden kann; die schwangere Delinda hat Probleme mit einer ebenfalls schwangeren Köchin, und Cooper hat seine beiden Kumpels Larry und Roger, gespielt von seinen ehemaligen MAGNUM-Mitstreitern Larry Manetti und Roger C. Mosley,[5] zu einer Pokerrunde eingeladen, an der auch »Sam« teilnimmt und die dort eine wertvolle Münze als Einsatz verliert. Eine kurze Szene, in der Cooper die Münze in seine Sammlung einreiht, suggeriert, dass die Pokerrunde nur zu dem Zweck einberufen wurde, in den Besitz des Sammlerstückes zu gelangen. Damit entspricht auch diese Episode der Erzählstruktur der übrigen Serie, angereichert um die beiden Gaststars Manetti und Mosley, die als Teilnehmer an der Pokerrunde einen amüsanten Bezug zum Serienuniversum von MAGNUM herstellen. Will man stilistisch die »Handschrift« Badhams in der Episode wiederfinden, dann am ehesten in dem realistisch inszenierten Faustkampf zwischen Cannon und seinem Kontrahenten,

dem gewalttätigen Actionhöhepunkt der Geschichte, der dynamisch und effektvoll entwickelt ist. WHEN LIFE GIVES YOU LEMON BARS tangiert aber auch Bereiche, die Badham bereits in seinen Kinofilmen interessiert haben: Wenn Cannon bei einer Überprüfung in der technisch hoch ausgerüsteten Überwachungszentrale des Montecito feststellt, dass seine Freundin quasi nicht existent, ihre Identität gelöscht ist, werden Anklänge an POINT OF NO RETURN (Codename: Nina; 1992) oder BIRD ON A WIRE (Ein Vogel auf dem Drahtseil; 1990) sichtbar. Wie Nina und Rick Jarvis muss auch Carley ihre Identität wiederfinden und sich den aktuellen Herausforderungen stellen, um darüber mit der gewalttätigen Vergangenheit abzuschließen.

Das MAGNUM-Team wieder vereint

Ist sie seine Tochter?

SECRETS, LIES AND LAMAZE, uraufgeführt zu Silvester 2008, kommt ohne einen spektakulären »Fall der Woche« aus. Als Cannon den Gründen einer Zahlung von Cooper für ein von der Mitarbeiterin Piper Nielsen (Camille Guaty) verursachtes Problem nachgeht, stellt er fest, dass Cooper sich in der Vergangenheit immer an Orten aufhielt, an denen auch Nielsen zu finden war. Es entsteht der Verdacht, er könne ihr Vater sein. In den beiden untergeordneten Geschichten hat »Sam« nach einem Verkehrsverstoß einen wenig vergnüglichen Tag in einer Fahrschule zu absolvieren und Delinda und McCoy machen Erfahrungen mit einem Pärchen, dessen weibliche Hälfte ebenfalls schwanger ist und bei der am Ende die Wehen einsetzen. SECRETS, LIES AND LAMAZE verfügt über keinen nennenswerten dramatischen Höhepunkt und verlässt sich nahezu ausschließlich auf die (komödiantischen) Interaktionen zwischen den Hauptfiguren, wobei die Erlebnisse von »Sam«, die unbedingt die Sitzung abkürzen und zurück zu ihrer Arbeitsstelle will, daran jedoch von dem schwulen Referenten gehindert wird, im Mittelpunkt des Geschehens stehen. Als beschwingter Jahresausklang zu Silvester vereint die Episode insoweit Badhams souveräne Handhabung der Schauspielführung mit seinem spezifischen Timing für Komödie, flankiert von dunkleren Untertönen im Handlungsstrang um Nielsen, die erneut sein Faib-

le für Überwachung und die Verschiebung von Identitäten beweisen. So kann man den väterlichen Cooper durchaus als ein Spiegelbild von Bob aus POINT OF NO RETURN begreifen, der hier wie dort über seinen Schützling wacht, ohne ihm letztendlich die eigene Selbstständigkeit zu nehmen. Dass das Thema Überwachung als wesensimmanenter Teil eines Casinos auch ein Bestandteil aller Episoden ist, steht dabei jedoch auf einem anderen Blatt.

Anmerkungen

[1] Markus Ruoff: kabel eins nimmt LAS VEGAS aus dem Programm. In: Quotenmeter vom 23.04.2008 (www. quotenmeter.de/cms/?p1=n&p2=26828&p3=; Stand: 22.10.2015).

[2] Scott Thompson, zitiert nach Manuel Niemeyer: LAS VEGAS hat ausgespielt. In: Quotenmeter vom 26.02.2008 (www.quotenmeter.de/cms/?p1=n&p2=25606; Stand: 24.10.2015).

[3] Vgl. hierzu die Beiträge von Michael Flintrop zu THE EVENT und THE BEAST in diesem Band.

[4] So ist beispielsweise die von Joe Dante inszenierte Episode KA IWI KAPU zu der TV-Serie HAWAII 5:O, uraufgeführt am 31.Oktober 2011, eine solche Folge mit Event-Charakter.

[5] In der erfolgreichen TV-Serie MAGNUM (Universal 1980-1988) spielte Tom Selleck den bekannten Privatdetektiv Thomas Magnum.

Tortur in der Fahrschule

In Plain Sight: A Fine Meth (2008)

Von Michael Flintrop

Albuquerque, die größte Stadt New Mexicos, taugt in Film und Fernsehen nur selten als Schauplatz spektakulärer Ereignisse. Irgendwie ist sie dort auf keiner Landkarte verzeichnet. Wen wundert es also, diesen Ort für die TV-Serie IN PLAIN SIGHT zu wählen, um dort Personen unterzubringen, die plötzlich und unerwartet im Zeugenschutzprogramm verschwinden müssen. Aber wie der Vorspann bereits informiert, ist es damit längst nicht getan: Auch hier sind die Personen häufig ihres Lebens nicht sicher, sondern werden in tödliche Auseinandersetzungen verstrickt. Mal betrifft es ihre Vergangenheit, manchmal aber auch nur neue Verwicklungen, in die sie mehr oder minder unfreiwillig hineingezogen werden.

In den Staaten war IN PLAIN SIGHT, die von 2008 bis 2012 auf dem Kabelsender USA Network ausgestrahlt wurde, mit durchschnittlich 5,2 Millionen Zuschauern höchst erfolgreich.[1] Dennoch wurde bereits bei der dritten Staffel das Fehlen eines roten Handlungsfadens kritisiert,[2] sodass nach zwei weiteren Jahren tatsächlich Schluss war. In Deutschland konnte sich die Serie nie richtig durchsetzen: Zunächst auf ZDFneo mit respektablem Erfolg zu sehen, verbannte sie das ZDF anschließend auf den Nachtsendeplatz am Wochenende um 2.10 Uhr und gab sie dann an den PayTV-Sender 13th Street ab, der auch die restlichen Staffeln synchronisieren ließ und bis zum Oktober 2013 ausstrahlte.[3]

Im Zentrum der Serie steht der weibliche U.S. Marshal Mary Shannon (Mary McCormack), der in Albuquerque mit seinem Team die im Zeugenschutzprogramm untergebrachten Personen betreut, wobei die Probanden häufig in neue gewaltsame Auseinandersetzungen verwickelt werden. Beziehungstaten, Gaunereien, aber auch kriminelle Bezugspunkte zum alten Leben sind daher an der Tagesordnung. Zumindest in der ersten Staffel ist selten ein übergreifender Handlungsbogen erkennbar, der sich auf einen komplexen Kriminalfall bezieht, sondern die Episoden sind, was den kriminalistischen Hintergrund betrifft, in sich abgeschlossen, sodass vorliegend von einem *Serial* ausgegangen werden kann.[4] Lediglich in Shannons privatem Umfeld wird eine dramaturgische Entwicklung über die Staffel hinweg deutlich: Hier geht es um ihren attraktiven Lover Raphael Ramirez (Cristián de la Fuente), auf den ihre jüngere Schwester Brandi (Nichole Hiltz) ebenfalls ein Auge geworfen hat, sowie um ihre problematische Mutter Jinx (Lesley Ann Warren), die versucht, nach langer Zeit der beruflichen Abstinenz wieder in verschiedenen Jobs Fuß zu fassen.

In den letzten drei Folgen der ersten Staffel entwickelt sich dann doch so etwas wie ein fortschreitender Kriminalfall, als Brandi über ihren Freund in ein Crystal-Drogengeschäft verwickelt wird, bei dem zwei FBI-Agenten zu Tode kommen. Mary, für Brandi gehalten und im Besitz des Crystals, wird vom Drogendealer Neil ›Spanky‹ Carson (Mark Boone Junior) entführt, beinahe vergewaltigt und muss den Tod von Brandis Freund mit ansehen. Die 11. Episode STAN BY ME endet mit der Befreiung Marys. Mit A FINE METH, der 12. und letzten Episode der ersten Staffel, erstmalig ausgestrahlt am 17. August 2008, schließt John Badham diesen Handlungsstrang als reinigende Familienauseinandersetzung mit einer versöhnlichen Geste ab. STAN BY ME, die mit Abstand actionlastigste Folge der gesamten Staffel, hinterlässt eine erschütterte Mary sowie eine Brandi, die im Verdacht steht, ein Kapitalverbrechen begangen zu haben, aber auch einen Carson, der mittlerweile verhaftet werden konnte. Im Zentrum von A FINE METH steht also nicht, wie zu erwarten gewesen wäre, eine gewaltsame Auflösung des Kriminalfalls, sondern vielmehr eine Konzentration auf die privat-familiären Konflikte der Familie Shannon, die durch eine drohende Inhaftierung Brandis zusätzlich belastet wird. Mary, die sich bisher als Aufpasserin der aus ihrer Sicht lebensuntüchtigen Familie verstanden hat und ihre beiden Familienmitglieder für totale Versager hält, wird innerhalb einer Auseinandersetzung mit dem absenten Vater konfrontiert, der vor vielen Jahren untertauchte, nachdem er wegen Banküberfalls von der Polizei gesucht wurde. Jinx und Brandi geben ihm die Schuld an den zerrütteten Verhältnissen – zumal sie seit dessen Verschwinden nichts mehr von ihm gehört haben –, die fast zum materiellen Zusammenbruch der Familie geführt hätten. Doch nun kommt heraus, dass der Vater schon viele Jahre lang brieflichen Kontakt zu Mary hatte, dies aber Jinx und Brandi verheimlichte. Es geht also primär um nicht eingelöste Vaterpflichten und den daraus erwachsenen Konsequenzen,

Briefe vom absenten Vater

sich zur Entlastung Brandis bereit, wenn man ihm im Gegenzug verspricht, das Baby der süchtigen Mutter, die an dem Drogendeal beteiligt war und als dessen Vater er mittels eines DNA-Tests identifiziert wird, in sichere Obhut zu übergeben. Im Gegensatz zum absenten Vater der Familie Shannon also erweist sich der Schwerverbrecher ›Spanky‹ als eine verantwortungsvolle Person, die sich um die Familie und das Wohlergehen seines Kindes kümmert. Als Bindeglied dazwischen fungiert eine Geschichte, die Mary ihrem Freund Raphael

›Spanky‹ als verantwortungsvoller Vater

erzählt: Als sie Kinder waren, so berichtet sie, hätten sie gemeinsam den Film THE WIZARD OF OZ (Der Zauberer von Oz; 1939; R: Victor Fleming) gesehen, der sie so geängstigt habe, dass sie Brandi ihr geliebtes Stofftier namens ›Biscuit‹ als Beschützer habe überlassen müssen. Daraus sei eine extrem enge schwesterliche Bindung entstanden, die nun aufgrund der dramatischen Ereignisse zu zerreißen drohe, zumal sie sich seitdem als Beschützerin Brandis verstanden habe. ›Biscuit‹ aber, so Raphael, hatte Brandi für den Zuschauer deutlich sichtbar in TO SERGE WITH LOVE, der 10.

Zusammenbruch der Familie

die sich auch auf den zweiten Handlungsstrang, das Verhör von ›Spanky‹ durch die Polizeibeamten, übertragen. Jener erklärt

Episode der Staffel, dem in der Badewanne eines heruntergekommenen Hotels gebetteten Baby der drogenabhängigen Mutter gegeben, das sich nun als ›Spankys‹ Kind herausstellt. Es kostet Brandi in dieser Szene sichtliche Überwindungskraft, das Stofftier, das sie seit ihrem fünften Lebensjahr bei sich trägt, dem schutzlosen Kind zu schenken. Indem Brandi das sie schützende Spielzeug ›Biscuit‹ an das Baby über-

Von Badham ist das alles in ruhigen Kameraeinstellungen eingefangen, die Raum für die psychologische Entfaltung der Figuren lässt. Ein deutlicher Hinweis darauf, dass er, der sich selbst als »Actor's Director« versteht, perfekt auch außerhalb des Actiongenres zu reüssieren weiß.

Brandi übergibt ›Biscuit‹ an das Baby

geben hat, glaubt sie, dieses Band zwischen ihr und Mary sei nun zerrissen. Aus dem Munde des sturzbetrunkenen Raphael, der nur aus dem Grund zu Mary gekommen war, um ihr dies zu erzählen, rekonstruiert sich insoweit ein Bindeglied, die familiären Beziehungen neu zu justieren. Nach dieser reinigenden Auseinandersetzung endet die Episode und damit auch die Staffel mit einer versöhnlichen Auflösung: Das Crystal, von Raphael zuvor beiseite geschafft und bei einer Hausdurchsuchung daher nicht zu finden, endet in der Schlusseinstellung als weiße Markierung auf einem Baseballfeld. Der Kern der Familie hat sich neu gefunden.

[1] Vgl. Mariano Glas: IN PLAIN SIGHT um zwei Staffeln verlängert: In: www.serienjunkies.de/news/plain-sight-27687; Stand: 23.10.2016.

[2] Ebd.

[3] Michael Brandes: IN PLAIN SIGHT: 13th Street zeigt dritte Staffel. In: www.wunschliste.de. In synchronisierter Fassung liegen nur die beiden ersten Staffeln auf DVD vor.

[4] Zur Unterscheidung von *Serial* und *Series* vgl. die Beiträge von Michael Flintrop zu THE EVENT und THE BEAST in diesem Band.

The Beast: Infected (2009)

Von Michael Flintrop

Von Beginn an stand die Produktion der kurzlebigen TV-Serie THE BEAST unter keinem guten Stern. Das lag nicht daran, dass die Qualität der Serie nicht geschätzt worden wäre, sondern an der unheilbaren Bauchspeicheldrüsenkrebserkrankung des Hauptdarstellers Patrick Swayze. Die Ärzte diagnostizierten ihm nur noch eine kurze Lebenserwartung. Gleichwohl wollte er die Rolle des FBI-Agenten Charles Barker übernehmen und stand, nachdem die Verantwortlichen zugesagt hatten, für die erste Staffel weiter zur Verfügung.[1] Insgesamt wurden 13 Episoden gedreht, wobei die Pilotfolge am 15. Januar 2009 bei A&E auf Sendung ging. Die Serie wurde von der Kritik gelobt und Swayzes Darstellung als die beste in seiner Karriere gewürdigt.[2] Dennoch kam nach der ersten Staffel das Aus. Grund waren die sinkenden Einschaltquoten, hauptsächlich aber Swayzes kritischer Gesundheitszustand: »As has been the case from day one, it is all about Patrick – in a lot of ways…It is about his condition, and when and whether he would be up for another grueling production schedule.«[3] Die Befürchtungen erwiesen sich leider als zutreffend, denn am 14. September 2009 verstarb Swayze an seinem Krebsleiden. Versuche, die Serie mit einem anderen Hauptdarsteller fortzusetzen, fanden keine Zustimmung, da die zentrale Figur allein auf Swayze zugeschnitten war: »There's no way it was going to happen without Patrick.«[4]

Swayze spielt in THE BEAST den undercover eingesetzten FBI-Agenten Charles Barker, der in der organisierten Kriminalität ermittelt. Begleitet wird er von seinem neuen Partner Ellis Dove (Travis Fimmel), der wiederum gegen Barker – der verdächtigt wird, zu tief ins Milieu verstrickt zu sein – verdeckt ermitteln soll. Dieser übergreifende Handlungsbogen verbindet die einzelnen Episoden, die sich mit Drogen- und Waffenhandel, Spionage, internationalem Terrorismus oder auf Abwege geratenen Kollegen beschäftigen. Zunächst eher lose entwickelt, verdichtet sich dieser Handlungsstrang zunehmend zu einer Verschwörung, die bis in die höchsten Regierungskreise reicht. Barker ist jedoch nicht, wie zu Beginn angenommen, involviert, sondern will das konspirative Netz zerschlagen. Die erste Staffel endet mit einem Paukenschlag: Barker muss untertauchen, gejagt von der eigenen Institution, deren Hilfe er sich bis dahin versichert hatte.

Die Serie ist mit der weitaus erfolgreicheren Cop-Show THE SHIELD (FX Network 2002-2008) verglichen worden, wobei ein zentraler Unterschied gleich herausgestellt wurde. Im Gegensatz zu Detective Vic Mackey, der tatsächlich manipuliert und tötet, um seine Machenschaften zu kontrollieren, wird innerhalb der narrativen Entwicklung von THE BEAST relativ früh deutlich, dass Barker trotz seiner mitunter unorthodoxen Methoden ein kriminalistisch-aufklärerisches, absolut positiv konnotiertes Ziel im Auge hat: »By the end of the first hour of THE SHIELD, we knew that Vic Mackey was the kind of cop who didn't stop at taking short cuts; he killed

Erkrankter Patrick Swayze

whoever got in his way. After the first two episodes of THE BEAST, we see that Barker is made of the stern stuff it takes to weasel around some security clearances.«[5]

Die von John Badham inszenierte 4. Episode INFECTED wurde am 18. Februar 2010 ausgestrahlt und zählt damit zu den ersten Folgen der Staffel, in denen sich der übergreifende Handlungsbogen der Verschwörung noch nicht entscheidend manifestiert, sondern der Fokus auf den aktuellen Fall gelegt ist. Lediglich zu Beginn und am Ende der Episode wird auf die von Dove gegen Barker geführte Ermittlung verwiesen: Dove betrachtet das Foto eines kleinen Mädchens, das während eines früheren Einsatzes von Barker vermeintlich ums Leben kam und im weiteren Verlauf der Serie noch eine größere Rolle spielen wird; den Abschluss der Episode bildet die Erkenntnis, dass Doves Bruder William erpresst wird, gegen ihn und insbesondere Barker Beweise zu sammeln.

Kleines Mädchen

Dazwischen entfaltet sich als geradlinig erzählter »Fall der Woche« die Geschichte eines mit einem mysteriösen Virus infizierten Jungen, dessen Mutter (Victoria Tennant) um die Herausgabe wertvollen Schmuckes erpresst wird. Im Gegenzug wollen die Erpresser den Virentypus bestimmen, um entsprechende Gegenmaßnahmen einleiten zu lassen. Barker und Dove finden nach einer gescheiterten Übergabe heraus, dass dies nicht der erste Fall war. Sie kommen den Tätern auf die Spur und es gelingt ihnen

schließlich, dem kleinen Jungen das heilende Gegenmittel zu verschaffen.

An anderer Stelle in diesem Band ist vor dem Hintergrund des amerikanischen »Quality TV« eine Unterscheidung in *Series*, die sich durch gleichbleibende Figuren und ein wiederkehrendes Erzählprinzip auszeichnen,[6] und *Serials*, deren Episoden zeitlich voneinander abhängen und inhaltlich gerade nicht als geschlossen betrachtet werden können, vorgenommen worden.[7] In Anlehnung daran hat Nemitz anhand des auf einer klassischen Narration basierenden Reboots von HAWAII FIVE-O (CBS 2010-2015) herausgearbeitet, dass neben der Abgrenzung in *Series* und *Serials* noch eine Zwischenform existiert, in der einer klassischen Episodenstruktur (*Series*) ein übergreifender Handlungsbogen beigefügt wird.[8] Folgerichtig gibt es innerhalb der Serie durchaus Episoden mit abgeschlossener Handlungsfolge (»Fall der Woche«), die jedoch – mal mehr, mal weniger – deutlich mit einem dramaturgischem Überbau, der auf eine am Ende der Staffel situierte Auflösung zusteuert, versehen ist. In diesem Kontext ist auch THE BEAST einzuordnen. Die von Badham inszenierte Episode INFECTED verfügt mit der um die Entführung des infizierten Jungen zentrierte Geschichte über eine abgeschlossene Handlungsstruktur im Sinne der klassischen *Series*, allerdings um szenische Momente erweitert, die den übergreifenden Handlungsbogen der staatsgefährdenden Verschwörung immer deutlicher in den Ermittlungskosmos der beiden FBI-Agenten Barker und Dove eindringen lässt.

Erpressung

Vor diesem Hintergrund eine »Handschrift« Badhams in dem Sinne zu erkennen, dass stilistische wie narrative Momente eindeutig als diejenigen des Regisseurs identifizierbar wären, fällt schwer. Allenfalls wären bevorzugt action-orientierte Stoffe in der Wahl seiner TV-Arbeiten auszumachen. So gilt auch hier, was Nemitz bereits in seiner Analyse zu den von Joe Dante bei HAWAII FIVE-O inszenierten Episoden festgestellt hat: In THE BEAST ist auch Badham »manifest nur noch in der Implosion«[9] und einzig die erneute Zusammenarbeit mit Roy A. Wagner, der für Badham bei DROP ZONE und NICK OF TIME die Kamera führte, erinnert noch an alte Zeiten.

Anmerkungen

[1] Vgl. Stefanie Kimler: Patrick Swayzes letzte Rolle. In: TV Spielfilm (www.tvspielfilm.de/news-und-specials/interviews und stories/the-baest-patrick-swayzes-letzte-rolle,4020168,ApplicationArticle; Stand: 24.05.2015).

[2] Alan Sepinwall: Sepinwall on TV: THE BEAST review vom 13.01.2009 (www.nj.com/entertainment/tv/index.ssf/2009/01/sepinwall_on_tv_the_beast_revi. html; Stand: 24.05.2015).

[3] Bob DeBitetto, President von A&E, in einem Interview mit der Zeitung USA Today. Zitiert nach: unbekannt: THE BEAST: Patrick Swayze TV Show Cancelled, No Season Two. In: TV Serials Finale vom 06. 06.2009 (www. tvseriesfinale.com/ tv-show/the-beast-cancelled-season-two; Stand: 25.05.2015).

[4] Eine unbekannte Person zur Zeitschrift People. Zitiert nach TV Serials Finale a.a.O.

[5] Vgl. Gina Bellafante: Down So Long: The Undercover Life Taught Here. In: The New York Times vom 14.01.2009 (www.nytimes.com/2009/01/15/arts/television/15beas; Stand: 25.05.2015).

[6] Als klassische Beispiele mögen THE STREETS OF SAN FRANCISCO (ABC 1972-1977) oder KOJAK (Einsatz in Manhattan; CBS 1973-1978) dienen.

[7] Vgl. den Beitrag von Michael Flintrop zu THE EVENT in diesem Band.

[8] Vgl. Heiko Nemitz: HAWAII FIVE-O: A'ALE MA'A WAU und UA NALOHIA. In: Michael Flintrop/Stefan Jung/ Heiko Nemitz (Hg.): Joe Dante. Spielplatz der Anarchie. Berlin 2014, S. 307.

[9] Vgl. a.a.O., S. 308

Criminal Minds: The Performer (2009)

Von Franziska Anna Pönisch

»Auch in den düstersten Geschichten über das Böse, gibt es nichts Schrecklicheres als den Vampir. Selbst unter Dämonen ist er ein Ausgestoßener.« Montague Summers

Nebelschwaden ziehen über die Szenerie, tänzelnde Lichter flackern unruhig. Eine Gestalt im Dunkeln streckt ihre Arme empor. Ihr Gesicht zieren bleiche Haut und tiefe Augenringe. Die spitzen weißen Eckzähne stechen hervor, und ihr leerer Blick schweift über die Menschenmenge vor ihm. »Love will tear us apart« ertönt aus den Lautsprechern.[1] Paul Davies, der Performer und Rockstar, in seiner größten Rolle: Dante. Begehrt und bewundert. Sein Charme gilt in der Gothic-Szene als unwiderstehlich. Doch eine Mordserie überschattet die Veröffentlichung seines neuen Albums *The Liar* und der Künstler gerät in den Ermittlungsfokus der Profiler der BAU des FBI.

Die Behavioral Analysis Unit (engl. für Verhaltensanalyseeinheit) ist eine Abteilung des US-amerikanischen Federal Bureau of Investigation (engl. für Bundesamt für Ermittlung), die durch den Verhaltensanalyseprozess im kriminellen Bereich das Verbrechen aus der verhaltensforschenden und investigativen Sicht betrachtet. CRIMINAL MINDS ist die derzeit erfolgreichste Crime-Serie im TV und wird auf dem US-amerikanischen Fernsehnetwork CBS ausgestrahlt.[2] Die Folge THE PERFORMER stammt aus der Feder von Holly Harold (SMALLVILLE, WAREHOUSE 13, THE FORGOTTEN), wurde am 11. November 2009 zum ersten Mal gezeigt und erreichte 12,77 Millionen Zuschauer allein in den USA.[3] Das TV-Konzept basiert auf gleichbleibender Plotstruktur, stilistischer Kontinuität und abgeschlossenen Folgehandlungen, dem sogenannten »case of the week«. CRIMINAL MINDS unterscheidet sich von anderen Serien durch die Fokussierung auf den jeweiligen Verbrecher und weniger auf das Verbrechen im Allgemeinen, so rückt die Erstellung eines Täterprofils in das Zentrum jeder Folge.

Die Profiler der BAU

In dieser Episode – unter der Regie von John Badham – untersucht das Team um David Rossi (Joe Mantegna), Emily Prentiss (Paget Brewster), Derek Morgan (Shemar Moore), Dr. Spencer Reid (Matthew Gray Gubler), Jennifer Jareau (A.J. Cook), Aaron Hotchner (Thomas Gibson) und Penelope Garcia (Kirsten Vangsness) eine Mordserie in Los Angeles, die im Verlauf der Ermittlungen zu dem Goth-Rockstar Dante führt. Es scheint, als verliere dieser sich nach und nach in seiner erschaffenen Figur.

Gavin Rossdale, Sänger und Schauspieler, brilliert hier als Vampir-Rocker Dante, der äußerlich starke Ähnlichkeit mit der Darstellung des Alice Cooper (Vincent Furnier) aufweist, ebenso mit der Darbietung von Robert Smith von »The Cure« in den späten Achtzigern.

Es ist eine traurige und zerrissene Rolle, die Rossdale hier verkörpert. Der Zuschauer spürt regelrecht die Schmerzen und Einsamkeit des tragischen Charakters Paul Davies. Sein Leben entwickelt sich immer mehr zu seiner ganz persönlichen Hölle, die er verzweifelt versucht zu durchschreiten, wie auch sein Namensvetter aus *Dantes Inferno*, einem Gedicht von Dante Lighieris (14. Jahrhundert). Als er nach seinem Aufritt in seine Garderobe zurückkehrt, gibt er sich dem Alkohol hin und starrt in einen zerbrochenen Spiegel, der sein trostloses Abbild zurückwirft; eine visuelle Metapher für seine tiefgründige emotionale Depression. Dante ist zwar von vielen Fans und Bewunderern umgeben, aber fühlt sich immer häufiger einsam und allein. Nur sein Manager Ray (Eddie Jemison) steht ihm zur Seite, kümmert sich um ihn und will ihn wieder zurück an die Spitze der Charts bringen.

Gavin Rossdale als Dante

Bei der Erstellung des Täterprofils mutmaßt Spencer Reid, dass der Mörder an dem Renfield-Syndrom leiden könne, auch als klinischer Vampirismus bezeichnet. Aufgrund einer psychischen Störung fühlen sich die Betroffenen zum Konsum von Menschenblut hingezogen. Es wird vermutet, dass die Betroffenen meist ein traumatisches Erlebnis in ihrer Kindheit erlitten haben. Die Bezeichnung stammt von dem Psychologen Richard Noll und basiert auf der Figur R.M. Renfield aus dem Roman *Dracula* von Bram Stoker. Renfield war ein verwirrter Charakter, dessen Leben von Graf Dracula kontrolliert und gesteuert wird.[4] Das Renfield-Syndrom wurde unter anderen schon in CSI (COMMITTED; 2005), in THE X FILES (Akte X; Fox 1995-2002), in dem Film MARTIN (1977; R: George A. Romero) und in VAMPIRE'S KISS (1989; R: Robert Bierman) thematisiert und erhielt 2010 sogar in Kanada eine eigene Serie (THE RENFIELD SYNDROME; 2010), die elf Episoden umfasste. Die Idee zu der Folge basiert auf dem realen Vampiristen John Brennan Crutchley (01.10.1946-30.03.2002), auch

bekannt als »The Vampire Rapist«, dessen Morde jedoch nie bewiesen werden konnten.[5]

Dante wird hier zu Anfang dem Zuschauer als emotional leidender Dracula mit einem ganz besonderen Charme präsentiert, der eine düster-romantische Ader aufweist. War Dracula in Bram Stokers Roman eine bedrohliche, dekadent fremde Figur, die eine verführerische Gefahr für junge Frauen darstellte, ist Anne Rice' Vampir eher ein an seiner Existenz leidendes Wesen, das mit philosophischem Scharfsinn, übermenschlicher Schönheit und glamourösem Romantizismus weniger abstoßend denn faszinierend wirkt. In Badhams Verfilmung DRACULA von 1979 wird der Graf ebenfalls als tragische und romantische Gestalt dargestellt, die über den Bann, den sie auf die Frauenwelt ausübt, definiert wird. Rein äußerlich entspricht Dante aber nicht der Vorstellung Badhams von Dracula. In seiner Verfilmung von 1979 hat der Graf keine spitzen Zähne, blutunterlaufene Augen oder Blut an den Lippen. Dante tritt hier als Vampir auf, der den Vorstellungen von Gothic- und Vampirfans gerecht wird. Die Zuschauer sollen glauben, dass Dante aufgrund seiner geistigen Störung und seinem seelischen Leid der Vampirkiller ist, der die Frauen bis auf den letzten Tropfen aussaugt. Es stellt sich jedoch im weiteren Verlauf heraus, dass Dante selbst nicht der Täter ist, denn das Team findet heraus, dass Dante nicht am Renfield-Syndrom leiden kann, da er keine typischen Anzeichen von schizophrenen Nebenerscheinungen zeigt. Bis zu diesem Moment vermutet der Zuschauer, dass Dante der Killer sein könnte, schließlich hatte er nicht nur Kontakt zu den Opfern, sondern wachte sogar nach der letzten Tat mit Blut an Mund und Bettkissen auf und konnte sich an nichts erinnern.

Die Verbindung zu Dante wurde indes hergestellt, in dem Garcia die »social media«-Netzwerke des ersten Opfers gehackt hat. Das geknackte Passwort »Cullen« ist eine Anspielung auf die Vampirfilmreihe TWILIGHT,[7] in welchem der moderne Vampir stark an den Dracula aus Badhams Verfilmung erinnert, jedoch nicht ansatzweise so raffiniert und vielschichtig ist. Garcia wendet die in Badhams Film WARGAMES (1983) angewandte Methodik des Social Engineering an, auch bekannt als Social Hacking. Es handelt sich hierbei um eine Methode, Passwörter herauszufinden, bei der man das persönliche Umfeld des Opfers ausspioniert, um schlussendlich in ein fremdes Computersystem einzudringen und vertrauliche Daten einzusehen.[8] Bringen die Methoden des Hackens in WARGAMES die Welt aus dem Gleichgewicht, dienen sie hier als ein wichtiges Instrument, um die Menschheit vor dem Bösen zu schützen und zur Identifizierung des wahren Mörders beizutragen.

Nach Analyse des Speichels auf den Opfern stellt sich heraus, dass der Täter nicht wie im erstellten Profil ein Mann sein kann, sondern eine Frau sein muss. Jennifer Jeareau, die sich erneut zur Freundin des ersten Opfers aufmacht, ahnt jedoch von alldem nichts. Vor Ort ist sie Zeugin, wie die geistig verwirrte Gina (Inbar Lavi) versucht, große Mengen an Blut in Kühlbehältern zu verstauen. JJ bemerkt Ginas abnormale Faszination von Blut und erkennt, dass Gina an dem Renfield-Syndrom leidet und die Täterin sein muss. Kurz darauf wird sie jedoch hinterrücks von Ray niedergeschlagen. Ginas Besessenheit von Blut und von Dante, ihrem Angebeteten, wurden von Ray kaltblütig ausgenutzt. Er verführte Gina zu den Morden, während Gina dem Glauben verfiel, ihrem Idol Dante dadurch näher zu kommen. In Wahrheit ist Ray das kaltblütige Monster und benutzt die an dem mit Selbstverletzung einhergehenden Borderline-Syndrom leidende Gina wie eine Marionette zur Erfüllung seines Plans, wie auch Dracula Renfield benutzte, der ihm hörig war.

Paul Davies, der ursprünglich nur für seine Musik leben wollte und nun immer mehr zu einer seelenlosen Hülle verkümmert, wurde gleichermaßen ein Opfer des gefühllosen Monstrums Ray, der alles dafür tat, seinem Geschöpf »Dante« zu erneutem Ruhm zu verhelfen.

Badham zeigt hier neben den Schattenseiten des Ruhmes auch, dass nicht immer das Offensichtliche auch wahrhaftig ist. Der als Vampir abgestempelte Dante, der zunächst als Tatverdächtiger herhalten muss, ist in Wahrheit eine harmlose, in Selbstmitleid ertrinkende Kreatur. Zugleich verbirgt sich hinter dem unscheinbar wirkenden Manager Ray ein abgestumpftes, dunkles Geschöpf des Bösen. Der Regisseur bietet den Zuschauern eine kunst- und stimmungsvolle Inszenierung der anfangs aufgezeigten poetischen Seite des Vampirismus, die weitestgehend auf Horroreffekte und immense Mengen an Blut verzichtet, schlussendlich das Monstrum in unserer Mitte offenbart und den Vampir ferner als Opfer seines Selbst zum Ausdruck bringt.

»Es ist besser für sich selbst zu schreiben und kein Publikum zu haben, als für ein Publikum zu schreiben und kein Selbst zu haben.« Cyril Connolly

Anmerkungen

[1] Im Original von der Band Joy Division, hier gesungen von Gavin Rossdale.

[2] Vgl. http://www.cbsnews.com/news/criminal-minds-star-thomas-gibson-on-shows-success-unspeakable-topics/; Stand 17.5.2016.

[3] Vgl. https://de.wikipedia.org/wiki/Criminal_Minds; Stand 17.5.2016.

[4] Renfield-Syndrom: Vgl. de.wikipedia.org/wiki/Renfield-Syndrom, Stand: 01.05.2016.

[5] Jeff Mariotte: Criminal Minds – Sociopaths, Serial Killers & Other Deviants, 1. Auflage, 2010, John Wiley & Sons Inc, Hoboken (New Jersey).

[6] Anne Rice: Chronik der Vampire (mehrteilige Reihe, 1976-2014).

[7] 2008, Catherine Hardwicke; 2009, Chris Weitz; 2010, David Slade; 2011, Bill Condon.

[8] Social Engineering: Vgl. de.wikipedia.org/wiki/Social_Engineering_(Sicherheit), Stand: 01.05.2016.

Gina und Ray

The Event: A Matter of Life and Death (2010)

Von Michael Flintrop

Es ist ein beliebtes Spiel mit den Möglichkeiten: Was wäre, wenn Außerirdische längst auf der Erde gelandet sind, dies jedoch von den verantwortlichen Regierungsstellen um jeden Preis geheim gehalten würde? Zahlreiche Filme beschäftigen sich mit dieser Hypothese, die mehr oder minder auf einen Vorfall aus dem Jahre 1947 in der amerikanischen Kleinstadt Roswell rekurriert:[1] Von ernsthaft fokussiert (ROSWELL; 1994; R: Jeremy Kagan), ironisch gebrochen (INDEPENDENCE DAY; 1996; R: Roland Emmerich) bis hin zum spektakulären Ziel einer abenteuerlichen Schatzsuche (INDIANA JONES AND THE KINGDOM OF THE CRYSTAL SKULL; Indiana Jones und das Königreich des Kristallschädels; 2008; R: Steven Spielberg) reicht das motivische Repertoire der Filmemacher, um daraus Verschwörungsszenarien unkontrolliert wuchernder Regierungseinheiten zu konstruieren, die nichts unversucht lassen, ein staatsgefährdendes Geheimnis vor der Öffentlichkeit zu verbergen. Wo aber staatliche Geheimniskrämerei existiert, fühlen sich sofort auch aufklärerische Elemente auf den Plan gerufen. Das erfordert zumindest das Wesen einer Demokratie, in der häufig Kräfte walten, die einen investigativen Gegenpol zur zwielichtigen Staatsräson entwickeln. Vielfach sind es Journalisten (THE PARALLAX VIEW; Zeuge einer Verschwörung; 1974; R: Alan J. Pakula), Regierungsangestellte (THE THREE DAYS OF THE CONDOR; Die drei Tage des Condor; 1975; R: Sydney Pollack) oder mitunter auch ganz normale Gefängnisinsassen (THE DOMINO PRINCIPLE; Das Domino-Komplott; 1976; R: Stanley Kramer), die in das Räderwerk des politischen Systems geraten, um auf sich allein gestellt für nötige Aufklärung zu sorgen.

In dieser Tradition ist auch die bereits nach einer Staffel wieder eingestellte TV-Serie THE EVENT zu verorten,[2] zu der John Badham die am 10. Oktober 2010 ausgestrahlte Episode A MATTER OF LIFE AND DEATH beisteuerte. Zunächst war geplant, die Serie mit einer ähnlich innovativen Erzählstruktur wie die bahnbrechende Fernsehserie 24 (Fox 2001-2010) auszustatten, d.h. eine Szenerie in Form von Split Screens aus verschiedenen Erzählperspektiven zu entwickeln. Über die Pilotfolge hinaus wurde dieses Konzept jedoch nicht weiter verfolgt.[3] Dennoch ist zu konstatieren, dass THE EVENT über die gesamte Laufzeit der Staffel innerhalb eines übergreifenden Erzählbogens eine zersplitterte Erzählhaltung präferiert, die multiperspektivisch verschiedene Handlungsstränge nebeneinander parallelisiert. THE EVENT unterscheidet sich damit eindeutig von den Fernsehserien klassischer Prägung mit seinen in sich abgeschlossenen Episoden und ist damit eher den in jüngster Zeit als amerikanisches »Quality TV« definierten Narrativen zuzuordnen. In der neueren Forschung dazu differenzieren beispielsweise Rothemund und Nemitz als Abgrenzung in *Series* und *Serials*. *Series* meint dabei eine Episodenserie mit einer Abfolge in sich geschlossener Episoden, »die sich durch gleichbleibende Figuren und ein wiederkehrendes Erzählprinzip auszeichnen«. Als *Serials* werden dagegen Fortsetzungsserien bezeichnet, deren Episoden zeitlich voneinander abhängen und inhaltlich gerade nicht als geschlossen betrachtet werden können. Sie müssen also »in einer exakt voneinander definierten Abfolge gezeigt und rezipiert werden«.[4] Von der erzählerischen Struktur entspricht THE EVENT – wie zu zeigen sein wird – dem *Serial*.

Ausgangspunkt der Handlung ist die Landung von Außerirdischen im Alaska des Jahres 1944, die bis in die Gegenwart geheim gehalten wird. Das soll sich ändern, als der amtierende US-Präsident Elias Martinez (Blair Underwood) beschließt, die Öffentlichkeit zu informieren. Einflussreiche Gegenspieler, auch innerhalb der Regierung, versuchen dies zu verhindern. Was zunächst wie ein gradliniger Erzählstrang anmutet, wird von THE EVENT jedoch nicht erfüllt. Es wird multiperspektivisch erzählt, indem zahlreiche Personen in die dramatischen Geschehnisse involviert werden. Da ist beispielsweise die zentrale und unter Mordverdacht geratene Figur Sean Walker (Jason Ritter), dessen Freundin Leila Buchanan (Sarah Roemer) entführt wurde und die er zu befreien gedenkt. Deren Vater Michael (Scott Patterson), der – was sich erst im weiteren Verlauf der Staffel herausstellt – zu einer Splittergruppe der Außerirdischen gehört, die nicht in Gefangenschaft geraten ist, soll erpresst werden, als Pilot eines Passagierflugzeuges ein Attentat auf den Präsidenten auszuführen. Dieser Versuch misslingt, lässt jedoch die Verhandlungen des Präsidenten mit der Anführerin der Außerirdischen, der im frühen Stadium der Staffel einer Kollaboration nicht abgeneigten Sophia Maguire (Laura Innes), ins Stocken geraten.

Hinterhalt

Sterling verhört Michael

Leila in Vickys Gewalt

Die vierte, von Badham inszenierte Episode, knüpft unmittelbar an einen *Cliffhanger* an,[5] mit dem die dritte Folge endet: Sean und die FBI-Agentin Angela Collier (Heather McComb), die im weiteren Verlauf der Staffel keine wichtige Rolle mehr spielt, geraten in einen Hinterhalt, aus dem sie sich zu Beginn der vierten Episode nach einem Feuergefecht befreien können. Gemeinsam entdecken sie den vermeintlichen Aufenthaltsort von Leila, der jedoch lediglich zur Mutter der für die Gegenseite tätigen Killerin Vicky Roberts (Taylor Cole) führt, die wiederum Leila in ihrer Gewalt hat. Durch einen Trick soll Leila dazu veranlasst werden, Kontakt zu Sean aufzunehmen. Sie kann anscheinend entkommen und bei einem falschen Polizisten Zuflucht suchen, wird dort jedoch wieder aufgegriffen. Mit diesem *Cliffhanger* endet die vierte Episode. Dazwischen beschäftigt sich die Episode mit den Ereignissen im Weißen Haus, in dem der Sicherheitsberater Blake Sterling (Zeljko Ivanek) den Piloten Michael verhört. Drei Rückblenden, fünf Jahre in der Vergangenheit angesiedelt, informieren über die erste Begegnung von Sean mit Leilas Eltern. Eine weitere, kurze Rückblende entlarvt Leilas vermeintliches Entkommen als geplant. In einem Telefonat am Ende der Episode tritt zum ersten Male mit James Dempsey der Hintermann der Verschwörer, der im weiteren Verlauf von Hal Holbrook gespielt wird, in Erscheinung, dessen Präsenz sich hier noch allein auf seine Stimme reduziert.[6]

Bildschirmfüllende Split Screens können bei THE EVENT und insbesondere bei der von Badham inszenierten Episode zwar nicht als durchgängig inszenatorisches Mittel qualifiziert werden, dennoch differenziert sich die Handlung in verschiedene Erzählperspektiven aus, die es dem Rezipienten nahezu unmöglich machen, der Geschichte zu folgen, ohne die vorherigen Episoden zu kennen. Die Episodenstruktur von THE EVENT arbeitet insoweit ganz bewusst mit dem Vorwissen des Zuschauers und treibt bereits entwickelte Handlungsstränge weiter fort, ohne dies im Rückgriff erklären zu müssen. Lediglich zu Beginn einer jeden Episode wird kursorisch der bisherige Handlungsverlauf zusammengefasst; ein Stilmittel, das auch ähnliche als *Serial* qualifizierte Serien wie 24 aufweisen. Wie die anderen Episoden von THE EVENT endet auch A MATTER OF LIFE AND DEATH mit einem offenen Finale und nicht in sich abgeschlossen. Eine Person wie beispielsweise die FBI-Agentin Collier, hier noch von narrativer Evidenz, verschwindet in den späteren Episoden vollständig aus dem Erzählkosmos, ohne bleibende Spuren zu hinterlassen. Alles treibt auf eine die Staffel beendende finale Auflösung zu, die wiederum mit einem spektakulären *Cliffhanger* endet, der die folgende Staffel einleiten soll. Dass sich dies nicht realisieren ließ, ist lediglich den sinkenden Einschaltquoten geschuldet, die zu einer Einstellung der Serie führten. THE EVENT lässt sich damit unter den von Rothemund und Nemitz herausgearbeiteten Kriterien des *Serials* klassifizieren.

Was nun die Handschrift des Regisseurs John Badham innerhalb des Serienkontextes und der von ihm inszenierten Episode betrifft, gilt, was Nemitz bereits zu Joe Dante im Kontext von HAWAII FIVE-O (CBS 2010-) zu konstatieren wusste: Es ist kaum möglich, im Rahmen eines festgefügten Produktionsensembles Spuren, die auf eine Autorenschaft von Badham hindeuten könnten, sichtbar zu machen.[7] Zur Frage der Mietzahlung äußerte sich Badham auf dem 3. Cinestrange-Filmfestival zwar nicht, doch stelle für ihn die regelmäßige Mitarbeit an Serienformaten eine gute Gelegenheit dar, sich mit den aktuellen technischen Herausforderungen zu beschäftigen, anstatt untätig zu Hause zu sitzen;[8] dafür mache ihm die Arbeit als Regisseur dann doch ganz einfach zu viel Spaß.[9]

Anmerkungen

[1] Im Juni 1947 wurde von etlichen Personen berichtet, sie hätten über der im US-Bundesstaat New Mexico liegenden Kleinstadt Roswell unbekannte Flugobjekte gesichtet. Vom Rancher William Brazel wurden Fundstücke eines abgestürzten Objektes sichergestellt und an das Militär übersandt. Die Regierungsbehörde identifizierte die Trümmer als angebliche Teile eines abgestürzten Wetterballons. Seit dieser Zeit ranken sich Mythen und Legenden um den Vorfall, wobei die These, es habe sich um ein außerirdisches Flugobjekt gehandelt, zu immer neuen Spekulationen angeregt hat. Erst 1994 konnte aufgedeckt werden, dass es sich bei den Trümmerteilen um Reste eines Spionageballons handelte, mit dem sowjetische Atomtests lokalisiert werden sollten. Vgl.: Wikipedia »Roswell-Zwischenfall« (de.wikipedia.org/wiki/Roswell-Zwischenfall; Stand: 22.03.2015).

[2] Hierzulande wurde die Serie beim Sender RTL II ausgestrahlt, jedoch nach sechs Folgen aufgrund niedriger Einschaltquoten wieder aus dem Programm genommen. Die noch verbliebenen Folgen wurden nach zweijähriger Pause im Nachtprogramm gesendet. Vgl. Bernd Michael Krannich: THE EVENT wird bei RTL II ab September zum Nachtereignis. In: serienjunkies.de vom 03.08.2013 (www.serienjunkies.de/news/theevent-rtl2-nachtereignis-51905; Stand: 22.03.2015). Die Staffel umfasst 22 Episoden, wobei nur A MATTER OF LIFE AND DEATH von Badham inszeniert wurde.

[3] Vgl. Krannich a.a.O.

[4] Vgl. Kathrin Rothemund: Komplexe Welten. Narrative Strategien in US-amerikanischen Fernsehserien. Berlin 2013, S. 17-18.; Heiko Nemitz: HAWAII FIVE-O: A'ALE MA'A WAU und UA NALOHIA. In: Michael Flintrop/Stefan Jung/Heiko Nemitz (Hg.): Joe Dante. Spielplatz der Anarchie. Berlin 2014, S. 307.

[5] Jede der einzelnen Episoden endet mit einem solchen Cliffhanger, womit THE EVENT erneut als *Serial* klassifiziert werden kann. Als Cliffhanger bezeichnet man eine große Spannung hervorrufendes dramatisches Ereignis am Ende einer Folge einer Rundfunk-, Film- oder Fernsehserie oder eines Buchkapitels, das die Neugier auf die Fortsetzung wecken soll. Vgl. »Cliffhanger« www.duden.de/suchen/dudenonline/Cliffhanger; Stand: 24.03.2015.

[6] Mit Holbrook hat Badham bereits bei der TV-Serie THE BOLD ONES: THE SENATOR (1971) zusammengearbeitet.

[7] Nemitz a.a.O., S. 308.

[8] In einem Gespräch mit dem Autor auf dem 3. Cinestrange-Filmfestival in Braunschweig am 18.07.2014.

[9] In einem Interview mit Markus Hörster auf dem 3. Cinestrange-Filmfestival am 20.07.2014 für den Lokalsender Radio Okerwelle.

Psych

BOUNTY HUNTERS! (2007); DAREDEVILS! (2008); THERE MIGHT BE BLOOD (2008);
THE DEVIL IS IN THE DETAILS... AND THE UPSTAIRS BEDROOM (2009);
NOT EVEN CLOSE... ENCOUNTERS (2010) und THE TAO OF GUS (2011)

Von Annette Kilzer

TV-Serien sind wie eine Schachtel Pralinen

Was macht den Reiz der (Fernseh-)Serie aus? Was markiert die spezielle Anziehungskraft von Reihen, Fortsetzungen und Spin-Offs? Was fasziniert uns am Erzählen in Episoden und Staffeln? – Und dies zunächst einmal abgesehen von zeitlicher, geografischer oder materieller Verfügbarkeit, vom sogenannten »Netflix«-Faktor oder dem Moment der instant *gratification*?

Also: Wenn nicht mittels der vielbeschworenen Algorithmen, wie sucht man dann, was man vermutlich mögen wird?

Um beim Film zu bleiben, möchte ich eine berühmte Figur zitieren: Serien sind wie eine Schachtel Pralinen.

So wie wir unter Pralinen vorab die leckeren Favoriten auswählen, wissen wir auch bei einer Serie größtenteils, was uns erwartet. Neue Serien selektieren wir analog dazu – nach Genre, Autor, show runner, Darstellern, Kritiken, Setting, Produktionsfirmen und -ländern oder Ausstrahlungskanälen.

Es geht um Sehnsucht. Darum, die Entropie, die in uns tobt, zu ersticken. Um den American Psycho in uns zu übertönen, gieren unsere Sinne stets nach neuen Sensationen und neuem Wissen. Tatsächlich, so legen Neurowissenschaftler und Suchtexperten nahe, lechzt der Mensch nach Wiederholungen großer Glücksmomente – schon Vorfreude macht glücklich.

Pralinen isst man nicht, weil man Hunger hat. Pralinen genießt man. Man kann – buchstäblich – den Hals nicht voll genug bekommen.[1]

Vater Henry

MONK meets SCRUBS

Die Serie PSYCH (NBC 2006-2014) handelt von Shawn Spencer (James Roday) und Burton ›Gus‹ Guster (Dulé Hill), die seit ihrer Kindheit befreundet sind. Während Gus inzwischen als Pharmavertreter arbeitet und damit die dezidierte Erfolgssaga seiner afro-amerikanischen Mittelstandsfamilie weiterschreibt, kann (oder will) Shawn nicht erwachsen werden. Von klein auf von seinem Vater Henry (Corbin Bernsen, der ewige Fernseh-Filou, hier wunderbar mit Rentnerbäuchlein und Fast-Glatze), einem ehemaligen Polizisten, darauf getrimmt, jedes noch so kleine Detail seiner Umgebung wahrzunehmen, hat Shawn erstaunliche Fähigkeiten in der Rekonstruktion und Auflösung von Verbrechen entwickelt. Um nicht selbst zum Verdächtigen zu werden, bietet er der Polizei von Santa Barbara seine Hilfe als Medium an, und so gründen Shawn und Gus das »übersinnliche« Detektivbüro Psych.

PSYCH ist eine Krimiserie, in der *crime* in erster Linie eine Folie für *comedy* und

Chaos ist. Mit Shawns außergewöhnlicher Wahrnehmungs- und Gedächtnisleistung erinnert PSYCH natürlich unmittelbar an die Kult-Serie MONK (ABC 2002-2009) um einen *defective detective*, einen ehemaligen Polizisten mit Zwangsstörung (OSD). Tatsächlich feierte PSYCH seine Erstausstrahlung 2006 auf USA Network gleich im Anschluss an den Start der fünften Staffel MONK und blieb auf diesem Programmplatz bis zu deren Ende.

Shawn und Gus verzetteln sich regelmäßig in pop- und medien-referentielle Diskussionen, wobei PSYCH die stetig wachsende Fangemeinde und eine Laufzeit von acht Staffeln (inkl. einer 90-minütigen Musical-Version) nicht zuletzt eben diesen Diskursen und Anmerkungen zu »unserer«, zu der »realen« Welt diesseits des Bildschirms verdankte. Das besitzt Anklänge an MOONLIGHTING (Das Model und der Schnüffler/ ABC 1985-1989 mit Bruce Willis und Cybill Shepherd, die in PSYCH übrigens Shawns Mutter spielt), erinnert vor allem jedoch an ein anderes zu jener Zeit enorm erfolgreiches »salt & pepper«-Bildschirmpaar aus der Krankenhauskomödie SCRUBS (ABC 2001-2010; Zach Braff und Donald Faison).

MONK X SCRUBS – das hat den verdächtigen Ruch von abgekupfertem High Concept, das sich auf dem Reißbrett der Stoffentwicklung auf einen Clou verdichten lässt (wie etwa »Die Hard on a bus«, »Snakes on a plane« aber auch »Geht ein Mafioso zum Psychiater«). Ziemlich schnell zeigte sich jedoch, dass PSYCH eine Buddy-Serie (oder bromance) mit ganz eigenem Charme war.

Während James Roday als Schauspieler quasi aus dem Nichts (heißt: vom Theater) kam, war Dulé Hill bereits aus der smarten Drama-Serie THE WEST WING (NBC) bekannt, in der er in sieben Staffeln zwischen 1999 und 2006 den persönlichen Assistenten des fiktionalen US-Präsidenten Josiah Bartlet verkörperte. In PSYCH zeigt er nun eine ganz andere Seite als Komiker, der in erster Linie körperlich arbeitet. Seine cartoonhafte Gestik und Mimik erinnert an eine gelenklose Gummipuppe, die mal nur halb und mal zu stark aufgeblasen scheint. In seiner Rolle als Ermittler Carlton Lassiter, der mit Shawn seine ganz persönliche Nemesis gefunden hat, verdichtet sich auch Timothy Omundsons Gesicht mit dem Älterwerden über die Staffeln hinweg zu einem Cartoon, das mit wenigen Holzkohlestrichen skizziert scheint (und ihn für seine folgende Rolle in DEADWOOD empfahl).

The world is their oyster

Nicht unbedingt Pralinen, doch existenzielle Debatten und schier ausufernde Gespräche über jegliche Art von Nahrung sowie generell über Life, *the Universe and Everything* zählen zu den stilbildenden Momenten der wunderbaren Dialoge von PSYCH.

Dialogbeispiele aus der von John Badham inszenierten Folge BOUNTY HUNTERS! (Kopfgeldjägereien; Drehbuch: Steve Franks, Andy Berman):

Burton ›Gus‹ Guster: [after meeting Byrd Tatums (Kevin Sorbo)] Wow... I think I hate that guy.

Shawn Spencer: Yeah, well, that's the way it usually goes when you meet your childhood heroes, Gus. Nothing but heartache and disappointment. Remember how sad you were when you ran into Judge Reinhold at the dry cleaners?

Shawn Spencer: Is this a briefcase or an attaché?

Ermittlerpaar

341 Psych

Burton ›Gus‹ Guster: I think it's a briefcase. Attachés have a softer shell.

Shawn Spencer: Really? That's all that differentiates them, a softer shell?

Burton ›Gus‹ Guster: Well, ›attaché‹ does have a better ring to it.

Shawn Spencer: Let's go with attaché.

Shawn: Carson D.'s got Simon Baker on tonight. (Anspielung auf die Krimiserie THE MENTALIST um einen angeblichen Hellseher, in der Episode THE DEVIL IS IN THE DETAILS ... AND THE UPSTAIRS BEDROOM).

Bereits die einzelnen Episodentitel zeugen von der Lust an smarten Zitaten und Verballhornungen, oder sie zollen aufrichtigen Respekt, so zum Beispiel:

THERE'S SOMETHING ABOUT MIRA
SHAWN (AND GUS) OF THE DEAD MURDER? ... ANYONE? ... ANYONE? ... BUELLER?
DAREDEVILS! (ebenfalls unter der Regie von John Badham)
ANY GIVEN FRIDAY NIGHT AT 10PM,
9PM CENTRAL
TRUER LIES
TUESDAY THE 17TH
HIGH NOON-ISH

Augenzwinkernde postmoderne Selbstironie belegen Titel wie:

YOU CAN'T HANDLE THIS EPISODE
A VERY JULIET EPISODE
THIS EPISODE SUCKS
BOUNTY HUNTERS!

John Badham inszenierte sechs Episoden von PSYCH:

BOUNTY HUNTERS! (Kopfgeljägereien; Season 2, Episode 9)
Isabelle Cole ist offenbar bei einem Einbruch in ihrem Haus ermordet worden. Ihr Ehemann engagiert den Kopfgeldjäger Byrd Tatums (Kevin Sorbo), der den aus Juliets Polizeigewahrsam geflohenen Verdächtigen Dwayne Tancana (W. Earl Brown) wieder herbeischaffen soll. Aber auch Shawn und Gus machen sich auf die Suche und entdecken Tancana, der sich abgesetzt hat, auf einem Schiff vor der kalifornischen Küste.

DAREDEVILS! (Wann und wie gehen Draufgänger drauf; Season 3, Episode 3)
Shawn und Gus versuchen, in den inneren Kreis um Dutch »The Clutch« Jenkins (Jeff Fahey), einen alternden und waghalsigen Draufgänger, zu gelangen, nachdem sein Sohn sie anheuert, weil jemand die Stunts seines Vaters zu sabotieren versucht. Shawn ist enttäuscht, dass es bei der Motorrad-Stuntshow nicht das Bike aus BLUE THUNDER (sic!) zu sehen gibt:

Shawn Spencer: They call this a motorcycle show? There's, like, four motorcycles here. They don't even have the bike from blue thunder.

Gus: That was a helicopter.
Shawn Spencer: You're right. I was thinking of blue lagoon.

Gus: There wasn't a bike in blue lagoon.

Shawn Spencer: How did they get off the island, Gus?

THERE MIGHT BE BLOOD (Verwerfliche Verwerfungen; Season 3, Episode 6)
Chief Karen Vick (Kirsten Nelson) und ihre verfeindete Schwester (die großartige Jane Lynch als Coast Guard) ermitteln in einem Mordfall auf einer Ölplattform.

Mit Barry Corbin, der schon zum Cast von WARGAMES gehörte.

THE DEVILS IS IN THE DETAILS ... AND THE UPSTAIRS BEDROOM (Der Teufel steckt im Detail ... und in jungen Frauen; Season 4, Episode 4)

Shawn und Gus untersuchen den Selbstmord einer Schülerin an der katholischen Hochschule. Ein Priester (Ray Wise), mit dem sich Shawn schon als Kind angelegt hat, glaubt, sie sei vom Teufel besessen gewesen. Natürlich jede Menge Verweise auf THE EXORCIST (Der Exorzist; 1971; R: William Friedkin), aber auch auf die Linda-Blair-Filme CHAINED HEAT (Das Frauenlager; 1983; R: Paul Nicholas), RED HEAT (Red Heat – Unschuld hinter Gittern; 1985; R: Robert Collector) sowie LOLA RENNT (1998; R: Tom Tykwer), PRETTY IN PINK (1986; R: Howard Deutch), WHEN HARRY MET SALLY ... (Harry und Sally; 1989; R: Rob Reiner), GRAND THEFT AUTO (Gib Gas ... und lasst euch nicht erwischen; 1977; R: Ron Howard) und ERIN BROCKOVICH (2000; R: Steven Soderbergh).

NOT EVEN CLOSE ... ENCOUNTERS (Unheimliche Begegnung der hinterlistigen Art, 2010; Season 5, Episode 3)

Shawn und Gus übernehmen den Fall einer angeblichen Entführung durch Außerirdische. Sie bitten ihren Schulfreund Dennis (Freddy Prinze Jr.), seinerzeit ein echter Nerd, um Hilfe.

Laut Shawn benötigen sie für die Lösung des Falls einen Speak & Spell-Kindersprachcomputer und sieben Pfund Kartoffelpüree – Verweise auf E.T. (1982; R: Steven Spielberg) bzw. CLOSE ENCOUNTERS OF THE THIRD KIND (1977; R: Steven Spielberg).

Gus: He most likely used an EMP device.

Shawn: What is that, a pregnancy test?

Gus: No.

Shawn: Doesn't make any sense, Gus. Would you just let me tell the story?

Gus: EMP not EPT. It produces an electrical pulse.

Shawn: Okay, you know what? There is a fine line between being knowledgeable and arrogant.

THE TAO OF GUS (Sekte oder Selters; Season 6, Folge 8)

Eine Frau berichtet dem Santa Barbara PD, einen Mord am helllichten Tag beobachtet zu haben. Shawn und Gus sind die einzigen, die ihr glauben und begleiten sie in ihr Versteck bei einer sektenartigen Gruppe auf dem Land. Gus würde am liebsten für immer dort bleiben.

Am Ende der Episode will Nicole nach Indien zu ihrem neuen Guru »Rama Murthy« reisen – eine Anspielung auf Schauspieler Sendhil Ramamurthy, der als Gaststar in der Episode BOLLYWOOD HOMICIDE (2009) auftrat.

Eine der direktesten Verbindungen kann über die Person bzw. den amerikanischen Mythos Evel Knievel gezogen werden: Zum einen inszenierte John Badham die PSYCH-Folge DAREDEVILS!, in der Jeff Fahey einen Stunt-Artisten mit unübersehbaren Anleihen an Knievel mimt. Zum anderen drehte er bereits 2004 einen TV-Film über die amerikanische Legende. In der Titelrolle: George Eads, der seit 2000 in der Serie CSI – CRIME SCENE INVESTIGATION (CBS 2000-2015) durch seine Darstellung des viril-agilen und smarten Ermittlers mit widerspenstiger Haarlocke zum Fernsehstar avancierte. Man mag von diesem Film zur PSYCH-Fernsehfolge eine Entwicklung der Hauptfigur entdecken, vom jungen Adrenalinjunkie, der für seine spektakulären Stunts sowohl sein Leben wie auch das Glück seiner Familie zu opfern bereit ist, hin zum verantwortungsvoll(er)en Familienvater (wobei über seine Methoden trefflich zu streiten wäre). Ob dieser leicht ver-

DAREDEVILS!

änderte Blickwinkel auf einen Einfluss Badhams verweist, scheint jedoch fraglich vor dem Hintergrund, dass er in beiden Fällen nicht auch als Autor oder Produzent involviert war. Soll man ihn aber stattdessen als reinen Auftragsregisseur etikettieren?

Offensichtlich scheint er Fernsehproduktionen, insbesondere Serien mit dem ganz eigenen Pragmatismus als Handwerker – oder auch Demut vor den Autoren, der Story- und der Charakter-Entwicklung – anzugehen.

Leider war es nicht möglich, ein direktes Zitat von Badham über die Serie PSYCH (oder der Serienmacher über ihn als regelmäßigen Gast-Regisseur) zu recherchieren. Seine Aussage über die Arbeit an einer Serie wie NIKITA ist aber sicherlich auf PSYCH übertragbar:

»If I come into the show NIKITA – I have done several of those – the actors know these characters backward and forwards. I am not going to come in and reinvent their characters. I need to tune in to where they are at.«[2]

Anmerkungen

[1] Die Parallele des *Binge Watching* zum *Binge Eating* soll genügend strapaziert sein, jenes immanente und unwiderstehliche Versprechen eines Gelages, also rauschhaften Genusses ohne absehbares Ende, das per Mouse-Klick abrufbar ist. – Der Verlässlichkeit von Wiederholungen und Seriellem haftet auch eine Art infantiles Urvertrauen an, so wie man als Kind nie müde wurde, immer wieder seinem Lieblingsmärchen zu lauschen. Vielleicht waren dies erste Momente des Erwachsenwerdens im 19./20. Jhdt.: Wir mussten erkennen, dass nicht alles evident, heil und mint bleiben wird und dass nicht alle Geschichten stets enden werden wie gewohnt. Daran gekoppelt war aber auch die frühe Erfahrung, dass wir im Zeitalter der technischen Reproduzierbarkeit autark waren und unabhängig von erzählwilligen oder -fähigen Personen. Nicht mehr nur allein durch Bücher, sondern auch mittels audio-visueller Medien (nicht zuletzt eben dem Bewegtbild/bewegten Bild) erlebten wir, wie Erzählungen in uns selbst wirklich wurden, in der Fantasie und Vorstellungskraft. Wer will uns daher unsere Sehnsucht nach instant gratification missgönnen?

[2] Im Gegensatz zu seinen Kinofilmen: »In a film you, as the director, have certain ideas. Then you go out and hire Al Pacino and Goldie Hawn, who just by the nature of their careers are very creative people. They have ideas. My philosophy is that you let them know constantly that you are interested in their opinion. When a director has a very distinct, clear vision that is something you should talk about extensively before you start filming, because if you do have disagreements, you can figure them out and resolve them. Sometimes what seems like a big problem turns out to be something very minor.«

Nikita

INNOCENCE (2012), BROKEN HOME und DEAD OR ALIVE (2013)

Von Sascha Westphal

Nicht zum ersten Mal zögert die von Maggie Q gespielte Nikita. Trotzdem ist in DEAD OR ALIVE, der dritten von John Badham inszenierten NIKITA-Episode, alles noch einmal ganz anders. Dieser lange Moment der Unentschlossenheit reicht tiefer als je zuvor. Der Zweifel, der sie in diesem Augenblick ganz und gar durchdringt, hat etwas Lähmendes. Sie kann einfach nicht abdrücken. Der Mann im Fadenkreuz, ein von ihrer Nemesis Amanda und dem »Shop« erschaffener Doppelgänger des FBI-Vizedirektors Matthew Graham, stellt ohne Zweifel eine Bedrohung dar. Nur Tage zuvor ermordete er einen Journalisten, der Teile des gewaltigen Komplotts seiner Schöpfer aufdecken wollte, und hat Nikita dabei ein weiteres Mal zur Täterin gestempelt. Sein Tod könnte Nikita und ihren Verbündeten zumindest einen marginalen Vorteil verschaffen. Vielleicht wäre er sogar ein erster, entscheidender Schritt auf dem Weg, die große Verschwörung aufzudecken, die im Zentrum der vierten und letzten Staffel der Agenten-Serie steht. All das weiß Nikita. Aber sie weiß noch etwas anderes. In dem Moment, in dem sie abdrückt, wird Amanda den echten Matthew Graham töten. Ein weiteres Opfer in einem Kampf, der schon so viele, zu viele Opfer gefordert hat.

Natürlich verbindet Maggie Qs Nikita mehr als nur der Name mit der mörderischen Heldin aus Luc Bessons berühmtem Actionfilm NIKITA (1990) und deren Wiedergängerinnen in John Badhams POINT OF NO RETURN (Codename: Nina; 1993) sowie in Joel Surnows Fernsehserie LA FEMME NIKITA (Nikita; CTV 1997-2001). Auch sie sollte als verurteilte Mörderin hingerichtet werden und entkam diesem Schicksal nur, weil eine im Geheimen operierende staatliche Organisation ihren Tod fingierte. Fortan musste sie für den »Division« genannten Geheimdienst Mordaufträge und andere Black-Ops durchführen. Doch dann ließ ihr Boss Percy ihren Verlobten umbringen, und Nikita glückte das bis dahin Unmögliche: Sie entkam »Division« und tauchte unter. Seither führt sie ihren privaten Krieg gegen ihre früheren Auftraggeber, mit dem einzigen Ziel, »Division« für immer zu zerschlagen.

Craig Silversteins NIKITA (CBS 2010-13) ist ohne Zweifel eine Serie ihrer Zeit. Die

Nikita

konsequente Vermischung von Geheimdienst-Intrigen, Actionszenen und Verschwörungsszenarien ergibt fast so etwas wie ein Konzentrat des (Fernseh-)Zeitgeistes in den ersten 12 Jahren nach dem 11. September 2001. Wobei sich Silversteins Vision ganz deutlich von den typischen »War on Terror«-Serien wie Robert Cochrans und Joel Surnows 24 (24; Fox 2001-2010) oder Alex Gansas und Howard Gordons HOMELAND (Showtime 2011-2020) absetzt. Ähnlich wie Jonathan Nolans PERSON OF INTEREST (Warner Bros. 2011-2016) beleuchtet Silverstein zusammen mit seinem Team von Autoren und Regisseuren die andere Seite der ständigen Furcht vor terroristischen Anschlägen, also den Schrecken eines Geheimdienst-Apparates, der sich komplett verselbstständigt hat.

In Zeiten der totalen Überwachung durch nicht mehr zu kontrollierende *agencies* wie des gezielten Outsourcings von Black-ops-Missionen wirkt eine Organisation wie »Division« nicht einmal unrealistisch. Silverstein musste letztlich nur wenige Schritte über das derzeit Mögliche und Wahrscheinliche hinausgehen, um eine Welt zu kreieren, die zwar an das Bond-Universum erinnert, aber doch fest in der Wirklichkeit des frühen 21. Jahrhunderts verankert ist. So speist sich Nikitas Kampf gegen das Böse, das sich längst im innersten Kern der Vereinigten Staaten festgesetzt hat, zugleich aus dystopischen Sci-Fi-Motiven wie aus aktuellen Paranoia-Phantasien. Im Vergleich zu Bessons NIKITA und John Badhams POINT OF NO RETURN setzt die Serie natürlich viel stärker auf phantastisch erscheinende Elemente. Trotzdem ist sie am Ende weitaus politischer als die beiden Spielfilme, auf die sie sich beruft. Sie kreisen praktisch nur um die Machenschaften eines skrupellosen Geheimdienstes und die Sehnsucht einer jungen Frau, sich aus dessen Fängen wieder zu befreien. In Silversteins Serie ist Nikita frei und doch weiterhin eine Gefangene von »Division«.

Schließlich geht es nun darum, das angerichtete Unheil wenigstens zum Teil wieder gutzumachen. Und so stellt Silverstein die vielleicht provokanteste Frage unserer Zeit: Wie lassen sich die Prozesse, die die Vereinigten Staaten und ihre Verbündeten nach dem 11. September 2001 in Gang gesetzt haben, noch umkehren und welchen Preis müssen wir dafür zahlen?

Eine Gefangene von »Devision«?

Badham stieß erst recht spät zu dem Team der NIKITA-Regisseure. Dabei lag es natürlich nahe, ihm diese Figur noch einmal anzuvertrauen. Aber vermutlich waren die Folgen der ersten Staffel trotz allem noch viel zu nah an seinem NIKITA-Remake. Hier ist es zwar nicht mehr Nikita, sondern die von ihr eingeschleuste Alex, die innerhalb des Geheimdienstes operiert, aber die zentralen Motive aus Bessons Film sind immer noch präsent. Gerade in der ersten Staffel verfolgt Silverstein eine sehr bedachte Doppelstrategie. Er lehnt sich an seine Vorbilder an und nimmt die von ihnen erschaffene Vision zugleich ins Visier; so ist die Serie in dieser Staffel Variation und Dekonstruktion in einem. In der dritten Staffel löst sie sich dann endgültig von ihren vielfältigen Vorläufern. Das ermöglicht Badham einen ganz anderen Zugang, die von ihm inszenierten Episoden stellen eben keine Verbeugung vor POINT OF NO RETURN dar, sie suchen vielmehr den größtmöglichen Abstand zu dem Kinofilm.

Mit Blick auf Badhams Œuvre könnte man konstatieren, seine drei NIKITA-Folgen sind in gewisser Weise Arbeiten wie DRACULA (Dracula '79; 1979) und WHOSE LIFE IS IT ANYWAY? (Ist das nicht mein Leben?; 1981) näher als seinen Actionfilmen. Natürlich hat ein Regisseur nur einen verhältnismäßig geringen Einfluss auf die Serienfolgen, die er inszeniert. Die eigentliche Macht liegt bei dem Schöpfer der Serie und den Autoren. Trotzdem fällt an den drei Badham-Episoden auf: Sie alle fokussieren sich verstärkt auf melodramatische Situationen und Konflikte. Die Action ist zwar präsent, aber sie tritt in diesen drei Folgen in den Hintergrund. In seinem Buch *I'll Be In My Trailer* betont Badham immer wieder, wie wichtig es für einen Filmemacher ist, seine Schauspieler zu kennen und mit ihnen so eng wie möglich zusammenzuarbeiten. Davon zeugen auch diese drei Episoden. In jeder von ihnen gelingt es ihm, gemeinsam mit seinem Ensemble einen besonderen emotionalen Resonanzraum zu schaffen.

Eines der prägenden Merkmale von Maggie Qs Nikita ist ihr Wunsch, Menschen zu retten, die richtige Entscheidung zu treffen und damit Unschuldige vor Leid zu bewahren. Insofern ist der Titel von Badhams erster Episode geradezu programmatisch: INNOCENCE. Die Unschuldige, die Nikita und ihre Mitstreiter retten wollen, ist ein junges Mädchen, das von einem ehemaligen »Division«-Ausbilder entführt und über Jahre hinweg indoktriniert wurde. In BROKEN HOME laufen gleich zwei Erzähl-stränge parallel, in denen Nikita und Alex alles daran setzen, Fehler der Vergangenheit auszumerzen oder zumindest nicht zu wiederholen. Alex will die Geister, die sie in Form einer Rebellion innerhalb von »Division« rief, unter Kontrolle behalten und verliert dabei fast alles. Währenddessen erhält Nikita die Chance, eine entscheidende Episode aus Amandas Jugend aus erster Hand zu erleben. Was damals geschah, geschieht nun im Kopf der von Amanda gefangenen Nikita noch einmal. Aber natürlich interpretiert sie die Situation falsch, und so nimmt das Vergangene seinen Lauf.

Eine unsichtbare Linie scheint von INNOCENCE über BROKEN HOME zu DEAD OR ALIVE zu verlaufen, und deren folgerichtiger Schlusspunkt ist der Moment, in dem Nikita nicht mehr abdrücken kann. So bilden Badhams Episoden eine kleine Trilogie in der großen Erzählung der Serie. Auf einen hoffnungsvollen Beginn – der Kampf ist nicht umsonst – folgt eine umso tragischere Wendung, die schließlich in Lähmung gipfelt. Aus den Helden, die versuchen, ihr eigenes Schicksal und das der Menschen um sie herum zu kontrollieren, werden Menschen, die von den Ereignissen einfach mitgerissen werden. Schließlich fällt der Schuss doch noch. Der falsche Matthew Graham stirbt, aber es ist nicht Nikita, die diese Entscheidung trifft. Sie bleibt in diesem Moment unschuldig und wird so erlöst. Danach ist wieder alles möglich und der Boden für das Finale der Serie bereit.

Alex

Supernatural: First Born (2014)
Constantine: Danse Vaudou (2014)

Von Fabian Rudner

Das Jahr 2014 steht für John Badham im Zeichen des Übernatürlichen. So werden in diesem Jahr zwei Episoden aus zwei verschiedenen Serien ausgestrahlt, die mit dieser Thematik verknüpft sind: zum einen die Episode FIRST BORN der Serie SUPERNATURAL,[1] zum anderen die Episode DANSE VAUDOU der Serie CONSTANTINE.[2] Die Protagonisten beider Formate sind Jäger übernatürlicher Mächte, die sich an ahnungslosen Menschen als Opfer zu schaffen machen.

Unlike the film world [...], the contemporary television landscape is built around the writer. [...] It means in practice, the film world considers the director the ultimate voice of a cinematic vision. In televison, the creators and showrunners who write the episodes and guide a show's season are the ones who maintain the creative reins.[3]

Wie Tara Bennett feststellt, sind Fernsehserien kein Medium für einen Regisseur. Es sind die Produzenten und Autoren, die den Ton und die übergreifende Handlung der Formate gestalten. Regisseure erscheinen dagegen im Gesamtkontext der Serien mehr als eine Randerscheinung für die Arbeit am Set. So ist es wahrscheinlich auch zu erklären, dass in einzelnen Reviews beider Episoden zwar die Fortführung der Handlung, einzelne Handlungsmomente und die Leistung der Schauspieler diskutiert werden, die Regiearbeit von Badham aber keine Beachtung findet.

Bei einem Blick hinter die Kulissen, den der Sender NBC den Zuschauern von CONSTANTINE in Form von Setfotos[4] und einem Videobericht[5] präsentiert, ist Badham zwar zu sehen, aber er selbst wird nicht thematisiert.

Erst in einem Blogeintrag der Schauspielerin Charity Jordan – Madeline Devereaux in DANSE VAUDOU – erhält man einen Einblick in Badhams Arbeit am Set der Serie:

Plus working with the great John Badham was a luminous experience. This director [...] was not only full of knowledge but full of life. Like literally I would be napping in the corner during over-night shoots and he would be telling jokes. I loved it. I appreciated how patient and encouraging he was of me walking through my creative process while boldly challenging me to stretch myself to take the more difficult acting choices. Badham pushed me to new levels by reminding me that »Fear is easy in a spooky scene, if you can find joy then you are a really acting.«[6]

An diesem Punkt zeigt sich erneut, wie Badham arbeitet. Auf einem der Setfotos von NBC gibt Badham dem Darsteller Charles Halford Anweisungen.[7] Es sind Aufnahmen wie diese und Beschreibungen wie von Charity Jordan, die wieder an Interviews erinnern, in denen Badham über die Prioritäten seiner Regiearbeiten redet:

Actors are your creative partners who are going to bring these characters to life, even if they're really badly-written. They need to trust their directors who are going to protect them. [...] They need to know they can trust their director, otherwise you risk the actor coming in and just playing it very safe, which is rarely interesting to watch. The most important thing you can convince your actors of is that it's okay to fail. I don't mean showing up drunk or not knowing your lines, but taking chances. Al-

ways take risks, and if you blow it, it's okay. We'll try it again.[8]

Charity Jordans Schilderung von ihrer Zusammenarbeit mit ihm lässt sich in Badhams Beschreibung seiner Regieintention wiederfinden. Es ist das Arbeiten mit den Schauspielern, dem er hohe Priorität einräumt. Diese Arbeit mit den Schauspielern kommt – wenn wir den Reviews glauben dürfen – auch beim Zuschauer beider Serien an. So heißt es zu FIRST BORN u.a. »Despite the seriousness of the episode, there was so much of that classic [Supernatural] humor. Castiel stole the show [...] He was so indignant you couldn't help but laugh.«[9] und zu DANSE VAUDOU »The plot was a bit paint by numbers but it was brought to life by the individuals involved.«[10]

Aber trotzdem stellt sich die Frage, wieso Badham nach seinen Regiearbeiten für Spielfilme nun hauptsächlich im Fernsehen arbeitet. Auch hierauf gibt er bereits 2013 eine Erklärung:

One of the positive things is you stay fresh. You're not sitting home waiting for the perfect script to arrive or the script you've been working on for three or four years to get greenlit. [...] So I look at it like going to the gym, to stay strong. You don't want to start lifting the day of the competition. [...] Television also allows for a lot of experimentation and room for you to fail. If you fail, you can do it over on the next show, whereas if you fail in a film, it's there forever.[11]

Vielleicht könnte man an dieser Stelle behaupten, das Medium der Fernsehserie sei etwas wie Badhams Jungbrunnen. Zumal beide Serienformate auch ein junges Publikum als Zielgruppe haben. Doch was sind dies nun eigentlich für Episoden?

FIRST BORN ist die elfte Episode der neunten Season von SUPERNATURAL. Dies bedeutet, dass es sich um eine vom Handlungsverlauf weit vorangeschrittene Serie mit einer umfassenden Mythologie handelt. Die Protagonisten – die Winchester Brüder Sam (Jared Padalecki) und Dean (Jensen Ackles) – gehen zu diesem Zeitpunkt getrennte Wege. Während sich Dean gemeinsam mit dem Aushilfsteufel Crowley (Mark Sheppard) auf die Suche nach einem MacGuffin begibt, versuchen Sam und der Engel Castiel (Misha Collins) gemeinsam einen gefallenen Engel zu lokalisieren. Sam und Castiels Storyline legt offen, was es für beide Figuren zu diesem Zeitpunkt bedeutet, menschlich zu sein. Dean und Crowley begeben sich innerhalb der A-Story der Episode zuerst auf eine Reise in die Historie der Serie. Anschließend wird die bereits umfassende Mythologie der Serie um die Figur des Cain (Timothy Omundson) – Omundson arbeitete schon bei PSYCH[12] mit Badham – erweitert. Cain entwickelt sich innerhalb der Episodenhandlung zu einem Verbündeten wider Willen, der sein Mord-Zölibat schlussendlich aufgibt und seine beiden Gäste im Kampf gegen nahende Dämonen unterstützt. Gleichzeitig dient Cain als Spiegelbild für den ebenfalls älteren Bruder Dean – der Bezug zum Episodentitel.

FIRST BORN

DANSE VAUDOU ist die fünfte ausgestrahlte Episode der Serie CONSTANTINE und gehört somit zu einer Phase, in der sich die Serie noch finden muss. Erwähnt werden sollte, dass die Serie auf der gleichnamigen Comic-Reihe *Constantine* der DC Comics beruht. In der Episode sind die Protagonisten John Constantine (Matt Ryan), Zed (Angélica Celaya) und Chas (Charles Halford) in New Orleans mysteriösen Morden auf der Spur. Dabei treffen sie auf den Polizisten Jim Corrigan (Emmett J. Scanlan), der in den Comics später zu Spectre wird. Da die mysteriösen Morde ihren Ursprung im Voodoo haben, konsultiert Constantine den Voodoo-Priester Papa Midnite (Michael James Shaw), der dem Team um Constantine bereits in der dritten Episode als Antagonist entgegengetreten ist. Midnite muss erkennen, dass seine eigenen Rituale Dean – der Bezug zum Episodentitel – den Hinterbliebenen keine Hilfe – wie intendiert – bringen, sondern nur Schaden anrichten. Er ist gezwungen, sich mit Constantine zu verbünden.

DANSE VAUDOU

Beide Episoden weisen also noch mehr Parallelen auf. Sie verbindet zum einen, dass sie auf eine bereits etablierte Mythologie der jeweiligen Serien wieder zurückgreifen, diese aber auch noch ausbauen. Zum anderen stehen in beiden Episoden unfreiwillige Helfer im Zentrum der Handlungen. Beide Figuren – Cain und Papa Midnite – konsultieren verstorbene Frauenfiguren, die ihnen bei ihrer Entscheidung helfen sollen. Badham weiß, wie er beide Charaktere vollkommen verlassen und allein mit der Kamera abbildet.
In seinem Buch beschreibt Badham, dass Kamerabewegungen besonders in solchen zentralen Momenten wichtig sind, weil »[the camera] elevated the dramatic moment and illuminated what the character was feeling then.«[13]

Also unterstützen auch diese beiden Episoden die Aussagen Badhams, wie wichtig ihm die Arbeit an Charakteren ist. Mit SU-PERNATURAL und CONSTANTINE beweist er dies anhand von Figuren, die nicht die eigentlichen Protagonisten der Serie sind.

Anmerkungen

[1] SUPERNATURAL (Warner 2005-??)

[2] CONSTANTINE (Warner 2014-2015)

[3] Bennett, Tara: (Based on the documentary) Showrunners. The Art of Running a TV Show. London 2014, S. 63.

[4] Behind the Scenes of DANSE VAUDOU 4/12 (www.nbc.com/constantine/photos/behind-the-scenes-of-danse-vaudou/2071426; Stand: 09.12.2014).

[5] To Hell and Back: DANSE VAUDOU (www.nbc.com/constantine/video/to-hell-and-back-danse-vaudou/2828488?onid=208906#vc208906=1; Stand: 09.12.2014).

[6] Jordan, Charity: Constantine... Stayin Alive (www.charityjordan.com/constantine-stayin-alive/; Stand: 09.12.2014).

[7] Behind the Scenes of DANSE VAUDOU 8/12 (www.nbc.com/constantine/photos/behind-the-scenes-of-danse-vaudou/2071446; Stand: 09.12.2014).

[8] Alex Simon: John Badham on Yelling ›Action!‹ and Other Tales From the Trenches (www.huffingtonpost.com/alex-simon/john-badham-on-yelling-ac_b_3849877; Stand: 09.12.2014).

[9] Bridget LaMonica: SUPERNATURAL: FIRST BORN review (www.denofgeek.us/tv/supernatural/232348/supernatural-first-born-revie; Stand: 09.12.2014).

[10] Marc Buxton: CONSTANTINE: DANSE VAUDOU review (www.denofgeek.us/tv/constantine/241559/constantine-danse-vaudou-review; Stand: 09.12.2014).

[11] Alex Simon: John Badham on Yelling ›Action!‹ and Other Tales From the Trenches (www.huffingtonpost.com/alex-simon/john-badham-on-yelling-ac_b_3849877; Stand: 09.12.2014).

[12] PSYCH (NBC 2006-2014).

[13] John Badham: John Badham on Directing. Studio City 2013, S. 211.

12 Monkeys: The Keys (2015)

Von Michael Flintrop

12 MONKEYS, der Film von Terry Gilliam aus dem Jahre 1995, zählt mit seinen komplexen Zeitreisestrukturen zu den interessantesten Exemplaren des fantastischen Genres. Aus ferner Zukunft wird James Cole, gespielt von Bruce Willis, per Zeitmaschine in die Gegenwart zurückgeschickt, um den Ausbruch einer verheerenden Virus-Epidemie zu verhindern, die durch die geheimnisvolle Gemeinschaft der »12 Monkeys« verursacht wird. Am Ende muss er aus der Perspektive einer Kindheitserinnerung den eigenen Tod erleben und kann die Freisetzung des tödlichen Virus nicht verhindern.

In jüngster Zeit werden verstärkt Vorbilder erfolgreicher Kinoproduktionen als Serienformate für das Fernsehen adaptiert: CONSTANTINE (NBC 2014-2015),[1] HANNIBAL (NBC 2013-2015),[2] FARGO (FX Network 2014-),[3] RUSH HOUR (CBS 2016)[4] oder auch WESTWORLD (HBO 2016-).[5] Auch die TV-Serie 12 MONKEYS (Syfy 2015-2018) ist in dieser Traditionslinie zu sehen, zu der John Badham die am 27. Februar 2015 ausgestrahlte Episode THE KEYS beisteuerte. Diese Folge nimmt eine Art Schlüsselposition innerhalb der ersten Staffel mit ihren 13 Episoden ein und stellt ein Bindeglied zwischen der eher realistischen ersten Hälfte und einer zunehmend surrealer und konfuser wirkenden zweiten Hälfte dar.[6]

Der Titel THE KEYS bezieht sich dabei auf den zu Beginn der Episode visualisierten Traum Coles, eines Tages in Florida die Naturschönheit der »Keys« in ihrer überwältigenden Pracht kennenzulernen und nimmt dabei Bezug auf ein narratives Moment, das schon deutlich in Gilliams Film angelegt ist. An drei signifikanten Stellen wird dies dort thematisiert: Bei dem Versuch, aus der Nervenheilanstalt zu entkommen, rät ein Mitinsasse Cole zu einem Besuch; auf dem Weg nach Baltimore hört Cole im Autoradio einen darauf bezogenen Werbespot, und das Ziel, zu dem Cole und die Ärztin Kathryn Railly (Madeleine Stowe) schließlich aufbrechen wollen, jedoch am Flughafen gestoppt werden, sind ebendiese »Keys«. Dies korrespondiert mit der für den Zuschauer kaum

vorhersehbaren Auflösung der Episode, in der Cole, die zentrale Figur des ganzen Unternehmens, bei einem amerikanischen Luftangriff überraschend zu Tode kommt und in der Retrospektive klar wird, welche Bedeutung die irreal eingestreuten Traumfetzen zu Beginn entfalten werden.

Insgesamt ist dies eine Folge, die ganz dem Hier und Jetzt geschuldet ist, und nicht (wie sonst alle übrigen Episoden) zwischen dem Jahr 2043, aus dem Cole zurück in die Vergangenheit reist, und der Realität des Jahres 2015, mit dem Gilliams Handlungszeit um 20 Jahre aktualisiert ist, hin und her springt. Bezeichnenderweise sind mit Katarina Jones (Barbara Sukowa) und José Ramse (Kirk Acevedo) zwei zentrale Figuren der Zukunftsnarration in Badhams Episode komplett absent. Dagegen konzentriert sich die Handlung auf eine von der CIA angeleierte Verschwörung, den in Tschetschenien untergetauchten »Whistleblower« Adam Wexler mittels eines Virus-Attentates zu beseitigen. In Aussehen und Habitus ähnelt Wexler verblüffend dem realen »Verräter« Edward Snow-

»Whistleblower«

Dubioser Senator

Militärbildschirm

den[7] – nicht der einzige Hinweis darauf, wie nah sich die Episode auf der Höhe der Zeit befindet.

Eine lediglich als »Senator« bezeichnete und vom Hollywood-Veteran Stephen McHattie gespielte Figur, die dubios im Hintergrund die Fäden zieht, den Mordauftrag erteilt und bei dem CIA-Anschlag den Tod einer Vielzahl Unschuldiger einkalkuliert, wirft (in dieser konzentrierten Form einmalig in der ersten Staffel) ein finsteres Bild auf einen Staatsapparat, der außer Kontrolle geraten zu sein scheint – ein Thema, das Badham von seinen Kinofilmen BLUE THUNDER, POINT OF NO RETURN bis hin zu TV-Episoden aus Paranoia-Serien wie NIKITA interessiert. Und erneut dient innerhalb einer militärischen Einrichtung ein überdimensionierter Bildschirm dazu, das Angriffs-Geschehen aus sicherer Entfernung zu verfolgen. Auch hier schließt sich insoweit ein Bogen.

Allgemein kann man die Serie mit ihrem hochmodernen Setting, die visuell ganz andere Wege beschreitet als das von Gilliam an seinen berühmten Film BRAZIL (1985) angelehnte Original,[8] als aktualisierte Fortführung und Bündelung bereits im Kinofilm angelegter Motive begreifen. Sind es bei Gilliam eine Handvoll spinnerter Umweltaktivisten, die sich von einem skrupellos-verrückten Wissenschaftler als »12 Monkeys« instrumentalisieren lassen, um darüber die Apokalypse auszulösen, so befinden sich in der Serie multinationale Konzerne auf der Suche nach dem Virusstamm. Aus dem verrückten, von Brad Pitt gespielten Unternehmersohn Jeffrey Goines wurde eine Tochter namens Jennifer; und in der Zukunft muss man sich mit ganz anderen Gefahren wie marodierenden Gangs, abgespaltenen Wissenschaftlern und mönchischen Gemeinschaften herumschlagen als mit freilebenden Tieren im Gilliam-Universum. Der Auftakt der Serie wird durch eine Szene vorgegeben, die sich auch in dieser Form bei Gilliam findet: Cole (Aaron Stanford) überfällt Dr. Cassandra Railly (Amanda Schull; ein sprechender Name), die gerade einen Vortrag über vergangene Virus-Epidemien gehalten hat, in ihrem Auto und setzt damit die dramatische Handlung in Gang, die in der zweiten Episode auch in die Nervenheilanstalt führt, in der bereits Willis auf Pitt getroffen war und wo sich das Szenario unter anderen Vorzeichen wiederholt. Repetiert wird ebenfalls das Auftauchen Coles in einer falsch programmierten Zeit, was zu Irritationen im Zeitverlauf führt: Bei Gilliam landet Cole in einem Schützengraben des 1. Weltkrieges, wo er anhand eines Fotos identifiziert wird, in der Serie dagegen im feindlich asiatischen Ausland. Auch hier macht sich die dramaturgische Differenz beider Verfilmungen bemerkbar: Während bei Gilliam das Foto ausschließlich dazu dient, Railly von den Möglichkeiten der Zeitreise zu überzeugen, hat die kurzzeitige Präsenz Coles auf dem feindlichen Stützpunkt erhebliche Folgen für die weitere Entwicklung.

Badham, der sich in seinem gesamten Schaffen weniger von fantastischen Aspekten hat leiten lassen, sondern immer darum bemüht war, die Gefahren des Einsatzes hochmoderner Techniken auf die Gesellschaft zu untersuchen, bleibt sich auch in einer aktuellen Sci-Fi-Serie wie 12 MONKEYS treu: Weniger an der Komplexität verschachtelter Zeitreisen interessiert, erzählt er vielmehr eine bodenständige Geschichte über außer Kontrolle geratene Geheimdienste und den damit verbundenen Einsatz mörderischer Massenvernichtungswaffen. Dass dies eine Fortführung der Themen seiner berühmten Kinofilme darstellt, wurde bereits erwähnt. Dies bedeutet aber auch, dass Badham sein Handwerk nicht verlernt hat und in der Lage ist, sich sogar in einer technisch hochversierten Serie wie dieser einen eigenen Standpunkt zu erarbeiten.

Anmerkungen

[1] CONSTANTINE (2005; R: Francis Lawrence)

[2] HANNIBAL (2001; R: Ridley Scott)

[3] FARGO (1996; R: Joel Coen, Ethan Coen)

[4] RUSH HOUR (1998-2007; R: Brett Ratner)

[5] WESTWORLD (1973; R: Michael Crichton)

[6] Wie bereits an anderer Stelle ausgeführt, handelt es sich auch bei 12 MONKEYS mit seinen nicht abgeschlossenen Handlungsbögen um ein *Serial*. Zur Abgrenzung von *Serial* und *Series* vgl. die Beiträge von Michael Flintrop zu THE BEAST und THE EVENT in diesem Band.

[7] Edward Snowden ist ein ehemaliger CIA-Mitarbeiter, der 2013 durch seine Enthüllungen einer der Auslöser der NSA-Affäre war und sich seitdem versteckt halten muss. Oliver Stone hat der ganzen Geschichte 2016 einen Film mit Titel SNOWDEN gewidmet.

[8] Es ist auffällig, wie die seltsamen Zukunfts-Apparaturen aus 12 MONKEYS denen aus BRAZIL ähneln.

Arrow: Haunted (2015)

Von Michael Flintrop

Wie der übermächtige Marvel-Konkurrent hat auch DC schon früh damit begonnen, Ableger und Spin Offs seiner erfolgreichen Kinofilme im Fernsehen zu positionieren. Einer der erfolgreichsten Versuche dürfte dabei ARROW sein, gestartet 2012 und nunmehr nach acht Staffeln beendet. Erzählt wird – ähnlich der Saga um den weitaus bekannteren Batman – die Geschichte des Milliardärs und Großindustriellen Oliver Queen (Stephen Amell), der seine Heimatstadt Starling City inkognito von der Geißel des Verbrechens befreien will. Begleitet wird er von einem technisch hoch aufgerüsteten Team, das sich über die Staffeln hinweg erweitert. Die Episoden changieren dabei zwischen Gegenwart und Vergangenheit, wobei erklärt wird, wie Queen zu dem geworden ist, was er ist. Am Ende der dritten Staffel hat er den Kampf gegen den alten Ra's al Ghul zwar gewonnen, doch sein alter Gegenspieler und Vater seiner Halbschwester, Malcolm Merlyn, ist nun das Oberhaupt der Liga der Assassinen geworden.

Damien Darhk und seine Lazarus-Gruppe sind die Antagonisten der vierten Staffel, die mit einer Serie von Anschlägen Starling City das Fürchten lehren wollen. Ein weiteres Problem ist Sara Lance, Queens Ex-Freundin, in der vorherigen Staffel getötet, durch einen mörderischen Zauber wieder ins Leben gerufen, nun aber völlig außer Kontrolle geraten. Und genau an dieser Stelle setzt die von John Badham inszenierte Episode HUNTED ein, in der es in erster Linie darum geht, Sara von dem Fluch zu befreien und der Storyline insgesamt eine neue Richtung zu geben.[1] Dazu ist die Hilfe von John Constantine erforderlich, einer weiteren Figur aus dem DC-Universum, die mit CONSTANTINE (NBC 2014-2015) Bestandteil einer kurzlebigen TV-Serie war.[2] Auf Constantine trifft Quinn in einer Rückblende zum ersten Male auf einer geheimnisvollen Insel, auf der undurchsichtige Gestalten illegale Geschäfte (nur Drogen?) betreiben, bei denen Quinn undercover eingeschleust worden ist und nun zum kurzzeitigen Gefährten von Constantine wird. Der nämlich ist auf der Suche nach dem »Auge des Horus«, einem antiken Zauberbuch, das sich in einer Höhle befindet und bei dessen Inbesitznahme er der Hilfe Quinns bedarf. Dadurch hat Quinn bei ihm einen Gefallen gut, den er nun in der Gegenwart einfordert.[3]

Constantine verfügt über magische Kräfte, die nun helfen sollen, das Böse, das von Sara Besitz ergriffen hat, auszutreiben. Keinen Exorzismus führe er durch, so erläutert er Quinn und seinen Mitstreitern, sondern eine Restitution, die Zurückführung der Seele in einen Körper. Und genau darum dreht sich im Kern die gesamte Episode. Wie in zahlreichen Beiträgen herausgearbeitet, ist Badham ein Humanist, dem es in vielen seiner Filme darum geht, das Menschliche im vermeintlich Inhumanen herauszukehren. Das ist eines seiner zentralen Themen. Wie der Roboter »Nummer 5« in SHORT CIRCUIT, der erst durch einen Blitzeinschlag menschliche Gefühle entwickelt, oder Nina in POINT OF NO RETURN, die von einem seelenlosen Freak in einen – menschlichen – Killer transformiert wird, so hat Sara, zunächst gestorben, in einem Bad in Nanda Parbat am Hindukusch zwar ihr Leben wiedergewonnen, ist dabei jedoch vollkommen seelenlos geblieben. Eine enthumanisierte Killermaschine, die alles daransetzt, Quinns Halbschwester Thea (Willa Holland), die Schuld an ihrem Tod war, außer Gefecht zu setzen. Sara schließlich einzufangen, ist wenig spektakulär, doch die Restitution durchzuführen, hat es in sich und kann ohne Constantine nicht über die Bühne (im wahrsten Sinne des Wortes) gebracht werden. Gefangen in einem magischen Zimmer, zu dem man immer wieder zurückkehrt, gelingt die Zurückführung der Seele erst nach einer Konfrontation mit Ra's al Ghuls Schergen des verdammten Wiederauferstehungswasser im Becken des Nanda Parbat.

Sara – wie viele Helden bei Badham – gelangt zurück in den Besitz ihrer Seele: Der Sieg des Menschlichen über das Inhumane ist perfekt.

Dass Badham in seiner späten Karriere bevorzugt in Serien eingesetzt wird, die seine Erfahrung als Action-Regisseur nutzen, liegt auf der Hand. Wie SUPERNATURAL (The WB 2005 – 2020) oder CONSTANTINE zeichnet sich auch ARROW durch spektakuläre Action-Sequenzen aus, wobei in Badhams Episode insbesondere der Kampf zwischen Sara und Thea in deren Wohnung herausragt: Fluide Kamera, teilweise längere Zeit ohne Schnitt und eine mit Handkamera inszenierte Flucht durchs Treppenhaus. Aber er kann auch anders: Ein Gespräch zwischen Quinn und seiner Freundin, der Computerexpertin Felicity Smoak (Emily Bett Rickards), ist intim gefilmt, mit langsamen Kamerafahrten, fokussiert auf die Gesichter der Gesprächspartner.

Und an einer Stelle blitzt sogar der Nachhall seiner berühmten Technik-Trilogie aus den frühen 1980ern auf, sein tiefes Misstrauen in die Funktionsweisen staatlicher Autoritäten: Quinn, der sich als Kandidat für das Bürgermeisteramt aufstellen lassen will, hat einen politischen Berater engagiert. Der kennt dessen frühere Eskapaden (in drei Staffeln ausgestellt) und sieht sich zu einem Hinweis auf Chappaquiddick veranlasst mit all den unerfreulichen Konsequenzen.[4] Politik und Machtmissbrauch:

Dies geht bei Badham Hand in Hand und dem kann nur mit Menschlichkeit begegnet werden.

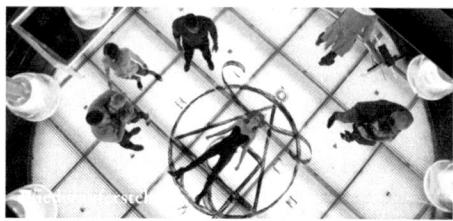

Intimes Gespräch

Anmerkungen:

[1] In der Episode der 9. Staffel der TV-Serie SUPERNATURAL mit Titel FIRST BORN ist eine ähnliche Beobachtung zu treffen: Auch mit dieser Episode tut sich ein neuer Handlungsverlauf und Spannungsbogen auf. Das deutet darauf hin, dass Badham in einem bestehenden Kosmos immer dann als Regisseur eingesetzt wird, wenn es darum geht, Wendepunkte in der fortlaufenden Erzählung zu inszenieren.

[2] Die Serie wurde in den Staaten zwischen dem 24. Oktober 2014 bis zum 13. Februar 2015 ausgestrahlt und aufgrund schwacher Einschaltquoten nach 13 Episoden wieder abgesetzt. Mit DANSE VAUDOU hat Badham die 5. Episode inszeniert.

[3] Ein solches Serien-Crossover ist nicht neu, sondern ist häufig auch bei anderen Serien wie CSI (CBS 2000-2015) oder WITHAOUT A TRACE (CBS 2002-2009) eingesetzt.

[4] Der Ort hat traurige Bekanntheit erlangt, als am 18. Juli 1969 Edward Kennedy mit seiner Begleiterin Mary Jo Kopechne im Auto verunglückte und die Frau dabei starb. Kennedy entfernte sich vom Unfallort und wurde deswegen zu einer zweimonatigen Haftstrafe verurteilt, die er jedoch nicht antreten musste. Man geht davon aus, dass im dies jegliche Chancen auf ein Präsidentenamt genommen hat. Der 1981 von Brian de Palme inszenierte BLOW OUT (Der Tod löscht alle Spuren) rekurriert auf diesen Vorfall.

Supernatural: The Hunter Games (2015)

Von Michael Flintrop

Eine reichlich geschwätzige Episode, die mehr mit den internen Befindlichkeiten beschäftigt ist, als in dynamischen Action-Höhepunkten zu münden: Während sich Crowley (Mark Sheppard), mittlerweile zum König der unterweltlichen Hölle bestellt, mit seiner intriganten Mutter Rowena (Ruth Connell), die auch vor Mord nicht zurückschreckt, auseinandersetzen muss, gelingt es Sam und Dean mit Hilfe von Castiel (Misha Collins), den bösartigen und nicht minder intriganten Metatron (Curtis Armstrong) aus dem Himmel zurück auf die Erde zu befördern, um mit seiner mit Nachdruck erbetenen Unterstützung endlich das verfluchte Kains-Mal von Deans Unterarm zu entfernen. Parallel dazu hat Castiel mit seinem renitenten Schützling Claire (Kathryn Newton) zu tun, deren Eltern früher einmal durch Mitwirken Castiels zu Tode gekommen sind und sich nun von einem dubiosen Pärchen dazu verleiten lässt, sich an Castiel zu rächen.

Intrigen

Obwohl das alles irgendwie zusammenhängt, gibt es am Ende keine abschließenden Lösungen, sieht man einmal davon ab, dass das böse Pärchen in die Flucht geschlagen werden kann und zwischen Castiel und Claire schließlich so etwas wie Versöhnung herrscht.

THE HUNTER GAMES referenziert natürlich ganz besonders die von Badham inszenierte Episode FIRST BORN,[1] die erst zu De-

ans bösem Kains-Mal geführt hat und das ihn nun bereits seit geraumer Zeit beschäftigt. Um das Ärgernis endlich loszuwerden, benötigt man Metatron, der jedoch überhaupt keine Lust zur Mitwirkung hat, sowie ein Messer namens »Die 1. Klinge«, die sich, von Crowley bewacht, irgendwo versteckt in der Hölle befindet, aber von Rowena in den Besitz gebracht werden will. Es gibt ein stetiges Hin und Her, wobei ein enger Mitarbeiter Crowleys, Guthrie, durch Rowena sein Leben verliert, eine schöne Szene auf einem von himmlischen Freaks bewachten Kinderspielplatz, wo sich ein Tor zum Himmel manifestiert und Metatron an die irdischen Gesellen übergeben wird, sowie ein paar scharfe Dialoge zwischen Crowley und Rowena, die ein schwer pathologisches Verhältnis zum Vorschein bringen.

Interessant wird die eher schwache Episode aber erst in den Folter-Sequenzen, in denen Dean den verstockten Metatron zum Reden bringen will. Nachdem Schläge ins Gesicht nicht helfen, kommt ein Messer zum Einsatz und nur durch das beherzte Einspringen von Sam und Castiel kann Schlimmeres verhindert werden. Auch wenn derartige Sequenzen zum ständigen Repertoire der Serie zählen, wird eine Referenz an die im Zuge von 9/11 realen Foltermethoden des »War on Terror« wohl kaum von der Hand zu weisen sein, hier mit der ernüchternden Feststellung jedoch, dass solche Methoden im Ergebnis nichts bringen und das Problem nicht beenden können. SUPERNATURAL mit seinen zahlreichen Folterungen, feurigen Exorzismen, der Beschwörung mystischer Rituale und dem in späteren Staffeln zentrierten Kampf zwischen Himmel und Hölle, also dem abso-

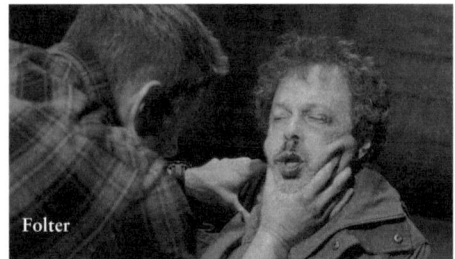

Folter

luten Kampf »Gut« gegen »Böse«, in dem Sam und Dean zwischen die Fronten geraten sind, mag als möglicher Beleg dienen, inwieweit auch derartige Serien durch die politische Großwetterlage beeinflusst werden. Dies wäre an anderer Stelle aber noch näher zu untersuchen.[2]

Anmerkungen:

[1] Vgl. dazu auch den Beitrag von Fabian Rudner in diesem Band.

[2] Dies ist bislang lediglich anhand einiger sogenannter »Qualitätsserien« (problematische Definition) wie THE SOPRANOS oder THE WIRE geschehen. Serien wie CRIMINAL MINDS, ARROW, CROSSING JORDAN oder eben auch SUPERNATURAL, in denen Badham häufig gearbeitet hat, sind bisher außen vor geblieben.

The Things They Carried (2015)

Eine finstere Episode: Dean und Sam werden nach Fayette, North Carolina, gerufen, wo ein soeben aus dem Irak zurückgekehrter Soldat eine Kameradin hingerichtet und sich dann selbst angezündet hat.
Als ein weiterer Soldat ausrastet und auf der Suche nach Flüssigkeit einen Laden überfällt, wird klar, dass die Heimkehrer etwas Böses aus dem fernen Land mitgebracht ha-

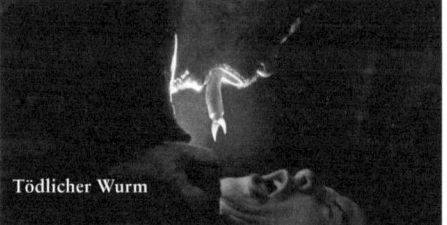

Tödlicher Wurm

ben müssen. Was das ist, muss ihr alter Bekannter Cole am eigenen Leibe erfahren: Es ist ein zangenartiger Wurm (der in einer harmloseren Art bereits in einer früheren Staffel aufgetreten ist), der sich von Mund zu Mund verbreitet und die infizierten Personen von innen heraus ausdörrt. Auf der Suche nach einer Lösung wird Sam zudem mit einer Auseinandersetzung aus der Vergangenheit konfrontiert.

THE THINGS THEY CARRIED ist eine klassische »Monster of the Week«-Geschichte, eingebettet in einen gesellschaftskritischen Kontext, der Badham gefallen haben dürfte. Produktionen, die sich mit dem Schicksal traumatisierter Kriegsheimkehrer beschäftigen, sind Legion: THE BEST YEARS OF OUR LIVES (1946; R: William Wyler) früh mit dem 2. Weltkrieg, THE EXTERMINATOR (1980; R: James Glickenhaus) mit Vietnam oder AMERICAN SNIPER (2014; R: Clint Eastwood) mit dem Irak. Formulieren diese Filme ihr Anliegen eher auf gesellschaftlich-psychologischer Ebene, verbindet die von Badham inszenierte Episode den Hintergrund mit dem fantastischen Genre, ohne dabei an Schärfe zu verlieren. In grünstichigen Bildern, die an »Live«-Aufnahmen des 1. Irakkrieges erinnern, sehen wir an einer Stelle, was dort tatsächlich vor Ort geschehen ist: Die Soldaten hatten den Auftrag, einen Vorgesetzten aus der Gefangenschaft zu befreien, ahnten dabei aber nicht, dass dieser von einem Wurm infiziert ist und daher zum Überträger mutiert. Anstatt der traditionellen Massenvernichtungswaffen, die man im Irak vergeblich zu finden hoffte, gelangt nun eine ganz andere Waffe ins Land, die droht, nicht nur amerikanische Soldatenfamilien zu zerstören.

Denn auch darum geht es in dieser Episode: Heimkehrer, die sich so schon schwer genug wieder in das familiäre Leben integrieren können, werden zur tödlichen Bedrohung, was auch der blutige Angriff auf den Verkäufer des Store beweist, der mit aufgeschnittener Kehle tot in die Regale sinkt.

Dean, der alles versucht, den infizierten Soldaten Kit zu heilen, scheitert im Hause der Familie, als er ihn vor den Augen seiner Ehefrau Gemma erschießen muss. Die amerikanische Kernfamilie ist in dieser Episode zerstört, nicht nur psychisch, sondern ganz im Sinne des Wortes, verursacht durch einen fragwürdigen, von der Regierung angezettelten Krieg.

Zerstörte Familie

Und auch dem genesenen Cole, selbst verheiratet und Vater zweier Kinder, bleiben nichts als tröstende Worte an die befreundete Hinterbliebene.

Während in einer Szene über das auf Sams Unterarm eingebrannte »Kainsmal« diskutiert und damit erneut auf die von Badham inszenierte Episode FIRST BORN referenziert wird,[1] mündet zumindest eine andere Fehde in der Beendigung eines staffelübergreifenden Konflikts: Sam, der einst Coles besessenen Vater tötete und der darüber zum Jäger des ebenfalls von Dämonen besessenen Dean mutierte, kann Coles Leben retten, indem er ihn regelrecht austrocknet. Am Ende reichen sich die ehemaligen Kontrahenten die Hand. Ob sie darüber tatsächlich Freunde geworden sind, bleibt abzuwarten und wird sich in späteren Staffeln zeigen.

Anmerkungen:
[1] Vgl. auch den Beitrag von Fabian Rudner in diesem Band.

Into The Mystic (2016)

Irland, 30 Jahre zuvor: Eine Familie wird von einem »Banshee«, einer hexenhaften Furie, angegriffen, wobei nur das Baby überlebt. Zurück in der Gegenwart werden Sam und Dean auf einen mysteriösen Fall aufmerksam, bei dem der Bewohner eines Altenheimes unter seltsamen Umständen ums Leben gekommen ist. Als auch der Anstaltsleiter plötzlich Stimmen hört, sich den Kopf einschlägt und dann wie rasend aus dem Fenster stürzt, wird klar, dass der irländische »Banshee« erneut sein Unwesen treibt. Mit Hilfe der gehörlosen Reinigungskraft Eileen Leahy (Shoshannah Stern), die sich als das nun erwachsene Baby vom Beginn herausstellt und sich zudem als Jägerin entpuppt, sowie der quirligen Seniorin Mildred Baker (Dee Wallace) kann dem Spuk schließlich ein Ende bereitet werden.

Banshee

Erneut eine »Monster of the Week«-Episode, in der das übergreifende Handlungskonzept – der Kampf gegen »Die Finsternis« und dem entflohenen Luzifer – nur rudimentär weitergetrieben wird. Aber eine Episode, die es mit ihren Verweisen, den Bezugnahmen insbesondere auf das Filmgeschehen der 1980er-Jahre, und ironischen Scherzen in sich hat. Das ist in erster Linie der Darstellerin Dee Wallace geschuldet, die in den Achtzigern, als auch Badham seine großen Kinoerfolge feierte, mit Filmen wie THE HOWLING (Das Tier; 1981; R: Joe Dante), E.T. (1982; R: Steven Spielberg) oder CUJO (1983; R: Lewis Teague) ein veritabler Star war. In Ehren gealtert, voll sexueller Energie, ist es naheliegend, sie von Dean in die Nähe von Blanche, einer der »Golden Girls« aus der gleichnamigen TV-Serie (NBC 1985 – 1992), gerückt zu sehen. Wesentlich aber ist ein langer Monolog (ungewöhnlich im Kontext von SUPERNATURAL), in dem Mildred, zusammen mit Dean auf einer Couch sitzend, ihr Lebensmotto zum Besten gibt. Viele Jahre Mitglied einer Patsy Cline-Tribute-Band,[1] habe sie ein glückliches Leben gehabt, in dem sie ihrem Herzen gefolgt sei. Sie habe die Welt gesehen, Menschen zum Lächeln gebracht, die darüber für eine Weile ihre Probleme vergessen konnten.

Loving Mildred

Darin nicht auch so etwas wie ein verstecktes Selbstporträt von Badham zu sehen, fällt schwer, obwohl er im Gegensatz zu Mildred, die schließlich in Rente gegangen sei, davon noch weit entfernt zu sein scheint.

Scherze und Verweise in dieser lockeren Episode gibt es genug: Bevor der Anstaltsleiter das Zeitliche segnet, berichtet er von der Trennung seiner Ehefrau. Diese sei von ihr mit vielen »Emojis« versehen per SMS erfolgt und im Gegenzug dazu habe er ihr einen Misthaufen vor die Tür gestellt; Eileens Eltern waren Mitglied der »Männer der Schriften«, die in einer früheren Staffel bereits von Interesse waren, und Mildred fragt, als Dean ihre Hand auf seinem Oberschenkel bemerkt, ob sie die nicht etwas höher anlegen solle.

Etwas irritiert am Ende dann doch und weist auf spätere Entwicklungen hin: Der »Banshee«, der in aller Regel nur kran-

ke und schwache Personen behelligt, sucht sich schließlich ganz bewusst Dean aus, der doch eigentlich das genaue Gegenteil ist. Aber vielleicht ist dies seine intensive Verbindung zur »Finsternis«, repräsentiert durch die schöne Amara (Emily Swallow), die Mildred intuitiv spürt und als ihre Konkurrentin erkennen lässt. Aber beruhigend ist dann doch, dass eine so tolle und lebendige Frau wie Mildred, auch sexuell, wie von ihr angeboten, immer zur Verfügung stünde.

Anmerkungen:

[1] Vgl. Wikipedia (www.wikipedia.org/Patsy Cline): Patsy Cline war eine US-amerikanische Country-Sängerin, die als Crossover-Künstlerin zur Popmusik Teil des Nashville Sounds war. Zu ihren größten Erfolgen zählen »Walkin After Midnight«, »I Fall to Pieces« und »Crazy«. Sie starb im Alter von 30 Jahren bei einem Flugzeugabsturz.

The Vessel (2016)

Eine Episode, die Zeitreise, Mystik und Geschichte komplex miteinander verbindet, beginnend im besetzten Frankreich des Jahres 1943. Dort gelangt die Widerstandskämpferin Delphine Seydoux (Weronika Rosati) in den Besitz eines Relikts, der »Hand Gottes«, das die Nazis dazu benutzen wollen, den Krieg zu ihren Gunsten zu entscheiden.

Delphine und der Nazi

Auf dem Weg nach Amerika wird das U-Boot von den Deutschen versenkt und das Relikt scheint verloren. In der Gegenwart finden Sam und Dean heraus, dass die »Hand Gottes« die Macht von Amara zerstören kann. Mit Hilfe von Castiel, von dem die Brüder noch nicht wissen, dass Luzifer in ihn gefahren ist, gelangt Dean per Zeitreise auf das versunkene Schiff, um das Relikt zu sichern. Dumm ist nur, dass Delphine ein Symbol angebracht hat, das die Rückkehr verhindert und Castiel/Luzifer sich offenbart und das gute Stück selbst in den Besitz bringen will.

Weder »Monster of the Week« noch in traditioneller Fortführung des übergreifenden Handlungsbogens im Kampf gegen Gott und seine Schwester Amara stehend, besticht THE VESSEL durch eine komplizierte Story, die sich daneben ironisch mit dem Zusammenprall der sich aus der Zeitdistanz differenten Kulturen beschäftigt. So löst Deans Handy, das unter Wasser natürlich keinen Empfang hat, Irritationen aus; mit der Football-Mannschaft der »Rangers« kann niemand etwas anfangen und als der Crew klar ist, dass Dean aus der Zukunft stammt, bleiben Fragen zum künftigen Präsidenten der Vereinigten Staaten nicht aus (die Dean auch noch verwechselt, als er Eisenhower vor Truman situiert). Verweise auf Jules Vernes Klassiker *20.000 Meilen unter dem Meer* und James Camerons Unterwasser-Dokus EXPEDITION BISMARCK (2002) und GHOSTS OF THE ABYSS (2003), die nahelegen, auch die versunkene USS Bluefin längst geborgen zu haben, tun ihr Übriges.

Außerdem erfährt Dean am eigenen Leib, wie die USS Bluefin auf den Meeresboden gelangt ist,[1] inszeniert in der klassischen Tradition von DAS BOOT (1981; R: Wolfgang Petersen) oder CRIMSON TIDE (1995; R: Tony Scott) als klaustrophobische Studie. Delphine, der Unausweichlichkeit ihres Schicksals bewusst, hilft Dean, das Symbol zu zerstören, damit er wieder in die Gegenwart zurückkann. Auch wenn die Hoffnung

zunächst groß ist: Die USS Bluefin und seine Mannschaft, von den Deutschen bombardiert, ist auch nicht durch Dean zu retten, der zumindest die »Hand Gottes in die Gegenwart bringen kann. Doch auch das ist nur ein scheinbarer Sieg, denn die Kraft des Relikts ist im Einsatz lediglich einmalig und danach nicht weiter verwendbar.

Währenddessen ist Crowley seiner Macht als Höllenfürst beraubt und wird von Castiel/Luzifer wie ein Hund gehalten, der, so der neue König, nur bellen soll, wenn er gefragt wird.

Der Hund des Königs

Aber auch das wird sich wieder ändern. Auch die »Männer der Schriften« tauchen wieder auf, wobei Delphine Mitglied eines weiblichen Ablegers gewesen ist mit dem Auftrag, der Nazi-Organisation »Ahnen-Erbe« das mörderische Relikt zu entreißen.

All das vereint THE VESSEL zu einer mitreißenden Episode, die in ihrer verschachtelten Erzählweise ein wenig singulär in der Serie steht. Und Badham inszeniert mit dem ersten Auftauchen der »Hand Gottes«, die unabdingbar ist, die tödliche Macht Amaras zu brechen, erneut eine Folge, die als Scharnier zu sehen ist und das weitere Handlungsgeschehen dramatisch bestimmen wird.

Anmerkungen:

[1] Laut Auskunft Badhams wurde das U-Boot maßstabgetreu gebaut. Vgl. Gespräch mit dem Autor vom 11.02.2021.

We Happy Few (2016)

Eine Geschichte, die zunächst reichlich geschwätzig daherkommt, sich dann aber zu einem furiosen Actioner steigert. Als vorletzte Episode der 11. Staffel soll WE HAPPY FEW den finalen Kampf zwischen der Truppe um Sam und Dean mit »Der Finsternis« Amara vorbereiten, führt aber zu dem Ergebnis, dass das spektakuläre Finale tatsächlich vorgezogen wird, denn in der letzten Staffel-Episode einigen sich die Kontrahenten friedlich, so dass das Ende der Welt ausbleibt. Das ist schon bemerkenswert, denn wer hätte erwarten können, dass der handwerklich versierte Badham das Finale vor dem Finale inszenieren würde.

Im Kampf gegen seine Schwester Amara ist Gott persönlich in der Gestalt von Chuck (Rob Benedict) wieder aufgetaucht, um seine Memoiren unter die Leute zu bringen. Hört sich erstmal merkwürdig an, macht im Kontext von SUPERNATURAL aber durchaus Sinn. Metatron, sein Lektor, ist von Amara mittlerweile um die Ecke gebracht worden, so dass neues Personal dringend Not tut, um das Schlimmste zu verhindern. Und so befaßt sich ein Großteil der Geschichte damit, eine neue Streitmacht zu rekrutieren und einen alten Vater-Sohn-Konflikt zwischen Castiel/Luzifer und Gott beizulegen.

Vater und Sohn

Die himmlischen Engel haben irgendwie keine Lust mehr und zeigen Castiel/Luzifer die kalte Schulter; Crowley hat nach seiner blamablen Vorstellung als Hündchen als Höllenfürst mächtig an Reputation verloren, und Rowena hat vor, mit der Hexe Clea (Barbara Eve Harris) in der Vergangenheit ihr Glück zu versuchen, um dem Ende der Welt zu entgehen. Gott selbst hat fundamentale Identitätsprobleme und Sam und Dean werden dazu verdammt, alles, quasi als Therapeuten, aus der Ferne zu beobachten.

Irgendwann, nach langen Diskussionen, aber ist man sich einig, Amara nicht zu töten, sondern lediglich gefangen zu nehmen. Doch erstmal muss der nette Donatello (Keith Szarabajka), ein neuer Prophet und erst in der vorherigen Episode eingeführt, dran glauben, dem Amara die Seele aussaugt, dadurch aber für die Falle angelockt wird.

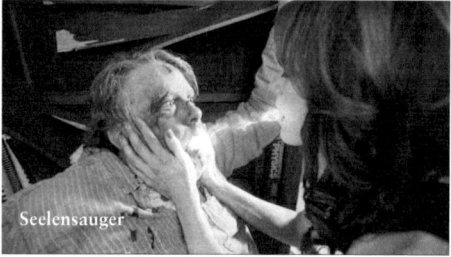
Seelensauger

Der Plan sieht vor, das »Kainsmal«, mit dem Dean solche Schwierigkeiten gehabt hatte, von Amara auf Sam zu übertragen, damit sie darüber ihre Kraft verliere. Rowena und ihre vier Hexen verlieren die erste Runde und erst als Gott und Crowley vereint ihre Kräfte walten lassen, scheint sich das Blatt zu wenden. Doch Amara erweist sich als stärker und triumphiert über das letzte Aufgebot, das nichts mit einem himmlischen Kampf der Erzengel gemein hat. Die letzte Einstellung zeigt die verletzte Rowena, die eine Veränderung am Himmel bemerkt und das Verlöschen der Sonne und damit das Ende der Welt ankündigt. Was für ein Finale und was für ein Cliffhanger. Doch dies ist, wie bereits angemerkt, nicht das Staffel-Ende, sondern die vorletzte Episode, die den Höhepunkt erst vorbereiten soll. Doch der fällt dann reichlich banal aus: Gott und Amara sprechen sich vor dem sprachlosen Dean, der »Die Finsternis« mit einer »Seelenbombe« eigentlich zurück in die Hölle schicken sollte, aus, vertragen sich wieder und schweben schließlich in einem schwarz-weißen Vereinigungsband gen Himmel. Eine schwache Auflösung und Badham bleibt vorbehalten, mit WE HAPPY FEW zuvor noch einmal richtig Gas gegeben zu haben.

Celebrating The Life Of Asa Fox (2016)

Die 12. Staffel ist einigen Änderungen unterworfen, narrativ wie ästhetisch: Alles wirkt erdiger, auch preisgünstiger. Beendet ist der lange Kampf gegen Himmel und Hölle, reduziert auf die Auseinandersetzung mit Luzifer, der lediglich daran interessiert scheint, die Macht über die Hölle zurückzugewinnen, als die Welt zu bedrohen. Es gibt wieder mehr »Monster of the Week«-Geschichten, die Musik ist anders und auch das Setting gestaltet sich einfacher. Die Anzeichen mehren sich, dass der Erfolg von SUPERNATURAL dem Ende entgegengeht.

In diesem Kontext ist auch CELEBRATING THE LIFE OF ASA FOX zu sehen: Nahezu konzentriert auf einen Schauplatz, dem Haus der titelgebenden Figur, in dem dessen Beerdigung gefeiert wird, geht es in erster Linie um die Aufklärung, wer oder was Fox umgebracht haben könnte. Vor dem Titel wird Fox als junger Mann eingeführt, der 1980 in Emerson, Manitoba, von Mary Winchester (Samantha Smith), Sam und

Mary und der junge Asa

Deans Mutter, vor 33 Jahren gestorben und von »Der Finsternis« Amara als Abschiedsgeschenk vor ihrem Himmelsflug reaktiviert, vor einem Werwolf gerettet wird und der damit seine Karriere als Jäger beginnt.

Diese endet abrupt (schöner visueller Einfall und wie ein Schock inszeniert), als er tödlich stranguliert im Wald gefunden wird.

Weder wissen Sam und Dean davon, dass zwischen dem Toten und ihrer Mutter eine Beziehung besteht, noch haben sie überhaupt je von ihm gehört. Aufmerksam werden sie erst durch Sheriff Jody Mills (Kim Rhodes), mit der sie zahlreiche Abenteuer aus der Vergangenheit verbinden, die sie zur Beerdigung einlädt. Mills, die im Fernsehen eine Liebes-Schnulze schaut, ist etwas irritiert, als Dean ihr berichtet, er habe »Hitler erschossen« - ein Hinweis auf die vorherige Episode, in der dies tatsächlich der Fall war (so ist das eben bei SUPERNATURAL).

Freundschaften

Auf der Beerdigung tummeln sich eine Handvoll Jäger, von denen jeder abenteuerliche Geschichten zu erzählen hat wie die, dass Fox in einer Nacht fünf Wendigos erledigt haben soll. Das fröhliche Miteinander wird empfindlich gestört, als einer mit durchschnittener Kehle und angenagelt an der Decke für alle sichtbar endet und sich herausstellt, dass ein anwesender Dämon munter die Körper wechselt. Gegenseitiges Mißtrauen ist geschürt und Anklänge an THE THING (Das Ding aus einer anderen Welt; 1982; R: John Carpenter) werden wach.

Auch »Sensenfrau« Billie (Lisa Berry) taucht wieder auf, sich die Seelen der jüngst Verstorbenen zu holen, und die mit Dean einen Tausch aushandelt, der sich am Ende als wirklich faules Ei für Billie herausstellt; der Dämon hat eine alte Rechnung zu begleichen; der sympathische Nerd Elvis (Billy Wickman) bekommt den Kopf von vorne nach hinten gedreht, und schließlich stellt sich heraus, dass Asas Tod ganz profane Gründe hat: Er ist bei einem Streit mit einem seiner Kollegen unglücklich gestürzt und hat sich tödlich am Hinterkopf verletzt.

Wie gesagt, das alles wirkt irgendwie reduzierter, um nicht zu sagen billiger und hat nur noch wenig mit dem Handlungsbogen zu tun, der bis zum Ende der 11. Staffel das Geschehen bestimmt hat. Und allein die Tatsache, als Überraschung mit Mutter Mary das Duo zu einem Trio zu komplettieren, deutet darauf hin, dass die Produzenten wohl erkannt hatten, spätestens mit dem Kampf gegen Gott das narrative Spektrum bis an die Grenzen ausgereizt zu haben.

Regarding Dean (2017)

Wie bereits CELEBRATING THE LIFE OF ASA FOX beginnt auch REGARDING DEAN mit einer Verfolgungsjagd durch einen Wald, die jedoch ein überraschendes Ende findet, als Dean vom sterbenden Dämon Gideon Loughlin (Justin Turnbull) mit einem Fluch belegt wird, der ihm nach und nach das Gedächtnis löscht. Was zahlreiche komische Situationen nach sich zieht, mündet schließlich in einer ernsthaften Reflexion über Demenz.

Doch zunächst dominieren die komischen Elemente: Dean wacht auf, ein Kaninchen in seinen Händen, verspürt sofort Heißhunger auf einen Berg von Waffeln und kann sich nicht mehr an die heiße Nacht mit einer attraktiven Kellnerin erin-

nern, was ihn zu der Bemerkung veranlaßt, wenn schon einmal eine auf ihn abfahre, dann wisse er davon nichts mehr. Mini-Wodka-Fläschchen in der Minibar des Hotels hält er für die Entdeckung des Jahres und seinen Gedächtnisverlust für eine Variante von MEMENTO (2000; R: Christopher Nolan), wobei ihn zu den 1980er-Jahren lediglich der Musiker und Schauspieler Jon Bon Jovi einfällt. Er ist ganz begeistert von Animationsfilmen, die er sich im Fernsehen anschaut und kommt sich vor, als gucke er sich selbst bei Netflix zu.

Identität?

Währenddessen unternimmt Sam zusammen mit Rowena (die in einer netten Szene beim Pokern ihre Mitspieler betrügt) alles, um hinter das Geheimnis des Fluches zu kommen und Dean, dem droht, seine ganze Identität zu verlieren mit anschließendem Tod, zu retten.

Dabei gibt es eine wirklich beeindruckende Sequenz, als Dean vor einem Spiegel steht und zu erfassen versucht, was von seiner Identität noch übrig geblieben ist. Weiß er zunächst noch seinen Namen, den seines Bruders und seiner Mutter, hat er das wenig später schon wieder vergessen und in einer verzweifelten Geste gelingt es ihm nicht mehr, sich noch an irgendwas zu erinnern. In diesen kurzen und prägnanten Momenten umreißt Badham präzise und kühl das Wesen der Demenz und wie es sich dabei anfühlen muss, seine gesamte Identität zu verlieren. Am Ende, als der Fall gelöst ist und er sein Gedächtnis zurückerlangt hat, kommt Dean auf ihre gesamte Situation zu sprechen, in dem er anmerkt, beim Vergessen sei er glücklich gewesen, da alles weg war, er sich aber jetzt nicht sicher sein könne, wieder glücklich zu sein, da er nun erneut von der katastrophalen Lage wisse, in der sich die Welt befinde.

Der Fall selbst ist – wie so vieles in der 12. Staffel – wenig spektakulär und auf wenige Schauplätze beschränkt. Eine alte Dämonen-Familie, die von einem Investmentbanker betrogen worden ist und der daraufhin an einem üblen Magen voller Geld stirbt, hat sich auf einer abgelegenen Farm eingenistet, um dort ihrer Hexenkünste zu frönen. Es kommt zu einer Konfrontation zwischen Rowena und der Oberhexe Catriona Loughlin (Tirra Dent), die Rowena von früher kennt und sie als unbedeutend verachtet. Gemeinsam wird die Sippe, die dem Kult der »Sprache der Bäume« anhängt, beseitigt und Dean erlangt sein Gedächtnis wieder, nicht ohne Sam einen Schrecken einzujagen, in dem er fragt, wer dieser Hippie wieder sei. Unterlegt mit einem Song gibt es am Ende einen schönen Zusammenschnitt der besten Szenen, Dean reitend auf dem Bar-Rodeo-Bullen, mit dem er die Kellnerin so begeistert und den er selbst wieder vergessen hatte.

Befreiender Ritt

The Big Empty (2017)

Was sich bereits mit der vorherigen Season ankündigte, in der es sich in erster Linie um das wahnwitzige Treiben der britischen »Männer der Schriften« drehte, setzt sich nun auch in der 13. Staffel fort: Alles wirkt irgendwie preisgünstiger und ist

mit einer reichlich drögen Storyline versehen, die sich um die Erziehung von Jack (Alexander Calvert), Luzifers Sohn, rankt und ziemlich lahm entwickelt ist. Dabei endete die 12. Staffel durchaus explosiv: Crowley tot, Castiel vermeintlich tot, des Teufels Sohn geboren sowie Mutter Mary und Luzifer in eine apokalyptische Parallel-Welt verbannt, aus der sie so schnell nicht mehr herauskommen. THE BIG EMPTY, die letzte von John Badham für SUPERNATURAL inszenierte Episode, reiht sich problemlos in die aktuelle Tendenz ein.

Madison, Wisconsin: Ein Mann wird von seiner Frau getötet, die selbst bereits tot ist. Im Sterben sieht der Mann aus einem verkanteten Blickwinkel (häufiges Stilmittel in Badhams Kinofilmen) die Mörderin davoneilen. Dean, der Jack nicht wirklich ausstehen kann und ihn am liebsten um die Ecke bringen würde, lässt sich von Sam überzeugen, den Teufelssohn, der sich gerade mit der Rezeption der Animations-Serie THE CLONE WARS (2008-2014) kulturelle Hintergründe zu erschließen versucht, bei der Untersuchung des Falls mitzunehmen. Nachdem eine weitere Bluttat geschehen ist (ein untotes Kind tötet seine Mutter), stoßen die drei Jäger auf eine Psychologin mit Schwerpunkt Trauma-Therapie. Die hatte mal was mit einem bösen Formwandler, der jetzt nach Rache dürstet und für die Morde verantwortlich ist. In der Praxis der Therapeutin gibt es eine intensive Dialog-Sequenz, in der das Verhältnis der Brüder zur eigenen Mutter reflektiert wird – nicht ungewöhnlich für das Serienuniversum SUPERNATURAL, in der die Psychologisierung der Figuren in all ihrer Ambivalenz eines der hervorstechendsten Merkmale ist. Und zudem trifft Jack in einem Video auf seine bei der Geburt verstorbene Mutter und damit auf eine weitere Reflexion der Kinder zu ihren Müttern.

Der Episodentitel THE BIG EMPTY ist damit aber noch lange nicht erklärt. Ein zweiter Handlungsstrang beschäftigt sich mit Castiel, der doch nicht tot ist, am Ende der vorherigen Episode kurz die Augen aufschlagen durfte und der nun in ein schwarzes Nichts versetzt ist, wo er sich mit einem dunklen Doppelgänger konfrontiert sieht. In einem hochphilosophischen Gespräch, das ohne jegliche Action auskommt, stellt sich heraus, dass Castiel in einem Universum gelandet ist, das bereits bestanden hat, bevor Gott irgendwie seine Hand ins Spiel bringen konnte. Das absolute Nichts, THE BIG EMPTY, sozusagen. Die Inszenierung ist diesem spartanischen Setting angepasst: Vor völlig schwarzem Hintergrund heben sich lediglich die beiden Castiels in ihren hellen Trenchcoats (das Markenzeichen von Castiel) ab, ihre Stärken und Schwächen abwägend und darüber diskutierend, inwieweit der reale Castiel zurück auf die Erde

kann, um Sam und Dean zu helfen. Wie das Ergebnis der Diskussion ausfällt, ist in der letzten Szene der Episode zu sehen und mit der Badham sich aus dem Serienuniversum von SUPERNATURAL verabschiedet: In gleißend hellem Licht ist Castiel zurück auf der Erde und schaut blinzelnd in die Sonne. Das Wiedersehen mit seinen Freunden wird für die kommende Episode aufgespart, mit der Badham nichts mehr zu tun haben wird.

Während der Ausstrahlung der 15. Staffel im Jahre 2020 hat Jensen Ackles den Ausstieg aus der Serie verkündet. Den schwarzen 1967er Chevrolet Impala,[1] mit dem die Brüder 15 Jahre lang die Vereinigten Staaten bereist hatten, durfte er zur Belohnung behalten. Mit 146 Folgen ist SUPERNATURAL eine der erfolgreichsten Serien der jüngeren Zeit und wird lange in Erinnerung bleiben.

Hell und Dunkel

Anmerkungen:

[1]Insgesamt wurden während des Drehs neun Impalas verschlissen. Vgl.: Philipp Schulze: Die Jäger der Apokalypse. In Cinema 3/21, S. 81.

I. Bücher/Texte von John Badham

(dt.) Norbert Stresau: Der Horrorfilm. Vorwort von John Badham. München: Heyne 1987, S. 7-13. (engl.) John Badham/Craig Modderno: I'll Be in My Trailer. The Creative Wars between Directors and Actors. Studio City, California: Michael Wiese 2006; John Badham: John Badham on Directing. Studio City, California: Michael Wiese 2013; John Badham: WARGAMES and the Real World. In: Omni's Screen Flights/Screen Fantasies: The Future According to Science Fiction Cinema. Garden City, New York: Doubleday 1984; John Badham: On the Day of the Shoot: John Badham on Filmmaking. In: MicroFilmmaker Magazine vom 20.12.2013 (www.microfilmmaker.com/2013/12/day_of_shoot; Stand: 15.08.2014).

II. Bücher/Essays allgemein zur Thematik

(dt.) Lars-Olav Beier/Gerhard Midding: Die Poesie des Profanen. Ron Shelton über Baseball und Basketball, Sex und Wahlkampf, Fotos und Filme. In: Steadycam Nr. 23 (Winter 1992), S. 25-35; Lars-Olav Beier/Robert Müller (Hg.): Arthur Penn. Berlin 1998; Hans C. Blumenberg: Das Neue Hollywood. In: Peter W. Jansen/Wolfram Schütte (Hg.): New Hollywood. München 1976, S. 23-58; Elisabeth Bronfen: Hollywoods Kriege. Geschichte einer Heimsuchung. Frankfurt a.M. 2013 (2012); Lars Dammann: Kino im Aufbruch. New Hollywood 1967-1976. Marburg 2006; Michael Flintrop: Der Action-Cop als populäres Filmgenre. München 2010; Michael Flintrop/Stefan Jung/Heiko Nemitz: Joe Dante – Spielplatz der Anarchie. Berlin 2014; Thomas Fuchs: Johnny Depp. Der Mann hinter den Masken. Köln: Bastei Lübbe 2014; Tom Gunning: Das Kino der Attraktionen. Der frühe Film, seine Zuschauer und die Avantgarde. In: Meteor – Texte zum Laufbild Nr. 4. Wien 1996, S. 25-34; Adolf Heinzlmeier: Johnny Depp. Der sensible Don Juan. München: Heyne 1996; Adolf Heinzlmeier: Mel Gibson. Schauspieler und Regisseur. München: Heyne 1996; Johan Huizinga: Homo Ludens – Vom Ursprung der Kultur im Spiel. Hamburg 1987; Wolf Jahnke: Die 100 besten Action Filme. München: Heyne 1995; Todd Keith: Kevin Costner. Die nichtautorisierte Biographie. München: Heyne 1992; James King: The Ultimate History of the 80´s Teen Movie. New Your 2019; Robert Kolker: Allein im Licht. München 2001; Britta Neitzel: Spielplätze und Schauspiele – Zur Begegnung von Film und Games um 1900. In: Deutsches Filminstitut (Hg.)/Eva Lenhardt/Andreas Rauscher (Red.): Film & Games – Ein Wechselspiel. Berlin 2015, S. 96-105; Dirk Manthey/Jörg Altendorf (Hg.): Mel Gibson. Hamburg: Zweite Kino Verlag 1994; Murray Pomerance: Johnny Depp. Betrachtungen zu einem Schauspieler. Reinhard Weber: Landshut 2006; Andreas Rauscher: Spielerische Fiktionen – Genrekonzepte in Videospielen. Marburg 2012; Hans Helmut Prinzler/Gabriele Jatho (Hg.): New Hollywood 1967-1976. Trouble in Wonderland. Berlin 2004; Andreas Rauscher: Die Ludische Leinwand oder: Das Videospiel im Zeitalter seiner filmischen Reproduzierbarkeit. In: Deutsches Filminstitut (Hg.)/Eva Lenhardt/Andreas Rauscher (Red.): Film & Games – Ein Wechselspiel. Berlin 2015, S. 96-105; Kathrin Rothemund: Komplexe

Welten. Narrative Strategien in US-amerikanischen Fernsehserien. Berlin 2013; Georg Seeßlen: Steven Spielberg und seine Filme. Marburg 2001; Kurt W. Schmidt: Herr Doktor, sagen Sie mir die Wahrheit… Zur Darstellung medizinethischer Konflikte im Film. In: Ethik in der Medizin 12,3. 9/2000, S. 139-153; Alexandra Seitz: Johnny Depp. Ein Porträt. Berlin: Bertz+ Fischer 2006; Douglas Thompson: John Travolta. Eine Biographie. Köln: vgs 1997; Mary Thürmer: John Travolta. Wiedergeburt eines Stars. München: Heyne 1997. (engl.) Espen Aarseth: Genre Trouble – Narrativisim and the Art of Simulation. In: Noah Wardrip-Fruin (Hg.): First Person. Cambridge, Massachusetts 2004, S. 45-55; Tom Allen: The Semi-Precious Age of TV Movies. In: Film Comment 15, 4. 1979, S. 21-23; William Boddy: Fifties Television. The Industry and Its Critics. Urbana/Chicago 1990; William Boddy: Sixty Million Viewers Can't Be Wrong: The Rise and Fall of the Television Western. In: Edward Buscombe/Roberta E. Pearson (Hg.): Back in the Saddle Again. New Essays on the Western. London 1998, S. 119-140; Aniko Bodroghkozy: Groove Tube. Sixties Television and the Youth Rebellion. Durham/London 2001; Andrew Britton: Blissing Out: The Politics of Reaganite Entertainment. In: Barry Keith Grant (Hg.): Britton on Film. The Complete Film Criticsm of Andrew Britton. Detroit 2009 (1986), S. 97-154; Noel Brown: The Hollywood Family Film. A History, from Shirley Temple to Harry Potter. London/New York: I.B. Tauris 2012; John T. Caldwell: Televisuality. Style, Crisis, and Authority in American Television. New Brunswick: Rutgers University Press 1995, S. 55-58; Darcey Callison: Astaire's Feet and Travolta's Pelvia. Maintaining the Body Code. In: Torquere. Journal of the Canadian Lesbian and Gay Studies Association 3 (2001), S. 55-75; Harry Castleman/Walter J. Podrazik: Watching TV. Six Decades of American Television. Second Edition. Syracuse 2003; Sally Chivers/Nicole Markotic (Hg.): The Problem Body: Projecting Disability on Film. Columbus: The Ohio State University Press 2010; Ernest Cline: Ready Player One. New York 2011; Michael Coyne: The Crowded Prairie. American National Identity in the Hollywood Western. London/New York 1997; Adrian Danks (Hg.): A Companion to Robert Altman. Oxford 2015; Paul Darke: No Life Anyway: Pathologizing Disability on Film. In: Marja Evelyn Mogk (Hg.): Different Bodies. Essays on disability in film and television. Jefferson, North Carolina: McFarland 2013, S. 97-107; Wheeler Winston Dixon: Lost in the Fifties. Recovering Phantom Hollywood. Carbondale 2005, S. 103-158; Carolyn A. Durham: Double takes: Culture and gender in French films and their American remakes. Hanover, New Hampshire: University Press of New England/Dartmouth Colle 1999; Gary R. Edgerton: High Concept, Small Screen. Reperceiving the Industrial and Stylistic Origins of the American Made-for-TV Movie. In: Journal of Popular Film and Television 19, 3. 1991, S. 114-127; Simon Egenfeldt-Nielsen/Susana Tosca/Jonas Heide Smith: Understanding Video Games. New York, London 2008; Thomas Elsaesser/Alexander Horwath/Noel King (Hg.): The Last Great American Picture Show. New Hollywood Cinema in the 1970s. Amsterdam 2004; Jane Feuer: HBO and the Concept of Quality TV. In: Janet McCabe/Kim Akass (Hg.): Quality TV. Contemporary American Television and Beyond. London/New York 2011 (2007), S. 145-157; Gonzalo Frasca: Simulation vs. Narrative: Introduction to Ludology. In: Bernard Perron/Mark J.P. Wolf (Hg.): The Video Game Theory Reader. New York, London 2003, S. 221-236; Todd Gitlin: Inside Prime Time. Berkeley/London 2000 (1983); Douglas Gomery: Television, Hollywood, and the Development of

Movies Made-for-Television. In: E. Ann Kaplan (Hg.): Regarding Television. Critical Approaches. An Anthology. Frederick/MD 1983, S. 120-129; David I. Grossvogel: Didn't you used to be Depardieu. Film as a Cultural Marker in France and Hollywood. New York 2002; Michael E. Grost: The Joseph H. Lewis Nobody Knows: The Television Films. In: Gary D. Rhodes (Hg.): The Films of Joseph H. Lewis. Detroit 2012, S. 62-78; Judith Halberstam: Female Masculinity. Durham 1998; Nick Hall: Just a Station on His Way? Altman's Transition From Television to Film. In: Adrian Danks (Hg.): A Companion to Robert Altman. Oxford 2015, S. 68-91; Michael Harney: Economy and Aestethics in American Remakes of French Films. In: Jennifer Forrest/Leonard R. Koos (Hg.): Dead Ringers. The Remake in Theory and Praxis. New York 2002, S. 63-88; J. Hoberman: 1975-1985: ten years that shook the world. In: Thomas Schatz (Hg.): Hollywood. Critical Concepts in Media and Cultural Studies. New York: Routledge 2004, S. 315-332; Deborah L. Jaramillo: Rescuing television from »the cinematic«: The perils of dismissing television style. In: Jason Jacobs/Steven Peacock (Hg.): Television Aesthetics and Style. New York/London 2013, S. 67-75; Susan Jeffords: The Big Switch. Hollywood Masculinity in the Nineties. In: Jim Collins/Hilary Radner/Ava Preacher Collins (Hg): Film Theory Goes to the Movies. Cultural Analysis of Contemporary Film. New York 2008, S. 196-208; Jesper Juul: Games Telling Stories. In: Game Studies. Volume 1 Issue 1 Juli 2001 (www.gamestudies. org/0101/juul-gts; Stand: 28.08.2015); Jesper Juul: Half-Real – Video Games between Real Rules and Fictional Worlds. Cambridge, Massachusetts 2005; Jasmina Kallay: Gaming Film – How Games are Reshaping Contemporary Cinema. London 2013; Neal King: Heroes in Hard Times. Cop Action Movies in the U.S. Philadelphia 1999; Jonathan Kirshner: Hollywood's Last Golden Age. Politics, Society, and the Seventies Film in America. Ithaca/London 2013; Peter Lev: American Films of the 70s. Conflicting Visions. Austin/TX 2000; Peter Krämer: The New Hollywood. From BONNIE AND CLYDE to STAR WARS. London 2005; Frank Langella: Dropped Names. Famous Men and Women as I Knew Them. New York 2012; Patrick Mannix: The Rhetoric of Antinuclear Fiction. Persuasive Strategies in Novels and Films. Cranbury/London/Mississauga: Associated University Press 1992; Nicole Markotic: The Narrator Witness: Dis/Connections Between Disability and Death. In: Review of Education, Pedagogy, and Cultural Studies 34, 3-4. 2012, S. 136-147; Brett Mills: What does it mean to call television »cinematic«? In: Jason Jacobs/Steven Peacock (Hg.): Television Aesthetics and Style. New York/London 2013, S. 57-66; Horace Newcomb: TV: The Most Popular Art. New York 1974; Steve Neale: Genre and Hollywood. London/New York 2000; Martin F. Norden: The Cinema of Isolation. A History of Physical Disability in the Movies. New Brunswick, N.J.: Rutgers University Press 1994; Murray Pomerance/R. Barton Palmer (Hg.): A Little Solitaire. John Frankenheimer and American Film. New Brunswick 2011; Elayne Rapping: The Movie of the Week. Private Stories/Public Events. Minneapolis/London 1992; Jonathan Rayner: the cinema of MICHAEL MANN. Vice and vindication. London/New York 2013; Gary D. Rhodes (Hg.): The Films of Joseph H. Lewis. Detroit 2012; Patrick S. Ryan: War, Peace, or Stalemate: Wargames, Wardialing, and the Emerging Market for Hacker Ethics (www.papers.ssrn.com/sol3/papers.cfm?abstract_id=585867; Stand: 07.08.2015); Andrew Sarris: The American Cinema. Directors and Directions 1929-1968. New York 1996; Thomas Schatz: Hollywood Genres: Formulas, Filmmaking, and the Studio System. New York 1981; Laurie Schulze: The Made-for-TV Movie: Industrial Practice, Cultural Form, Popular Reception. In: Tino Balio (Hg.): Hollywood in the Age of Television. Boston 1990, S. 351-376; P. Anne Scott: The relationship between the arts and medicine. In: Medical Humanities 26. 2000, S. 3-8; Paul Seydor: Peckinpah: The Western Films. A Reconsideration. Urbana/Chicago 1997 (1980); Miguel Sicart: Play Matters: Cambridge, Massachusetts 2014; David Thomson: »Have You Seen...?« A Personal Introduction to 1.000 Films. Including Masterpieces, Oddities, Guilty Pleasures and Classics (With Just a Few Disasters). Penguin: London 2008; Richard Slotkin: Gunfighter Nation. The Myth of the Frontier in Twentieth-Century America. Norman 1998 (1992); Robert J. Thompson: Television's Second Golden Age. From HILL STREET BLUES to ER. New York 1996; Martin van Creveld: Wargames. From Gladiators to Gigabytes. Cambridge: CUP 2013; George Vecsey: Baseball. A History of America's Favorite Game. Modern Library: New York 2006; Leslie Vize: Music and Body in Dance Film. In: Ian Inglis: Popular Music and Film. London: Wallflower 2003, S. 22-38; Gregory Waller: Made-for-Television Horror Films. In: ders. (Hg.): American Horrors. Essays on the Modern American Horror Film. Urbana/Chicago 1987, S. 145-161; Mary Ann Watson: The Expanding Vista. American Television in the Kennedy Years. Durham/London 1994; Christopher Wicking/Tise Vahimagi: The American Vein. Directors and Directions in Television. London 1979; Tony Williams: Body and Soul. The Cinematic Vision of Robert Aldrich. Lanham/Maryland 2004; Tony Williams: From ALFRED HITCHCOCK PRESENTS to TANNER ON TANNER: The Long Tail of Altman's Television Career. In: Adrian Danks (Hg.): A Companion to Robert Altman. Oxford 2015, S. 44-67; J. Emmett Winn: The American Dream and Contemporary Hollywood Cinema. New York: Continuum 2007; Eric Zimmerman: Do Independent Games Exist? (www.ericzimmerman.com/texts/indiegames; Stand: 28.08.2015).

III. Essays über John Badham

(dt.) Lars-Olav Beier: John Badham. In: Klaus Stemmler (Hg.): Tip Film Jahrbuch Nummer 7. Berlin: Klaus Stemmler 1991, S. 214-216; Robert Fischer: John Badham. In: epd Film 3/88, S. 24-27; Rolf Giesen: John M. Badham. In: Lexikon des phantastischen Films. Band 1. Frankfurt/M, Berlin, Wien: Ullstein 1984, S. 56-59; Hans Messias: Mann ohne Eigenschaften: Der »unbekannte« Erfolgsregisseur John Badham. In: film-dienst 19/90, S. 4-8; Milan Pavlovic: Er kommt ohne die harte Tour aus. Eine Begegnung mit dem Regisseur John Badham. In: Kölner Stadt-Anzeiger vom 29.06.1991; Georg Seeßlen: Der Blick, der Tod und die Maschine. In: epd Film 3/88, S. 20-23; Georg Seeßlen: John Badham. In: Enzyklopädie des phantastischen Films. 7. Ergänzungslieferung. Meitingen: Corian-Verlag April 1988; Sei.: Fieber. John Badham wird sechzig. In: Frankfurter Allgemeine Zeitung vom 25.08.1999. (engl.) Tom Allen: Films. In: America vom 30.10.1976, S. 286; Tom Allen: The Semi-Precious Age of TV Movies. In: Film Comment XV/4. Juli/August 1979, S. 21-23, 47; Dennis Fischer: John Badham. In: Science Fiction Film Directors 1895-1998. Jefferson, North Carolina, London: McFarland 2000, S. 72-80; Myron Meisel: Badham/Cohen combo sparks Universal action. In: Film Journal 93. 1990, S. 12ff; S. Oney: John Badham – just don't call him an auteur. In: New York Times vom 09.08.1987; David Quinlan:

John Badham. In: Quinlan's Film Directors. London 1999; Michael Schneider: Helmers lead »Blind«. In: Daily Variety vom 24.08.2004, S. 3; Susan Thomas: Between the boys and their toys: The science fiction film. In: Lucie Armitt (Hg.): Where no man has gone before: Women and science fiction. London; New York: Routledge 1991, S. 109-122; Lawrence van Gelder: At the movies. In: New York Times vom 18.05.1990, S. C8. (frz.) Jacques Noel: John Badham. In: Grand Angle Nr. 135. Februar 1991, S. 65-68; Jacques Noel: John Badham. In: Grand Angle Nr. 136. März 1991, S. 51-56; unbekannt: John Badham, d'un genre à l'auttre... In: Le Monde vom 27.06.1996; Jacques Zimmer: John Badham. In: La revue du cinéma Nr. 460. 1990, S. 50-51.

IV. Interviews mit John Badham

(dt.) Andreas Kern: Drei Fragen an John Badham. In: Kino 8/1991, S. 5; Norbert Stresau: Kalkulationen eines sentimentalen Typs: Ein Gespräch mit John Badham. In: Science Fiction Times Nr. 8. August 1986, S. 13-14; Norbert Stresau: »Nummer 5«, ein Roboter mit Gefühl. In: Filmecho Nr. 39. 1986, S. 12. (engl.) Natasha Alvar: SATURDAY NIGHT FEVER Director John Badham on His Book, James Bond & More. In: Cultured Vultures vom 14.09.2020 (www.culturedvultures.com/interview-saturday-night-fever-director-john-badham-on-his-book-james-bond-more/; Stand: 24.10.2021); Martin Anderson: The Den Of Geek interview: John Badham. In: Den of Geek vom 23.09.2008 (www.denofgeek.com/movies/13632/the-den-of-geek-interview-john-badham; Stand: 06.08.2014); Cari Beauchamp: Director John Badham Talks His New Book, Filmmaking Lessons He's Learned and More. In: indiewire vom 05.09.2013 (www.indiewire.com/thompsononhollywood/john-badham-on-directing; Stand: 10.04.2016); Iain Blair: SATURDAY NIGHT FEVER director John Badham looks back 40 years. In: Randi Altman's Post Perspective vom 09.05.2017 (www.postperspective.com/saturday-night-fever-director-john-badham-looks-back-40-years/; Stand: 16.10.2018); Eric Breitbart: An interview with John Badham. In: Cineaste 1978/79, S. 2-5, 57; Bob Carlton: Q&A with John Badham: Talking movies, roller coasters, and that disco in SATURDAY NIGHT FEVER. In: Alabama Entertainment 26.11.2013 (www.al.com/entertainment/index.ssf/2013/11/5_questions_with_movie_directo; Stand: 16.10.2018); Caffeinated Clint: Clint speaks to the legendary John Badham, director of WARGAMES, STAKEOUT, SATURDAY NIGHT FEVER. In: Moviehole vom 28.10.2013 (www.moviehole.net/201369238clint-speaks-to-the-legendary-john-badham-director-of-wargames-stakeout-saturday-night-fever; Stand: 15.08.2014); Jason Coleman: Director John Badham Career Interview: On Casting, Characters and Killer Chemistry. In: Why so blu? vom 01.02.2021 (www.whysoblu.com/director-john-badham-career-interview-on-casting-characters-and-killer-chemistry/; Stand: 24.10.2021); Mike Davies: Back on the air with John Badham. In: thepeterboroughexaminer.com vom 22.12.2013 (www.thepeterboroughexaminer.com/2013/12/22/back-on-the-air-with-john-badham; Stand: 24.12.2015); Robert J. Emery: John Badham. In: The Directors – Take Two. In Their Own Words. New York: TV Books Media Entertainment 2000, S. 328-353; Michael X. Ferraro: Beat the clock. In: American Cinematographer Nr. 11. 1995, S. 24-28, 30; Steve Fritz: A Film Before Its

Time – John Badham Remembers WARGAMES. In: Newsarama.com vom 05.08.2008 (www.newsarama.com/722-a-film-before-its-time-john-badham-remembers-wargames; Stand: 15.08.2014); Naomi Glauberman: Dialogue on Film: John Badham. In: American Film Nr. 8 vom 07.05.1983; S. 26-28, 64-65; Lee Goldberg/Randy Lofficier/Jean-Marc Lofficier/William Rabkin (Hg.): Science fiction filmmaking in the 1980s: Interviews with actors, directors, producers and writers. Jefferson, North Carolina, London: McFarland & Company 1995, S. 59-72; Robert Kazel: 30 years after WARGAMES, Director John Badham recalls his nuclear-brink blockbuster. In: Nuclear Age Peace Foundation 2013 (www.wagingpeace.org/30-years-after-wargames-director-john-badham-recalls-his-nuclear-brink-blockbuster; Stand: 15.08.2014); Don Kaye: John Badham interview: SATURDAY NIGHT FEVER at 40. In: Den of Geek vom 15.05.2017 (www.denofgeek.com/uk/movies/saturday-night-fever/49120/john-badham-interview-saturday-night-fever-at-40; Stand: 16.10.2018); Edwin Kephart: American Director John Badham talks about his career and his approach to his work. In: Films in Review Nr. 12. 1981, S. 612-617; Susan King: John Badham on moving a film in a good direction. In: Los Angeles Times vom 10.09.2013 (www.latimes.com/entertainment/moviesnow/la-et-mn-john-badham-20130910-story; Stand: 15.08.2014); Ron Messer: Director John Badham Talks WARGAMES, Seth Gordon's Remake, and the Secret to SATURDAY NIGHT FEVER's Success at the Tribeca Film Festival. In: Collider 2012 (www.collider.com/john-badham-wargames-interview; Stand: 15.08.2014); Stephen Pizzello: Pushing the envelope on POINT OF NO RETURN. In: American Cinematographer Nr. 3. März 1993, S. 38-44, 46, 48; David W. Samuelson: Dracula bites again. In: American Cinematographer Nr. 6. 1979, S. 566-585, 621-625; Witney Seibold: Interview John Badham on SATURDAY NIGHT FEVER and SHORT CIRCUIT. In: Mandatory vom 01.05.2017 (www.mandatory.com/culture/1256767-interview-john-badham-saturday-night-fever-short-circuit; Stand: 16.10.2018); Alex Simon: John Badham's Tides of War. In: The Hollywood Interview vom 02.12.2012 (www.thehollywoodinterview.blogspot.de/2008/08/john-badham-hollywood-interview; Stand: 06.08.2014); Alex Simon: John Badham on Yelling »Action« and Other Tales From the Trenches. In: The Hollywood Interview vom 03.09.2013 (www.thehollywoodinterview.blogspot.de/2013/09/john-badham-on-yelling-action-and-other; Stand: 15.08.2014); Michael Stein: Director John Badham Talks Candidly about his Films, his Philosophies and the Politics of Modern Technology. In: Fantastic Films Nr. 34. Chicago 1983; Philip Strick: Badham. In: Films and Filming. Dezember 1986, S. 14-16; Luke Y. Thompson: WARGAMES and SHORT CIRCUIT Director John Badham Talks Tech. In: Topless Robot vom 04.09.2013 (www.toplessrobot.com/2013/09/tr_interview_wargames_and_short_circuit_director_j; Stand: 15.08.2014); E.J. Viertel/D. Colker: The new new Hollywood: Steven Spielberg, watch your ass. In: Take One Nr. 6. 1978, S. 19-23; Dave Watson: Interview: Director John Badham. In: Movies Matter (www.davesaysmoviesmatter.com/interview-john-badham; Stand: 15.08.2014); Tom Weaver: John Badham. In: Science Fiction and Fantasy Film Flashbacks. Jefferson, North Carolina: McFarland 1998, S. 26-40; Tom Weaver: When Dracula Rose Again. In: Fangoria. Juli 1997, S. 69-73, 82. (it.) Edoardo Bruno/V. Giacci: Conversazione con John Badham. In: Filmcritica Nr. 367. September 1986, S. 406-412; Giuseppe Salza: Accetto sfide e resto sveglio. In: Segnocinema Nr. 26. 1987, S. 13.

V. Zu den einzelnen Filmen

THE BINGO LONG TRAVELLING ALL-STARS AND MOTOR KINGS

(engl.) William Brashler: THE BINGO LONG TRAVELLING ALL-STARS AND MOTOR KINGS. In: Harper Collins. Juli 1973; Jay Cocks: Infield Hit. In: Time vom 02.08.1976; Bruce Cook: The Saga of BINGO LONG AND THE TRAVELLING ALL-STARS. In: American Film. Juli/August 1976, S. 8-13; Roger Ebert: BINGO. In: Chicago Sun-Times vom 16.07.1976 (www.rogerebert.com/reviews/the-bingo-long-traveling-all-stars-and-motor-kings-1976; Stand: 11.10.2018); Frank Jackson: THE BINGO LONG TRAVELLING ALL-STARS AND MOTOR KINGS. In: Films in Review. 1976, S. 505; J. Crist: THE BINGO LONG TRAVELLING ALL-STARS AND MOTOR KINGS. In: Mel Brooks tackles the »Pickford Paradox«. In: Saturday Review vom 07.08.1976; R.C. Cumbow: THE BINGO LONG TRAVELLING ALL-STARS AND MOTOR KINGS. In: Movietone vom 11.10.1976; R. Greenspun: THE BINGO LONG TRAVELLING ALL-STARS AND MOTOR KINGS. In: Penthouse vom 07.11.1976; Stanley Kauffmann: THE BINGO LONG TRAVELLING ALL-STARS AND MOTOR KINGS. In: Variety Movie Reviews vom 01.01.1976, S. 1; S. Klain: THE BINGO LONG TRAVELLING ALL-STARS AND MOTOR KINGS. In: Film Journal vom 09.07.1976; Janet Maslin: THE BINGO LONG TRAVELLING ALL-STARS AND MOTOR KINGS. In: Newsweek vom 19.07.1976; Tom Milne: THE BINGO LONG TRAVELLING ALL-STARS AND MOTOR KINGS. In: Monthly Film Bulletin Nr. 11. 1976; A.D. Murphy: THE BINGO LONG TRAVELLING ALL-STARS AND MOTOR KINGS. In: Variety vom 07.05.1976; T. Rich: THE BINGO LONG TRAVELLING ALL-STARS & MOTOR KINGS. In: Video Librarian Nr. 3. Mai/Juni 2002, S. 58; M. Russell: THE BINGO LONG TRAVELLING ALL-STARS AND MOTOR KINGS. In: Cineaste Nr. 9. 1978, S. 36f. Michael Schneider: BINGO LONG. In: Ebony Nr. 9. Juli 1976, S. 66; J. Simon: THE BINGO LONG TRAVELLING ALL-STARS AND MOTOR KINGS. In: New York Magazine vom 26.07.1976.

SATURDAY NIGHT FEVER

(dt.) Jörg Alisch: NUR SAMSTAG NACHT. In: Abend vom 14.04.1978; Blü: Disco-Pfau als neues Leitbild präsentiert. In: Wahrheit vom 17.04.1978; Marisa Buovolo: SATURDAY NIGHT FEVER. In: Thomas Koebner (Hg.): Filmgenres: Musical- und Tanzfilme. Stuttgart: Reclam 2014, S. 246-250; Matthias Dell: Die Welt hinter dem Fluß. In: Frankfurter Allgemeine Zeitung vom 15.08.2001; Wolf Donner: Romantik aus Plastik. In: Die Zeit vom 14.04.1978; Günter Giesenfeld: ...dann würd ich gern dieses Gefühl woanders haben. In: Deutsche Volkszeitung vom 15.06.1978; Peter Hasenberg: NUR SAMSTAG NACHT. In: film-dienst 9/78, S. 5 (Nr. 20727); Gunnar Hochheiden: NUR SAMSTAG NACHT. In: Frankfurter Rundschau vom 18.04.1978; Brigitte Jeremias: NUR SAMSTAG NACHT. In: Frankfurter Allgemeine Zeitung vom 15.04.1978; Bernd Lubowski: NUR SAMSTAG NACHT. In. Berliner Morgenpost vom 13.04.1978; mn: Geilheit, Melancholie und Smogalarm. In: Die Tageszeitung vom 12.01.1995; mw: SATURDAY NIGHT FEVER. In: Neue Zürcher Zeitung vom 28.04.1978; Alfred Nemeczek: Schwof für die Kasse. In: Stern Nr. 15 vom 06.04.1978; Oliver Nöding: SATURDAY NIGHT FEVER. In: Remember it for later vom 07.07.2015 (www.funkhundd.wordpress.com/2015/07/07/saturday-night-fever-john-badham-usa-1977; Stand: 09.10.2018); NoWa: Jetzt haben wir auch das Disco-Fieber in Berlin. In: Berliner Rundschau vom 13.04.1978; Hans-Ulrich Pönack: Masken im Neonlicht. In: Tip Nr. 8. 1978, S. 6; Hans-Otto Rösser: Ein Märchen für Ladenmädchen. In: Deutsche Volkszeitung vom 13.07.1978. Wilhelm Roth: Eingelullt von Popmusik. In: Spandauer Volksblatt vom 13.04.1978; R.W.: Die falsche Scham des falschen Siegers. In: Die Welt vom 17.04.1978; Wolfgang Sandner: Die Rückkehr der Tanzbodenritter. In: Frankfurter Allgemeine Zeitung vom 08.09.1999; Arnd F. Schirmer: Tonys »Odyssee« in Brooklyn. In: Tagesspiegel vom 13.04.1978; Eckhart Schmidt: Wegwerf-Produkt der 70er Jahre. In: Süddeutsche Zeitung vom 21.04.1978; Hans Heinz Schwarz: Eintänzer im Disco-Fieber. In: Kölner Stadtanzeiger vom 16.04.1978; Margarete v. Schwarzkopf: John Travolta ist kein neuer James Dean. In: Die Welt vom 12.04.1978; Armgard Seegers: Hektische Begegnung im »2001«. In: Deutsches Allg. Sonntagsblatt vom 07.05.1978; Rainer Stiller: Disco-Fieber in der Samstag nacht. In: Hamburger Abendblatt vom 26.03.1978; Sascha Weber: NUR SAMSTAG NACHT. In: Die Topfilme von 1978. Moviestar Sonderband. Hille 2013, S. 36-41; unbekannt: Tanz auf dem Plastik-Vulkan. In: Der Spiegel Nr. 15 vom 10.04.1978; unbekannt: Der Messias tanzt bügelfrei. In: Der Spiegel Online vom 04.11.2007 (www.spiegel.de/einestages/saturday-night-fever-a-948796; Stand: 03.07.2014). (engl.) Robert Abele: Shot to Remember: Gotta Dance. In: DGA Quarterly. Sommer 2013, S. 24-27; Al Auster/Leonard Quart: SATURDAY NIGHT FEVER. In: Cineaste 1977/78, S. 36-37; David Ansen: SATURDAY NIGHT FEVER. In: Newsweek vom 19.12.1977; James Barber: Army Veteran and Director John Badham Revisits SATURDAY NIGHT FEVER on Its 40th Anniversary. In: Military.com vom 03.05.2017 (www.military.com/undertheradar/2017/05/army-veteran-director-john-badham-revisits-saturday-night-fever-40th-annniversary; Stand: 16.10.2018); Richard A. Blake: Fever and Chills. In: America vom 07.01.1978, S. 20; Richard Brody: Words and Music. In: New Yorker Vol. 83 Nr. 30 vom 08.10.2007, S. 16; Michael Buckley: SATURDAY NIGHT FEVER. In: Films in Review 1978, S. 115; Vincent Canby: SATURDAY NIGHT FEVER. In: New York Times vom 12.02.1998; J.A. Cardello: SATURDAY NIGHT FEVER. In: Classic Images Nr. 7. 1980; Richard Combs: SATURDAY NIGHT FEVER. In: Monthly Film Bulletin 1978, S. 68-69; J. Cooke: Patterns of shamanic ritual in popular films. In: Literature Film Quarterly. 1984, S. 50-57; Roger Ebert: SATURDAY NIGHT FEVER. In: Chicago Sun-Times vom 01.01.1977 (www. rogerebert.com/reviews/Saturday-night-fever-1977; Stand: 10.08.2014); Roger Ebert: SATURDAY NIGHT FEVER. In: Chicago Sun-Times vom 07.03.1999 (www.rogerebert.com/reviews/great-movie-saturday-night-fever-1977; Stand: 10.08.2014); Alice Echols: Hot Stuff. Disco and Remaking of American Culture (Kap. 5 – SATURDAY NIGHT FEVER: The Little Disco Movie). New York: W.W. Norton 2010; T. Everett: SATURDAY NIGHT FEVER. In: Variety vom 07.12.1977; P. Glossop: Cinematographer Ralf Bode: Adapting to the story. In: Millimeter Nr. 3. 1981, S. 163-169; Marc Graser: SATURDAY NIGHT FEVER. In: Variety Movie Reviews vom 01.01.1977, S. 85; Kylo-Patrick R. Hart: Queer Males in Contemporary Cinema. Becoming Visible. Lanham 2013, S. 18-24; Pauline Kael: Nirvana. In: New Yorker vom 26.12.1977, S. 59; Sam Kashner: Fever Pitch. In: New Yorker Vol. 83. Herbst 2007, S. 130 (www.vanityfair.com/news/2007/12/saturday-night-fever; Stand: 16.10.2018); Stanley Kauffmann: SATURDAY NIGHT FEVER. In: New Republic vom 11.02.1978, S. 24; Greg Keeler: SATURDAY NIGHT FEVER: Crossing the Verrazano Bridge. In: Journal of Popular Film and Television Nr. 7. 1979, S. 158-167; W.P. Kelly: More than a woman: myth and mediation in SATURDAY NIGHT FEVER. In: Journal of American Culture. 1979, S. 235-247; Marsha Kinder: SATURDAY NIGHT FEVER. In: Film Quarterly 1977/78, S. 40-42; Susan King: After 30 years, »Fever« still burns. In: Los Angeles Times vom 18.11.2007 (www.articles.latimes.com/2007/nov/18/entertainment/ca-cinefile18; Stand: 15.08.2014); J. Klinger: SATURDAY NIGHT FEVER. In: New York Times vom 11.12.1977; Janet Maslin: SATURDAY NIGHT FEVER. In: New York Times vom 16.12.1977 (www.nytimes.com/movie/review?res=EE05E7DF173EA52CA5494C-C2B7799B8C6896; Stand: 10.08.2014); Elvis Mitchell: SATURDAY NIGHT FEVER. In: The New York Times vom 16.12.1977; A.D. Murphy: SATURDAY NIGHT FEVER. In: Variety vom 14.12.1977; Noel Murray: SATURDAY NIGHT FEVER. In: The Onion A.V. Club vom 22.11.2002 (www.avclub.com/review/saturday-night-fever-dvd-12251; Stand: 10.08.2014); Joe Neumaier:»Night« Time. In: Entertainment Weekly vom 11.12.1998, S. 96; M. Orth: SATURDAY NIGHT FEVER. In: Newsweek vom 19.12.1977; Nathan Rabin: Existential Panic at the Disco: There´s an Alluring Darkness Beneath SATURDAY NIGHT FEVER´s Disco Floor. In: Vanity Fair vom 02.05.2017; Frank Rich: Discomania. In: Time Nr. 25 vom 19.12.1977; R. Rose: SATURDAY NIGHT FEVER. In: Village Voice vom 19.12.1977; Andrew Sarris: SATURDAY NIGHT FEVER. In: Village Voice vom 26.12.1977; Gene Siskel: SATURDAY NIGHT FEVER. In: Chicago Tribune vom 15.10.1999, S. 6; Peter Steven. Just Dancing. SATURDAY NIGHT FEVER. In: Jump Cut Nr. 23. 1980, S. 13-16; J.P. Telotte: A Sober Celebration: Song and Dance in the »New« Musical. In: Journal of Popular Film and Television 1980, S. 2-14; David Thomson: SATURDAY NIGHT FEVER. In: David Thomson: Have You Seen...? A Personal Introduction to 1.000 Films. New York: Alfred A. Knopf 2009, S. 753; Jeff Yanc: »More than a woman.« Music, Masculinity and Male Spectacle in SATURDAY NIGHT FEVER and STAYING ALIVE. In: Velvet Light Trap Nr. 38. 1996, S. 39-50; unbekannt: The Bee Gees: They Make You Feel Like Dancing. In: Time vom 03.04.1978.

(frz.) Claire Devarrieux: Les recettes du samedi soir. In: Le Monde vom 06.04.1978; M.H.: SATURDAY NIGHT FEVER. In: Positif. Juni 1978, S. 70f.; Michel Marmin: Irrésistible insignifiance. In: Le Figaro vom 06.04.1978; unbekannt: Un acteur explosif. In: Le Figaro vom 24.03.1978; unbekannt: à éviter. In: Nouvel Observateur Nr. 701 vom 17./23.04.1978.

DRACULA

(dt.) Birgit Amon: Ein Dracula mit Charme zum Jubiläum. In: Westfälische Rundschau vom 25.07.1979; Helmut W. Banz: Blutarm. In: Die Zeit vom 12.10.1979; Jc: DRACULA. In: film-dienst 21/79, S. 19 (Nr. 22204); Uli Jung: DRACULA. In: Dracula. Filmanalytische Studien zur Funktionalisierung eines Motivs der viktorianischen Populär-Literatur. Trier: WVT 1997, S. 231-240; L.L.: DRACULA. In: Abend vom 22.10.1979; Oliver Nöding: DRACULA. In: Remember it for later vom 30.09.2014 (www.funkhundd.wordpress.com/2014/09/30/dracula-john-badham-usa-1979; Stand: 09.10.2018); Almut Oetjen: DRACULA. In: Enzyklopädie des phantastischen Films. 16. Ergänzungslieferung. Meitingen: Corian-Verlag September 1990; Karsten Prüßmann: Die Dracula-Filme. München: Heyne 1993, S. 115-129; Carla Rhode: DRACULA. In: Tagesspiegel vom 21.10.1979; Margarete v. Schwarzkopf: Sanfter Blick, langer Zahn. In: Die Welt vom 03.10.1979; Sh.: Blut und Komik auf der Leinwand. In: Berliner Morgenpost vom 23.10.1979; unbekannt: DRACULA. In: Tip Nr. 22. 1979, S. 45; unbekannt: DRACULA. In: Cinema 10/79, S. 72-73. (engl.) Richard Buonanno: Dracula on Stage. In: Cinefantastique 1979, S. 67f; Richard Combs: DRACULA. In: Monthly Film Bulletin 1979, S. 195; Page Cook: DRACULA. In: Films in Review. 1979, S. 484ff; Roger Ebert: DRACULA. In: Chicago Sun-Times vom 20.07.1979 (www.rogerebert.com/reviews/dracula; Stand: 11.10.2018); Tom Figenshu: Screams of a summer night. In: Film Comment. September/Oktober 1979, S. 49-

53; Jordan Fox: Roy Arbogast. In: Cinefex Nr. 7. 1981, S. 42-53; Jeffrey Frentzen: DRACULA. In: Cinefantastique Vol. 1 Nr. 1, S. 41-42; Carrol L. Fry/John Robert Craig: Unfit for Earth, Undoomed for Heaven: The Genesis of Coppola's Byronic Dracula. In: Literature Film Quaterly Nr. 4. 2002, S. 271; Gordon Gow: DRACULA. In: Films and Filming Nr. 9. 1979, S. 9-11, 36-38; J. Harwood: Drac's back for big biz. In: Variety vom 04.07.1979; Tim Lucas: DRACULA. In: Video Watchdog vom August/September 2005, S. 31; Janet Maslin: DRACULA. In: New York Times vom 13.07.1979 (www. nytimes. com/movie/review?res=9EO5E1D7113AE-23BA15750C1H9619C946890D6CF; Stand: 10.08.2014); Kim Newman: DRACULA. In: Video Watchdog vom August/September 2005, S. 36; Randy Pitman: DRACULA. In: Variety Movie Reviews vom 01.01.1979, S. 30; Richard Schickel: Stuffy Nonsense. In: Time vom 23.07.1979, S. 46; Jim Sulski: Interview with a Vampire. Frank Langella on DRACULA. In: Fantastic Films Nr. 12. Chicago 1979; Robin Wood: Burying the undead: The use and obsolescence of Count Dracula. In: Mosaic Nr.1/2. 1983, S. 175-187. (frz.) Jean de Baroncelli: DRACULA de John Badham. In: Le Monde vom 25.11.1979; Gressard: DRACULA. In: Positif. Januar 1980, S. 68f; Michel Mardore: DRACULA. In: Nouvel Observateur Nr. 785 vom 02.12.1979; D. Rabourdin: DRACULA. In: Cinema. Dezember 1979, S. 82f.

WHOSE LIFE IS IT ANYWAY?

(dt.) Joe Hill: IST DAS NICHT MEIN LEBEN? In: film-dienst 11/82, S. 12-13 (Nr. 23488); H.G. Pflaum: Freitod als Sensation. In: Süddeutsche Zeitung vom 19.05.1982; Manuela Reichart: IST DAS NICHT MEIN LEBEN? In: Die Zeit vom 26.03.1982; V.B.: Ein Mann will sterben dürfen. In: Tagesspiegel vom 10.02.1983; unbekannt: Frage ohne Antwort. In: Berliner Morgenpost vom 12.02.1983; unbekannt: IST DAS NICHT MEIN LEBEN? In: Cinema 4/82, S. 60. (engl.) Berg: WHOSE LIFE IS IT ANYWAY? In:

Variety vom 23.11.1981; Paul Darke: The cinematic construction of physical disability as identified through the application of the social model of disability to six indicative films made since 1970: A DAY IN THE DEATH OF JOE EGG (1970), THE RAGING MOON (1970), THE ELEPHANT MAN (1980), WHOSE LIFE IS IT ANYWAY? (1981), DUET FOR ONE (1987) and MY LEFT FOOT (1989). University of Warwick 1999, S. 50-104; Paul Darke: No Life Anyway. Pathologizing Disability on Film. In: Sally Chivers/Nicole Markotic (Hg.): The Problem Body. Projecting Disability on Film. Columbus 2010, S. 97-107; Brenda Davies: WHOSE LIFE IS IT ANYWAY? In: Films and Filming 1982, S. 30-31; DP: WHOSE LIFE IS IT ANYWAY? In: Time Out London (www.timeout.com/london/film/whose-life-is-it-anyway; Stand: 11.10.2018); R. Greenspun: WHOSE LIFE IS IT ANYWAY? In: Penthouse Nr. 3. 1982, S. 46f; Stanley Kauffmann: Two from the Theater. In: New Republic vom 30.12.1981, S. 23; Tom Milne: WHOSE LIFE IS IT ANYWAY? In: Monthly Film Bulletin 1982, S. 32-33; Randy Pitman: WHOSE LIFE IS IT ANYWAY? In: Variety Movie Reviews vom 01.01.1981, S. 116, unbekannt: WHOSE LIFE IS IT ANYWAY? In: Variety vom 31.12.1980 (www.variety.com/1980/film/reviews/whose-life-is-it-anyway-1200424810/; Stand: 11.10.2018).

BLUE THUNDER

(dt.) Elmar Biebl: Kapriolen eines Helikopters. In: Cinema 2/83, S. 32-33; Luggi Bogner: Bürgerkrieg mit Laser. In: Wahrheit vom 16.02.1983; G.H.: DAS FLIEGENDE AUGE. In: Frankfurter Rundschau vom 21.02.1983; Gerald Druminski: DAS FLIEGENDE AUGE. In: Film und Fernsehen Nr. 12. 1984, S. 33; Hans Gerhold: DAS FLIEGENDE AUGE. In: film-dienst 4/83, S. 13 (Nr. 23855); Wolf Jahnke: DAS FLIEGENDE AUGE. In: Jahnke: Die 100 besten Action Filme. München 1995, S. 72; la.: Die Zukunft hat bereits begonnen. In: Frankfurter Allgemeine Zeitung vom 09.03.1983; Ludwig Merkle: Voyeur im Hubschrauber. In: Die Welt vom 16.02.1983; Jochen Metzner: DAS FLIEGENDE AUGE. In: Tagesspiegel vom 13.02.1983; Oliver Nöding: BLUE THUNDER. In: Remember it for later vom 06.10.2014 (www.funkhundd.wordpress.com/2014/10/06/blue-thunder-john-badham-usa-1983; Stand: 09.10.2018); pem.: Hubschrauber ist immer dabei. In: Berliner Morgenpost vom 16.02.1983; Michael Schaper: Big Brother. In: Stern Nr. 8 vom 17.02.1983; Thomas Sieck: BLUE THUNDER. In: Enzyklopädie des phantastischen Films. 17. Ergänzungslieferung. Meitingen: Corian-Verlag Dezember 1990; Hans-Dieter Tok: Das Duell der Hubschrauber. In: Leipziger Volkszeitung vom 21./22.07.1984; Sascha Weber: DAS FLIEGENDE AUGE. In: Die Topfilme von 1983. Moviestar Sonderband. Hille 2013, S. 62-67; unbekannt: DAS FLIEGENDE AUGE. In: Cinema 2/83, S. 30-31. (engl.) Gary Arnold: BLUE THUNDER. In: Washington Post vom 13.05.1983, S. B1; John Brosnan/Alan Jones: The Making of BLUE THUNDER. In: Starbust Vol. 5 Nr. 1. London 1983; Vincent Canby: BLUE THUNDER, a helicopter. In: The New York Times vom 13.05.1983 (www.nytimes.com/1983/05/13/movies/blue-thunder-a-helicopter; Stand: 11.10.2018); Cart: BLUE THUNDER. In: Variety vom 02.02.1983; Kenneth M. Chanko: BLUE THUNDER. In: Films in Review 1883, S. 303-304; Richard Combs: BLUE THUNDER. In: Monthly Film Bulletin 1983, S. 211-212; Bill Cosford: BLUE THUNDER. In: Miami Herald vom 13.05.1983, S. C2; Matthew Fraser: BLUE THUNDER. In: The Globe and Mail (Toronto) vom 14.05.1983; Pauline Kael: BLUE THUNDER. In: New Yorker vom 16.05.1983; Tyan Lambie: Looking back at BLUE THUNDER. In: Den of Geek vom 16.05.2012 (www.denofgeek.com/movies/1362053/looking_back_at_blue_thunder; Stand: 10.04.2016); Nora Lee: Motion Control for BLUE THUNDER. In: American Cinematographer Nr. 5. Mai 1983, S. 58-61; Marc Mancini: Thunder & Lightning. In: Film Comment Nr. 8. 1983, S. 52-55; Julian Petley: BLUE THUNDER. In: Films and Filming 1983, S. 38; NRO: BLUE THUNDER. In: Time Out London (www.timeout.com/london/film/blue-thunder; Stand: 11.10.2018); Randy Pitman: BLUE THUNDER. In: Variety Movie Reviews vom 01.01.1983, S. 8; Marc A. Richardson: A dream in the making. In: Cinefex Nr. 12. April 1983, S. 50-71; Mike Ryan: BLUE THUNDER Came Out In 1983 But Was Made For 2016 And You Have To Watch It. In: uproxx vom 03.04.2016 (www.uproxx.com/movies/blue-thunder-john-badham; Stand: 10.04.2016); Dan Scaperotti: BLUE THUNDER. In: Cinefantastique 1982/84, S. 5-9; Gene Siskel: BLUE THUNDER. In: Chicago Tribune vom 22.07.1983, S. 10; William Thomas: BLUE THUNDER. In: Empire vom 01.01.2000 (www.empireonline.com/movies/blue-thunder/review/; Stand: 11.10.2018); Robert Veze: BLUE THUNDER. In: American Cinematographer Nr. 5. Mai 1983, S. 54-57, 92-99; unbekannt: BLUE THUNDER. In: Variety vom 31.12.1982 (variety.com/1982/film/reviews/blue-thunder-1200425586/; Stand: 11.10.2018). (frz.) Louis Marcorelles: Ballet d'hélicoptères. In: Le Monde vom 23.08.1983.

WARGAMES

(dt.) AFP: Computer angezapft. In: Tagesspiegel vom 13.08.1983; Jörg Altendorf/Dirk Manthey (Hg.): Computer. In: Science Fiction: Androiden, Galaxien, Ufos und Apokalypsen: Das Genre, die Filme, die Tricks, die Stars. Hamburg: Kino Verlag 1990, S. 104-117; Robert von Berg: Der nukleare Krieg findet nicht statt. In: Süddeutsche Zeitung vom 02.08.1983; Elmar Biebl: WARGAMES. In: Cinema 10/83, S. 32-34; Peter Buchka: Joshua zieht in den Krieg. In: Süddeutsche Zeitung vom 07.10.1983; call.: Scherz mit dem Entsetzen. In: Berliner Zeitung vom 08.10.1983; Peter Dehn: Die Fiktion vom unbegrenzten atomaren Holocaust. In: Wahrheit vom 12.10.1983; dpa: Aus Spiel wird tödlicher Ernst. In: Volksblatt Berlin vom 08.10.1983; dpa: Spiel mit tödlicher Vision. In: Stuttgarter Zeitung vom 30.09.1983; dpa: Umstrittener Film über Atomkrieg. In: Stuttgarter Zeitung vom 06.06.1983; Petra Friedrich/Christoph Lorenz: Alles nur in deinem Kopf – Zur Konzeption des Virtuellen in Science Fiction-Filmen. In: Frank Hörnlein/Herbert Heinecke (Hg.): Zukunft im Film: Sozialwissenschaftliche Studie zu STAR TREK und anderer Science-Fiction. Magdeburg: Scriptum Verlag 2000, S. 13-30; Julia Gerdes: WAR GAMES – KRIEGSSPIELE. In: Thomas Koebner (Hg.): Filmgenres: Science Fiction. Stuttgart: Reclam 2003, S. 411ff; Herve Guilbaud: Militärcomputerspielchen. Berliner Morgenpost vom 16.06.1983; Christian Hellmann: Film und Realität. In: Science Fiction Times Nr. 1. Januar 1984, S. 15; Eva Horn: Den Krieg als Spiel denken. Boyscouts und Wargames. In: Claus Pias/Christian Holtorf (Hg.): Escape! Computerspiele als Kulturtechnik. Dresden 2007, S. 215-224; Bärbel Jäschke: Als sei der Krieg nachher am schönsten. In: Deutsches Allgemeines Sonntagsblatt vom 04.12.1983; Matthias Matussek: Spiel mir das Lied vom Tod. In: Stern Nr. 38 vom 15.09.1983; Hans Messias: WAR GAMES – KRIEGSSPIELE. In: film-dienst 21/83, S. 21 (Nr. 24228); Kai Mihm: WARGAMES. In: epd Film 11/13, S. 29; Oliver Nöding: WARGAMES. In: Remember it for later vom 01.10.2014 (www.funkhundd.wordpress.com/2014/10/01/wargames-john-badham-usa-1983; Stand: 09.10.2018); rn.: War Games. In: Neue Zürcher Zeitung vom 04.11.1983; Lina Schneider: Das letzte Spiel zum letzten Krieg. In: Die Zeit Nr. 41 vom 07.10.1983; Michael Schwarze: Atomkrieg aus Versehen. In: Frankfurter Allgemeine Zeitung vom 11.10.1983; Thomas Sieck: WARGAMES. In: Enzyklopädie des phantastischen Films. 18. Ergänzungslieferung. Meitingen: Corian-Verlag März 1991; Dieter Strunz: Darf man mit Entsetzen Scherz treiben? In: Berliner Morgenpost vom 07.10.1983; Rudolf Thome: War Games – Kriegsspiele. In: Tagesspiegel vom 09.10.1983; Sascha Weber: WARGAMES. In: Die Topfilme von 1983. Moviestar Sonderband. Hil-

le 2013, S. 92-97; unbekannt: Kriegsspiele per Computer. Fiktion oder Realität? In: Cinema 10/83, S. 34. **(engl.)** Gary Arnold: WARGAMES. In: Washington Post vom 03.06.1983, S. B1; James Berardinelli: WARGAMES. In: Reel Views vom 18.04.2009 (www.reelviews.net/reelviews/wargames; Stand: 11.10.2018); Robert Bloch: WARGAMES. In: Starlog Nr. 76. New York 1983; Scott Brown: WARGAMES. In: Wired Vol. 16 Nr. 8. August 2008, S. 140; Simon Braund: WARGAMES. In: Empire vom 03.03.2006 (www.empireonline.com/movies/war-games/review; Stand: 09.10.2018); Scott Brown: WARGAMES: A Look Back at the Film That Turned Geeks and Phreaks Into Stars. In: Wired Magazine vom 21.07.2008 (www.webcitation.org/5v9xgcyHQ?url=http://www.wired.com/entertainment/hollywood/magazine/16-08/ff_wargames?currentPage=all; Stand: 16.10.2018); Vincent Canby: WARGAMES, a computer fantasy. In: The New York Times vom 03.06.1983 (www.nytimes.com/1983/06/03/movies/wargames-a-computer-fantasy; Stand: 11.10.2018); Martin Chilton: WARGAMES. In: The Telegraph vom 01.05.2015 (www.telegraph.co.uk/culture/film/filmreviews/11565327/WarGames-review-tense; Stand: 09.10.2018); Bill Cosford: WARGAMES. In: Miami Herald vom 03.06.1983, S. D1; Roger Ebert: WARGAMES. In: Chicago Sun-Times vom 03.06.1983 (www.rogerebert.com/reviews/wargames-1983; Stand: 09.10.2018); Fred Glass: Sign of the times: The computer as character in TRON, WARGAMES and SUPERMAN III. In: Film Quarterly Nr. 2. Winter 1985, S. 16-27; Fred Kaplan: WARGAMES and Cybersecurity's Debt to a Hollywood Hack. In: The New York Times vom 19.02.2016 (www.nytimes.com/2016/02/21/movies/wargames-and-cybersecuritys-debt-to-a-hollywood-hack; Stand: 16.10.2018); Stanley Kauffmann: WARGAMES. In: Variety Movie Reviews vom 01.01.1983, S. 128; Stanley Kauffmann: WARGAMES. In: New Republic vom 04.07.1983, S. 24; Rita Kempley: WARGAMES. In: Washington Post vom 03.06.1983, S. 23; Judith B. Kerman: Virtual space and its boundaries in science fiction film and television: TRON, MAX HEADROOM and WARGAMES. In: Donald E. Morse/Marshall B. Tymn/Csilla Bertha: The celebration of the fantastic: Selected papers from the 10th Anniversary International Conference on the Fantastic in the Arts. Westport, Connecticut; London: Greenwood Press 1992, S. 191-203; Randall D. Larson: The score: Thunderous Blues and score games. In: Cinefantastique Nr. 6/1. September 1983, S. 16; Nora Lee: The Crystal Palace Set for WARGAMES. In: American Cinematographer Vol. 64 Nr. 9. Hollywood 1983; D. Liebenson: WARGAMES. In: Video Librarian Nr. 5. September/Oktober 2008, S. 46; Vincent LoBrutto: Tom Rolf. In: Vincent LoBrutto: Selected takes: Film editors on editing. Westport, Connecticut; New York; London: Praeger Publishing 1991, S. 89-100; Dave Kehr: WARGAMES. In: Chicago Reader (www.chicagoreader.com/chicago/wargames/Film?oid=1070209; Stand: 11.10.2018); Noel Murray: WARGAMES. In: The A.V. Club vom 29.07.2008 (www.film.avclub.com/wargames-1798204628; Stand: 09.10.2018); Gabriella Oldham: Telling stories: Tom Rolf. In: First cut: Conversations with film editors. Berkeley, California; Los Angeles, California; Oxford: University of California Press 1992, S. 119-130; Lenny Rubenstein: WARGAMES. In: Cineaste Nr. 1. 1983, S. 42-44; David Sterritt: WARGAMES – big issues and teen-age heroics. In: The Christian Science Monitor vom 09.06.1983 (www.csmonitor.com/1983/0609/060900; Stand: 11.10.2018); George E. Turner: William A. Fraker, ASC, and WARGAMES. In: American Cinematographer Nr. 4. April 1984, S. 39-42; Gene Siskel: WARGAMES. In: Chicago Tribune vom 22.07.1983, S. 3-10; TCH: WARGAMES. In: Time Out London (www.timeout.com/london/film/wargames; Stand: 11.10.2018); unbekannt:

WARGAMES. In: Variety vom 31.12.1982 (www.variety.com/1982/film/reviews/wargames-1200425336/; Stand: 11.10.2018); (frz.) Cl.D.: WARGAMES. In: Le Monde vom 15.12.1983; Cl.D.: WARGAMES de John Badham. In: Le Monde vom 15.08.1985; C.F.: Le dernier cri. In: Le Monde vom 15.12.1983. (it.) Alberto Crespi/Davide Ferrario: WAR GAMES – Tuono blu. In: Cineforum 23. 1983, S. 55-62.

AMERICAN FLYERS

(dt.) P.H.: DIE SIEGER – AMERICAN FLYERS. In: film-dienst 24/86, S. 1208-1209 (Nr. 25932). (engl.) Roger Ebert: AMERICAN FLYERS. In: Chicago Sun-Times vom 16.08.1985 (www.rogerebert.com/reviews/american-flyers-1985; Stand: 15.08.2014); Laura Fries: AMERICAN FLYERS. In: Variety Movie Reviews vom 01.01.1985, S. 148; Jagr.: AMERICAN FLYERS. In: Variety vom 14.08.1985; Roderick Mann: Badham And Tesich Become Cyclemates. In: Los Angeles Times vom 16.06.1985 (www.articles.latimes.com/1985-06-16/entertainment/ca-2652_1_john-badham; Stand: 15.08.2014).

SHORT CIRCUIT

(dt.) A.B.: Roboter sorgt für Verwirrung. In: Berliner Morgenpost vom 21.08.1986; afu: SHORT CIRCUIT. In: Neue Zürcher Zeitung vom 16.09.1986; AH: NUMMER 5 LEBT. In: Tip Nr. 18. 1986, S. 54; E.U.: NUMMER 5 LEBT. In: film-dienst 17/86, S. 854-855 (Nr. 25761); Stefan Höltgen: Roboter zu Pflugscharen. In: F.LM – Texte zum Film. April 2011; Wolfgang Längsfeld: Ein Computer wird mündig. In: Süddeutsche Zeitung vom 25.08.1986; Dagmar Lehmann: Science-fiction: Facts and fun: Materialien zu John Badham's Film NUMMER 5 LEBT. Duisburg: Atlas Film 1988; lehr: Hollywood, wie es schießt und scheppert. In: Die Tageszeitung vom 28.08.1986; Jochen Metzner: Nr. 5 lebt. In: Tagesspiegel vom 22.08.1986; Oliver Nöding: SHORT CIRCUIT. In: Remember it for later vom

10.10.2014 (www.funkhundd.wordpress.com/2014/10/10/short-circuit-john-badham-usa-1986; Stand: 09.10.2018); Martin Rabius: NUMMER 5 LEBT. In: epd Film 9/86, S. 40; saw: Nr. 5 lebt! In: Stuttgarter Zeitung vom 21.08.1986; Helmut Schmitz: Wie die Maschine auf den Mensch kam. In: Frankfurter Rundschau vom 21.08.1986; Hans-Dieter Seidel: Segen von einem Kurzschluß. In: Frankfurter Allgemeine Zeitung vom 23.08.1986; Norbert Stresau: NUMMER 5 LEBT. In: Zitty Nr. 17. 1986, S. 74; W. Trowe: Von einem Roboter, der so gar nicht zu Rambo paßt. In: Wahrheit vom 21.08.1986; Horst Ziermann: Wenn Roboter leiden. In: Die Welt vom 22.08.1986. (engl.) Salom Alaton: SHORT CIRCUIT. In: The Globe and Mail (Toronto) vom 09.05.1986, S. D1; David Ansen: SHORT CIRCUIT. In: Newsweek vom 02.06.1986, S. 75; Paul Attanasio: SHORT CIRCUIT. In: Washington Post vom 09.05.1986, S. D1; Gavin Bainbridge: SHORT CIRCUIT. In: Empire vom 01.01.2011 (www.empireonline.com/movies/short-circuit/review; Stand: 09.10.2018); Brit.: SHORT CIRCUIT. In: Variety vom 07.05.1986; Vincent Canby: SHORT CIRCUIT. In: New York Times vom 01.05.1986; Donald Chase: SHORT CIRCUIT. In: Millimeter. September 1986, S. 195-196; Bill Cosford: SHORT CIRCUIT. In: Miami Herald vom 09.05.1986, S. D5; Roger Ebert: SHORT CIRCUIT. In: Chicago Sun-Times vom 09.05.1986 (www.rogerebert.com/reviews/short-circuit-1986; Stand: 09.10.2018); Laura Fries: SHORT CIRCUIT. In: New Yorker vom 29.09.1986, S. 28; Marc Graser: SHORT CIRCUIT. In: Variety Movie Reviews vom 01.01.1986, S. 118; Roger Hurlburt: SHORT CIRCUIT Humming With Freewheeling Fun. In: Sun Sentinel vom 13.05.1986 (www.articles.sun-sentinel.com/1986-05-13/features/8601280937_1_number-five-short-circuit-robot; Stand: 16.10.2018); Michael J. Kaplan: SHORT CIRCUIT. In: Cinefantastique Nr. 3. Juli 1986, S. 36-41; D. Koe-

ser: SHORT CIRCUIT. In: Cinema Papers Nr. 3. 1987, S. 48f; Rita Kempley: SHORT CIRCUIT. In: Washington Post vom 09.05.1986, S. 27; K. Lally: SHORT CIRCUIT. In: Film Journal Nr. 6. 1986, S. 15f; Randy Lofficier/Jean-Marc Lofficier: John Badham Programming SHORT CIRCUIT. In: Starlog 7/1986, S. 65; Kim Newman: SHORT CIRCUIT. In: Monthly Film Bulletin Nr. 636. Januar 1987, S. 26-27; D. Quinlan: SHORT CIRCUIT. In: Photoplay Nr. 1. 1987; Jeffrey Ressner: SHORT CIRCUIT: John Badham directs big-budget robot. In: Cinefantastique Nr. 1. März 1986, S. 8; Jody Duncan Shay: Building the body electric. In: Cinefex Nr. 28. November 1986, S. 50-67; Philip Strick: SHORT CIRCUIT. In: Films and Filming. Januar 1987, S. 43-44; J.P. Telotte: Special Topics: the ghost in the machine: consciousness and the science fiction film. In: Western Human Review. 1988, S. 249-258; Bob Thomas: SHORT CIRCUIT Robot Needed Circuit Checks. In: The Palm Beach Post vom 27.05.1986, S. 4; Kevin Thomas: Too Many Crossed Wires Ground SHORT CIRCUIT. In: Los Angeles Times vom 09.05.1986 (www.articles.latimes.com/1986-05-09/entertainment/ca-4163_1_short-circuit; Stand: 15.08.2014); unbekannt: SHORT CIRCUIT. In: Variety vom 31.12.1985 (www.variety.com/1985/film/reviews/short-circuit-1200426805/; Stand: 16.10.2018). (frz.) Michel Braudeau: Amour planqué. In: Le Monde vom 16.04.1988; Jean-Philippe Guerand: SHORT CIRCUIT. In: Première August 1986, S. 11; P.M.: Indiscrétion assurée. In: Le Monde vom 08.01.1994; H. Niogret: SHORT CIRCUIT. In: Positif Nr. 10. 1986.

STAKEOUT

(dt.) Helmut W. Banz: Lauschangriff und amouröses Abenteuer. In: Kölner Stadt-Anzeiger vom 23.01.1988; Lars-Olav Beier: Kleiner Mann ganz groß. In: Tip Nr. 6. 1988, S. 52-54; dd.: DIE NACHT HAT VIELE AUGEN. In: Der Beamtenbund Nr. 2. Februar 1988; Bodo Fründt: Rasante Thriller-Komödie. In: Süddeutsche Zeitung vom 26.01.1988; Karl-Eugen Hagmann: DIE NACHT HAT VIELE AUGEN. In: film-dienst 2/88, S. 90 (Nr. 26628); H.Kü.: DIE NACHT HAT VIELE AUGEN. In: Frankfurter Rundschau vom 23.01.1988; khs: DIE NACHT HAT VIELE AUGEN. In: Cinema 1/88, S. 70-72; lei.: Rezension. In: Frankfurter Allgemeine Zeitung vom 22.01.1988; Alexander Luckow: Herzensglühen – dienstlich und privat. In: Die Welt vom 20.01.1988; Oliver Nöding: STAKEOUT. In: Remember it for later vom 13.10.2014 (www.funkhundd.wordpress.com/2014/10/13/stakeout-john-badham-usa-1987; Stand: 09.10.2018); Christiane Peitz: Es stinkt. In: Die Tageszeitung vom 21.01.1988; Gunther Scheuthle: Die Ironie auf der Reservebank. In: Stuttgarter Zeitung vom 23.01.1988; Claudius Seidl: DIE NACHT HAT VIELE AUGEN. In: Die Zeit vom 29.01.1988; Dieter Strunz: Zwei Detektive – dümmer, als die Polizei erlaubt. In: Berliner Morgenpost vom 24.01.1988; unbekannt: Rezension. In: Rheinischer Merkur/Christ und Welt vom 29.01.1988. (engl.) Sheila Benson: STAKEOUT Stakes Out Familiar Territory. In: Los Angeles Times vom 05.08.1987 (www.articles.latimes.com/1987-08-05/entertainment/ca-858_1_richard-dreyfuss; Stand: 15.08.2014); S.J. Cook: STAKEOUT. In: New York Times vom 06.09.1987; Bill Cosford: STAKEOUT. In: Miami Herald vom 07.08.1987, S. D5; David Denby: STAKEOUT. In: New York Magazine vom 17.08.1987; Roger Ebert: STAKEOUT. In: Chicago Sun-Times vom 05.08.1987 (www.rogerebert.com/reviews/stakeout-1987; Stand: 09.10.2018); C.M. Fiorillo: STAKEOUT. In: Films in Review. November 1987, S. 543-544; Walter Goodman: STAKEOUT. In: New York Times vom 16.08.1987; Rick Groen: STAKEOUT. In: The Globe and Mail (Toronto) vom 05.08.1987; Thomas B. Harrison: STAKEOUT. In: Tampa Bay Times vom 07.08.1987, S. 1D; Jagr.: STAKEOUT. In: Variety vom 05.08.1987; Pauline Kael: STAKEOUT. In: New Yorker vom 24.08.1987, S. 79-82; Stanley Kauffmann: 81/2/STAKEOUT. In: New Republic vom 31.08.1987, S. 26; Dave Kehr: STAKEOUT. In: Chicago Tribune vom 05.08.1987, S. C3; K. Lally: STAKEOUT. In: Film Journal Nr. 8. 1987; Kim Newman: STAKEOUT. In: New Yorker vom 19.10.1987, S. 25; Randy Pitman: STAKEOUT. In: Variety Movie Reviews vom 01.01.1987, S. 131; Randy Pitman: STAKEOUT. In: New Yorker vom 14.09.1987, S. 24; John Pym: STAKEOUT. In: Monthly Film Bulletin. 1988, S. 119-120; Richard Schickel: STAKEOUT. In: Time vom 17.08.1987; William Thomas: STAKEOUT. In: Empire vom 01.01.2000 (www.empireonline.com/movies/stakeout/review/; Stand: 09.10.2018). (frz.) Jean-Paul Chaillet: STAKEOUT. In: Première April 1988, S. 19; Denis Parent: STAKEOUT. In: Studio April 19988, S. 14.

BIRD ON A WIRE

(dt.) Michael Flintrop: EIN VOGEL AUF DEM DRAHTSEIL. In: Regensburger Wochenblatt vom 12.09.1990; Elke Frick: Sirene in Blond, mißtönend. In: Frankfurter Rundschau vom 07.09.1990; Gernot Gricksch: EIN VOGEL AUF DEM DRAHTSEIL. In: Cinema Nr. 9. Hamburg 1990, S. 66-68; Marc Hertling: Ich bin doch nicht verrückt (Interview mit Mel Gibson). In: Cinema Nr. 9. Hamburg 1990, S. 68; köp.: BIRD ON A WIRE. In: Neue Zürcher Zeitung vom 04.09.1990; Hans Messias: EIN VOGEL AUF DEM DRAHTSEIL. In: film-dienst 19/90, S. 27 (Nr. 28532); Milan Pavlovic: Ricks Flucht vor all den bösen Menschen. In: Kölner Stadt-Anzeiger vom 08.09.1990; Patrick Rössler: Auf Pump gelebt. In: Stuttgarter Zeitung vom 05.09.1990; Dominik Ruisinger: Mel Gibson stolpert über Goldies Drahtseil. In: Berliner Morgenpost vom 07.09.1990; Claudius Seidl: Der Geschmack von Freiheit und Abenteuer. In: Süddeutsche Zeitung vom 10.09.1990; A.St.: EIN VOGEL AUF DEM DRAHTSEIL. In: Kölner Stadt-Anzeiger vom 08.09.1990; Ulrich

379 Zu den einzelnen Filmen

von Thüna: EIN VOGEL AUF DEM DRAHT-SEIL. In: epd Film 9/90, S. 33; unbekannt: EIN VOGEL AUF DEM DRAHTSEIL. In: Dirk Manthey/Jörg Altendorf (Hg.): Mel Gibson. Hamburg 1994, S. 130-133. (**engl.**) David Ansen: Too Many Cooks Spoil the Fun. In: Newsweek vom 04.06.1990; Harper Barnes: BIRD ON A WIRE. In: St. Louis Post-Dispatch vom 18.05.1990, S. 3F; Jay Boyar: BIRD ON A WIRE. In: Orlando Sentinel vom 18.05.1990, S. 21; Robin Brunet: BIRD ON A WIRE: Romantic adventure. In: American Cinematographer Nr. 6. Juni 1990, S. 38-47; Jay Carr: BIRD ON A WIRE. In: Boston Globe vom 18.05.1990, S. 77; Mike Clark: BIRD ON A WIRE. In: USA Today vom 18.05. 1990, S. 4D; Juan Carlos Coto: BIRD ON A WIRE. In: Miami Herald vom 18.05.1990, S. G5; Roger Ebert: BIRD ON A WIRE. In: Chicago Sun-Times vom 18.05.1990 (www.rogerebert.com/reviews/bird-on-a-wire-1990; Stand: 16.10.2018); M. Farrow: BIRD ON A WIRE. In: New York Times vom 24.09.1989; Rick Groen: BIRD ON A WIRE. In: The Globe and Mail (Toronto) vom 19.05.1990; John Hartl: BIRD ON A WIRE. In: The Seattle Times vom 18.05.1990, S. 28; Mick LaSalle: BIRD ON A WIRE. In: San Francisco Chronicle vom 18.05.1990, S. E1; Emanuel Levy: BIRD ON A WIRE. In: Variety Movie Reviews vom 01.01.1990, S. 15; Hal Lipper: BIRD ON A WIRE. In: Tampa Bay Times vom 18.05.1990, S. 7; Lor.: BIRD ON A WIRE. In: Variety vom 16.05.1990; Leonard Maltin: BIRD ON A WIRE. In: Leonard Maltin's 2001 Movie & Video Guide. New York: Signet 2000, S. 128; Kim Newman: BIRD ON A WIRE. In: Sight and Sound Nr. 3. Juli 1991, S. 58; Randy Pitman: BIRD ON A WIRE. In: Library Journal vom 01.11.1990, S. 138; Tim Pulleine: BIRD ON A WIRE. In: Monthly Film Bulletin. 1990, S. 316-317; Peter Rainer: BIRD ON A WIRE: A Hawn, Gibson Balancing Act. In: Los Angeles Times vom 18.05.1990 (www.articles.latimes.com/1990-05-18/entertainment/ca-44_1_goldie-hawn; Stand: 15.08.2014);

William Thomas: BIRD ON A WIRE. In: Empire vom 01.01.2000 (www.empireonline.com/movies/bird-wire/review; Stand: 09.10.2018); James M. Welsh: BIRD ON A WIRE. In: Films in Review. 1990, S. 426-427; unbekannt: BIRD ON A WIRE. In: Empire vom 15.06.1990, S. 61. (**frz.**) Laurent Bachet: COMME UN OISEAU SUR LA BRANCHE. In: Première. September 1990, S. 16; I. Katsahnias: BIRD ON A WIRE. In: Cahiers du cinema Nr. 9. 1990; Jacqueline Nacache: COMME UN OISEAU SUR LA BRANCHE. In: La saison cinématographique 1990. Ozalide Sarl 1991, S. 28-29; H. Niogret: BIRD ON A WIRE. In: Positif Nr. 10. 1990; Catherine Wimphen: COMME UN OISEAU SUR LA BRANCHE. In: Studio. September 1990, S. 24; unbekannt: COMME UN OISEAU SUR LA BRANCHE. In: La revue du cinema 1990, S. 36; unbekannt: COMME UN OISEAU SUR LA BRANCHE. In: Studio Magazine 1990, S. 24. (**it.**) Fabio Zanello: BIRD ON A WIRE. In: Il Cinema di Mel Gibson. Piombino: Il Foglio 2004, S. 104-107.

THE HARD WAY

(**dt.**) Kerstin Banholzer: Wenn ein Star richtiges Leben schnuppern will. In: Berliner Morgenpost vom 27.06.1991; Peter Buchka: Von der Unzulänglichkeit des Realitätsprinzips. In: Süddeutsche Zeitung vom 01.07.1991; Heike-Melba Fendel: AUF DIE HARTE TOUR. In: epd Film 7/91, S. 36-37; Michael Flintrop: AUF DIE HARTE TOUR. In: Regensburger Wochenblatt vom 03.07.1991; Rolf-Ruediger Hamacher: AUF DIE HARTE TOUR In: film-dienst 13/91, S. 20 (Nr. 28969); Wolf Jahnke: AUF DIE HARTE TOUR. In: Jahnke: Die 100 besten Action Filme. Heyne: München 1995, S. 32; RKo.: Scheinwelten, ineinanderfließend. In: Stuttgarter Zeitung vom 27.06.1991; PKö.: AUF DIE HARTE TOUR. In: Frankfurter Rundschau vom 02.07.1991; Eugen L. Ribnitzer: Falscher Titel – guter Film. In: Berliner Zeitung vom 09.07.1991; Ritz: THE HARD WAY. In: Neue Zürcher Zeitung vom 25.06.1991;

Anke Sterneborg: AUF DIE HARTE TOUR. In: Tagesspiegel vom 27.06.1991; Bernd Teichmann: AUF DIE HARTE TOUR. In: Cinema Nr. 6. Hamburg 1991, S. 108-111; two.: AUF DIE HARTE TOUR. In: Frankfurter Rundschau vom 16.07.1991; Karl Wegmann: Mel Gibsons Knackarsch. In: Die Tageszeitung vom 27.06.1991. (engl.) Simon Brew: Looking back at THE HARD WAY: In: Den of Geek vom 07.12.2012 (www.denofgeek.com/movies/23722/looking-back-at-the-hard-way; Stand: 10.04.2016); Bril.: THE HARD WAY. In: Variety vom 04.03.1991; Ty Burr: THE HARD WAY. In: Entertainment Weekly vom 13.09.1991; Vincent Canby: THE HARD WAY. In: New York Times vom 08.03.1991, S. 40-41; CM: THE HARD WAY. In: Time Out London vom 27.07.2012 www.timeout.com/london/film/the-hard-way; Stand: 16.10.2018); (Rob Cohen: HARD WAY Credit. In: Los Angeles Times vom 30.09.1990 (www.articles.latimes.com/1990-09-30/entertainment/ca-2073_1_bill-sackheim-pacific-heights--fox-and-woods; Stand: 15.08.2014); G. Collins: THE HARD WAY. In: New York Times vom 08.08.1990; Roger Ebert: THE HARD WAY. In: Chicago Sun-Times vom 08.03.1991 (www.rogerebert.com/reviews/the-hard-way-1991; Stand: 15.08.2014); Laura Fries: THE HARD WAY. In: Variety Movie Reviews vom 01.01.1991, S. 68; Eve Golden: THE HARD WAY. In: Films in Review. 1991, S. 264-265; Kari Granville: On Location: A Couple of Cops, With a Twist: Producer-directors Rob Cohen and John Badham's THE HARD WAY lets James Woods and Michael J. Fox spoof their images. In: Los Angeles Times vom 02.09.1990 (www.articles.latimes.com/1990-09.02/entertainment/ca-2004_1_director-john-badham; Stand: 15.08.2014); Hal Hinson: THE HARD WAY. In: Washington Post vom 08.03.1991 (www.washingtonpost.com.wp-srv/style/longterm/movies/videos/thehardwayrhinson_a0a9dc; Stand: 15.08.2014); C. Maude: Hard Woods. In: Time Out vom

01.05.1991, S. 20; Maitland McDonagh: THE HARD WAY. In: Film Journal Nr. 3. 1991; Kim Newman: THE HARD WAY. In: Sight and Sound Nr. 1. Mai 1991, S. 50; Kim Newman: THE HARD WAY. A Tight Thriller with All the Right Ingredients. (www.empireonline.com/movies/hard-way/reviews; Stand: 12.03.2016); B. Sharkey: THE HARD WAY. In: New York Times vom 03.03.1991; Steve Weinstein: John Badham: Lights, Camera, a Lot of Action: Movies: The director goes for another wild ride and pokes fun at a film genre in THE HARD WAY. In: Los Angeles Times vom 08.03.1991 (www.articles.latimes.com/1991-03-08/entertainment/ca-2712_1_john-badham; Stand: 15.08.2014); Michael Wilmington: Mixing Oil and Perrier: John Badham's THE HARD WAY is loud, brash, racy and, on its own shallow terms, a fairly entertaining buddy-buddy tale. In: Los Angeles Times vom 08.03.1991 (www.articles.latimes.com/1991-03-08/entainment /ca-2694_1_john-badham; Stand: 15.08.2014); Eve Zibart: THE HARD WAY. In: Washington Post vom 08.03.1991 (www.washingtonpost.comwp-srv/style/longterm/movies/videos/thehardwayrzibart_a=)eda; Stand: 15.08.2014). (frz.) Jean-Michel Frodon: Deux flics pour rire. In: Le Monde vom 15.07.1991; Jean-Paul Chaillet: THE HARD WAY. In: Première. Juli 1991, S. 21; Hélène Merrick: Un boy-scout en enfer: Entretien avec Michael J. Fox. In: La revue du cinéma Nr. 473. 1991, S. 38-39; H. Niogret: THE HARD WAY. In: Positif. Juli/August 1991; N. Saade: THE HARD WAY. In: Cahiers du cinema Nr. 9. 1991; Catherine Wimphen: THE HARD WAY. In: Studio. Juli/August 1991, S. 17.

THE ASSASSIN / POINT OF NO RETURN

(dt.) Brigitte Desalm: Hollywood spielt Vampir. In: Kölner Stadt-Anzeiger vom 08.07.1993; Hans-Günther Dicks: Provinzialität als Weltmaßstab. In: Neues Deutschland vom 01.07.1993; Michael Flintrop: CODENAME: NINA. In: Regensburger Wochenblatt vom 07.07.1993; Silvia Hallensleben: CODENAME: NINA. In: epd Film 7/93, S. 36; Sabine Horst: Wie eine Zigarette ohne Nikotin. In: Frankfurter Rundschau vom 03.07.1993; Roland Huschke: Das amerikanische Remake des Thrillers NIKITA: CODENAME: NINA. In: Cinema Nr. 7. Hamburg 1993, S. 70-71; Steffen Jacobs: Die Welt ist zu alt. In: Tagesspiegel vom 01.07.1993; Daniel Kothenschulte: CODENAME: NINA. In: film-dienst 14/93, S. 23 (Nr. 30319); Oliver Nöding: POINT OF NO RETURN. In: Remember it for later vom 17.10.2014 (www.funkhundd. wordpress.com/2014/10/17/point-of-no-return-john-badham-usa-1993; Stand: 09.10.2018); pem.: CODENAME: NINA US-Kopie von NIKITA. In: Berliner Morgenpost vom 01.07.1993; Patrick Rössler: Das doppelte Lottchen. In: Stuttgarter Zeitung vom 01.07.1993; Anja Seeliger: Das wahre Leben. In: Die Tageszeitung vom 01.07.1993; Rainer Stiller: CODENAME: NINA. In: Die Welt vom 01.07.1993. (engl.) David Ansen: Devil or Charlie's Angel? A flashy French film gets an American translation. In: Newsweek vom 12.04.1993; James Berardinelli: POINT OF NO RETURN. In: Reel Views 19.03.1993 (www.preview. reelviews.net/movies/p/point_no; Stand: 16.10.2018); Jeffrey A. Brown: Gender and the action heroine: Hardbodies and the POINT OF NO RETURN. In: Cinema Journal Nr. 3. 1996, S. 52-71; Roger Ebert: POINT OF NO RETURN. In: Chicago Sun-Times vom 19.03.1993 (www.rogerebert.com/ reviews/point-of-no-return-1993; Stand: 17.08.2014); Joseph Garreau: American twist: The »remaking« of a femme fatale. In: Jelí Hernández/Sheryl Lynn Postman (Hg.): Cinema and multiculturalism. Brooklyn, New York, Ottawa: Legas 2001, S. 57-62; Laura Grindstaff: A Pygmalion tale retold: Remaking LA FEMME NIKITA. In: Camera Obscura Nr. 47. 2001, S. 133-175; Hal Hinson: POINT OF NO RETURN. In: Washington Post vom 19.03.1993 (www.washingtonpost.com/wp-srv/style/longterm/movies/videos/pointofnoreturnrhinson_a0a800; Stand: 17.08.2014); Desson Howe: POINT OF NO RETURN. In: Washington Post vom 19.03.1993 (www. washingtonpost.com/wp-srv/style/longterm/movies/videos/pointofnoreturnrhowe_a0afa4; Stand: 17.08.2014); Stephen Hunter: Before you reach POINT OF NO RETURN film gets interesting. In: The Baltimore Sun vom 20.03.1993 (www.articles.baltimoresun.com/1993-03-20/features/1993079099_1_bridget-fonda-gabriel-byrne-anne-bancroft; Stand: 10.04.2016); Stanley Kauffmann: POINT OF NO RETURN. In: New Republic Vol. 208 Nr. 16. 19.04.1993, S. 28; Amanda Lipman: THE ASSASSIN. In: Sight and Sound Nr. 7. 1993, S. 36-37; P. MacRory: Excusing the violence of Hollywood women: Music in NIKITA and POINT OF NO RETURN. In: Screen Nr. 1. 1999, S. 51-65; Todd McCarthy: POINT OF NO RETURN. In: Variety Movie Reviews vom 19.03.1993, S. 1; O.S. Nilsson: POINT OF NO RETURN. In: Kosmorama Nr. 39. Herbst 1993, S. 50f; Randy Pitman: POINT OF NO RETURN. In: Variety Movie Reviews vom 01.01.1993, S. 78; Stephen Pizzello: Pushing the Envelope on POINT OF NO RETURN. In: American Cinematographer. März 1993, S. 38-48; Monica Sullivan: POINT OF NO RETURN. In: Movie Magazine International vom 17.03.1993; C. Taylor: POINT OF NO RETURN. In: Modern Review Nr. I/9. Juni/Juli 1993, S. 20f; Peter Travers: POINT OF NO RETURN. In: Rolling Stone vom 19.03.1993 (www.rollingstone.com/movies/reviews/point-of-no-return19930319; Stand: 17.08.2014); Kenneth Turan: »Point« Fails to Make One: Remake of LA FEMME NIKITA is more adept at providing an aura of excitement than actually delivering the goods. In: Los Angeles Times vom 19.03.1993 (www.articles.latimes.com/1993-03.19/entertainment/ca-12701_1_la-femme-nikita; Stand:

15.08.2014); Ginette Vincendeau: Hijacked. In: Sight and Sound Nr. 7. Juli 1993, S. 22-25. (frz.) Jean-Paul Chaillet: POINT OF NO RETURN. In: Première. Juli 1993, S. 26; Jean-Michel Frodon: Le jeu des erreurs. In: Le Monde vom 17.07.1993; Andrea Grunert: Héroines masculines, travestissements féminins. I/139125; Stanmn: Cinémaction Nr. 121. Oktober 2006; S. 163-166, 168-169; Michel Rebichon: POINT OF NO RETURN. In: Studio. Juni 1993, S. 17.

ANOTHER STAKEOUT

(dt.) Lars-Olav Beier: Lauschangriff-Zweiter Teil im Leichtbau-Bungalow. In: Frankfurter Allgemeine Zeitung vom 14.01.1994; bo.e.: DIE ABSERVIERER. In: Die Welt vom 13.01.1994; Ulrike Borowczyk: DIE ABSERVIERER im Einsatz für viel Action und Komik. In: Berliner Morgenpost vom 13.01.1994; es: DIE ABSERVIERER. In: Cinema 1/94, S. 134; Fritz Göttler: Wie Hund und Katze. In: Süddeutsche Zeitung vom 17.01.1994; R.-R. Hamacher: DIE ABSERVIERER. In: film-dienst 1/94, S. 23 (Nr. 30605); Oliver Nöding: ANOTHER STAKEOUT. In: Remember it for later vom 20.10.2014 (www.funkhundd.wordpress.com/2014/10/20/another-stakeout-john-badham-usa-1993; Stand: 09.10.2018); Dorothee Nolte: Sehender Katzenpo. In: Tagesspiegel vom 12.01.1994; Milan Pavlovic: Eklige Häppchen. In: Kölner Stadtanzeiger vom 15.01.1994; Georg Seeßlen: DIE ABSERVIERER. In: epd Film 1/94, S. 36-37; Christa Thelen: Lauschangriff. In: Die Woche vom 13.01.1994. (engl.) Roger Ebert: ANOTHER STAKEOUT. In: Chicago Sun-Times vom 23.07.1993 (www.rogerebert.com/reviews/another-stakeout-1993; Stand: 17.08.2014); Chris Goffard: ANOTHER STAKEOUT. In: Village Voice Nr. 31 vom 03.08.1993; Hal Hinson: ANOTHER STAKEOUT. In: Washington Post vom 23.07.1993 (www.washingtonpost.com/wp-srv/style/longterm/movies/videos/anotherstakeoutpg13hinson_a0a838; Stand: 17.08.2014); Desson Howe: ANOTHER STAKEOUT. In: Washington Post vom 23.07.1993 (www.washingtonpost.com/wp-srv/style/longterm/movies/videos/anotherstakeoutpg13howe_a0afe2; Stand: 17.08.2014); Emanuel Levy: ANOTHER STAKEOUT. In: Variety Movie Reviews vom 19.07.1993, S. 2; Kim Newman: ANOTHER STAKEOUT. In: Sight and Sound Nr. 2. 1993, S. 46-47; Randy Pitman: ANOTHER STAKEOUT. In: Variety Movie Reviews vom 01.01.1993, S. 4; Stephen Pizzello: ANOTHER STAKEOUT: Surveillance with a Smile. Roy Wagner, ASC and director John Badham stake out Vancouver. In: American Cinematographer. August 1993, S. 26-33; Marc Savlov: ANOTHER STAKEOUT. In: The Austin Chronicle vom 23.07.1993 (www.austinchronicle.com/events/film/1993-07-23/139125; Stand: 09.10.2018); Michael Wilmington: Same Old Shtick in STAKEOUT. In: Los Angeles Times vom 23.07.1993 (www.articles.latimes.com/1993-07-23/entertainment/ca-15962_1_stakeout-movie-dreyfuss; Stand: 15.08.2014).

DROP ZONE

(dt.) Frank Arnold: DROP ZONE. In: epd Film 6/95, S. 34-35; Lars-Olav Beier: Bodenloser Leichtsinn. In: Frankfurter Allgemeine Zeitung vom 15.05.1995; eve: DROP ZONE. In: Die Welt vom 11.05.1995; Eve: Es ist noch kein Bösewicht allein vom Himmel gefallen. In: Berliner Morgenpost vom 11.05.1995; Michael Flintrop: DROP ZONE. In: Regensburger Wochenblatt vom 31.05.1995; Ronald Gutberlet: DROP ZONE. In: Die Woche vom 12.05.1995; Daniel Kothenschulte: DROP ZONE. In: filmdienst 10/95, S. 26-27 (Nr. 31349); Ernst O. Mühl: Fallen bis zum Aufschlag. In: Neues Deutschland vom 11.05.1995; pek: Im Rausch der Höhe. In: Frankfurter Rundschau vom 16.05.1995; Heiko Rosner: DROP ZONE. In: Cinema 5/95, S. 136-137; Hans Schifferle: Freibeuter der Lüfte. In: Süddeutsche Zeitung vom 11.05.1995; tkl: Am Aufprallpunkt. In: Stuttgarter Zeitung vom 12.05.1995; to: DROP ZONE: In: Die Tageszeitung vom 11.05.1995; unbekannt: Bilder sind schwerelos. In: Der Spiegel 19/1995, S. 218. (engl.) Tim Appelo/Rebecca Ascher-

Walsh: DROP ZONE. In: Entertainment Weekly vom 26.08.1994, S. 81; James Berardinelli: DROP ZONE. In: Reel Views (www.preview.reelviews.net/movies/d/drop_zone; Stand: 16.10.2018); Roger Ebert: DROP ZONE. In: Chicago Sun-Times vom 09.12.1994 (www.rogerebert.com/reviews/drop-zone-1994; Stand: 15.08.2014); Chris Hicks: DROP ZONE. In: Deseret News vom 09.12.1994 (www.deseretnews.com/article/700000492/Drop-Zone; Stand: 16.10.2018); Hal Hinson: DROP ZONE. In: Washington Post vom 09.12.1994 (www.washingtonpost.com/wp-srv/style/longterm/movies/videos/dropzonerhinson_a07f5f; Stand: 15.08.2014); Desson Howe: DROP ZONE. In: Washington Post vom 09.12.1994 (www.washingtonpost.com.wp-srv/style/longterm/movies/videos/drop-zonerrhowe_c0117b; Stand: 15.08.2014); Joe Leydon: DROP ZONE. In: Variety Movie Reviews vom 12.12.1994, S. 4; Geoffrey Macnab: DROP ZONE. In: Sight and Sound Nr. 4. 1994, S. 41; Maitland McDonagh: DROP ZONE. In: Film Journal. Januar/Februar 1995, S. 55f; Ian Nathan: DROP ZONE. In: Empire. April 1995, S. 39; Peter Rainer: Snipes Out to Land Sky-Divers in »Zone«. In: Los Angeles Times vom 09.12.1994 (www.articles.latimes.com/1994-12-09/entertainment/ca-14308_1_zone-sky-snipes; Stand: 15.08.2014); Peter Rainer: DROP ZONE. In: Los Angeles Times vom 08.09.1996 (www.articles.latimes.com/1996-09-08/news/tv-41631_1_director-john-badham; Stand: 15.08.2014); Lisa Schwarzbaum: DROP ZONE. In: Entertainment Weekly vom 16.12.1994. (frz.) Christian Jauberty: DROP ZONE. In: Première. März 1995, S. 44; J.-M. Lalanne: DROP ZONE. In: Cahiers du cinema Nr. 3. 1995, S. 71; Martine Moriconi: DROP ZONE. In: Studio. Februar 1995, S. 13; C. Viviani: DROP ZONE. In: Positif Nr. 4. 1995, S. 67f.; unbekannt: DROP ZONE. In: Le film francais vom 03.02.1995, S. 24.

NICK OF TIME

(dt.) Steven Daly: NICK OF TIME. In: Steven Daly: Johnny Depp. Berlin: Knesebeck 2013, S. 86-89; Franz Everschor: GEGEN DIE ZEIT. In: film-dienst 15/96, S. 30 (Nr. 32042); Oliver Nöding: NICK OF TIME. In: Remember it for later vom 22.10.2014 (www.funkhundd.wordpress.com/2014/10/22/nick-of-time-john-badham-usa-1995; Stand: 09.10.2018). (engl.) James Berardinelli: NICK OF TIME. In: Reel Views (www.preview.reelviews.net/movies/n/nick; Stand: 16.10.2018); Mike Clark: NICK OF TIME. In: USA Today vom 10.07.1998; Roger Ebert: NICK OF TIME. In: Chicago Sun-Times vom 22.11.1995 (www.rogerebert.com/reviews/nick-of-time-1995; Stand: 15.08.2014); Michael X. Ferraro: Beat the Clock. With NICK OF TIME, director John Badham and cinematographer Roy Wagner, ASC experiment with a real-time storyline. In: American Cinematographer. November 1995, S. 24-32; Edward Guthman: NICK OF TIME Misses the Mark / Johnny Depp plays a reluctant assassin. In: San Francisco Chronicle vom 22.11.1995 (www.sfgate.com/movies/article/Nick-of-Time-Misses-the-Mark-Johnny-Depp-3020221; Stand: 17.08.2014); Desson Howe: NICK OF TIME. In: Washington Post vom 24.11.1995 (www.washingtonpost.com/wp-srv/style/longterm/movies/videos/nickoftimerhowe_c03936; Stand: 15.08.2014); Rita Kempley: NICK OF TIME. In: Washington Post vom 22.11.1995 (www.washingtonpost.comwp-srv/style/longterm/movies/videos/nickoftimer-kempley_038f2; Stand: 15.08.2014); Brian Lowry: NICK OF TIME. In: Variety Movie Reviews vom 27.11.1995, S. 1; Kim Newman: NICK OF TIME. In: Sight and Sound Nr. 15. 1995, S. 57; Kim Newman: NICK OF TIME. In: Empire. September 1996, S. 36; Kevin Thomas: Clever »Time« Keeps the Suspense Thrilling. In: Los Angeles Times vom 22.11.1995 (www.articles.latimes.com/1995-11-22/entertainment/ca-5885_1_shoeshine-man; Stand: 15.08.2014); Peter Travers: NICK OF TIME. In: Rolling Stone vom 22.11.1995 (www.

rollingstone.com/movies/reviews/nick-of-time-19951122; Stand: 17.08.2014). **(frz.)** Gerard Delorme: NICK OF TIME. In: Première. Juli 1996, S. 32; Laurent Tirard: NICK OF TIME. In: Studio. Juli/August 1996, S. 14.

INCOGNITO
(engl.) Anita M. Busch: Badham goes INCOGNITO. In: Variety vom 15.07.1996, S. 14; Derek Elley: INCOGNITO. In: Variety vom 16.11.1997 (www.variety.com/1997/film/reviews/incognito-2-1200451859/; Stand: 16.10.2018); Angie Errigo: INCOGNITO. In: Empire. Januar 1998, S. 47; Helen Van Kruyssen: INCOGNITO. In: Film Review. Januar 1998, S. 24; Nathan Rabin: INCOGNITO. In: AV Film vom 29.03.2002 (www.film.avclub.com/incognito-1798196061; Stand: 09.10.2018).

THE IMPATIENT HEART
(engl.) Joe Baltake: Cinema Obscura: Two with Carrie Snodgress. In: The passionate moviegoer vom 22.11.2008 (www.thepassionatemoviegoer.blogspot.de/2008/11/cinema-obscura--two-with-carrie; Stand: 05.01.2015).

NO PLACE TO RUN
(engl.) M. Murphy: NO PLACE TO RUN. In: Los Angeles Times vom 19.09.1972.

THE LAW
(dt.) Heinz Hinse: ANWALT GEGEN DAS GERICHT. In: film-dienst 1976, S. 10 (Nr. 19618); Wolfram Schütte: ANWALT GEGEN DAS GERICHT. In: Frankfurter Rundschau vom 10.01.1976. **(engl.)** Judith Crist: Quality begins (and ends) at home. In: New York Magazine Nr. 7 vom 21.10.1974, S. 80; unbekannt: THE LAW. In: Howard H. Prouty (Hg.): Variety Television Reviews 1923-1990 (Bd. 11). New York 1992 (30.10.1974).

REX HARRISON PRESENTS STORIES OF LOVE
(engl.) Hal Erickson: REX HARRISON PRESENTS STORIES OF LOVE. In: The New York Times (www. nytimes.com/movies/movie/128533/Rex-Harrison-Presents-Stories-of-Love/overview; Stand: 04.10.2015).

THE JACK BULL
(engl.) David Chute: Cusack as Nature's Nobleman in JACK BULL. In: Los Angeles Times vom 17.04.1999 (www.articles.latimes.com/1999/apr/17/entertainment/ca-28149; Stand: 15.08.2014); Scott Tobias: THE JACK BULL. In: AV Film vom 29.03.2002 (www.film.avclub.com/the-jack-bull-1798195469; Stand: 11.10.2018).

EVEL KNIEVEL
(engl.) Anita Gates: Leaping Tall Fountains at a Single Bound. In: The New York Times vom 30.07.2004 (www.nytimes.com/2004/07/30/movies/television-review-leaping-tall-fountains-at-a-single-bound; Stand: 16.10.2018); Brian Lowry: EVEL KNIEVEL. In: Daily Variety vom 29.07.2004, S. 11.

FOOTSTEPS
(engl.) Susan King: Shunned by Broadway, thriller finds its niche as a TV movie. In: Los Angeles Times vom 10.10.2003 (www.articles.latimes.com/2003/oct/10/entertainment/et-susan10; Stand: 15.08.2014); Michael Speier: FOOTSTEPS. In: Variety Movie Reviews vom 09.10.2003, S. 1.

THE EVENT (2010)
(dt.) Christian Junklewitz: Setzt Syfy THE EVENT als Miniserie fort? In: serienjunkies.de vom 02.06.2011 (www.serienjunkies.de/news/setzt-syfy-event-mini-serie-32716; Stand: 22.03.2015); Bernd Michael Krannich: THE EVENT: RTL II zeigt die Serie in Deutschland. In: serienjunkies.de vom 15.09.2011

(www.serienjunkies.de/news/the_event-rtl2-zeigt-serie-oktober-34438; Stand: 22.03.2015); Bernd Michael Krannich: THE EVENT: RTL II nimmt die Serie sofort aus dem Programm. In: serienjunkies.de vom 14.11.2011 (www.serienjunkies.de/news/event-rtl-nimmt-35805; Stand: 22.03.2015); Bernd Michael Krannich: THE EVENT wird bei RTL II ab September zum Nachtereignis. In: serienjunkies.de vom 03.08.2013 (www.serienjunkies.de/news/theevent-rtl2-nachterreignis-51905; Stand: 22.03.2015); Daniel Sallhoff: RTL II probiert's noch einmal mit THE EVENT. In: Quotenmeter vom 05.08.2013 (www.quotenmeter.de/n/65337/rtl-ii-probiert-s-noch-einmal-mit-the-event; Stand: 22.03.2015). (engl.) Nellie Andreeva: TV producer Steve Stark has full plate. In: The Hollywood Reporter vom 16.12.2009 (http://www.hollywoo-dreporter.com/news/tv-producer-steve-stark-full-92434; Stand: 22.03.2015); Brian Lowry: Review THE EVENT: In: Variety vom 16.09.2010 (www.variety.com/2010/tv/reviews/the-event-1117943586; Stand: 22.03.2015); Mary McNamara: Television Review: THE EVENT. In: Los Angeles Times vom 20.09.2010 (www.articles.latimes.com/2010/sep/20/entertainment/la-et-the-event-20100920; Stand: 22.03.2015); Michael Schneider: Jeffrey Reiner signs Universal deal. In: Variety vom 03.03.2010 (www.variety.com/2010/scene/news/jeffrey-reiner-signs-universal-deal-1118016029; Stand: 22.03.2015).

SUPERNATURAL

(dt.) Philipp Schulze: Die Jäger der Apokalypse. In Cinema 3/21, S. 80-82.

I. Kinofilme als Regisseur

THE BINGO LONG TRAVELLING ALL-STARS & MOTOR KINGS (1976)

Produktion: Motown Productions / Universal Pictures. *Produzent:* Rob Cohen. *Executive Producer:* Barry Gordy. *Associate Producers:* Michael Chinich, Janet Hubbard, Bennett Tramer. *Production Manager:* Wallace Worsley Jr.
Regie: John Badham. *Drehbuch:* Hal Barwood, Matthew Robbins, basierend auf einem Roman von William Brashler. *Kamera:* Bill Butler. *Schnitt:* David Rawlins. *Musik:* William Goldstein. *Production Design:* Lawrence G. Paull. Set *Decoration:* Leonard A. Mazzola. *Kostüme:* Bernard Johnson. *Ton:* Willie D. Burton. *Regie-Assistenten:* Tom Joyner, L. Andrew Stone, Richard A. Wells. *Makeup Artist:* Tony Russell. *Hair Stylist:* Annie M. DeMille. *Stunt Coordinator:* Jophery C. Brown. *Casting:* Don Phillips.
Darsteller/innen: Billy Dee Williams (Bingo Long), James Earl Jones (Leon Carter), Richard Pryor (Charlie Snow), Rico Dawson (Willie Lee Shively), Sam »Birmingham« Brison (Louis Keystone), Jophery C. Brown (Emory »Champ« Chambers), Leon Wagner (Fat Sam Popper), Tony Burton (Isaac), John McCurry (Walter Murchman), Stan Shaw (Esquire Joe Callaway), Otis Day (Rainbow), Ted Ross (Sallison »Sallie« Potter), Mabel King (Bertha Dewitt), Sam Laws (Henry Dunbar), Alvin Childress (Horace Quigley), Ken Foree (Honey), Carl Gordon (Mack), Ahna Capri (The Prostitute), Joel Fluellen (Mr. Holland), Sarina C. Grant (Pearline), Jester Hairston (Furry Taylor), Emmett Ashford (Umpire), Theodore Lehmann (Lars Bostrum), Fred Covington (Auctioneer), Greg Oliver (Sheriff), John McKee (White Stranger), Brooks Clift (Older Gentleman), Morgan Roberts (Kiosk Man), Marcia McBroom (Violet), Lidia Kristen (One-Arm Ballplayer), Dero Austin (Midget Catcher).
Technicolor (35mm). Gedreht in Monticello, Macon, Savannah (Georgia, USA) und den Universal Studios.
Uraufführungen: In Deutschland nicht gelaufen. USA am 16. Juli 1976: 110 Minuten; Frankreich am 17. November 1976.

SATURDAY NIGHT FEVER (1977)
Nur Samstag Nacht

Produktion: Robert Stigwood Organization (RSO). *Produzent:* Robert Stigwood. *Executive Producer:* Kevin McCormick. *Associate Producer:* Milt Felsen. *Production Manager:* John Nicolella.
Regie: John Badham. *Drehbuch:* Norman Wexler, basierend auf einer Geschichte von Nik Cohn. *Kamera:* Ralf D. Bode. *Schnitt:* David Rawlins. *Musik:* Barry Gibb, Maurice Gibb, Robin Gibb. *Production Design:* Charles Bailey. *Set Decoration:* George DeTitta Sr. *Kostüme:* Patrizia von Brandenstein. *Regie-Assistenten:* Allan Wertheim, Joseph Ray. *Makeup Artist:* Max Henriquez. *Hair Stylist:* Joe Tubens. *Stunt Coordinator:* Paul Nuckles. *Script Supervisor:* Renata Stola. *Casting:* Shirley Rich.
Darsteller/innen: John Travolta (Tony Manero), Karen Lynn Gorney (Stephanie), Barry Miller (Bobby C.), Joseph Call (Joey), Paul Pape (Double J.), Donna Pescow (Annette), Bruce Ornstein (Gus), Julie Bovasso (Flo), Martin Shakar (Frank Jr.), Sam Coppola (Dan Fusco), Nina Hansen (Grandmother), Lisa Peluso (Linda), Denny Dillon (Doreen), Bert Michaels (Pete), Robert Costanzo (Paint Store Customer), Robert Weil (Becker), Shelly Batt (Girl in Disco), Fran Drescher (Connie), Donald Gantry (Jay Langhart), Murray Moston (Haberdashery Salesman), William Andrews (Detective), Ann Travolta (Pizza Girl), Helen Travolta (Lady in Paint Store), Ellen March (Bartender), Monti Rock III (The deejay),

Val Bisoglio (Frank Sr.).
Farbe (35 mm). Gedreht vom 14. März bis Juli 1977 in Brooklyn und Manhattan, New York. *Budget:* $ 3 Millionen. *Einspiel (USA):* $ 121.060,575.
Uraufführungen: Deutschland am 13. April 1978: 118 Minuten; USA am 16. Dezember 1977 (Premiere in New York am 14. Dezember 1977); England am 26. März 1978; Frankreich am 05. April 1978. Blu-ray (Paramount/Universal Pictures) am 03. Juni 2009.

DRACULA (1979)
Dracula'79

Produktion: Universal Pictures / The Mirisch Corporation. *Produzent:* Walter Mirisch. *Executive Producer:* Marvin Mirisch. *Associate Producer:* Tom Pevsner. *Production Manager:* Hugh Harlow.
Regie: John Badham. *Second Unit:* Gerry Gavigan. *Drehbuch:* W.D. Richter, basierend auf dem Theaterstück von Hamilton Deane und John L. Balderston und auf dem Roman von Bram Stoker. *Kamera:* Gilbert Taylor. *Schnitt:* John Bloom. *Musik:* John Williams. *Production Design:* Peter Murton. *Art Direction:* Brian Ackland-Snow. *Kostüme:* Julie Harris. *Regie-Assistent:* Anthony Waye. *Hair Stylists:* Susie Hill, Colin Jamison. *Makeup Artists:* Eric Allwright, Peter Robb-King, Jane Royle. *Special Effects:* Roy Arbogast. *Stunt Coordinator:* Eddie Powell. *Continuity:* Pamela Carlton. *Casting:* Mary Selway.
Darsteller/innen: Frank Langella (Graf Dracula), Laurence Olivier (Prof. Abraham Van Helsing), Donald Pleasence (Dr. Jack Seward), Kate Nelligan (Lucy Seward), Trevor Eve (Jonathan Harker), Jan Francis (Mina Van Helsing), Janine Duvitski (Annie), Tony Haygarth (Milo Renfield), Teddy Turner (Swales), Sylvester McCoy (Walter), Kristine Howarth (Mrs. Galloway), Joe Belcher (Tom Hindley), Ted Carroll (Scarborough Sailor), Frank Birch (Harbormaster), Gabor Vernon (Captain of Demeter),

Frank Henson (Demeter Sailor), Peter Wallis (Priest).
Technicolor (35 mm). Gedreht vom 18. August bis zum 04. Dezember 1978 u.a. in Carylon Bay, St. Austell (Cornwall, England) und King Arthur's Castle Hotel, Tintagel (Cornwall, England). *Budget:* $ 12.164,000. *Einspiel (USA):* $ 20.158,970.
Uraufführungen: Deutschland am 27. September 1979: 109 Minuten; USA am 13. Juli 1979 (New York) und am 20. Juli 1979; England am 10. August 1979. Blu-ray (Universal Pictures Germany GmbH) am 18. September 2014.

WHOSE LIFE IS IT ANYWAY? (1981)
Ist das nicht mein Leben?

Produktion: Metro-Goldwyn-Mayer (MGM) / SLM Production Group. *Produzent:* Lawrence P. Bachmann. *Executive Producers:* Ray Cooney, Martin C. Schute. *Associate Producer:* Gregg Champion. *Production Manager:* Wallace Worsley Jr.
Regie: John Badham. *Drehbuch:* Brian Clark, Reginald Rose, basierend auf dem Theaterstück von Brian Clark. *Kamera:* Mario Tosi. *Schnitt:* Frank Morriss. *Musik:* Arthur B. Rubinstein. *Production Design:* Gene Callahan. *Art Direction:* Sydney Z. Litwack. *Set Decoration:* Jerry Adams. *Kostüme:* Marianna Elliott. *Regie-Assistenten:* Katy Emde, Joseph A. Ingraffia, Lawrence Mirisch. *Hair Stylists:* Hazel Catmull, Leonard Drake. *Makeup Artist:* Leonard Engelman. *Special Effects:* Terry W. King, Charles Schulthies. *Stunt Coordinator:* Conrad E. Palmisano. *Script Supervisor:* Betsy Norton. *Casting:* Wallis Nicita.
Darsteller/innen: Richard Dreyfuss (Ken Harrison), John Cassavetes (Dr. Michael Emerson), Christine Lahti (Dr. Clare Scott), Bob Balaban (Carter Hill), Kenneth McMillan (Judge Wyler), Kaki Hunter (Mary Jo Sadler), Thomas Carter (Orderly John), Alba Oms (Nurse Rodriguez), Janet Eilber (Pat), Kathryn Grody (Mrs. Boyle), George Wyner (Dr. Jacobs), Mel Stewart (Dr. Barr), Ward Costello (Mr. Eden), Alston Ahern (Day Nurse), Betty

Cole (ICU Nurse), Lyman Ward (Emergency Room Doctor), Juli Andelman (Stella), Abigail Hepner (Lissa), Alan Stock (3rd Year Student), Jeffrey Combs (1st Year Intern), Steven Bourne (Hoffman), John Garber (Physiotherapist), Katie Guymon (Anesthesiologist), Francine Henderson (Nurse), J.J. Johnston (Guard), Michael Steve Jones (Intern).

Metrocolor (35 mm). Gedreht im Columbus Park, Faulkner Hospital, 1153 Centre Street, Jamaica Plain, Boston (Massachusetts). *Budget:* $ 13 Millionen. *Einspiel (USA):* $ 8.206,145.

Uraufführungen: Deutschland am 14. Mai 1982: 119 Minuten; USA am 02. Dezember1981.

BLUE THUNDER (1983)
Das fliegende Auge

Produktion: Columbia Pictures Corporation / Rastar Pictures. *Produzent*: Gordon Carroll. *Executive Producers*: Phil Feldman, Andrew Fogelson. *Associate Producer*: Gregg Champion.

Regie: John Badham. *Second Unit*: Gregg Champion. *Drehbuch*: Dan O'Bannon, Don Jakoby, Dean Riesner. *Kamera*: John A. Alonzo. *Schnitt*: Edward M. Abroms, Frank Morriss. *Musik*: Arthur B. Rubinstein. *Production Design*: Sydney Z. Litwack. *Art Direction*: Bernie Cutler. *Kostüme*: Marianna Elliott. *Regie-Assistenten*: Jerry Ziesmer, Tom Davies. *Makeup Artist*: Greg LaCava. *Special Effects Coordinator*: Chuck Gaspar. *Stunt Coordinator*: Monty Jordan, Terry Leonard. *Casting*: Dianne Crittenden.

Darsteller/innen: Roy Scheider (Officer Frank Murphy), Warren Oates (Capt. Jack Braddock), Candy Clark (Kate), Daniel Stern (Officer Richard Lymangood), Paul Roebling (Icelan), David Sheiner (Fletcher), Joe Santos (Montoya), Malcolm McDowell (Col. F.E. Cochrane), Ed Bernard (Sgt. Short), Jason Bernard (Mayor), Mario Machado (Himself), James Murtaugh (Alf Hewitt), Pat McNamara (Matusek), Jack

Murdock (Kress), Clifford A. Pellow (Allen), Paul Lambert (Holmes), Phil Feldman (Col. Coe), John Garber (Tough Mechanic), Anthony James (Grundelius), Robin Braxton (Diane McNeely), Anna Forrest (Nudy Lucy), Ricky Slyter (Timmy), John Badham (TV Director).

Technicolor (35 mm). Gedreht vom 27. Januar bis 21. März 1980 in Los Angeles, California. *Einspiel (USA):* $ 42.300,000.

Uraufführungen: Deutschland am 05. Februar 1983: 109 Minuten; DDR am 20. Juli 1984; USA am 13. Mai 1983; England am 25. August 1983. Blu-ray (Sony Pictures Home Entertainment) am 06. August 2009.

WARGAMES (1983)
War Games – Kriegsspiele

Produktion: United Artists / Sherwood Productions. *Produzenten*: Harold Schneider, Bruce McNall. *Executive Producer*: Leonard Goldberg. *Associate Producer*: Richard Hashimoto. *Unit Production Manager:* Richard Hashimoto.

Regie: John Badham. *Drehbuch*: Lawrence Lasker, Walter F. Parkes, Walon Green. *Kamera*: William A. Fraker. *Schnitt*: Tom Rolf. *Musik*: Arthur B. Rubinstein. *Production Design*: Angelo P. Graham. *Art Direction*: James J. Murakami. *Set Decoration*: Jerry Wunderlich. *Kostüme*: Barry Francis Delaney. *Regie-Assistenten*: Newt Arnold, Robert J. Doherty. *Hair Stylist*: Lynda Gurasich. *Makeup Artists*: Michael Germain, Brenda Todd. *Special Effects:* Joe Digaetano, David Domeyer, Donald Pennington. *Stunt Coordinator:* Michael Adams. *Script Supervisor:* H. Bud Otto. *Casting:* Wallis Nicita.

Darsteller/innen: Matthew Broderick (David), Dabney Coleman (McKittrick), John Wood (Falken), Ally Sheedy (Jennifer), Barry Corbin (General Beringer), Juanin Clay (Pat Healy), Kent Williams (Cabot), Dennis Lipscomb (Watson), Joe Dorsey (Conley), Irving Metzman (Richter), Michael Ensign (Beringer's Alde), William

Bogert (Mr. Lightman), Susan Davis (Mrs. Lightman), James Tolkan (Wigan), David Clover (Stockman), Drew Snyder (Ayers), John Garber (Corporal), Duncan Wilmore (Major Lem), Billy Ray Sharkey (Radar Analyst), John Spencer (Jerry), Michael Madsen (Steve), Erik Stern (Commander), Maury Chaykin (Jim Sting), William H. Macy (NORAD Officer).

Metrocolor (35 mm). Gedreht in Washington, Colorado, Seattle, Long Beach und Los Angeles. *Budget:* $ 12 Millionen. *Einspiel (USA):* $ 79.567,667.

Uraufführungen: Deutschland am 07. Oktober 1983: 114 Minuten; USA am 03. Juni 1983; England am 18. August 1983. Blu-ray (Twentieth Century Fox) am 07. Dezember 2012.

AMERICAN FLYERS (1985)
Die Sieger – American Flyers

Produktion: WW Production. *Produzenten:* Paula Weinstein, Gareth Wigan. *Associate Producer:* Gregg Champion. *Unit Production Manager:* Wallace Worsley Jr. *Regie:* John Badham. *Second Unit:* Gregg Champion. *Drehbuch:* Steve Tesich. *Kamera:* Donald Peterman. *Schnitt:* Jeff Jones, Frank Morriss, Dallas Puett. *Musik:* Greg Mathieson, Lee Ritenour. *Production Design:* Lawrence G. Paull. *Set Decoration:* Garrett Lewis. *Kostüme:* Marianna Elliott. *Regie-Assistenten:* Jerry Ziesmer, Bryan Denegal, Tena Psyche Yatroussis. *Hair Stylist:* Damon Grill. *Makeup Artist:* Mark Reedall. *Special Effects:* Matt Sweeney. *Stunt Coordinator:* Greg Walker. *Script Supervisor:* H. Bud Otto. *Casting:* Wallis Nicita.

Darsteller/innen: Kevin Costner (Marcus Sommers), David Marshall Grant (David), Rae Dawn Chong (Sarah), Alexandra Paul (Becky), Janice Rule (Mrs. Sommers), Luca Bercovici (Muzzin), Robert Townsend (Jerome), John Amos (Dr. Conrad), Doi Johnson (Randolph), John Garber (Belov), Jennifer Grey (Leslie), James Terry

(Hitchhiker), Jessica Nelson (Hitchhiker), Tom Lawrence (Timekeeper), Brian Drebber (Race Announcer), Judy Jordan (Woman Reporter), Katherine Kriss (Vera), Jan Speck (Receptionist), Greg Walker (Photographer), Sig Frohlich (Mall Clerk), John J. Caraccioli (Autograph Hound), Robert Anderson (Reporter).

Panavision (35 mm). Gedreht im Mai 1984 in Colorado und Kansas, USA. *Einspiel (USA):* $ 1.400,000.

Uraufführungen: Deutschland im November 1986: 113 Minuten; USA am 16. August 1985. DVD (Warner Home Video) am 23. Juni 2006.

SHORT CIRCUIT (1986)
Nummer 5 lebt!

Produktion: TriStar Pictures / Producers Sales Organization (PSO) / Turman-Foster Company. *Produzenten:* David Foster, Lawrence Turman. *Co-Produzent:* Dennis E. Jones. *Executive Producers:* Mark Damon, John W. Hyde. *Associate Producers:* Gary Foster, Dana Satier Hankins. *Supervising Producer:* Gregg Champion. *Unit Production Manager:* Steve Perry. *Regie:* John Badham. *Second Unit:* Gregg Champion. *Drehbuch:* S.S. Wilson, Brent Maddock. *Kamera:* Nick McLean. *Schnitt:* Frank Morriss. *Musik:* David Shire. *Production Design:* Dianne Wager. *Art Direction:* Dianne Wager. *Set Decoration:* Garrett Lewis. *Regie-Assistenten:* Jerry Ziesmer, Bryan Denegal. *Hair Stylist:* Damon Grill. *Makeup Artist:* Tom Lucas. *Special Effects:* Mark Noel, Gary Zink. *Stunt Coordinator:* Walter Scott. *Script Supervisor:* H. Bud Otto. *Casting:* Jane Feinberg, Mike Fenton, Judy Taylor.

Darsteller/innen: Ally Sheedy (Stephanie Speck), Steve Guttenberg (Newton Crosby), Fisher Stevens (Ben Jabituya), Austin Pendleton (Howard Marner), G.W. Bailey (Skroeder), Brian McNamara (Frank), Tim Blaney (Number 5, Voice), Marvin J. McIntyre (Duke), John Garber (Otis),

Penny Santon (Mrs. Cepeda), Vernon Weddle (General Washburne), Barbara Tarbuck (Senator Mills), Tom Lawrence (Howard Marner's Aide), Fred Slyter (Norman), Billy Ray Sharkey (Zack), Robert Krantz (Reporter), Jan Speck (Reporter), Marguerite Happy (Barmaid), Howard Krick (Farmer), Marjorie Card Hughes (Farmer's Wife), Herb Smith (Gate Guard), Jack Thompson (Party Guest), William Striglos (Party Guest), Mary Reckley (Party Guest).
Panavision (35 mm). Gedreht unter anderem im September 1985 in Astoria (Oregon), Vasquez Rocks Natural Area Park (California) und North Bonneville (Washington). *Einspiel (USA):* $ 40.697,761.
Uraufführungen: Deutschland am 21. August 1986: 98 Minuten; Re-Release am 23. März 1989; USA am 09. Mai 1986; England: 05. Dezember 1986; Frankreich am 20. August 1986. Blu-ray (Splendid Film/WVG) am 25. März 2011.

STAKEOUT (1987)
Die Nacht hat viele Augen

Produktion: Touchstone Pictures / Silver Screen Partners II / Cinderella. *Produzenten:* Jim Kouf, Cathleen Summers. *Executive Producer:* John Badham. *Associate Producer:* Dana Satier Hankins. *Supervising Producer:* Gregg Champion. *Production Manager:* Fitch Cady. *Post-Production Supervisor:* Jayne Armstrong. *Executive in charge of production:* David Hoberman. *Regie:* John Badham. *Second Unit:* Gregg Champion. *Drehbuch:* Jim Kouf. *Kamera:* John Seale. *Schnitt:* Michael Ripps, Tom Rolf. *Musik:* Arthur B. Rubinstein. *Production Design:* Philip Harrison. *Art Direction:* Richard Hudolin. *Set Decoration:* Rose Marie McSherry. *Kostüme:* Mary E. Vogt. *Regie-Assistenten:* Rob Cowan, Peter Dashkewytch, Richard Cowan. *Hair Stylist:* Sherry Linder-Gygli. *Makeup Artist:* Sandy Cooper. *Special Effects Coordinator:* John Thomas. *Stunt Coordinators:* Conrad E. Palmisano (Los Angeles), Jacob

Rupp (Vancouver). *Script Supervisor:* Lara Fox. *Casting:* Jane Feinberg, Mike Fenton, Sid Kozak, Judy Taylor.
Darsteller/innen: Richard Dreyfuss (Chris Lecce), Emilio Estevez (Bill Reimers), Madeleine Stowe (Maria McGuire), Aidan Quinn (Richard »Stick« Montgomery), Dan Lauria (Phil Coldshank), Forest Whitaker (Jack Pismo), Ian Tracey (Caylor Reese), Earl Billings (Captain Giles), Jackson Davies (FBI Agent Lusk), J.J. Makaro (B.C.), Scott Andersen (Reynaldo McGuire), Tony Pantages (Tony Harmon), Beatrice Boepple (Carol Reimers), Kyle Wodla (Jeffrey Reimers), Jan Speck (Kelly McDonald), Kim Kondrashoff (Billy Steeks), Gary Hetherington (Prison Doctor), Don MacKay (Prison Officer), Don S. Davis (Prison Gate Guard), Roger Dean (Prison First Guard), David Brass (Café Waiter), Elizabeth Bracco (Bar Waitress), Denalda Williams (Farol Bernie).
Farbe (35 mm). Gedreht im April 1987 in Vancouver, British Columbia (Canada). *Einspiel (USA):* $ 65.673,233.
Uraufführungen: Deutschland am 21. Januar 1988: 117 Minuten; USA am 05. August 1987; England am 26. Februar 1988. DVD (Touchstone) am 12. Mai 2003.

BIRD ON A WIRE (1990)
Ein Vogel auf dem Drahtseil

Produktion: Universal Pictures / Interscope Communication / The Badham-Cohen Group. *Produzent:* Rob Cohen. *Co-Produzenten:* Fitch Cady, Eric Lerner, Louis Venosta. *Executive Producers:* Robert W. Cort, Ted Field. *Associate Producers:* Dana Satier Hankins, Keith Rubinstein. *Production Manager:* Matthew O'Connor. *Unit Production Manager:* Larry Powell.
Regie: John Badham. *Second Unit:* Rob Cohen. *Drehbuch:* David Seltzer, Louis Venosta, Eric Lerner, basierend auf einer Geschichte von Venosta und Lerner. *Kamera:* Robert Primes. *Schnitt:* Frank Morriss, Dallas Puett. *Musik:* Hans Zimmer.

Production Design: Philip Harrison. *Art Direction*: Richard Hudolin. *Set Decoration*: Rose Marie McSherry. *Kostüme*: Eduardo Castro, Wayne A. Finkelman. *Regie-Assistenten*: Peter D. Marshall, Richard Coleman, Kenna Marshall-Pittman. *Makeup Artists*: Sandy Cooper, E. Thomas Case (Goldie Hawn). *Hair Stylists*: Sherry Linder-Gygli, Susan Boyd, Lyndell Quiyou (Goldie Hawn). *Special Effects Coordinator*: John Thomas. *Stunt Coordinators*: Mic Rodgers (Los Angeles), Betty Thomas Quee (Vancouver). *Script Supervisor*: Jean Bareziuk. *Casting*: Lynne Carrow, Mike Fenton, Lynda Gordon, Judy Taylor.

Darsteller/innen: Mel Gibson (Rick Jarmin), Goldie Hawn (Marianne Graves), David Carradine (Eugene Sorenson), Bill Duke (Albert Diggs), Stephen Tobolowsky (Joe Weyburn), Joan Severance (Rachel Varney), Harry Caesar (Marvin), Jeff Corey (Lou Baird), Alex Bruhanski (Raun), John Pyper-Ferguson (Jamie), Clyde Kusatsu (Mr. Takawaki), Jackson Davies (Paul Bernard), Florence Paterson (Molly Baird), Tim Healy (Paul), Wes Tritter (Scottie), Lossen Chambers (Lossen), Ken Camroux (Neff), Wendy Van Riesen (Secretary), Lesley Ewen (Night Receptionist), Robert Metcalfe (Dex), Kevin McNulty (Brad), Robert Thurston (Bank Teller), Brian Torpe (Bank Vice President), Oscar Goncalves (Bank Guard), Tim Price (Beggar), Oscar Ramos (Cop at Fire), Dan Zale (Fireman).

Farbe (35 mm). Gedreht vom 15. April bis 17. Juli 1989 in Ashcroft, Langley, Maple Ridge, Vancouver und Victoria, British Columbia (Canada) und Detroit, Michigan. *Budget*: $ 20 Millionen. *Einspiel (USA)*: $ 70.980,000.

Uraufführungen: Deutschland am 06. September 1990: 110 Minuten; USA am 18. Mai 1990; England am 19. Oktober 1990, Frankreich am 12. September 1990. DVD (Universal Pictures Germany GmbH) am

11. April 2013.

THE HARD WAY (1991)
Auf die harte Tour

Produktion: Universal Pictures / The Badham-Cohen Group. *Produzenten*: Rob Cohen, William Sackheim. *Co-Produzent*: Peter R. McIntosh. *Associate Producers*: D.J. Caruso, Keith Rubinstein. *Unit Production Manager*: Peter R. McIntosh. *Additional Unit Production Manager*: Celia D. Costas. *Regie*: John Badham. *Second Unit*: Rob Cohen. *Drehbuch*: Daniel Pyne, Lem Dobbs, basierend auf einer Geschichte von Dobbs und Michael Kozoll. *Kamera*: Donald McAlpine, Robert Primes. *Schnitt*: Tony Lombardo, Frank Morriss. *Musik*: Arthur B. Rubinstein. *Production Design*: Philip Harrison. *Art Direction*: John Kasarda. *Set Decoration*: Susan Bode. *Kostüme*: Mary E. Vogt. *Regie-Assistenten*: David Sosna, Tony Adler. *Makeup Artists*: Bernadette Mazur, Bron Roylance (Michael J. Fox). *Hair Stylists*: Joseph Coscia, Rick Provenzano (Michael J. Fox). *Special Effects Coordinator*: Jeff Jarvis. *Stunt Coordinator*: Conrad E. Palmisano. *Script Supervisor*: Dianne Dreyer. *Casting*: Bonnie Timmermann.

Darsteller/innen: Michael J. Fox (Nick Lang/Rick Casanov), James Woods (Detective Lt. John Moss), Stephen Lang (Party Crasher), Annabella Sciorra (Susan), John Capodice (Detective Grainy), Luiz Guzmán (Detective Benny Pooley), LL Cool J (Detective Billy), Mary Mara (Detective China), Delroy Lindo (Captain Brix), Conrad Roberts (Witherspoon), Penny Marshall (Angie), Christina Ricci (Bonnie), George Cheung (Drug Dealer), Frank Geraci (Newsman), Sophie Maletsky (Pizza Waitress), Lewis Black (Banker), Rand Foerster (Banker), Anderson Matthews (Banker), Kathy Najimy (Lang's Girl Friday), Mos Def (Dead Romeos).

Farbe (35 mm). Gedreht vom 21. Mai bis zum 28. August 1990 in Brooklyn, New York, Chicago, Illinois, und Deal, New Jersey. *Einspiel (USA):* $ 25.895,485. *Uraufführungen:* Deutschland am 27. Juni 1991: 111 Minuten; USA am 08. März 1991; England am 03. Mai 1991; Frankreich am 10. Juli 1991. Blu-ray (Universal Pictures Germany GmbH) am 15. Oktober 2015.

THE ASSASSIN / POINT OF NO RETURN (1993)
Codename: Nina

Produktion: Warner Bros. / Art Linson Productions. *Produzent:* Art Linson. *Co-Produzent:* James Herbert. *Associate Producers:* D.J. Caruso, David Sosna. *Production Manager:* James Herbert.
Regie: John Badham. *Second Unit:* D.J. Caruso. *Drehbuch:* Robert Getchell, Alexandra Seros, basierend auf dem Film LA FEMME NIKITA von Luc Besson. *Kamera:* Michael W. Watkins. *Schnitt:* Frank Morriss. *Musik:* Hans Zimmer. *Production Design:* Philip Harrison. *Art Direction:* Sydney Z. Litwack. *Set Decoration:* Julia Laughlin (Badham). *Kostüme:* Marlene Stewart. *Regie-Assistenten:* Ronald Chong, David D'Ovidio. *Special Effects Coordinator:* Ken Pepiot. *Stunt Coordinator:* Mic Rodgers. *Script Supervisor:* Susan Malerstein. *Casting:* Bonnie Timmermann.
Darsteller/innen: Bridget Fonda (Maggie Hayward/Claudia Anne Doran/Nina), Gabriel Byrne (Bob), Dermot Mulroney (J.P.), Miguel Ferrer (Kaufman), Anne Bancroft (Amanda), Olivia d'Abo (Angela), Richard Romanus (Fahd Bahktiar), Harvey Keitel (Victor the Cleaner), Lorraine Toussaint (Beth), Geoffrey Lewis (Drugstore Owner), Mic Rodgers (Cop), Michael Rapaport (Big Stan), Ray Oriel (Burt), Spike McClure (Johnny D), Lieux Dressler (Johnny's Mom), John Capodice (Detective), Carmen Zapata (Judge), Calvin Levels (Computer Instructor), Michael Runyard (Weapons Constructor), Bill M. Ryusaki (Karate Instructor), Jan Speck (Kaufman's assistant), Francesco Messina (Waiter in Restaurant), John

Badham (Room-Service Waiter). Technicolor (35 mm). Gedreht vom 30. März bis zum 22. Juni 1992 in New Orleans, Los Angeles und Washington. *Einspiel (USA):* $ 30.038,362. *Uraufführungen:* Deutschland am 01. Juli 1993: 109 Minuten (freigegeben ab 18); USA am 19. März 1993; England am 02. Juli 1993; Frankreich am 14. Juli 1993. Blu-ray (Warner Home Video) am 16. April 2009.

ANOTHER STAKEOUT / THE LOOKOUT (1993)
Die Abservierer

Produktion: Touchstone Pictures / Stakeout II Productions / Kouf/Bigelow Productions. *Produzenten:* Jim Kouf, Lynn Kouf (Bigelow), Cathleen Summers. *Co-Produzent:* D.J. Caruso. *Executive Producer:* John Badham. *Associate Producers:* Justin Greene, Kristine J. Schwarz. *Unit Production Manager:* Justin Greene.
Regie: John Badham. *Second Unit:* D.J. Caruso. *Drehbuch:* Jim Kouf. *Kamera:* Roy H. Wagner. *Schnitt:* Frank Morriss. *Musik:* Arthur B. Rubinstein. *Production Design:* Lawrence G. Paull. *Art Direction:* Richard Hudolin. *Set Decoration:* Rose Marie McSherry, Julia Laughlin/Badham (Las Vegas). *Kostüme:* Stephanie Nolin. *Regie-Assistenten:* David Sosna, Bill Bannerman, Peter Whyte. *Makeup Artists:* Sandy Cooper, Kimberly Felix. *Hair Stylists:* Sherry Linder-Gygli (key), Susan V. Kalinowski (Richard Dreyfuss), Kim Carrillo (Emilio Estevez). *Special Effects Coordinators:* John Thomas, Darrell Pritchett (Las Vegas). *Stunt Coordinators:* Conrad E. Palmisano, Jacob Rupp (Las Vegas). *Script Supervisor:* Lara Fox. *Casting:* Carol Lewis.
Darsteller/innen: Richard Dreyfuss (Chris Lecce), Emilio Estevez (Bill Reimers), Rosie O'Donnell (Gina Garrett), Dennis Farina (Brian O'Hara), Marcia Strassman (Pam O'Hara), Cathy Moriarty (Lu Delano), John Rubinstein (Thomas Hassrick), Miguel Ferrer (Tony Castellano),

Madeleine Stowe (Maria), Sharon Maughan (Barbara Burnside), Christopher Doyle (McNamara), Sharon Schaffer (Tilghman), Rick Seaman (Van Agent), Jan Speck (Van Agent), Gene Ellison-Jones (Vegas Police Captain), Frank DeAngelo (Vegas Investigator), J.R. West (Vegas Investigator), Frank C. Turner (Unlucky), Steve Lambert (Killer), John Badham (Ferry Skipper).
Farbe (35 mm). Gedreht vom 27. August bis zum 12. Oktober 1992 in Bowen Island, British Columbia (Canada), Las Vegas, Nevada, Seattle, Washington, und Vancouver, British Columbia (Canada). *Einspiel (USA):* $ 20.208.496.
Uraufführungen: Deutschland am 13. Januar 1994: 108 Minuten; USA am 23. Juli 1993; England am 31. Dezember 1993; Frankreich am 05. Januar 1994. DVD (Touchstone) am 12. Mai 2003.

DROP ZONE (1994)

Produktion: Paramount Pictures / Nicita/ Lloyd Productions. *Produzenten:* D.J. Caruso, Lauren Lloyd, Wallis Nicita. *Co-Produzent:* Doug Claybourne. *Executive Producer:* John Badham. *Associate Producer:* Cammie Crier. *Production Manager:* Marty Hornstein. *Unit Production Manager:* Burt Bluestein.
Regie: John Badham. *Second Unit:* D.J. Caruso. *Drehbuch:* Peter Barsocchini, John Bishop, basierend auf einer Geschichte von Tony Griffin, Guy Manos und Barsocchini. *Kamera:* Roy H. Wagner. *Schnitt:* Frank Morriss. *Musik:* Hans Zimmer. *Production Design:* Joe Alves. *Art Direction:* Mark W. Mansbridge. *Set Decoration:* Richard C. Goddard. *Kostüme:* Mary E. Vogt. *Regie-Assistenten:* John Hockridge, Jeffrey T. Barabe. *Makeup Artists:* Kimberley Felix, Laini Thompson (Wesley Snipes). *Hair Stylist:* Clifford Booker. *Special Effects Supervisor:* Chuck Gaspar. *Visual Effects Coordinator:* Jessica Huebner, Karin Joy. *Stunt Coordinator:* Shane Dixon. *Script Supervisor:* Barbara Thaxton.

Casting: Carol Lewis.
Darsteller/innen: Wesley Snipes (Pete Nessip), Gary Busey (Ty Moncrief), Yancy Butler (Jessie Crossman), Michael Jeter (Earl Leedy), Corin Nemec (Selkirk), Kyle Secor (Swoop), Luca Bercovici (Jagger), Malcolm-Jamal Warner (Terry Nessip), Rex Linn (Bobby), Grace Zabriskie (Winona), Robert LaSardo (Deputy Dog), Sam Hennings (Torski), Claire Stansfield (Kara), Mickey Jones (Deuce), Andy Romano (Tom McCracken), Rick Zieff (Mike Milton), Clark Johnson (Bob Covington), Charles Boswell (Glenn Blackstone), Natalie Jordan (Lena), Ed Amatrudo (Detective Fox), Melanie Mayron (Mrs. Willins), A.J. Ross (Roslund), Al Israel (Schuster Stephens), Steve DuMouchel (Walsh Matthews), J.P. Patrick (Jump Master), Tim Powell (Gordon Maples), John Badham (Yacht Captain).
Farbe (35 mm). Gedreht vom 14. März bis zum 07. Juni 1994 im Warner Center Plaza, Woodland Hills, California, Key Largo und Miami, Florida, und Washington, District of Columbia. *Budget:* $ 45 Millionen. *Einspiel (USA):* $ 28.720.380.
Uraufführungen: Deutschland am 11. Mai 1995: 101 Minuten; USA am 09. Dezember 1994; England am 24. März 1995; Frankreich am 15. Februar 1995. DVD (Paramount/Universal Pictures) am 02. Juni 2003.

NICK OF TIME (1995)
Gegen die Zeit

Produktion: Paramount Pictures. *Produzent:* John Badham. *Executive Producer:* D.J. Caruso. *Associate Producer:* Cammie Crier. *Production Manager:* Richard H. Prince.
Regie: John Badham. *Second Unit:* D.J. Caruso. *Drehbuch:* Patrick Sheane Duncan. *Kamera:* Roy H. Wagner. *Schnitt:* Frank Morriss, Kevin Stitt. *Musik:* Arthur B. Rubinstein. *Production Design:* Philip Harrison. *Art Direction:* Eric Orborn. *Set De-

coration: Julia Badham. *Kostüme:* Mary E. Vogt. *Regie-Assistenten:* John Hockridge, Joseph J. Kontra. *Makeup Artists:* John M. Elliott Jr., Sheila Evers, James R. Scribner, Patty York (Johnny Depp). *Hair Stylists:* Janice Alexander, Hazel Catmull, Dale Miller, Clare M. Corsick (Johnny Depp). *Special Effects Coordinator:* Jeff Jarvis. *Visual Effects Supervisor:* Edson Williams. *Stunt Coordinator:* Shane Dixon. *Script Supervisor:* Barbara Thaxton. *Casting:* Carol Lewis.

Darsteller/innen: Johnny Depp (Gene Watson), Courtney Chase (Lynn Watson), Charles S. Dutton (Huey), Christopher Walken (Mr. Smith), Roma Maffia (Ms. Jones), Marsha Mason (Gov. Eleanor Grant), Peter Strauss (Brendan Grant), Gloria Reuben (Krista Brooks), Bill Smitrovich (Officer Trust), G.D. Spradlin (Mystery Man), Yul Vazquez (Gustino), Edith Diaz (Irene), Armando Ortega (Hector), C.J. Bau (Mixologist), Cynthena Sanders (Beverage Server), Dana Mackey (Transport Reception Manager), Jan Speck (Rally Orienter).

Farbe (35 mm). Gedreht in Toronto, Ontario (Canada), und Los Angeles. *Einspiel (USA):* $ 8.169,363.

Uraufführungen: In Deutschland nicht gelaufen; USA am 22. November 1995: 90 Minuten; England am 16. August 1996; Frankreich am 26. Juni 1996. DVD (Paramount/Universal Pictures) am 18. April 2002.

INCOGNITO (1997)

Produktion: Morgan Creek Productions. *Produzent:* James G. Robinson. *Co-Produzent:* William P. Cartildge. *Executive Producers:* Gary Barber, Bill Todman Jr. *Associate Producer:* Cammie Crier. *Line Producer:* Joep Bannenberg. *Production Manager:* Frédéric Bovis. *Unit Production Manager:* Ian Hickinbotham.

Regie: John Badham. *Drehbuch:* Jordan Katz. *Kamera:* Denis Crossan. *Schnitt:* Frank Morriss. *Musik:* John Ottman. *Production Design:* Jamie Leonard. *Art Direction:* Mark Raggett, Su Whitaker. *Set Decorati-*

on: Jill Quertier. *Kostüme:* Louise Stjernsward. *Regie-Assistenten:* David Tringham, Laurent Herbiet, Peter Hesiop, Paul Higgins, Simon Downes, Henry Forsyth, Richard Walker. *Makeup Artists:* Lynda Armstrong (key), Belinda Hodson. *Hair Stylist:* Colin Jamison. *Special Effects Supervisor:* David Harris. *Stunt Coordinators:* Marc Boyle, Eddie Stacey. *Script Supervisor:* Julie Robinson. *Casting:* Noel Davis.

Darsteller/innen: Jason Patric (Harry Donovan), Irène Jacob (Prof. Marieke van den Broeck), Thomas Lockyer (Alastair Davies), Ian Richardson (Turley), Simon Chandler (Iain Ill), Pip Torrens (White), Michael Cochrane (Deeks), Rod Steiger (Milton A. Donovan), Togo Igawa (Agachi), Joseph Biatchley (Prof. Scheerding), Paul Brennen (Det. Sgt. Steed), Olivier Perre (Lecuyer), Peter Gale (Westerbrook), David Marrick (Bright), Dudley Sutton (Halifax/Offul), Adam Fogerty (Ugo), Ricardo Montez (Juan Del Campo), Antonio Elliott (Grandson), Jonathan Newth (Judge), Bryan Matheson (Concierge), Lex van Delden (Dehoog), Hugo Bower (Smit), Walter Van Dyk (Thoolen), Frank Nendels (Antón), John Tordoff (Bartender), Ian Holm (John).

Technicolor (35 mm). Gedreht in Frankreich, London, Mentmore Towers, Mentmore, Buckinghamshire (England), und den Niederlanden.

Uraufführungen: In Deutschland nicht gelaufen; USA am 13. März 1998: 108 Minuten; England am 14. November 1997.

II. Fernsehfilme als Regisseur

THE IMPATIENT HEART (1971)
Das ungeduldige Herz

Produktion: Universal TV. *Produzent:* William Sackheim.
Regie: John Badham. *Drehbuch:* Alvin Sargent. *Kamera:* Jacques R. Marquette. *Schnitt:* Edward M. Abroms. *Musik:* David Shire. *Art Direction:* Joe Alves.
Darsteller/innen: Carrie Snodgress (Grace McCormack), Michael Brandon (Frank Pescadero), Michael Constantine (Murray Kane), Marian Halley (Nellie Santchi), Hector Elizondo (Mr. Hernandez), Brad David (Brewster Crowley), Harry Davis (Mr. Pescadero), Victor Millan (Felix Mandez), Penny Santon (Mrs. Esposito), Anna Navarro (Mrs. Hernandez), John Bakos, Lyvonne Walder, Linda Dangcli, Yuki Shimoda, Ralphy Moody.
Technicolor (35 mm).
Uraufführungen: USA am 08. Oktober 1971: 95 Minuten.

NO PLACE TO RUN (1972)

Produktion: ABC Circle Films / Spelling-Goldberg Productions. *Produzenten:* Paul Junger Witt, Aaron Spelling. *Executive Producer:* Leonard Goldberg. *Associate Producer:* Tony Thomas.
Regie: Delbert Mann, John Badham (uncredited). *Drehbuch:* James G. Hirsch. *Kamera:* Ralph Woolsey. *Schnitt:* Gene Milford. *Musik:* George Aliceson Tipton. *Art Direction:* Bud Brooks. *Set Decoration:* Dave L. Love. *Kostüme:* Evelyn Carruth, Ray Harp. *Regie-Assistent:* Jack Barry. *Makeup Artist:* E. Thomas Case. *Hair Stylist:* Lynn Masters. *Stunts:* Bobby Somers. *Script Supervisor:* Irving Cooper. *Casting:* Bert Remsen.
Darsteller/innen: Herschel Bernardi (Hyam Malsh), Stefanie Powers (Bonnie Howard), Larry Hagman (Jay Fox), Neville Brand (Remus), Tom Bosley (Dr. Golinski), Scott Jacoby (Doug), Kay Medford (Landlady), Ro-

bert Donner (Car salesman), Wesley Lau (Bill Ryan), Woodrow Parfey (Motel Manager), Will J. White (Highway Patrolman), Curt Conway (Old Man Nr. 1), Peter Brocco (Old Man Nr. 2), Larry Watson (Cabble), Frank White (Construction worker), Pat Patterson (News dealer), Wesley E. Baryy II (Young helper).
Eastmancolor (35 mm). Gedreht in California, USA.
Uraufführung: USA am 19. September 1972: 73 Minuten. In Deutschland nicht gelaufen.

ISN'T IT SHOCKING (1973)

Produktion: ABC Circle Films. *Produzenten:* Ron Bernstein, Howard Rosenman. *Unit Production Manager:* Marty Hornstein.
Regie: John Badham. *Drehbuch:* Lane Slate. *Kamera:* Jack Woolf. *Schnitt:* Henry Berman. *Musik:* David Shire. *Art Direction:* Joe Alves. *Set Decoration:* Leonard A. Mazzola. *Regie-Assistent:* Marty Hornstein. *Makeup Artist:* E. Thomas Case. *Hair Stylist:* Lynn Masters. *Special Effects:* Cliff Wenger. *Script Supervisor:* Elizabeth Norton. *Casting:* Lynn Stalmaster.
Darsteller/innen: Alan Alda (Dan), Louise Lasser (Blanche), Edmond O'Brien (Justin Oates), Lloyd Nolan (Jesse Chapin), Will Geer (Lemuel Lovell), Ruth Gordon (Marge Savage), Dorothy Tristan (Doc Lovell), Patricia Quinn (Ma Tate), Liam Dunn (Myron Flagg), Michael Warren Powell (Michael), Jacqueline Allan McClure (Hattie).
Farbe (35 mm). Gedreht in Mount Angel, Oregon.
Uraufführung: USA am 02. Oktober 1973: 73 Minuten. In Deutschland nicht gelaufen.

REX HARRISON PRESENTS STORIES OF LOVE (1974)

Produktion: Universal TV. *Produzent:* Herbert Hirschman. *Executive Producer:* William Sackheim. *Associate Producer:*

Rita Dillon. *Unit Managers:* Jack Terry, Carter D. Haven Jr.
Regie: John Badham (Segment »Epicac«), Arnold Laven (Segment »Kiss Me Again, Stranger«), Jeannot Szwarc (Segment »The Fortunate Painter«). *Drehbuch:* Howard Dimsdale, basierend auf der Geschichte von Daphne Du Maurier; John T. Kelly (Segment »The Fortunale Painter«), basierend auf der Geschichte von W. Somerset Maugham; Liam O'Brien (Segment »Epicac«), basierend auf der Geschichte von Kurt Vonnegut Jr. *Kamera:* Jacques Marquette, Harry Wolf, Ralph Woolsey. *Schnitt:* Henry Batista, Jean J. Berthelot, George Ohanian. *Musik:* David Shire. *Kostüme:* Charles Waldo, Bill Jobe. *Art Direction:* Raymond Beal, Robert Luthardt, Alexander A. Mayer. *Set Decoration:* Sandy Grace, Harry Gordon, James Hassinger. *Regie-Assistenten:* Robert S. Saunders, Lou Watt, Chris Chistenberry. *Ton:* Lyle Cain, Roy Meadows, Melvin M. Metcalfe Sr.
Darsteller/innen: Rex Harrison (Himself), Bill Bixby (William), Lloyd Bochner (David), Roscoe Lee Browne (Mr. Secretary), Lawrence P. Casey (Charlie Simpson), Colby Chester (Benton), Robert Emhardt (Chief Inspector Grady), Lorne Greene (Hercule), Alan Hale Jr. (Walter), Fred Holliday, Juliet Mills (Usherette), Donald Moffat (Fred), Agnes Moorehead (Hercule's Wife), Leonard Nimoy (Mick), Soon-Taik Oh (The Inventor), David Sheiner (Ed), Julie Sommars (Patricia), Jess Walton (Angelique), Diana Webster (Doris), Claude Woolman (Pierre), Kenneth Tobey (Four Star General), Lieux Dressler (Mrs. Hastings), Eric Christmas (The Proprietor), Peter Church (R.A.F. Sergeant), Veronica Anderson (Usherette), Brian Gaffikin (Bus Conductor), William Beckley (Man), Fred Holliday (Customs Officer), Ivor Francis (Driver).
Technicolor. Gedreht in den Universal Studios, California.
Uraufführungen: USA am 01. Mai 1974: 120 Minuten. In Deutschland nicht gelaufen.

THE LAW (1974)
Anwalt gegen das Gericht
Produktion: Universal TV. *Produzent:* William Sackheim. *Associate Producer:* Michael Rhodes.
Regie: John Badham. *Drehbuch:* Joel Oliansky, basierend auf einer Geschichte von William Sackheim und Oliansky. *Kamera:* Michael D. Margulies. *Schnitt:* Frank Morriss. *Art Direction:* James Martin Bachman. *Stunts:* Carol Daniels.
Darsteller/innen: Judd Hirsch (Murray Stone), John Beck (Gene Carey), Bonnie Franklin (Bobbie Stone), Barbara Baxley (Judge Rebeccah Fornier), Sam Wanamaker (Jules Benson), Allan Arbus (Leonard Caporni), John Hillerman (Thomas Q. Rachel), Gary Busey (William Bright), Gerald Hiken (Judge Arnold Lerner), Michael Bell (Cliff Wilson), Herbert Jefferson Jr. (Maxwell Fall), Frank Marth (Arthur Winchell), John Sylvester White (Judge Philip Shields), Robert Q. Lewis (Speaker at Bar Dinner), Logan Ramsey (Raymond Bleisch), Sandy Ward (Hoak), George Wyner (Deputy D.A. Piper), Ernie Anderson (Barry Hale), Reb Brown (Tommy Cicero), Dennis Burkley (Monty Leese), Don Calfa (Rod Brainard), Helen Page Camp (Mrs. Bright), Alex Colon (Felix Esquivel), Regis Cordic (Raymond Churchill), Ted Gehring (Detective Sergeant Manfred), Corey Fischer (Nicholson), Pamela Hensley (Cindy Best), Milt Kogan (Detective Milt Vinton), Luis Moreno (Melendez), Joel Oliansky (Wystan Lanier), Eugene Peterson (Leon Zuckerwaar), Anne Ramsey (Eleanor Bleisch), Brad Sullivan (Officer Newberg), Keith Walker (Dwight Healy), Charles White (Gordon Riefler), Alex Wilson (Mrozek).
Technicolor (35 mm).
Uraufführungen: USA am 22. Oktober 1974: 124 Minuten.

THE GUN (1974)
Produktion: Fairmont/Foxcroft Productions / Universal TV. *Produzenten:* Richard

Levinson, William Link.
Regie: John Badham. *Drehbuch*: Richard Levinson, basierend auf einer Geschichte von Jay Benson, William Link und Levinson. *Kamera*: Steven Larner. *Schnitt*: Frank Morriss. *Art Direction*: Walter M. Simonds.
Darsteller/innen: Stephen Elliott (Art Hilliard), Jean Le Bouvier (Fran), Wallace Rooney (Howie), David Huffman (Wayne), Pepe Serna (Natcho), Edith Diaz (Gloria), Felipe Turich (Senor Peralta), Valentin de Vargas (Frank), Ramon Bieri (Walt Kelsy), Michael McGuire (Wilke), Ron Thompson (Tom), John Sylvester White (Braverman), Richard Bright (Gil Strauss), Mariclare Costello (Beryl Strauss), Randy Gray (Kenny).
Farbe (35 mm).
Uraufführung: USA am 13. November 1974: 78 Minuten. In Deutschland nicht gelaufen.

REFLECTIONS OF MURDER **(1974)**

Produktion: ABC Circle Films / Aaron Rosenberg/Charles Lederer Productions. *Produzent*: Aaron Rosenberg. *Post Production Supervisor*: David McCann.
Regie: John Badham. *Drehbuch*: Carol Sobieski, basierend auf dem Roman *Celle qui n'était plus* von Pierre Boileau und Thomas Narcejak. *Kamera*: Mario Tosi. *Schnitt*: David Rawlins. *Musik*: Billy Goldenberg. *Production Design*: Boris Leven.
Darsteller/innen: Tuesday Weld (Vicky), Joan Hackett (Claire Elliott), Sam Waterston (Michael Elliott), Lucille Benson (Mrs. Turner), Michael Lerner (Jerry Steele), R.G. Armstrong (Mr. Turner), Ed Bernard (Coroner), William Turner (Mr. Griffiths), Lance Kerwin (Chip), Pattie J. Barbosa (Girl on the Beach), Sandra Coburn (Woman), Rita Conde (Maid), Sam Henriot (David), John Levin (Keith), James A. Newcombe (Peter), Daniel Selby (Young Student), Don Sparks (Photographer), Jesse Vint (Cop on Freeway).
Farbe (35 mm). Gedreht in Port Angeles

und Seattle, Washington und in Victoria, British Columbia (Canada).
Uraufführung: USA am 24. November 1974: 100 Minuten. In Deutschland nicht gelaufen.

THE GODCHILD **(1974)**
Spuren im Sand

Produktion: Alan Neuman Productions / MGM Television / Mor-Film Fare Productions. *Produzent*: Richard Collins. *Executive Producers*: Charles Robert McLain, Alan Neuman.
Regie: John Badham. *Drehbuch*: Ron Bishop, basierend auf dem Roman *The Three Godfathers* von Peter B. Kyne. *Kamera*: Stevan Larner. *Schnitt*: Frank Morriss. *Musik*: David Shire. *Art Direction*: Robert Emmet Smith. *Casting*: Gary Shaffer.
Darsteller/innen: Jack Palance (Rourke), Jack Warden (Sgt. Dobbs), Keith Carradine (Lt. Lewis), Ed Lauter (Crees), Josè Pérez (Sanchez), Bill McKinney (Cpl. Crawley), Jesse Vint (Loftus), Fionulla Flanagan (Virginia), John Quade (Denton), Nell Brooks Cunningham (William), Ed Bakey (Shaw), Kermit Murdock (Nathaniel Mony).
Metrocolor (35 mm). Gedreht in Old Tucson, Arizona, Red Rock Canyon State Park, California, und Vasquez Rocks Natural Area Park, California.
Uraufführung: USA am 26. November 1974: 78 Minuten; Deutschland am 24.12.1991 (ARD).

THE KEEGANS **(1976)**

Produktion: Universal TV. *Produzent*: George Eckstein. *Associate Producer*: Joseph Monzio.
Regie: John Badham. *Drehbuch*: Dean Riesner. *Kamera*: Steven Larner. *Schnitt*: Jamie Caylor, Chuck McClelland. *Musik*: Paul Chihara. *Art Direction*: Ira Diamond. *Regie-Assistent*: Robert Latham Brown.
Darsteller/innen: Adam Roarke (Larry Keegan), Spencer Milligan (Pat Keegan), Heather Menzies-Urich (Brandy Keegan),

Tom Clancy (Tim Keegan), Joan Leslie (Mary Keegan), Paul Shenar (Rudi Portinari), Priscilla Pointer (Helen Hunter McVey), Janit Baldwin (Tracy McVey), Penelope Windust (Penny Voorhees Keegan), Judd Hirsch (Lieutenant Marco Ciardi), Robert Yuro (Vinnie Cavell), Smith Wordes (Angie Carechal), Anna Navarro (Martha Carechal), George Skaff (Don Guido Carechal), Michael McGuire (Bill Richardson), Julian Christopher (Slim Montana). Technicolor (35 mm).
Uraufführung: USA am 03. Mai 1976: 90 Minuten. In Deutschland nicht gelaufen.

FLOATING AWAY (1998)

Produktion: Pacific Motion Pictures Corporation / Producers Entertainment Group. *Produzenten*: Cammie Crier, Hannah Hampstead, Paige Simpson. *Co-Produzenten*: Tom Arnold, Kirt Eftekhar. *Executive Producers*: Irwin Meyer, Tom Rowe. *Co-Executive Producer*: Rhonda Bloom. *Unit Production Manager*: Shawn Williamson. *Post-Production Supervisor*: Tim King. *Regie*: John Badham. *Second Unit*: Matthew Evan Walsh. *Drehbuch*: Tim Sandlin, basierend auf seinem Roman *Sorrow Floats*. *Kamera*: Ron Stannett. *Schnitt*: Frank Morriss. *Musik*: Arthur B. Rubinstein. *Production Design*: Ian D. Thomas. *Art Direction*: Michael N. Wong. *Set Decoration*: Ura Jones, Linda Vipond. *Kostüme*: Stephanie Nolin. *Regie-Assistenten*: Richard Coleman, Cathie McGaw, Natalie Baldner. *Makeup Artists*: Norma Hill-Patton, Lisa Strong. *Hair Stylists*: Michael Pachal, Jill Corp. *Special Effects Coordinator*: Tim Storvick. *Stunt Coordinator*: Jacob Rupp. *Script Supervisor*: Lara Fox. *Casting*: Lynne Carrow, Dan Parada.
DarstellerInnen: Paul Hogan (Shane), Judge Reinhold (Lloyd), Rosanna Arquette (Maurey Talbot), Brendan Fletcher (Brad), Jo Harvey Allen (Dahlia), Robert Wisden (Armand), Brenda McDonald (Mum), Stephen E. Miller (Mangum Potter), Greg Thirloway (Dothan Talbot), Gabrielle Miller (Sugar), Rondel Reynoldson (Faith), Michael Puttonen (Tait), Carly McKillip (Singing Girl), Kiam Ranger (Nickel Boy), Ben Cardinal (Store Clerk), Nicole Robert (Housewife), Fred Keating (Century 21 Man), Xantha Radley (Waitress), Yvonne Campeau (Cutest Cowgirl), Garry Chalk (White Cloud), Alexander Pollock (Brat/Kyle), Crystal Verge (Kyle's Mother), Stephen Dimopoulos (Kyle's Father), Catherine Lough Haggquist (Zoung Nurse), Patricia Idiette (Hooker), John Maclaren (Dr. Keller).
Farbe. Gedreht in Vancouver, British Columbia (Canada).
Uraufführungen: Deutschland am 14. März 2001: 105 Minuten; USA am 30. August 1998.

THE JACK BULL (1999)
Reiter auf verbrannter Erde / Wyoming

Produktion: Home Box Office (HBO) / New Crime Productions / River One Films. *Produzent*: Kevin Reidy. *Co-Produzent*: D.V. DeVincentis. *Executive Producers*: John Cusack, Thomas J. Mangan IV, John C. McGinley, Steve Pink. *Associate Producers*: Cammie Crier, Doug Dearth, William E. Githens, Daniel C. Mitchell. *Unit Production Manager*: Grace Gilroy. *Post-Production Supervisor*: Michael Tinger.
Regie: John Badham. *Drehbuch*: Dick Cusack, basierend auf dem Roman *Michael Kohlhaas* von Heinrich von Kleist. *Kamera*: Gale Tattersall. *Schnitt*: Frank Morriss. *Musik*: Lennie Niehaus. *Production Design*: Rick Roberts. *Art Direction*: Tracey Baryski. *Set Decoration*: Louise Middleton. *Kostüme*: Ha Nguyen. *Regie-Assistenten*: Elizabeth Scherberger, Richard Worden, Lisa Jemus. *Makeup Artists*: Gail Kennedy (key), Rose Gurevitch. *Hair Stylists*: Iloe Flewelling (key), Chris Harrison-Glimsdale, Heather L. Ingram. *Special Effects Supervisor*: Scott Stofer. *Visual Effects*: Edward Irastorza. *Stunt Coordinator*: Tom Glass. *Script Supervisor*: Nancy Joy McDo-

nald. *Casting*: Stuart Aikins, Carol Lewis. *Darsteller/innen*: John Cusack (Myrl Redding), John Goodman (Judge Tolliver), L.Q. Jones (Henry Ballard), Miranda Otto (Cora Redding), John C. McGinley (Woody), John Savage (Slater), Rodney A. Grant (Billy), Kurt Fuller (Conrad), Rex Linn (Shelby Dykes), Jay O. Sanders (Atty. Gen. Metcalfe), Drake Bell (Cage Redding), Nick Gillie (Ollie), Duncan Fraser (Edsel Fraser), Ken Pogue (Judge Wilkins), Glenn Morshower (Col. Jeffries), Ned Bellamy (Kermit Dover), Brent Briscoe (Sheriff Felton), Scott Wilson (Governor), Valerie Planche (Housekeeper), Nathaniel DeVeaux (Dewey Austin), Bruce Flewelling (Carey Sartin), J.C. Roberts (Minister), Esther Purves-Smith (Gussie Dykes), John Payne (Grady Mathes), Cory Glass (Daisy Mathes), Byrne Piven (Tub Weller), Raoul Ganeev (Printer), Dick Cusack (Jury Foreman).
Farbe (35 mm). Gedreht im Heritage Park, Calgary, Alberta (Canada).
Uraufführungen: Deutschland am 02. Mai 2000: 116 Minuten; USA am 17. April 1999. DVD (Crest Movies) am 08. Juli 2013.

THE LAST DEBATE (2000)
Gnadenloses Duell

Produktion: Paramount Network Television Productions / Scott Free Productions / Showtime Networks. *Produzent*: Jon Maas. *Co-Produzent*: Cammie Crier-Herbert. *Executive Producers*: Diane Minter Lewis, Ridley Scott, Tony Scott. *Associate Producer*: Fritzi Horstman. *Line Producer*: Laurie McLarty. *Assistant Production Manager*: Lisa Byrne. *Regie*: John Badham. *Drehbuch*: Jon Maas, basierend auf dem Roman *The Last Debate* von Jim Lehrer. *Kamera*: Norayr Kasper. *Schnitt*: Frank Morriss. *Musik*: Arthur B. Rubinstein. *Production Design*: Eric Fraser. *Art Direction*: Evan Webber. *Set Decoration*: Marlene Puritt. *Kostüme*: Alex Reda. *Regie-Assistenten*: Robert Ditchburn, Joanne Tickle, Conrod Ciandre. *Makeup Artists*: Catherine Viot (head), Charlene Ro-

berson (James Garner), Dorota Mitoray. *Hair Stylists*: Etheline Joseph (key), Josie Stewart. *Visual Effects*: Gary Mueller. *Stunt Coordinator*: Rick Parker. *Script Supervisor*: Jane Walker. *Casting*: Robin D. Cook, Lisa Freiberger.
Darsteller/innen: James Garner (Mike Howley), Peter Gallagher (Tom Chapman), Audra McDonald (Barbara Manning), Donna Murphy (Joan Naylor), Marco Sanchez (Henry Ramirez), Dorian Harewood (Brad Lily), Jack Turpin (Michael Riley), Bruce Gray (Governor Paul L. Greene), Stephen Young (Richard Meredith), Lawrence Dane (Sidney Robert Mulvane), Djanet Sears (Nancy Dewey), Peter Donaldson (Jeff Grayson), John Badham (Don Beard), Leslie Carlson (Pat Tubbs), Maggie Huculak (Gwyn Garrison), Martin Doyle (Jim Weaver), Brenda Robins (Carol Reynolds), Colin Fox (Joshua L. Simpson), Judah Katz (Bob Lucas), Robin Ward (Mark Southeran), Don Ritchie (Chuch Hammond), Nicky Guadagni (Sam Minter), Patrice Goodman (Roz Weisberg), Barry Flatman (Ned Cannon), Shelley Peterson (Joyce Meredith), Annabelle Torsein (Alison Meredith), Lynn Vogt (Ellen Greene), Eamon Zekkon (TV Director), Barbara Gordon (Lorraine Hampstead), Nancy Harewood (Bonnie Kerr), Vanessa Vaughan (Grace Dickins), Doug Murray (Jeff Field).
Farbe (35 mm). Gedreht in Toronto und Uxbridge, Ontario (Canada).
Uraufführungen: USA am 05. November 2000: 96 Minuten. Video: 19. März 2001.

BROTHER'S KEEPER (2002)
Spuren in den Tod

Produktion: USA Network / Trilogy Entertainment Group / New Line Television / British Columbia Film Commission / Gabriel Simon Production Services. *Produzent*: Justis Greene. *Co-Produzenten*: Cammie Crier-Herbert, Heather Meehan. *Executive Producers*: Pen Densham, Guy McElwaine, Mark Stern, John Watson. *Associate Pro-

ducer: Sara Kaviar. *Unit Manager*: Christina Bulbrook (Margellos). *Unit Production Manager*: Heather Meehan. *Executive in charge of production*: Jayne Bieber. *Regie*: John Badham. *Drehbuch*: Steven Baigelman, Glenn Gers. *Kamera*: Ron Stannett. *Schnitt*: Frank Morriss. *Musik*: John Ottman. *Production Design*: John Willett. *Art Direction*: Ross Dempster. *Set Decoration*: Penny A. Chalmers. *Kostüme*: Jori Woodman. *Regie-Assistenten*: Pierre Henry, Steve Eathorne, Morgan Lewington, Paul Garrison. *Makeup Artists*: Jayne Dancose (key), Rita Ciccozzi. *Hair Stylist*: Donna Bis. *Special Effects Supervisor*: Alex Burdett. *Stunt Coordinators*: Guy Bews, Rick Pearce. *Script Supervisor*: Jon-Michael Preece. *Casting*: Stuart Aikins, Paul Weber.

Darsteller/innen: Jeanne Tripplehorn (Lucinda Pond), Corin Nemec (Ellis Pond), Leland Orser (Travis Adler), Evan Parke (Arthur »Junior« Fortis Jr.), Brian Jensen (David Pond), Ben Cardinal (Running Bear), Britt McKillip (Young Lucinda/Marcie), Cameron Bright (Young Ellis), Andrew Jackson (Adam Ruane), William S. Taylor (Fred Tierney), Patricia Drake (Ritchie), Noel Callahan (Kelly Hewitt), Peter LaCroix (Tom Hewitt), Kathryn Kirkpatrick (Alleen Hewitt), Lloyd Berry (Lloyd Murgin), Alex Bruhanski (Rick Buckley), Sean Campbell (Bous), Marilyn Norry (Cam), Henry O. Watson (JT), Susan Astley (Ms. Coolidge), Susan Bain (Medical Examiner), Norma Jean Wick (Reporter), Link Baker (Barkeley), Brenda McDonald (Homeles Woman), Michael Dobson (FBI Utility Worker), Xantha Radley (FBI Technician), Artine Brown (FBI Undercover Taxi Driver), Kwesi Ameyaw (Undercover Homeless Man).

Schwarz-Weiß/Farbe. Gedreht in Burnaby, British Columbia (Canada).

Uraufführungen: Deutschland am 22. März 2004: 82 Minuten; USA am 29. Januar 2002: 90 Minuten.

OBSESSED (2002)
Besessen

Produktion: Lifetime Television / Barbara Lieberman Productions / Robert Greenwald Productions / Viacom Productions. *Produzent*: Lynn Raynor. *Executive Producer*: Barbara Lieberman. *Supervising Producer*: Philip K. Kleinbart. *Production Manager*: Ronald Gilbert. *Unit Manager*: Patrick Raymond. *Assistant Unit Manager*: Michel Leroux. *Post-Production Supervisor*: Jennifer Phillips. *Regie*: John Badham. *Drehbuch*: Matthew Tabak. *Kamera*: Ron Stannett. *Schnitt*: Frank Morriss. *Musik*: Joseph Conlan. *Production Design*: Michel Proulx. *Set Decoration*: Lise Ethler, Normand Robitaille. *Kostüme*: Luc J. Béland. *Regie-Assistenten*: Anne Murphy, Allison Johnston, Roxanne Macedo. *Makeup Artist*: Francine Gagnon. *Hair Stylists*: Corald Giroux (key), Sandro Di Gioacchino, Gaétan Landry. *Script Supervisor*: France Lachapelle. *Casting*: Stacey Rosen, Eve Battaglia. *Darsteller/innen*: Jenna Elfman (Ellena Roberts), Kate Burton (Sara Miller), Lisa Edelstein (Charlotte), Jane Wheeler (Claire Stillman), Mark Camacho (Sam Cavallo), Vlasta Vrana (Psychiatrist), Charles Edwin Powell (Peter Miller), Sam Robards (David Stillman), Linda Smith (Olivier Rogers), Giancarlo Caltabiano (Ozzy, Peep Show Manager), Holly O'Brien (Fiona), Lynne Adams (Paula), Sheena Larkin (Judge Candice Hayes), Tyrone Benskin (Judge Tyrone Wolf), Laura Mitchell (Sylvia Bacharach), Amy Sloan (Doctor's Wife), Lisa Bronwyn Moore (Jury Forewoman), Richard Jutras (Dr. Raynor), Robert Ozores (Judge Alonzo), Paula Jean Hixson (Arresting Officer 1), Kwasi Songui (Arresting Officer 2), Claudia Besso (Juror Nr. 2), Tony Calabretta (Juror Nr. 43), James Rae (Dr. Wallace).

Farbe.

Uraufführungen: USA am 16. September 2002: 90 Minuten.

FOOTSTEPS (2003)
Footsteps – Die Nacht kennt den Mörder
Produktion: Fox Television Studios / Ken Raskoff Productions / The Mark Gordon Company. *Produzent*: Ginny Jones-Duzak. *Executive Producers*: Mark Gordon, Ken Raskoff. *Production Manager*: Ginny Jones-Duzak. *Post-Production Supervisor*: Billy Crawford.
Regie: John Badham. *Drehbuch*: Shelley Evans, basierend auf einem Stück von Ira Levin. *Kamera*: Ron Stannett. *Schnitt*: Frank Morriss. *Musik*: Christopher Franke. *Production Design*: Eric Fraser. *Art Direction*: Angela Murphy. *Set Decoration*: Norma Jean Sanders. *Kostüme*: Lin Chapman. *Regie-Assistenten*: Elizabeth Scherberger, Jeremy Timmons, Kelly Stone, Robert Coterill, Susan Foulkes. *Makeup Artist*: Cathy O'Connell. *Hair Stylist*: Joanne Stamp. *Stunt Coordinator*: Randy Boliver. *Script Supervisor*: Heidi Schiller. *Casting*: Fern Champion, Robin D. Cook, Sheila Lane.
Darsteller/innen: Candice Bergen (Daisy Lowendahl), Michael Murphy (Robbie), Bryan Brown (Eddie Bruno), Bug Hall (Spencer Weaver), John Walf (Boss), Cindy Sampson (Jordan Hayes), Suzanne Jacob (Babs), Johanna MacCulloch (Lauren), Chase Duffy (Bodyguard 1), Travis Ferris (Officer), Bruce Graham (Judge Martin Hickler), Glen Grant (Police Detective), Jason Hemsworth (Bodyguard 2), Peter James (Arresting Officer), Gary Levert (Male Heckler), Darcy Lindzon (Tommy), Rita Malik (Lady in Audience), Agumeuay Nakanakis (Fisherman), Juanita Peters (Reporter), Austin St. John (Police Investigator).
Farbe. Gedreht in Halifax, Nova Scotia (Canada).
Uraufführungen: USA am 12. Oktober 2003: 95 Minuten.

EVEL KNIEVEL (2004)
Produktion: ApolloMedia Distribution / ApolloProScreen Filmproduktion / Icon Productions / Jaffe/Braunstein Films / Turner Network Television (TNT). *Produzenten*: Nancy Cotton, Clara George. *Co-Produzenten*: Eveleen Bandy, Jason Horwitch. *Executive Producers:* Howard Braunstein, Bruce Davey, Mel Gibson, Michael Jaffe, Jan Korbelin. *Associate Producers*: Sven Clement, Vanessa Ruane, Jörg Westerkamp. *Production Manager*: Carmen Arndt. *Post-Production Supervisor:* Pamela Delaney.
Regie: John Badham. *Second Unit*: Gregg Champion. *Drehbuch*: Jason Horwitch. *Kamera*: Ron Stannett. *Schnitt*: Frank Morriss. *Musik*: Stewart Copeland. *Production Design*: Eric Fraser. *Art Direction*: Evan Webber. *Set Decoration*: Christina Kuhnigk. *Kostüme*: Gersha Phillips. *Regie-Assistenten*: Elizabeth Scherberger, Michael J. Bowman. *Makeup Artists*: Tim Mogg (key), Cheree Van Dyk. *Hair Stylist*: Diana Ladyshewsky. *Special Effects Coordinator*: Jordan Craig. *Visual Effects Coordinator*: Sairi D. Forest. *Stunt Coordinator*: Jamie Jones. *Script Supervisor*: Bosede Williams.
Darsteller/innen: George Eads (Evel), Jaime Pressly (Linda Bork), Lance Henriksen (»Awful« Knoffel), Matt Gordon, Peter MacNeill, Fred Dalton Thompson (Jay Sarno), Beau Bridges (John Bork), Jake Brockman (Young Bobby/Evel), Maggie Butterfield (Ethel Bork), Brayden Jones (Kelly Knievel), Riley Jones (Robbie Knievel), Madeleine Butler (Tracey Knievel), Thomas Price (Younger Robbie), Connor Price (Younger Kelly), Elle Dhanani (Younger Tracey), Stefan Brogren (Bob Truax), Jessica Greco (Charmaine), Alan Van Sprang (John Derek), Nicola Jones (Linda Evans), Carlos Diaz (DJ Caruso), Arnold Pinnock (Pryor), Marin Doyle (President of Ideal Toy Co.), Eli Gabay (Arum), Doug Hadders (Bob Wolfe), Joel Rinzler (Trailer Reporter), Yank Azman (Accountant).
Farbe. Gedreht in Toronto, Ontario (Canada) und Vancouver, British Columbia (Canada).
Uraufführungen: USA am 30. Juli 2004: 91 Minuten; England am 29. März 2007. DVD (Koch Media GmbH) am 06. Oktober 2006.

III. TV-Episoden als Regisseur

THE BOLD ONES: THE SENATOR (1970-1971) Episode SOME DAY, THEY'LL ELECT A PRESIDENT (Season 1, Episode 6)

Produktion: Universal TV. *Produzent*: David Levinson. *Unit Manager*: James M. Walters Jr.

Regie: John Badham. *Drehbuch*: Leon Tokatyan, kreiert von S.S. Schweitzer und A.J. Russell. *Kamera*: Jacques R. Marquette. *Schnitt*: Michael Economou. *Musik*: Dave Grusin. *Art Direction*: Henry Larrecq. *Set Decoration*: Jerry Miggins. *Kostüme*: Helen Colvig. *Regie-Assistent*: Dale Coleman. *Makeup Artist*: Bud Westmore. *Hair Stylist*: Larry Germain. *Sound*: Melvin M. Metcalfe Sr.

Darsteller/innen: Hal Holbrook (Senator Hays Stowe), Michael Tolan (Jordan Boyle), Sharon Acker (Ellen Stowe), Murray Hamilton (Yaeger), John Randolph (Gov. George Keller), Dana Elcar (Collie Ford), Kermit Murdock (Sen. Calvin Shea), Cindy Ellbacher (Norma Stowe), James Griffith (Channing), Lieux Dressler (Mrs. Ford), Bill Quinn (Sen. Stenberg), Paul Bryar (Man), Ron Stokes (Newscaster), Sarah Lord (Yeager's Secretary), Bill Hickman (Process Server), Dominique Pinassi (Little Girl), Michael Arthofer (Guard), Kate Hawley (Jennie).

Technicolor (35 mm). Gedreht in den Universal Studios, California.

Uraufführungen: USA am 17. Januar 1971: 60 Minuten. In Deutschland nicht gelaufen.

Episode A SINGLE BLOW OF A SWORD (Season 1, Episode 8)

Regie: John Badham. *Drehbuch*: Jerrold Freedman. *Regie-Assistent*: Wilson Shyer. *Ton*: David H. Moriarty.

Darsteller/innen: Hal Holbrook (Sen. Hays Stowe), Michael Tolan (Jordan Boyle), David Sheiner (Glouster), Lincoln Kilpatrick (Isaac Johnson), Logan Ramsey (Frank Dixon), Mel Stewart (Dawson), Peter Brocco (Senator Bevan), Regis Cordic (Senator Tomlinson), Paul Genge (Kalman), Ted Gehring (Middle-Aged Man), Stuart Nisbet (John T. Andrews), S. John Launer (Graying Man), Nathaniel Taylor (Job Trainee Machinist), Esther Rolle (Black Woman), Barbara Reid (Housewife), Dewitt Fondren (Young Black Man), Ji-Tu Cumbuka (Archie), Kate Hawley (Jennie).

Uraufführung: USA am 28. Februar 1971: 60 Minuten. In Deutschland nicht gelaufen.

SARGE (1971-1972) Episode A TERMINAL CASE OF VENGEANCE (Season 1, Episode 1)

Produktion: Universal TV. *Produzent*: David Levinson. *Executive Producer*: David Levy. *Associate Producer*: Rita Dillon.

Regie: John Badham. *Drehbuch*: Joel Oliansky, basierend auf Charakteren von David Levy.

Darsteller/innen: George Kennedy (Father Samuel Cavanaugh), Jack Albertson (Henry), Mike Farrell (Steve), Barra Grant (Christina), Roy Poole (Michaels), James Wainwright (Wally).

Technicolor (35 mm). Gedreht in den Universal Studios, California.

Uraufführungen: USA am 21. September 1971: 60 Minuten.

Episode A PUSH OVER THE EDGE (Season 1, Episode 5)

Regie: John Badham. *Drehbuch*: David Levinson, basierend auf einer Geschichte von Stanford Whitmore. *Kamera*: Richard A. Kelley. *Schnitt*: Leon Selditz. *Musik*: Peter Matz. *Art Direction*: Russell C. Forrest. *Set Decoration*: Hal Gausman. *Kostüme*: Richard Hopper. *Regie-Assistent*: Georg Fenady. *Ton*: Terry Kellum. *Story Editor*: Robert Van Scoyk.

Darsteller/innen: George Kennedy (Father Samuel Cavanaugh), Vic Morrow (Lt. Ross Edmonds), Ramon Bieri (Barney Verick), Sallie Shockley (Valerie), Gerald Hiken (Marion Page), Marion Ross (Joyce Edmonds), Ted Gehring (Vernon Harris), Lieux Dressler (Wanda Harris), Bart Burns (Sprill), Felton Perry (Policeman Monty), Shaaron Claridge (Police Dispatcher, Stimme), Bruce Garrick (Stalker). *Uraufführungen:* USA am 26. Oktober 1971: 60 Minuten.

NICHOLS (1971-1972)
Sheriff ohne Colt und Tadel
Episode EDDIE JOE (Season 1, Episode 14)

Produktion: National Broadcasting Company (NBC). *Produzent:* Frank R. Pierson. *Executive Producer:* Meta Rosenberg. *Assistant Producer:* Michael Zinberg. *Production Manager:* Terence Nelson. *Regie:* John Badham. *Drehbuch:* Frank R. Pierson, William Wood, basierend auf einer Geschichte von Robert Van Scoyk. *Kamera:* Lamar Boren. *Schnitt:* Gene Milford. *Musik:* Bernardo Segall. *Art Direction:* Ed Graves. *Set Decoration:* William F. Calvert. *Regie-Assistent:* Jon C. Andersen. *Makeup Artist:* Jack Petty. *Hair Stylist:* Gina Austin. *Ton:* Fred Faust. *Stunt Coordinator:* Roydon Clark. *Script Supervisor:* Robert Foster. *Casting:* Joe Scully.

Darsteller/innen: James Garner (Nichols), Margot Kidder (Ruth), Neva Patterson (Ma Ketcham), John Beck (Ketcham), Stuart Margolin (Mitch), Paul Winfield (Eddie Joe), Warren Vanders (Pel De Carlo), Eric Laneuville (Stove Boy), James Daris (Curtiss), Lou Frizzell (Warden), Scatman Crothers (Jack), Jester Hairston (Melville), Napoleon Whiting (Preacher), James Beach (Sanders), John J. Fox (Man in Bar), Howard Dayton (Man in Bar), Sam Javis (Man in Bar), Luis Delgado (Restaurant Patron).

Farbe. Gedreht in den Warner Brothers Burbank Studios, California. *Uraufführungen:* USA am 04. Januar 1972: 60 Minuten.

Episode THE UNHOLY ALLIANCE (Season 1, Episode 16)

Regie: John Badham. *Drehbuch:* Benjamin Masselink. *Schnitt:* Ralph H. Martin. *Darsteller/innen:* James Garner (Nichols), Margot Kidder (Ruth), Neva Patterson (Ma Ketcham), John Beck (Ketcham), Stuart Margolin (Mitch), Noam Pitlik (Jack Stone), Jennifer Gan (Gloria), Liam Dunn (Fingers), Orwin C. Harvey (Ray), Chuck Hicks (Steve), William Christopher (Niles), Ted Gehring (Railroad Executive), Regis Cordic (Tyler).

Uraufführungen: USA am 18. Januar 1972: 60 Minuten.

THE SIXTH SENSE (1972)
Episode LADY, LADY, TAKE MY LIFE (Season 1, Episode 3)

Produktion: Universal TV. *Produzent:* Stanley Shpetner. *Associate Producer:* Robert F. O'Neill. *Unit Manager:* Frank Losee. *Regie:* John Badham. *Drehbuch:* Robert L. Collins, basierend auf Charakteren von Anthony Lawrence. *Kamera:* Enzo A. Martinelli. *Schnitt:* Lovel S. Ellis, John Kaufman. *Theme Music:* Billy Goldenberg. *Art Direction:* Archie J. Bacon. *Set Decoration:* Hal Gausman. *Regie-Assistent:* George Bisk. *Ton:* Edwin S. Hall. *Story Editors:* Harlan Ellison, D.C. Fontana.

Darsteller/innen: Gary Collins (Dr. Michael Rhodes), John Saxon (Dr. Harry Auden), Alf Kjellin (Dr. Karl Rintels), Tisha Sterling (Anette Gordon), Catherine Ferrar (Nancy Murphy), James McEachin (Ritchie Blair), Than Wyenn (Dr. Abishi), Walter Brooke (Walker), Morgan Jones (Heavy-Featured Man), Barbara George (Girl), John Schubeck (TV Commentator), Suzanne Cohane (Blond), Rod Serling (Himself).

Technicolor (35 mm). Gedreht in den Universal Studios, California. *Uraufführungen:* USA am 29. Januar 1972: 60 Minuten.

Episode WITCH, WITCH BURNING BRIGHT (Season 1, Episode 8)

Regie: John Badham. *Drehbuch:* John W. Bloch. *Schnitt:* Jamie Caylor. *Darsteller/innen:* Gary Collins (Dr. Michael Rhodes), Tiffany Bolling (Damaris Eaton), Dana Elcar (Edward Winslow), Mike Farrell (Dr. Gil Clarke), Cloris Leachman (Judith Eaton), Kermit Murdock (Judge Miles Fuller), Harry Townes (Raymond Fletcher), William Wintersole (Howland). *Uraufführungen:* USA am 11. März 1972: 60 Minuten.

THE BOLD ONES: THE NEW DOCTORS (1969-1973) Episode A THREATENED SPECIES (Season 3, Episode 10)

Produktion: Harbour Productions Unlimited / Universal TV. *Produzent:* David Levinson. *Executive Producer:* Herbert Hirschman. *Associate Producer:* Jay Benson. *Production Executives:* Raymond Burr, Lester Salkow. *Unit Manager:* Frank Losee. *Regie:* John Badham. *Drehbuch:* Jack Guss, Gabrielle Upton, basierend auf Charakteren von Richard H. Landau, Paul Mason und Steven Bochco. *Kamera:* Richard A. Kelley. *Schnitt:* Howard Terrill. *Musik:* Dave Grusin. *Art Direction:* Bill Kenney. *Set Decoration:* Richard Friedman. *Regie-Assistent:* Chris Christenberry. *Ton:* Wallace R. Bearden. *Darsteller/innen:* E.G. Marshall (Dr. David Craig), David Hartman (Dr. Paul Hunter), John Saxon (Dr. Theodore Stuart), Norma Crane (Harriet Smith), Clu Gulager (Matt Smith), Victoria Racimo (Trina McGuire), Dawn Frame (Poppy), Charles Lampkin (Mailman), Kate Hawley (Nurse Kelly), Barbara Reid (Operating Nurse), Dick Whittington (Announcer), Lyvonne Walder (Girl Friday), Ray Ballard (Hospital Attendant), Stephanie Dubov (Station Nurse). Technicolor (35 mm). Gedreht in den Universal Studios, California. *Uraufführungen:* USA am 06. Februar 1972: 60 Minuten.

Episode IS THIS OPERATION NECESSARY? (Season 4, Episode 2)

Unit Manager: Dale Coleman. *Regie:* John Badham. *Drehbuch:* Ken Kolb. *Kamera:* Alric Edens. *Schnitt:* Richard Bracken. *Musik:* Richard Clements. *Art Direction:* John E. Chilberg II. *Set Decoration:* Sal Blydenburgh. *Kostüme:* Charles Waldo. *Regie-Assistent:* G. Warren Smith. *Ton:* Melvin M. Metcalfe Sr. *Darsteller/innen:* E.G. Marshall (Dr. David Craig), David Hartman (Dr. Paul Hunter), Robert Walden (Dr. Martin Cohen), Richard Basehart (Dr. McLayne), Dorothy Malone (Ruth McLayne), Michael Lerner (Jack Walton), David Spielberg (Dr. Leonard Fraley), Vic Tayback (Frank Wells), Jack Collins (Peter Thatcher), Carol Locatell (Marcia Wells), Regis Cordic (Wendell Hagen), Richard Stahl (Dr. Ralph Grady), Lauretta Spang (Real Estate Lady). *Uraufführung:* USA am 26. September 1972: 60 Minuten.

Episode A NATION OF HUMAN PINCUSHIONS (Season 4, Episode 3)

Regie: John Badham. *Drehbuch:* Robert L. Collins, basierend auf einer Geschichte von Collins und Robert Schlitt. *Schnitt:* Henry Batista. *Darsteller/innen:* E.G. Marshall (Dr. David Craig), David Hartman (Dr. Paul Hunter), Robert Walden (Dr. Martin Cohen), Carl Reiner (Arthur Gravis), Jeff Corey (Jack Mitgang), Jack Albertson (Ira Goldberg), Lloyd Nolan (Dr. Karl Richardson), Noam Pitlik (Dr. Gorman), Kate Hawley (Hearing Specialist), Jean Durand (1st Doctor), Lyvonne Walder (Admitting Nurse), Alfonso Tafoya (2nd Doctor), Bonnie Hughes (1st Nurse). *Uraufführung:* USA am 03. Oktober 1972: 60 Minuten.

OWEN MARSHALL, COUNSELOR AT LAW (1971-1974) OWEN MARSHALL – STRAFVERTEIDIGER

Episode AN OFTEN AND FAMILIAR GHOST (Season 2, Episode 15)

Produktion: Groverton Productions / Universal TV. *Produzent:* Jon Epstein. *Executive Producer:* David Victor. *Associate Producer:* Joseph Monzio. *Unit Manager:* Joe Boston.
Regie: John Badham. *Drehbuch:* Edward J. Lakso, basierend auf Charakteren von David Victor und Jerry McNeely. *Kamera:* Harkness Smith. *Schnitt:* Milton Shifman. *Musik:* Elmer Bernstein. *Art Direction:* Howard E. Johnson. *Set Decoration:* Chester Bayhi. *Kostüme:* Charles Waldo. *Regie-Assistent:* Gene Law. *Ton:* Roger A. Parish.
Darsteller/innen: Arthur Hill (Owen Marshall), Lee Majors (Jess Brandon), Joan Darling (Frieda Krause), Louis Gossett Jr. (Lt. Carl Fellows), Irene Tsu (Miss Shirado), Gabriel Dell (Matt Hanks), Aldine King (Ellen Mills), Russell Johnson (Asst. D.A. Grant), John Milford (John Stambler), Anna Lee (Mrs. Wilma Rowland), Bill Walker (Clifford Mills), Lou Wagner (Fred), Kirt Washington (Billy Fellows), Stephen Colt (Edwin Felson), Bill Quinn (Judge), Fred Krone (Austin Johnson).
Farbe (35 mm). Gedreht in den Universal Studios, California.
Uraufführung: USA am 04. Januar 1973: 60 Minuten.

THE STREETS OF SAN FRANCISCO (1972-1977)
Die Straßen von San Francisco
TRAIL OF THE SERPENT (Season 1, Episode 20)
Die Kobra-Bande

Produktion: Quinn Martin Productions (QM) / Warner Bros. Television. *Produzent:* Cliff Gould. *Executive Producer:* Quinn Martin. *Supervising Producer:* Adrian Samish. *Production Manager:* John G. Wilson. *Unit Production Manager:* Robert M. Beche. *Executive Production Manager:* Howard P. Alston. *Executive in charge of production:* Arthur Fellows.
Regie: John Badham. *Drehbuch:* Cliff

Gould, John Wilder, basierend auf Charakteren von Carolyn Weston und Edward Hume. *Kamera:* Jacques R. Marquette. *Schnitt:* Walter Hannemann. *Theme Music:* Patrick Williams. *Art Direction:* Phillip Bennett. *Set Decoration:* Ray Molyneaux. *Regie-Assistent:* Kevin Donnelly.
Darsteller/innen: Karl Malden (Detective Lt. Mike Stone), Michael Douglas (Inspector Steve Heller), Tim O'Connor (Lt. Roy Devitt), Cal Bellini (Buddy Simms), Brad David (Chick Kramer), Frank Michael Liu (Richard Sung-Cobra), Hal Smith (Johnny Dolan), Brian Tochi (Davey), Paul Micale (George Barberio), Shelley Morrison (Angela Barberio), Doug Chapin (Jerry-Cobra), Jim Boles (Ed Davis), Wayne Heffley (Police Officer), Vince Howard (Stan), Victor Millan (Ben), Keone Young (Willard Lu-Cobra), Stephen Bradley, David Mink, Ben Niems.
Farbe. Gedreht in San Francisco und in den Warner Brothers Burbank Studios, California.
Uraufführung: USA am 22. Februar 1973: 52 Minuten. DVD (Paramount/Universal Pictures) am 06. November 2008.

CANNON (1971-1976)
THE SEVENTH GRAVE (Season 2, Episode 21)

Produktion: Quinn Martin Productions (QM). *Produzent:* Harold Gast. *Executive Producer:* Quinn Martin. *Supervising Producer:* Adrian Samish. *Production Manager:* Fred Ahern. *Executive Production Manager:* Howard P. Alston. *Executive in charge of production:* Arthur Fellows. *Unit Production Manager:* Lou Place.
Regie: John Badham. *Drehbuch:* E. Arthur Kean, basierend auf Figuren von Edward Hume. *Kamera:* Jack Swain. *Schnitt:* Ray Daniels. *Art Direction:* Bill Kenney. *Set Decoration:* Frank Lombardo. *Regie-Assistent:* David Whorf.
Darsteller/innen: William Conrad (Frank Cannon), Barry Nelson (Quigley), Lou Frizzell (Lou Shain), Jim Davis (Henry Raw-

don), Robert Donner (Chief), Eldon Quick (Thomas Pittman), Jeff Donnell (Mrs. Holt), Shelley Duvall (Liz Christie), Paul Tulley (Newspaperman), Laura Rose, Tom Stewart.
Farbe. Gedreht in Fillmore, California.
Uraufführungen: USA am 28. Februar 1973: 60 Minuten.

KUNF FU (1972-1975)
ALETHEA (Season 1, Episode 10)
Produktion: Warner Bros. Television. *Produzent:* Jerry Thorpe. *Associate Producer:* Alex Beaton. *Unit Production Manager:* Edward Haldeman.
Regie: John Badham. *Drehbuch:* William Kelley, basierend auf Charakteren von Ed Spielman und Herman Miller. *Kamera:* Richard L. Rawlings. *Schnitt:* David Rawlins. *Musik:* Jim Helms. *Art Direction:* Eugène Lourie. *Set Decoration:* Antony Mondello. *Kostüme:* Henry Salley. *Regie-Assistent:* Jerry Ziesmer. *Ton:* William Randall. *Makeup Artist:* Frank Westmore. *Hair Stylist:* Mary Keats. *Special Effects:* Joseph A. Unsinn.
Darsteller/innen: David Carradine (Kwai Chang Caine), Jodie Foster (Alethea Patricia Ingram), Charles Tyner (Larraby), Kenneth Tobey (Sheriff Ingram), Khigh Dhiegh (Shang Tzu), Byron Mabe (Cranch), William Mims (Jezdale), Keye Luke (Master Po), Radames Pera (Young Caine), Lee J. Lambert (Tork Wittner), R.L. Armstrong (Clancy Pratt), Regis Cordic (Stoddard), Dale Ishimoto (Chinese Sergeant), Frank Wilcox (Judge Moon), Bob Bralver (Crowder), Alex Henteloff (Abner Tutt), William Vaughan (Sampler Harte).
Farbe (35 mm). Gedreht in den Warner Brothers Burbank Studios, California.
Uraufführungen: USA am 22. März 1973: 49 Minuten. DVD (Warner Home Video) am 18. März 2005.

NIGHT GALLERY (1969-1973)
THE BOY WHO PREDICTED EARTHQUAKES
(Season 2, Episode 1)
Produktion: Universal TV. *Produzent:* Jack Laird. *Unit Manager:* Burt Astor.
Regie: John Badham (Episode 1), Gene R. Kearney (Episoden 2, 4), John Meredyth Lucas (Episode 3). *Drehbuch:* Rod Serling, basierend auf der Short Story *The Boy who Predicted Earthquakes* von Margaret St. Clair (Episode 1); Jack Laird (Episode 2); Alvin Sapinsley, basierend auf der Short Story *The Other Hand* von George Langelaan (Episode 3), Gene R. Kearney (Episode 4). *Kamera:* Lionel Lindon. *Schnitt:* Jean Jacques Berthelot, David Rawlins. *Musik:* Oliver Nelson. *Art Direction:* Joe Alves. *Set Decoration:* Chester Bayhi, John M. Dwyer. *Kostüme:* Bill Jobe. *Regie-Assistenten:* Lester Wm. Berke, Ralph Sariego, Steve Siporin.
Darsteller/innen: Michael Constantine (Wellman), Clint Howard (Herbie Bittman), Joseph Campanella (Father), Sue Lyon (Betsy), George Maharis (Peter Lacland), Ray Milland (Dr. Archibald Ravadon), Leslie Nielsen (The Phantom), Bernie Kopell (Reed), Ellen Weston (Dr. Peterson), William Hansen (Mr. Godwin), Gene Tyburn (Floor Director), Rance Howard (Cameraman), Rosary Nix (Secretary), John Donald (Grip), Joan Huntington (Susan Douglas), Patricia Donahue (Dr. Innokenti), Peter Mamakos (Nico Kazanzakis), Robert F. Hoy (Everett Winterreich), William Mims (Brock Ramsey), Mary Ann Beck (Beautiful Prisoner), Rod Serling (Himself). Technicolor (35 mm). Gedreht in den Universal Studios, California.
Uraufführungen: USA am 15. September 1971: 60 Minuten.

COOL AIR (Season 2, Episode 12)
Regie: John Badham (Episode 1), Jeff Corey (Episode 2), Jeannot Szwarc (Episode 3). *Drehbuch:* Rod Serling, basierend auf der Short Story *Cool Air* von H.P. Lovecraft; Jack Laird, basierend auf der Short Story *Camera Obscura* von Basil Copper. *Kame-

ra: Leonard J. South. *Schnitt*: David Rawlins, Sam Vitale. *Musik*: Robert Bain, Paul Glass. *Set Decoration*: Chester Bayhi, Sal Blydenburgh.
Darsteller/innen: Marty Allen (Edgar Allan Poe), Ross Martin (Mr. Gingold), Barbara Rush (Agatha Howard), Rene Auberjonois (William Sharsted), Henry Darrow (Dr. Juan Munos), Beatrice Kay (Mrs. Gibbons), Arthur Malet (Abel Joyce), Larry J. Blake (Charles Crowley), Milton Parsons (Old Lamplighter), Brendan Dillon (Amos Drucker), Karl Lukas (Iceman), Philip Kenneally (Sanderson), John Barcley (William Sharstedt Sr.), Mel Blanc (Raven), Rod Serling (Himself).
Uraufführungen: USA am 08. Dezember 1971: 50 Minuten.

GREEN FINGERS (Season 2, Episode 15)

Regie: John Badham (Episode 1), John Meredyth Lucas (Episode 2), David Rawlins (Episode 3). *Drehbuch*: Rod Serling, basierend auf der Short Story *Green Fingers* von R.C. Cook; Richard Matheson, basierend auf seiner Short Story *The Funeral*; Gerald Sanford, Garrie Bateson, basierend auf der Short Story *The Tune in Dan's Café* von Shamus Frazer. *Kamera*: Lionel Lindon, Leonard J. South, Bud Thackery. *Schnitt*: Howard Epstein, Larry Lester, Sam Vitale. *Musik*: Paul Glass, Gil Melle, Oliver Nelson. *Set Decoration*: Sal Blydenburgh, John M. Dwyer, James M. Walters Sr.
Darsteller/innen: Joe Flynn (Morton Silkline), Cameron Mitchell (Michael J. Saunders), Pernell Roberts (Joe Bellman), Werner Klemperer (Ludwig Asper), Elsa Lanchester (Lydia Bowen), Susan Oliver (Kelly Bellman), Michael Bell (Ernest), Harvey Jason (Morrow), James Nusser (Dan), James Davidson (Roy Gleason), Harry Hickox (Sheriff), Charles Macaulay (The Count), Jack Laird (Ygor), Brooke Mills (Red), Bill Quinn (Doctor), Laara Lacey (Jenny the Witch), Larry Watson (First Deputy), Jeff Burton (Second Deputy), Leoni-

das Ossetynski (2nd Male Vampire), Diana Hale (Female Vampire), George Keymas (Crowley), Jerry Summers (Bruce), Rod Serling (Himself).
Uraufführungen: USA am 05. Januar 1972: 50 Minuten.

THE GIRL WITH THE HUNGRY EYES (Season 3, Episode 2)

Regie: John Badham. *Drehbuch*: Robert M. Young, basierend auf einer Short Story von Fritz Leiber Jr. *Musik*: Eddie Sauter.
Darsteller/innen: Rod Serling (Himself), James Farentino (David Faulkner), John Astin (Munsch), Joanna Pettet (The Girl with the Hungry Eyes), Kip Niven (Harry Krell), Bruce Powers (Man on the Street).
Uraufführungen: USA am 01. Oktober 1972: 50 Minuten.

YOU CAN COME UP NOW, MRS. MILLIKAN (Season 3, Episode 7)

Associate Producers: Burt Astor, Anthony Redman, Herbert Wright.
Regie: John Badham (Episode 1), Jack Laird (Episode 2). *Drehbuch*: Rod Serling, basierend auf dem Short Film *You Can Come Up Now, Mrs. Millikan* von J. Wesley Rosenquist; Jack Laird. *Kamera*: Gerald Perry Finnerman, Leonard J. South. *Schnitt*: Albert J.J. Zuniga. *Makeup Artist*: John Chambers.
Darsteller/innen: Ozzie Nelson (Henry Millikan), Harriet Hilliard (Helena Millikan), Roger Davis (George Beaumont), Michael Lerner (Dr. Burgess), Don Keefer (Dr. Coolidge), Margaret Muse (Dr. Steinhem), Lew Brown (Detective Stacey), Stuart Nisbet (Detective Kimbrough), Cesare Danova (Man), Lindsay Wagner (Girl), Rod Serling (Himself).
Uraufführungen: USA am 12. November 1972: 50 Minuten.

THE DOLL OF DEATH (Season 3, Episode 14)

Regie: John Badham. *Drehbuch*: Jack Guss, basierend auf einer Short Story von Vivi-

an Meik. *Kamera*: Gerald Perry Finnerman. *Schnitt*: Sam Vitale. *Regie-Assistent*: Chuck Lowry.
Darsteller/innen: Susan Strasberg (Sheila Trent), Alejandro Rey (Raphael), Murray Matheson (Dr. Strang), Barry Atwater (Brandon), Jean Durand (Andrew), Henry Brandon (Vereker), Rod Serling (Himself). *Uraufführungen*: USA am 20. Mai 1973: 50 Minuten.

POLICE STORY (1973-1977) DANGEROUS GAMES (Season 1, Episode 1)
Produktion: David Gerber Productions / Screen Gems. *Produzent*: Stanley Kallis. *Executive Producer*: David Gerber. *Associate Producer*: Christopher Morgan. *Unit Production Manager*: Chris Christenberry. *Regie:* John Badham. *Drehbuch:* Robert L. Collins, basierend auf Charakteren von Joseph Wambaugh und E. Jack Neuman. *Kamera*: Emmett Bergholz. *Schnitt*: Arthur Hilton. *Musik:* Jack Elliott, Allyn Ferguson. *Art Direction*: Ross Bellah, Robert Peterson. *Set Decoration*: Audrey A. Blasdel, David Horowitz. *Regie-Assistent:* John Anderson Jr. *Makeup Artist*: Ben Lane. *Casting*: Al Onorato.
Darsteller/innen: James Farentino (Charlie Czonka), Elizabeth Ashley (Jannette Johnson), Janet Margolin (Marilyn), Fred Williamson (Snake McKay), Francine York (Faye), Michael Strong (Lassiter), Chelsea Brown (Mrs. McKay), Eric Server (Royster), Ed Bernard (Styles), Katie Saylor (Girl), Charles Dierkop (Dave Rawlins), Simmy Bow (Comedian), Vince Howard (Sergeant), Nora Heflin (Alice), Lee Duncan (Man at Table with Snake McKay).
Farbe (35 mm). Gedreht in den Warner Brothers Burbank Studios, California.
Uraufführungen: USA am 02. Oktober 1973: 60 Minuten.

THE SHIELD (2002-2008) DEAD SOLDIERS (Season 2, Episode 2)
Produktion: MiddKid Productions / Columbia TriStar Domestic Television / Fox Television Studios. *Produzent*: Glen Mazzara. *Co-Producer*: Ann Kindberg, Dean White. *Executive Producers*: Scott Brazil, Shawn Ryan. *Co-Executive Producer*: Reed Steiner. *Consulting Producer*: James Manos Jr. *Unit Production Manager*: Ann Kindberg. *Post-Production Supervisor*: John Blair.
Regie: John Badham. *Drehbuch*: Kurt Sutter, basierend auf Charakteren von Shawn Ryan. *Kamera*: Rohn Schmidt. *Schnitt*: Padraic McKinley. *Production Design*: Kitty Doris-Bates. *Set Decoration*: Michele Poulik. *Kostüme*: Linda M. Bass. *Regie-Assistenten*: J. Tom Archuleta, Kevin Duncan, Ruben Garcia. *Makeup Artists*: Kate Shorter, Sherilyn Stetz, Art Anthony. *Hair Stylists*: Jennifer Zide (key), Donna J. Anderson, Dennis Roden. *Special Effects Coordinator*: Danny Lester. *Stunt Coordinator*: Merritt Yohnka. *Script Supervisor*: Alison Young. *Casting*: Barbara Fiorentino, Rebecca Mangieri.
Darsteller/innen: Michael Chiklis (Detective Vic Mackey), Catherine Dent (Officer Danni Sofer), Walton Goggins (Detective Shane Vendreil), Michael Jace (Officer Julien Lowe), Kenny Johnson (Detective Curtis Lemansky), Jay Karnes (Detective Holland Wagenbach), Benito Martinez (Captain David Aceveda), CCH Pounder (Detective Claudette Wyms), Lucinda Jenney (Lanie Kellis), Mark Rolston (Gordie Liman), Danny Pino (Armadillo Quintero), Cathy Calin Ryan (Corrine Mackey), David Rees Snell (Detective Ronnie Gardocki), Cedric Pendleton (Tio), Dylan Haggerty (Barney Plotkin), Veena Bidasha (Yassirah Al-Thani), Navid Negahban (Zayed Al-Thani), Lisa Renee Pitts (Alene Carmichael), V.J. Foster (Smith), Rafael J. Noble (Emanuel Mentoya), Michael Dunn (Izzy), Mann Alfonso (Ripley), Lee Reherman (Ludwig), Anthony Vatsula (Berlin Ortegon), Matt Corboy (Ray Carlson), Daniel Curtis Lee (Cassius), Roberto Garcia (Chapa), Antho-

ny Rosales (Banger), Daniel Edward Mora (Older Banger), Susana Velasquez (Chile's Mom).

Farbe

Uraufführungen: Deutschland am 11. Februar 2006: 45 Minuten; USA am 14. Januar 2003; Frankreich am 15. August 2007. DVD (Sony Pictures Home Entertainment) am 02. Dezember 2010.

BLIND JUSTICE (2005-2006) Blind Justice – Ermittler mit geschärften Sinnen
UP ON THE ROOF (Season 1, Episode 4)

Produktion: Paramount Television / Steven Bochco Productions. *Executive Producer:* Matt Olmstead. *Associate Producer:* Tom Keefe. *Production Supervisor:* Mitchell Bell.

Regie: John Badham. *Drehbuch:* Elwood Reid, basierend auf Charakteren von Steven Bochco, Matt Olmstead und Nicholas Wootton. *Kamera:* Jeff Jur. *Musik:* Mike Post. *Kostüme:* Mary Jane Fort. *Script Supervisor:* Haley McLane.

Darsteller/innen: Ron Eldard (Detective Jim Dunbar), Marisol Nichols (Detective Karen Bettancourt), Reno Wilson (Detective Tom Selway), Frank Grillo (Detective Marty Russo), Michael Gaston (Lt. Gary Fisk), Rena Sofer (Christie Dunbar), Larry Brandenburg (Glen Semple), Alex E. Burns, Jim Cantafio (Man), John Donald (Doctor), Bob Margitich (Man), Sonny Marinelli (Terry Jansen), Rashaan Nall (Titus Oliver), Jimmy Palumbo (Fred Swedehelm), Sandra Purpuro (Annie Jansen), Saul Rubinek (Dr. Allan Galloway), Jamil Walker Smith (Deshawn Oliver), Charles Walker (Reverend Earl Kellog).

Farbe.

Uraufführungen: Deutschland am 17. März 2008: 60 Minuten; USA am 29. März 2005; Frankreich am 20. April 2006.

IN YOUR FACE (Season 1, Episode 9)

Regie: John Badham. *Drehbuch:* Michael Oates Palmer. *Regie-Assistent:* Jay Tobias.

Hair Stylist: Michelle Rene Elam.

Darsteller/innen: Ron Eldard (Detective Jim Dunbar), Marisol Nichols (Detective Karen Bettancourt), Reno Wilson (Detective Tom Selway), Frank Grillo (Detective Marty Russo), Michael Gaston (Lt. Gary Fisk), Rena Sofer (Christie Dunbar), Jordan Baker (Joan Tuxhorn), Bill Devlin (Dad), Judyann Elder (Judy Dwyer), Brennan Elliott (Nick Irons), Ra Hanna (Dante), Randy Mulkey (Jerry Tuxhorn), Wayne Pére (Todd Moncrief), Zachary Quinto (Scott Collins), James Shanklin (Les Molineaux), Mel Winkler (Lester), Scot Zeller (Desmond), Geoffrey Gould (Chess Player).

Uraufführungen: Deutschland am 14. April 2008: 60 Minuten; USA am 03. Mai 2005; Frankreich am 11. Mai 2006.

JUST LEGAL (2005-2006)
THE LIMIT (Season 1, Episode 3)

Produktion: Jerry Bruckheimer Television / Warner Bros. Television. *Co-Producer:* Alfredo Barrios Jr. *Executive Producers:* Jerry Bruckheimer, Jonathan Littman, Jonathan Shapiro. *Associate Producer:* Brian Wankum. *Production Manager:* Stewart Lyons. *Post-Production Supervisor:* Christopher J. Ray.

Regie: John Badham. *Drehbuch:* Rob Bragin. *Schnitt:* Steven Lang. *Production Design:* Maxine Shepard. *Art Direction:* Louise Dorton. *Kostüme:* Mynka Draper. *Regie-Assistent:* John Tagamolila. *Makeup Artist:* Garrett Immel. *Special Effects Coordinator:* Ken Tarallo. *Visual Effects:* Doug Spilatro. *Stunt Coordinator:* Vince Deadrick Jr. *Casting:* Eric Dawson, Carol Kritzer, Robert J. Ulrich.

Darsteller/innen: Don Johnson (Grant Cooper), Jay Baruchel (Skip Ross), Jaime Lee Kirchner (Dulcinea »Dee« Real), David Starzyk (Marshall), Robin Thomas Grossman (Dr. Steve Benson), Michael Mantell (Medical Expert-Author Witness), Iqbal Theba (Dr. Gupta), Gregory Michael (Ryan Cern), Paul Francis (Private club

waiter Russ), Brian McGovern (Handsome witness), Albra Choulnard (Lawyer), S. Zev Esquenazi (Sheriff Hawk), Aaron Norvell (Cop), Kathleen Rose Perkins (Nadine Abbot), Eric Sandeen (Ryan Norris), Tanya Sinovec (Coffee Shop Girl), Pete Stamatelatos (Reporter), Susan Ward (Kate Manat), Patti Yasutake (Judge Nina Tonai).
Farbe.
Uraufführungen: USA am 03. Oktober 2005: 60 Minuten.

CROSSING JORDAN (2001-2007)
Crossing Jordan: Pathologin mit Profil
33 BULLETS (Season 6, Episode 3)

Produktion: Kaledo Dritte Productions / Tailwind Productions / NBC Studios. *Produzent:* Roxann Dawson. *Co-Producer:* Erin Scotto. *Executive Producers:* Allan Arkush, Jon Cowan, Dennis Hammer, Tim Kring, Kathy McCormick, Robert L. Rovner. *Co-Executive Producer:* Rob Fresco. *Associate Producers:* Nowell Grossman, Jason Parks. *Line Producer:* Skip Beaudine. *Supervising Producers:* Melissa R. Byer, Ashley Gable, Treena Hancock, Lynne E. Litt, Rob Wright. *Unit Production Managers:* Skip Beaudine, Bruce Carter. *Post-Production Supervisor:* Scottee Angel. *Regie:* John Badham. *Drehbuch:* Rob Fresco, basierend auf Charakteren von Tim Kring. *Kamera:* Jamie Anderson. *Schnitt:* Bonnie Koehler. *Musik:* Lisa Coleman, Wendy Melvoin. *Production Design:* Curtis A. Schnell. *Art Direction:* Daniel J. Vivanco. *Set Decoration:* Crista Schneider. *Kostüme:* Debra McGuire. *Regie-Assistenten:* Milos Milicevic, Marisol »Ari« Oyola, Craig Harris. *Makeup Artists:* Amy L. Taylor (key), Brian Blair, Glenn Hetrick. *Hair Stylist:* Deborah Holmes Dobson. *Special Effects Supervisor:* Brendon O'Dell. *Visual Effects Supervisors:* Elizabeth Castro, Curt Miller. *Stunt Coordinator:* Mary Albee. *Script Supervisor:* Merry Lowry-Donner. *Casting:* Natalie Hart, Jason La Padura.

Darsteller/innen: Jill Hennessy (Dr. Jordan Cavanaugh), Miguel Ferrer (Dr. Garret Macy), Ravi Kapoor (Dr. Manesh »Bug« Vijayaraghavensatanaryanamurthy), Kathryn Hahn (Lily Lebowski), Steve Valentine (Dr. Nigel Townsend), Leslie Bibb (Detective Tallulah »Lu« Simmons), Jerry O'Connell (Detective Woody Hoyt), Cassandra Creech (Ms. Caullings), Blake Shields (Off. Connor Greco), Tony Perez (Man Rescued from Truck), James Earl (Man with Leg Wound), Brooke Smith (Dr. Kate Switzer), Jason Ross-Azikiwe (Lt. Johnson), Alma Collins (Grandma Caullings), Terri Hoyos (Panel Chair), Jermaine Jackson (Looter), Tessa Ludwick (Huyen), Aaron Meeks (Young Man), Gina St. John (Newscaster), Larnell Stovall (Carjacker), Ludi Vika (Zolla).
Farbe. Gedreht in den Universal Studios, California.
Uraufführungen: Deutschland am 07. September 2007: 42 Minuten; USA am 28. Januar 2007; Frankreich am 24. September 2007.

DEAD AGAIN (Season 6, Episode 15)

Regie: John Badham. *Drehbuch:* Rob Wright, Jim D. Gray. *Makeup Artist:* Geri B. Oppenheim (key). *Special Effects Supervisor:* Gary D'Amico.
Darsteller/innen: Jill Hennessy (Dr. Jordan Cavanaugh), Miguel Ferrer (Dr. Garret Macy), Ravi Kapoor (Dr. Manesh »Bug« Vijayaraghavensatanaryanamurthy), Kathryn Hahn (Lily Lebowski), Steve Valentine (Dr. Nigel Townsend), Jerry O'Connell (Detective Woody Hoyt), Tovah Feldshuh (Mrs. Elaine Hoffman), Donna Pescow (Debbie's Mother), John Badham (Marty), Emy Coligado (Emmy), Colby French (Tony Baron), Ethan Sandler (ADA Jeffrey Brandau), Jeffrey Donovan (William Ivers), Brooke Smith (Dr. Kate Switzer), Adam Jamal Craig (Officer Hansel), Cliff Emmich (Dr. Marlen), Tony Longo (Donald Gene), Kristina Sexton (Cheryl Marlen), Gina St. John (Reporter), Ashleigh Sumner (Debbie Baron), Luci Romberg (Liz Gibson).

Uraufführungen: Deutschland am 01. Februar 2008: 42 Minuten; USA am 03. Mai 2007.

HEROES (2006-2010)
CHAPTER ELEVEN »FALLOUT«
(Season 1, Episode 11) Ausgelöscht

Produktion: Tailwind Productions / NBC Universal Television. *Produzent:* Jim Chory. *Co-Producers:* Aron Eli Coleite, Lori Motyer. *Executive Producers:* Allan Arkush, Dennis Hammer, Tim Kring. *Co-Executive Producers:* Jesse Alexander, Greg Beeman, Natalie Chaldez, Bryan Fuller, Michael Green, Jeph Loeb. *Associate Producer:* Michael J. Ketelsen. *Supervising Producers:* Adam Armus, Nora Kay Foster. *Unit Production Manager:* Cathy Mickel Gibson. *Post-Production Supervisor:* Daniel Rodriguez.
Regie: John Badham. *Drehbuch:* Joe Pokaski, basierend auf Charakteren von Tim Kring. *Kamera:* John B. Aronson. *Schnitt:* Donn Aron. *Musik:* Lisa Coleman, Wendy Melvoin. *Production Design:* Ruth Ammon. *Art Direction:* Michael Budge. *Set Decoration:* Dena Allen. *Kostüme:* Debra McGuire. *Regie-Assistenten:* Patrick A. Duffy, Mark Lyon, Diane Calhoun, Molly Rodriguez, Alison Troy. *Makeup Artists:* Wendi Lynn Allison (key), Michelle Keck, Erin Draney, Glenn Hetrick. *Special Effects Supervisor:* Gary D'Amico. *Visual Effects Supervisor:* Mark Kolpack. *Stunt Coordinator:* Ian Quinn. *Script Supervisor:* Robin Anderson. *Casting:* Natalie Hart, Jason La Padura, Keri Owens.
Darsteller/innen: Santiago Cabrera (Isaac Mendez), Jack Coleman (Noah Bennet), Tawny Cypress (Simone Deveaux), Noah Gray-Cabey (Micah Sanders), Greg Grunberg (Matt Parkman), Ali Larter (Niki Sanders/Jessica Sanders), Masi Oka (Hiro Nakamura), Hayden Panettiere (Claire Bennet), Adrian Pasdar (Nathan Petrelli), Sendhil Tamamurthy (Mohinder Suresh), Leonard Roberts (D.L. Hawkins), Milo Ventimiglia (Peter Petrelli), Clea DuVall (FBI Agent Audrey Hanson), Nora Zehetner (Eden McCain), James Kyson (Ando Masahashi), Zachary Quinto (Sylar), Thomas Dekker (Zach), Jimmy Jean-Louis (The Haitian), Conroe Brooks (Police Officer), Randall Bentley (Lyle Bennet).
Farbe. Gedreht in den Universal Studios, California.
Uraufführungen: Deutschland am 10. Dezember 2007: 43 Minuten; USA am 04. Dezember 2006; Frankreich am 28. Juli 2007.

CHAPTER TWENTY-ONE »THE HARD PART«
(Season 1, Episode 21) Der schwierige Teil

Regie: John Badham. *Drehbuch:* Ari Eli Coleite. *Schnitt:* Scott Boyd. *Art Direction:* Matthew C. Jacobs, Thomas T. Taylor. *Regie-Assistenten:* Tony Adler, Mark Lyon, Diane Calhoun, Molly Rodriguez, Alison Troy. *Makeup Artists:* Lori Madrigal (key), Linda Vallejo, Brian Blair, Erin Draney, Glenn Hetrick, Richard Mayberry. *Hair Stylist:* Vicky Phillips.
Darsteller/innen: Santiago Cabrera (Isaac Mendez), Jack Coleman (Noah Bennet), Tawny Cypress (Simone Deveaux), Noah Gray-Cabey (Micah Sanders), Greg Grunberg (Matt Parkman), Ali Larter (Niki Sanders/Jessica Sanders), Masi Oka (Hiro Nakamura), Hayden Panettiere (Claire Bennet), Adrian Pasdar (Nathan Petrelli), Sendhil Tamamurthy (Mohinder Suresh), Leonard Roberts (D.L. Hawkins), Milo Ventimiglia (Peter Petrelli), Zachary Quinto (Sylar), James Kyson (Ando Masahashi), Cristine Rose (Angela Petrelli), Ellen Greene (Virginia Grey), Matthew John Armstrong (Ted Sprague), Missy Peregrym (Candice Wilmer), Rena Sofer (Heidi Petrelli), Eric Roberts (Thompson), Adair Tishler (Molly Walker), Justin Evans (Simon Petrelli), Jackson Wurth (Monty Petrelli), Geno Monteiro (Petrelli Alde).
Uraufführungen: Deutschland am 21. Februar 2008: 43 Minuten; USA am 07. Mai 2007; Frankreich am 01. September 2007.

DVD (Universal Pictures Germany GmbH) am 30. Juli 2009.

STANDOFF (2006-2007)
ROAD TRIP (Season 1, Episode 14)

Produktion: Sesfonstein Productions / 20th Century Fox Television. *Produzent*: Marc David Alpert. *Executive Producers*: Craig Silverstein, Tim Story. *Co-Executive Producers*: Juan Carlos Coto, Linda Gase, Jonathan Glassner. *Associate Producer*: Brian Wankum. *Consulting Producers*: Chris Black, Daniel Knauf, David Levinson, Tim Minear. *Unit Production Manager*: Jon Paré. *Post-Production Supervisor*: Kari Hobson.

Regie: John Badham. *Drehbuch*: Adam Targum, Juan Carlos Coto, basierend auf Charakteren von Craig Silverstein. *Kamera*: Charlie Lieberman. *Schnitt*: John Peter Bernardo. *Musik*: The Angel. *Production Design*: Thomas Fichter. *Art Direction*: Sandy Getzler. *Set Decoration*: Michele Poulik. *Kostüme*: Kelli Jones. *Regie-Assistenten*: Richard W. Abramitis, Melody Beam, Dawn Stewart. *Makeup Artist*: Cyndilee Rice. *Hair Stylists*: Roma Goddard (key), Carl Bailey. *Special Effects Coordinator*: Bruce Minkus. *Stunt Coordinator*: Carrick O'Quinn. *Script Supervisor*: Kirsten Robinson. *Casting*: Scott Genkinger, Junie Lowry-Johnson.

Darsteller/innen: Ron Livingston (Matt Flannery), Rosemarie DeWitt (Emily Lehman), Gina Torres (Cheryl Carrera), Michael Cudlitz (Frank Rogers), Raquel Alessi (Lia Mathers), Jose Pablo Cantillo (Duff Gonzales), William Russ (Warren Keegan), Saxon Trainor (Ruth Keegan), Mageina Tovah (Gwen Keegan), Shanna Collins (Hahna Keegan), Michelle Page (Darah Keegan), Bree Turner (Natalie), Vince Grant (Malcolm Durst), Jesse Escochea (HRT Man 1), Greg Brown (FBI Agent).
Farbe.
Uraufführungen: Deutschland am 14. Januar 2009: 50 Minuten; USA am 22. Juni 2007.

LAS VEGAS (2003-2008)
WHEN LIFE GIVES YOU LEMON BARS
(Season 5, Episode 6)

Produktion: Gary Scott Thompson Productions /DreamWorks Television / NBC Universal Television. *Produzenten*: Jill Cargerman, Stephen Sassen. *Co-Producer*: Julie Herlocker, Vince McKewin, Lorie Zerweck. *Executive Producers*: Justin Falvey, Darryl Frank, Kim Newton, Matt Pyken, Gary Scott Thompson. *Co-Executive Producer*: Rob Wright. *Associate Producer*: Jon Wallace. *Supervising Producer*: Steve Blackman. *Unit Production Managers*: Sally Young, Lorie Zerweck. *Executive in charge of production*: Todd Sharp. *Production Supervisor*: Jason K. Smith. *Post-Production Supervisor*: Hunter Betts.

Regie: John Badham. *Drehbuch*: Nikki Toscano, basierend auf Charakteren von Gary Scott Thompson. *Kamera*: John Newby. *Schnitt*: Ray Daniels III. *Musik*: Charlie Clouser. *Production Design*: Tom Frohling. *Art Direction*: Brian Harms. *Set Decoration*: Julieann Getman. *Kostüme*: Jennifer L. Bryan. *Regie-Assistenten*: Randol Perelman-Taylor, Margot Coleman, Bryan Cox, Vernon Davidson. *Makeup Artists*: Brooke Bell (key), Pam Phillips. *Hair Stylists*: Tyler Ely, Tijen Osman (key), Maggie Hayes-Jackson. *Special Effects Coordinator*: John E. Gray. *Visual Effects Supervisor*: Kenneth Nakada. *Stunt Coordinator*: Walter Scott. *Script Supervisor*: Robin Skelton. *Casting*: Jennifer Lare, Meg Liberman, Camille H. Patton.

Darsteller/innen: Josh Duhamel (Danny McCoy), James Lesure (Mike Cannon), Vanessa Marcil (Sam Marquez), Molly Sims (Delinda Deline), Tom Selleck (A.J. Cooper), Camille Guaty (Piper Nielsen), Rochelle Aytes (Carley), Rachel Cannon (Gretchen), Larry Manetti (Larry), Roger E. Mosley (Roger), Rick Peters (Abusive Husband), Mitch Longley (Mitch Sassen), Steve Paymer (Ari Green), James Earl (Little

Fly), Gregory Daven (Mr. Peirson), Mary-Beth Manning (Mrs. Peirson), Timon Kyle Durrett (Vegas Cop), Greg Hain (Winnie), Pete Brown (Head Chef), Christine Little (Cleopatra).
Farbe.
Uraufführungen: Deutschland am 10. Dezember 2008: 45 Minuten; USA am 26. Oktober 2007.

SECRETS, LIES AND LAMAZE (Season 5, Episode 14)

Regie: John Badham. *Drehbuch:* Steve Blackman. *Schnitt:* Peter Basinski. *Script Supervisor:* Heather Harris.
Darsteller/innen: Josh Duhamel (Danny McCoy), James Lesure (Mike Cannon), Vanessa Marcil (Sam Marquez), Molly Sims (Delinda Deline), Tom Selleck (A.J. Cooper), Camille Guaty (Piper Nielsen), Brady Smith (Chad), Sunny Doench, Suzanne Whang (Polly), Regan Burns (Driving School Instructor), Mitch Longley (Mitch Sassen), Dierdre Holder (Lisa Eddy), Aimee-Lynn Chadwick (Mandy Freemont), Petrea Burchard (Judge), J.J. Boone (Instructor), Tom Sean Foley (Officer Hayes), Jordan Murphy (Peter), Cynthia Holloway (Pregnant Woman 1), Tom Beyer (Carter), James Ferris (Justin), Vanessa Celso (Cocktail Waitress).
Uraufführungen: Deutschland am 31. Dezember 2008: 45 Minuten; USA am 18. Januar 2008.

MEN IN TREES (2006-2008) WANDER/LUST (Season 2, Episode 15)

Produktion: Tree Line Film / Perkins Street Productions / Warner Bros. Television. *Produzenten:* Jennie Snyder, Vladimir Stefoff, Asha Gill. *Executive Producers:* Jenny Bicks, Cathy Konrad, James Mangold. *Co-Executive Producer:* Anna Fricke. *Associate Producer:* James L. Thompson III. *Supervising Producers:* Robert Berlinger, Chris Dingess, Antonia Ellis. *Consulting Producer:* David S. Rosenthal. *Production*

Manager: Todd Pittson.
Regie: John Badham. *Drehbuch:* Jenny Bicks. *Kamera:* David Geddes. *Schnitt:* Sunny Hodge. *Musik:* Peter Himmelman. *Production Design:* Matthew Budgeon. *Art Direction:* Shannon Grover. *Set Decoration:* Wendy Harke. *Kostüme:* Susan De Laval. *Regie-Assistenten:* Greg Zenon, David R. Baron, Marian Koprada. *Makeup Artists:* Fay van Schroeder, Calla Syna Dreyer. *Hair Stylists:* Thom MacIntyre (key), Heather Barreca. *Visual Effects Producer:* Tara Conley. *Script Supervisor:* Janet D. Munro. *Casting:* Patrick Rush.
Darsteller/innen: Anne Heche (Marin Frist), Abraham Benrubi (Ben Thomasson), Emily Bergl (Annie O'Donnell), Seana Kofoed (Jane Burns), Derek Richardson (Patrick Bachelor), Cynthia Stevenson (Celia Bachelor), Sarah Strange (Theresa Thomasson), Lauren Tom (Mai Washington), James Tupper (Jack Slattery), John Amos (Buzz Washington), Kelli Williams (Julia Switzer), Ty Olsson (Sam Soloway), Diego Klattenhoff (Ivan Palacinke), Josh Stamberg (Jim Switzer), Bayne Gibby (Greta), Timothy Webber (Jerome Robinsky), Crystal Verge (Caroline Todd), Don Thompson (Cabbie), Teach Grant (Bookie), Trevor Roberts (Joe).
Farbe.
Uraufführungen: USA am 16. April 2008: 60 Minuten.

IN PLAIN SIGHT (2008-2012) In Plain Sight – In der Schusslinie A FINE METH (Season 1, Episode 12)

Produktion: Pirates' Cove Entertainment / Universal Media Studios (USM) / Universal Cable Productions. *Produzent:* Clara George. *Co-Produzent:* Drew Matich. *Executive Producers:* David Maples, Paul Stupin. *Co-Executive Producers:* Constance M. Burge. *Unit Production Manager:* Bruce Carter. *Post-Production Supervisor:* Karl Hobson.
Regie: John Badham. *Drehbuch:* David

Maples. *Kamera:* John B. Aronson. *Schnitt:* Bonnie Koehler. *Musik:* W.G. Snuffy Walden. *Production Design:* John Hansen. *Art Direction:* David Ensley. *Set Decoration:* Michelle Ashley. *Kostüme:* Diane Crooke. *Regie-Assistenten:* Bruce Carter, Clark Credle, Janell M. Sammelman. *Makeup Artists:* Jennifer McDaniel, Geri B. Oppenheim. *Hair Stylists:* Julie Delaney (key), Teri Ann Uccan, Bill Belsha (Mary McCormack). *Special Effects Supervisor:* Geoffrey C. Martin. *Stunt Coordinator:* Al Goto. *Script Supervisor:* Paul Mendoza. *Casting:* Alexis Frank Koczara, Christine Smith Shevchenko.

Darsteller/innen: Mary McCormack (Mary Shannon), Frederick Weller (Marshall Mann), Nichole Hiltz (Brandi Shannon), Todd Williams (Detective Robert Dershowitz), Lesley Ann Warren (Jinx Shannon), Mark Boone Junior (Neil »Spanky« Carson), Will McCormack (Robert O'Cooner), Cristián de la Fuente (Raphael Ramirez), Paul Ben-Victor (Stan McQueen), Jenny Gabrielle (Rachel Miller), Bud White (Another FBI Guy), Junior Michael Ray (Cop), Paul Caster (Fake Wake Guest), Jack Brunacini Jr. (Firefighter), Casey Wayne (Cop).

Farbe (16 mm). Gedreht in den Albuquerque Studios, New Mexico.

Uraufführungen: USA am 17. August 2008: 60 Minuten. DVD (Universal Pictures Germany GmbH) am 05. Mai 2011.

THE BEAST (2009)
Infected (Season 1, Episode 4)

Produktion: Scarlet Fire Entertainment / Sony Pictures Television International. *Produzent:* Lynn Raynor. *Co-Produzent:* Guin McPherson. *Executive Producers:* Cory Concoff, Allan Loeb, Steven Pearl, John Romano. *Co-Executive Producers:* Vincent Angell, William Rotko. *Supervising Producers:* Mark Goffman, Wendy West. *Consulting Producer:* Raymond Hartung. *Unit Production Manager:* Richard S. Le-

derer. *Production Supervisor:* Vail Romeyn. *Post-Production Executive:* Cynthia Stegner.

Regie: John Badham. *Drehbuch:* Raymond Hartung, basierend auf Charakteren von Vincent Angell und William Rotko. *Kamera:* Roy H. Wagner. *Schnitt:* Rob Seidenglanz. *Musik:* W.G. Snuffy Walden. *Production Design:* Gary Baugh. *Art Direction:* Kerry Sanders. *Set Decoration:* Lisa Wolff. *Kostüme:* Susan Kaufmann. *Regie-Assistenten:* James Giovannetti Jr., Traci M. Lewis, Stefan Rand. *Makeup Artists:* Aimee Lippert-Bastian (key), Lisa Jelic, Suzi Ostos. *Hair Stylists:* Mary »Dugan« Buono (key), Dominic Mango, Tony Mirante. *Special Effects Coordinator:* John D. Milinac. *Stunt Coordinator:* Tom Lowell. *Script Supervisor:* Alicia Accardo. *Casting:* Claire Simon.

Darsteller/innen: Patrick Swayze (Charles Barker), Travis Fimmel (Ellis Dove), Lindsay Pulsipher (Rose Lawrence), Kevin J. O'Connor (Harry Conrad), Victoria Tennant (Susan Redman), Chelcie Ross (Alan Posner), Rodney Rowland (William Dove), Karin Anglin (Dr. Lewellyn), Bruce A. Young (Ed Marcus), John Lister (Security Guard), Ana Sferuzza (Abby Telford), Corey Rieger (Jason Fiedler), Aldan Traynor (Matt Redman), Ethan Phillips (Brandon Cook).

Farbe.

Uraufführungen: Deutschland am 18. Februar 2010: 48 Minuten; USA am 05. Februar 2009; England am 11. März 2009. DVD (Sony Pictures Home Entertainment) am 12. August 2010.

CRIMINAL MINDS (2005-2020)
THE PERFORMER (Season 5, Episode 7)
Die Musik des Blutes

Produktion: The Mark Gordon Company / CBS Television Studios / ABC Studios. *Produzenten:* Charles S. Carroll, Gigi Coello-Bannon. *Co-Produzent:* Howard Griffith. *Executive Producers:* Edward Al-

len Bernero, Mark Gordon, Simon Mirren, Chris Mundy, Deborah Spera. *Supervising Producers:* Breen Frazier, Glenn Kershaw, Erica Messer. *Associate Producer:* Jennifer Yates. *Unit Production Manager:* Howard Griffith. *Post-Production Supervisor:* Kiegan Downs.
Regie: John Badham. *Drehbuch:* Holly Harold, basierend auf Charakteren von Jeff Davis. *Executive Story Editor:* Oanh Ly. *Kamera:* Greg St. Johns. *Schnitt:* Nina Gilberti. *Musik:* Marc Fantini, Steffan Fantini, Scott Gordon. *Production Design:* Vincent Jefferds. *Art Direction:* Victoria Ruskin. *Set Decoration:* Kathy Curtis-Cahill. *Kostüme:* B.J. Rogers. *Regie-Assistenten:* Ian Woolf, Michelene Mundo, Brian »Coach« Rosett. *Makeup Artist:* Dayne Johnson. *Hair Stylist:* Linda De Andrea. *Visual Effects Supervisor:* Michael D. Leone. *Stunt Coordinator:* Tom Elliott. *Script Supervisor:* Liz Graham. *Casting:* Scott David, April Webster.
Darsteller/innen: Joe Mantegna (David Rossi), Paget Brewster (Emily Prentiss), Shemar Moore (Derek Morgan), Matthew Gray Gubler (Dr. Spencer Reid), A.J. Cook (Jennifer Jareau), Kirsten Vangsness (Penelope Garcia), Thomas Gibson (Aaron Hotchner), Gavin Rossdale (Dante/Paul Davies), Eddie Jemison (Ray Campion), Ian Anthony Dale (Lt. Detective Owen Kim), Inbar Lavi (Gina King), Tonya Kay (Tara Farris), Netta Most (Erin Hickman), Justin Grace (Jeff Mundy), Ashleigh Sumner (Marcia Masters), Jordan David (Edwin), Eric Edwards (Dr. Gillespy), Lenny von Dohlen (Record Exec 1), Elizabeth Chambers (Herself).
Farbe. Gedreht in Los Angeles, California. *Uraufführungen:* Deutschland am 25. April 2010: 42 Minuten; USA am 11. November 2009. DVD (Touchstone) am 15. April 2011.

TRAUMA (2009-2010)
TARGETS (Season 1, Episode 14)

Produktion: Film 44 / Universal Media Studios (UMS). *Produzent:* Stephen Sassen. *Co-Produzent:* Julie Herlocker. *Supervising Producer:* Janet Tamaro.
Regie: John Badham. *Drehbuch:* David Schulner, basierend auf Charakteren von Dario Scardapane. *Schnitt:* Todd Desrosiers. *Musik:* Bear McCreary. *Set Decoration:* Dean Backer. *Regie-Assistenten:* John M. Morse, Katie Tull. *Makeup Artists:* Gretchen Davis (key), Andrea Pino, Aurora Bergere, Danny Wagner. *Visual Effects Supervisor:* Victor Scalise. *Stunt Coordinator:* Kevin Scott. *Casting:* Nina Henninger, Will Stewart.
Darsteller/innen: Derek Luke (Cameron Boone), Anastasia Griffith (Nancy Carnahan), Aimee Garcia (Marisa Benez), Kevin Rankin (Tyler Briggs), Taylor Kinney (Glenn Morrison), Jamey Sheridan (Dr. Joseph Saviano), Cliff Curtis (Reuben »Rabbit« Palchuk), Scottie Thompson (Diana Van Dine), Ryan Michelle Bathe (Sela Boone), Steven Anthony Jones (Captain Basra), Gina Beretta (Nurse Gina), Michael Asberry (Cop 1), Gretta Sosine (Nurse Jane), Winifred Cabiness (Cop 2), Brandon Heldt (Witness), Richard Gross (SWAT Captain), Sal Castaneda (Newscaster), Eleese Longino (Nurse Corinne), Cathleen Riddley (Maureen), Bev Case (Joy), Ron Kaell (Sgt. Ray), Joe Bellan (Herschel), Hal Tater (Sid), Mitch Despanie (Grumpy Paramedic Darnell), Ted Leonard (Leo Edvy).
Farbe. Gedreht in San Francisco, California.
Uraufführungen: USA am 29. März 2010: 60 Minuten.

THE EVENT (2010)
A MATTER OF LIFE AND DEATH
(Season 1, Episode 4) Das Ultimatum

Produktion: Steve Stark Productions / Universal Media Studios (UMS). *Produzent*: Stephen Sassen. *Co-Produzent*: Cathy M. Frank. *Executive Producers*: Evan Katz, Jeffrey Reiner, Steve Stark. *Co-Executive Pro-*

ducers: Jay Beattie, Dan Dworkin, David H. Goodman, David Schulner, Nick Wauters, James Wong. *Associate Producer*: April Nocifora. *Consulting Producer*: Lisa Zwerling. *Unit Production Manager*: Bruce Carter. *Regie*: John Badham. *Drehbuch*: David Schulner, Lisa Zwerling, basierend auf Charakteren von Nick Wauters. *Kamera*: Feliks Parnell. *Schnitt*: Joshua Charson. *Musik*: Scott Starrett. *Production Design*: Stuart Blatt. *Art Direction*: Leonard Harman. *Set Decoration*: Sandy Struth. *Kostüme*: Jill M. Ohanneson. *Regie-Assistenten*: Cleta Elaine Ellington, John LaBrucherie, Aaron C. Fitzgerald. *Makeup Artists*: Kathy C. King, Tonie Keyton. *Hair Stylist*: Raissa Patton. *Special Effects Supervisor*: Gary D'Amico. *Stunt Coordinator*: Tim Gilbert. *Script Coordinator*: Marc Gaffen. *Casting*: Natalie Hart, Jason La Padura.

Darsteller/innen: Jason Ritter (Sean Walker), Sarah Roemer (Leila Buchanan), Laura Innes (Sophia Maguire), Ian Anthony Dale (Simon Lee), Scott Patterson (Michael Buchanan), Taylor Cole (Vicky Roberts), Lisa Vidal (Christina Martinez), Bill Smitrovich (Vice President Raymond Jarvis), Clifton Collins Jr. (Thomas), Zeljko Ivanek (Blake Sterling), Blair Underwood (President Elias Martinez), D.B. Sweeney (Carter), Heather McComb (Angela Collier), Julia Campbell (Val Buchanan), William Russ (Officer Nugent), Rosalind Chao (Doctor), Gonzalo Menendez (Dan Taylor), Deborah Van Valkenburgh (Candice Larson), Rigo Sanchez (Patrolman), Angel Desai (Maureen Donovan), Tick Peters (Lonner), Hal Holbrook (James Dempsey), Maddy Curley (Jacke Granados), Casey Kramer (Amanda Gibbons), Tessa Germaine (Young Girl), Shyloh Oostwald (Carla Garcia), Adam Roa (Daniel Chao), Cole Sand (Vicky's Son Adam), Sayeed Shahidi (David Martinez), Ashleigh Sumner (Eva).

Farbe (35 mm).

Uraufführungen: USA am 11. Oktober 2010: 41 Minuten; England am 05. November 2010. DVD (Universal Pictures Germany GmbH) am 15. März 2012.

PSYCH (2006-2014)
BOUNTY HUNTERS! (Season 2, Episode 9)
Kopfgeldjägereien

Produktion: Pacific Mountain Productions / Tagline Pictures / NBC Universal Television. *Produzent*: Gordon Mark. *Co-Produzenten*: Andy Berman, Geoff Garrett, Anupam Nigam. *Executive Producers*: Steve Franks, Chris Henze, Kelly Kulchak. *Co-Executive Producers*: Mel Damski, Saladin K. Patterson. *Associate Producer*: Tim Micsko. *Supervising Producer*: Josh Bycel. *Unit Production Manager*: Erin Smith. *Regie*: John Badham. *Drehbuch*: Andy Berman, basierend auf Charakteren von Steve Franks. *Kamera*: Michael McMurray. *Schnitt*: Eric Jenkins. *Musik*: Adam Cohen, John Robert Wood. *Production Design*: Eric Norlin. *Art Direction*: Vivien Nishi. *Set Decoration*: Penny A. Chalmers. *Kostüme*: Simon Tuke. *Regie-Assistenten*: Jack Hardy, Roger Scott-Russell, Daniel James Millar, Dan Miller. *Makeup Artist*: Margaret Solomon. *Hair Stylist*: Adina Shore. *Special Effects Coordinator*: Wayne Szybunka. *Visual Effects Coordinator*: Petra Lendval-Lintner. *Stunt Coordinator*: Dan Shea. *Script Supervisor*: Claudia Morgado. *Casting*: Elizabeth Marx.

Darsteller/innen: James Roday (Shawn Spencer), Dulé Hill (Burton »Gus« Guster), Timothy Omundson (Carlton Lassiter), Maggie Lawson (Juliet O'Hara), Kirsten Nelson (Karen Vick), Corbin Bernsen (Henry Spencer), W. Earl Brown (Dwayne Tancana), Kevin Sorbo (Byrd Tatums), Liam James (Young Shawn), Carlos McCullers II (Young Gus), Sage Brocklebank (Buzz McNab), Mark Pawson (Cole), Donna Soares (Officer), Brock Johnson (Cousin), Ken Kirzinger (Bartender), Shawn Hall (Delbecchio), Aura Benwick (Mrs. Cole), Bob Rathie (Trucker 1), Christopher Young (Trucker 2).

Farbe.
Uraufführungen: Deutschland am 16. Dezember 2008: 42 Minuten; USA am 14. September 2007. DVD (Universal Pictures Germany GmbH) am 02. August 2012.

DAREDEVILS! (Season 3, Episode 3) Wann und wie gehen Draufgänger drauf?

Produzenten: Andy Berman, Gordon Mark. *Co-Produzenten:* Geoff Garrett, Dulé Hill, Anupam Nigam, James Roday. *Consulting Producer:* Kell Cahoon. *Unit Production Manager:* Matthew Chipera.
Regie: John Badham. *Drehbuch:* Anupam Nigam. *Schnitt:* David Crabtree, David Grecu. *Art Direction:* James Steuart. *Visual Effects Supervisors:* Doug Campbell, Tia Keri. *Script Supervisor:* Natasha Young. *Casting:* Brett Benner, Debby Romano.
Darsteller/innen: James Roday (Shawn Spencer), Dulé Hill (Burton »Gus« Guster), Timothy Omundson (Carlton Lassiter), Maggie Lawson (Juliet O'Hara), Kirsten Nelson (Karen Vick), Corbin Bernsen (Henry Spencer), Jeff Fahey (Dutch the Clutch), Brian Gross (Lewis), Liam James (Young Shawn), Sage Brocklebank (Buzz McNab), Bill Mondy (Manny Robertson), Mercedes McNab (Viki Jenkins), Roman Podhora (Red), Joshua J. Ballard (Not Gus), Lenka Stolar (Blair), Paul Lazenby (Guard), Ocean Bloom (Gerdie), Maria Luisa Cianni (Rosarita), Aileen Laurel (Carolyn), Richard Busch (Officer Calhoun), Tyler Hazelwood (Jimmy).
Uraufführungen: Deutschland am 14. Dezember 2010: 42 Minuten; USA am 01. August 2008.

THERE MIGHT BE BLOOD (Season 3, Episode 6) Verwerfliche Verwerfungen

Regie: John Badham. *Drehbuch:* Kell Cahoon. *Schnitt:* David Crabtree. *Art Direction:* Vivien Nishi. *Regie-Assistenten:* Richard Coleman, Roger Scott Russell, Dan Miller, Daniel James Millar. *Makeup Artists:* Margaret Solomon (key), Pe-

arl Louie. *Hair Stylists:* Adina Shore (key), Andrea Simpson.
Darsteller/innen: James Roday (Shawn Spencer), Dulé Hill (Burton »Gus« Guster), Timothy Omundson (Carlton Lassiter), Maggie Lawson (Juliet O'Hara), Kirsten Nelson (Karen Vick), Corbin Bernsen (Henry Spencer), Jane Lynch (Commander Barbara Dunlap), Kelly Overton (Ashley), Barry Corbin (Billy Joe), Liam James (Young Shawn), Carlos McCullers II (Young Gus), Steve Makaj (Safety Inspector Hicks), Eric Fell (Guard), Dallas Blake (Worker 1), Jackie Blackmore (Worker 2), Michael Antonakos (Worker 3), Ian Brown (Dr. Christopher Renaud), Michael Jonsson (Coast Guard Seaman), Lemmy (Captain Dale).
Uraufführungen: Deutschland am 11. Januar 2011: 42 Minuten; USA am 22. August 2008. DVD (Universal Pictures Germany GmbH) am 02. August 2012.

THE DEVIL IS IN THE DETAILS...AND THE UPSTAIRS BEDROOM (Season 4, Episode 4) Der Teufel steckt im Detail...und in jungen Frauen

Co-Executive Producers: Bill Callahan, Saladin K. Patterson.
Regie: John Badham. *Drehbuch:* Bill Callahan. *Schnitt:* Dexter N. Adriano. *Art Direction:* Jennifer Donaldson. *Regie-Assistenten:* Dan Miller, Melissa Lukacevic, Sarah Rogers.
Darsteller/innen: James Roday (Shawn Spencer), Dulé Hill (Burton »Gus« Guster), Timothy Omundson (Carlton Lassiter), Maggie Lawson (Juliet O'Hara), Kirsten Nelson (Karen Vick), Corbin Bernsen (Henry Spencer), Tim Conlon (Father Bard), Alexandra Krosney (Lucy Ryan), Liam James (Young Shawn), Ray Wise (Father Peter Wetley), Carlos McCullers II (Young Gus), Aleks Holtz (Cameron), Chilton Crane (Mrs. Ryan), Melanie Bray (Agatha), Eva Bourne (Mary), Thomas Potter

(Cop), Caroline Chan (Girl). *Uraufführungen:* Deutschland am 26. April 2011: 42 Minuten; USA am 28. August 2009. DVD (Universal Pictures Germany GmbH) am 04. Juli 2013.

NOT EVEN CLOSE...ENCOUNTERS
(Season 5, Episode 3) Unheimliche Begegnung der hinterlistigen Art

Associate Producer: Chris Cheramie. *Consulting Producers:* Kell Cahoon, Todd Harthan. *Post-Production Supervisor:* Janelle Lopez. *Regie:* John Badham. *Drehbuch:* Bill Callahan. *Kamera:* Scott Williams. *Makeup Artist:* Wendy Snowdon. *Visual Effects Supervisor:* Andrew Karr. *Casting:* Julie Ashton. *Darsteller/innen:* James Roday (Shawn Spencer), Dulé Hill (Burton »Gus« Guster), Timothy Omundson (Carlton Lassiter), Maggie Lawson (Juliet O'Hara), Kirsten Nelson (Karen Vick), Corbin Bernsen (Henry Spencer), Freddie Prinze Jr. (Dennis Gogolack), Charles Martin Smith (Roy Kessler), Adam Greydon Reid (Toby Shore), Becky O'Donohue (Molly Gogolack), Liam James (Young Shawn), Kurt Fuller (Coroner Woody Strode), Carlos McCullers II (Young Gus), Peter Yunker (Tim Bunting), David Gore (Young Dennis), Kate Gajdosik (Reporter), James Tyce (Thug 1), Kelly Metzger (Nerdy Woman). *Uraufführungen:* Deutschland am 31. Juli 2012: 42 Minuten; USA am 28. Juli 2010. DVD (Universal Pictures Germany GmbH) am 11. Juli 2013.

THE TAO OF GUS (Season 6, Episode 8)
Sekte oder Selters

Produzenten: James Roday, Dulé Hill, Gordon Mark. *Co-Produzent:* Matthew Chipera. *Regie:* John Badham. *Drehbuch:* Tim Meltreger. *Art Direction:* Jennifer Donaldson, Keli Manson. *Kostüme:* Michelle Hunter. *Makeup Artists:* Rexford Bangle. *Hair Stylists:* Emma Clarke, Codey Blair. *Special*

Effects Coordinator: Robert Paller. *Darsteller/innen:* James Roday (Shawn Spencer), Dulé Hill (Burton »Gus« Guster), Timothy Omundson (Carlton Lassiter), Maggie Lawson (Juliet O'Hara), Kirsten Nelson (Karen Vick), Corbin Bernsen (Henry Spencer), Diora Baird (Nicole), Carlos Jacott (Geoff), Suzanne Krull (Dot), Diedrich Bader (Eli), David Richmond-Peck (March), Jason Vaisvila (Milosh), Michael Jonsson (Redneck 1), Shawn Beaton (Redneck 2), Stephen Locke (Pierce), Drew Taylor (Cooper). *Uraufführungen:* USA am 07. Dezember 2011: 42 Minuten. DVD (Universal Pictures Germany GmbH) am 16. Mai 2014.

NIKITA (2010-2013)
INNOCENCE (Season 3, Episode 2)

Produktion: Sesfonstein Productions / Wonderland Sound and Vision / Warner Bros. Television. *Produzent:* Marc David Alpert. *Co-Produzent:* James Hilton. *Executive Producers:* Danny Cannon, Juan Carlos Coto, Peter Johnson, David Levinson, McG, Craig Silverstein. *Co-Executive Producer:* Albert Kim. *Production Manager:* David Till. *Regie:* John Badham. *Drehbuch:* Mary Trahan, basierend auf Charakteren von Luc Besson und Craig Silverstein. *Kamera:* Rene Ohashi. *Schnitt:* David Lebowitz. *Musik:* David E. Russo. *Production Design:* Andrew M. Stearn. *Art Direction:* Peter Grundy. *Set Decoration:* Ian Wheatley. *Kostüme:* Barbara Somerville. *Regie-Assistenten:* Marcel Saumure, Nicholas Vandal, Patrick Hagarty. *Makeup Artists:* Christopher Pizzarelli, Verity Fiction. *Hair Stylists:* Kelly Brennan, Rhosael Clandre. *Special Effects Coordinator:* Ted Ross. *Stunt Coordinator:* Brian Jagersky. *Casting:* Carrie Audino, Laura Schiff. *Darsteller/innen:* Maggie Q (Nikita), Shane West (Michael), Lyndsy Fonseca (Alex), Aaron Stanford (Seymour Birkhoff), Noah Bean (Ryan Fletcher), Dillon Casey (Sean

Pierce), Annalise Basso (Liza Abbott), Chance Kelly (Wade), Lyndie Greenwood (Sonya), Stephanie Moore (Elaine Abbott), Adrian Griffin (Paul Abbott), Saad Siddiqui (Ambassador Saeed Tamir), Joan Gregson (Saleswoman), Janet Porter (Travel Agent), Ben Herman (Division Agent), Jesse Trajkovski (Alpha 1), Austin Schaefer (Soldier), Tazito Garcia (Marine).
Farbe (35 mm). Gedreht in Toronto, Ontario (Canada).
Uraufführungen: USA am 26. Oktober 2012: 42 Minuten.

BROKEN HOME (Season 3, Episode 18)
Consulting Producer: Kamran Pasha.
Regie: John Badham. *Drehbuch:* Terry Matalas, Travis Fickett. *Kamera:* Glen Keenan.
Regie-Assistenten: Robert Crippen, Nicholas Vandal, Nicole Dipietro.
Darsteller/innen: Maggie Q (Nikita), Shane West (Michael), Lyndsy Fonseca (Alex), Aaron Stanford (Seymour Birkhoff), Noah Bean (Ryan Fletcher), Dillon Casey (Sean Pierce), Devon Sawa (Sam Matthews), Melinda Clarke (Amanda), Haley Ramm (Helen Collins), Jessica Camacho (Rachel), Christopher Heyerdahl (Matthew Collins), Lyndie Greenwood (Sonya), Chad Connell (Chris), Kendra Leigh Timmins (Young Amanda), Kevin Claydon (Guard), Lauren Horejda (Division Tech), Brianna Goldie (Division Tech 2), Mark Sparks (Guard), Jake Michaels (Insurgent).
Uraufführungen: USA am 19. April 2013: 42 Minuten.

DEAD OR ALIVE (Season 4, Episode 2)
Produzenten: Marc David Alpert, Kristen Reidel. *Production Manager:* Alex Jordan.
Regie: John Badham. *Drehbuch:* Albert Kim. *Schnitt:* Scott Lerner. *Regie-Assistenten:* Mitch Cappe, James Rait, Nicholas Vandal, Taylor Bateman, Nicole Dipietro.
Makeup Artists: Christopher Pizzarelli, Erica Caceres. *Hair Stylists:* Kelly Brennan, Allison Mondesir. *Script Supervisor:* Jean-

nine Dupuy. *Casting:* Carrie Audino, Kendra Shay Clark, Laura Schiff.
Darsteller/innen: Maggie Q (Nikita), Shane West (Michael), Lyndsy Fonseca (Alex), Aaron Stanford (Seymour Birkhoff), Noah Bean (Ryan Fletcher), Dillon Casey (Sean Pierce), Devon Sawa (Sam Matthews), Melinda Clarke (Amanda), Lyndie Greenwood (Sonya), Alex Carter (Matthew Graham), David S. Lee (Phillip Jones), Nahanni Johnstone (Sarah Graham), Von Flores (Kramer), Jee-Yun Lee (News Anchor), Danny MacDonald (Josephson), Catherine Burdon (WNB Reporter), Duane Murray (Supervisor), Alden Adair (ENN Cameraman), Joanna Swan (FBI Agent), Wayne Hissong (Special Forces Operative), Brianna Goldie (Division Tech 2), Amanda Barker (FBI Agent).
Uraufführungen: USA am 29. November 2013: 42 Minuten.

SUPERNATURAL (2005-2020)
Supernatural – Zur Hölle mit dem Bösen
FIRST BORN (Season 9, Episode 11)
Produktion: Kripke Enterprises / Wonderland Sound and Vision / Warner Bros. Television. *Produzenten:* Marc David Alpert, Todd Philip Aronauer, Robbie Thompson. *Co-Produzenten:* Serge Ladouceur, Craig Matheson, Jerry Warnek. *Executive Producers:* Jeremy Carver, Adam Glass, Philip Sgriccia, Robert Singer. *Co-Executive Producers:* Eric C. Charmelo, Andrew Dabb, Jim Michaels, Nicole Snyder. *Associate Producer:* Pablito Tancinco. *Consulting Producers:* Brad Buckner, Eugene Ross-Leming. *Production Manager:* Craig Matheson. *Post-Production Supervisor:* Shawn Wagoner. *Casting:* Eric Dawson, Carol Kritzer, Alex Newman, Robert J. Ulrich.
Regie: John Badham. *Drehbuch:* Robbie Thompson, basierend auf Charakteren von Eric Kripke. *Kamera:* Serge Ladouceur. *Schnitt:* Nicole Baer. *Musik:* Jay Gruska. *Production Design:* John Marcynuk. *Kostüme:* Kerry Weinrauch. *Regie-Assisten-*

ten: Kevin Parks, Debra Herst. *Makeup Artist:* Zabrina Matiru. *Hair Stylist:* Jeannie Chow. *Special Effects Supervisor:* Randy Shymkiw. *Visual Effects Supervisor:* Mark Meloche. *Stunt Coordinator:* Lou Bollo. *Script Coordinator:* Mike Weiss.
Darsteller/innen: Jared Padalecki (Sam Winchester), Jensen Ackles (Dean Winchester), Misha Collins (Castiel), Mark Sheppard (Crowley), Timothy Omundson (Cain), Rachel Hayward (Tata), Anna Galvin (Colette), Jason Cermak (Percy), Ryan Alexander McDonald (Demon Trucker), Andrew Baker (Demon), Rowland Pidlubny (Demon), Chloe Morgan (Demon).
Farbe.
Uraufführungen: USA am 21. Januar 2014: 42 Minuten. DVD (Warner Home Video) am 03. Dezember 2015.

THE HUNTER GAMES (Season 10, Episode 10)
Produzent: Todd Philip Aronauer. *Co-Produzent:* Craig Matheson. *Executive Producer:* Philip Sgriccia. *Co-Executive Producer:* Jim Michaels.
Regie: John Badham. *Drehbuch:* Eugenie Ross-Leming, Brad Buckner, basierend auf Charakteren von Eric Kripke. *Kamera:* Bradley S. Creasser. *Set Decoration:* George Neuman.
Darsteller/innen: Jared Padalecki (Sam Winchester), Jensen Ackles (Dean Winchester), Misha Collins (Castiel), Mark Sheppard (Crowley), Curtis Armstrong (Metatron), Ruth Connell (Rowena), Kathryn Newton (Claire Novak), Russell Roberts (Guthrie), Bradley Stryker (Tony), Danielle Kremeniuk (Ingrid), Cella Reid (Brit), Stormy Ent (Portal Guardian).
Farbe.
Uraufführungen: USA am 20. Januar 2015: 42 Minuten.

THE THINGS THEY CARRIED (Season 10, Episode 15)
Produzent: Todd Philip Aronauer. *Co-Produzenten:* Serge Ladouceur, Craig Matheson, Jerry Wanek. Executive *Producers:* Adam Glass, Philip Sgriccia. *Co-Executive Producers:* Brad Buckner, Eric C. Charmelo, Andrew Dabb, Jim Michaels, Eugenie Ross-Leming, Nicole Snyder, Robbie Thompson. *Production Manager:* Craig Matheson. *Regie:* John Badham. *Drehbuch:* Jenny Klein. *Kamera:* Serge Ladouceur. *Schnitt:* James Pickel. *Musik:* Christopher Lennertz. *Production Design:* John Marcynuk. *Set Decoration:* George Neuman. *Kostüme:* Kerry Weinrauch. *Regie-Assistenten:* Debra Herst, Kevin Parks.
Darsteller/innen: Jared Padalecki (Sam Winchester), Jensen Ackles (Dean Winchester), Michelle Morgan (Jemma Verson), Peter Anderson (Sheriff Corcoran), Christopher Patrick Dwyer (Major Matt Jones), Russell Thomas (Convenience Store Clerk), J. Alex Brinson (Dax), Ian Collins (Mark), Richard de Klerk (Kit Verson), Helena Marie (Beth Willis), Crystal Mudry (Jackie Prescott), Travis Aaron Wade (Cole Trenton).
Farbe.
Uraufführungen: USA am 18. März 2015: 42 Minuten.

INTO THE MYSTIC (Season 11, Episode 11)
Produzent: Todd Philip Aronauer. *Co-Produzenten:* Serge Ladouceur, Jerry Wanek. *Executive Producers:* Jeremy Carver, Philip Sgriccia. *Co-Executive Producer:* Jim Michaels.
Regie: John Badham. *Drehbuch:* Robbie Thompson. *Kamera:* Serge Ladouceur. *Schnitt:* Nicole Baer.
Darsteller/innen: Jared Padalecki (Sam Winchester), Jensen Ackles (Dean Winchester), Misha Collins (Castiel), Shoshannah Stern (Eileen Leahy), Dee Wallace (Mildred Baker), Jonathan Potts (Arthur), Anthony Shim (Nithael), Atlin Mitchell (Banshee), Brett Alexander Davidson (Padraic Leahy), Karyn Mott (Maura Leahy).
Farbe.
Uraufführungen: USA am 27. Januar 2016: 44 Minuten.

THE VESSEL (Season 11, Episode 14)

Co-Produzent: Craig Matheson. Executive Producers: Jeremy Carver, Philip Scriccia. Co-Executive Producer: Jim Michaels. Regie: John Badham. Drehbuch: Robert Berens. Kamera: Serge Ladouceur. Schnitt: Nicole Baer.

Darsteller/innen: Jared Padalecki (Sam Winchester), Jensen Ackles (Dean Winchester), Misha Collins (Castiel), Mark Sheppard (Crowley), Weronika Rosati (Delphine Seydoux), Grant Harvey (Petey Giraldi), Darren Dolynski (Captain James Dearborn), Jesse Moss (Crew Member 3), Richard Stroh (Befehlsleiter Gumprecht), Maxwell Haynes (Crew Member 4), Kyle Morven Tejpar (Crew Member 1), Raugi Yu (Crew Member 2), Taylor St. Pierre (Galley Cook/Harris), Ben Jacobs (Crew Member 5), Bethany Brown (Simmons), Michael Brian (Demon 1).

Farbe.

Uraufführungen: USA am 17. Februar 2016: 44 Minuten.

WE HAPPY FEW (Season 11, Episode 22)

Produzent: Todd Philip Aronauer. Co-Produzent: Craig Matheson. Executive Producers: Jeremy Carver, Philip Sgriccia. Co-Executive Producer: Jim Michaels. Regie: John Badham. Drehbuch: Robert Berens. Schnitt: Don Koch. Regie-Assistenten: Gabriel Correa, Lee Karlovic. Script Supervisor: Suze Dunbar.

Darsteller/innen: Jared Padalecki (Sam Winchester), Jensen Ackles (Dean Winchester), Misha Collins (Castiel), Mark Sheppard (Crowley), Ruth Connell (Rowena), Emily Swallow (Amara), Rob Benedict (Chuck Shurley/Carver Edlund/God), Barbara Eve Harris (Clea), Keith Szarabajka (Donatello Redfield), Lee Shorten (Leader Demon), Remi Kahlon (Angel 1), Joel Cottingham (Angel 2), Esa Atawo (Witch 4), Corey Woods (Witch 3), Mackenzie Murdock (Giggling Demon), Melissa M. Montgomery (Witch 2).

Farbe.

Uraufführungen: USA am 18. Mai 2016: 41 Minuten.

CELEBRATING THE LIFE OF ASA FOX (Season 12, Episode 6)

Executive Producers: Andrew Dabb, Philip Sgrccia, Robert Singer. Co-Executive Producer: Jim Michaels, Brad Buckner, Eric C. Charmelo, Eugenie Ross-Leming, Nicole Snyder, Robbie Thompson. Co-Producers: Serge Ladouceur, Craig Matheson, Jerry Wanek. Associate Producer: Shawn Wagoner. Regie: John Badham. Drehbuch: Steve Yockey. Kamera: Serge Ladouceur. Schnitt: John Fitzpatrick. Musik: Christopher Lennertz. Production Design: Robert Leader. Makeup Artist: Trisha Porter. Hair Stylist: Jennifer Manton. Regie-Assistenten: Gabriel Correa, Marian Koprada.

Darsteller/innen: Jared Padalecki (Sam Winchester), Jensen Ackles (Dean Winchester), Samantha Smith (Mary Winchester), Kim Rhodes (Sheriff Jody Mills), Lisa Berry (Billie), Mac Brandt (Bucky), Laurie Paton (Lorraine Fox), Kendrick Sampson (Alicia's Brother), Kara Royster (Alicia Banes), Darren E. Scott (Randy Bull), Billy Wickman (Elvis Katz), Shaine Jones (Asa Fox), Jack Moore (Young Asa Fox).

Farbe.

Uraufführungen: USA am 17. November 2016.

REGARDING DEAN (Season 12, Episode 11)

Co-Produzenten: Meredith Glynn, Serge Ladouceur, Craig Matheson, Pablito Tancinco, Jerry Wanek. Executive Producers: Brad Buckner, Jeremy Carver, Andrew Dabb, Eugenie Ross-Leming, Philip Sgriccia, Robert Singer. Co-Executive Producer: Jim Michaels. Executive Consultants: McG, Eric Kripke. Associate Producer: Shawn Wagoner. Supervising Producer: Robert Berens. Regie: John Badham. Drehbuch: Meredith

Glynn. *Schnitt:* James Pickel. *Set Decoration:* George Neuman. *Kostüme:* Kerry Weinrauch. *Makeup Artists:* Audrey Himmer-Jude, Leanne Rae Podavin. *Stunt Coordinator:* Lou Bollo. *Casting:* Eric Dawson, Carol Kritzer, Alex Newman, Robert J. Ulrich.
Darsteller/innen: Jared Padalecki (Sam Winchester), Jensen Ackles (Dean Winchester), Ruth Connell (Rowena MacLeod), Tirra Dent (Catriona Loughlin), Vincent Gale (Boyd Loughlin), Justin Turnbull (Gideon Loughlin), Lindsay Winch (Elka), Michael Cha (Japanese Businessman), Christopher Coutts (Coroner), Nisreen Slim (Yuppe Lady), Jim Eliason (Restaurent Patron).
Uraufführungen: USA am 09. Februar 2017: 42 Minuten.

THE BIG EMPTY (SEASON 13, EPISODE 4)
Produzent: Meredith Glynn. *Co-Produzenten:* Serge Ladouceur, Craig Matheson, Jerry Wanek, Pablito Tancinco, Steve Yockey. *Executive Producers:* Brad Buckner, Jeremy Carver, Andrew Dabb, Eugenie Ross-Leming, Philip Sgriccia, Robert Singer. *Co-Executive Producers:* Robert Berens, Jim Michaels. *Executive Consultants:* McG, Eric Kripke. *Associate Producer:* Shawn Wagoner.
Regie: John Badham. *Drehbuch:* Meredith Glynn. *Musik:* Jay Gruska.

CONSTANTINE (2014)
DANSE VAUDOU (Season 1, Episode 5)
Produktion: Ever After / Phantom Four / DC Comics / Warner Bros. Television. *Produzent:* Neal Ahern Jr. *Co-Produzent:* Dieter Ismagil. *Executive Producers:* Daniel Cerone, David. S. Goyer, Mark Verheiden. *Associate Producer:* Kevin Blank. *Supervising Producer:* Romeo Tirone. *Unit Production Manager:* Bryan Thomas.
Regie: John Badham. *Drehbuch:* Christine Boylan, basierend auf Charakteren von Jerry Siegel, Daniel Cerone, David S. Goyer. *Kamera:* Scott Kevan. *Schnitt:* Nicholas Eras-

mus. *Musik:* Bear McCreary. *Production Design:* David Blass. *Art Direction:* Hugo Santiago. *Regie-Assistenten:* Philip Banks, Yor-El Francis. *Hair Stylists:* Darrell Redleaf-Fielder (key), Tiffany Lord. *Makeup Artist:* Fawn Ortega. *Visual Effects Supervisor:* Kevin Blank. *Stunt Coordinator:* Cal Johnson. *Casting:* Felicia Fasano.
Darsteller/innen: Matt Ryan (John Constantine), Angélica Celaya (Zed Martin), Charles Halford (Chas Chandler), Harold Perrineau (Manny), Emmett J. Scanlan (Jim Corrigan), Michael James Shaw (Papa Midnite), Annie Monroe (Tammy Fraser), Chasty Ballesteros (Misaki Ross), Charity Jordan (Madeline Devereaux), Colin Dennard (Philip Carlberg), Yohance Myles (Clarke Devereaux), Jason Rhymer (Trooper Floyd), David Born (Berrington), Becky Fly (Bridget Carlberg), Candace B. Harris (Carly), Leslie Hippensteel (Clerk), Rohan Myers (Young Jimmy Corrigan), Athena Bitzis (Momma Corrigan), Blaze Luciano (Driver), Robert Crayton (EMT), Ayo Adefila (Sudanese Man with Cane).
Farbe.
Uraufführung: USA am 21. November 2014: 43 Minuten;

12 MONKEYS (2015-2018)
THE KEYS (Season 1, Episode 7)
Produktion: Atlas Entertainment. *Produzenten:* Rebecca Kirsch, Michael Wray. *Co-Produzent:* Livia Hanich. *Line Producer:* Ted Miller. *Post-Production Supervisor:* Claudia Alves. *Production Manager (Macedonia):* Dejan Iliev.
Regie: John Badham. *Drehbuch:* Sean Tretta. *Kamera:* Tico Poulakakis. *Schnitt:* Henk Van Eeghen. *Musik:* Paul Linford. *Production Design:* John Mott. *Art Direction:* Peter Emmink. *Set Decoration:* Kenneth A. Barton. *Kostüme:* Barbara Somerville. *Regie-Assistenten:* Danielle Hebscher, Ross Vivian, Valerie Martin, Hannah Michielsen, Daniel Gold. *Hair Stylist:* Jeanette Stawiarski. *Visual Effects Coor-*

dinator: Michelle Brennen. *Script Supervisor*: Maria Djidrova. *Casting:* Venus Kanani, Mary Vernieu.
Darsteller/innen: Aaron Stanford (James Cole), Amanda Schull (Dr. Cassandra Railly), Kirk Acevedo (José Ramse), Noah Bean (Aaron Marker), Stephen McHattie (Senator), Bill Timoney (Senator Royce), Alex Hatz (Edward Garret), Jee-Yun Lee (News Anchor 1), Conrad Coates (Michael Pratt), Stefen Hayes (Amar), Lisa Messinger (Female Speaker), Christine Aziz (Welcomer), Eric Craig (Server), Ramon De Ocampo (Oliver Peters), Aura Carcueva (CIA Tech), Dan Fox (CIA Officer), Robin Kasyanov (Mercenary), Gjokica Trevski (Caustic Man), Gjorgh Nestorovski (Courier), Dejan Lilic (Taxi Driver), Tom Noonan (Pallid Man), Fabio Lusvarghi (Gala Event Guest), Ari Millen (Adam Wexler), Barbara Sukowa (Katrina Jones).
Farbe. Gedreht in Oakland, Ontario (Canada).
Uraufführung: USA am 27. Februar 2015: 42 Minuten. Blu-ray (Universal Pictures Germany GmbH) am 11. August 2016.

STITCHERS (2015-2017)
FIRE IN THE HOLE (Season 1, Episode 8)
Produktion: Prodco. *Produzent:* David Roessell. *Co-Executive Producer:* Jay Firestone. *Associate Producer:* Christopher J. Connolly. *Consulting Producer:* Lynne E. Litt. *Supervising Producer:* William Schifrin. *Production Manager:* Richard Luke Rothschild.
Regie: John Badham. *Drehbuch:* Jeffrey Alen Schechter, April Fitzsimmons, basierend auf Charakteren von Jeff Schechter. *Kamera:* Eduardo Enrique Mayén. *Schnitt:* Nicholas Erasmus. *Production Design:* Fred Andrews. *Art Direction:* Eddie Matazzoni. *Set Decoration:* Kimberly Leonard. *Regie-Assistent:* Patrick Richmond. *Stunts:* Casey Adams.
Darsteller/innen: Emma Ishta (Kirsten), Kyle Harris (Cameron), Ritesh Rajan (Linus), Salli Richardson-Whitfield (Maggie), Allison Scagliotti (Camille Engelson), Damon Dayoub (Detective Quincy Fisher), Anna Kha-

ja (Getti Ahluwalia), Ronobir Lahiri (Samir Ahluwalia), Oded Fehr (Leslie Turner), Sola Barnis (Ayo), Cameron Britton (Tim), Stacie Greenwell (Hazmat Tech), Niousha Jafarian (Dr. Anna Barmal), Maura M. Knowles (Dr. Goodkin), Ross Kurt Le (Alex), Kaylee Quinn (Young Kirsten), Chelsea Vincent (Life-Sci).
Uraufführung: USA am 21. Juli 2015: 43 Minuten.

JUST THE TWO OF US (Season 3, Episode 7)
Co-Executive Producer: Don Whitehead. *Co-Produzent:* Brian L. Ross.
Regie: John Badham. *Drehbuch:* Jeff Schechter, Matthew Scott Kane. *Schnitt:* Justin C. Green. *Musik:* Kurt Farquhar. *Art Direction:* Eddie Matazzoni. *Regie-Assistent:* Kevin Collins. *Makeup Artists:* Terri Carter (head). *Hair Stylists:* Sallie Ciganovich (head), Laura LaRocca (key). *Script Supervisor:* Kelli Marino.
Darsteller/innen: Emma Ishta (Kirsten), Kyle Harris (Cameron), Ritesh Rajan (Linus), Salli Richardson-Whitfield (Maggie), Allison Scagliotti (Camille Engelson), Damon Dayoub (Detective Quincy Fisher), Angela Zhou (Coco Soo), Mo Diaby (Dr. Steven Benning), Cameron Britton (Tim), Sola Barnis (Ayo), Chelsea Vincent (Chealsea), Ross Kurt Le (Alex), Hugo Armstrong (Ed Clark), Lauren Caster (Sabine Cole), Niousha Jafarian (Dr. Anna Barmal), Drew Fonteiro (Jake Rowland), A.J. Danna (Tom DeWitt).
Uraufführung: USA am 24. Juli 2017: 42 Minuten.

ARROW (2012-2020)
HAUNTED (Season 4, Episode 5)
Produktion: Berlanti Productions, Warner Bros. Television. *Produzenten:* Todd Pittson, Keto Shimizu, Ben Sokolowski. *Co-Produzent:* Beth Schwartz. *Executive Producers:* Greg Berlanti, Andrew Kreisberg, Wendy Mericle, Sarah Schechter. *Regie:* John Badham. *Drehbuch:* Oscar

Balderrama, Brian Ford Sullivan, basierend auf Charakteren von Greg Berlanti und Andrew Kreisberg. *Kamera:* Corey Robson. *Musik:* Blake Neely. *Regie-Assistenten:* Yannick Leray, Sarah Patricia Hansen. *Stunts:* Curtis Braconnier. *Casting:* J.J. Ogilvy.

Darsteller/innen: Stephen Amell (Oliver Queen/Green Arrow), Katie Cassidy (Laurel Lance/Black Canary), David Ramsey (John Diggle), Willa Holland (Thea Queen/Speedy), Emily Bett Rickards (Felicity Smoak), Neal McDonough (Damien Darhk), John Barrowman (Malcolm Merlyn), Paul Blackthorne (Quentin Lance), Caity Lotz (Sara Lance), Crystal Mudry (Belly Burger Waitress), Elysia Rotaru, Matt Ryan (John Constantine), Shane Twerdun (Swat Nr. 3), Rutina Wesley (Liza Warner/Lady Cop), Parker Young (Alex Davis).

Farbe. Gedreht in Vancouver, British Columbia (Canada).
Uraufführung: USA am 04. November 2015: 42 Minuten.

RUSH HOUR (2016)
PRISONER OF LOVE (Season 1, Episode 9)

Produktion: Doozer / RatPac Television / New Line Cinema / Warner Bros. Television. *Co-Executive Producer:* Trey Callaway. *Post-Production Supervisor:* Sharra Stetson Platt.
Regie: John Badham. *Drehbuch:* Trey Callaway. *Art Direction:* Debra Wilbur. *Kostüme:* Heidi Higginbotham. *Regie-Assistent:* Rafael Sanz. *Visual Effects Coordinator:* Parker McCabe.

Darsteller/innen: Justin Hires (James Carter), Jon Foo (Jonathan Lee), Aimee Garcia (Didi Diaz), Page Kennedy (Gerald), Wendie Malick (Captain Lindsay Cole), Crispin Alapag (VATO), Mark Atteberry (Priest), Neil Barton (Burly Guard), A.J. Buckley (Steven), Jon Paul Burkhart (Jeff), Phillip DeVona (Deputy Parrot), Kirk Fox (Donovan), Sprague Grayden (Pam Sanders), Emily Alyn Lind (Cristin Sanders), Robyn Lively (FBI Agent Myers), Sam Medina (Prisoner), Chris Mulkey (Elliot Vaughn), Scott Rinker (Rick).

Farbe. Gedreht in den Universal Studios.
Uraufführungen: USA am 23. Juli 2016: 43 Minuten.

MYSTERIOUS MERMAIDS/SIREN (2017-2020)
CURSE OF THE STARVING CLASS (Season 1, Episode 5)

Produktion: Freeform. *Produzenten:* Peter Lhotka, Matt Morgan. *Co-Produzenten:* Karen Mayeda Vranek, Ian Sobel. *Executive Producers:* Nate Hopper, Brad Luff, R.D. Robb, Eric Wald, Dean White, Emily Whitesell. *Co-Executive Producers:* Nick Coppus, Elle Triedman. *Production Manager:* Jill Christensen. *Post-Production Supervisor:* Albert Andrade.
Regie: John Badham. *Drehbuch:* Michael Gans, Richard Register, Liz Maccie. *Kamera:* Stephen Jackson. *Schnitt:* Scot J. Kelly. *Musik:* Michael A. Levine. *Production Design:* James Hazell. *Art Direction:* Joanna Dunn, Carla Miranda. *Set Decoration:* Josh Plaw. *Kostüme:* Maria Livingstone. *Regie-Assistenten:* Justin Elsworth, Shawna Cox. *Makeup Artists:* Tamar Ouziel (key), Audrey Himmer-Jude, Kiara Desjarlais, Brenda Mainusch. *Hair Stylist:* Katrina Chadderton. *Script Supervisor:* Wendy Dallian. *Casting:* Elizabeth Barnes, Tiffany Mak, Tannis Vallely.

Darsteller/innen: Eline Powell (Ryn), Alex Roe (Ben Pownall), Fola Evans-Akingpola (Maddie Bishop), Rena Owen (Helen Hawkins), David Cubitt (Ted Pownall), Graeme Duffy (Deputy Clarence), Tammy Gillis (Deputy Marissa Staub), Anthony Harrison (Admiral Harrison), Arkie Kandola (Ivan), David Kaye (Jerry), Curtis Lum (Calvin Lee), Sibongile Mlambo (Donna), Marilyn Norry (Roberta), Chad Rook (Chris Mueller), Gigi Saul Guerrero (Officer Nina Montero), Ian Verdun (Xander McClure), Ron Yuan (Aldon Decker), Sarah-Jane Redmond (Elaine Pownall), Patrick Gallagher (Dr.

Abbott), Brad Kelly (Wally).
Farbe. Gedreht in den Vancouver Film Studios, Britih Columbia (Kanada).
Uraufführung: USA am 19. April 2018: 42 Minuten.

OIL & WATER (Season 2, Episode 4)

Produktion: Freeform. *Produzenten:* Ian Sobel, Matt Morgan. *Co-Produzenten:* Karen Mayeda Vranek, Heather Thomason. *Executive Producers:* Michael Gans, Nate Hopper, Brad Luff, R.D. Robb, Richard Register, Eric Wald, Dean White, Emily Whitesell. *Co-Executive Producers:* Joe Menendez. *Production Manager:* Mel Weisbaum. *Post-Production Supervisor:* Melanie Garduno.
Regie: John Badham. *Drehbuch:* Ian Sobel, Matt Morgan, Liz Maccie, Zoe Green, Elias Benavidez. *Kamera:* Mark Chow. *Musik:* Anton Sanko. *Production Design:* James Hazell. *Set Decoration:* Josh Plaw. *Kostüme:* Maria Livingstone. *Regie-Assistenten:* Justin Elsworth, Shawna Cox, Mark D. Currie, Shaun Moskie. *Makeup Artists:* Tamar Ouziel (key), Audrey Himmer-Jude, Kiara Desjarlais, Brenda Mainusch. *Hair Stylist:* Katrina Chadderton. *Script Supervisor:* Alix Sternberg. *Casting:* Elizabeth Barnes, Tiffany Mak, Tannis Vallely.
Darsteller/innen: Garcelle Beauvais (Susan Bishop), Sedale Threatt Jr. (Levi), Aylya Marzolf (Katrina), Natalee Linez (Nicole Martinez), Brendan Fletcher (Rick Marzdan), Christopher Rosamond (Glen), Hannah Levien (Janine), Alvina August (Viv), Hugo Ateo (Sarge), Millan Tesfazgi (Cami), Georgia Waters (Eliza), Broadus Mattison (Fisherman), Shaun Omaid (Hector), Clare Filipow (Paula).
Farbe. Gedreht in den Vancouver Film Studios, Britih Columbia (Kanada).

Uraufführung: USA am 14. Februar 2019: 42 Minuten.

MOMMY AND ME (Season 3, Episode 5)

Produktion: Freeform. *Produzenten:* Ian Sobel, Heather Thomason, Peter Lhotka. *Co-Produzenten:* Zoé Green, Liz Maccie, Kurt Moritz. *Executive Producers:* Michael Gans, Richard Register, Eric Wald, Dean White, Emily Whitesell. *Co-Executive Producers:* Joe Menendez. *Supervising Producer:* Gavin Johannsen. *Production Manager:* Neil Williams. *Post-Production Supervisor:* Melanie Garduno. *Unit Manager:* Diana Donaldson.
Regie: John Badham. *Drehbuch:* Liz Maccie, Sarah Wise, Cole Fowler. *Kamera:* Stephen Jackson. *Schnitt:* Jered Zalman. *Musik:* Anton Sanko. *Production Design:* James Hazell. *Set Decoration:* Josh Plaw. *Art Direction:* Carla Miranda. *Kostüme:* Maria Livingstone. *Regie-Assistenten:* Anne Angeles, Karin Behrenz, Michael Shandley. *Makeup Artists:* Robbi O'Quinn, Aimee Plant. *Hair Stylist:* Tara Hadden-Watts (key), Wanita May, Miranda Upton. *Script Supervisor:* Amandine Dufraise. *Casting:* Elizabeth Barnes, Tannis Vallely.
Darsteller/innen: Tiffany Lonsdale (Tia), Deniz Akdeniz (Robb Wellens), Hannah Levien (Janine), Aylya Marzolf (Katrina), Sedale Threatt Jr. (Levi), Jill Teed (Patti McClure), Millan Tesfazgi (Cami), Georgia Waters (Eliza), Aryeh-Or (Mate), Katie Keough (Hunter), Tammy Gillis (Deputy Marissa Staub), Megan Danso (Annie Brennan), Vonnie Bennetto (Customer), Jodi Pongratz (Waitress), Nicole Anthony (Instructor), Madeleine Kelders (Training Officer).
Farbe. Gedreht in den Vancouver Film Studios, Britih Columbia (Kanada).
Uraufführung: USA am 23. April 2020: 42 Minuten.

IV: Filme als Produzent

DIAL HOTLINE (1970)

Produktion: Universal Television. *Produzent:* William Sackheim. *Associate Producer:* John Badham.
Regie: Jerry Thorpe. *Drehbuch:* Carol Sobieski, basierend auf einer Geschichte von Don Ingalls und Carol Sobieski. *Kamera:* Jack A. Marta. *Schnitt:* Edward M. Abroms. *Musik:* Oliver Nelson. *Art Direction:* George C. Webb. *Stunt Driver:* Tom Zumwalt.
Darsteller/innen: Vince Edwards (David Leopold), Chelsea Brown (Gibson), Michael Larrain (Kevin), June Harding (Ann), Felton Perry (Jimmy), Kim Hunter (Mrs. Edith Carruthers), Lane Bradbury (Pam Carruthers), Elliott Street (Joe), G.D. Spradlin (Doctor Stone), Robert Pratt (Earl), Michael McGreevey (Peter), James Griffith (Fourth Board Member), Vincent Van Patten (Stevie).
Technicolor (35 mm). Gedreht in San Diego, California.
Uraufführung: USA am 08. März 1970: 98 Minuten. In Deutschland nicht gelaufen.

DISORGANIZED CRIME (1989)
Im Tresor ist die Hölle los

Produktion: Kouf/Bigelow Productions / Silver Screen Partners IV / Touchstone Pictures. *Produzent:* Lynn Kouf (Bigelow). *Executive Producers:* John Badham, Rob Cohen. *Associate Producer:* Marie Butler. *Production Manager:* Allen Alsobrook. *Unit Manager:* Mike Topoozian.
Regie: Jim Kouf. *Drehbuch:* Jim Kouf. *Kamera:* Ronald Victor Garcia. *Schnitt:* Frank Morriss, Dallas Puett. *Musik:* Hoyt Axton, David Newman. *Production Design:* Waldemar Kalinowski. *Art Direction:* David Lubin. *Kostüme:* Stephanie Maslansky. *Regie-Assistenten:* John R. Woodward, Thomas Schellenberg, Seth Cirker, Chuck Williams. *Makeup Artists:* Joann Wabisca (key), Alana M. Lyng. *Hair Stylists:* Emanuel Millar (key), Mark D. Trotter. *Special Effects Coordinator:* Burt Dalton. *Stunt Coordinator:* Dan Bradley. *Script Supervisors:* Marita Grabiak, Susan Malerstein. *Casting:* Lora Kennedy.
Darsteller/innen: Hoyt Axton (Sheriff Henault), Corbin Bernsen (Frank Salazar), Rubén Blades (Carlos Barrios), Fred Gwynne (Max Green), Ed O'Neill (George Denver), Lou Diamond Phillips (Ray Forgy), Daniel Roebuck (Bill Lonigan), William Russ (Nick Bartkowski), Marie Butler (Wanda Brem), Gregory Wurster (Deputy Greg), Patrick Collins (Deputy Monroe), Mitch Carter (Deputy Larry), Dean Norris (Deputy Joe), Thomas Schellenberg (Deputy Jim), Robert K. Feldmann (Dispatcher), David Hart (Proprietor), Jeff Duus (Stock Truck Driver), Noah Keen (Farmer), Marie Stelin (Farmer's Wife), Dena Dietrich (Judge D. Greenwalt), Monica Rapalli (Gina), John Oblinger (Store Owner), Tony Lecce (Shooter 1), Mark Lewis (Shooter 2), Al Gile (Bank President), Todd Irwin (Mechanic), Gina Lecce (Girl on Bike), Kitty Lecce (Blonde Bombshell), Cliff Buhler (Farmer in Bank).
Metrocolor (35 mm). Gedreht in Darby, Hamilton und Missoula, Montana. *Einspiel (USA):* $ 7.723,506.
Uraufführungen: Deutschland Februar 1990 (Video); USA am 14. April 1989: 98 Minuten.

RELENTLESS: MIND OF A KILLER (1993)

Produktion: MCA / Universal Television. *Produzent:* Alex Beaton. *Executive Producers:* John Badham, Rob Cohen, Jacob Epstein, Ken Solarz. *Production Manager:* Brent-Karl Clackson.
Regie: John Patterson. *Drehbuch:* Jacob Epstein, Ken Solarz. *Kamera:* Shelly Johnson. *Schnitt:* Jim Oliver. *Musik:* Stanley Clarke.

Art Direction: Richard Hudolin. *Set Decoration:* Barry Kemp. *Kostüme:* Karen L. Matthews. *Regie-Assistenten:* Richard Cowan, Kathy Gilroy. *Makeup Artists:* Fay von Schroeder (key), Sandy Cooper. *Special Effects:* Rory Cutler. *Stunt Coordinator:* John Wardlow. *Script Supervisor:* Jessica Clothier. *Casting:* Megan Branman, Trish Robinson.
Darsteller/innen: Tim Matheson (Dr. Peter Hellman), Alberta Watson (Ellen Giancola), Giancarlo Esposito (Arthur Sistrunk), Claudia Christian (Leeann Hardy), Kurt Fuller (Dahlberg), Nancy Sorel (Natalie), Christine Jansen (Annette Price), Eric McCormack (Stu Feltzer), Mark Hildreth (Jeremy), Robert Wisden (Bostich), Tom McBeath (Edmond Price), William S. Taylor (Lawton), Forbes Angus (Hellman's Lawyer), Roger Barnes (Prosecutor), Matthew Bennett (Cowens), Julie Bond (Mopper), John Milton Branton (Ziegler), Sarah Chalke (Carrie), Glynis Davies (Brown), Lovie Eli (Esther Jackson), Stacy Grant (Student), Andy Johnston (Wills), Gary Jones (Mr. Green), Terry King (Policeman), Sook-Yin Lee (Jennifer), Andrea Mann (Mrs. Ziegler), Monica Marko (Hairnet), Susinn McFarlen (Carla), Thomas Mitchell (Uniformed Policeman), Jesse Moss (Boy Running), Michael Puttonen (Mr. Nichols), Jim Smith (Courier), Veena Sood (New York Reporter), Marie Stillin (Dr. Andrea Wilson), John Tierney (New York Judge), Arnie Walters (Judge Bauer), Colleen Winton (Donna Fusco).
Farbe (35 mm). Gedreht in Vancouver, British Columbia.
Uraufführung: USA am 11. Januar 1993: 96 Minuten.

DRAGON – THE BRUCE LEE STORY (1993)
Produktion: Universal Pictures. *Produzent:* Raffaella De Laurentiis. *Co-Produzent:* Rick Nathanson. *Executive Producers:* John Badham, Dan York. *Associate Producers:* Kelly Breidenbach, Hester Hargett, Charles Wang. *Production Manager (Hongkong):* Philip Lee. *Unit Production Manager:* Raffaella De Laurentiis. *Unit Manager:* Wan Allen.
Regie: Rob Cohen. *Drehbuch:* Rob Cohen, Edward Khmara, John Raffo, basierend auf dem Buch *Bruce Lee: The Biography* von Robert Clouse und auf dem Buch *Bruce Lee: The Man Only I Knew* von Linda Lee Cadwell. *Kamera:* David Eggby. *Schnitt:* Peter Amundson. *Musik:* Randy Edelman. *Production Design:* Bob Ziembicki. *Art Direction:* Ted Berner. *Set Decoration:* Dayna Lee. *Kostüme:* Carol Ramsey. *Regie-Assistenten:* Herb Gains, Chitra F. Mojtabai, Hester Hargett. *Makeup Artist:* James Ryder. *Special Effects:* William H. Schirmer. *Stunt Coordinators:* Calvin Bartlett, Steven Lambert, Merritt Yohnka. *Script Supervisor:* Deirdre Horgan. *Casting:* Janet Hirshenson, Jane Jenkins.
Darsteller/innen: Jason Scott Lee (Bruce Lee), Lauren Holly (Linda Lee), Robert Wagner (Bill Krieger), Michael Learned (Vivian Emery), Nancy Kwan (Gussie Yang), Kay Tong Lim (Philip Tan), Ric Young (Bruce's Father), Luoyong Wang (Yip Man), Sterling Macer Jr. (Jerome Sprout), Sven-Ole Thorsen (The Demon), Ong Soo Han (Luke Sun), Eric Bruskotter (Joe Henderson), Aki Aleong (Principal Elder), Chao Li Chi (Elder), Sam Hau (Young Bruce), Iain M. Parker (Brandon Lee), Michelle Tennant (Shannon Lee), Clyde Kusatsu (History Teacher), Alicia Tao (April Chun), Kwong-Keung Kong (Mr. Ho), John Cheung (Chef), Anthony Carpio (Chef), Rob Cohen (Enter the Dragon Director).
Farbe (35 mm). Gedreht in Hongkong und Macau, China, Los Angeles und San Francisco, California. *Budget:* $ 14 Millionen. *Einspiel (USA):* $ 35.112,679.
Uraufführungen: Deutschland am 17. Juni 1993: 120 Minuten (freigegeben ab 18); USA am 07. Mai 1993; England am 22. Oktober 1993; Frankreich am 23. Juni 1993. Blu-ray (Universal Pictures Germany GmbH) am 05. November 2015.

REBOUND: THE LEGEND OF EARL »THE GOAT« MANIGAULT (1996)

Produktion: The Badham Company / Home Box Office (HBO) / Way Out Pictures. *Produzent:* David Coatsworth. *Co-Produzenten:* St. Claire Bourne, Alan Swyer. *Executive Producers:* John Badham, Mark Bakshi, D.J. Caruso, Rick Singer. *Unit Production Manager:* David Coatsworth. *Assistant Production Manager:* Whitney Brown. *Post-Production Supervisor:* Jessica Alan. *Regie:* Eriq La Salle. *Drehbuch:* Alan Swyer, Larry Golin. *Kamera:* Alar Kivilo. *Schnitt:* Gary Karr. *Musik:* Kevin Eubanks. *Production Design:* Charles M. Lagola. *Art Direction:* Rocco Matteo. *Set Decoration:* Kate Redmond. *Kostüme:* Denise Cronenberg. *Regie-Assistenten:* Walter Gasparovic, Penny Charter, Michelle Morris, Stephen J. Morrison. *Makeup Artists:* Suzanne Benoit (key), Linda Steeves, Sandra Wheatle. *Hair Stylists:* David R. Beecroft (key), Hazel Gordon, Ken Marks. *Special Effects:* Martin Malivoire. *Stunt Coordinator:* Branko Racki. *Script Supervisor:* Maggie Craig. *Casting:* Jaki Brown, Robyn M. Mitchell.

Darsteller/innen: Don Cheadle (Earl »The Goat« Manigault), James Earl Jones (Dr. McDuffie), Michael Beach (Legrand), Ronny Cox (Coach Scarpelli), Loretta Devine (Miss Mary), Glynn Turman (Ciach Powell), Monica Calhoun (Evonne), Colin Cheadle (Young Earl), Michael Ralph (Dion), Daryl Mitchell (Dean Memminger), Nicole Ari Parker (Wanda), Tamara Tunie (Miss Marcus), Kareem Abdul-Jabbar (Himself), Chick Hearn (Himself), Cress Williams (Kimbrough), Clarence Williams III (Coach Pratt), Eriq La Salle (Diego), Forest Whitaker (Mr. Rucker).

Farbe (35 mm). Gedreht in Harlem, Manhattan, New York City und Toronto, Ontario.

Uraufführungen: USA am 23. November 1996: 120 Minuten; England im April 1998 (Video); Frankreich am 13. November 2001. In Deutschland nicht gelaufen.

Über die Autorinnen und Autoren

JOANNA BARCK

Dr. phil., promovierte in Kunstwissenschaft und Philosophie an der Universität Bonn zum Thema der Synthese von Kunst- und Filmbildern *(Hin zum Film – Zurück zu den Bildern)*. Sie beschäftigt sich seitdem mit Forschungsschwerpunkten wie Gesicht als (Film-)Medium, Bild-Störungen, Tableaux vivants, mediale Bildperformanzen. Sie war langjährige wissenschaftliche Mitarbeiterin in den Sonderforschungskollegs (SFK/FK) in Bonn/Köln »Medien und Kulturelle Kommunikation« und Siegen »Medienumbrüche«, wo sie eigene Forschungsprojekte leitete (»Das Gesicht im Film«, »Gesichts-Störung«, »Virtualisierung von Skulptur: Bild-Immersionen«). Zuletzt war sie Gastprofessorin und Leiterin der Abteilung für Kulturwissenschaften an der Österreichischen Kunstuniversität Linz und Professorin an der Universität Regensburg am Lehrstuhl für Medienästhetik. Sie ist Autorin zahlreicher Texte zu medialen Bild-Verhältnissen und filmischen Wechselwirkungen bei David Lynch, Pier P. Pasolini, Andrzej Wajda, Dario Argento.

STEFAN BORSOS

ist wissenschaftlicher Mitarbeiter am Institut für Medienkultur und Theater, Universität zu Köln. Daneben ist er Herausgeber/Chefredakteur der Filmzeitschrift *CineAsia* sowie Programmberater für internationale Filmfestivals. Beiträge für div. Film- und Kulturzeitschriften *(Schnitt, Persona non grata, Xianggang Dianying)* und Festivalkataloge.

NILS BOTHMANN

M.A., studierte an der Universität zu Köln Anglistik, Theater-, Film- & Fernsehwissenschaft und Geschichte und war Autor und Redakteur beim mittlerweile eingestellten Filmmagazin *Schnitt*. Er arbeitet derzeit an seiner Dissertation zu Shane Black und dem amerikanischen Actionkino und ist außerdem als freier Filmjournalist, Autor und Übersetzer tätig.

SANO CESTNIK

im Jugoslawien der 80er Jahre zu früher Blüte gelangt, träumt sich in seinem schlichten Leben gerne in unschuldigere Zeiten hinein, wenn er nicht gerade im Kino infernalische Daseinszustände durchlebt. Die scheue Sehnsucht, durch den Film zur Erleuchtung zu gelangen, legte er in Erwartung bacchantischer Umnachtung ab, wodurch sich die Wahrhaftigkeit seiner Offenbarungen ins Unermessliche steigern ließ.

CHRISTOPH DRAXTRA

(Zeugungsjahr 1987), in einem protestantischen Haushalt wohlbehütet aufgezogen, wurde durch die unergründlichen Wege des Herrn ins Kino geleitet, wo er in der sinnlichen Lebensauffassung des sagenumrankten Hofbauer-Kommandos sein philanthropisches Manna fand. Als ursischer Engel mit dem Phallusschwert schwingt er seither in einem sich ständig weitenden Akt der Christenpflicht die Peitsche der Lust, um mit zartfühlenden Wallungen immer mehr Menschen in seiner Nähe in dionysischer Verstrahlung aufgehen zu lassen.

MICHAEL FLEIG

studierte Soziologie und Politikwissenschaft, sowie Medienwissenschaft und Interkulturelle Studien. Seit 2012 ist er wissenschaftlicher Mitarbeiter am Lehrstuhl für Medienwissenschaft der Universität Regensburg. Ferner schreibt er Filmkritiken für die Onlineplattform *critic.de* und ist Kurator und Organisator bei der Internationalen Kurzfilmwoche Regensburg.

MICHAEL FLINTROP

Dr. disc. pol., ist bundesweit als Strafverteidiger tätig. Er hat unter dem Titel *Der*

Action-Cop als populäres Filmgenre promoviert und ist Gründer und Mitveranstalter des Cinestrange-Filmfestival, das jährlich in Braunschweig stattfindet. Mitherausgeber der Bücher über Dario Argento und Joe Dante.

LUKAS FOERSTER

geb. 1981 in Freiburg i. Br. Studium der Filmwissenschaft und Japanologie. Arbeitet als Filmjournalist, Filmwissenschaftler und Kurator in Berlin. Derzeit wissenschaftlicher Volontär am Deutschen Historischen Museum. Dissertationsprojekt zur amerikanischen Sitcom. Publikationen unter anderem für: *taz, perlentaucher, Freitag, cargo, critic.de*. Buchveröffentlichungen: *Spuren eines Dritten Kinos*, transcript 2013 (Hrsg. mit Cecilia Valenti, Fabian Tietke und Nikolaus Perneczky); *Amerikanische Komödie*, kadmos 2016 (mit Simon Rothöhler, Daniel Eschkötter, Nikolaus Perneczky und Joachim Schätz).

THORSTEN HANISCH

ist Literaturwissenschaftler, Autor, Filmhistoriker, Musiker und Co-Herausgeber von *Manifest – Das Filmmagazin* (dasmanifest.com), einem der dienstältesten und bekanntesten unabhängigen Online-Filmmagazine Deutschlands. Seine große Liebe gilt dem europäischen Genrefilm der 1970er-Jahre, dem japanischen Film im Allgemeinen und der Graphic Novel. Er veröffentlichte zahlreiche Fachartikel und Bonusmaterial für die unterschiedlichsten DVD- und BluRay-Editionen.

GESA HATTENHORST

M.A., studierte Medien- und Kulturwissenschaft (B.A.) an der HHU Düsseldorf. 2015 beendete sie ihren M.A. in Medienwissenschaften an der HBK Braunschweig, wo sie aktiv an filmischen Projekten des Daumenkinos Braunschweig und des Sommerkinos Braunschweig e.V. mitgearbeitet hat. Arbeitet als Junior Content Marketing Managerin in Braunschweig.

TOBIAS HAUPTS

Dr. phil., ist wissenschaftlicher Mitarbeiter am Seminar für Filmwissenschaft der Freien Universität Berlin. Er promovierte an der Universität Siegen mit einer Arbeit zur Geschichte und medialen Praxis der Videothek. Seine Forschungsschwerpunkte umfassen (deutsche) Medien- und Filmgeschichte, Genreästhetik und -geschichte, Distributionsformen des Films, Film und Theologie, Fantastikforschung sowie die Ästhetik und Geschichte von TV-Serien. Zu seinen aktuellen Publikationen zählt: *Die Videothek. Zur Geschichte und medialen Praxis einer kulturellen Institution* (2014).

BJÖRN HELBIG

hat Erziehungswissenschaften, Philosophie und Psychologie an der Freien Universität Berlin studiert und arbeitet seit 2004 als Pädagoge in unterschiedlichen Projekten sowie als freier Filmjournalist. Er schreibt für diverse Print- und Onlinepublikationen und betreibt das Blog www.yzordderrexxiii.de.

SADI KANTÜRK

studierte Film & Media an der Queen Margaret University, Edinburgh. Seitdem arbeitet er als Regisseur von Dokumentarfilmen, Produzent von DVDs und DVD-Extras und als Autor von Buch- und Booklet-Texten.

ANNETTE KILZER

Journalistin: Studium der Germanistik, Theater-, Film- und Fernsehwissenschaft, Philosophie in Köln und Berlin (FU). Freiberufliche Filmkritikerin, u.a. für *tip, Berliner Zeitung, Splatting Image*. Zahlreiche Buchbeiträge, z.B. über David Cronenberg, Jack Arnold, Stanley Kubrick sowie über Sophia Loren, Jack Lemmon, Rita Hayworth u.a. für die Stiftung Deutsche Kinemathek. Co-Autorin eines Buchs über Joel und Ethan Coen (Marburg 1998) sowie Herausgeberin des Buchs *Bruce Willis* (Berlin 2000). Lebt und arbeitet in Berlin.

INGO KNOTT

ist Journalist und Autor in Bayern und seit früher Jugend Filmfan.

LARS ROBERT KRAUTSCHICK

Dr. phil., promovierte in Kulturwissenschaften & Ästhetische Kommunikation an der Universität Hildesheim. Er ist wissenschaftlicher Mitarbeiter der LMU München am Institut für Theaterwissenschaft wie auch bei dem Lehrqualifikationsprogramm PROFiL und forscht neben weiteren Themen zu Medienreflexionen im Genrefilm, Hypermedialität des Theaters, Filmphilosophie und -theorie, Hyperrealismus sowie Neo-Romantik in Theater und Film.

MATTHIAS KUZINA

Dr. phil., M.A., Amerikanist und freier wissenschaftlicher Autor. Forschungsschwerpunkt: populäre Rechtskultur in den USA. Aufsätze und Monografien zu Medienrezeption, Film- und Fernsehgeschichte, Ideologiekritik. Beiträge u. a. in den beiden Standardwerken *Law and Film*, hg. Stefan Machura u. Peter Robson (Oxford 2001) und *Law and Popular Culture*, hg. Michael Freeman (Oxford 2005). Autor für die Zeitschrift MEDIEN*wissenschaft*.

DRAGANA LATINOVIC

arbeitet als Regisseurin und Produzentin.

CSABA LÁZÁR

M.A., studierte Neuere und Neueste Geschichte sowie Psychologie an der TU Dresden, war Ressortleiter »Kino & Film« der sachsenweit erscheinenden Hochschulzeitung *ad rem*, freiberuflicher Kulturredakteur der *Sächsischen Zeitung* und bei *Dresden Fernsehen*. Inzwischen hauptberuflich als Filmjournalist und -kritiker für die *rtv media group* in Nürnberg tätig, zudem Betreiber des Rezensionsblogs *CineCsaba* (http://cinecsaba.blogspot.de/).

LEONHARD ELIAS LEMKE

hat in Jena und Bologna Auslandsgermanistik, Italienisch und Medienkommunikation studiert. Aktuell arbeitet er als Deutschlehrer und schreibt für die *Deadline*, das 35mm-Retrofilmmagazin und den *Zombie*. Dieses Jahr entstand sein erster Kurzfilm, IL MAGO.

DANIEL MANNS

seit 2004 als freier Regisseur und Autor tätig.

SABRINA MIKOLAJEWSKI

geb. 1988, studierte Film und Fotografie in Edinburgh. Sie ist im Kamerabereich bei Fernsehproduktionen tätig und dreht Musikvideos und Dokumentationen. Zudem schreibt sie Booklets sowie Filmessays und arbeitet an Fotoprojekten.

KAI NAUMANN

(M.A.) ist Film- und Literaturwissenschaftler sowie Texter, Lektor und Essayist. Er veröffentlichte Beiträge über Literatur- und Filmästhetik. Als Journalist ist er u. a. für die Magazine *Deadline* und *:Ikonen:* sowie für zahlreiche DVD-Labels tätig. Er ist Mitglied der Lichtzeitwerke GbR und Co-Produzent des Science-Fiction-Films DAS LETZTE LAND (in Produktion). Unter seiner Regie entstand der Dokumentarfilm TITANIA MEDIEN – EIN ATMOSPHÄRISCHES PORTRAIT, der im Mai 2015 in der Reihe ›Gruselkabinett‹ Folge 100: TRÄUME IM HEXENHAUS auf DVD erschien.

HEIKO NEMITZ

M.A., geb. 1969, studierte Medien- und Literaturwissenschaften an der TU und der HBK Braunschweig. Forschungsinteressen: Remake- und Genre-Theorie, Men- und Star-Studies. Jüngste Publikation: *Joe Dante: Spielplatz der Anarchie* (2014, hg. mit Stefan Jung und Michael Flintrop). Aktuell Dissertationsprojekt über Clint Eastwood; lebt und arbeitet als Kulturredakteur in Dresden.

OLIVER NÖDING

geboren 1976 in Kassel, studierte in Düsseldorf Germanistik und Philosophie. Seine Filmleidenschaft gießt er seit 2004 regelmäßig in Texte, die er auf seinem Blog »Remember it for later« veröffentlicht. Er gehörte außerdem zum Stamm der *Splatting Image*, war Autor des viel beachteten Blogs »Sauft Benzin, Ihr Himmelhunde!«, Redakteur bei *F.LM – Texte zum Film* und freier Mitarbeiter bei zahlreichen weiteren Online- und Printpublikationen. Er ist verheiratet, hat zwei Kinder, lebt und arbeitet in Krefeld am Niederrhein.

CARSTEN PANITZ

geb. 1982, studierte English and American Studies und Literaturwissenschaften an der Universität Bielefeld (Thema der Bachelorarbeit: *This is about one thing: dominion – Masculine and Feminine Identity in the Films of John Carpenter*) und arbeitet als Regisseur, Autor und Filmjournalist. Neben seiner langjährigen Erfahrung im Bereich Medienpädagogik für verschiedene Institutionen in Ostwestfalen schrieb er mediendidaktische Inhalte zu Filmen wie Steven Spielbergs MINORITY REPORT, Fred Zinnemann HIGH NOON und 12 ANGRY MEN von Sidney Lumet, die unter anderem bei Schoeningh erschienen.

JOHANNES PAUSE

Dr. phil., ist wissenschaftlicher Mitarbeiter des ERC-Projekts »The Principle of Disruption« an der Technischen Universität Dresden. Er studierte Germanistik, Philosophie und Filmwissenschaft in Hamburg und Berlin und wurde 2008 an der FU Berlin mit einer Arbeit über Zeitkonzepte in der deutschsprachigen Gegenwartsliteratur promoviert. Danach war er als wissenschaftlicher Mitarbeiter in Gießen und Trier tätig. Er beschäftigt sich unter anderem mit der Kulturgeschichte der Imagination, mit medialen Formierungen möglicher Zukünfte sowie mit der Epistemologie des Reisens. Aktuell verfolgt er ein Buchprojekt zu Geschichte und Ästhetik des politischen Kriminalfilms.

FRANZISKA ANNA PÖNISCH

studiert seit 2010 Rechtswissenschaften in Leipzig, mit dem Schwerpunkt Kriminalwissenschaften, und arbeitet nebenberuflich als Fotografin in Bad Harzburg.

ANDREAS RAUSCHER

PD Dr. habil., (*1973), aktuell Vertretungsprofessor für Medienwissenschaft (Forschungsschwerpunkte: Filmwissenschaft und Game Studies) an der Christian Albrechts-Universität Kiel. Seit 2015 Akademischer Rat im Bereich Medienästhetik an der Universität Siegen, von 2008 bis 2014 wissenschaftlicher Mitarbeiter für Filmwissenschaft / Mediendramaturgie an der Johannes-Gutenberg Universität Mainz. Freier Journalist (*Testcard, epd Film, Splatting Image, Musikexpress*) und wissenschaftlicher Kurator für das Frankfurter Filmmuseum (Ausstellung *Film & Games* 2015). Aktuelle Veröffentlichungen: *Navigationen – Playin' the City. Artistic and Scientific Approaches to Playful Urban Arts* (Siegen 2016, zusammen mit Judith Ackermann und Daniel Stein). *Film & Games – Ein Wechselspiel* (Berlin 2015, zusammen mit Eva Lenhardt, DIF – Deutsches Filminstitut). *Subversion zur Prime-Time: Die Simpsons und die Mythen der Gesellschaft* (3. Auflage Marburg 2013, zusammen mit Michael Gruteser und Thomas Klein).

IVO RITZER

Prof. Dr., W1-Professur für Medienwissenschaft an der Universität Bayreuth. Zuvor Lehrkraft für besondere Aufgaben am Medienwissenschaftlichen Seminar der Universität Siegen; wissenschaftlicher Mitarbeiter der Mediendramaturgie und Filmwissenschaft an der Johannes Gutenberg-Universität Mainz; Lehrbeauftragter für Medien-, Bild- und Kulturtheorie an der Hochschule

Mainz; externer Reviewer für Theatre, Film and Television Studies an der University of Glasgow. DAAD-Gastprofessur an der Universität Zürich; Gründer und Sprecher der AG Genre Studies innerhalb der Gesellschaft für Medienwissenschaft. Zahlreiche Publikationen zu Medien-, Bild-, Film- und Kulturtheorie, aktuell u. a.: *Transmediale Genre-Passagen: Interdisziplinäre Perspektiven*, Wiesbaden: Springer VS 2015; *Wie das Fernsehen den Krieg gewann: Zur Medienästhetik des Krieges in der TV-Serie*, Wiesbaden: Springer VS 2015; *Classical Hollywood und kontinentale Philosophie*, Wiesbaden: Springer VS 2015; *Genrereflexionen*, Rabbit Eye – Zeitschrift für Filmforschung 6/2014; *Genre Hybridsation: Global Cinematic Flows*, Marburg: Schüren 2013.

UDO ROTENBERG

Film-Enthusiast mit den Wurzeln in den 60er und 70er Jahren. Seit 10 Jahren als Film-Journalist auf der Suche nach den verborgenen Schätzen – zuerst als »Bretzelburger«, inzwischen als Blogger mit *Grün ist die Heide* (deutscher Film 1930-1985) und *L'amore in città* (Italienischer Film 1940-1985).

FABIAN RUDNER

geb. 1985, studierte von 2006-2012 Theaterwissenschaft, Musikwissenschaft und Kunstgeschichte an der LMU München. Seit 2012 promoviert er bei Prof. Dr. Schläder zum Forschungsgegenstand der transkulturellen Bearbeitung von fiktionalen Stoffen im Rahmen der TV-Serie und ist ebenfalls als Dozent für die Theaterwissenschaft München aktiv.

SVEN SAFAROW

ist freier Autor und Musiker. Er schreibt Texte für die *Splatting Image, Eskalierende Träume* und *Negativ-Film*. Nebenbei betreibt er sein eigenes Blog safarow-schreibt. blogspot.de.

MAXIMILIAN SCHOLZ

Diplomgeograph und leidenschaftlicher Zelluloid-Fan, in Dresden verwurzelt und freier Redakteur sowie Betreiber diverser Online-Magazine. Zu nennen wäre da vor allem der unabhängige Genre-Podcast *Deep Red Radio*, den er seit nunmehr vier Jahren zusammen mit weiteren Filmenthusiasten mit Leben füllt.

WIELAND SCHWANEBECK

Dr. phil., ist wissenschaftlicher Mitarbeiter der Professur für Englische Literaturwissenschaft an der TU Dresden, lehrt und forscht u. a. zu den Themen Gender Studies, britische Filmgeschichte, Alfred Hitchcock und Hochstaplererzählungen. Zuletzt erschienen: *Der flexible Mr. Ripley. Hochstapelei und Männlichkeit in Literatur und Film* (2014), *Über Hochstapelei: Perspektiven auf eine kulturelle Praxis* (Hg., 2014) sowie DER WEISSE HAI revisited: *Steven Spielbergs JAWS und die Geburt eines amerikanischen Albtraums* (Hg., 2015).

SEBASTIAN SELIG

lebt im Kino. Darüber schreibt er in so wunderbaren Magazinen wie *Hard Sensations* und *Deadline* oder auch beim österreichischen Lieblingssender FM4. Texte von ihm finden sich auch in dem ausschweifenden Buch *Dario Argento – Anatomie der Angst* sowie in dem Bertz + Fischer Klassiker über Bruce Willis, in welchem er einst über den dampfenden Neo-Giallo COLOR OF NIGHT schrieb.

MARCUS STIGLEGGER

Prof. Dr., (* 1971) Filmwissenschaftler in Berlin, Kolumnist der Zeitschrift *Deadline* und Autor zahlreicher Bücher zum ungewöhnlichen Film (Argento, Cronenberg, Kurosawa, Kriegsfilm, usw.). Er gehört zweifellos zu den umtriebigsten und bekanntesten Filmwissenschaftlern im deutschsprachigen Raum: »Eine Ikone der deutschen Filmwissenschaft.« (dasmanifest.com) »Der Rockstar der Filmwissenschaft.« (wirsindmovies.com). Aktuell ist er Vizepräsident und Professor für Fernsehen und Film an der DEKRA Hochschule für Medien (Berlin). Er hatte Lehrtätigkeiten an Universitäten und Filmhochschulen in Berlin, Siegen, Mannheim, Klagenfurt, Regensburg, Mainz, Ludwigsburg, Köln, Wroclaw und Clemson/SC, verantwortet zahlreiche Veröffentlichungen zu Filmästhetik, Filmgeschichte und Filmtheorie, darunter 7 Monographien. Er promovierte über Geschichte, Film und Mythos (*SadicoNazista*,1999, 4. Auflage 2016) und habilitierte zur Seduktionstheorie des Films (*Ritual & Verführung. Schaulust, Spektakel & Sinnlichkeit im Film*, Berlin 2006). Seine Forschungsschwerpunkte sind die Körpertheorie und Seduktionstheorie der Medien, die Dialektik von Mythos und Moderne in der populären Kultur, Medienkulturanthropologie und Genretheorie. Stigglegger ist Mitglied der GfM sowie der Fipresci. Aktuelle Veröffentlichungen: *Kurosawa. Die Ästhetik des langen Abschieds,* München 2014, *Verdichtungen. Zu Ikonologie und Mythologie der populären Kultur,* Hagen 2014, und *Grenzkontakte. Exkursionen ins Abseits der Filmgeschichte,* Berlin 2016. Zudem ist er Herausgeber des Kulturmagazins :Ikonen: und der Buchreihen ›Medien/Kultur‹, ›Kultur + Kritik‹ (Bertz + Fischer), ›Genrediskurs‹ (Springer VS), und Drehbuchautor (DER FAHNDER), Filmemacher, Autor von Bonusmaterial für über 100 DVDs und BluRays sowie Musiker.

WILLEM STRANK

Dr. phil., ist derzeit als wissenschaftlicher Mitarbeiter am Institut für Neuere Deutsche Literatur und Medien der CAU Kiel beschäftigt. Er hat 2013/14 über *Twist Endings. Umdeutende Film-Enden* promoviert und arbeitet derzeit an einem Buch über Kapital und Kontrolle im Film der 1980er Jahre. Außerdem ist er Mit-Herausgeber der Kieler Beiträge zur Filmmusikforschung, von Rock and Pop in the Movies und der Buchreihe FilmMusik sowie Gründungsmitglied und im Vorsitz der Kieler Gesellschaft für Filmmusikforschung.

CAROLIN UTSCH

M.A., studierte Medienkultur, Kunstgeschichte, Literaturwissenschaft und Anglistik an der Universität in Siegen. Ihr Forschungsinteresse gilt vor allem der Analyse von Filmen und Fernsehserien in Bezug auf postmoderne Theorien, Verunsicherung, Angst und Paranoia, sowie Mythentheorien.

JOCHEN WERNER

lebt in Berlin und schreibt über das Kino, dessen Poesie er noch an den entlegensten Orten sucht und findet. Sein Lieblingsregisseur ist Antonioni, sein Lieblingsschauspieler Steven Seagal, und er findet es schade, dass beide nie einen Film zusammen gedreht haben. Er schreibt regelmäßig für *Perlentaucher, Sissy* und andere Publikationen, die sich der Liebe zum Kino verschrieben haben.

SASCHA WESTPHAL

Studium der Theater- Film- und Fernsehwissenschaften, Germanistik und Geschichte an der Ruhr-Universität in Bochum. Seit 1994 tätig als freier Theaterkritiker und Filmjournalist u.a. für die *Ruhr Nachrichten, Die Welt, Frankfurter Rundschau, Berliner Morgenpost*, die *WAZ* und das Online-Portal *nachtkritik.de*; Texte für diverse Film- und Kulturzeitschriften wie *Steadycam, sissy, epd Film* und *K.West* sowie für Filmfestivalkataloge; Bücher über Natalie Portman und die TV-Serie MILLENNIUM; Koautor einer Reihe weiterer Bücher, etwa über Russell Crowe, Filmkomödien, die SCREAM-Trilogie und verschiedene Fernsehserien; Veröffentlichungen in Anthologien zu Filmemachern wie Rudolf Thome, Eckhart Schmidt und Joe Dante. Lebt in Dortmund.

NATALIE WILKE

studierte Medien- und Kulturwissenschaft an der Heinrich-Heine-Universität Düsseldorf und der Universidad de Sevilla. 2015 beendete sie den Master Medienwissenschaften an der Hochschule für Bildende Künste Braunschweig. Beteiligte sich an den studentischen Projekten Daumenkino *(dkritik.de)* und dem Sommerkino Braunschweig e.V. Absolviert ein Redaktionsvolontariat in Hamburg.

BENJAMIN WILKEN

ist ein examinierter Altenpfleger aus Dresden, gegenwärtig tätig in der Intensivpflege. Seit seiner Jugend am Film interessiert, schreibt er seit 2013 für das Filmmagazin *Deep Red Radio* Kritiken und arbeitet an Specials zu Themen von Carl Laemmle bis UNIVERSAL SOLDIERS. Sein Interesse verstreut sich von den frühen bis zu den heutigen Filmen aller Genres und Qualitäten. Gute Filme gibt es auf jeder Ebene und so ist es für ihn auch kein Problem DOCTOR ZHIVAGO und CYBORG COP 2 gleichermaßen zu seinen Lieblingsfilmen zu zählen.

ROCHUS WOLFF

geb. 1973, M.St. (Oxon), lebt in Berlin und ist freier Filmkritiker und Kulturjournalist. Er schrieb und schreibt u.a. für *kino-zeit. de*, *filmstarts.de*, *critic.de*, *Deadline* und die *taz*. Seine Arbeitsschwerpunkte sind Geschlechterfragen im Film, das Action- und Horrorkino sowie insbesondere der Kinderfilm. Er bloggt auf *kinderfilmblog.de*.

HANS J. WULFF

Dr., Professor für Medienwissenschaft an der Christian-Albrechts-Universität Kiel; zahlreiche Veröffentlichungen zur Film- und Fernsehtheorie, zu filmischen Motiven, zur Bildtheorie des Films und zur Filmmusikforschung. Leitung mehrerer Online-Projekte, darunter das online zugänglichen *Lexikons der Filmbegriffe* (2003ff), der bibliofilmographischen Datenbank *Medienwissenschaft: Berichte und Papiere*, Initiator und Mitarbeiter eines Portals zur Filmmusikforschung, Redaktionsmitglied der *Montage AV*.

Index